STaTa
在結構方程模型及試題反應理論的應用

張紹勳 著

五南圖書出版公司 印行

自序

結構方程模型 (structural equation modeling, SEM)，它已是社會科學之標準多變量統計技術 (standard multivariate technique)。

Stata 已超越 LISREL、SIMPLIS、AMOS、EQS、Mplus、Mx、Statistica、SAS PROC CALIS、COSAN、LVPLS 等軟體。Stata 延伸了線性 SEM 之優點，並且開展出 gsem 指令來分析廣義 SEM(多層次 SEM、probit 迴歸、重複量數、類別變數、分群組 SEM…)，故可分析變數類型，包括：類別變數、二分變數、次序變數、計數 (count) 變數、連續等變數。Stata 可說是「廣義結構方程模型」最成功的推手。即使，非常態分配 (nonnormal Variables)、類別結果 (categorical outcomes) 之變數 (如 dichotomous, ordinal, multinomial、次數變數…)、試題反應理論 (IRT) 也都可納入 sem/ gsem 分析。

此外，Stata v14 介面增加了 IRT 四種資料型態：二元、比序、類別及混合模型之建模、報表及 IRT 曲線特徵圖，介面操作簡單易用。

SEM 是聯立迴歸方程式，它同時估計多個自變數，依變數和潛變量之間關係的廣義線性模型 (general linear model) 的進階。Stata 廣義 SEM 的估計法，包括 Stata 指令「reg、probit、stcox、mixed」，即 Stata SEM 的估計法，包括 OLS 法、線性機率迴歸法、Cox 比例風險模型 (proportional hazards model)、多層次 (multi-level) mixed-effects linear (或 logistic /Poisson) 迴歸分析。

Stata 分析 SEM，有二種方法：sem 或 gsem 指令、SEM Builder 圖形介面。其中，Builder 圖形介面 (很像 AMOS) 更是簡單易用，人人很容易上手。

有鑑於 Stata 分析功能龐大，故作者將撰寫一系列的 Stata 的書，包括：

1. Stata 與高等統計分析。

2. Stata 在財務金融與經濟分析的應用

3. Panel-data 迴歸模型：Stata 在廣義時間序列的應用

4. Stata 在結構方程模型及試題反應理論的應用

5. Stata 在生物醫學統計分析的應用

以上一系列的 Stata 書，適用於：基礎研究、生物學、醫學、心理學、社會學、刑事司法、金融和經濟學、政治、市場營銷、生態學、教育學和遺傳學等

領域，期望這一系列 Stata 書能夠對學術研究、實務問題能有拋磚引玉的效果，成果能夠開枝散葉。

　　本書內容，著重理論、統計及方法三者的結合。畢竟工欲善其事，必先利其器。研究者除了要精通自己領域的「理論」基礎外，正確選用創新性之「研究法」及「統計」技術 (即 Stata 分析實作)，三者間如何有效整合應用，更是成為頂尖研究者不可缺乏的基本功夫。本書中每章都有 Stata analysis 範例，其中滲雜了許多實證分析的範例，讓你實際操作分析，進而能輕鬆了解 Stata 分析的程序與應用，啟發你的靈感 (Insight)。

　　最後，特感謝全傑科技公司 (http://www.softhome.com.tw)，提供 Stata 軟體，晚學才有機會撰寫 Stata 一系列的書，以嘉惠學習者。

張紹勳
敬上

Contents

| Chapter 03 | Full SEM 分析實例：員工教育訓練 績效評估模型 | 109 |

Contents

Chapter 04　SEM 實例分析、Builder 介面操作　279

Chapter 05 Generalized SEM 之分析 467

Contents

Chapter

01

結構方程模型簡介

本書中每章都有 Stata analysis 範例，倘若你採用 Stata v12 以前的版本，可能無法讀入 CD 所附有些「*.dta」資料檔或 Builder「*.stsem」圖形圖，此時你可改用 Stata v13 以後的版本。

結構方程模型 (Structural Equation Models，SEM)，早期稱為線性結構方程模型 (Linear Structural Relationships，簡稱 LISREL) 或稱為共變數結構分析 (Covariance Structure Analysis)。SEM 係一種統計的方法學 (statistical methodology)，用以處理複雜的多變量研究數據 (Byrne, 1994)。

結構方程模型 (SEM) 是一套高等統計分析技術的智慧結晶。在社會科學研究中，除了實驗取向的研究之外，其他涉及量化數據的研究，都離不開此一典範的思維模式，因此，我們更可以把他定位成當代量化研究的主要統計方法學典範。重要性不言而喻。線性結構分析以迴歸分析為基礎，所涉及的技術包括因素分析、路徑分析。Stata 提供 sem 及廣義 gsem，其重要性在於他不僅是能夠整合當代各種重要統計技術：例如因素分析、迴歸分析、似不相關迴歸、典型相關、路徑分析、試題反應理論 (IRT) 等的一套功能完整且強大的統計資料分析技術，也影響到研究設計的原理與測量方法的運用，更可以應用到各種不同的情境中，例如因果關係的統計論證、測驗與評量工具的發展、縱貫資料 (panel data) 的分析、跨族群 (跨文化)、分層次 (multi level) 資料分析等等，可以說完全涵蓋了研究的始末與當代統計發展的重要議題。

SEM 旨在考驗潛在變數 (Latent variables) 與外顯變數 (Manifest variable, 又稱觀察變數) 之關係。它結合了因素分析 (factor analysis) 與路徑分析 (path analysis)，因而包含測量與結構模型。

結構方程模型 (SEM) 是非常普遍且實用的多變量 (*multivariate*) 技術。本身也是其他分析方法的延伸，下列都是它的特例：

1. 線性 (機率) 迴歸。
2. 驗證性因素分析 (confirmatory factor analysis)。
3. 試題反應理論 (IRT)。請見最後一章的介紹。
4. 聯立方程式 (simultaneous equations)、似不相關迴歸。
5. errors-in-variables 迴歸。
6. 工具變數 (instrumental variables) 迴歸。請見作者「panel-data 迴歸分析」一書。

1-1 結構方程模型之介紹

　　結構方程模型 (Structural equation modeling, SEM) 是一種融合了因素分析和路徑分析的多元統計技術。它的強勢在於對多變數間交互關係的定量研究。在近三十年內，SEM 大量的應用於社會科學及行為科學的領域裡，並在近幾年開始逐漸應用於心理學、教育學、行銷學研究中。學界中，常見 SEM 潛在變數，包括：

1. 心理學：壓力程度 (level of stress)。
2. 社會學：民主制度的品質 (quality of democratic institutions)。
3. 生物學：基因型和環境 (genotype and environment)。
4. 醫學保健：個人健康功能差異大 (difficulty in personal functioning)。

一、何謂 SEM？

　　什麼是結構方程模型 (Structural equation modeling, SEM)？簡單地說，就是用一系列的算式，檢測變數之間的因果關係 (causal relationship)。這種統計方法就叫作 SEM。

　　為什麼要學新的 SEM？以圖 1-2 及圖 1-3 來說，你亦可以只用多元迴歸 (multiple regression) 一個一個算出來，不是嗎？沒錯，但是你要算幾遍才夠？此外，逐次算出來的結果，與用 SEM 算出來的還是有些不一樣，因為 SEM 可以讓你作更多的分析。跑一次迴歸就有一次誤差，那如果你迴歸之間的誤差有高度相關，你怎麼解決這樣的問題呢？

　　結構方程模型是一種相當複雜的因果關係模型，它除了可以處理觀察變數與潛在變數以及各潛在變數之間的關係外，同時也考慮了誤差變數的問題。

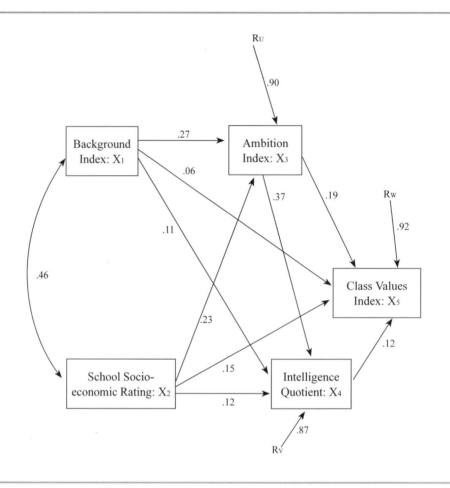

圖 1-1 因果圖之示意圖

　　結構方程模型 (Structural equation modeling, SEM) 的意涵：

1. SEM 是統計之一種技術，旨在檢定變數之間的「關係假設」(test hypotheses about relationships among variables)。

2. SEM 統計重點放在：相關、線性迴歸、因素分析、試題反應理論 (IRT)、潛在長成分析、聯立方程式⋯。

3. SEM 亦可視為共變數結構之分析 (Analysis of Covariance Structures)，因為 SEM 係用觀察之共變數矩陣及平均數 (observed covariances and possibly means) 來適配模型。

　　一般我們所常用的統計方法如迴歸分析、主成分分析、因素分析、路徑分析及變異數分析等，其實都可看成是結構方程模型的特例。但是，結構方程模

型的本質上卻都具有上述統計方法所無法比擬的優點。也正因為如此，導致近年來，結構方程模型在心理學、教育學、管理學以及行為科學等領域中能被廣泛的應用。

概括來說，結構方程模型之主要用途：

第一、考驗理論模式 (test of theory)

    Strictly confirmatory(SC)- 純驗證性

    Alternative (competing) models(AM)- 競爭模式

    Model generating(MG)- 模式衍生

第二、考驗測量工具的建構信度 (construct reliability) 或因素結構效度 (validity of factorial structure)。所謂信度，意指測驗 (test，亦即測量工具) 在經歷時間的變化、指標的更動或評分者的替換時在測量分數上的一致性 (consistency)、穩定性 (stability) 或可靠性 (dependability)。至於信度分析則是屬於測驗分析 (test analysis) 的一種，目的在於呈現測量受隨機誤差影響的程度。

二、SEM 的發展史

1. Path analysis of Sewall Wright (1918)。

2. Causal modeling of Hubert Blalock (1961)。

3. Factor analysis estimation of Karl Jöreskog (1969)。

4. Econometric simultaneous equations of Arthur Goldberger。

SEM 已成為心理學學者最常用的統計技術。至今，SEM 結構方程模型發展，已經應用到各種領域，涵蓋領域包含：

1. 人力資源管理 (Medsder et al., 1994)。

2. 健康醫療 (Taylor & Cronin, 1994)。

3. 社會學 (Kenny, 1996)。

4. 心理學 (Agho et al., 1992)。

5. 經濟學 (Huang, 1991)。

6. 宗教的研究 (Legge, 1995)。

7. 國際行銷 (Han, 1998)。

8. 消費者行為 (Spreng et al., 1996)。

9. 通路的管理 (Schul & Babakus, 1988)。

10. 廣告 (MacKenzie & Lutz, 1989)。

11. 定價策略 (Walters & Mackenzie, 1988)。

12. 服飾的滿意度 (Jayanti & Jackson, 1991)。
13. 飯店顧客的滿意度 (Gundersen et al., 1996)。

三、SEM 的二種模型：測量模型 vs. 結構模型

(一) 驗證性因素分析

　　SEM 分二種模型，第一種模型為測量模型 (measurement model)，此模型是用來界定潛在變數與觀察變數之間的線性關係，即如何從觀察變數來間接推測潛在變數。第二種模型為結構模型 (structural model)，此模型是用來界定潛在自變數與潛在依變數之間的線性關係，即如何從潛在自變數來推測潛在依變數。

　　驗證性因素分析 (Confirmatory Factor Analysis, CFA) 是相對於探索性因素分析 (Exploratory Factor Analysis, EFA) 的一種因素分析方法，通常適用於研究進入較成熟階段時，主要在於詳述和估計一或多個假設模型的因素架構，每一個潛在變數為所屬觀察變數的共同因數，驗證因素分析各參數的性質或因素的數目 (林清山，民 77)。CFA 已經被廣泛的使用在心理學、行銷和建議使用在檢測選擇模型的驗證工具上。因此，研究者施測所得的樣本資料必須藉由測量模型的直線關係做為切入點，才能進行整體分析。在驗證性因素分析的過程中，研究者基於理論或假設，可對其因素分析模型提出一些限制，例如，研究者可以決定只有哪些共同因素之間有相關、哪些觀察變數為哪些共同因素所影響、哪一個觀察變數有唯一性因素、哪幾對唯一性因素之間有相關存在等限制。

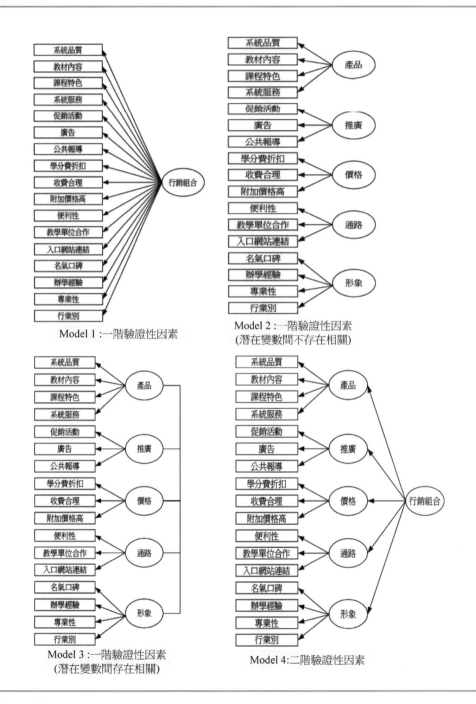

Model 1：一階驗證性因素

Model 2：一階驗證性因素
（潛在變數間不存在相關）

Model 3：一階驗證性因素
（潛在變數間存在相關）

Model 4：二階驗證性因素

圖 1-2 線上學習市場行銷組合模型

(二)CFA 模式建構過程

以圖 1-2 為例，其中：

Model 1 為單一因素的一階驗證性因素模型。此模型根據行銷組合和線上學習系統準則所建立的測量項目，包含系統品質、教材內容、課程特色、系統服務、促銷活動、廣告、人員推廣、學分費折扣、收費合理、不滿意可退費、便利性、教育單位合作、入口網站連結、業者聲譽口碑、業者辦學經驗、專業性和行業別等 17 個指標變數。由於指標變數皆從行銷組合和線上學習系統準則的測量尺度 (scale) 而來，因此，隱含著單一因素的一階驗證性因素模型是一個基本資料結構的可能模型。

Model 2 為一階的驗證性因素 (潛在變數間不存在相關) 模型，其模型由指標變數轉至潛在變數間不存在相關 (直交) 的一階因素模型，此模型包含產品、推廣、價格、通路和業者形象等五個潛在變數和 17 個指標變數。由於此模型與使用直交轉軸所萃取出 5 個因素相同，並且由於萃取因素採直交轉軸法，也因此假定其潛在變數間不存在相關。因此，一階的驗證性因素 (潛在變數間不存在相關) 模型已被考慮是一個基本資料結構的可能模型，並且此模型也提供了檢測測量變數間無相關的模型與測量變數間有相關性的模型其適配度比較的情形 (Doll et al., 1995)。

Model 3 為一階且有相關的驗證性因素 (潛在變數間有相關) 模型，為驗證性因素分析的一般模型，此模型可稱為驗證性因素分析的多因素模型 (multi-factor model)(Joreskog & Sorbom, 1989)，也是驗證性因素分析最常見的型式。此模型包含產品、推廣、價格、通路和業者形象等五個潛在變數和 17 個指標變數，且潛在變數間彼此有相關，用於驗證觀察變數是否可由已知潛在變數所組成 (Doll et al., 1995)。

在此模型的潛在變數雖是由直交轉軸法所萃取而來的，但潛在變數彼此間並無強制需無相關，若模型存有大量的共同變異指標變數，原則上指標變數間可能存有相關。雖然此模型無法明確的被提出，但由於指標變數皆從行銷組合和線上學習系統準則的測量尺度而來，並且行銷組合變數是相互關聯，交互影響的，因此，一階且有相關的驗證性因素 (潛在變數間有相關) 模型不排除是一個可能模型。

Model 4 為二階驗證性因素模型。此模型由一階的產品、推廣、價格、通路和業者形象等五個潛在變數和一個二階因素 (行銷組合) 所組合，由 17 個指標變數衡量。假設此模型在一階驗證性因素時潛在變數間的測量誤差存在高相

關，藉由抽取更高階的共同因素，以同時解決潛在變數的測量誤差與潛在變數間高相關的問題 (Doll et al., 1995)。

二階驗證性因素模型有二個特性：

1. 二階因素屬外層構面，一階因素是內層構面，進一步來說二階因素是「根據」一階因素而來。由於一階驗證性因素分析的模型 (如 **Moldel 3**) 有時無法解決因素分析的問題，如在品牌行銷策略中，Boonghee et al.,(2000) 發現分屬於不同品牌 (Brand) 的測量指標之測量誤差間有相關存在，假如能以二階 (second-order) 因素分析來解此一問題，則可以大大減低測量誤差之間的相關，即假定在一階因素的「認知品質」、「品牌忠誠度」和「品牌聯想」之上存有「品牌權益 (Brand Equity)」因素。除了測量誤差的問題以外，有時研究者也發現，在多因素驗證性因素分析之中各因素之間的相關很高，解決共同因素之間高相關的一個方法就是抽取更高階的共同因素 (Anderson & Gerbing, 1988)，在這些情形下，就必須使用到二階的驗證性因素分析 (second-order confirmatory factor analysis)(如 **Model 4**)。

2. 二階因素是沒有指標，亦即潛在變數 (latent variables) 是無法直接測量的，必須藉由指標變數來間接推測得知。如「品牌權益 (Brand Equity)」是一種抽象的潛在變數，它無法被直接觀察得到，因此，必須藉由指標變數「認知品質」、「品牌忠誠度」和「品牌聯想」來間接推論才能得知 (Boonghee et al., 2000)。經由二階驗證性因素分析的特性，在 **Model 4** 可以看出，第二層的共同因素「行銷組合」對觀察變數並無存在直接效果，而第一層各共同因素「產品、價格、通路、推廣、形象」之間也沒有直接關聯，因此，第一層之間的相關必須透過第二層共同因素來解釋。

若想以 Stata sem/gsem 來驗證選擇模型和測試每個理論模型的適配度。首先，在邏輯、理論和先前研究的基礎上，針對上述四種可能的因素結構選擇模型，使用多種模型適配度指標 (GFI, AGFI, RMSEA) 來評估模型資料適配，而以最適模型進行因素和變數的信度和效度檢驗。在進行資料分析工作時，以內定之最大概似估計法 (Maximum Likelihood Estimation, MLE) 估計參數，利用 MLE 時資料必須符合多變量常態分配 (multivariate normality) 的假定，樣本數不能太小，最少應要求在 100 至 150 之間才適合使用 (Ding et al., 1995)。

(三) 完整 (full) 結構模型

完整結構模型 = 測量模型 + 結構模型

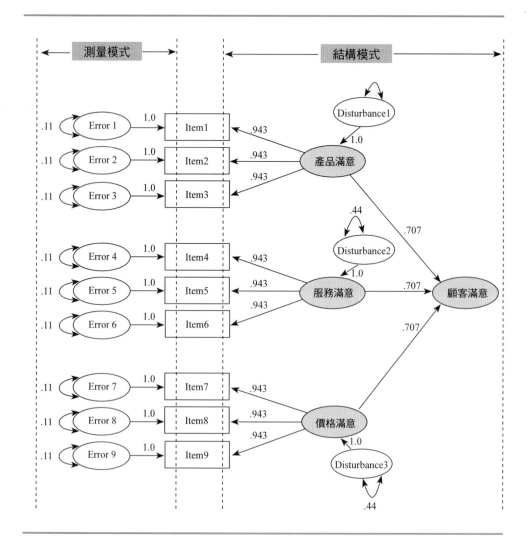

圖 1-3 顧客滿意度之 SEM 示意圖

在模型中包括兩類變數：一類為觀測變數，是可以通過訪談或其他方式調查得到的，用長方形表示；一類為結構變數，是無法直接外顯的變數，又稱為潛在變數，用橢圓形表示。

各變數之間均存在一定的關係，這種關係是可以計算的。計算出來的值就叫參數，參數值的大小，意味著該指標對滿意度的影響的大小，都是直接決定顧客購買與否的重要因素。如果能科學地測算出參數值，就可以找出影響顧客滿意度的關鍵績效因素，引導企業進行完善或者改進，達到快速提升顧客滿意

度的目的。

四、SEM 類型

線性 SEM 類型，常見包括：

1. 建構新的因果模型、路徑分析 (Causal modeling or path analysis)。
2. 驗證性因素分析 (Confirmatory factor analysis, CFA)。
3. 二階因素分析 (Second order factor analysis)。
4. 共變數結構模型 (Covariance structure models)。
5. 相關結構模型 (Correlation structure models)。

除此之外，Stata 尚提供功能更強大的「廣義 SEM」讓你做往昔 SEM 無法做到的特殊迴歸分析，故本書特別在最一章「Generalized SEM 之分析」來介紹它。Generalized SEM 之特殊迴歸，類型包括：

1. 測量模型 (generalized response)。
2. 單因子 measurement model (generalized response)。
3. 雙因子 measurement model：Likert 量表 vs. 測驗卷的組合。
4. 雙層次測量模型 (廣義反應變數)。
5. Multilevel mediation models。
6. 三層次模型 (generalized response)。
7. Logistic 迴歸。
8. 多類別 (multinomial) 反應變數的 logit 迴歸。
9. 試題反應理論 (Item response theory, IRT)。
10. 次序反應變數之機率迴歸 (Ordered probit regression)。
11. 混合模型 (Combined models) 之 gsem。
12. Heckman Selection 模型。
13. 內生性「處理效果」模型 (Endogenous treatment-effect models)。
14. 截取 / 斷尾迴歸 (Tobit regression)。

五、SEM 比多元迴歸 (Multiple Regression) 更優

1. 可對外顯之自變數及依變數做控制。
2. 同一時間，可同時分析多個因變量。
3. 可區分變數之間的直接效果、間接效果、總效果。
4. 建構 Xs 變數如何透過其他變數來影響 Ys 變數。

5. 可檢定三個 (以上) 更複雜縱向數據的模型。

6. 建構模型更具彈性 (more flexible modeling)。

7. 使用 CFA 可校正測量誤差 (CFA to correct for measurement error)。

結構方程模型 (SEM) 是用於建構和測試的統計模型，也是因果模型的統計技術。驗證性因素分析，路徑分析和迴歸，都僅是 SEM 的特殊情況下的混合技術。SEM 旨在鼓勵驗證及建模，而不是探索。因此，它適合於理論檢定 (theory testing)，而不是理論的發展 (theory development)。通常你先提一個研究假設 (表示你的研究因果模型)，再以測量模型來表達你研究的構念 (operationalise the constructs)，最後測試 CFA 模型的整體適配度。等你決定所提的某理論或其他可驗證模型之後，SEM 即可估計該模型的自由參數 (free parameters) 值。通常你最初提出的假設，都需要微調該模型證據。但 SEM 鮮少有人拿它來做純粹的探索研究。SEM 的長處是建構模型成為潛在變數 (latent variables)，所謂潛在就不是直接可觀測的變數，但卻是從觀測到的變數來估算的。這樣的模型可明確捕捉到「測量模型之不可靠性 (unreliability of measurement in the model)」、並根據理論來找出潛在變數之間的因果關係。

8. 利用 Bulider 圖形介面來建模非常容易 (Attractive graphical modeling interface)。

9. 可分別檢定「整體 vs. 個別」係數的適配品質 (Testing models overall vs. individual coefficients)。

六、SEM 的主要優勢

1. 可同步檢定多個依變數之模型 (Test models with multiple dependent variables)。

2. 可處理中介變數之模型 (Ability to model mediating variables)。

3. 能求得誤差項的模型 (Ability to model error terms)。

4. 可依據不同群組，分別求其迴歸係數 (Test coefficients across multiple between-subjects groups)。

5. sem 指令亦能處理下列難處理的資料 (Ability to handle difficult data)：

   (1) 自我相關誤差之縱貫資料 (Longitudinal with auto-correlated error)。

   (2) 多層次 (e.g. 個人層 vs. 團體層) 資料 (Multi-level data)。

   (3) 非常態資料 (Non-normal data)。gsem 更能處理 8 類連續分配 vs. 間斷分配的反應變數之聯立迴歸式。

   (4) 殘缺資料 (Incomplete data)。

6. SEM 具有理論的先驗性 (priori)，讓你執行驗證性分析：

(1) 將理論融入到研究模型及研究假設 (hypotheses)。

(2) 迫使研究者思考他需要哪些必要的資訊，包括：

    (a) 哪些外生變數 (Exogenous) 影響內生變數 (which variables affect others)。
        SEM 係根據多個變數間之邏輯關係，建立高適配度之統計模型。

    (b) SEM 可算出中介變數的直接 vs. 間接效果 (directionality of effect)。

圖 1-4 外生變數預測內生變數之示意圖

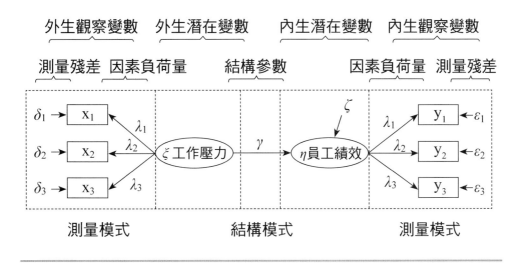

圖 1-5 外生變數影響內生變數之示意圖

7. SEM 可以立體、多層次 (multi-level) 的展現驅動力分析。這種多層次的因果關係更加符合真實的人類思維形式，這點是傳統迴歸分析無法做到的。SEM 根據不同屬性的抽象程度將屬性分成多層進行分析。

8. SEM 分析可以將無法直接測量的屬性納入分析，這樣就可以將數據分析的範圍加大，尤其適合一些比較抽象的歸納性的屬性，比方說消費者忠誠度。

9. SEM 分析可以將各屬性之間的因果關係量化，使它們能在同一個層面進行對比，同時也可以使用同一個模型對不同層級市場或各競爭對手進行比較。

七、SEM 法的共享特性 (Shared Characteristics of SEM Methods)

1. SEM 可區別觀察變數及潛在變數之間的差異。
2. SEM 的基本統計係以共變數為基礎。
3. SEM 並不局限於非實驗數據，實驗數據亦可分析。甚至 Likert 5 點計分量表及可混搭測驗成績 (雙參數之試題反應理論) 一同納入同一 gsem 模型。
4. 許多傳統統計分析 (e.g. 似不相關迴歸、ANOVA、多元迴歸、信度分析…)，都是 SEM 的特例。
5. 它不像傳統標準技術那麼重視個別統計量 (e.g. 迴歸係數 t 檢定) 之顯著性，SEM 反而較重視模型的整體適配度。

八、專有名詞，符號和詞彙 (Nomenclature, Symbols, and Vocabulary)

1. 變異數 (Variance) = s^2。
2. 標準差 (Standard deviation) = s。
3. Pearson's 積差相關 (Correlation)= r。
4. 共變數 (Covariance) = s_{XY} = COV(X, Y)。
5. 擾動 (Disturbance) = D。

   $X \longrightarrow Y \longleftarrow D$

6. 測量誤差 (Measurement error) = e 或 E。

   $A \longrightarrow X \longleftarrow E$

7. 實驗設計 (Experimental research)
   自變數 X 及依變數 Y(independent and dependent variables)。
8. 非實驗設計 (Non-experimental research)
   預測變數 X 及效標變數 Y(predictor and criterion variables)。
9. SEM Builder 圖形介面之符號意義：
   結構方程模型中包含了三類變數：
   (1) 測量 (觀察 observed, 外顯 manifest) 變數 (indicators)。
   (2) 潛在變數 (latent variables)，又稱 factors (latent variables) 變數。所謂 factors 變數，它是「我們新建的加權線性組合 (weighted linear combinations that we have created/invented)」。在 SEM 觀察變數與測量誤差變數合稱為指標變數 (indicator variable)。

(3) 誤差變數，它又分：

　(a) 外生觀察變數的測量誤差 (δ_1、δ_2、δ_3)。

　(b) 內生觀察變數的測量誤差 (ε_1、ε_2、ε_3)。

　(c) 結構模型的誤差項 (ζ_1、ζ_1)。

其中，外顯變數 (x, y) 係指可以直接觀測或測量的變數，又稱爲觀察變數 (observed variables)。這些觀察變數通常是指問卷中的每一個題項，一個題項就是一個觀察變數。在一些因素結構較複雜的構面中，觀察變數亦可能是數個觀察變數的平均值。

SEM 亦可根據變數間的相互影響關係，將變數分爲：內生變數 (endogenous variable)、外生變數 (exogenous variable)。其中外生變數 (ξ_1、ξ_2) 是指模型中不受任何其他變數影響，但會影響模型中的其他變數，也就是說，在路徑圖中，外生變數會指向任何一個其他變數，但不會被任何變數以單箭頭指向它。

內生變數 (η_1、η_2) 是指在模型內會受到任何一個其他變數所影響的變數，也就是說，在路徑圖中，內生變數會受到任何一個其他變數以單箭頭指向的變數。

變數與符號	意　義	關係類型
◯ 線性或廣義的潛在變數	潛在變數 / 因素變數 (Latent or factors)	可以是 ξ 或 η。 「第 1 個英文字為大寫」來命名潛在變數。
▢ 線性的外顯變數	外顯變數 / 觀察變數 (Observed or manifest)	1. 可以是 x 或 y，它必需符合 $\sim N(0, \sigma^2)$。 2.Stata 通常以「第 1 個英文字為小寫」來命名外顯變數。
$X \longleftrightarrow Y$ covariance	相關	X 與 Y 為共變關係。
$X \longrightarrow Y$ path	單向因果關係	X 對 Y 的直接效果 例如 .sem (x1 x2 x3 x4 <-X)。或 gsem (L1 -> x1 x2 x3 x4 x5) (L2 -> x6 x7 x8 x9 x10, logit) 1.sem 指令係採最小平方法 (OLS) 迴歸。 2.gsem 指令共適合於 8 種類型迴歸 (logit, probit 等)。
$X \longrightarrow Y_1 \longrightarrow Y_2$ causal chain	單向因果鍵 (chain)	X 對 Y_1 為直接效果，X 對 Y_2 為間接效果，Y_1 稱為中介變數。

變數與符號	意 義	關係類型
$X \rightleftarrows Y$ recursive	回溯因果關係 Reciprocal effects	X 與 Y 互為直接效果，X 與 Y 具有回饋循環效果。
$Y_1 \rightarrow Y_2 \rightarrow Y_3 \rightarrow Y_1$ circle	循環因果關係	「Y_1 對 Y_2」、「Y_2 對 Y_3」、「Y_3 對 Y_1」均為直接效果，「Y_1、Y_2、Y_3」為間接回饋循環效果。
⟷	相關或共變數	
外生變數 → 內生變數	外生變數 (Exogenous)	"of external origin", Outside the model
外生變數 → 內生變數	內生變數 (Endogenous)	"of internal origin", Inside the model
Gaussian / identity 廣義的反應變數	1. 不再限制它 $\sim N(0, \sigma^2)$。 2. 廣義反應變數 (Generalized Response Variable)，共 8 種分配 (伯努力, 負二項, gamma, 卜瓦松等分配)。 3. 五種連結 (logit, probit, …) 之迴歸讓你挑。	
⬭ Multilevel 潛在變數	多層次潛在變數 (Multilevel Latent Variable)。例如，個體層 vs. 組織層。同一地區不同行業的工人生活品質。	

路徑分析圖形符號：

1. 方形或矩形使用於表示可以直接觀察測量的項目，一般可以歸屬於單一問卷題目，可以稱為外顯變數 (observed variables)、觀測項目或指標 (indicators)。假設觀察變數屬於自變數 (原因) 性質時，此觀察變數又稱為外生觀察變數 (exogenous observed variables) 或獨立觀察變數 (independent observed variables)，一般使用 X 變數標示之；若觀察變數屬於依變數 (結果) 性質者，此觀察變數又稱為內生觀察變數 (endogenous observed variables) 或依變數 (dependent observed variables)，使用 Y 變數標示之。

2. 圓形或橢圓形使用於敘述理論變數，一般情況下無法直接測量，又稱為潛在變數 (latent variables)、無法測量變數 (unmeasured variables)、構念 (constructs)、factor 變數。最好由兩個觀測變數構成。潛在變數若被假設為因者，稱為潛在自變數 (latent independent variables) 或外生潛在變數 (exogenous latent variables)，通常使用 ξ(Xi) 符號表示；若假設為果者，稱為潛在依變數 (latent dependent variables) 或內生潛在變數 (endogenous latent variables)，通常使用 η(eta) 符號表示。

3. 兩個方形或兩個圓形圖案之間的單向箭頭，代表從一個起因變數 (causal variable) 到效果變數 (effect variables) 的方向性關係。

4. 兩個方形或兩個圓形圖案之間的雙向箭頭，代表兩個變數之間具有非因果性的關係存在。

5. 觀察變數 (observed, measured, indicator or manifest variables)：(在資料檔中的變數)
   人們可以直接觀察，並進行測量的變量，如 IQ、體重、價格、收入等。

6. 潛在變數 (latent, unobserved variables, factor or construct)：(資料檔看不到)
   不可以直接進行觀測，但可以藉由觀察變數反應的變量來推測，如顧客滿意度、忠誠度等。

7. 潛在變數會受到觀察變數的影響，潛在變數之間也會相互影響，這些影響關係又分為「因果關係」及「相關關係」。

8. 外生變數 (exogenous)：(自變數)
   用來預測變數的變數，本身不具有測量誤差的變量 (unique, error variables)，有潛在及觀察變數兩種。

9. 內生變數 (endogenous)：(依變數)
   被自變數預測的變數，本身具有測量誤差的變量，即使該變數也有去預測別的變數，有潛在及觀察變數兩種。

九、Stata Builder 之圖形介面

Builder 之圖形介面 (很像 AMOS)，旨在省去寫程式的麻煩。

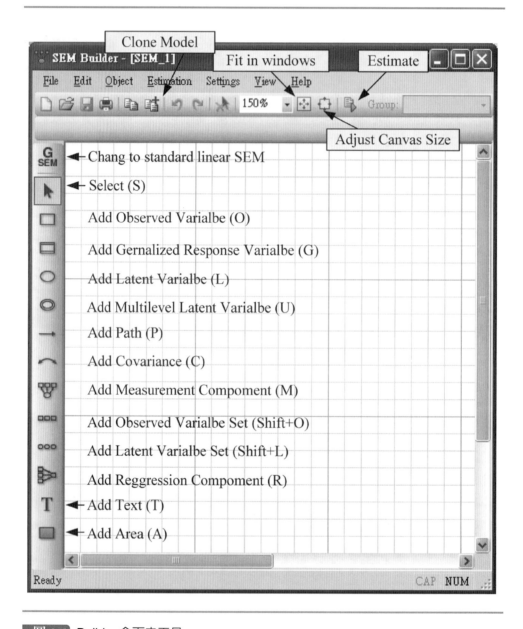

圖 1-6　Builder 介面之工具

1. 測量模型 (Measurement model)：That part of a SEM model dealing with latent variables and indicators.

　　例如，圖 1-7 所示：

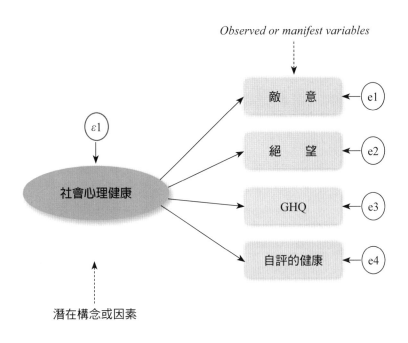

Observed or manifest variables

敵　　意　← e1

絕　　望　← e2

GHQ　← e3

自評的健康　← e4

ε1

社會心理健康

潛在構念或因素

圖 1-7 測量模型：驗證性因素分析 (Confirmatory Factor Analysis) 之示意圖

　　測量模型 (含測量指標信度) 之評估為進行 SEM 分析的首要任務，滿足前述信度之最低要求後，再進行結構模型之評析。當測量模型不當時 (尤其指標的信度不佳時)，即應重新尋找或增加更有預測力的指標變項後，再進行結構模型之分析，否則可能會導致離譜的結構關係。

2. 結構模型 (Structural model)：相對於測量模型，其英文意義是：「Set of exogenous and endogenous variables in the model with arrows and disturbance terms」。

　　例如圖 1-8 所示。

附加變數之結構模型

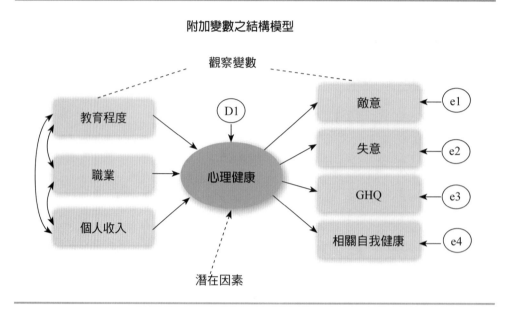

圖 1-8 Structural Model with Additional Variables

因果模型 / 徑路分析與驗證性因素

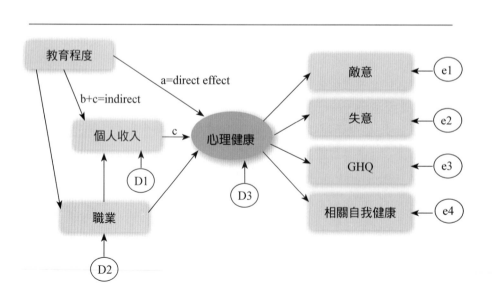

圖 1-9 Causal Modeling or Path Analysis and Confirmatory Factor Analysis

十、Stata 衡量 SEM 品質的適配指標

1. Chi-square test。
2. CFI (Comparative Fit Index)。
3. RMSE (Root Mean Square Error)。
4. TLI (Tucker Lewis Index)。
5. GFI (Goodness of Fit Index)。
6. 其他指標：IFI, NFI, AIC, CIAC, BIC, BCC。

(一) 評鑑模型的適配度：外在品質

指　標	數值範圍	理想的數值
1. χ^2 值	0 以上	不顯著
2. GFI	0~1 之間，但可能出現負值	至少 0.9 以上
3. AGFI	0~1 之間，但可能出現負值	至少 0.9 以上
4. RMR	若分析矩陣是相關矩陣，在 0~1 之間；若分析矩陣是變異數共變數矩陣，則 0 以上。	若分析矩陣是相關矩陣，必須低於 0.05，最好低於 0.025；若分析矩陣是共變數矩陣，SRMR 值應小於 0.05。
5. TCD	0~1 之間	至少 0.9 以上
6. Q-plot.		標準化殘差分布線大於 45°，且成直線。
7. χ^2/df 比率	0 以上	小於 3
8. NFI	0~1 之間	至少 0.9 以上
9. IFI	0 以上，但大多在 0~1 間	至少 0.9 以上

(二) 評鑑模型的適配度：內在品質

1. 個別項目的信度 (individual item reliability) 在 0.5 以上。
2. 潛在變數的成分信度 (composite reliability) 在 0.6 以上。
3. 潛在變數的平均變異抽取 (average variance extracted) 在 0.5 以上。
4. 所有估計的參數都達 0.05 顯著水準。
5. 標準化殘差 (standardized residuals) 的絕對值必須小於 1.96。
6. 修正指標 (modification indices) 小於 3.84。

(三) 評鑑模型的適配度：三種品質之準則

通常 SEM 模型適配度在不錯的情形下，可進行所有相關係數的解讀。適配度如果不能達到一定的水準，則表示模型設定有問題，須進行模型修正後再重新估計。

不錯的適配度是模型繼續分析的必要條件，適配度不佳，所有估計係數都是沒意義的。

評鑑指標	參　數	判斷準則
基本 適合度	是否沒有負的誤差變異？	是
	誤差變異必須達到顯著水準	是
	不能有很大的標準誤	是
	Lambda X	0.5~0.95
	Lambda Y	0.5~0.95
內在適配度	參數 t-value 絕對值	1.96 以上
整體適合度	χ^2(Chi-square)	卡方值愈小愈好
	χ^2/df (卡方除以其自由度)	要 < 3
	Goodness of Fit Index (GFI)	要 > 0.9
	Adjusted Goodness of Fit Index (AGFI)	要 > 0.9
	Bentler & Bonett's (1980) NFI	要 > 0.9
	Bentler & Bonett's (1980) (NNFI)	要 > 0.9
	McDonald's (1989) Centrality	要 > 0.9
	Bentler's Comparative Fit Index (CFI)	要 > 0.9
	Root Mean Square Residual (RMR)	要 < 0.1
	RMSEA Extimate	介於 0.05~0.08 之間
	Q-plot 的殘差分布線之斜率須小於 45°	

當你認定的 SEM 無法證明是最佳模型時，則要考慮其他的模型，包含等值模型及競爭模型。

Stata 提供下列指令，來檢測你界定模型的適配品質：

1. **estat gof**, **stat(rmsea ic)** 指令

「**estat gof**」它可用在下列 4 個指令執行之後：

(1) logistic, logit, 或 probit 迴歸。

(2) poisson(poisson 迴歸)。

(3) sem(結構方程模型)。

(4) svy：(調查資料)。

如果您只使用 OLS 模型，您可能必須要知道 fit 概念。當你界定的 SEM 模型愈適配樣本資料的「共變數矩陣」，則 fit 值就愈佳 (卡方值不應達到 0.05 顯著水準)。概似比 (LR) 是 Stata sem 系統內定估計法，它符合卡方分配。當二個競爭模型做 LR 時，其 df = 1，查表 $\chi^2_{(1)} = 3.84$ 即是臨界值。

2. **estat residuals** 指令：殘差值愈小，表示你界定模型愈適配樣本資料。

3. **estat mindices** 指令：修正指標值愈大，你愈要優先修正 (error 之間加共變數 path；或優先刪去某測量指標，使卡方值降幅最大)。

4. **estat eqgof** 指令：Equation-level goodness-of-fit statistics。

5. **estat ggof** 指令：分群組 (Group-level) 做 goodness-of-fit statistics。

十一、廣義 SEM 的估計法

SEM 是聯立迴歸方程式，它同時估計多個自變數，依變數和潛在變數之間關係的廣義線性模型 (general linear model) 的進階。廣義 SEM 的迴歸分析法，其對應的 Stata 指令「reg、probit、stcox、mixed」，即 Stata SEM 的迴歸法，包括 OLS 法、線性機率迴歸法、Cox 比例風險模型 (proportional hazards model)、Multilevel mixed-effects linear (logistic /Poisson) 迴歸法。

十二、SEM 分析軟體

Stata 已超越 LISREL from SSI (Scientific Software International)、IBM's SPSS Amos、EQS(Multivariate Software)、Mplus(Linda and Bengt Muthen)、Mx、Statistica、CALIS (module from SAS)、R (lavaan and sem modules)、COSAN、LVPLS 等軟體。Stata 延伸了線性 SEM 之優點，並且開展出 gsem 指令來分析廣義 SEM(多層次 SEM、probit 迴歸、重複量數、類別變數、分群組 SEM…)，故 Stata 可分析 SEM 變數類型，包括：類別變數、二分變數、次序變數、計數 (count) 變數、連續變數。Stata 可說是「廣義結構方程模型」最成功的推手。即使，非常態變數 (Nonnormal Variables)、類別結果 (Categorical outcomes) 之變數 (dichotomous, ordinal,…)、試題反應理論 (伯努力分配之 logit 迴歸) 也都可改用廣義 SEM(gsem 指令) 來分析。

1-1-1 Generalized SEM 特殊案例的統計分析

Stata 分析 SEM，有二種方法：sem/ gsem 指令、SEM Builder 圖形介面。

SEM 功能主要有二：(1) 廣義統計模型 (General Statistical Model)。(2) 模型中納入、檢定、評估和因果關係的假定 (Model to Incorporate, Test, & Assess Causal Assumptions)。詳述如下：

一、廣義統計模型 (Generalized Statistical Model)

SEMs 分析，它允許：

1. 潛在變數及外顯變數 (Latent and Observed Variables)。
2. 隨機及非隨機誤差 (Random and Nonrandom Errors)。
3. 變數本身已有誤差之迴歸 (Errors-in-Variables Regressions)。例如智力測量的預測型，因為智力測量的信度不可能完美達到 1。
4. 多重指標 (Multiple Indicators)。「構念 vs. 指標 vs. 操作化定義」，三者關係如下：

   (1) 構念 (Construct)：意指無法直接觀察的概念，必須透過可觀察的指標才能間接反映。例如：智力無法直接從個人的外貌評判，需採用具體的指標構成智力測驗，才能從智力測驗分數反映個人的智力。

   (2) 指標 (Indicator)：乃是隸屬於構念中可觀察的記號 (sign)。例如：若要測量「婚姻滿意度」，可將「生理的滿足」視為其中一項指標。依據 Neuman 的見解，指標的訂立需滿足以下原則：

       (a) 對應規則 (Rules of Correspondence)：是一個指標如何與抽象構念對應的邏輯陳述。例如：若受試者在兩性關係態度量表得分愈高，則兩性平權意識愈高，反之則愈低。

       (b) 輔助理論 (Auxiliary Theory)：是解釋指標與構念如何、為何連結。輔助理論說明概念與指標之間的關係，和連結各個概念的實質理論一樣重要。

   (3) 操作化定義的類型，分單一指標法 (如性別) 及多重指標法，例如性別平權意識，就包含：家庭面向、文化面向、經濟面向、政治面向。故性別平權意識的多重指標，包括家庭面向：對「男主外、女主內」的態度。文化面向：對女性追求男性的態度。經濟面向：對不同性別同工同酬的態度。政治面向：對女性擔任國家領導人的態度。

5. 對參數做線性或非線性限制 (Linear & Nonlinear Restrictions on Parameters)。

6. 三種不同統計法來檢定模型適配度 (Tests of Model Fit)。

7. 非常態分配 (Nonnormal Variables) 之離散分配亦可納入 gsem 分析。

8. 類別結果 (Categorical outcomes) 之變數 (如 dichotomous, ordinal, 測驗的對與錯…) 都可納入 gsem 分析。

　　Sem/gsem 特殊案例，如下所示。其中，sem 實例分析，請詳見第 4 章：

1. 相關分析。

2. 線性迴歸及多變量迴歸 (Multiple and Multivariate Regression)。

```
*開啟系統內建之資料檔
. sysuse auto
. generate weight2 = weightˆ2

*使用傳統 reg 指令
. regress mpg weight weight2 foreign

*相當於，改用 sem 指令
. sem (mpg <-weight weight2 foreign)
```

3. 變異數分析及共變數分析 (ANOVA and ANCOVA)。

4. 路徑分析。

5. 遞迴及非遞迴系統 (Recursive and Nonrecursive Systems)。

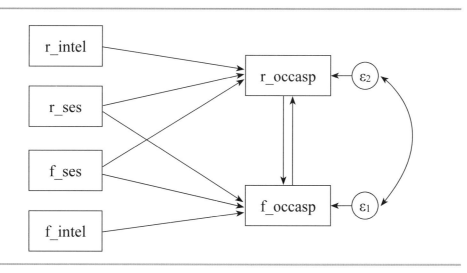

圖 1-10　非遞迴結構模型

6. 驗證性因素分析

  (1) 單因子驗證性因素分析

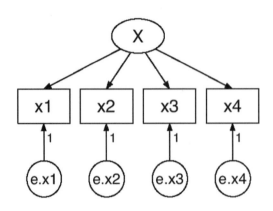

圖 1-11 單一潛在變數之 CFA

    本例爲單一潛在變數之 CFA，其對應的聯立迴歸式爲：

$$\begin{cases} x_1 = \alpha_1 + \beta_1 X + ex_1 \\ x_2 = \alpha_2 + \beta_2 X + ex_2 \\ x_3 = \alpha_3 + \beta_3 X + ex_3 \\ x_4 = \alpha_4 + \beta_4 X + ex_4 \end{cases}$$

  (2) 雙因子驗證性因素分析

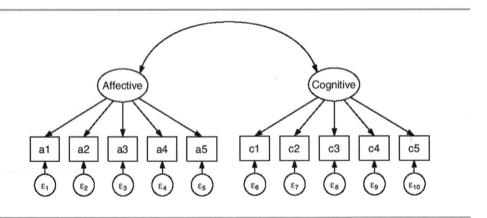

圖 1-12 雙潛在變數之 CFA

(3) 二階驗證因素分析 (Higher-order CFA 模型)

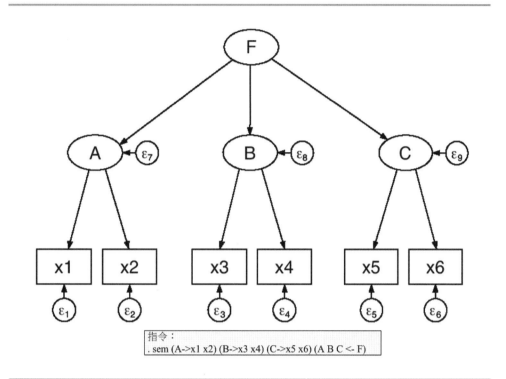

圖 1-13 Higher-order CFA 模型

7. 古典測驗理論 (Classical Test Theory)：雙參數試題反應理論。

8. 二分變數、次序變數機率迴歸 (Dichotomous and Ordinal Probit)。

9. Tobit 迴歸 (Tobit Regression)、斷尾迴歸 (Censored Regression)。

10. 聯立方程式模型 (Simultaneous Econometric Models)。

11. 主成分模型 (Principal Component Models)。

12. 潛在成長曲線模型 (Latent Growth Curve Models)。

13. 固定效果模型、隨機效果模型 (Fixed and Random Effects Models)。

14. 中介分析 (mediation analysis)。

15. 測量模型 (measurement models)。

16. 信度分析 (reliability estimation)。

17. 完整 (full) 結構模型：路徑分析及驗證性因素二者的組合。

　　常見的完整結構模型為：數個測量模型及一個結構模型。

(1) 變數間關係複雜，模型界定時必須遵循簡約原則 (principle of parsimony)。

(2) 在 SEM 分析中，同一組變數的組合有多種可能，不同關係模型可能代表特定理論意義，用一個較簡單的模型來反應變數間的真實關係，避免犯下 Type I 的錯誤。

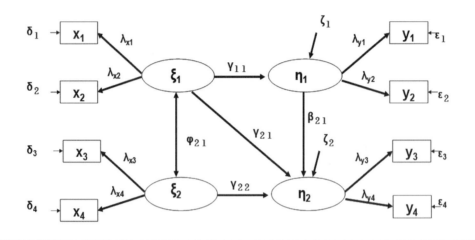

圖 1-14 完整結構模型

18. 多指標且多前因 (multiple indicators and multiple causes, MIMIC)

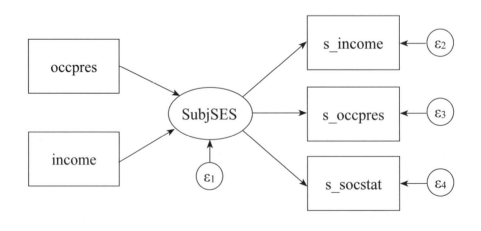

圖 1-15 MIMIC 模型

19. 多群組模型 (multiple group models)。

20. 似不相關迴歸模型 (Seemingly Unrelated Regression)。

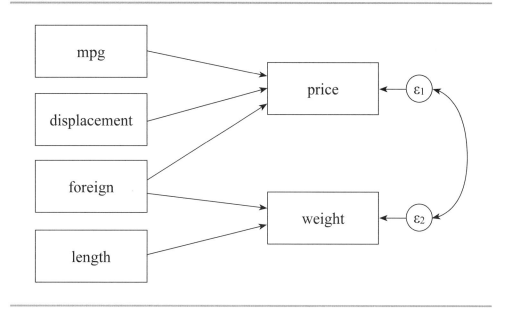

圖 1-16 似不相關迴歸模型之例子

二、模型中納入、檢定、評估和因果關係的假定 (Model to Incorporate, Test, & Assess Causal Assumptions)

誠如 Wright(1934, p. 193) 所說："... the method of path analysis [SEMs] is not intended to accomplish the impossible task of deducing causal relations from the values of correlation coefficients"。

研究者建立 SEM 模型，可分二種假定：

(1) 強因果關係假定 strong causal assumptions (zero coefficients & zero covariances)。

(2) 弱因果關係假定 weak causal assumptions (nonzero coefficients & covariances)。

SEM 分析前，其因果假定 (Causal assumptions) 靈感來自：

(1) 理論 (theory)。

(2) 前人研究 (prior research)。

(3) 時間發生順序 (temporal precedence)。

(4) 邏輯思考。

(5) 推測 (speculation)。

1-1-2 SEM 基本概念

SEM 意涵著三種意義：概念模型 (conceptual models)、路徑圖 (path diagrams) 及數學方程式 (mathematic equations)。

1. 概念模型

例如，運動 (exercise) 帶來更好的身體健康 (physical health)，身體健康進而促進生活品質 (quality of life)。此概念模型對應的 SEM 路徑圖如下：

2. 路徑圖

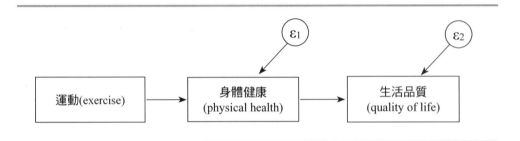

图 **1-17** 代表路徑圖之 SEM

3. 數學方程式

$$\begin{cases} \text{Physical Health} = \mu_1 + \beta_1 \times \text{Exercise} + \varepsilon_1 \\ \text{Quality of Life} = \mu_2 + \beta_2 \times \text{Physical Health} + \varepsilon_2 \end{cases}$$

一、SEM 的術語 (Jargon)

(一)SEM 的變數，包括：

1. 測量／外顯變數 (Measured variable) vs. 潛在變數 (Latent variable)。

外顯變數 **vs.** 潛在變數之英文定義：

(1) 外顯變數是調查的資料 (Observed variables) are variables for which we have data (either observations in our dataset or matrices of covariances, means, etc.).

(2) 潛在變數是非觀察變數 (Latent variables) are unobserved variables and may represent hypotheticalconstructs, the true values of variables measured with

error, unobserved heterogeneity, errors, and more.SEM 係以無法觀察之潛在變數爲主，探討變數間之聯立關係，是更爲一般化之統計方法。潛在變數係指無法直接衡量之構念 (Constructs) 或構面 (Dimensions)，例如文化認知、意識型態、學習態度、成就、績效、滿意度…等構念，都是行爲科學研究之重點。

2. 外生變數 (Exogenous variable) vs. 內生變數 (Endogenous variable)。

外生 vs. 內生變數之英文定義：
(1) 外生 (Exogenous)：是沒有箭頭指向它的變數 (variables are not predicted by any other variables in the model).
(2) 內生 (Endogenous)：是箭頭指向它的變數 (variables are predicted by at least one other variable in the model).

3. 誤差 (Error)。
4. 擾動 (Disturbance)。

(二) 兩個變數之關係

變數與符號	意義	關係類型
⬭	潛在變數	可以是 ξ 或 η。
▭	外顯變數	可以是 X 或 Y。
$X \longleftrightarrow Y$	相關	X 與 Y 為共變關係。
$X \longrightarrow Y$	單向因果關係	X 對 Y 的直接效果。
$X \longrightarrow Y_1 \longrightarrow Y_2$	單向因果關係	X 對 Y_1 為直接效果 X 對 Y_2 為間接效果 Y_1 為中介變數。
$X \rightleftarrows Y$	回溯因果關係	X 與 Y 互為直接效果，X 與 Y 具有回饋循環效果。
$Y_1 \rightarrow Y_2 \rightarrow Y_3 \rightarrow Y_1$	循環因果關係	Y_1 對 Y_2、Y_2 對 Y_3、Y_3 對 Y_1 均為直接效果，Y_1、Y_2、Y_3 為間接回饋循環效果。

(三) 第 1 變數對第 2 變數的效果 (Effects)，又可細分
• 直接效果

- 間接效果
- 總效果

(四)SEM 分析的步驟

Step 1. 開發一個有理論基礎的模型。

Step 2. 建構 **SEM** 圖。

Step 3. **SEM** 轉換成一組結構方程。

Step 4. 決定要輸入資料格式：

(1) Raw data 型。

(2) Correlation matrix 型。

(3) Covariance matrix 型。

(4) Covariance matrix and means 型。

(5) Correlation matrix and standard deviations 型。

(6) Correlation matrix, standard deviations, and means 型。

Step 5. 選定 **SEM** 的估計法。

SEM 通常尋找估計式，常見方法為：

(1)最大概似法(method of maximum likelihood)：Stata SEM 內定採此估計法。

觀察數據都是從母體中抽取得到的資料，而所抽出的樣本必須是所有可能樣本中被選擇的機率最大者，若能符合此一假設，估計的參數即能反應母體的參數。

$$F_{ML} = \log|\sum(\theta)| - \log|S| + tr|S\sum^{-1}| - \rho$$

其中

S 矩陣為樣本共變異數矩陣，也就是你調查的資料，S 矩陣形式如下：

	Item$_1$	Item$_2$	Item$_3$	Item$_4$
Item$_1$	S^2_{11}	S^2_{12}	S^2_{13}	S^2_{14}
Item$_2$	S^2_{21}	S^2_{22}	S^2_{23}	S^2_{24}
Item$_3$	S^2_{31}	S^2_{32}	S^2_{33}	S^2_{34}
Item$_4$	S^2_{41}	S^2_{42}	S^2_{43}	S^2_{44}

$\sum(\theta)$ 矩陣爲模型再製矩陣 (model implied covariances)，$\sum$ 矩陣形式如下：

	Item$_1$	Item$_2$	Item$_3$	Item$_4$
Item$_1$	σ^2_{11}	σ^2_{12}	σ^2_{13}	σ^2_{14}
Item$_2$	σ^2_{21}	σ^2_{22}	σ^2_{23}	σ^2_{24}
Item$_3$	σ^2_{31}	σ^2_{32}	σ^2_{33}	σ^2_{34}
Item$_4$	σ^2_{41}	σ^2_{42}	σ^2_{43}	σ^2_{44}

例如 $\theta = \{\Lambda, \Phi, \Theta\}$。通常「母群」之變異數與共變數的參數並不知道，故需以「樣本」估計值 (θ) 取代之。

SEM 虛無假設「$H_0 : S - \sum(\theta) = 0$」，即殘差共變異數矩陣爲 0 矩陣。

特性：最大概似法 (Maximum likelihood)

1. 假設觀測變量是多變量常態。
2. 通常使用大樣本。
3. 參數的估計是一致的，漸近無偏誤，高效率。
4. 估計是假定正態分布，這使得測試參數具統計顯著性。
5. ML 估計是不受尺度 (scale-free) 影響。

---

(2) 加權最小平方法 (weighted least-squares; WLS)

$$F(Q) = (s - \sigma(\Theta))' W^{-1} (s - \sigma(\Theta))$$
$$= \sum_{g=1}^{k} \sum_{h=1}^{g} \sum_{i=1}^{k} \sum_{j=1}^{i} w^{gh, ij} (s_{gh} - \sigma_{gh})(s_{ij} - \sigma_{gh})$$

WLS 基本爭議：

(a) 當觀察值數目 (n) 增加，矩陣的規模即快速增加，造成執行 SEM 分析的操作時間與複雜度。例如當 $n = 20$，W 矩陣共有 22155 個元素。

(b) 當存在著遺漏值時，估計的進行會因爲遺漏的型態而影響，須使用列出排除法 (listwise deletion) 而非配對排除法 (paired deletion)，將具有遺漏值的樣本去除，此時將造成樣本的流失與流失一致性的問題。

(c) 配合 W 矩陣權數不同的估計法，整個 SEM 分析需要大量的樣本數，動輒數百至數千人，提高實際操作的難度。

(d) WLS 法必須建立在一定的統計假設之上，例如當觀察變數的常態分配假設違反時，統計檢定正確性可能違反，WLS 的結果將被扭曲。

(3) 廣義最小平方法 (generalized least squares) 的基本原理也是使用差異平方和的概念，只是在計算每一個差異值時，同時計算了一個特定的權數用以整合個別的比較值。

特性：廣義最小平方法 (generalized least squares)

1. 參數估計具有一致性、漸近無偏誤，高效率。

2. 估計值是漸近常態分布 (normally distributed)。

3. 如同 ML 法，GLS 估計值是不受尺度 (scale-free) 影響。

4. 使用 χ^2 test 來適配模型。

---

(4) 未加權最小平方法 (ULS)

特性：未加權最小平方法 (unweighted least squares)

1. 參數統計估計有一致性。

2. 變量無需假定是何種分布。

3. 可檢定 SEM 模型中，參數的顯著性。

4. 項目／試題參數 (Item parameter) 估計和適配度是會受量表影響 (scale dependent)。

5. 無整體適配度。

求取 $\sum (\theta)$ 與 S 矩陣的差異 (殘差矩陣) 平方和的最小值，當所有的觀察變數有類似的測量尺度時，適合使用此一方法。

$$F_{ULS} = \frac{1}{2} tr[(S - \textstyle\sum(\Theta))^2]$$

(5) 漸近分配自由法 (Asymptotic Distribution Free)，廣義動差法 (generalized method of moments, GMM) 就使用 ADF weighting matrix。例如，研究者以臺灣上市櫃和曾經上市櫃公司為研究對象，試圖分別針對財務危機公司和財務健全公司以 Ozkan(2001) 所提出的動態資本結構調整模型佐以廣義動差法進行資本結構調整行為之比較，同時也將公司偏離最適槓桿

比率的程度引入財務危機預警模型之建構，藉以瞭解公司偏離最適槓桿的程度和危機風險之關係。

GMM 係一種無須常態假設爲基礎的參數估計法，由於不需考慮常態分配的問題，因此稱爲分配自由 (free)。

ADF 法也可以視爲是 WLS 法的一種特例，利用 W^{-1} 權數，來消除多變量常態假設的影響。

$$F_{ADF} = \frac{1}{2}(\kappa+1)^{-1} tr\{[S - \sum(\Theta)]W^{-1}\}^2 - \delta\{[S - \sum(\Theta)]W^{-1}\}^2$$

在此只介紹最大概似法。

(1) 最大概似法之觀念：一般母體之參數 θ 皆未知，今若從此母體抽出一組隨機樣本，此組樣本之可能性無法得知，因此若能找到一個估計值 $\hat{\theta}$，且可使這組樣本發生之可能性爲最大時，則此估計值 $\hat{\theta}$ 即稱爲 θ 之最大概似估計值。

(2) 求最大概似估計式之步驟：一般在求算 MLE 時，要先瞭解概似函數 $L(\theta)$ 是否可微分，若函數 $L(\theta)$ 可微分則依微積分求極大值之方法，即可快速求出 MLE，但若此函數 $L(\theta)$ 不可微分，則必需利用數值分析方法，才可求出 MLE。底下將先針對可微分部分來探討：

定理：若概似函數 $L(\theta)$ 可微分，則一般在求算 MLE 之步驟如下：

1. 先找概似函數，即 $L(\theta) = f(x_1, x_2, \cdots, x_n; \theta) = \prod_{i=1}^{n} f(x_i; \theta)$

2. 令 $\frac{d\ln L(\theta)}{d\theta} = 0$，解 θ，可獲得 $\hat{\theta}$

3. 再檢查 $\frac{d^2\ln L(\theta)}{d\theta^2}\bigg|_{\hat{\theta}} < 0$

則此估計式 $\hat{\theta}$ 即爲 θ 之最大概似估計式。

Step 6. 執行 SEM 模型分析，並評估該模型的適配度 (goodness-of-fit)。

Step 7. 修改／微調模型 (Modify the model)。

(方法 1) 直接刪除該一變數。

(方法 2) 重設其衡量誤差，設定到一較小的值 (例如 0.005)，模型再重新評估。

Step 8. 比較兩個模型，並決定是否需要額外的修改。

二、SEM 樣本數的需求

1. 經驗法則為每個預測變數用 15 個樣本 (James Stevens, 1996)。
2. Bentler and Chou (1987) 提出樣本數至少為估計參數的 5 倍 (在符合常態，無遺漏值及例外值下)，否則要 15 倍的樣本數。
3. Loehlin (1992) 提出，一個有 2~4 個因素的模型，至少 100 個樣本，200 個更好。
4. 小樣本容易導致收斂失敗、不適當的解 (違犯的估計值)、低估參數值及錯誤的標準誤。

三、違犯估計 (offending estimate)

在結構模型或測量模型中，透過統計分析獲得的估計係數超出可以被接受的範圍，即進行模型估計參數時獲得不適當的解。故，在評估模型適配度時，必須先檢查是否有違犯估計的情況發生。依據 Hair 等 (1998) 提出常發生的違犯估計有：

1. 有無「負的誤差 (δ、ε、ζ) 變異數」存在。
2. 標準化參數係數是否 $\geq$ 1。標準化係數不能大於 1，一般以 0.95 為門檻標準。
3. 是否有太大的標準誤 (standard error) 存在。若有無意義的標準誤 (> 1)，意涵變數之間有共線性 (collinear, collinearity or multicollinear) 問題產生，代表預測變數之間具有相關性高的特性，造成迴歸模型一些解釋不合理現象，變數必須採用二擇一的方式處理。
4. 因素負荷量不能太低或太高，最好介於 0.50~0.95 之間。

當違反這幾項標準時，表示模型可能有數列誤差、認定問題或資料建檔輸入有誤，此時研究者最好重檢核模型參數的敘列是否有意義，同時檢查語法程式是否與假設模型路徑圖一致 (Bagozzi & Yi,1988)。

四、SEM 實務上的小叮嚀

1. 模型中潛在因素至少應為兩個 (Bollen, 1989)。
2. 量表最好為 Likert 7 點尺度 (Bollen, 1989)。
3. 每個潛在構面至少要有三個題目，5~7 題為佳 (Bollen, 1989)。
4. 每一指標不得橫跨到其他潛在因素上 (Bollen, 1989)。
5. 問卷最好引用自知名學者，儘量不要自己創造。

6. 理論架構要根據學者提出的理論作修正。

7. SEM 模型主要構面維持在 5 個以內，不要超過 7 個。

1-1-3 SEM 的參數

一、SEM 的數學方程式

$$Y = BY + \Gamma X + \alpha + \zeta$$

其中，

Y：內生變數的向量 (可以是潛在或觀察變數 both latent and observed)。

X：外生變數的向量 (可以是潛在或觀察變數 both latent and observed)。

B 及 Γ：迴歸係數的矩陣。

α：截距 (intercepts) 的向量。

ζ：誤差的向量。

外生變數 X 的變異數：$\phi = Var(X)$。

誤差 ζ 的變異數：$\psi = Var(\zeta)$。

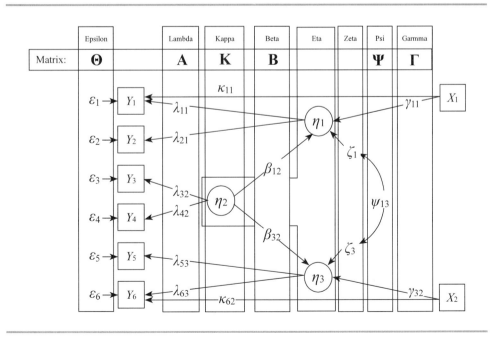

圖 1-18 SEM 的參數

二、參數的基本概念

1. 參數 (Parameter)：又稱母數，帶有「未知」與「估計」的特質。因此，Stata Builder 圖上本來沒有數字的，分析後跑出來的稱為參數。

    →模型中未知而需要進行推估的量數。

    →參數所指的是一個計量的概念，而非母群體的本身。

2. 自由 (free) 參數 vs. 固定 (fixed) 參數。

    自由參數：

    在 Stata Builder 所畫的每一條線均是一個參數，除設為固定參數者外，自由估計參數愈多，自由度 (df) 愈小。

    固定參數：

    Stata Builder 模型中沒有畫連接線的部分及線上被設定為 0 或 1 或任何數字的線，均是固定參數。

3. 參數的類型

    →迴歸分析中，各預測變數對於效標變數預測力的 Beta 係數即是迴歸分析的參數。

    →變異數分析中，主要效果與交互效果是估計參數。

    →因素分析中，因素負荷量是估計參數。

    →在結構方程模型可能包括上述各種參數的估計。

三、SEM 參數界定原則 (Raycov & Marcoulides, 2006)

1. 所有外生變數的變異數都是模型的參數。

2. 所有外生變數之間的共變異數都是模型的參數 (除了基於理論假設被設定為 0 或特定數值者)。

3. 所有與潛在變數有關的因素負荷量都是模型的參數 (除了基於理論假設被設定為 0 或特定數值者)。

4. 所有測量變數之間或潛在變數之間的迴歸係數都是模型的參數 (除了基於理論假設被設定為 0 或特定數值者)。

5. 與內生變數有關的量數 (例如內生變數的變異數，或是內生變數之間的共變數，或是內生與外生變數之間的共變數)，都不是模型的參數。

6. 對每一個潛在變數，必須給定一個適當的潛在量尺 (scale)。因為：

    (1) 潛在變數與一般量測變數最大的不同在其「不可直接量測」的特性，因此潛在變數缺乏一個自然存在的尺度，而必須以人為的手段設定尺度。

(2) SEM 最常使用的方法是將「外生潛在變數」變異數設為 1；或將潛在變數其中第一個「測量變數與潛在變數」的因素負荷量設為 1。例如下圖：

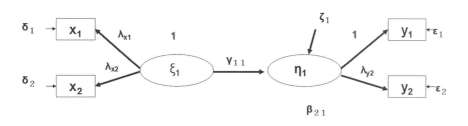

圖 **1-19** 潛在變數其中第一個「測量變數與潛在變數」的因素負荷量設為 1

四、自由、固定與限定參數

1. 上述六種原則所決定的參數，都必須利用 SEM 來進行估計，因此都是自由參數，除非某些參數被設定特殊的限制條件。
2. SEM 模型當中的參數，有時因為某些理由被設定為常數 (通常是 1.00) 而不被估計者，稱為固定參數。
3. 限定參數的使用，多半與多樣本間的比較有關，例如某一個參數在甲樣本與乙樣本間被設定為等同 (equivalent)，此時 SEM 對於這兩個參數僅進行一次的估計，是為限定參數。

1-1-4 模型認定：t-rule

Identification $= f$ (自由度、估計參數)。

Bollen(1989) 利用資料測量數與參數估計數的比較來判斷模型的認定性，提出了一個衡量認定性的必要但非充分的認定條件計算法則 t 法則 (t-Rule)。

測量資料數 (the numbers of data points; DP)

$$s = \frac{(p+q)(p+q+1)}{2}$$

其中

t：需被估計的參數。

s：量測變數所形成的共變數之數目。

p：x 變數個數。

q：y 變數個數。

case 1. 當 $t < s$，稱為過度認定 (over-identified)，好比我們有過多的方程式，但是只需要求取少數幾個因子解。故它是可認定的模型，且有多組的解。

Case 2. 當 $t = s$，稱為適足認定 (just-identified)：唯一解，好比我們用兩個方程式來求二元因子的解。

Case 3. 當 $t > s$，稱為不足認定 (under-identified)，如同我們用太少的方程式求取過多的因子解，在 SEM 分析中，認定不足的情況將導致無法進行任何參數估計，故它是無解的。當你遇到研究模型呈現 $t > s$ 時，則需要根據理論或實務經驗將部分參數固定，直到達 $t \leq s$ 為止。

舉例來說，假如模式中每一未知參數均有一最適值 (optimal value)，則該模式為可認定。假如該模式為可認定，通常其最大可能性疊代解法為可收斂而得到唯一解 (optimal solution)，此參數估計值為該資料的最適配值。例如：$x + 3y = 4$，即有無限最佳解 (如 $x = 1, y = 1$ or $x = 4, y = 0$)；這些值稱為無法認定 (not identified) 或 (under identified)，因為未知數比已知數還多。再如：

$$\begin{cases} x + 3y = 4 \\ 3x - 3y = 12 \end{cases}$$

現在，已知數 (方程式數) 等於未知數 (X & Y)，即有一最佳解 ($x = 4, y = 0$)；此聯立方程式為適足認定 (just identification)。

1-1-5 Path diagrams 代表的指令意義

路徑圖 (path diagram) 係 SEM 使用者表達觀察與潛在變數之間的關係圖。路徑圖係由下列元素所組成的：

1. 外顯變數：矩陣 (rectangles)。

2. 潛在變數：橢圓形 (ovals)。

3. 路徑：單向的箭頭 (arrows)。

4. 共變數 (Covariances)：雙向的箭頭 (arrows) 之曲線。

5. 多層次潛在變數：雙圓形。

6. 廣義反應變數：

Bernoulli	poisson
logit	log

多變量迴歸(Multivariate regression)

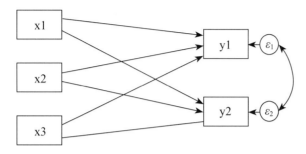

. sem (x1 x2 x3 -> y1 y2), covstructure(e._En, unstructured)

驗證性因素分析

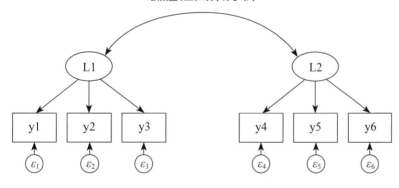

. sem (x1 <- x1 x2 x3) (y2 <- x1 x2 x3), cov(e.yl*e.y2)
或
. sem (y1 <- x1) (y1 <- x2) (y1 <- x3) (y2 <- x1) (y2 <- x2) (y2 <- x3), cov(e.yl*e.y2)

圖 1-20 路徑圖

1. SEM 語法模擬路徑圖，係用箭頭來指定變量之間關係的推定 (presumed relationships)。

2. 你可使用「covariance()、covstructure()」選項來界定共變數。

3. 誤差：可在內生變數名字之前面，加上「e.」前導字。

4. 箭頭可以是單一單向 (→) 或二條方向相反方向 (⇄)。路徑可以單獨指定或同時多個路徑一齊指定。

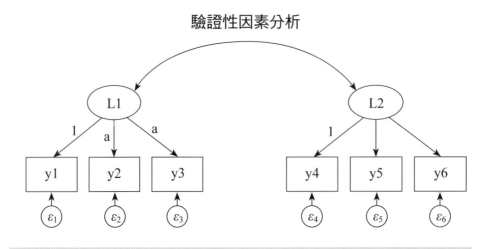

驗證性因素分析

. sem (L1 -> y1@1 y2@a y3@a) (L2 -> y4@1 y5 y6), cov(L1*L2)
或
. sem (L1 -> y1 y2@a y3@a) (L2 -> y4 y5 y6)

圖 1-21 參數有限制之路徑圖

5. sem 指令內定，大寫英文字母開頭的變數，為潛在變數。

6. 用「@」來限制係數的值。

7. 所有外生變數之間，內定彼此都有共變關係。

1-1-6 SEM 整體適配度的類型

一、兩個敵對模型，誰比較適配你的樣本？

兩個敵對模型，熟優熟劣，Stata 偵測法如下：

1. 專家之配對比較量表 (scale of paired comparison)：AHP 法 (層級分析法)。

2. SEM 適配度的準則 (Criteria for Goodness-of-fit)

(1) 整體模型適配 (Overall model fit)

– Chi-Square test (建議值 p-value > 0.05)

(2) 增量適配指標 (Incremental fit indices)

– Comparative Fit Index (建議值 CFI ≥ 0.90)

– Non-Normed Fit Index (建議值 NNFI ≥ 0.90)

(3) 殘差為主的指標 (Residual-based Indices)

– Root Mean Square Error of Approximation (建議值 RMSEA = 0.05)

– Standardized Root Mean Square Residual (建議值 SRMR ≤ 0.05)

– Root Mean Square Residual (建議值 RMR ≤ 0.05)

– Goodness of Fit Index (建議值 GFI ≥ 0.95)

– Adjusted Goodness of Fit Index (建議值 AGFI ≥ 0.90)

(4) 比較兩個模型之指標 (Model Comparison Indices)

– Chi-Square Difference Test

– Akaike 資訊準則 (兩個競爭模型之 AIC 較小者，適配愈佳。)

– Bayesian Information Criterion (兩個競爭模型之 BIC 較小者，適配愈佳。)

3. 資訊準則 (information criteria, ic)：AIC、BIC。

4. 誤差愈小者愈佳。例如，樣本外預測：

通常，執行樣本外預測的程序為：

Step 1. 以樣本內 $\{y_1, y_2, \cdots, y_N\}$ 來估計時間序列模型。

Step 2. 建構預測：$\hat{y}_{(N+1)\leftarrow N}, \hat{y}_{(N+2)\leftarrow(N+1)}, \cdots, \hat{y}_{(T)\leftarrow(T-1)}$。

Step 3. 以「$e = \hat{y} - y$」公式來建構預測誤差：$\hat{e}_{(N+1)\leftarrow N}, \hat{e}_{(N+2)\leftarrow(N+1)}, \cdots, \hat{e}_{(T)\leftarrow(T-1)}$。

Step 4. 計算 MSE 的估計式

$$\widehat{MSE} = \frac{1}{P} \sum_{j=T-P}^{T-1} \hat{e}_{j+1,j}^2$$

Step 5. 如果有兩個時間序列模型 A 與 B，我們可以分別求得：誤差均方 MSE_A 與 MSE_B, 若 $MSE_A < MSE_B$，則稱模型 A 之預測表現比 B 佳。

5. lr(概似檢定) 法：常用在 ARIMA(p,d,q)、VAR、SVAR(結構式向量自我迴歸)、二階段迴歸模型、似不相關迴歸、多層混合模型⋯。

6. 判定係數 R^2：線性複迴歸，其 R^2 值愈大表示模型適配度愈佳；相對地，非線性複迴歸 (e.g. 機率迴歸、logit 迴歸等) 之 pseudo R^2 值愈大亦表示模型適配度愈佳。

二、模型的修改／微調 (Modify the Model)

1. 如何增加模型整體適配度？

(1) 有些參數限制為 0。

(2) 令有些參數值為相等。

(3) 變數之間，另加新的徑路。

2. 模型修改的期望結果

(1) 求得模型良好的整體適配度 (Good overall fit of the model)。

(2) 每個參數估計值能顯著異於 0。

三、兩個競爭模型的優劣比較

1. 巢狀 (Nested) 模型：Stata 採用概似比 (Likelihood ratio, lr) 檢定。

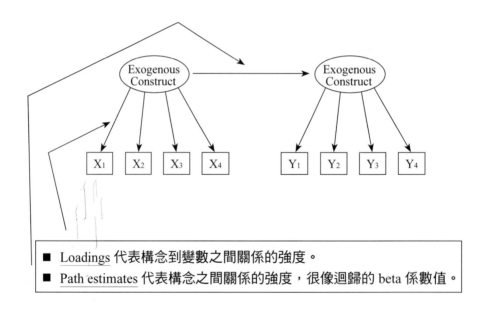

- Loadings 代表構念到變數之間關係的強度。
- Path estimates 代表構念之間關係的強度，很像迴歸的 beta 係數值。

圖 1-22 二個潛在構念及其測量變數之示意圖 (巢狀模型比較)

2. Nonnested 模型：Akaike 資訊準則 (AIC)、Bayesian (BIC)。這二個準則，在兩個競爭模型中，值愈小，表示你界定的模型愈佳。

1-1-7 sem/gsem 之事後 (Postestimation) 指令

sem 之事後指令	說　明
sem, coeflegend	印出係數 _b[] 值 (display _b[] notation)。
estat framework	印出模型之矩陣值（display results in modeling framework (matrix form))。
estat gof	整體適配度 (overall goodness of fit)。
estat ggof	群組層次之適配度 (group-level goodness of fit)。
estat eqgof	方程式層級之適配度 (equation-level goodness of fit)。
estat residuals	殘差之矩陣值 (matrices of residuals)。
estat ic	判定模型好壞之資訊準則 AIC 及 BIC(Akaike's and Schwarz's Bayesian information criteria (AIC and BIC))。
estat mindices	修正指數 (modification indices (score tests))。
estat scoretest	Score 檢定。
estat ginvarian	跨群組之參數不變性 t 檢定 (t-test of invariance of parameters across groups)。
estat eqtest	方程式層級之 Wald 檢定 (equation-level Wald tests)： H_0：迴歸係數為 0 (the coefficients other than the intercepts are 0)。 例如： . use http://www.stata-press.com/data/r12/auto . sem (price <-foreign mpg displacement) (weight <-foreign length), cov(e.price*e.weight) . estat eqtest
lrtest	二個敵對模型誰優之概似比檢定 (likelihood-ratio tests)。
test	Wald 檢定。
lincom	參數是否具有線性組合之檢定 (linear combination of parameters)。
nlcom	參數是否具有非線性組合之檢定 (nonlinear combination of parameters)。
testnl	非線性假設之 Wald 檢定 (Wald tests of nonlinear hypotheses)。
estat stdize	標準化參數之檢定 (test standardized parameters)。
estat teffects	效果的分解 (decomposition of effects)。
estat stable	非遞迴系統之擷取穩定性 (assess stability of nonrecursive systems)。
estat summarize	樣本之描述性統計值 (summary statistics for the estimation sample)。

sem 之事後指令	說　明
estat vce	估計之變異數 - 共變數矩陣 (variance-covariance matrix of the estimators (VCE))。
predict	因素數據、預測值等 (factor scores, predicted values, etc.)。
margins	邊際平均數 (marginal means)，預測邊際 (predictive margins)，邊際效果 (marginal effects)。
estimates	估計結果之目錄 (cataloging estimation results)。

gsem 之事後指令	說　明
gsem, coeflegend	印出係數 _b[] 值 (display _b[] notation)。
estat eform	印出指數係數 (display exponentiated coefficients)。
estat ic	模型適配指標 AIC 及 BIC(Akaike's and Schwarz's Bayesian information criteria (AIC and BIC))。
lrtest	二個敵對模型誰優之概似比檢定 (likelihood-ratio tests)。
test	Wald 檢定。
lincom	參數是否可線性組合之檢定 (linear combination of parameters)。
nlcom	參數是否可非線性組合之檢定 (nonlinear combination of parameters)。
testnl	非線性假設之 Wald 檢定 (Wald tests of nonlinear hypotheses)。
estat summarize	樣本之描述性統計值 (summary statistics for the estimation sample)。
estat vce	估計之變異數 - 共變數矩陣 (variance-covariance matrix of the estimators (VCE))。
predict	廣義線性預測等 (generalized linear predictions, etc.)。
margins	邊際平均數 (marginal means)，預測邊際 (predictive margins)，邊際效果 (marginal effects)。
contrast	對比式或線性假設之檢定 (contrasts and linear hypothesis tests)。
pwcompare	配對比較 (pairwise comparisons)。
estimates	估計結果之目錄 (cataloging estimation results)。

1-1-8 Stata 輸入資料格式 (ssd 格式檔)

Stata 可輸入資料格式 (Input Data Type)，包括：

1. 原始資料 (Raw data)，例如測驗成績、Likert 量表。

2. 只需相關矩陣 (Correlation matrix)。

3. 共變數矩陣 (Covariance matrix)。

4. 共變數搭配各變數平均數 (Covariance matrix and means)。

5. 相關矩陣搭配標準差 (Correlation matrix and standard deviations)。

6. 相關矩陣搭配標準差及平均數 (Correlation matrix, standard deviations, and means)。

你若看到某 SEM 論文有附上「變異數 - 共變數」矩陣或相關矩陣，試問如何複驗其研究結果之數據呢？此時，Stata 為了解決此問題，12 版以後特地為 sem/gsem 提供 ssd (Sample Summary Data) 資料格式。實際上，ssd 資料格式遠比原始資料 (raw data) 執行速度快且比較沒有估計問題 (例如，ML estimation of SEM's on individual level data)。但是 ssd 資料格式一定要你提供沒有遺漏值 (missing values) 之外顯變數，因為相關矩陣做 sem 分析，只能有「a single N for all the covariances / correlations」。

舉例來說，Williams, Eaves, and Cox (2002) 期刊論文，你只能看到樣本之共變數矩陣，但看不到原始資料，它長得像：

	Affective		Miniscale		Cognitive		Miniscale
	1	2	...	5	1	2	...
Affective							
1	2038.035	1631.776	...	1721.830	659.798	779.519	...
2		1932.163	...	1688.292	702.969	790.448	...
.							
.							
5				2061.875	775.118	871.211	...
Cognitive							
1					630.518	500.128	...
.							
.							

建立此共變數矩陣之指令，基本上有下列程序：

```
* 先清空所有變數
. clear all

* 外顯變數通常以小寫字母開頭；潛在變數以大寫字母開頭來命名。
* 初始變數名稱串：假設有 a1~a5, c1~c5 共十個變數。
. ssd init a1 a2 a3 a4 a5 c1 c2 c3 c4 c5

*Summary statistics data initialized. Next use, in any order,
. ssd set observations (required)
It is best to do this first.
* 令讀入之平均數矩陣為 means，若沒界定，系統內定平均值為 0（此項可有可無）
. ssd set means

* 令讀入之變異數矩陣為 variances，若你讀入相關矩陣，則可省略此指令
. ssd set variances 或「. ssd set sd」

. ssd set covariances  或「. ssd set correlations」(required)

* 例如，令讀入之樣本數為 216
. ssd set obs 216
```

也就是說，ssd 產生共變數資料格式的基本指令，可簡化為：

```
. clear all
. ssd init <varnames>
. ssd set obs <nnn>
. ssd set [#] means vector
. ssd set [#] {covariances | correlations} matrix
```

範例 1：讀入「共變數矩陣」(Creating datasets from published covariances)

例如，研究樣本數為 150，其共變異數矩陣為：

```
    ----------------------------------------------------------------
    Affective | 1           2           3           4           5
    ----------+-----------------------------------------------------
       1      | 2038.035
       2      | 1631.766   1932.163
       3      | 1393.567   1336.871   1313.809
       4      | 1657.299   1647.164   1273.261   2034.216
       5      | 1721.830   1688.292   1498.401   1677.767   2061.875
    ----------------------------------------------------------------
```

建立 ssd 資料格式的指令為：

```
*清空所有變數
. clear all

*界定變數名稱
. ssd init a1 a2 a3 a4 a5

*界定樣本數為 150
. ssd set observations 150

*設定共變數之值
. ssd set covariances 2038.035 \1631.766 1932.163 \1393.567 1336.871 1313.809
\ 1657.299 1647.164 1273.261 2034.216 \ 1721.830 1688.292 1498.401 1677.767
2061.875

*描述 summary statistics data
. ssd describe

*List summary statistics data
. ssd list

*存 summary statistics data 至 ssd_data 檔
. save ssd_data
```

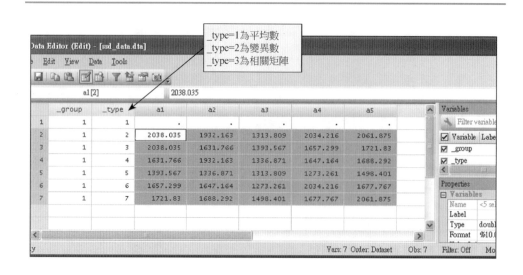

圖 1-23　讀入五個變數之共變數矩陣，並存到 ssd_data 檔

範例 2：讀入「多組別之相關係數、標準差及平均數」(Creating multiple-group summary statistics data)

例如，研究樣本分二群組，每群各為 150 人。其相關矩陣 (correlations)，標準差 (standard deviations) 及平均數 (means) 如下：

```
Correlations

        ------------------------------------------
        Group 1 |  x1     x2     x3     x4
        --------+---------------------------------
        x1      | 1.0
        x2      | 0.50   1.0
        x3      | 0.59   0.46   1.0
        x4      | 0.58   0.43   0.66   1.0
        ------------------------------------------
```

```
-------------------------------------------------
Group 2 |  x1      x2      x3      x4
--------+----------------------------------------
   x1   |  1.0
   x2   |  0.31    1.0
   x3   |  0.52    0.45    1.0
   x4   |  0.54    0.46    0.70    1.0
-------------------------------------------------
```

Means(standard deviations)

```
-------------------------------------------------
Group   |   x1      x2      x3      x4
--------+----------------------------------------
   1    |  8.34    8.34    8.37    8.40
        | (1.90)  (1.75)  (2.06)  (1.88)
   2    |  8.20    8.23    8.17    8.56
        | (1.84)  (1.94)  (2.07)  (1.88)
-------------------------------------------------
```

本例 ssd 資料格式之建檔指令，如下：

```
. clear all

*Initialize summary statistics data for first group
 ssd init x1 x2 x3 x4

*Set number of observations
. ssd set observations 100

*Set the means for the first group
. ssd set means 8.34 8.34 8.37 8.40

*Set the standard deviations for the first group
. ssd set sd 1.90 1.75 2.06 1.88

* Set the correlations for the first group
. ssd set correlations 1.0 \ .50 1.0 \ .59 .46 1.0 \ .58 .43 .66 1.0
```

```
*Specify that there is another group
. ssd addgroup group

*Repeat steps above for the second group
. ssd set observations 100
. ssd set means 8.20 8.23 8.17 8.56
. ssd set sd 1.84 1.94 2.07 1.88
. ssd set correlations 1.0 \ .31 1.0 \ .52 .45 1.0 \ .54 .46 .70 1.0

*Describe summary statistics data
. ssd describe

*Save summary statistics data
. save ssd_group
```

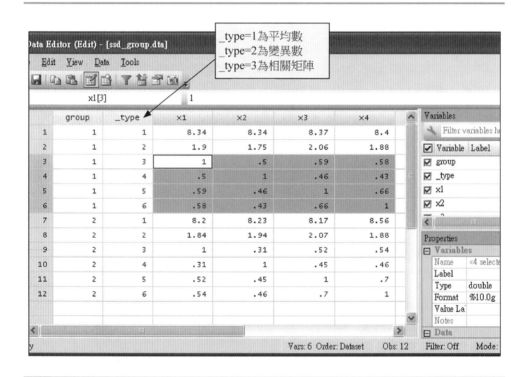

圖 1-24 讀入二群組 4 個變數之相關矩陣，並存到 ssd_group 檔

範例 3：從原始資料檔來算描述性統計 (Creating summary statistics data from raw data)

例如，我們有一原始資料 (raw data) 資料檔 auto.dta，將它轉成 ssd 格式，其指令如下：

```
*開啟資料檔 auto.dta
. sysuse auto, clear

*Create summary statistics dataset with specified variables
. ssd build price mpg turn displacement foreign

* Create summary statistics dataset for all variables in current dataset
. sysuse auto, clear
*刪除 make 變數
. drop make

. ssd build _all, clear

*或則 Specify a group variable
. sysuse auto, clear
. drop make
. ssd build _all, group(foreign) clear

*Describe summary statistics data
. ssd describe
*存 Summary statistics data 到 ssd_auto 檔
. save ssd_auto
```

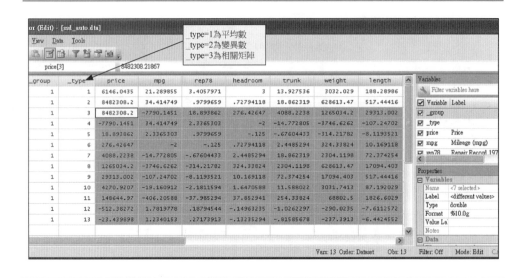

圖 1-25 讀入 raw data 所有變數,並排除 make 變數,ssd 格式再存到 ssd_group 檔

1-2 Stata Generalized SEM (gsem) 之功能

Stata v13 新版已開始提供廣義 SEM;假如你用 Stata v12 舊版,它只能像 AMOS、EQS、LISREL 做傳統 SEM 分析。廣義 SEM 具有非常廣的用途,包括:

---

(1) 廣義線性反應 (Generalized linear responses)

○ 「Continuous—linear, log-gamma」配對。

○ 「Binary—probit, logit, complementary log-log」配對。

○ 「Count—Poisson, negative binomial」配對。

○ 「Categorical—multinomial logit」配對。

○ 「Ordered—ordered logit, ordered probit」配對。

○ 「Censored continuous」配對。

(2) 多層次資料 (Multilevel data)

○ 巢狀 (Nested) 模型:two levels, three levels, more levels。

○ 階層式 (Hierarchical) 模型。

- 不同樣本組 (Crossed)。
- 在不同層級之潛在變數 (Latent variables at different levels)。
- 隨機截距 (Random intercepts)。
- 隨機斜率 (Random slopes (paths))。
- 混合模型 (Mixed models)。

(3)Meaning you can now fit

- 驗證因素分析：CFA with binary, count, and ordinal measurements。
- 多層次 (Multilevel) 驗證性因素分析 CFA。
- 多層次中介效果 (Multilevel mediation)。
- 試題反應理論 (Item–response theory (IRT))。
- 帶重複量數之潛在成長曲線 (Latent growth curves with repeated measurements of binary, count, and ordinal responses)。
- 模型挑選 (Selection models)。
- 內生處理效果 (Endogenous treatment effects)。
- 帶廣義線性反應之任一多層次 SEM(Any multilevel SEM with generalized linear responses)。

註：線上教學網址為 http://www.stata.com/stata13/generalized-sem/

Stata 結構方程模型之解說，你可前往網址：

http://www.stata.com/features/structural-equation-modeling/

概括來說，Stata 提供的 SEM 功能及網址，包括：

1. **界定** (Model specification)

http://www.stata.com/features/overview/structural-equation-modeling/

(1) 使用 SEM Builder 或指令集 (command language)http://www.stata.com/manuals13/semintro2.pdf。

(2) SEM Builder 來使用標準路徑圖 (standard path diagrams)。

(3) 命令語言是路徑圖中一個自然變異 (Command language is a natural variation on path diagrams)。

(4) 添加線性模型之群組估計是容易的 [Group estimation in linear models as easy as adding group(如 sex)]；輕鬆地添加或放寬限制，包括對某些群體，但不是別人添加或省略路徑 (easily add or relax constraints including adding or omitting paths for some groups but not others) http://www.stata.

com/manuals13/semintro6.pdf。

2. SEM 圖形介面 (Builder) (http://www.stata.com/manuals13/sembuilder.pdf)

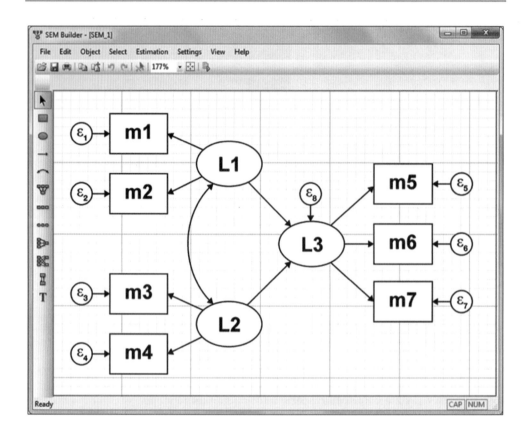

圖 1-26 Stata 結構方程模型之圖形介面

Stata Builder 介面具有下列功能：

(1) 拖、放，並連接到創建路徑圖 (Drag, drop, and connect to create path diagrams)。

(2) 從路徑圖估算模型 (Estimate models from path diagrams)。

(3) 路徑圖上直接顯示結果 (Display results on the path diagram)。

(4) 可儲存和修改圖 (Save and modify diagrams)。

(5) 工具來建測量模型和迴歸模型 (Tools to create measurement and regression components)。

(6) 按滑鼠右鍵來設定常數和等式條件 (Set constant and equality constraints by clicking)。

(7) 你可完全控制你的圖 (Complete control of how your diagrams look)。

1-2-1 線性 SEM 功能

1. **線性 SEM 之功能分類** (Classes of models for linear SEM)

(http://www.stata.com/manuals13/semintro5.pdf)

(1) 線性迴歸 (Linear regression)。

(http://www.stata.com/manuals13/semexample6.pdf)

(2) 多變量迴歸 (Multivariate regression)。

(3) 路徑分析 (Path analysis)。

(4) 中介變數分析 (Mediation analysis)。

(http://www.stata.com/manuals13/semexample42g.pdf)

(5) 測量模型 (Measurement models)。

(http://www.stata.com/manuals13/semexam-ple1.pdf)

(6) 驗證性因素分析 (Confirmatory factor analysis)。

(http://www.stata.com/manuals13/semexample1.pdf)

(7) 多指標及多因模型 (Multiple indicators and multiple causes (MIMIC) models)。(http://www.stata.com/manuals13/semexample10.pdf)

(8) 潛在成長模型 (Latent growth curve models)。

(http://www.stata.com/manuals13/semexample18.pdf)

(9) 階層式驗證性因素分析 (Hierarchical confirmatory factor analysis)。

(http://www.stata.com/manuals13/semexample15.pdf)

(10) 相關之獨特性模型 (Correlated uniqueness models)。

(http://www.stata.com/manuals13/semexample17.pdf)

相關獨特性模型之範例如下：

Step 1. 直接用 sem 指令

```
*相關誤差模型 (Correlated uniqueness model)
*（病人）自評法 vs. 臨床訪談法 vs. 觀察者評分法，各方法之內的誤差彼此相互相關聯
*開啟系統內建之資料檔（它是相關矩陣之格式）
. use http://www.stata-press.com/data/r12/sem_cu1

*印出相關矩陣格式之內容
. ssd describe

  Summary statistics data from I:\Documents and Settings\chess2\My Documents\
  Downloads\sem_cu1.dta
    obs:             500            Correlated uniqueness
    vars:              9            25 May 2013 10:12
                                    (_dta has notes)
  _____

  variable name                 variable label
  _____

  par_i                         self-report inventory for paranoid
  szt_i                         self-report inventory for schizotypal
  szd_i                         self-report inventory for schizoid
  par_c                         clinical interview rating for paranoid
  szt_c                         clinical interview rating for schizoty..
  szd_c                         clinical interview rating for schizoid
  par_o                         observer rating for paranoid(偏執)
  szt_o                         observer rating for schizotypal(分裂型)
  szd_o                         observer rating for schizoid(精神分裂)
  _____
```

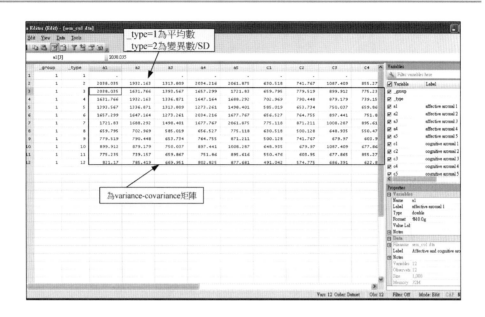

1-27 sem_cu1 資料檔之格式，為 variance-covariance 矩陣

Step2. 改用 Builder 圖形介面來建構 SEM 模型

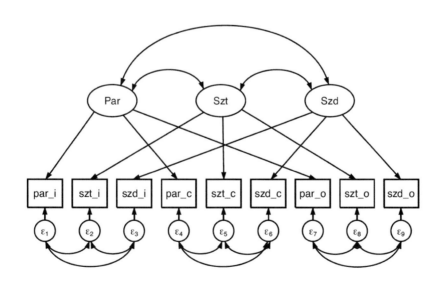

圖 1-28 三角驗證法所衍生的相關誤差模型 (Correlated uniqueness model)

```
.  sem  (Par ->par_i par_c par_o)  (Szt ->szt_i szt_c szt_o)  (Szd ->szd_i szd_c szd_o),
covstr(e. par_i e. szt_i e. szd_i, unstructured)
covstr(e. par_c e. szt_c e. szd_c, unstructured)
covstr(e. par_o e. szt_o e. szd_o, unstructured) standardized
```

Setp 2-1. 開啓資料

　　在 Command 視窗中，鍵入：

　　. use http://www.stata-press.com/data/r12/sem_cu1

Step 2-2. 開啓 Builder diagram.

　　選「Statistics > SEM (structural equation modeling) > Model building and estimation」。

Step 2-3. 改變 observed variables' rectangles 的大小

　　a. 在 SEM Builder menu 中，選「Settings > Variables > All Observed 」。

　　b. 在「dialog box」中，將 0.66 改爲 0.44 並按 OK。

Step 2-4. 新建 9 個 measurement variables.

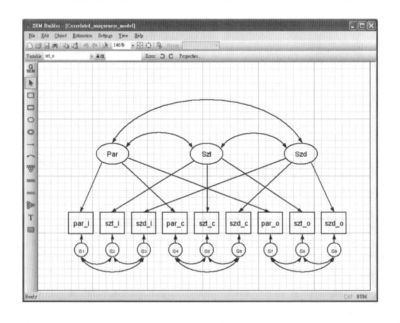

圖 1-29 「Correlated_uniqueness_model.stsem」概念模型

(1) Arbitrary structural equation models

(http://www.stata.com/manuals13/semexample9.pdf)

1-2-2　廣義 SEM 的課外補充 (相關網站查詢)

以下廣義 SEM 的特殊迴歸，請參閱第 5 章範例說明。概括來說，廣義 SEM
新增的模型 (Additional classes of models for generalized SEM)：

1. 廣義線性模型 (Generalized linear models)：適合於非常態之反應變數。
2. 試題反應模型 (http://www.stata.com/manuals13/semexample28g.pdf)。
3. 二元 (binary)，計數 (count)，次序 (ordinal) 變數之測量模型。
4. (http://www.stata.com/manuals13/semexample29g.pdf)。
5. 多層次 CFA 模型 (http://www.stata.com/manuals13/semexample30g.pdf)。
6. 多層式混合效果模型 (Multilevel mixed-effects models)(http://www.stata.com/manuals13/semexample38g.pdf)。
7. 潛在成長模型(Latent growth curve models with generalized-linear responses)。
8. 多層次中介模型 (Multilevel mediation models)。
   (http://www.stata.com/manuals13/semexample42g.pdf)
9. 選擇模型 (Selection models)。
   (http://www.stata.com/manuals13/semexample45g.pdf)
10.具有隨機截距及斜率 (with random intercepts and slopes)。
11.二元 (binary)，計數 (count)，次序 (ordinal) 之反應變數。
12.內生處理效果模型 (Endogenous treatment-effect models) (http://www.stata.com/manuals13/semexample46g.pdf)。
13.任何帶廣義線性之多層結構方程 (multilevel structural equation models with generalized-linear responses) (http://www.stata.com/manuals13/semexample32g.pdf)。

本書受制於篇幅，難免有遺漏之處。故特別提供下列網址供你查詢，以備不時之需。

1. 線性 SEM 及廣義 SEM 的反應變數

(http://www.stata.com/manuals13/semintro2.pdf#semintro2Remarksandexamples SpecifyinggeneralizedSEMsfamilyandlink)

(1) Models for continuous, binary, count, ordinal, and nominal outcomes.

(http://www.stata.com/manuals13/semintro5.pdf#semintro5RemarksandexamplesStructuralmodels1Linearregression)

(2) 廣義 SEM 的 8 種分配家族 (distribution families)

- o Gaussian 分配
- o Gamma 分配
- o Bernoulli 分配
- o Binomial 分配
- o Poisson 分配
- o Negative binomial 分配
- o Ordinal 分配
- o Multinomial 分配

(3) 廣義 SEM 的 5 種連結 (links)

- o Identity
- o Log
- o Logit
- o Probit
- o Cloglog

(4) sem 及 gsem 可處理迴歸模型，包括：linear, logistic, probit, ordered logit, ordered probit, Poisson, multinomial logistic, tobit, interval measurements 等等。

2. 線性 SEM 的估計法

(http://www.stata.com/manuals13/semintro4.pdf#semintro4Remarksandexamplessem Choiceofestimationmethod)

(1) ML：maximum likelihood

觀察數據都是從母體中抽取得到的資料，而所抽出的樣本必須是所有可能樣本中被選擇的機率的最大者，若能符合此一假設，估計的參數即能反應母體的參數。

$$F_{ML} = \log|\Sigma| - \log|S| + tr|S\Sigma^{-1}| - \rho$$

(2) MLMV：maximum likelihood for missing values; sometimes called FIML

(3) ADF：漸近分配自由法 (Asymptotic Distribution Free)，通 GMM (generalized method of moments) 係使用 ADF weighting matrix。

一種無須常態假設為基礎的參數估計法，由於不需考慮常態分配的問題，因此稱為分配自由 (free)。

ADF 法也可以視為是 WLS 法的一種特例，利用 W^{-1} 當權數，來消除多變量常態假設的影響。

$$F_{ADF} = \frac{1}{2}(\kappa+1)^{-1}\,tr\{[S-\textstyle\sum(\Theta)]|W^{-1}\}^2 - \delta\{[S-\textstyle\sum(\Theta)]|W^{-1}\}^2$$

3. 廣義 SEM 的估計法

(http://www.stata.com/manuals13/semintro4.pdf#semintro4RemarksandexamplesgsemChoiceofestimationmethod)

(1) 最大概似法 (Maximum likelihood)。

(2) 適性高斯法 (Mean-variance or mode-curvature adaptive Gauss–Hermite quadrature)。

(3) 高斯法 (Nonadaptive Gauss–Hermite quadrature)。

(4) 拉氏漸近法 (Laplace approximation)。

4. 標準誤 (Standard-error methods) 有 8 種：

(http://www.stata.com/manuals13/semintro8.pdf)

(1) OIM—觀測資訊矩陣 (observed information matrix)。

(2) EIM—期望資訊矩陣 (expected information matrix)。

(3) OPG—梯度之外積 (outer product of gradients)。

(4) Robust—不限分配之線性估計 (distribution-free linearized estimator)。

(5) Cluster–robust—強健調整法 (robust adjusting for correlation within groups of observations)。

(6) Bootstrap—無母數或集群拔靴法 (nonparametric bootstrap and clustered bootstrap)。

(7) Jackknife—刪一，刪 n 和集群刀切法 (delete-one, delete-n, and clustered jackknife)。

5. Survey support for linear SEM (http://www.stata.com/manuals13/semintro10.pdf)

(1) 抽樣權重 (Sampling weights)。

(2) 分層與事後分層 (Stratification and poststratification)。

(3) 在一個或多個級別集群抽樣 (Clustered sampling at one or more levels)。

6. **直接效果及間接效果** (Direct and indirect effects for linear SEM)

(http://www.stata.com/manuals13/semexample7.pdf)

(1) Confidence intervals。

(2) Unstandardized or standardized units。

7. **整體適配度有 9 個指標** (Overall goodness-of-fit statistics for linear SEM)

(http://www.stata.com/manuals13/semexample4.pdf)

(1) 你界定模型對飽和模型 (Model vs. saturated)。

(2) 基本模型對飽和模型 (Baseline vs. saturated)。

(3) RMSEA，近似誤差平方之開根號 (root mean squared error of approximation)。

(4) AIC，Akaike's 資訊準則 (information criterion)。

(5) BIC，Bayesian 資訊準則 (information criterion)。

(6) CFI，比較型適配度 (comparative fit index)。

(7) TLI, Tucker–Lewis 指標，a.k.a. 非規範型適配指標 (nonnormed fit index)。

(8) SRMR，標準化均方根殘差 (standardized root mean squared residual)。

(9) CD，判定係數 (coefficient of determination)。

8. **方程式層次之適配度** (Equation-level goodness-of-fit statistics for linear SEM)

(http://www.stata.com/manuals13/semexample3.pdf#semexample3Remarksande xamplesObtainingequation-levelgoodnessoffitusingestateqgof)

(1) 相關平方 (R-squared)。

(2) 方程式層次之變異數分解 (Equation-level variance decomposition)。

(3) Bentler–Raykov 複相關平方 (squared multiple-correlation coefficient)。

9. **交叉效度：多樣本適配度** (Group-level goodness-of-fit)，亦稱測量不變性

(http://www.stata.com/manuals13/semexample21.pdf)

(1) SRMR。

(2) CD。

(3) 你界定模型對比飽和模式之卡方檢定 (Model vs. saturated chi-squared contribution)。

10. **殘差分析** (Residual analysis for linear SEM)

(http://www.stata.com/manuals13/semexample10.pdf#semexample10Remarksa ndexamplesEvaluatingtheresidualsusingestatresiduals)

(1) 殘差不均數 (Mean residuals)。

(2) 變異數及共變數殘差 (Variance and covariance residuals)。

(3) 原始值(Raw)，標準化值(normalized, and standardized values available)。

11. **參數檢定** (Parameter tests)

(1) 修正指標 (Modification indices)。

(http://www.stata.com/manuals13/semexample5.pdf)

(2) Wald 檢定 (http://www.stata.com/manuals13/semexample8.pdf#semexampl e8RemarksandexamplesUsingtesttoevaluateaddingconstraints)。

(3) Score 檢定 (http://www.stata.com/manuals13/semexample8.pdf#semexamp le8RemarksandexamplesUsingestatscoreteststotestwhetherconstraintscanbere laxed)。

(4) 概似比 (Likelihood-ratio) 檢定。

(http://www.stata.com/manuals13/semexample39g.pdf#semexample39gRe marksandexamplesTestingforoverdispersion)

(5) 容易對被忽略路徑來界定單一或聯合自定義檢定，包括路徑和放鬆限制 (Easy to specify single or joint custom tests for omitted paths, included paths, and relaxing constraints)。

(6) 估計參數之線性／非線性檢定 (Linear and nonlinear tests of estimated parameters)。

(7) 對標準化／非標準化參數單位做檢定 (Tests may be specified in standardized or unstandardized parameter units)。

(http://www.stata.com/manuals13/semestatstdize.pdf#semestatstdizeRemark sandexamples)

12. **多樣本參數檢定** (Group-level parameter tests for linear SEM)

(http://www.stata.com/manuals13/semexample22.pdf)

(1) 多群組之不變性 (Group invariance by parameter class or user specified)。

13. **參數的線性或非線性組合** (Linear and nonlinear combinations of estimated parameters)(http://www.stata.com/manuals13/semexample42g.pdf#semexampl e42gRemarksandexamplesOne-levelmodelusingggsem)

(1) 信賴區間 (Confidence intervals)。

(2) 標準化或非標準化單元 (Unstandardized or standardized units)。

(http://www.stata.com/manuals13/semestatstdize.pdf#semestatstdizeRemark

sandexamples)

14. 評估非遞迴系統的穩定性 (Assess nonrecursive system stability)
(http://www.stata.com/manuals13/semestatstable.pdf#semestatstableRemarksan
dexamples)

15. Predictions for linear SEM
(http://www.stata.com/manuals13/semintro7.pdf#semintro7Remarksandexampl
esObtainingpredictedvalues(sem).pdf)
(1) 可觀察之內生變數 (Observed endogenous variables)。
(2) 潛在之內生變數 (Latent endogenous variables)。
(3) 潛在變數 [Latent variables (factor scores)]。
(4) 方程層次之一階微分 (Equation-level first derivatives)。
(5) 樣本內／樣本彙預測 (In-and out-of-sample prediction); may estimate on
one sample and form predictions in another。

16. 廣義 SEM 的預測值 (Predictions for generalized SEM)(http://www.stata.com/
manuals13/semexample28g.pdf)
(1) 可觀察的內生變量之平均等 (Means of observed endogenous variables—
probabilities for 0/1 outcomes, mean counts, etc.)。
(2) 可觀察之內性變數之線性預測 (Linear predictions of observed endogenous
variables)。
(3) 使用貝氏平均之潛在變數 (Latent variables using empirical Bayes means
and modes)。
(4) 貝氏平均之標準誤 (Standard errors of empirical Bayes means and modes)。
(5) 有／無潛在變數預測之可觀察內生變數 (Observed endogenous variables
with and without predictions of latent variables)。

17. SEM 分析結果 (Results)
(1) 仍可搭配事後估計 (May be used with postestimation features)。
(2) 可暫存，以便後續分析再用它 (May be saved to disk for restoration and
use later)。
(3) 印出 (非) 標準化值 (Displayed in standardized or unstandardized units)
(http://www.stata.com/manuals13/semexample3.pdf#semexample3Remarks
andexamplesDisplayingstandardizedresults)。

(4) 可選印出 Bentler–Weeks 格式之結果 (http://www.stata.com/manuals13/ semexample11.pdf)。

(5) 可選印出指數型數值 (exponentiated form)，如勝出比 (odds ratios)，危險比 (incidence rate ratios), 相對風險比 (relative risk ratios)(http://www. stata.com/manuals13/semexample33g.pdf#semexample33gRemarksandexamplesObtainingoddsratios)。

(6) 可自訂指令 (All results accessible for user-written programs)。

18. **邊際效果分析 (Marginal analysis)**

(http://www.stata.com/manuals13/semintro7.pdf#semintro7RemarksandexamplesUsingcontrast,pwcompare,andmargins(semandgsem))

(1) 邊際平均值 (Estimated marginal means)。

(2) 邊際／部分效果 (Marginal and partial effects)。

(3) 平均邊際／部分效果 (Average marginal and partial effects)。

(4) 最小平方法 (Least-squares means)。

(5) 預測邊際 (Predictive margins)。

(6) 調整後預測值、平均值及效果(Adjusted predictions, means, and effects)。

(7) 效果的對比 (Contrasts of margins)。

(8) 邊際的配對比較 (Pairwise comparisons of margins)。

(9) 剖面圖 (Profile plots)。

(10) 邊際效果圖 (Graphs of margins and marginal effects)。

19. **廣義 SEM 對比比較 (Contrasts for generalized SEM)**

(http://www.stata.com/manuals13/semintro7.pdf#semintro7RemarksandexamplesUsingcontrast,pwcompare,andmargins(semandgsem)

(1) 可分析主要效果，單純效果，交互作用效果，局部交互作用效果和巢狀效果 (Analysis of main effects, simple effects, interaction effects, partial interaction effects, and nested effects)。

(2) 與參考組、鄰近水準或全體平均做比較 (Comparisons against reference groups, of adjacent levels, or against the grand mean)。

(3) 正交多項式 (Orthogonal polynomials)。

(4) Helmert 對比 (contrasts)。

(5) Custom 對比 (contrasts)。

(6) ANOVA-style 檢定。

(7) 非線性反應的對比比較 (Contrasts of nonlinear responses)。

(8) 多種比較 (Multiple-comparison adjustments)。

(9) 平衡／非平衡資料 (Balanced and unbalanced data)。

(10) 平均數、截距及斜率的比較 (Contrasts of means, intercepts, and slopes)。

(11) 對比比較圖 (Graphs of contrasts)。

(12) 交互作用圖 (Interaction plots)。

20. 廣義 SEM 配對比較 (Pairwise comparisons for generalized SEM)

(http://www.stata.com/manuals13/semintro7.pdf#semintro7Remarksandexampl esUsingcontrast,pwcompare,andmargins(semandgsem)

(1) 平均數、截距及斜率的比較 (Compare estimated means, intercepts, and slopes)。

(2) 邊際平均數、截距及斜率的比較 (Compare marginal means, intercepts, and slopes)。

(3) 平衡／非平衡資料 (Balanced and unbalanced data)。

(4) 非線性反應 (Nonlinear responses)。

(5) 多重比較 (Multiple-comparison adjustments): Bonferroni, Sidak, Scheffe, Tukey HSD, Duncan, and Student–Newman–Keuls adjustments。

(6) 顯著的群體比較 (Group comparisons that are significant)。

(7) 配對比較圖 (Graphs of pairwise comparisons)。

chapter

02

結構方程模型之數學式

2-1 結構方程模型

一、SEM 的數學式

結構方程模型 (Structural equations model, SEM)，有下列三個數學式。其中，大寫英文及希臘字，代表矩陣；小寫英文及希臘字，代表向量：

1. **潛在變數** (Latent variables)

$$\eta = \alpha_\eta + \beta_\eta + \Gamma\xi + \zeta$$

2. **外顯變數之測量模型** (Measurement model for observed variables)

$$y = \alpha_y + \Lambda_y\eta + \varepsilon$$
$$x = \alpha_x + \Lambda_x\xi + \delta$$

其中，

$\xi, \zeta, \varepsilon, \delta$ 四者之間彼此都無相關 (are uncorrelated with one another)。

二、意涵動差 (Implied moments)

表示 (Denoting)

$$\mathbb{V}|\xi| = \Phi \,,\, \mathbb{V}|\zeta| = \Psi \,,\, \mathbb{V}|\varepsilon| = \Theta_\varepsilon \,,\, \mathbb{V}|\delta| = \Theta_\delta$$

$$R = \Lambda_y \, (I - B)^{-1} \,,\, z = \begin{pmatrix} x \\ y \end{pmatrix}$$

可求得

$$u(\theta) \equiv \mathbb{E}\,[z] = \begin{pmatrix} \alpha_y + \Lambda_y R\mu_\xi \\ \alpha_x + \Lambda_x R\mu_\xi \end{pmatrix}$$

$$\Sigma\,(\theta) \equiv \mathbb{V}\,[z] = \begin{pmatrix} \Lambda_x\Phi\Lambda'_x + \Theta_\delta & \Lambda_x\Phi\Gamma'R' \\ R\Gamma\Phi\Lambda'_x & R(\Gamma\Phi\Gamma' + \Psi)R' + \Theta_\varepsilon \end{pmatrix}$$

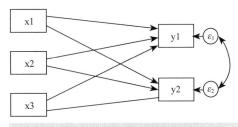

三、路徑圖 (Path diagrams)

多變量迴歸

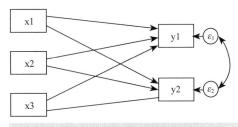

. sem (x1 x2 x3 -> y1 y2), covstructure(e._En, unstructured)

驗證性因素分析

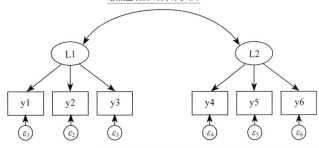

. sem (x1 <- x1 x2 x3) (y2 <- x1 x2 x3), cov(e.yl*e.y2)
或
. sem (y1 <- x1) (y1 <- x2) (y1 <- x3) (y2 <- x1) (y2 <- x2) (y2 <- x3), cov(e.yl*e.y2)

多指標且多因模型(A multiple indicators and multiple causes (MIMIC) model)

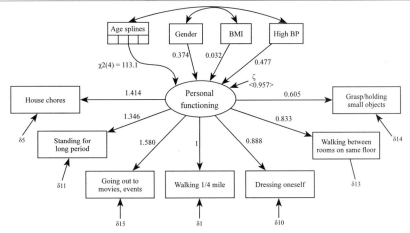

圖 2-1 Path diagrams

四、認定 (Identification)

SEM 在進行估計之前，你就需要檢驗 SEM 的認定 (Identification)：

$$\Pr\{X : f(X, \theta) = f(X, \theta') \Rightarrow \theta = \theta'\} = 1$$

在參數空間 (parameter space) 裡，不論是 globally 或 locally 的鄰近點 (neighborhood of a point)。不同的參數值應該引起不同的概似／目標函數 (likelihoods/objective functions)。

五、概似 (likelihoods)

若常態資料 (Normal data) ⇒ 概似比是充分統計量 (likelihood is the function of sufficient statistic)

$(\bar{z}, S)$：

$$-2 \log L\,(\theta, Y, X) \sim n \ln \det\,(\Sigma\,(\theta)) + n\,\mathrm{tr}\,[\Sigma^{-1}\,(\theta)\,S]$$
$$+\, n\,(\bar{z} - \mu\,(\theta))'\Sigma^{-1}\,(\theta)(\bar{z} - \mu\,(\theta)) \to \min_{\theta}$$

在 Stata 中，廣義潛在變數 (Generalized latent variable)，Builder 工具之圖形為

Gaussian
identity

，它代表著一種「approach for mixed response (normal, binomial, Poisson, ordinal, within the same model)」：

$$-2 \log L\,(\theta, Y, X) \sim \sum_{i=1}^{n} \ln \int f(y_i, x_i \mid \xi, \zeta; \theta)\,\mathrm{d}F\,(\xi, \zeta \mid \theta)$$

六、SEM 估計法 (Estimation methods)

1. 最大概似法 (quasi-)MLE：以二個競爭模型來比較，誰模型適配度較佳。

觀察數據都是從母體中抽取得到的資料，而所抽出的樣本必須是所有可能樣本中被選擇的機率的最大者，若能符合此一假設，估計的參數即能反應母體的參數。

$$F_{ML} = \log|\Sigma| - \log|S| + tr(S\Sigma^{-1}) - \rho$$

2. 加權最大平方法 (Weighted least squares)：

$$s = \mathrm{vech}\,S, \quad \sigma(\theta) = \mathrm{vech}\,\Sigma\,(\theta)$$

$$F = (s - \sigma(\theta))' V_n (s - \sigma(\theta)) \to \min_\theta$$

其中 V_n 爲加權矩陣：

- Optimal $\hat{V}_n^{(1)} = \widehat{\mathbb{V}}[s - \sigma(\theta)]$ (Browne 1984)
- Simplistic: least squares $V_n^{(2)} = I$
- Diagonally weighted least squares: $\hat{V}_n^{(3)} = \text{diag } \widehat{\mathbb{V}}[s - \sigma(\theta)]$

七、SEM 估計法 (Goodness of fit)

SEM 通常尋找估計式，常見方法爲：

1. 最大概似法 (method of maximum likelihood)：Stata SEM 內定採此估計法。

觀察數據都是從母體中抽取得到的資料，而所抽出的樣本必須是所有可能樣本中被選擇的機率的最大者，若能符合此一假設，估計的參數即能反應母體的參數。

$$F_{ML} = \log|\Sigma| - \log|S| + tr(S\Sigma^{-1}) - \rho$$

其中
S 矩陣爲樣本共變異數矩陣，也就是你調查的資料，S 矩陣形式如下：

	$Item_1$	$Item_2$	$Item_3$	$Item_4$
$Item_1$	S^2_{11}	S^2_{12}	S^2_{13}	S^2_{14}
$Item_2$	S^2_{21}	S^2_{22}	S^2_{23}	S^2_{24}
$Item_3$	S^2_{31}	S^2_{32}	S^2_{33}	S^2_{34}
$Item_4$	S^2_{41}	S^2_{42}	S^2_{43}	S^2_{44}

$\Sigma(\theta)$ 矩陣爲模型再製矩陣 (model implied covariances)，$\Sigma(\theta)$ 矩陣形式如下：

	$Item_1$	$Item_2$	$Item_3$	$Item_4$
$Item_1$	σ^2_{11}	σ^2_{12}	σ^2_{13}	σ^2_{14}
$Item_2$	σ^2_{21}	σ^2_{22}	σ^2_{23}	σ^2_{24}
$Item_3$	σ^2_{31}	σ^2_{32}	σ^2_{33}	σ^2_{34}
$Item_4$	σ^2_{41}	σ^2_{42}	σ^2_{43}	σ^2_{44}

SEM 虛無假設「$H_0 : S - \sum(\theta) = 0$」，即殘差共變異數矩陣爲 0 矩陣。

特性：最大概似法 (Maximum likelihood)

1. 假設觀測變量是多變量常態。
2. 通常使用大樣本。
3. 參數的估計是一致的，漸近無偏誤，高效率。
4. 估計是假定正態分布，這使得測試參數具統計顯著性。
5. ML 估計是不受尺度 (scale-free) 影響。

---

2. 加權最小平方法 (weighted least-squares; WLS)

$$F(Q) = (s - \sigma(\Theta))' \, W^{-1} (s - \sigma(\Theta))$$
$$= \sum_{g=1}^{k} \sum_{h=1}^{g} \sum_{i=1}^{k} \sum_{j=1}^{i} w^{gh,\,ij} (s_{gh} - \sigma_{gh})(s_{ij} - \sigma_{gh})$$

WLS 基本爭議：

(a) 當觀察值數目 (n) 增加，矩陣的規模即快速增加，造成執行 SEM 分析的操作時間與複雜度。例如當 $n = 20$，W 矩陣共有 22155 個元素。

(b) 當存在著遺漏值時，估計的進行會因爲遺漏的型態而影響，須使用列出排除法 (listwise deletion) 而非配對排除法 (paired deletion)，將具有遺漏值的樣本去除，此時將造成樣本的流失與流失一致性的問題。

(c) 配合 W 矩陣權數不同的估計法，整個 SEM 分析需要大量的樣本數，動輒數百至數千人，提高實際操作的難度。

(d) WLS 法必須建立在一定的統計假設之上，例如當觀察變數的常態分配假設違反時，統計檢定正確性可能違反，WLS 的結果將被扭曲。

3. 廣義最小平方法 (generalized least squares) 的基本原理也是使用差異平方和的概念，只是在計算每一個差異值時，同時計算了一個特定的權數用以整合個別的比較值。

┌───┐
特性：廣義最小平方法 (generalized least squares)

1. 參數估計具有一致性、漸近無偏誤，高效率。

2. 估計值是漸近常態分布。

3. 如同 ML 法，GLS 估計值是不受尺度 (scale-free) 影響。

4. 使用 χ^2 test 來適配模型。
└───┘

4. 未加權最小平方法 (ULS)

┌───┐
特性：未加權最小平方法 (unweighted least squares)

1. 參數統計估計有一致性。

2. 變量無需假定是何種分布。

3. 可檢定 SEM 模型中，參數的顯著性。

4. 項目／試題參數 (Item parameter) 估計和適配度是會受量表影響 (scale dependent)。

5. 無整體適配度。
└───┘

　　求取 Σ 與 S 矩陣的差異 (殘差矩陣) 平方和的最小值，當所有的觀察變數有類似的測量尺度時，適合使用此一方法。

$$F_{ULS} = \frac{1}{2} tr[(S - \Sigma(\Theta))^2]$$

5. 漸近分配自由法 (Asymptotic Distribution Free)，通常 GMM (generalized method of moments) 係使用 ADF weighting matrix。

　　一種無須常態假設為基礎的參數估計法，由於不需考慮常態分配的問題，因此稱為分配自由 (free)。

　　ADF 法也可以視為是 WLS 法的一種特例，利用 W^{-1} 當權數，來消除多變量常態假設的影響。

$$F_{ADF} = \frac{1}{2} (\kappa + 1)^{-1} tr\{[S - \Sigma(\Theta)]|W^{-1}\}^2 - \delta\{[S - \Sigma(\Theta)]W^{-1}\}^2$$

在此只介紹最大概似法。

(1) 最大概似法之觀念：一般母體之參數 θ 皆未知，今若從此母體抽出一組

隨機樣本，此組樣本之可能性無法得知，因此若能找到一個估計值 $\hat{\theta}$，且可使這組樣本發生之可能性為最大時，則此估計值 $\hat{\theta}$ 即稱為 θ 之最大概似估計值。

(2) 求最大概似估計式之步驟：一般在求算 MLE 時，要先瞭解概似函數 $L(\theta)$ 是否可微分，若函數 $L(\theta)$ 可微分則依微積分求極大值之方法，即可快速求出 MLE，但若此函數 $L(\theta)$ 不可微分，則必需利用數值分析方法，才可求出 MLE。底下將先針對可微分部分來探討。

定理：若概似函數 $L(\theta)$ 可微分，則一般在求算 MLE 之步驟如下：

1. 先找概似函數，即 $L(\theta) = f(x_1, x_2, \cdots, x_n; \theta) = \prod_{i=1}^{n} f(x_i; \theta)$

2. 令 $\dfrac{d \ln L(\theta)}{d\theta} = 0$，解 θ，可獲得 $\hat{\theta}$

3. 再檢查 $\dfrac{d^2 \ln L(\theta)}{d\theta^2}\bigg|_{\hat{\theta}} < 0$

則此估計式 $\hat{\theta}$ 即為 θ 之最大概似估計式。

八、適配度 (Goodness of fit)

通常 SEM 模型適配度係不錯的情形下，可再進行所有相關係數的解讀。適配度如果不能達到一定的水準，則表示模型設定有問題，須進行模型修正後再重新估計。

不錯的適配度是模型繼續分析的必要條件，適配度不佳，所有估計係數都是沒意義的。

指標名稱與性質	範圍	判斷值	適用情形
適合度指標			
GFI(Bentler, 1983) 假設模型可以解釋觀察資料的變異數與共變數的比例	0-1	>.90	說明模型解釋力
AGFI(Bentler, 1983) 考慮模式複雜度後的 GFI	0-1*	>.90	不受模式複雜度影響
PGFI(Mula ik, 1989) 考慮模式複雜度後與簡約性的 GFI	0-1	>.90	適合估計參數較少時

指標名稱與性質	範圍	判斷值	適用情形
NFI(Bentler & Bonett, 1980) 比較假設模型與獨立模型的卡方差異	0-1	>.90	說明模型較虛無模型的改善程度
NNFI(Bentler & Bonett, 1980) 考慮模式複雜度後的 NFI	0-1*	>.90	不受模式複雜度影響
替代性指標			
CFI(Bentler, 1988) 假設模型與獨立模型的非中央性差異	0-1	>.95	說明模型較虛無模型的改善程度特別適合小樣本
RMSEA(Browne & Cudeck, 1993) 比較理論模式與飽和模式的差距考量樣本數與模式複雜度	0-1	<.05	不受樣本數與模式複雜度影響
AIC(Aka ike, 1987) 經過簡約調整的模型契合度的波動性	-	越小越好	適用於效度複核非巢套模式比較
CAIC(Aka ike, 1987) 經過簡約調整的模型契合度的波動性	-	越小越好	適用於效度複核非巢套模式比較
殘差分析			
RMR 末標準化假設模型整體殘差	-	越小越好	瞭解殘差特性
SRMR 標準化假設模型整體殘差	0-1	<.08	瞭解殘差特性

　　當你認定的 SEM 無法證明是最佳模型時，則要考慮其他的模型，包含等值模型及競爭模型。

九、Stata 早期提供 SEM 的相關工具

1. gllamm (Generalised linear latent and mixed models) 語法

```
. gllamm depvar [varlist] [if exp] [in range] , i(varlist)
        [ noconstant offset(varname) nrf(#,...,#)
          eqs(eqnames) frload(#,...,#)ˆ
          ip(string) nip(#,...,#) peqs(eqname)
          bmatrix(matrix) geqs(eqnames) nocorrel
          constraints(clist) weight(varname) pweight(varname)
          family(family) fv(varname) denom(varname)
          s(eqname) link(link) lv(varname)
          expanded(varname varname string) basecategory(#)
          composite(varnames) thresh(eqnames) ethresh(eqnames)
          from(matrix) copy skip long
          lf0(# #) gateaux(# # #) search(#)
          noest eval init iterate(#) adoonly adapt
          robust cluster(varname)
          level(#) eform allc trace nolog nodisplay dots
        ]


where family is              and link is
        gaussian                     identity
        poisson                      log
        gamma                        reciprocal
        binomial                     logit
                                     probit
                                     cll (complementary log-log)
                                     ll (log-log)
                                     ologit (o stands for ordinal)
                                     oprobit
                                     ocll
                                     mlogit
                                     sprobit (scaled probit)
                                     soprobit
```

Generalized Linear Latent And Mixed Models (Skrondal & Rabe-Hesketh 2004, Rabe-Hesketh, Skrondal & Pickles 2005, Rabe-Hesketh & Skrondal 2008)，旨在：

(1) 印出潛在與混合模型之共同性 (Exploits commonalities between latent and mixed model)。

(2) 增加 GLM-like 連結及分配家族 (links and family functions to them)。

(3) 可處理異質性反應 (different exponential family members)。

(4) 可處理多層次模型 (multiple levels)。

(5) 數值積分隨機效果及潛在變數，求得最大概似值 (Gauss-Newton quadrature, adaptive quadrature)。

有關 gllamm 詳情，請查下列網站：

http://www.gllamm.org/

http://www.gllamm.org/examples.html

2. 外掛指令：confa

你可下指令「findit confa」來外掛此 Confirmatory factor analysis 指令。

3. gmm+sem4gmm

Gaussian mixture model(gmm) 指令，可上網：

http://www.stata.com/stata11/gmm.html

三種 SEM 分析工具之功能比較：

	gllamm	confa	gmm + sem4gmm
General SEM	⋯	—	√
Estimation	√	√	√
Overall test	—	√	√
Fit indices	—	⋯	—
Prediction	√	⋯	—
Ease of use	—	√	—
Seed	—	⋯	—

小結

　　上述這三種 SEM 分析工具，在 Stata v13 版中，都已納入 gsem 指令 / gsem 之 Builer 圖形介面。故你可放心且很容易使用它。

2-2 因素分析

因素分析 (factor analysis, FA) 是一種廣為研究者所使用的統計方法。它是以少數個潛在 (latent) 變數 (Y_J) 及獨特因素 (e_K) 的線性組合，構成個別外顯變數 (X_K)，稱為因素模型。易言之，因素分析係指自 K 個外顯變數 ($X_1, X_2, \cdots, X_K$) 萃取出 J 個潛在因素 ($Y_1, Y_2, \cdots, Y_J$) 之變數減縮工具，而 J 小於等於 K。其中，K 個外顯變數均具可觀察性，亦即所有個案在 K 個外顯變數上之數值均可以觀察而得；潛在因素則無法以觀察產生，必須以進行因素分析方能獲得。

因素分析以數學式所示之聯立方程式如下：

$$\begin{cases} X_1 = f_{11}Y_1 + f_{12}Y_2 + ... + f_{1J}Y_J + e_1 \\ X_2 = f_{21}Y_1 + f_{22}Y_2 + ... + f_{2J}Y_J + e_2 \\ \cdots \cdots \\ X_K = f_{K1}Y_1 + f_{K2}Y_2 + ... + f_{KJ}Y_J + e_K \end{cases}$$

其中

$$\begin{bmatrix} X_1 \\ X_2 \\ \vdots \\ \vdots \\ X_K \end{bmatrix} = \begin{bmatrix} f_{11} & f_{12} & f_{13} & \cdots & f_{1J} \\ f_{21} & f_{22} & f_{23} & \cdots & f_{2J} \\ \vdots & \vdots & \ddots & & \vdots \\ \vdots & \vdots & & \ddots & \vdots \\ f_{K1} & f_{K2} & f_{K3} & \cdots & f_{KJ} \end{bmatrix} \times \begin{bmatrix} Y_1 \\ Y_2 \\ \vdots \\ \vdots \\ Y_J \end{bmatrix} + \begin{bmatrix} e_1 \\ e_2 \\ \vdots \\ \vdots \\ e_K \end{bmatrix}$$

X_k = 第 K 個外顯變數，數值可觀察而得。

f_{KJ} = 組型負荷量 (pattern loadings)，即第 K 個外顯變數對第 J 個潛在因素之迴歸係數。

Y_J = 第 J 個潛在因素，須經由因素分析萃取而得。

e_k = 第 K 個外顯變數對應之獨特因素。

K 條因素模型若以矩陣形式表示，其形式如下：

$$\vec{x}_{K \times 1} = \vec{F}_{K \times J} \times \vec{y}_{J \times 1} + \vec{e}_{K \times 1}$$

其中，

1. 外顯變數向量 $x_{K \times 1}$ 包含 K 個外顯變數。
2. 因素組型矩陣 $F_{K \times J}$ 包含 ($K \times 1$) 個組型負荷量。
3. 潛在因素向量 $y_{J \times 1}$ 包含 J 個潛在因素，其中，J 要小於等於 K。

4. 獨特因素向量 $e_{K\times 1}$ 包含 K 個獨特因素。

5. 因素分析的求解目標，旨在求共同性 h_k^2 的最大化，其求解過程如下：

(1) 將共同性及 K 條限制式，依 Largrange's 轉換，得：

$(R_{n\times n} - \lambda I)f = 0, RF = \lambda I \times f$，即矩陣 R 在特徵向量的投影。

特徵值 $\lambda_j = \sum f_{ij}^2$

共同性 $h_k^2 = \sum_i f_{ki}^2$

(2) 找出各個特徵值 λ_j，求其解釋的變異量。

舉例來說：圖 2-2 因素模型中，它是以中間的外顯變數 (X_1, X_2, X_3, X_4) 為主，向左探討可被潛在因素 (Y_1, Y_2) 解釋的程度，它以組型負荷量來表示；向右探討無法被潛在因素解釋之部分 (即誤差)，它以獨特性係數表示。

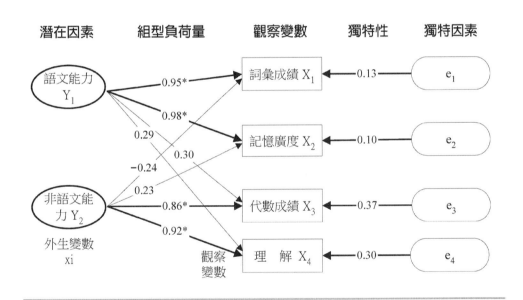

圖 2-2 因素模型是 SEM 的特例 (圓形表潛在變數，方形表外顯變數)

此圖的因素模型之對應的代數式如下：

詞彙成績 = 0.95× 語文能力 − 0.24× 非語文能力 + 0.13

記憶廣度 = 0.98× 語文能力 + 0.23× 非語文能力 + 0.10

代數成績 = 0.30× 語文能力 + 0.86× 非語文能力 + 0.37

理　　解 = 0.29× 語文能力 + 0.92× 非語文能力 + 0.30

2-3 探索性因素 vs. 驗證性因素分析

通常，因素分析旨在：

1. 因素分析能協助研究者進行測量的驗證，確立潛在變數的因素效度。

2. 協助研究者簡化測量內容為幾個同質性構面。

3. 用來協助問卷編製，進行項目分析，檢驗題目優劣。

傳統上研究者在進行因素分析前，並未對資料的因素結構有任何立場，仍藉由統計數據來研判因素結構，此種分析策略帶有濃厚的嘗試錯誤的意味，因此稱探索性因素分析 (EFA)。EFA 係使用資料來決定潛在構面 (underlying structure)，傳統都使用正交轉軸 (orthogonal rotation) 並以因素負荷量 (cross-loadings) 來斷定構面的收斂效度及區別效度。

如果研究者已提出某種特定的結構關係假設，此時因素分析只用來證實資料的模型是否為研究者所預期的形式，此為驗證性因素分析 (Confirmatory Factor Analysis, CFA)。CFA 係我們先根據某理論來界定因素結構，再用 CFA 來決定是否有實證研究來支持該理論性因素結構。CFA 是假定在「斜交轉軸」之下，沒有 (no/ zero) 跨因素負荷量。

驗證性因素分析 (CFA) 是相對於探索性因素分析 (Exploratory Factor Analysis, EFA) 的一種因素分析方法，通常適用於研究進入較成熟階段時，主要在於詳述和估計一或多個假設模型的因素架構，每一個潛在變數為所屬觀察變數的共變數，驗證因素分析各參數的性質或因素的數目。CFA 已經被廣泛的使用在心理學、行銷和建議使用在檢測選擇模型的驗證工具上。

CFA 為 SEM 的次模型，除作為因素結構檢驗外，並可結合其他次模型而成為完整的 SEM。

早期研究者所用的因素分析大部分是屬於探索性因素分析 (即用傳統 SPSS、SAS 統計軟體)，而不是驗證性因素分析 (即用 Stata、LISREL、AMOS 統計軟體)。探索性因素分析是在進入研究的初步階段所常用的統計方法，用來試探、描述、分類，和分析正在研究中的社會及行為科學。通常研究者對其所編製的測驗或量表到底能夠測出哪幾個因素仍不很清楚，更沒有預先提出「它們可測出幾個共同因素」之類的研究假設。最常見的方式是先編好測驗或量表，然後找一群受試者施測，再以主軸法的因素分析來看到底抽取幾個因素。換句話說，量表可抽到幾個因素純由它所收集到的資料本身來決定。

相對地，驗證性因素分析係在研究進入較成熟的階段所用的統計方法，用

來驗證或確定因素分析各個參數的性質或因素的個數。換句話說，驗證性因素分析，係指在外顯變數 $(X_1, X_2, \cdots, X_K)$ 與所萃取之潛在因素 $(Y_1, Y_2, \cdots, Y_J)$ 有一定理論架構之前提下，爲驗證理論架構與實際資料之相容性，所進行之因素分析。一般而言，財務、心理等領域之外顯變數與潛在因素有非常強烈的理論架構。以財務爲例，資產負債表中之現金、應收帳款、短期投資…等乃歸屬於流動資產；土地、廠房、機器設備…等則歸屬於固定資產。若前述之會計科目所萃取之財務因素，不同於財務理論所給定之歸屬，則實證結果將與財務理論相違背，而無法從事進一步的分析。有鑑於此，研究者可事先根據理論，給定會計科目與財務因素間之組型負荷量，此即爲目標矩陣 (target matrix)，應用於目標轉軸。所謂目標矩陣，乃目標轉軸之依據，由 (-1, 0, 1) 等數值所構成，分別表示外顯變數與潛在因素間爲負相關、零相關、正相關等關係。或是根據直交轉軸結果所構成。

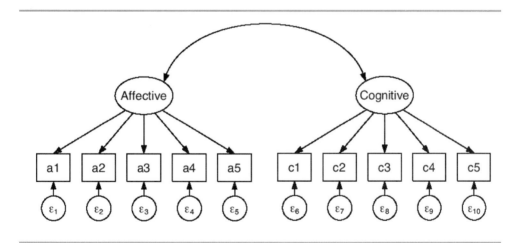

圖 2-3 利用 Builder 建構 sem 模型，並存在「sem_2fmm.stsem」檔 (含有二個直交共同因素模型)

　　驗證性因素分析亦可說是結構模型分析 (structural equation model, SEM) 的一種特例。結構模型分析又稱「結構方程模型」。

2-4 SEM 資料分析流程

　　一個完整的研究模型，其理論驗證必須同時通過測量模型分析與結構模型分析兩個階段。然而在模型驗證過程中，可能會有某一段未達顯著水準。若其中某一階段的結果未達顯著水準或與理論預期不符合時，研究者通常會對研究模型做小部分的修正，並重新驗證修正模型 (Igbaria, et al., 1995)。因此，使用 SEM 來做分析研究模型時，各階段可能重複。

　　為了得以繼續驗證修正後的模型，在進行結構模型分析時，研究者 (Chin & Todd, 1995; Igbaria, et al., 1995) 通常會將欲分析的樣本資料先區分成兩群 (假設為 S1 與 S2)。先以 S1 資料群作為主要的驗證資料，若有模型修正的情形發生時，再以 S2 資料群驗證修正後的模型。因此，您亦可將樣本資料區分為 S1 和 S2 兩群，兩群樣本數目相等。分類原則是先將資料依據調查區域分成二組，再採隨機抽樣方式將各組資料區分成兩群，並分別置於 S1 與 S2 資料群中。

　　SEM 研究資料分析過程如下：

1. 以 S1 群資料檢驗研究模型是否有測量誤差，若結果顯示各檢定值均達統計顯著水準，則繼續以 S1 群樣本來進行研究模型的結構分析。

2. 結構模型分析是以研究模型以及 S1 資料間無顯著差異為虛無假設來進行卡方檢定 (Chi square test)，接著確認研究模型各變數間的因果效果。若研究模型各變數間的因果關係中有未達顯著水準者，則對研究模型進行修正。

3. 將研究模型中不顯著的因果關係去除以產生修正模型，再以 S2 資料群進行修正模型的結構分析。

2-4-1 SEM 分析流程及信效度公式

一、SEM 分析流程

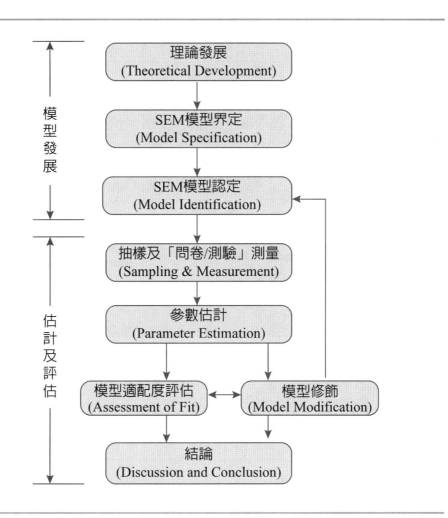

圖 2-4 SEM 資料分析流程

二、SEM 信度、效度公式

　　所謂信度，意指測驗 (test，亦即測量工具) 在經歷時間的變化、指標的更動或評分者的替換時在測量分數上的一致性 (consistency)、穩定性 (stability) 或可靠性 (dependability)。至於信度分析則是屬於測驗分析 (test analysis) 的一種，目

的在於呈現測量受隨機誤差影響的程度。

1. 測量模型即驗證性因素分析之一種:「Measurement model (CFA) = a visual representation that specifies the model's constructs, indicator variables, and interrelationships」。驗證性因素分析 (CFA) 旨在求出各構念 (constructs) 量化的信度及效度。

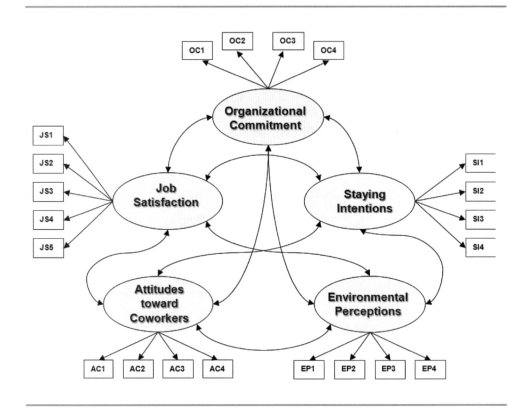

圖 2-5 五個構念之測量模型

　　測量模型分析的重點在於,所有外顯變數是利用驗證性因素分析來驗證研究模型中,各外顯變數是否正確地測量到各潛在變數,以及檢驗是否有負荷量 (loadings) 在不同潛在變數之間的複雜外顯變數 (complex measure item)。所謂的複雜外顯變數是指模型中,同時對不同潛在變數皆達到顯著水準高負載的外顯變數。

　　本例五個構念 CFA 分析結果如下圖:

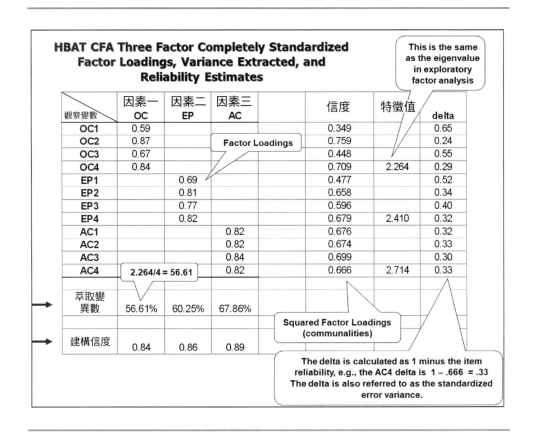

觀察變數	因素一 OC	因素二 EP	因素三 AC		信度	特徵值	delta
OC1	0.59				0.349		0.65
OC2	0.87			Factor Loadings	0.759		0.24
OC3	0.67				0.448		0.55
OC4	0.84				0.709	2.264	0.29
EP1		0.69			0.477		0.52
EP2		0.81			0.658		0.34
EP3		0.77			0.596		0.40
EP4		0.82			0.679	2.410	0.32
AC1			0.82		0.676		0.32
AC2			0.82		0.674		0.33
AC3			0.84		0.699		0.30
AC4	2.264/4 = 56.61		0.82		0.666	2.714	0.33
萃取變異數	56.61%	60.25%	67.86%				
建構信度	0.84	0.86	0.89				

This is the same as the eigenvalue in exploratory factor analysis

Squared Factor Loadings (communalities)

The delta is calculated as 1 minus the item reliability, e.g., the AC4 delta is 1 − .666 = .33 The delta is also referred to as the standardized error variance.

圖 2-6 五個構念 CFA 分析結果

收斂效度的二個指標：

(1) 構念信度 (Construct Reliability, CR) 公式：

$$CR = \frac{(\sum_{i=1}^{n} \lambda_i)^2}{(\sum_{i=1}^{n} \lambda_i)^2 + (\sum_{i=1}^{n} \delta_i)}$$

根據上述 CFA 數據，求 CR 為

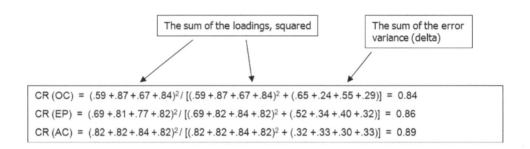

CR (OC) = (.59 +.87 +.67 +.84)² / [(.59 +.87 +.67 +.84)² + (.65 +.24 +.55 +.29)] = 0.84
CR (EP) = (.69 +.81 +.77 +.82)² / [(.69 +.82 +.84 +.82)² + (.52 +.34 +.40 +.32)] = 0.86
CR (AC) = (.82 +.82 +.84 +.82)² / [(.82 +.82 +.84 +.82)² + (.32 +.33 +.30 +.33)] = 0.89

(2) 平均變異抽取量 (Average Variance Extracted, AVE) 公式：

$$VE = \frac{\sum\limits_{i=1}^{n} \lambda_i^2}{n}$$

This is the squared loading for OC4 – $.84^2 = .709$

Calculated Variance Extracted (AVE):

OC Construct = .349 + .759 + .448 + .709 = 2.264 / 4 = **.5661**

EP Construct = .477 + .658 + .596 + .679 = 2.410 / 4 = **.6025**

AC Construct = .676 + .674 + .699 + .666 = 2.714 / 4 = **.6786**

2. 測量模型 (CFA) 之分析重點：

   (1) 不同的指標變數都指向同一概念嗎？

      (a) 收斂效度 (Convergent validity)：measured by shared variance

      (b) No (zero) cross-loadings：單一構面 (unidimensional)。

      (c) 誤差之間無相關 (Uncorrelated errors)。

   (2) 所有構念都代表不同概念嗎？

      (d) 區別效度 (Discriminant validity)：通常，average shared variance (AVE) 必須大於「squared interconstruct correlation estimates (SIC)」。測量變數們在其所屬的構念之共同性 (common)，會高於其他構念 (the measured variables have more in common with the construct they are associated with than they do with the other constructs)。

定義

區別效度 (Discriminant validity) = the extent to which a construct is truly distinct from other constructs.

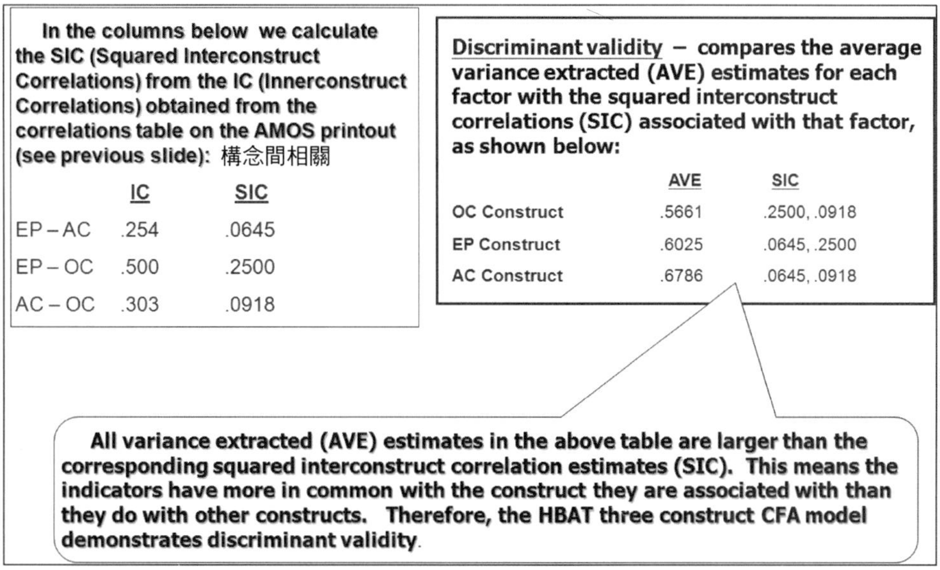

In the columns below we calculate the SIC (Squared Interconstruct Correlations) from the IC (Innerconstruct Correlations) obtained from the correlations table on the AMOS printout (see previous slide): 構念間相關

	IC	SIC
EP – AC	.254	.0645
EP – OC	.500	.2500
AC – OC	.303	.0918

Discriminant validity — compares the average variance extracted (AVE) estimates for each factor with the squared interconstruct correlations (SIC) associated with that factor, as shown below:

	AVE	SIC
OC Construct	.5661	.2500, .0918
EP Construct	.6025	.0645, .2500
AC Construct	.6786	.0645, .0918

All variance extracted (AVE) estimates in the above table are larger than the corresponding squared interconstruct correlation estimates (SIC). This means the indicators have more in common with the construct they are associated with than they do with other constructs. Therefore, the HBAT three construct CFA model demonstrates discriminant validity.

圖 2-7 若 AVE 大於 SIC，則表示區別效度佳

(3) 構念信度高嗎？ (Are the constructs reliable?) 測量內部一致性 (很像 Cronbach α)。

(4) 構念之間相關，是否與你理論模型相符？ (Are the interconstruct correlations consistent with your theory?)

(e) 法則效度 (Nomological validity)

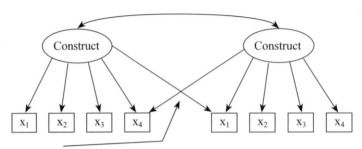

1. 交叉負荷量 Cross-Loadings = when indicator variables on one construct are assumed to be related to another construct.
2. 一致的測量模型 Congeneric measurement model = all cross-loadings are assumed to be 0.
   The assumption of no cross-loadings is based on the fact that the existence of significant cross-loadings is evidence of a lack of unidimensionality and therefore a lack of construct validity. i.e. discriminant validity.

圖 2-8 CFA Assumes No Cross-Loadings and Unidimensionality

此外,交叉效度的檢定,旨在證明假設模型具有一定的穩定性,非隨機而生 (Capitalization on chance)。

三、測量模型的診斷

除了看 goodness-of-fit 外,你仍需用下列方法來診斷 CFA:

1. Path 估計:即個別指標連結至構念的標準化因素負荷量 (standardized loadings) (Stata 用「sem, standardized」),通常,建議值為 >0.7,但 0.5 仍可接受。當外顯變數的 standardized loadings 不顯著或值過低時,你可考慮刪除該變數。

2. 標準化殘差 (Standardized residuals):「observed covariance terms」與「fitted covariance terms」之間的差異。殘差值愈小則 CFA 適配度愈佳。通常,殘差要 < |4.0|。

3. 修正指標 (Modification indices, MI):即任一路徑未被估計時,整體 Chi-square 值減少量。意即,你新增 (或刪減) 任一路徑時,對卡方值的衝擊 (impact on the Chi-square)。通常,MI 要小於 3.84。

四、結構模型

1. 結構模型是你假設的構念之間的相依關係：「Structural model (SEM) = a set of dependence relationships linking the hypothesized model's constructs」。SEM 可判定各構念之間是否存在關係，並根據 CFA 來判定你引述理論是否接受 / 拒絕？

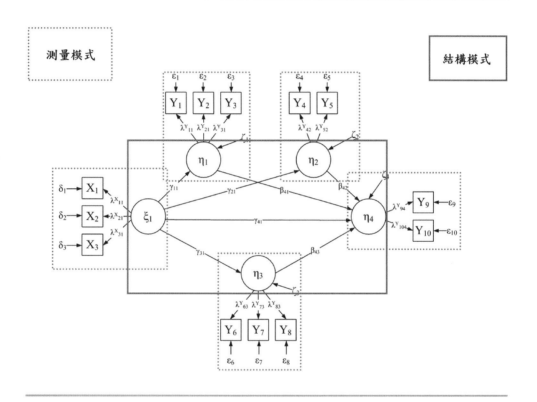

圖 2-9 測量模型 vs. 結構模型的組合

2. 結構模型的效度

   (1) Stata 測量模型 (CFA) 分析之後，就可看到各路徑 (path) 的負荷量 (loadings) 及誤差變異數。

   (2) 評估顯著性 (significance)、方向性 (direction) 及結構參數值 (structural parameter) 大小。請見第 3 章以後範例說明。

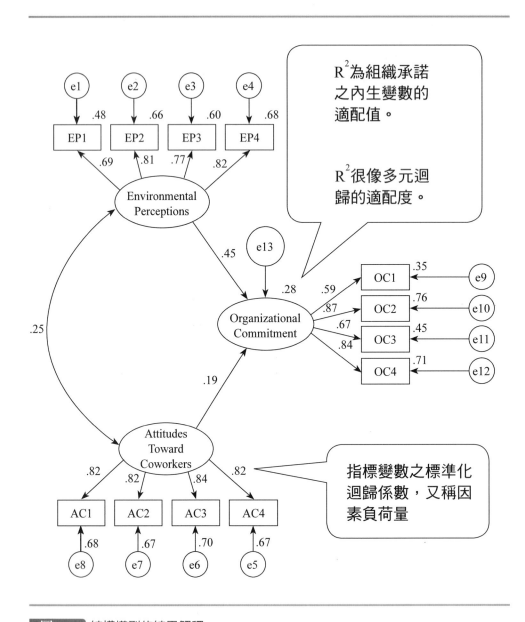

圖 2-10 結構模型的結果解釋

小結

1. 共變數導向的 SEM 有其統計分析上之優勢，但亦有其應用上的限制。事實上，單靠 SEM 適配度佳並無法分辨該提議模型為最適模型 (A good fit ?) 或證實該模型中的因果關係 (A good fit ? A causal Link)。

2. 測量模型 (含測量指標信度) 之評估為進行 SEM 分析的首要任務，滿足前述信度之最低要求後，再進行結構模型之評析。當測量模型不當時 (尤其指標的信度不佳時)，即應重新尋找或增加更有預測力的指標變數後，再進行結構模型之分析，否則可能會導致離譜的結構關係。

2-4-2　SEM 參數標註的寫法

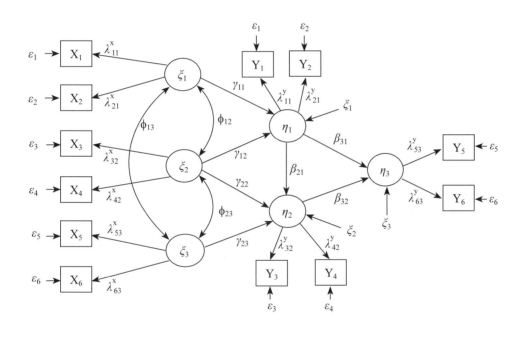

圖 2-11 參數標註的寫法

1. 參數標註的寫法：先寫箭頭所指處，再寫箭頭來源處。例如，γ_{12} 表示 ξ_2 影響 η_1。
2. 表示相關的雙箭頭，只要註明上箭頭所指的兩個潛在變數的號碼。例如，ϕ_{13} 表示 ξ_1 與 ξ_3 有相關。

2-4-3 共變數推導的定理

定理一：某一變數與本身的共變數，謂之該變數的變異數 (variance)，即 $\text{Cov}(X, X) = \text{Var}(X)$，記為 $S_{xx}^2 = S^2$。

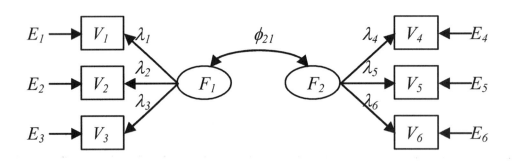

$$V_1 = \lambda_1 F_1 + E_1$$
$$V_2 = \lambda_2 F_2 + E_2$$

定理二：計算兩個觀察變數的共變數為：

$$Cov(V_1, V_2) = Cov(\lambda_1 F_1 + E_1, \lambda_2 F_2 + E_2)$$
$$= \lambda_1\lambda_2 Cov(F_1, F_1) + \lambda_1 Cov(F_1, E_2) + \lambda_2 Cov(E_1, F_1) + Cov(E_1, E_2)$$
$$= \lambda_1\lambda_2 Cov(F_1, F_1) = \lambda_1\lambda_2 Var(F_1, F_1) = \lambda_1\lambda_2$$

$$Cov(V_1, V_4) = Cov(\lambda_1 F_1 + E_1, \lambda_4 F_2 + E_4)$$
$$= \lambda_1\lambda_4 Cov(F_1, F_2) + \lambda_1 Cov(F_1, E_4) + \lambda_4 Cov(E_1, F_2 + Cov(E_1, E_4)$$
$$= \lambda_1\lambda_4 Cov(F_1, F_2) = \lambda_1\lambda_4\phi_{21}$$

$$Var(V_1) = Cov(\lambda_1 F_1 + E_1, \lambda_1 F_1 + E_1)$$
$$= \lambda_1^2 Cov(F_1, F_1) + \lambda_1 Cov(F_1, E_1) + \lambda_1 Cov(E_1, F_1) + Cov(E_1, E_1)$$
$$= \lambda_1^2 Var(F_1) + Var(E_1) = \lambda_1^2 + \theta_1$$

$$\Sigma = \begin{bmatrix} \lambda_1^2 + \theta_1 & & & & & \\ \lambda_1\lambda_2 & \lambda_2^2 + \theta_2 & & & & \\ \lambda_1\lambda_3 & \lambda_2\lambda_3 & \lambda_3^2 + \theta_3 & & & \\ \lambda_1\lambda_4\phi_{21} & \lambda_2\lambda_4\phi_{21} & \lambda_3\lambda_4\phi_{21} & \lambda_4^2 + \theta_3 & & \\ \lambda_1\lambda_5\phi_{21} & \lambda_2\lambda_5\phi_{21} & \lambda_3\lambda_5\phi_{21} & \lambda_4\lambda_5 & \lambda_5^2 + \theta_5 & \\ \lambda_1\lambda_6\phi_{21} & \lambda_2\lambda_6\phi_{21} & \lambda_3\lambda_6\phi_{21} & \lambda_4\lambda_6 & \lambda_5\lambda_6 & \lambda_6^2 + \theta_6 \end{bmatrix}$$

定理三：經過線性整合後的變數的變異數為：

$$Var(aX + bY) = Cov(aX + bY, aX + bY)$$
$$= a^2Cov(X, X) + b^2Cov(Y, Y) + 2abCov(X, Y)$$

定理四：獨立的兩個變數的線性整合後的變異數為：

$$Var(aX + bY) = a^2Cov(X, X) + b^2Cov(Y, Y)$$

2-4-4 測量模型的檢定

　　測量模型分析旨在檢驗模型的基本適合度及內在結構適配度 (fitness of internal structure of model)，即在評估外顯變數與潛在變數的信度、效度、估計參數的顯著水準 (Bagozzi & Yi, 1988)。因此，測量模型分析可以檢定模型中各構面的收斂效度及區別效度 (Igbaria et al., 1994)。

　　一個研究模型的良好測量模型，必須滿足兩件事：(1) 研究模型中各外顯變數必須能正確測量出各潛在變數。(2) 同一外顯變數不能對於不同的潛在變數都產生顯著的負荷量 (Bagozzi & Yi, 1988)。根據 Bagozzi 和 Yi(1988) 的建議，研究模型要滿足以上兩件事，可用的指標有下列五個：外顯變數之個別項目信度、潛在變數的組合信度、潛在變數的平均變異抽取量、估計參數的顯著水準、標準化殘差等，各指標分述如下：

1. 外顯變數之個別項目信度 (individual item reliability)：個別項目的信度是各外顯變數對其潛在變數的因素負荷量 (factor loading)，Hair 等人 (1992) 建議因素負荷量應該都在 0.5 以上。

2. 潛在變數的組合信度 (composite reliability)：潛在變數的組合信度是其所有外顯變數之信度的組成，Fornell(1982) 的建議值為 0.6 以上。若潛在變數之組合

信度愈高，則表示其外顯變數愈能測出該潛在變數，易言之，該潛在變數的內部一致性愈高。組合信度所代表的「建構信度」，其公式如下：

$$建構信度 = \frac{(標準負荷量總合)^2}{(標準負荷量總合)^2 + 變數測量誤差總合}$$

3. 潛在變數的平均變異抽取量 (average variance extracted)：平均變異抽取量是計算潛在變數之各外顯變數對該潛在變數的平均變異解釋力。若潛在變數之平均變異抽取量愈高，則表示潛在變數有愈高的收斂效度及區別效度，Fornell 和 Larcker(1981) 建議其標準值須大於 0.5。

4. 估計參數的顯著水準：該指標是檢定外顯變數對該潛在變數的因素負荷量是否達到顯著水準，其為一個標準化值，因此若要達顯著水準，t-value 的絕對值至少要大於 2.00。

5. 標準化殘差 (standardized residuals)：標準化殘差是用來計算估計值與樣本值之間的誤差，若測量模型有良好適配度 (fitness)，其值應呈現常態分布且絕對值小於 2.58(Jöreskog & Sorbom, 1989)。

2-5 結構模型分析 (SEM)

SEM 模型可分為測量模型 (measurement model) 和結構方程式 (structural equation model) 模型兩種模型：

1. 測量模型：敘述潛在變數或假設構念如何從觀察變數獲得；因此，可以敘述觀察變數之信度和效度，亦即敘述潛在變項與觀察變項之關係。

2. 結構模型、結構方程式模型 (structural equation model)：敘述潛在變數間之因果關係、形容因果效果及指配解釋及未解釋變異 LISREL 模型適合於特定結構方程式模型。包括潛在變數及獨立變數及依變數之測量誤差、雙向因果關係，同時發生及相互依賴性。

自從 Jöreskog(1969) 發展 LISREL(LInear Structure RELation) 程式，它是 SEM 的代表，接著 Stata 加以發揚光大。迄今 SEM 在社會行為科學中常被用來改善路徑 (path) 因果分析的缺點，路徑分析的三項假定 (assumption) 為：(1) 各變數的測驗誤差為零。(2) 殘差誤差之間相關為零。(3) 因果關係是單向的遞迴。然而社會科學的研究中，研究的變數常是潛在變數或非外顯變數，所使用的測量工具亦常因隨機的、無系統性的測驗誤差而降低其信度。而且在縱貫性的研

究中，受試者反覆進行幾次測驗，殘餘誤差之間可能有相關存在。再就第三個假設而言，實際的研究中，常因變數之間可能互爲因果，因此遞迴模型是不太可能的。所謂結構模型分析 (SEM) 是一種以迴歸爲基礎的多變量統計技術，其目的在探討潛在變數與潛在變數之間的因果關係，以建立理論或驗證理論。根據以往學者對因果結構模型分析的建議，在進行研究模型適配度之前須先獲得可接受之測量模型，亦即必須考慮變數的測量誤差，如此可以避免產生因不正確的測量模型所造成的混淆結果。因此利用結構模型分析法 (SEM) 來進行研究模型分析時，尚必須分二階段進行測量模型及結構模型的分析。最後階段則做適配度的評估工作，以驗證整個研究模型是否與收集資料間無顯著差異。結構模型分析主要公式有下列四個：

1. 結構模型分析

　　所謂結構方程式 (Structural Equations)，係指探討潛在內生變數 (η_1, η_2,…, η_m) 對潛在外生變數 (ξ_1, ξ_2,…, ξ_n) 之函數關係的統計模型。模型中，反應變量爲 η 變數，解釋變數則包括 ξ 變數及 η 變數。因此，結構方程式屬於聯立系統，可探討變數間之雙向因果關係，而非僅止於探討單向果關係。

$$\beta_{(m \times m)} \eta_{(m \times 1)} = \Gamma_{(m \times n)} \xi_{(m \times 1)} + \zeta_{(m \times 1)} \tag{2-1}$$

　　或寫成

$$\eta = \beta\eta + \Gamma\xi + \zeta$$

$$其中，Cov(\xi_{n \times 1}) = \Phi_{n \times n}，Cov(\zeta_{m \times 1}) = \psi_{n \times n}$$

此一方程式之矩陣形式則可表示如下：

$$
\begin{bmatrix}
0 & \beta_{12} & \beta_{22} & \cdots & \beta_{1m} \\
\beta_{21} & 0 & \beta_{23} & \cdots & \beta_{2m} \\
\vdots & \vdots & \ddots & & \vdots \\
\vdots & \vdots & & \ddots & \vdots \\
\beta_{m1} & \beta_{m2} & \beta_{m3} & \cdots & 0
\end{bmatrix}
\times
\begin{bmatrix}
\eta_1 \\
\eta_2 \\
\vdots \\
\vdots \\
\eta_m
\end{bmatrix}
=
\begin{bmatrix}
\gamma_{11} & \gamma_{12} & \gamma_{13} & \cdots & \gamma_{1n} \\
\gamma_{21} & \gamma_{22} & \gamma_{23} & \cdots & \gamma_{2n} \\
\vdots & \vdots & \ddots & & \vdots \\
\vdots & \vdots & & \ddots & \vdots \\
\gamma_{m1} & \gamma_{m2} & \gamma_{m3} & \cdots & \gamma_{mn}
\end{bmatrix}
\times
\begin{bmatrix}
\xi_1 \\
\xi_2 \\
\vdots \\
\vdots \\
\xi_m
\end{bmatrix}
+
\begin{bmatrix}
\zeta_1 \\
\zeta_2 \\
\vdots \\
\vdots \\
\zeta_m
\end{bmatrix}
$$

　　其中

$\mathbf{\eta}$(eta) = 潛在內生變數之向量，係一 ($m \times 1$) 向量。

$\mathbf{\xi}$(xi 或 ksi) = 潛在外生變數之向量，係一 ($n \times 1$) 向量。

$\mathbf{\zeta}$(zeta) = 潛在內生變數 η 之誤差向量，係一 ($m \times 1$) 向量。

B(beta) = 潛在內生變數 η 對潛在內生變數 η 之迴歸係數矩陣，係一 $(m \times m)$ 矩陣。

Γ(gamma) = 潛在內生變數 η 對潛在外生變數 ξ 之迴歸係數矩陣，係一 $(m \times n)$ 矩陣。

Φ = 潛在外生變數之共變數矩陣，係一 $(n \times n)$ 對稱方陣。

Ψ = 潛在內生變數之誤差向量 ζ 的共變數矩陣，係一 $(m \times m)$ 對稱方陣，對角線為 ζ 之變異數，非對角線為共變數。

由上式可知，結構方程式相當於 m 個潛在變數 $(\eta_1, \eta_2, \cdots, \eta_m)$ 與其他潛在變數間之迴歸模型，亦即反應變量與解釋變數為潛在變數 (η, ξ)。與多變量迴歸模型不同的是，多變量迴歸模型之變數，多個反應變量間不一定彼此獨立，存在雙向因果關係。

結構方程式中之潛在變數 η 及 ξ，分別萃取自外顯變數 y 及 x，η 及 ξ 兩者均為不可觀察之變數。因此，在求解結構方程式之前，須先求解潛在變數與外顯變數間之關係，亦即潛在變數 η 與外顯變數 y 間之測量模型，以及潛在變數 ξ 與外顯變數 x 間之測量模型。

在實際應用時，上述這些矩陣的有些元素要予以固定 (fixed)(即由研究者事先賦予某一值，電腦不必估計它) 或予以限制 (constrained) 使它與其他參數值相等；有些元素則是自由 (free) 參數，它們是不須固定亦不予以限制的參數。而剩下的其他元素則為未知數，由電腦來估計它。

結構方程模型亦可以圖形來表示，如下圖所示：

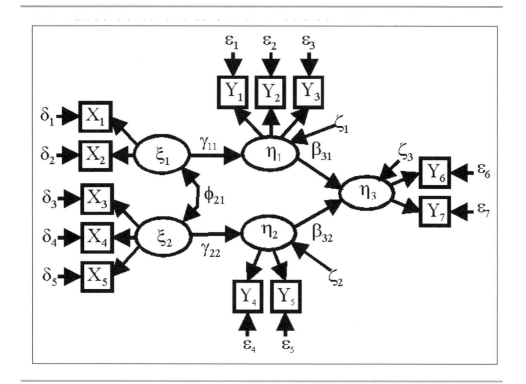

圖 2-12 SEM 之示意圖

下列兩個測量模型，則用來說明非外顯變數與外顯變數間之關係。

2. Y 變數之測量模型

以潛在變數 η 代表外顯變數 y 之變數相依模型，稱為 y 變數之測量模型 (Measurement Model)，與因素模型十分相似，如下所示：

$$Y_{(p \times 1)} = \Lambda_{y(p \times m)} \eta_{(m \times 1)} + \varepsilon_{(p \times 1)} \tag{2-2}$$
$$\text{其中，} \mathbf{Cov} (\varepsilon_{p \times 1}) = \theta_\varepsilon$$

其中

$\mathbf{Y}$ = 外顯內生變數向量，數值可觀察而得，係一 $(p \times 1)$ 向量；

$\mathbf{\eta}$ = 潛在內生變數向量，係一 $(m \times 1)$ 向量；

$\mathbf{\varepsilon}$ = 外顯變數 y 之誤差向量，係一 $(p \times 1)$ 矩陣；

$\mathbf{\Lambda_y}$ = 外顯內生變數對潛在內生變數之因素組型矩陣，係一 $(p \times m)$ 矩陣；

$\mathbf{\Theta_\varepsilon}$ = 外顯內生變數之誤差向量 ε 的共變數矩陣，係一 $(p \times p)$ 對角矩陣，對

角線元素為 ε 之變異數，非對角線者通常設定為 0。

Y 變數之測量模型可表示成如下列矩陣關係：

$$\begin{bmatrix} y_1 \\ y_2 \\ \vdots \\ \vdots \\ y_p \end{bmatrix} = \begin{bmatrix} \lambda_{11}^y & \lambda_{12}^y & \lambda_{13}^y & \cdots & \lambda_{1m}^y \\ \lambda_{21}^y & \lambda_{22}^y & \lambda_{23}^y & \cdots & \lambda_{2m}^y \\ \vdots & \vdots & \ddots & & \vdots \\ \vdots & \vdots & & \ddots & \vdots \\ \lambda_{p1}^y & \lambda_{p2}^y & \lambda_{p3}^y & \cdots & \lambda_{pm}^y \end{bmatrix} \times \begin{bmatrix} \eta_1 \\ \eta_2 \\ \vdots \\ \vdots \\ \eta_m \end{bmatrix} + \begin{bmatrix} \varepsilon_1 \\ \varepsilon_2 \\ \vdots \\ \vdots \\ \varepsilon_p \end{bmatrix}$$

或

$$\begin{cases} \mathbf{Y}_1 = \lambda_{11}^y \, \boldsymbol{\eta}_1 + \boldsymbol{\varepsilon}_1 \\ \mathbf{Y}_2 = \lambda_{21}^y \, \boldsymbol{\eta}_1 + \boldsymbol{\varepsilon}_1 \\ \mathbf{Y}_3 = \lambda_{32}^y \, \boldsymbol{\eta}_2 + \boldsymbol{\varepsilon}_3 \\ \mathbf{Y}_4 = \lambda_{42}^y \, \boldsymbol{\eta}_2 + \boldsymbol{\varepsilon}_4 \\ \mathbf{Y}_5 = \lambda_{53}^y \, \boldsymbol{\eta}_3 + \boldsymbol{\varepsilon}_5 \\ \mathbf{Y}_6 = \lambda_{63}^y \, \boldsymbol{\eta}_3 + \boldsymbol{\varepsilon}_6 \end{cases}$$

「y 變數之測量模型」是說明潛在變數 η (內生變數) 與外顯變數 y 間之關係的統計模型，故稱為 y 變數之測量模型。測量模型與因素模型十分相似，而為了簡化求解過程，應先將外顯變數 y 予以標準化。

3. X 變數之測量模型

以潛在變數 ξ 代表外顯變數 x 之變數相依模型，稱為 x 變數之衡量模型，亦與因素模型十分相似，如下所示：

$$X_{(p \times 1)} = \Lambda_{x(q \times n)} \xi_{(n \times 1)} + \delta_{(q \times 1)} \tag{2-3}$$
$$\text{其中，} \mathbf{Cov}\,(\delta_{q \times 1}) = \theta_\delta$$

其中，

X = 外顯外生變數向量，數值可觀察而得，為 $(q \times 1)$ 矩陣；

ξ = 潛在外生變數向量，係一 $(n \times 1)$ 向量，$n \leqq q$；

δ = 外顯變數 y 之誤差向量，係一 $(q \times 1)$ 矩陣；

Λ_x = 外顯外生變數對潛在外生變數之因素組型矩陣，係一 $(q \times n)$ 矩陣；

Θ_δ = 外顯外生變數之誤差向量 δ 的共變數矩陣，係一 $(q \times q)$ 對角矩陣，對

角線元素為 δ 之變異數，非對角線者通常設定為 0。

「X 變數之測量模型」是說明潛在變數 ξ(外生變數) 與外顯變數 x 間之關係的統計模型，故稱為 X 變數之測量模型 (measurement model)。x 變數之測量模型可表示成如下列矩陣關係：

$$
\begin{bmatrix} x_1 \\ x_2 \\ \vdots \\ \vdots \\ x_q \end{bmatrix} = \begin{bmatrix} \lambda_{11}^x & \lambda_{12}^x & \lambda_{13}^x & \cdots & \lambda_{1n}^x \\ \lambda_{21}^x & \lambda_{22}^x & \lambda_{23}^x & \cdots & \lambda_{2n}^x \\ \vdots & \vdots & \ddots & & \vdots \\ \vdots & \vdots & & \ddots & \vdots \\ \lambda_{q1}^x & \lambda_{q2}^x & \lambda_{q3}^x & \cdots & \lambda_{qn}^x \end{bmatrix} \times \begin{bmatrix} \xi_1 \\ \xi_2 \\ \vdots \\ \vdots \\ \xi_n \end{bmatrix} + \begin{bmatrix} \delta_1 \\ \delta_2 \\ \vdots \\ \vdots \\ \delta_q \end{bmatrix}
$$

或

$$
\begin{cases}
\mathbf{X}_1 = \lambda_{11}^x\, \boldsymbol{\xi}_1 + \boldsymbol{\delta}_1 \\
\mathbf{X}_2 = \lambda_{21}^x\, \boldsymbol{\xi}_1 + \boldsymbol{\delta}_1 \\
\mathbf{X}_3 = \lambda_{32}^x\, \boldsymbol{\xi}_2 + \boldsymbol{\delta}_3 \\
\mathbf{X}_4 = \lambda_{42}^x\, \boldsymbol{\xi}_2 + \boldsymbol{\delta}_4 \\
\mathbf{X}_5 = \lambda_{53}^x\, \boldsymbol{\xi}_3 + \boldsymbol{\delta}_5 \\
\mathbf{X}_6 = \lambda_{63}^x\, \boldsymbol{\xi}_3 + \boldsymbol{\delta}_6
\end{cases}
$$

下圖即結構模型分析之示意圖，其中，單向箭頭為「因→果」關係，雙向箭頭為「相關」關係。LISREL 8.0 以後，參數值的「下標」寫法是：λ 果因、γ 果因、β 果因、ϕ 相關，相對地，LISREL7.0 以前，參數值的「下標」寫法是：λ 果因、γ 因果、β 因果、ϕ 相關。

4. 最後，再根據理論或「限制」所估計出來的共變數矩陣 $\sum$ 與根據實際觀察資料所得到的共變數矩陣 S 是否適合。如果完全適合，則下列「適配函數 F」(fitting function) 應接近 0。

$$
F = tr(S\hat{\Sigma}^{-1}) + \log\left|\hat{\Sigma}\right| - \log\left|S\right| - (p+q)
$$

$$
\sum_{(p+q)\times(p+q)} = \begin{bmatrix} \Lambda_y(\mathbf{B}^{-1}\Gamma\Phi\Gamma'\mathbf{B}'^{-1} + \mathbf{B}^{-1}\Psi\mathbf{B}'^{-1})\Lambda_y' + \Theta_\varepsilon & \Lambda_y\mathbf{B}^{-1}\Gamma\Phi\Lambda_x' \\ \Lambda_x\Phi\Gamma'\mathbf{B}'^{-1}\Lambda_y' & \Lambda_x\Phi\Lambda_x'\Theta_\delta \end{bmatrix}
$$

其中，

Φ(phi)：指 ξ 的 $n\times n$ 階變異數共變數矩陣，即外生變數對外生變數的關係。

Ψ(psi)：指殘差誤差 ζ 的 $m \times m$ 階變異數共變數矩陣。

Θ_ε(theta epsilon)：y 的測量誤差 ε 的 $p \times p$ 階變異數共變數矩陣。

Θ_δ(theta delta)：x 的測量誤差 δ 的 $q \times q$ 階變異數共變數矩陣。

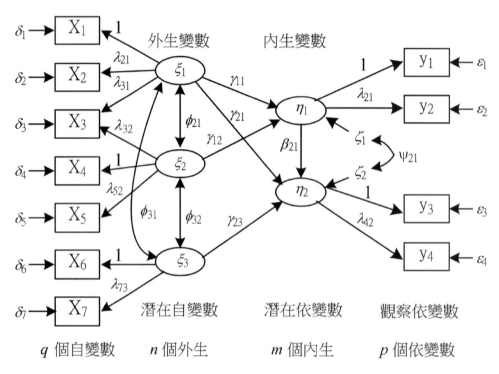

x：外生可觀察變數
y：內生可觀察變數
ξ(ksi)：外生潛在變數(by x)
η(eta)：內生潛在變數(by y)
δ(delt)：x的誤差項
ε(epsilon)：y的誤差項
λ(lambda)：潛在變數對可觀察變數之迴歸係數($\xi \rightarrow x$；$\eta \rightarrow y$)
γ(gamma)：外生潛在變數對內生潛在變數之作用($\xi \rightarrow \eta$)
φ(phi)：外生潛在變數之間的相關($\xi \leftrightarrow \xi$)
β(beta)：內生潛在變數之間的作用($\eta \rightarrow \eta$)
ζ(zeta)：內生潛在變數(η)的誤差
ϕ(psi)：誤差項 ζ 之間的相關

圖 2-13 SEM 範例的結構示意圖

希臘字的讀法，如下：

希臘字母表			常用符號讀法	
字　母	名　稱	讀　音	符　號	讀　法
A　α	alpha	'æflə	$\hat{a}$	a hat
B　γ	beta	'bitə, 'betə	$\tilde{a}$	a tilde
Γ　γ	gamma	'gæmə	$\bar{a}$	a bar
Δ　δ	delta	'dɛltə	$\dot{a}$	a dot
E　ε	epsilon	'epsɪlən, ep'saɪlən	f'	f prime
Z　ζ	zeta	'zitə	a_k	a sub k
H　η	eta	'itə, 'eɪtə	a^k	a sup k
Θ　θ	theta	'θitə,'θeɪtə	$\dfrac{a}{b}$	a over d
I　ι	iota	aɪ'ɔʊtə	.	dot
K　κ	kappa	'kæpə	×	product
Λ　λ	lambda	'læpə	∘	circle
M　μ	mu	'mjuə	*	star
N　ν	nu	'nju	∧	wedge
Ξ　ξ	xi	'saɪ, 'ksaɪ	∨	vee
O o or ϕ	omicron	'ɔʊmaɪkrən	∀	for all
Π　π	pi	'paɪ	∃	exist
P　ρ	rho	'rɔʊ	+	plus
Σ　σ	sigma	'sɪgmə	−	minus
T　τ	tau	'tau	$\overline{\wedge}$	barwedge
Y　υ	upsilon	'jupsɪlən, 'jupsaɪlən	▽	veebar
Φ　φ	phi	'faɪ	∩	cap
X　χ	chi	'kaɪ	⊗	o times
Ψ　ψ or ϕ	pso	'psaɪ	⊕	o plus
Ω　ω	omega	'ɔʊmɪgə, 'ɔʊmɛgə	⊖	o miuns
			$P \Rightarrow Q$	P implies Q
			$P \Leftrightarrow Q$	P if and only if Q

若適配函數 F 值不等於 0，則可進行該 SEM 模型適配度 (例如，χ^2，GFI) 檢定，考驗 SEM 模型適配度之 χ^2 的顯著性。

一、SEM 適配度指標的評鑑

有關研究模型適配度指標的分析，Bagozzi 和 Yi(1988) 認為一個完整的分析應該包括以下三類：(1) 基本適配指標 (preliminary fit criteria)。(2) 內部適配指標 (fit of internal structure of model criteria)；與 (3) 整體適配指標 (overall model fit criteria)。其中第 1 項與第 2 項主要是評鑑模型中所估算的各項參數是否介於適當的範圍並且其檢定 (e.g. 信度、效度) 亦須達顯著水準。根據文獻 (Bagozzi & Yi, 1988; Jöreskog & sorbom, 1989) 整理後，發現常見的 SEM 模型適配度指標有表 2-1 所列 10 種，這 10 種當中又以卡方檢定 (χ^2) 及「χ^2/df」兩個指標最重要，因此 SEM 統計分析後，最先要看這兩個指標。除了卡方檢定外，尚可以「適配度指標」(GFI) 來評估 SEM 模型之適配度，所謂適配度指標 (goodness of fit index, GFI)，與 GLM 之判定係數十分類似，數值介於 0~1 之間。GFI 值愈大，則代表模型之適配度愈佳，通常 GFI > 0.9 表示模型適配度非常好。GFI 可藉由統計套裝軟體 (LISREL, AMOS, STATASTICA 等) 計算，GFI 之計算公式如下 (Tanaka & Huba, 1984)：

$$\text{GFI} = 1 - \frac{(s-\delta)'W^{-1}(s-\delta)}{s'W^{-1}1s}$$

修正適配度指標 (adjusted goodness-of-fit index, AGFI)，則與 GLM 之調整後判定係數十分類似，數值介於 0 至 1 之間。顧名思義，AGFI 是來自於 GFI 之修正，計算公式可列示如下：

$$\text{AGFI} = 1 - \frac{(p+q)(p+q+1)}{2k}(1-\text{GFI})$$

其中，k = SEM 模型中所須估計之參數個數。

同樣地，AGFI 值愈大，則代表 LISREL 模型之適配度愈佳，通常 AGFI > 0.9 表示模型適配度非常好。

二、SEM 適配度之卡方 (χ^2) 檢定

當樣本夠大 ($n > 100$) 時，SEM 模型之適配度可運用卡方統計量檢定之。此一檢定與迴歸分析之常態性檢定及類目資料分析之總檢定有些類似，虛無假說與對立假說可列示如下：

$$H_0：誤差項等於 0 \quad vs. \quad H_1：誤差項異於 0$$
$$H_0：模型與資料相容 \quad vs. \quad H_1：模型與資料不相容$$

上式中，虛無假說 (H_0) 係指反應機率之預測值與觀察值間之誤差等於 0，亦即統計模型與樣本資料相容；反之，對立假說 (H_1) 則是指反應機率之預測值與觀察值間的誤差項，顯著異於 0，亦即統計模型與樣本資料並不相容。此一檢定與希望檢定結果為不顯著 ($p > 0.05$)，統計模型方為可用。SEM 以 χ^2 統計量及對應之 p 值進行檢定，p 值愈大則代表誤差項愈不等於 0，亦即 SEM 模型與樣本資料愈相容。決策法則的公式如下：

$$\chi^2 > (\alpha; \frac{1}{2}(p+q)(p+q+1) - k) \text{ 或 } p \text{ 值} < \alpha \text{ 值，則拒絕 } H_0$$
$$\chi^2 \leq (\alpha; \frac{1}{2}(p+q)(p+q+1) - k) \text{ 或 } p \text{ 值} \geq \alpha \text{ 值，則不拒絕 } H_0$$

其中

$k =$ SEM 模型中所須估計之參數個數

$\frac{1}{2}(p+q)(p+q+1) =$ 共變數結構分析所構成的方程式個數

自由度 df $= 1/2(p+q)(p+q+1) - k$

值得一提的是，就是研究者如何有效提升 SEM 模型的適配度 (卡方值如何變小) 呢？由於模型適配度檢定之卡方值是會隨著樣本數愈多而變小 (模型更容易適配)，故 SEM 最佳的樣本數是愈多愈好。作者建議，為了提升 SEM 模型的適配度，除了樣本數儘量愈多外，記得指標變數 x 及 y 個數愈少 (精簡) 愈能使 SEM 模型適合，最好每個構念的外顯變數 (指標) 限制在 2 至 4 個 (即每一個構念只取因素負荷量最高的前 4 個指標變數)，甚至你亦可藉由界定誤差項「δ_i 與 δ_j」、「ε_i 與 ε_j」或「δ 與 ε」之間有相關 (誤差項間原來是獨立的) 及刪除迴歸係數較低的內生變數，來降低自由度及卡方值，進而提升 SEM 適配程度。

如何修改 SEM 之適度呢？根據 MacCallum 等人 (1992) 的研究，若模型各變數間的因果關係未能適配觀察資料而必須修正模型時，有兩個原則：一是「增量原則」，即增加變數間的因果關係線；一是「減量原則」，即減少變數間的因果關係線。一般而言，增量原則通常適用在研究模型適配度不好的情況，因為當模型適配度不好時，若加入新的因果關係，通常有助於模型適配度的增加 (MacCallum, et al., 1992)。減量原則通常會使得研究模型的適配度降低，因此若使用減量原則後的模型，仍能適配於觀察資料，表示模型更能支持理論。

表 2-1 共 10 個適配度衡量指標，它是參照 Bagozzi 和 Yi(1988)、Joreskog 和 Sorbom(1989) 的意見，挑選十項指標進行研究模型的適配度評鑑。

1. 卡方檢定 (χ^2 test)：適配度分析是以研究模型與觀察資料間無顯著差異爲虛無假設 (null hypothesis) 進行卡方考驗，因此若模型與資料間有良好適配度，測驗統計量之 p-value 應大於 0.05 的顯著水準。χ^2 值愈大表示該模型的適配度愈差、顯著水準 p 就愈大。反之，χ^2 值愈小表示該模型的適配度愈佳。但此卡方值對樣本數很大或很小都很敏感。

表 2-1　各個 SEM 適配指標的判斷準則

評鑑指標	參　數	判斷準則
基本適合度	是否沒有負的誤差變異？	是
	誤差變異必須達到顯著水準	是
	不能有很大的標準誤	是
	Lambda X	0.5~0.95
	Lambda Y	0.5~0.95
內在適配度	參數 t-value 絕對值	1.96 以上
整體適合度	χ^2(Chi-square)	卡方值愈小愈好
	χ^2/ df (卡方除以其自由度)	要 < 3
	Goodness of Fit Index (GFI)	要 > 0.9
	Adjusted Goodness of Fit Index (AGFI)	要 > 0.9
	Bentler & Bonett's (1980) NFI	要 > 0.9
	Bentler & Bonett's (1980) (NNFI)	要 > 0.9
	McDonald's (1989) Centrality	要 > 0.9
	Bentler's Comparative Fit Index (CFI)	要 > 0.9
	Root Mean Square Residual (RMR)	要 < 0.1
	RMSEA Estimate	介 0.05~0.08 之間
	Q-plot 的殘差分布線之斜度須小於 45 度	

2. 卡方考驗值 (χ^2) 與其自由度 (df) 比值：自由度 (df) 則是判定 χ^2 值是否太大之參考基準值。理想上，「χ^2/df」的比值應小於 2.0(Byrne, 1989)。通常較嚴謹的研究建議以不大於 3 爲標準 (Carmines & MacIver, 1981)。卡方檢定值與其自由度比值表示在估算模型時，每使用掉一個自由度所增加的卡方值。

實際上，「χ^2/df」比值應該愈小愈好，較嚴謹的研究建議以不大於 3 為標準 (Carmines & MacIver, 1981)。

3. 「適配度指標」(GFI)：雖然基本上結構模型分析是以卡方檢定作為假設檢定之測驗統計量，但是因為卡方統計量本身為樣本大小 (N) 的函數，因此易受樣本數的影響 (Bentler & Bonnett, 1980)。在大樣本時，無論模型是否適配，皆容易達顯著水準，相對的，在小樣本的時候，情況又正好相反。有許多研究提出各種修正後的指標來克服這種問題，基本的方式是將自由度納入考慮，將卡方值轉換為介於 0 至 1 之間的指標，分別表示模型完全不適配到完全適配的不同程度。GFI 指標計算理論與觀察資料共變矩陣間之變異與共變量，其值域介於 0 至 1.0 之間，理想上，在模型適配時 GFI 值應大於 0.9。

4. 調整後適配度指標 (adjusted goodness of fit index, AGFI)：如果將 GFI 指標以模型自由度及其相對的變數個數比值加以調整，即可得更為穩定的 AGFI 指標，其適配值須大於 0.9(Bentler & Bonnett, 1980)。

5. Bentler 和 Bonnett(1980) 的基準適配度指標 (normed fit index, NFI)：NFI 是以虛無模型 (null model) 作為基準所推導出的指標，其適配值須大於 0.9。

6. Bentler 和 Bonnett(1980) 的非基準適配度指標 (non-normed fit index, NNFI)：NNFI 是在考量樣本大小的情況下，對 χ^2 做轉換所推導出的指標，其適配值須大於 0.9。

7. McDonald (1989) 的中樞性 (centrality)：當研究模型有很強的理論支持時，中樞性可用於驗證研究模型和觀察資料的適配度，其適配值須大於 0.9。

8. Bentler(1990) 的比較適配度指標 (comparative fit index, CFI)：CFI 將 NFI 加以修改，具備了更穩定的特性，其適配值須大於 0.9。

9. 殘差均方根(root mean square residual, RMR)：RMR計算觀察與估算間之差異，其值至少小於 0.1。

10. 漸近誤差均方根 (root mean square error of approximation, RMSEA)：計算觀察與估算間之差異，RMSEA 最好是介於 0.05 與 0.08 之間。

三、SEM 優點

結構模型分析 (structural equation modeling, SEM) 的應用領域很廣，包括：(1) 管理應用：因果模型、信用風險分析、貸款評估、品質改善、生物與醫療研究。(2) 公共政策評估：勞工政策、犯罪研究、各級經濟預測。(3) 教育、心理研究：學生行為 (能力) 模型、教育方法及政策評估。例如，在過去幾年，

資管界的重量級學術期刊所刊載的實證論文，採用結構模型分析法有明顯增加的趨勢。其中部分原因是共變數為主的 SEM(例如，Stata、LISREL、AMOS、SAS、EZ-STAT、LINCS、EQS、MX、SEPATH、RAMONA、STATISTICA 及 PROC CALLS) 及成分為主 SEM(例如，PLS-PS、PLS-Graph) 統計軟體日增。LISREL 只是一種電腦統計，具有多種模型，它是一種最有效的統計語言，在 SPSS 電腦套裝軟體亦可運算。LISREL 是 SEM 中使用最廣泛的統計軟體，Stata 是 SEM 最強的軟體。

部分原因是 SEM 可以整合傳統計量經濟之迴歸分析及心理計量所強調的潛在變數，這些潛在變數亦可視為多個觀察 (manifest) 變數間接的推導 (Chin, 1998)。Knapp(1978) 曾指出典型相關的應用，係可取代複迴歸、多元區別分析、變異數或共變數分析、主成分分析。同理，典型相關分析亦可視為 partial least square(Wold, 1975) 及共變數為主的 SEM(Bagozzi 等人，1981) 的特例。

正如其他統計分析一樣，SEM 對研究結果的清楚說明將有助於論文評論及建立資管領域往昔經驗的累積。LISREL 是 SEM 典型代表，Stata 則將 SEM 推廣至 General SEM 最大功臣，SEM 亦是社會科學各種重要統計法的組合，包括社會學常用的路徑分析，計量經濟學常用的聯立方程式及結構方程式，及心理學常用的驗證性因素分析 (Hughes 等人，1986)。整體而言，SEM 比因素分析、傳統迴歸佳，且具有模型修正特色。SEM 可克服因素分析之缺陷，允許將測量誤差納入估計的程序中，因此，測量構念 (即測量模型) 的那些變數可以用理論內容 (即結構模型) 來評估。SEM 的假定比傳統統計法簡潔扼要，但卻能解決更為錯綜複雜之因果模型。故 SEM 可說是一個極佳的驗證性工具，只要研究模型符合因素分析的表示法，並且實證數據顯示該模型假說並不違反，任何界定的模型它都能迎刃而解。

Full SEM 分析實例：
員工教育訓練績效
評估模型

3-0 結構方程模型之重點整理

Full SEM 模型同時包含測量模型 (measurement model) 和結構方程模型 (structural equation model) 兩種模型：

1. 測量模型：敘述潛在變數或假設構念如何從觀察變數獲得；因此，可以敘述觀察變數之信度和效度，亦即敘述潛在變數與觀察變數之關係。

2. 結構模型 (structural model)、結構方程式模型：敘述潛在變數間之因果關係、形容因果效果及指配解釋及未解釋變異 LISREL 模型適合於特定結構方程式模型。包括潛在變數及獨立變數及依變數之測量誤差、雙向因果關係，同時發生及相互依賴性。

一、SEM 分析流程

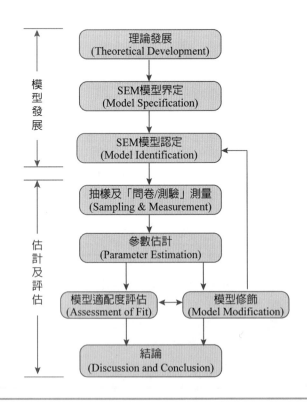

圖 3-1 SEM 資料分析流程

進行 SEM 分析，大致的步驟為：

Step 1.開發一個具有理論基礎的模型 (Develop a theoretically based model)。

Step 2.用 Builder 介面建構 SEM 圖 (Construct the SEM diagram)。

Step 3.或直接用 sem/gsem 指令，來分析你的 SEM(Convert the SEM diagram into a set of structural equations)。

Step 4.先用 clean 指令清空資料檔，並決定輸入資料格式 (是原始資料 (raw data), 共變異數 (covariance) 矩陣)

Step 5.決定估計法 (estimation method)。若原始資料沒有遺漏值，系統內定概似法 (ml)；若有遺漏值，則你要改 mlmv 法 (ml with missing values)；Adf 法 (asymptotic distribution free) 則不受漸近分布的限制。其中，最大概似 (Maximum Likelihood) 估計法是：

  1. 假定觀察變數是多變量常態分配 (multivariate normality)。

  2. 通常用在較大的樣本數。

  3. 參數估計是一致的、漸近無偏誤(asymptotically unbiased)、且有效率。

  4. 估計值是常態分布的，這使得用於檢定的參數具統計顯著性。

  5. 概似估計法 (ML) 是 scale-free，不受量表尺度 (1~5 分 , 或 -2~+2 分) 的限制。

Step 6.先估計 (estimate) 你的模型，再執行「estat gof」指令求出適配度 (goodness-of-fit)。

Step 7.修改你的初始模型。先用「estat mindices」找出 Standard EPC 或 MI 值最大值，再：(1) 加 path 於「誤差之間共變數 (covariance)」、或 (2) 在某潛在變數之眾多指標裡，找出刪除某指標，會使測量模型 (CFA) 的卡方值降最大者。

※ 修改 SEM 模型的原則：

1.可增加模型整體適配度 (Increase the overall fit of the model)：

  (1) 限制某些參數值為 0(Constrain some parameters to be 0)。

  (2) 設定某些參數值是相同的 (Set equal constrains for some parameters)。

  (3) 在眾多變數裡增加新路徑 (Add new paths among variables)。

2. 預期的結果 (Expected outcome)：
   (1) 測量模型，若刪除某指標，可使整體適配度之卡方值降幅最大，則優先刪之。
   (2) 路徑圖之迴歸係數，都需達到 0.05 顯著性 (p<0.05)。sem 迴歸係數採 t 檢定來考驗顯著性；gsem 則採 z 檢定來考驗顯著性。

Step 8.比較新舊二模型，再決定是否需要額外的修改。

※ 比較新舊二模型良窳的方法：

1. 巢狀模型 (Nested model)，則採概似比 (Likelihood ratio) 檢定。
2. 非巢狀模型 (Nonnested model)，可採 Akaike(AIC) 或 Bayesian(BIC) 準則。

3-1 員工教育訓練績效之建模

來源：曾惠君 (2010)「員工教育訓練績效評估模型」

摘要

本文旨在探討農會員工教育訓練的績效評估模型，使用的研究方法包括文獻分析法及問卷調查法，研究對象為農會員工及主管。運用分層隨機抽樣法，抽取 700 位對象進行施測，剔除無效問卷後，農會員工有效樣本 324 份，農會主管有效樣本 205 份，採用 Stata 軟體進行資料分析。本文之整體 Cronbach α 在 0.9 以上、AVE 值在 0.6 以上、CR 值在 0.85 以上、SMC 值在 0.6 以上、factor loading 在 0.7 以上，均達顯著水準，所以本文具有不錯的信度及效度。在整體適配度方面，χ^2/df = 4.636、CFI = 0.772、RMSEA = 0.106，所以本 full SEM 模型解釋力尚可。利用 R 語言進行模型檢定力分析，其值為 1，顯示本文模型沒有犯 Type II 錯誤。本文的其他假設也具有顯著性，重要結果及發現如下：

1. 訓練態度及訓練需求強弱均會影響到受訓學員的反應層次效果。
2. 訓練態度及訓練需求強弱均會影響到受訓學員的學習層次效果。
3. 訓練態度及訓練需求均會影響到受訓學員的訓練遷移效果。
4. 反應層次效果會影響到學員的學習層次效果。
5. 學習層次效果會影響到學員的訓練遷移效果。
6. 學員訓練遷移效果會強烈影響到學員的結果層次效果。

7. 結果層次三個相關的潛在變數，從標準化係數來看，生產力影響最大，其次為組織績效，再者為組織承諾。

8. 農會員工及主管在學習遷移對結果層次交叉效度之評估，兩者之間並無差異，顯示本文模型具有良好的穩定度及效度延展性，可適用於別的母群體進行教育訓練績效評估。

關鍵字：教育訓練、績效評估、Kirkpatrick、SEM、交叉效度

3-1-1　研究背景與動機

　　面臨日益競爭且高度國際化的時代潮流中，企業界人力資源的養成，實有賴於一套健全與完整的教育訓練制度。企業營運的最大價值來自於員工的智慧及知識，而人力資本是所有無形資產中最具獨特性、最具核心價值的資產。國內外學者普遍認為教育訓練是人力資本最直接的投資工具 (Stewart,1997)；藉由教育訓練不但可以提升員工的技能與生產力，更能增加員工忠誠度，減少離職及缺勤。教育訓練對組織的重要性已為企業界的共識，但企業仍無法做到衡量教育訓練為企業帶來的實質效益。為此避免浪費資源並期訓練投資能改善組織績效、提高生產力，如何評估與促進企業的「訓練成效」，遂成為許多學者們關心的議題 (Tannenbaum & Yukl,1992)。

　　現今有許多企業，雖然知道教育訓練之於人力資本的重要性，但卻因無形資本無法衡量的特性，加上無法確認教育訓練對組織績效的增進是否有效，故往往乾脆忽略教育訓練的投資，實為相當可惜的一點。

　　過去研究訓練效果模型的學者 (Holton, 1996; Mathieu, Tannenbaum & Salas, 1992; Noe & Schmitt, 1986) 建議對於訓練效果模型之建立必須考慮到影響各種變數之因素，否則難以知道影響訓練效果的真正原因。

　　有感於農會需要有一套有效之教育訓練評估模型，若能藉由 Kirkpatrick 的訓練績效評估方法，並運用結構方程模型 SEM 建構一套完整之評估模型，相信對農會的教育訓練體系會有助益，此乃為本文之主要動機。

3-1-2　研究目的

　　本文旨在瞭解臺灣省農會、臺中縣、臺中市和南投縣轄內各鄉鎮市農會員

工接受教育訓練後對於農會整體組織績效之效益。透過問卷調查方式進行探討，藉由 Kirkpatrick (1959) 四層次的評估模型，探討訓練態度和訓練需求對農會教育訓練績效之影響。

首先探討訓練成效的影響因素，包括訓練態度和訓練需求等因素，以及 Kirkpatrick 的反應層次、學習層次、行為層次和結果層次等四個層次的成效評估模型，並深入分析組織績效、組織承諾和生產力等三個訓練成效指標，藉由這些變數建構農會員工訓練成效的績效評估模型，本文具體目的如下：

1. 探討農會員工教育訓練現況。
2. 探討農會員工教育訓練態度與需求對訓練成效的影響。
3. 探討農會員工教育訓練的 Kirkpatrick 四個層次成效評估情形。
4. 建構農會教育訓練成效的績效評估模型。

3-1-3 研究方法與步驟

一、研究方法

問卷調查法

本文問卷之設計，乃依據前述研究背景與動機與研究目的，再參考文獻分析相關的論文與教育訓練績效評估理論，進而發展問卷題目。本文的調查對象為臺灣省農會、臺中縣、臺中市和南投縣轄下農會員工及主管，探討員工在接受教育訓練後，訓練態度和訓練需求對訓練成效四個層次 (反應、學習、行為與結果層次) 的影響為何，進而探討這四個層次的表現對整體的組織績效影響情形，組織績效影響包括組織承諾、組織績效和生產力。

問卷內容除了個人基本資料外，主要包括訓練態度、訓練需求、教育訓練滿意程度、訓練內容的吸收及改變程度、訓練後工作的表現及改變程度、生產力、組織承諾及組織績效。問卷回收整理之後，將資料適度編碼，再運用 Stata v12 統計軟體進行資料分析，所使用的統計方法，包括信度分析、效度分析、測量模型分析、結構模型分析、驗證性因素分析。

二、Kirkpatrick 訓練績效評估模型

Kirkpatrick 於 1959 年至 1960 年發表的「評估訓練方案的技術」中的四層次模型；該評估模型至今仍為學術界、企業界所常引用，Kirkpatrick 的四層次依序為「反應層次」、「學習層次」、「行為層次」及「結果層次」。僅將各層

次的涵意、特性分述如下，並整理如表 3-1 所示。

Kirkpatrick (1959, 1960) 最早於 "Techniques for Evaluation Program" 一文中提出教育訓練成效評估的四層次模型。這四層次分別是第一層次是反應 (reaction)、第二層次是學習 (learning)、第三層次是行為 (behavior)、第四層次是結果 (result)。每一層次的教育訓練結果是具有先後順序的，每一層次都會影響到下一層次的結果。經過半世紀的演化，Kirpatrick 的教育訓練評估，終於發展出一個業界共同接受的成熟系統模型。層次一、二、三依序著重評估受訓者的滿意程度、習得知能、行為改變與學習遷移，第四層次則著重評估受訓者行為改變與學習遷移對其所屬組織所產生的成果，亦即第三層次評估訓練產生的個人績效，第四層次評估訓練形成的組織績效，四個層次都著重評估訓練結果 (outcome)。

表 3-1　**Kirkpatrick 評估模型**

層　次	衡量內容
L1　反應層次 (reaction level)	1. 受訓者對教育訓練的感受和反應做評估。 2. 受訓人員的滿意程度。 3. 測定參加者對教育訓練課程之感受程度，這種測定是主觀的，有時也有偏見，一般是先取得測定反應之結果後再反映於教育訓練計劃之開發及實施上。 4. 指參訓者對一特定課程或方案的喜愛或滿意程度。雖然此滿意程度不足以證明可有相對的訓練成效，惟不容輕忽的是參訓者的反應對學習氣氛有一定程度的影響。
L2　學習層次 (learning level)	1. 瞭解受訓者對所教授的內容、原則、觀念、知識與技能等的理解程度。 2. 知識、技能、態度與行為的獲得。 3. 測定受訓者對課程內之技術、知識、態度之瞭解以及獲得的程度，可用客觀而可計量的方法測定。 4. 結訓後對於參訓者在參訓期間知識與技能的瞭解與吸收程度，用以評估課程本身的有效性 (effectiveness) 與效率 (efficiency)。前者指評估課程計劃達成目標的程度，後者則為投入與產出間的關聯，並進一步地瞭解參訓者是否達成預期訓練目標所要求之知識與技能水準。

層　次	衡量內容
L3　行為層次 (behavior level)	1.評估受訓者在接受訓練後，行為改變的程度，其目的在測量受訓者將所學運用到實際工作的程度。 2.在工作上，行為進步的情況。 3.測定實際工作之成果，也就是判斷學習轉移對實際工作的影響效果。 4.參訓者在結訓後行為改變的程度，其重點為結訓後參訓者可否將其所學移轉到實際工作場所，尤其強調工作行為方面的改變。
L4　結果層次 (result level)	1.評估受訓者受訓後之行為對組織績效的影響程度。 2.受訓人員達成之商業成果。 3.測定受訓者對經營成果具有如何具體而直接的貢獻。例如：意外事故發生率、不平不滿以及缺席等之減少，測定其能力之發揮程度。 4.以經濟效率觀點出發，分析訓練成果對組織績效之改善與貢獻程度，可定義為參訓者在結訓後因行為改變所創造出的價值。然因成效的不易衡量、項目和標準的複雜以及無法明確釐清學習成果與其他非學習因素間的關係或交互間的程度。因此，成效層次評量障礙重重。

L1. 反應層次 (reaction level)

　　反應層次係指參訓者對一特定課程或方案的喜愛或滿意程度。雖然此滿意程度不足以證明可有相對的訓練成效，惟不容輕忽的是參訓者的反應，對學習氣氛有一定程度的影響。

　　反應效標係測量學員對訓練計畫的反應，項目可包括：訓練內容、教材、方法、講員、場地、時間、輔助器材，內容與工作之相關性等。在訓練結束後，利用上述項目以問卷或面談方式測量學員的反應。雖然只是測量學員對訓練內容的喜歡程度，而不是學員的學習程度，但是，學員對訓練內容的反應也很重要。學員不喜歡的訓練計畫，不僅難以獲得公司、學員的支持，學員的學習效果也會受到影響 (黃英忠等，2003)。

　　反應層次係指學員對於整個訓練課程的看法，亦即對於訓練課程之整體喜愛度及滿意程度，包括訓練方案內容、講師教學方式、口語表達技巧、授課教材、空間設備、行政支援與服務、訓練課程需要改善的建議等項。

　　反應層次一般以問卷調查，觀察法等方式評估，評估的時機可以在訓練結束時、訓練結束後數週至數個月後。反應層次的評估不僅重要而且容易執行花費不多，評估的方式最常採用問卷調查法，並在訓練結束時進行評估，得知學

員的反應為何。當學員對訓練課程的反應佳時，雖不表示一定會有學習產生，但卻可以激勵學習的發生；相反地，當學員對於訓練課程反應不佳時，則是難以對學習產生激勵效果的。

L2. 學習層次 (learning level)

學習層次係指結訓後對於參訓者在參訓期間知識與技能的瞭解與吸收程度，用以評估課程本身的有效性 (effectiveness) 與效率 (efficiency)。前者指評估課程計劃達成目標的程度，後者則為投入與產出間的關聯，並進一步地瞭解參訓者是否達成預期訓練目標所要求之知識與技能水準。

學習效標在測量學員學習教學內容的程度，學員學到多少教材內容所包括的知識、技術、能力和態度。測量學習效標可利用測驗或實地表演的方式來測量學員在訓練前後的表現，由兩次測量結果之差異來評估學習的成果 (黃英忠等，2003)。

學習層次的定義為：「受訓練者，經由訓練課程改變其態度、增進其知識或增加其技術」。學習層次主要衡量學員在訓練結束後對於訓練課程瞭解的程度、知識吸收的程度，亦即評量受訓學員透過訓練學得專業知識、技能與態度的程度，並能提升自我信心、改善工作態度，以瞭解受訓成效的檢測方式。

測量學習層次的方式一般常用筆試、口試、課堂表現等方式來檢視，測量結果可以顯現訓練的效果，其結果經分析將有助於訓練單位瞭解訓練方案的優缺點，以作為日後訓練課程修訂與調整依據。學習層次是很重要的，因為若非達成某些學習目標，則不可能期望行為會發生改變。此外，如果跳過學習層次直接衡量行為層次，當學員的行為未有明顯改變時，則難斷言究竟是學員未學習到課程內容或是其他因素使學員學習到的知識與技能無法在工作上展現。

L3. 行為層次 (behavior level)

行為層次係指參訓者在結訓後行為改變的程度，其重點為結訓後參訓者可否將其所學移轉到實際工作場所，尤其強調工作行為方面的改變。

行為效標在測量學員接受訓練後在工作表上的改變，員工受訓之後他在工作上的行為表現是否有所改善？員工在受訓的過程所學習的知識是否表現在工作上？測量行為效標可用績效評估來進行，檢查員工受訓前後在工作表現上的差異即可決定訓練的成效。測量行為效標也可以經由訪問學員、學員主管來評估受訓之後學員是否在工作表現上有所改善 (黃英忠等，2003)。

行為層次主要在於評估受訓者在接受訓練之後，是否能將學習成果移轉到工作上，而且訓練對其行為產生改變，亦即對於受訓者在訓練後將訓練所學習到的知識與技能應用在工作上的程度，行為、能力和效率等是否有所改變，訓練是否得到轉移，因而使工作績效提高；此層次一般可藉由行為導向之績效評估量表或觀察法於學員回到工作崗位衡量之。

行為層次的評估通常在訓練結束後的一段期間後再進行，期間計有一個月、二個月、三個月、六個月、十個月等；並於訓練課程結束一段時間後再行檢測訓練成果，其理由是要讓受訓者有充分的時間和機會將訓練所學習到的新知、技能在工作中應用。由於影響工作行為的許多因素是隱藏在組織中不易查覺，例如：受訓者個人的人格特質、訓練設計、工作環境、組織氣候等，因此行為層次的評估並不像反應層次及學習層次的評估一樣，能夠在實施訓練時立即衡量。在評估此層次時須先決定何時作評估，多久評估一次，以及如何評估。所以，行為層次的評估要較反應層次和學習層次的評估更為費時與困難。

在行為層次的評估中，可以利用觀察法或訪談法，以瞭解受訓者在實際的工作環境中其行為改變的情形。

L4. 結果層次 (result level)

結果層次是以經濟效率觀點出發，分析訓練成果對組織績效之改善與貢獻程度，可定義為參訓者在結訓後因行為改變所創造出的價值。然而因成效的不易衡量、項目和標準的複雜以及無法明確釐清學習成果與其他非學習因素間的關係或交互間的程度。因此，結果層次評量障礙重重。

訓練對部門、組織有何具體成效？訓練是否提升組織生產力、產量、銷售額、員工之工作表現、出勤，降低流動率、抱怨率？但是影響結果的因素很多，訓練可能只是原因之一而已。因此，在測量方法和結果解釋上必須注意其他因素的影響 (黃英忠等，2003)。

結果層次的評估，是評估學員經過訓練後對組織所能提供的具體貢獻，藉以探討訓練對組織績效的影響效果；其評估方式可以由比較訓練前後的相關資料而得，例如：生產力的提升、服務品質的改善、人事費用的降低、利潤的增加、投資報酬率的增加、客訴案件發收率的降低、請假或離職率的降低和顧客滿意度的提升等等；另外對於一些較難以用貨幣衡量成果的訓練課程，則可用士氣提升或是其他非財務性的指標加以衡量。

結果層次在 Kirkpatrick 的四個層次中，評估的困難度最高；其原因是由於

影響組織效能的因素非常多，因此無法明確地分辨出造成組織效能改善的因素有多少是肇因於訓練的成效、多少是由於其他因素所造成的，其中間的關係為何、期間交互影響的程度為何，實在很難加以明確地分辨與釐清。

　　一般以成本效益分析、生產力指標、主管訪談、專家評量等方式，於訓練結束而學員回到工作崗位一段時間後進行評估。而訓練的目的在於看到結果的產出，但是訓練對結果的影響程度有時是難以掌握的。雖然如此，訓練人員在設計訓練時，仍應從明瞭組織所欲達成的結果著手，再決定何種行為可以達到這些結果，進而分析要有這些行為所需具備的態度、知識與技巧為何。最後，再視現況將訓練的目標設定在結果、行為或是學習的層次。

　　然而，結果層次評估之進行及鑑定較為不易，且宜謹慎進行。陳思均 (2001) 指出結果層次的研究多數採用成本效益分析法，但是由於成本的估算困難，效益歸屬的問題，以及部分效益是屬於無形的，如果要換算成現金將很困難，因此成本效益的分析在訓練方案成效評估上並不十分可行。在 Alliger & Janak(1989) 所統計之各種文獻所出現之訓練成效評估中，對結果層次有進行評估之研究僅為 1.5%。因員工績效表現受許多因素影響所致，無法完全歸因為訓練，因而信度與效度易受到質疑，致使進行此評估企業較少 (陳素貞，1999)。

　　訓練成效在結果層次的顯現經常是無形的，很難用成本效益法來加以分析，在實務上成本效益分析法容易受到其他變數所影響，使得成本效益項目不易估計。因此結果層次研究較少，且結果層次研究必要性與可行性也經常質疑。

　　在評估反應、學習、行為與結果四層次時是有連續性及階層性的，須一層次評估後進而評估下一層次。學習層次的成效不僅受到反應層次的影響，亦會受到受訓者其個人特質 (如自我效能、參訓動機) 的影響；同樣地，行為層次的成效除了受到學習層次的影響外，也會受到工作環境 (如社會支持、工作限制)的影響。因此，在評估訓練成效時，亦須納入個人特質與工作環境等因素加以探討。經由綜合考量後，決定訓練成效的優劣，以得知訓練成效如何，加以檢討與改進，並且依據此成效結果規劃後續訓練課程。

小結

　　教育訓練之評估可區分為績效評估與責任評估，前者係教育訓練評估之重點，即以教育訓練成果為對象的評估，包括受訓者個人以及對企業經營成果之貢獻；後者是對負責教育訓練者之責任的評估，也就是評估上司乃至監督管理者之垂直領域的責任和人力資源乃至業務職員之水平領域的責任。

對受訓者個人的評估是在教育訓練結束時，對受訓者之知識、技能的學習程度及態度等實施檢定測驗，以確定其成果；對企業經營者貢獻的評估是檢討教育訓練對企業經營成果的影響，也就是檢討和測定產量、品質、成本、事故、災害、不滿等業績，以確知教育訓練所發揮的效果。Kirkpatrick 提出反應層次、學習層次、行為層次和結果層次四項測定受訓者個人之受訓效果的評估基準，然而就評估的深入程度來看，一般的訓練評估只進行至反應層次或學習層次，較少進行行為層次或結果層次的評估 (洪榮昭，2002；黃英忠，1993；黃英忠，2003)。此外，Warr ＆ Birdi(1999) 指出結果層次的評估是非常困難的，主要是認定單一教育訓練活動引發組織績效的改變並不易衡量，因此本文評估整體的教育訓練績效時，在反應層次、學習層次和行為層次績效時，針對參訓員工進行搜集資料加以分析，而在結果層次績效評估時，則針對受訓員工和該員工的主管搜集資料加以分析，因此，結果層次又包含三個子構面：生產力、組織承諾及組織績效。

Outcome 1. 生產力

　　生產力一詞原係法國學者 Francois Quesnay 於 1766 年提出，後由 Adam Smith 於國富論中予以闡述。唯當時生產力的意義僅侷限在企業與產業組織層面，一直到了 1970 年代，產業界才開始注意到企業的生產力實在與政府行政活動有高度的密切相關，因而紛紛要求政府機關組織亦應提高行政生產力。然而，究竟何謂生產力，論者間仍然有見解上的差異。例如，早先最常見的觀點主張生產力乃是投入與產出之間的比值。如國際勞工組織於 1951 年出版的「勞動生產力統計方法」中，便將生產力定義為「由各種重要因素之綜合投入產生。這些因素包括設備、資本、土地、組織四大類。生產成果與前述投入因素之間的比例，便是一般所謂的生產力。Fabricant(1969) 亦指出：「生產力是指所生產的產品及服務之數量與為了生產這些產品及服務所使用資源之數量，兩者之比較。」

　　亦有不同的觀點指出：生產力是投入、產出、以及品質因素間相互作用的結果。此一觀點認為，以投入與產出之間的比例來定義生產力雖然沒有錯誤，但卻無法完全表達出生產力的內涵。因為在資源的投入過程當中，資源的使用不只會有適當與否的問題，產出的結果亦可能會有接受與否的爭論。因此，單純使用投入與產出間的比值實在無法有效表達生產力之概念；一個比較合理的觀點應該加入品質概念之表達。因此，一般人將生產力界定為投入與產出之比率，並無不對。不過，其中有關品質因素，及符合一定標準要

求之考慮並未顯示，易於引起誤解。所謂投入與產出之比率實指效率，為能充分表達生產力涵義，應將品質 (即效能) 概念納入，這在以服務為主的行業或組織，尤屬必要 (吳定，1990)。

然而亦有學者認為：生產力是一種滿足需要的結果。此一觀點認為現代社會中，各種資源的投入無非是為了滿足各種不同對象不同的需求。因此，生產力的意義也就指稱運用各種資源作為，產出各式產品與服務，以滿足不同對象各有所異的需求，如 Helgesen 所言：生產力是需要的滿足與經濟的代價之比值。所謂需要的滿足是指吾人在生產過程中所獲得的成就，而經濟的代價則指生產過程中所遭受的損失。觀此意義，生產力包括了生活素質與環境保護的廣闊內涵 (吳定，1990)。

由於生產力的意義眾多學者觀點不同，Dalton & Dalton(1988) 因此綜觀各家之論述後整理出生產力的意義，由簡至繁可以劃分為六種論點：技術效率、工具效率、組織效能、分配效率、社會效能、以及政治分配。前三種觀點—技術效率、工具效率、組織效能—可以說是一般生產力的意義，而政府生產力則需要另外再加入分配效率、社會效能、以及政治分配之觀點。

Outcome2. 組織承諾

組織承諾 (organization commitment) 又稱企業思維或使命導向，係指有能力與意願付諸行動，將個人的行為調整至符合組織的需求、重要決定與目標 (Spencer, Jr. & Spencer,1993)，即將組織的任務置於個人好惡之上，或優先於專業角色的重要信念。常見之行為指標如協助同儕完成任務的意願、瞭解合作的價值意涵，以順利達成整體組織目標為重，迎合組織需求而調整自己之活動或重要事項，甚至捨棄個人專業上之利益的程度 (魏梅金譯，2002)。一般認為，員工之組織承諾可分成：情感的承諾 (affective commitment)、持續的承諾 (continuance commitment) 及規範的承諾 (normative commitment) 三類 (Meyer & Allen,1991；Muchinsky,2006)。蔡坤宏 (1999) 整理學者的定義指出，所謂「情感的承諾」是表示個人對組織之目標及價值的接受 (acceptance) 與信念 (belief)，也是為組織努力的意願 (willingness) 及停留於公司的渴望 (desire)。其次，「持續的承諾」是指個人認知到一旦離開組織，將失去有價值的附屬利益 (side bets)，如獎金或退休金，因而續留在組織中。再者，「規範的承諾」則意指個人與組織價值的一致 (value congruence) 趨向或對組織的責任態度 (duty attitude)，即員工因道德義務 (moral obligation) 而繼續留在組織中的意願。綜觀國外文獻中，所指之組織承諾仍多屬「情感的承諾」。

Poter & Smith(1970) 則認為組織承諾係指個人對某一特定組織的認同與投入 (identification and involvement) 之態度傾向的相對強度。組織承諾是使個人與組織連結一致的態度或傾向 (Sheldon,1971)。組織承諾是成員為了薪資、職位、專業創造自由與同事友誼,而不願離開組織的行為傾向 (Hrebiniak & Alutto,1972)。

Buchanan(1974) 認為組織承諾係組織成員對於組織目標與價值、和個人角色有關的目標與價值、對組織本身等三方面的情感隸屬 (affective attachment)。Poter, Steers, Mowday & Boulian(1974) 則認為組織承諾係個人對某一特定組織的認同與投入的強度,包含三個要素:對組織目標與價值的強烈信仰和接受、願意為組織利益而努力和明確希望繼續成為組織中的一份子。Thompson(1989) 認為組織承諾係指員工對組織目標與價值的信念,並接受組織的目標與價值,為了組織的利益,員工能自動自發的盡心盡力,而且員工有強烈的意願留在組織中。Mowday, Poter & Steers(1982) 則認為組織承諾代表個人對特定組織的認同及投入的強度,包括相信與接受組織的目標與價值和對維持組織成員身分具有強烈的慾望。

綜合上述學者對組織承諾之定義,本文以情感性承諾、持續性承諾和規範性承諾三方面來作為建構訓練態度問卷設計之依據,說明如下:

1. 情感性承諾 (affective commitment) 為員工在情感性上的依附、認同,因此投入留任於組織中。

2. 持續性承諾 (continuance commitment) 則是員工對於離開組織成本的認知,而產生留在組織中的承諾:可能是經濟或是無力換職而留任於組織中即基於個人若離開組織會考慮成本損失。可區分兩個次構面:

   (1) 個人犧牲:目前若離開組織個人將受很大影響。

   (2) 低替代機會:若離開組織將很難找到合適的替代機會。

3. 規範性承諾 (normative commitment) 為員工對組織忠誠的義務,也就是強調持續對雇主的忠誠,或經由組織獲得的利益,在員工心中建立產生報答組織的義務。

Outcome 3. 組織績效

績效是一項衡量成果的標準,若對象為組織,則稱之為組織績效 (Organizational Performance)。

績效是組織達成目標程度的一種衡量,一般產業組織所稱之經營績效多半為財務報表所獲得之會計報酬,包括總資產報酬率、股東權益報酬率或

投資報酬率等，但企業經營的目標除了追求最大利潤外，尚有追求市場佔有率、員工滿足感等多重目標。所以績效也是企業檢視整體競爭力的指標之一。

　　組織績效衡量指標有許多學者針對產業、組織特性的不同，建議衡量的指標亦應有不同的考量。

　　本文引用平衡計分卡觀念，將它納入「結果層次」的子構面：組織績效的指標之一。一般而言，平衡計分卡四大構面各有專注的重點：

1. 財務構面：關注焦點，包括營收成長與組合、成本下降／生產力提高資產利用／投資策略，在兩者交互之下產生財務目標驅動因素。
2. 顧客構面：企業關注顧客之核心衡量群，包括市場佔有率、顧客延續率、顧客爭取率、顧客滿意度及顧客獲利率等五大核心量度，並藉以發展顧客面價值計畫。
3. 企業內部流程構面：企業流程概分為創新、營運、售後服務等三大流程。企業要界定一個完整的內部流程價值鏈，即透過『創新流程 _ 營運流程 _ 售後服務流程』發展新的解決方案，以滿足顧客與股東的需求。
4. 在學習與成長構面：企業要藉由驅動因子，來提升組織之核心衡量標準 (Kaplan & Norton, 1992)。

三、Kirkpatrick 四層次評估模型

　　依據本節訓練績效評估的理論及相關文獻，發展出本文模型 Kirkpatrick 四層次評估模型，分別是反應層次影響學習層次、學習層次影響行為層次、行為層次影響結果層次，其中反應層次和學習層次及行為層次三個潛在變數為中介變數，而結果層次由生產力、組織承諾和組織績效組合而成為二階三因子的結果層次潛在變數，結果層次其性質為內生變數。反應層次由前述的文獻，可以發展與訓練滿意程度有關的行政及環境安排滿意度、課程及教材安排滿意度、訓練講師安排滿意度等三個影響因素，再根據此三因素發展出本文所需的七個反應層次問卷題項。學習層次由前述的文獻，可以發展與訓練內容的吸收及改變程度有關的知識的吸收程度、技能的吸收程度及態度的改變程度等三個影響因素，再根據此三因素發展出本文所需的七個學習層次問卷題項。行為層次由前述的文獻，可以發展與訓練或工作表現的改變程度有關的知識的遷移程度、技能的遷移程度和態度的遷移程度等三個影響因素，再根據此三因素發展出本文所需的七個行為層次問卷題項。結果層次由前述的文獻，可以發展出與結果

層次有關的三個潛在變數，包括員工生產力、組織承諾和組織績效等。而員工生產力潛在變數由前述的文獻，可以發展工作效能、工作效率和工作品質等三個影響因素，再根據此三因素發展出本文所需的七個生產力問卷題項。組織承諾潛在變數由前述的文獻，可以發展出情感性、持續性和規範性等三個影響因素，再根據此三因素發展出本文所需的七個組織承諾問卷題項。組織績效潛在變數由前述的文獻，可以發展出財務構面、顧客構面、內部流程和學習成長等四個影響因素，再根據此四因素發展出本文所需的七個組織績效問卷題項，詳細如圖 3-2 所示。

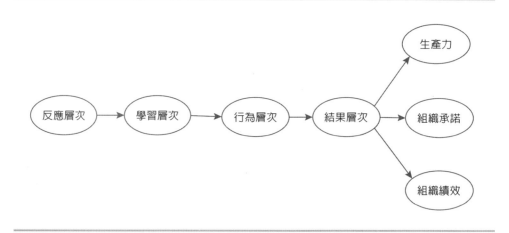

圖 3-2 Kirkpatrick 四層次評估之概念模型

3-2 本例的研究法

3-2-1 研究架構

本研究架構是將 Kirkpatrick(1959;1983;1996) 的訓練效果評量四層次模型加以擴充，此四層次模型對於訓練效果之評量包括：反應、學習、行為和結果。本文模型的兩個外生變數為訓練態度與訓練需求，四個中介變數分別為反應層次、學習層次、行為層次和結果層次等，三個內生變數為生產力、組織承諾和組織績效等，詳細如圖 3-3 所示。

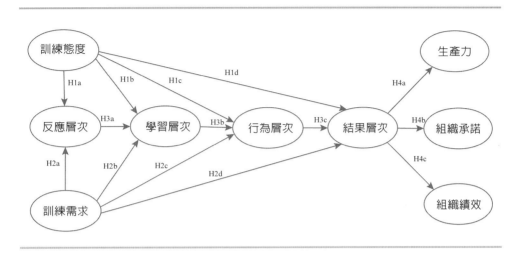

圖 3-3 員工教育訓練績效評估研究模型

Kirkpatrick 訓練評估模型的四層次，說明如下：

1. 反應層次：學員對於訓練方案的實施、執行時的反應，包括行政及環境、課程及教材和訓練講師之安排的滿意度。

2. 學習層次：評估學員對訓練內容的吸收及改變程度，包括知識、技能的吸收程度和態度的改變程度。

3. 行為層次：評估訓練後對於學員工作表現的影響，包括知識、技能和態度的遷移程度。

4. 結果層次：由於以往研究，鮮少有人將它具體的操作化，故本文試著將生產力、組織承諾和組織績效三者當此構念的衡量指標。

3-2-2 研究假設

本論文之研究假設有下列幾個，分別說明如下：

「態度」是一種長期一致的傾向，表示對某種行為的偏好程度。學習態度是指與學習有關的態度，即是指個人對於學習事物、情境、觀念或他人的一種積極或消極的反應傾向。學習態度同時是學習活動上的一種心理準備。Mantle-Bromley(1995) 指出，若學習者對學習活動有廣泛且積極的態度，學習結果通常是令人滿意的。相反地，消極或被動的學習態度則將使學習者退卻、拒絕學習。Shore & Rima (1980) 認為，學會對學習課程的安排若有優良態度的支持，

則會影響學生獲得優良成績。綜觀國內外學者的論述可知，良好的學習態度與語言學習之間的關係極為密切。由此可知，學習態度是影響學員學習成效的重要因素，積極的學習態度將是理想學習的基礎，而消極的或被動的學習態度將影響成效 (王唯齡，2004)。故本文預期下列假設獲得支持：

H₁ₐ：受訓學員的訓練態度會影響學員的學習滿意程度。

H₁ᵦ：受訓學員的訓練態度會影響學員訓練內容的吸收及改變程度。

H₁ᵪ：受訓學員的訓練態度會影響學員訓練後工作表現的改變程度。

H₁d：受訓學員的訓練態度會影響學員結果層次的成效，進而促進生產力、組織承諾和組織績效。

    根據 Hull(1952) 的需求減弱理論，學員對企業訓練之內容產生認知與期待，進而推論受訓動機可能會影響學員訓練的反應 (學員對訓練課程之喜歡或滿意)。Houle(1961) 研究發現，成人的學習動機之一是為了參加學習活動，故員工對參與學習活動有需求，而 Hull 的需求減弱理論認為，先前的刺激會導致需求，需求會導致驅力，驅力會導致行為反應，行為反應會導致滿足，由此推論到教育訓練上，學員對參與學習活動有需求而產生受訓動機 (驅力)，受訓動機會導致學員參加學習活動 (行為反應)，參加學習活動後會獲得滿足。因此較高的學習需求之動機 (驅力) 可能導致較高的滿足 (反應)。過去 Mathieu, Tannenbaum & Salas (1992) 以及 Quinones (1995) 研究亦發現學習需求之動機強弱會影響受訓者的訓練反應。因此本文對此問題的假設如下：

H₂ₐ：受訓學員的訓練需求會影響學員的學習滿意程度。

    由驅力的觀點對動機與行為之解釋，推論受訓動機可能會影響學習。由於員工因為有某種需求而激發受訓動機，為了達到其需求目的學員必須透過學習新知識、技能才能達成，因此受訓動機會影響學習效果。受訓動機較強的學員因為學習意願的提高而能在訓練課程中較努力的學習，因此可能比較能夠感到對訓練課程的學習有收獲。過去有相當多的學者提出或支持受訓需求會影響學習效果 (Baldwin, Magjuka & Lother, 1991; Hicks & Klimoski,1987; Holton,1996; Mathieu,Tannenbaum & Salas,1992)。因此針對此問題，本文建立下面的假設：

H₂ᵦ：受訓學員的訓練需求會影響學員訓練內容的吸收及改變程度。

    過去對於受訓動機與遷移動機之關係較少研究，但因受訓動機與遷移動機皆為個體達到最終需求所產生的行為動機，因此兩者有可能相互影響。由先前驅力的觀點來看個體因某種需求所激發出的受訓動機會尋找能夠滿足原先需求的學習活動 (尋找滿足原先需求的行為)，而尋求能夠滿足原先需求的行為之目

的是爲了達到原先之需求，爲達到原先之需求個體需要有遷移意願才行；換句話說因某種需求或目的所激發出的受訓動機會影響到學員的遷移意願。

受訓動機會影響訓練效力 (trainablity) 亦可來解釋受訓動機與遷移動機之關係，所謂的訓練效力即是受訓學員對於訓練課程之學習與應用之程度 (Noe,1986)。有關教育訓練方面，訓練效力常被用來解釋爲什麼不同的受訓者其學習效果、行爲改變與績效的改善會不一樣。而 Wexley & Latham(2002) 認爲訓練效力爲學員之能力與動機之函數 [Trainablity = f(Ability, motivation)]。因此由上述學者之說法，受訓動機會影響訓練效力，而學員之訓練效力不同會有不同的行爲改變和績效的改善，因此受訓動機有可能會影響學員的行爲改變意願，亦即影響到學員的訓練遷移動機。因此針對此問題本文建立下面幾個假設：

H₂c：受訓學員的訓練需求會影響學員訓練後工作表現的改變程度。

H₂d：受訓學員的訓練需求會影響學員結果層次的成效情形。

過去對於反應與學習之關係研究大部分均傾向支持兩者並無顯著關係，Alliger & Janak(1989) 以 meta-analysis 方法研究 Kirkpatrick 四層次模型之各層次間的關係，發現反應與學習之間的關係微弱。Dixon(1990) 研究亦發現反應與學習僅有少許的相關。只有少部分的研究，如 Warr et al.(1999) 發現兩者存在關係。雖然，過去的研究大部分均傾向支持反應與學習並無直接相關，但是在實際應用上很少訓練實施者會忽略反應的重要性，許多的訓練師亦承認好的學習也常會有困惑或挫折的現象。從歸因理論 (Weiner, 1985) 與學員對訓練課程的期待的角度來看，反應可能會影響學習。企業學員容易將訓練課程做不同的歸因，如學習效果不佳是由於課程設計不當、講師不好等因素導致學習障礙，而產生無力感進而降低學習。或原來期望課程對自己的工作或生活有幫助，但上課後感覺訓練課程內容對自己的工作或生活毫無用處等，這些反應都可能會影響到學習效果 (如 Mathieu, Tannenbaum & Salas, 1992; Noe & Schmitt, 1986)。Holton(1996) 亦認爲訓練反應與學習效果間會互相影響。

H₃a：受訓學員的學習滿意程度會影響學員的訓練內容的吸收及改變程度。

Holton(1996) 認爲學習效果應該會影響訓練遷移動機，他並以期望理論解釋此現象。根據期望理論 (Vroom,1964)，假如個體相信自己的努力會導致績效增加，則自己會有更強的行爲動機。在訓練課程中學得越多的人，比較有能力改善自己的績效，因此很可能有較強的遷移動機。相反的那些在訓練課程中較差的學員因知覺到自己所學無法增加工作績效，因此可能較缺乏遷移意願。故本文預期下列假設獲得支持。

H_{3b}：受訓學員的訓練內容的吸收及改變程度會影響學員訓練後工作表現的改變程度。

H_{3c}：受訓學員訓練後工作表現的改變程度會影響學員結果層次的成效情形。

H_{4a}：受訓學員結果層次的生產力會顯著提升。

H_{4b}：受訓學員結果層次的組織承諾會顯著提升。

H_{4c}：受訓學員結果層次的組織績效會顯著提升。

3-2-3　問卷發展與施測

本文曾考慮以「觀察」、「訪談」等方式蒐集資料，但「觀察」有耗費過多時間、人力無法負荷、觀察結果的可靠性、影響正常作業等問題。「訪談」亦有耗費過多時間人力、作業無法配合、面對面的壓力、成本高等問題。「問卷調查」由於具有不影響正常作業、低成本、實施容易、眞實性高等優點，本文乃以問卷調查方式蒐集資料，以探討學員對於訓練評估項目的滿意度 (反應、學習層次)、學員之主管對於訓練後學員工作行爲改變的滿意度 (行爲層次)。

一、問卷發展的步驟

問卷調查的步驟：

1. 確立調查的目的。
2. 決定所要蒐集的資料。
3. 擬定資料分析的方法。
4. 選擇問卷調查的方式。
5. 決定普查或樣本調查。
6. 設計問卷。
7. 預試與修訂問卷。編擬預試問卷，可根據：(1) 研究目的。(2) 相關文獻理論。(3) 研究架構。(4) 修訂已有問卷，但需徵求原作者同意。
8. 決定樣本與洽商連絡。
9. 印製與寄發問卷。
10. 回收與整理問卷。
11. 分析資料。

編製一份良好的問卷，需要經過許多繁雜的程序，如確定研究目的、決定問卷的型式、實際撰擬題目、修正問卷、預試、編輯問卷和考驗問卷之性能

等。這些過程，若能一一嚴格遵行，所編製完成的問卷將具有更高的適切性，其誤差因而較小 (張紹勳，2005)。尤其第一個步驟在確定問卷資料時，要先瞭解問卷所蒐集的資料，依照 Steven 所提出之概念，由最弱到最強分成名義尺度 (nominal scale)、順序尺度 (ordinal scale)、等距尺度 (interval scale) 和比率尺度 (ratio scale) 四種不同性質的尺度。在本文問卷的基本資料類別包括名義尺度及順序尺度，而在問卷的專業題項中，為了要執行結構方程模型 (SEM) 分析，所以題項資料類型包括等距尺度和比率尺度。本問卷為封閉式問卷方式，採用 Likert 七點量表方式，在問卷實施時採郵寄問卷及現場實地調查方式以蒐集資料。

根據本文的四大研究目的，以及第二章的文獻資料，蒐集訓練態度、訓練需求、Kirkpatrick 四個層次績效評估：反應層次評估、學習層次評估、行為層次評估、結果層次評估 (生產力、組織承諾和組織績效) 文獻，發展本文完整的問卷題項。

本文之問卷設計的過程包括兩大部分：

1. 預試部分

預先測試的目的是為了測試問卷內容與語法是否為受測者所瞭解。因此在問卷設計完成後，經由 258 位受訓員工及 167 位主管作為測試，完成問卷調查後，詢問受測者之意見與建議，並且與教授和訓練相關從業人員討論修正後，問卷才予以確定。

問卷草稿編製完成之後，再請教相關的專家學者，針對問卷的內容表示意見，並參考問卷編製的學術理論，將不好或不良的題項加以修改，最後完成所需的測試用問卷。在問卷修正完成之後，針對中部三縣市轄下農會的員工進行預試，問卷回收之後，將問卷題項語意不佳的部分加以修正，或是將預試過程中填答者的意見加以修正，以編製正確且完整的問卷。為了能夠順利實施問卷調查，將預試回來的問卷，按照研究目的的順序，將問卷分成訓練態度、訓練需求、反應層次評估、學習層次評估、行為層次評估、生產力、組織承諾和組織績效等八大項，每個項目再發展 7 個題目。

2. 正式問卷

正式問卷分為兩部分問卷，一份為受訓員工，另一份為受訓員工之主管。

(1) 受訓員工問卷設計

問卷施測對象為受訓員工，問卷分為三個部分：

第一部分：受測者的基本資料，即人口統計變數 (性別、年齡、教育程度、

婚姻狀況、工作年資、職等 / 職級、服務部門等)。

第二部分：衡量訓練實施執行之變數衡量內容，包括訓練態度、訓練需求、反應層次及結果層次 (生產力、組織承諾、組織績效) 的設計，衡量尺度採用 Likert 量表七點計分方式。

第三部分：衡量訓練學習成果之變數衡量內容，爲學習目標的達成與學員努力程度，衡量尺度採用 Likert 量表七點計分方式。

(2) 受訓員工之主管問卷設計

受訓學員主管的問卷對象是受訓學員的直屬主管，問卷有二個部分：

第一部分：受訓學員的主管之基本資料即人口統計變數 (性別、年齡、教育程度、婚姻狀況、工作年資、職等 / 職級、服務部門等)。

第二部分：爲受訓學員的主管，認知於受過訓練後其工作行爲改變的情形及結果層次 (生產力、組織承諾、組織績效) 的設計，衡量尺度採用 Likert 量表七點計分方式。

　　問卷最重要的部分爲信度和效度檢驗，本文採用 Stata 12 軟體進行分析。信度方面，本文採用 Cronbach α 係數作爲問卷信度之評估標準，藉以檢測衡量問卷題項間的穩定性和一致性，其 α 值越高表示量表越穩定、各題項間的關聯性越大，亦即一致性越高。根據學者 Nunnally(1978) 認爲 Cronbach α 值應大於 0.7 以上爲佳。在效度方面，本文採用收斂效度和區別效度，收斂效度是指來自相同構念之項目，彼此之間相關要高，就是以不同方法測同一特質，相關性要高。區別效度是指來自不同構念之項目，彼此之間相關應較低，就是以相同方法測不同的特質，二者的相關性要很低。經過信度及效度檢驗之後，各題項都符合標準，開始進行印製問卷並準備施測，詳細流程如圖 3-4 所示。

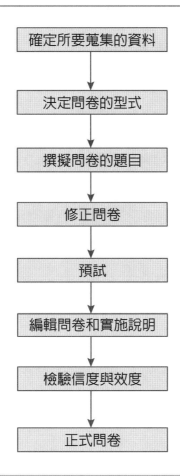

確定所要蒐集的資料

決定問卷的型式

撰擬問卷的題目

修正問卷

預試

編輯問卷和實施說明

檢驗信度與效度

正式問卷

圖 3-4 問卷發展的步驟

收斂效度的評估標準：

1. SMC 要 ≥ 0.5。

2. 組型係數 (factor loading) 要 ≥ 0.7。

3. 組成信度 (CR) > 0.7。

4. AVE > 0.5。

5. Cronbach alpha > 0.6。

※ 問卷發展來源

> **SEM 實務上的小叮嚀：**
> 1. 模型中潛在因素至少應為兩個 (Bollen, 1989)。
> 2. 量表最好為 Likert 七點尺度 (Bollen, 1989)。
> 3. 每個潛在構面至少要有三個題目，5~7 題為佳 (Bollen, 1989)。
> 4. 每一指標不得橫跨到其他潛在因素上 (Bollen, 1989)。
> 5. 問卷最好引用自知名學者，儘量不要自己創造。
> 6. 理論架構要根據學者提出的理論作修正。
> 7. 模型主要構面維持在 5 個以內，不要超過 7 個。

　　在研究架構中，外生變數為訓練態度與訓練需求；內生變數包括反應層次、學習層次、行為層次和結果層次等。而結果層次為二階三因子的潛在變數，包括生產力、組織承諾和組織績效等三項因子。所以本研究構面有 8 個。所有的研究變數包括認知因素、情感因素、行為因素、組織需求、工作需求、個人需求、行政及環境滿意度、課程及教材滿意度、訓練講師滿意度、知識的吸收程度、技能的吸收程度、態度的改變程度、知識的遷移程度、技能的遷移程度、態度的遷移程度、工作效能、工作效率、工作品質、情感性依附與認同、持續性承諾、規範性組織依附、財務構面、顧客構面、內部流程、學習成長，合計 25 項。訓練態度潛在變數在問卷中的命名為訓練的態度，包括認知、情感和行為等三項；訓練態度的操作型定義為對訓練所抱持的一種持久而一致的心理反應傾向，內容包括認知、情感和行為等三部分。訓練需求潛在變數在問卷中的命名為訓練的需求包括組織需求、工作需求和個人需求等三項；訓練需求的操作型定義為瞭解企業組織是否有訓練需要之存在，並確認訓練項目和內容，明確的訓練需求可以讓有限的訓練職員充分利用，提高訓練績效。反應層次潛在變數在問卷中的命名為教育訓練滿意程度，包括行政及環境、課程及教材和訓練講師之安排等三項；教育訓練滿意程度的操作型定義為學員教育訓練後，對行政及環境、課程及教材、訓練講師等安排的滿意程度。學習層次潛在變數在問卷中的命名為訓練內容的吸收及改變程度，包括知識的吸收程度、技能的吸收程度和態度的改變程度等三項；訓練內容的吸收及改變程度的操作型定義為學員受訓後，在知識、技能和態度等三方面的吸收及改變程度。

行為層次潛在變數在問卷中的命名為訓練後工作表現的改變程度，包括知識的遷移程度、技能的遷移程度和態度的遷移程度等三項；訓練後工作表現的改變程度的操作型定義為員工接受教育訓練後，在工作崗位上的表現，受到訓練者知識、技能和態度等三方面遷移程度的影響。結果層次潛在變數在問卷中的命名包括員工生產力、組織承諾和組織績效等三項。而員工生產力包括工作效能、工作效率和工作品質等三項，員工生產力的操作型定義為學員接受教育訓練後，員工的工作產出與工作投入的比例。組織承諾包括情感性、持續性和規範性等三項，組織承諾的操作型定義為學員接受教育訓練後，員工對雇主之忠誠度，包括情感性的依附與認同、持續性的離開成本之承諾和規範性的組織依附感等三項。組織績效參考 Kaplan & Norton(1992) 所提出的平衡計分卡四大構面，包括財務構面、顧客構面、內部流程和學習成長等四項，組織績效的操作型定義為員工接受訓練後，對於公司整體的目標達成率提高了多少。

　　研究彙整「訓練態度」、「訓練需求」、「Kirkpatrick 四個層次成效評估」、「反應層次評估」、「學習層次評估」、「行為層次評估」、「結果層次評估」、「生產力」、「組織承諾」和「組織績效」等的相關變數定義與文獻探討，發展出本文變數與變數的操作型定義。本文問卷包括訓練態度、訓練需求、反應層次、學習層次、行為層次和結果層次等 6 個潛在變數、8 大研究構面及 25 個研究變數，以 Likert 七點量表 (Likert Scale) 將程度分為七個尺度衡量。本文量表由接受過教育訓練的員工及該員工之主管依其實際情形填答，為避免填答者產生困擾，乃採結構式的封閉型問題。題目型式採用的評價尺度為加總尺度法的七點式量表，以不計名方式由受測者從「非常不同 (滿) 意」、「不同 (滿) 意」、「有點不同 (滿) 意」、「無意見」、「有點同 (滿) 意」、「同意」、「非常同意」七項選擇中，在適當□中打 V。計分方式正向題目係按 1、2、3、4、5、6、7 依序計分，最後計算各向度得分與總量表得分；量表上的分數高低，則表示受測者態度的強弱，問卷另附個人基本資料及目標取向題項以利瞭解樣本特性。以下將本文的潛在變數、變數名稱、操作型定義和潛在變數參考文獻來源等，整理如表 3-2 問卷發展來源彙整表。

表 3-2　問卷題項內容發展來源彙整表

潛在變數	潛在變數內容	操作型定義	文獻來源
訓練態度	訓練的態度 1. 認知 2. 情感 3. 行為	訓練的態度為對訓練所抱持的一種持久而一致的心理反應傾向，內容包括認知、情感和行為三部分。	王克先 (1995)、吳祉龍 (2001)、吳秋帆 (2007)、邱佳椿 (2003)、張春興等 (2001)、莊慶文 (2004)、楊聖怡 (2000)、劉永順 (2008)、劉耀明 (2007)。
訓練需求	訓練的需求 1. 組織需求 2. 工作需求 3. 個人需求	訓練的需求為瞭解企業組織是否有訓練需要之存在，並確認訓練項目和內容，訓練需求包括組織需求、工作需求和個人需求。	李懿芳 (2004)、林哲逸 (2009)、洪榮昭 (2002)、張文龍 (2004)、張秋霞 (2007)、陳舒怡 (2006)、黃英忠 (1993)、黃英忠 (2003)、劉奕杉 (2002)、蕭忠郁 (2007)、顏良益 (2007)。
反應層次	教育訓練滿意程度 1. 行政及環境安排 2. 課程及教材安排 3. 訓練講師之安排	學員接受教育訓練後，對行政及環境、課程及教材、訓練講師等安排的滿意程度。	方炳林 (2005)、王瑞賢 (2002)、吳祉龍 (2001)、李隆盛 (2008)、高廣孚 (2004)、洪榮昭 (2002)、張慧鈴 (2008)、黃光雄 (1997)、黃政傑 (1997)、黃英忠 (1993)、黃英忠 (2003)、劉美滿 (2009)。
學習層次	訓練內容的吸收及改變程度 1. 知識的吸收程度 2. 技能的吸收程度 3. 態度的改變程度	學員接受教育訓練後，在知識、技能和態度等三方面的吸收及改變程度。	吳幸珍 (2009)、李大偉 (1995)、李隆盛 (2000)、李隆盛 (2008)、周淑怡 (2007)、林竹楠 (2004)、林巧雲 (2009)、洪榮昭 (2002)、張慧鈴 (2008)、張憲屏 (2006)、莊慶文 (2004)、許晉斌 (2003)、郭生玉 (2004)、黃英忠 (1993)、黃英忠 (2003)、黃建霖 (2004)、劉美滿 (2009)、劉淑芬 (2007)、鐘賢義 (2008)。
行為層次	訓練後工作表現的改變程度 1. 知識的遷移程度 2. 技能的遷移程度 3. 態度的遷移程度	員工接受教育訓練後，在工作崗位上的表現，受到訓練者知識、技能和態度等三方面遷移程度的影響。	吳幸珍 (2009)、周淑怡 (2007)、林竹楠 (2004)、林巧雲 (2009)、張憲屏 (2006)、張慧鈴 (2008)、莊慶文 (2004)、許晉斌 (2003)、黃建霖 (2004)、劉美滿 (2009)、劉淑芬 (2007)、鐘賢義 (2008)。

潛在變數	潛在變數內容	操作型定義	文獻來源
結果層次	員工生產力 1. 工作效能 2. 工作效率 3. 工作品質	學員接受教育訓練後，員工的工作產出與工作投入的比例，內容包括工作效率、工作效能和工作品質等三項。	吳 定 (1993)、張慧鈴 (2008)、許晉斌 (2003)、陳韻如 (2005)、劉美滿 (2009)、Stevenson(2009)。
	組織承諾 1. 情感性 2. 持續性 3. 規範性	學員接受教育訓練後，員工對雇主之忠誠度，包括情感性的依附與認同、持續性的離開成本之承諾和規範性的組織依附感等三項。	王念孟 (2005)、莊慶文 (2004)、張慧鈴 (2008)、許晉斌 (2003)、葛建培 (2008)、劉美滿 (2009)、Muchinsky(2006)。
	組織績效 1. 財務構面 2. 顧客構面 3. 內部流程 4. 學習成長	員工接受訓練後，對於公司整體的目標達成率提高了多少。	亢建勛 (2006)、王念孟 (2005)、王玲莉 (2006)、張慧鈴 (2008)、溫心盈 (2006)、葉惠美 (2008)、葛建培 (2008)、劉美滿 (2009)、蔡宇喬 (2009)、蔡易霖 (2006)、鄭宇君 (2007)、龔雅婷 (2008)。

二、研究變數之衡量

員工問卷參考文獻來源及研究目的，問卷的第一大題為參與訓練的態度構面，擬定完成的題目合計 7 題。問卷的第二大題為參與訓練需求的內涵構面，擬定完成的題目合計 7 題。問卷的第三大題為教育訓練滿意程度構面，擬定完成的題目合計 7 題。問卷的第四大題為訓練內容的吸收及改變程度構面，擬定完成的題目合計 7 題。問卷的第五大題為訓練後工作表現的改變程度構面，擬定完成的題目合計 7 題。問卷的第六大題為員工生產力構面，擬定完成的題目合計 7 題。問卷的第七大題為組織承諾構面，擬定完成的題目合計 7 題。問卷的第八大題為組織績效構面，擬定完成的題目合計 7 題。每個構面的詳細題目內容如表 3-3、3-4 所示。

表 3-3 員工問卷題項內容彙整表 (存在 Emploee245_ 樣本篩選 .dta、Emploee324. dta)

潛在變數內容	變數名稱	問卷題項內容
訓練的態度 1. 認知 2. 情感 3. 行為	attitu1	我認為參加訓練是來自於我對工作的熱衷
	attitu2	我認為參加訓練可以滿足我個人的求知欲
	attitu3	我認為參加訓練是基於個人的生涯規劃
	attitu4	我喜歡參加訓練是因為訓練過程讓我覺得很快樂
	attitu5	我喜歡參加訓練是因為訓練讓我有成就感
	attitu6	我會主動要求農會讓我參加訓練課程
	attitu7	我會以相當積極的態度參加訓練課程
訓練的需求 1. 組織需求 2. 工作需求 3. 個人需求	need1	參加訓練是為了達成農會的經營目標之需求
	need2	參加訓練是為了提升農會競爭力之需求
	need3	參加訓練是為了提升自己工作能力之需求
	need4	參加訓練是為了改善自己的工作效率之需求
	need5	參加訓練是為了因應工作職位變動之需求
	need6	參加訓練是為了提升個人的工作收入
	need7	參加訓練是為了實現自己的生涯規劃
教育訓練滿意程度 1. 行政及環境安排 2. 課程及教材安排 3. 訓練講師之安排	satify1	上課場地環境的安排 (如燈光、空調、桌椅安排方式)
	satify2	上課教學設備 (如電腦、投影機、教學軟體)
	satify3	教學資料和講義的充實程度
	satify4	訓練課程內容的實用性
	satify5	講師上課的教學態度 (如對學員親切的態度)
	satify6	講師上課的口語表達能力 (如說話清晰、生動活潑)
	satify7	講師上課的教學技巧 (如講述和發問題的技巧)
訓練內容的吸收及 改變程度 1. 知識的吸收程度 2. 技能的吸收程度 3. 態度的改變程度	absorb1	訓練後能提升自己的專業基礎知識
	absorb2	訓練後能提升自己的專業應用知識
	absorb3	訓練後能提升自己的專業技術能力
	absorb4	訓練後能提升自己的管理專業能力
	absorb5	訓練後能提升自己的問題解決能力
	absorb6	訓練後能提高對業務處理的信心
	absorb7	訓練後與他人之間的團隊合作愈來愈好

潛在變數內容	變數名稱	問卷題項內容
訓練後工作表現的改變程度 1. 知識的遷移程度 2. 技能的遷移程度 3. 態度的遷移程度	perfm1	訓練後在工作上能充分運用所學的專業基礎知識
	perfm2	訓練後在工作上能充分運用所學的專業應用知識
	perfm3	訓練後能將自己的專業技術能力運用在工作上
	perfm4	訓練後能將自己的管理專業能力運用在工作上
	perfm5	訓練後能將自己的問題解決能力運用在工作上
	perfm6	訓練後在工作時業務處理的信心日漸提升
	perfm7	訓練後在工作時與他人之間的團隊合作愈來愈好

表 3-4　組織績效之問卷內容

潛在變數內容	題號	問卷題項內容
員工生產力 1. 工作效能 2. 工作效率 3. 工作品質	product1	訓練後我的目標達成率明顯提高
	product2	訓練後我的工作能力明顯提高
	product3	訓練後我的工作失誤率明顯的下降
	product4	訓練後我都能如期達成工作目標
	product5	訓練後我能以更少的時間完成工作
	product6	訓練後我的工作品質能獲得同事的肯定
	product7	訓練後我的工作品質能獲得主管的肯定
組織承諾 1. 情感性 2. 持續性 3. 規範性	commit1	訓練後我以能進入農會工作而感到光榮
	commit2	訓練後我對於農會有很深的感情
	commit3	訓練後我為公司付出甚多心力所以不會考慮換工作
	commit4	訓練後離開農會會中斷我的生涯規劃所以不會考慮離職
	commit5	訓練後我離開農會會造成很大的犧牲所以不會考慮離職
	commit6	訓練後在工作上我答應同事的事項會盡力做
	commit7	訓練後我對農會有義務與責任所以不會考慮離職
組織績效 1. 財務構面 2. 顧客構面 3. 內部流程 4. 學習成長	effects1	員工接受訓練後，農會年度總收入增加
	effects2	員工接受訓練後，農會年度獲利能力增加
	effects3	員工接受訓練後，農會的顧客滿意度提高
	effects4	員工接受訓練後，農會員工對顧客的回應速度變快
	effects5	員工接受訓練後，農會內部員工工作滿意度提升
	effects6	員工接受訓練後，農會各部門工作流程更加精簡
	effects7	員工接受訓練後，對教育訓練參與意願逐年提升

回收樣本共 324 份有效問卷，Key in 到 Stata 內容如圖 3-5。

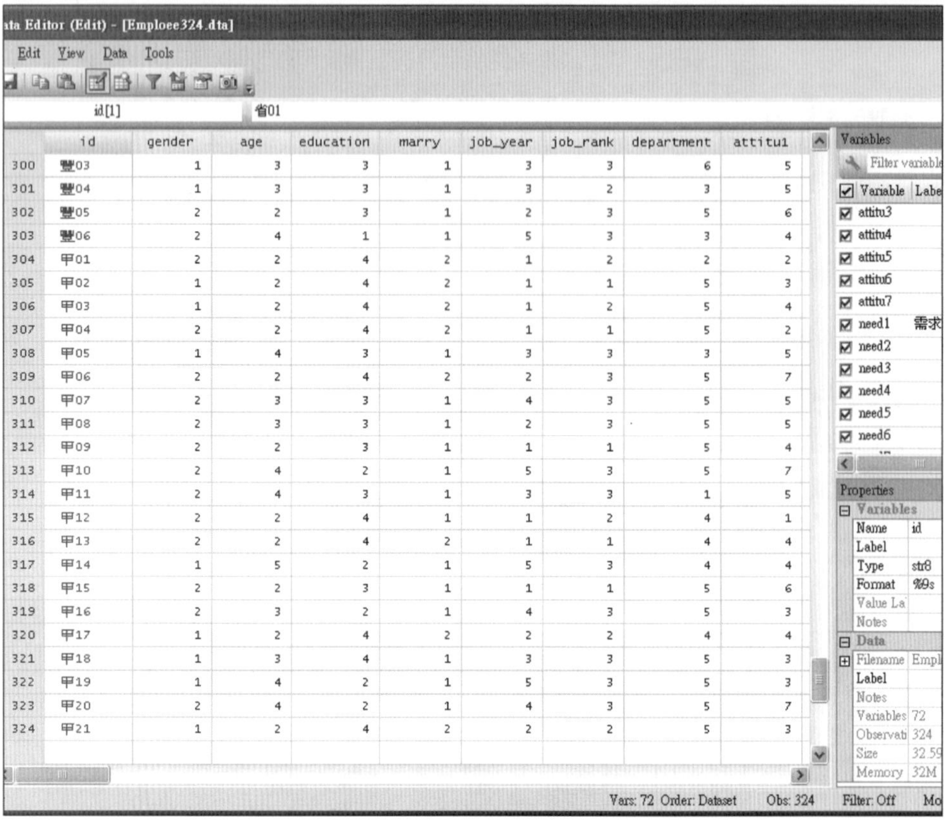

	id	gender	age	education	marry	job_year	job_rank	department	attitu1
300	豐03	1	3	3	1	3	3	6	5
301	豐04	1	3	3	1	3	2	3	5
302	豐05	2	2	3	1	2	3	5	6
303	豐06	2	4	1	1	5	3	3	4
304	甲01	2	2	4	2	1	2	2	2
305	甲02	1	2	4	2	1	1	5	3
306	甲03	1	2	4	2	1	2	5	4
307	甲04	2	2	4	2	1	1	5	2
308	甲05	1	4	3	1	3	3	3	5
309	甲06	2	2	4	2	2	3	5	7
310	甲07	2	3	3	1	4	3	5	5
311	甲08	2	3	3	1	2	3	5	5
312	甲09	2	2	3	1	1	1	5	4
313	甲10	2	4	2	1	5	3	5	7
314	甲11	2	4	3	1	3	3	1	5
315	甲12	2	2	4	1	1	2	4	1
316	甲13	2	2	4	2	1	1	4	4
317	甲14	1	5	2	1	5	3	4	4
318	甲15	2	2	3	1	1	1	5	6
319	甲16	2	3	2	1	4	3	5	3
320	甲17	1	2	4	2	2	2	4	4
321	甲18	1	3	4	1	3	3	5	3
322	甲19	1	4	2	1	5	3	5	3
323	甲20	2	4	2	1	4	3	5	7
324	甲21	1	2	4	2	2	2	5	3

圖 3-5 324 名員工問卷之資料檔「Emploee324.dta」

三、問卷施測

將修正過正確的問卷，採人員親自到場施測及郵寄施測兩種方式進行問卷調查。爲了提升問卷施測的信度及效度，本人儘可能親自到相關農會進行施測，在施測過程中如有任何問題，本人都可以立即詳盡加以解說，以避免廢卷的產生。另外在農會主辦教育訓練人員的協助下，本人預先以電話和電子郵件對農會教育訓練主辦人員加以解說，確認施測過程沒有問題的情況下，委請這些農會教育訓練人員展開問卷施測。

3-2-4 預試 (pilot study)

　　本文依據相關教育訓練文獻所發展而成的問卷題目，由農會接受各教育訓練的員工及該員工的主管進行填答。根據填答者所提供之建議，針對填答時認為題意不清或容易使人混淆之處進行修正，使問卷內容在正式施測時，能讓受試者明瞭問卷內容進而正確填答，增進施測品質。經由農會員工及該員工的主管建議修改後之問卷，再請教育訓練專家學者及農會相關教育訓練主管人員加以檢視和修正問卷內容，以提升本問卷之內容效度。

　　本文預試共發放 700 份問卷，回收 556 份問卷回收率 79%，其中員工有效問卷 258 份，主管有效問卷 167 份。本文預試以驗證性因素分析，依序爲基本資料檢視、個別測量模型評估、效度分析、信度分析，說明如下。

一、基本資料檢視

　　Stata 執行 SEM 參數估計時，常以最大概似估計法 (ml) 爲主要估計方法。使用這些估計方法時，資料必須滿足常態性假設 (normality test)。當資料符合常態性的假設時，運用最大概似估計法後，所獲得的估計結果或統計推論才能獲得確保。當資料無法符合常態性檢定時，那麼就須放棄使用最大概似估計法，而必須使用較爲穩健的估計法，如漸進分配自由法 (Asymptotically Distribution-Free, ADF)。

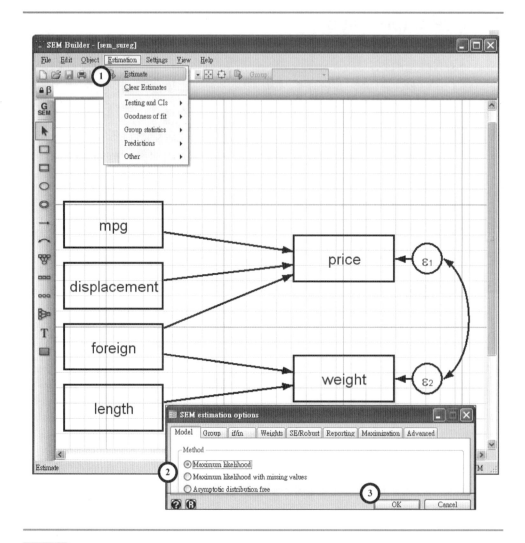

圖 3-6 Stata 三種 SEM 參數估計法

(一) 單變量常態性的方法

1. 使用 P-P 圖或 Q-Q 圖來觀察資料的常態性。其中，常態 Q-Q 圖中，從左下到
   右上的對角線，即代表著標準常態分配，若樣本資料全都能落在該對角線附
   近，那麼就可以研判樣本資料符合常態分配性。

2. 利用假設檢定來判斷資料的常態性。

3. 運用變數分配的偏態 (skewness) 和峰度 (kurtosis)。

   所有潛在變數相對應之觀察變數的偏態及峰度皆符合常態性，假設偏態絕

對值 < 3，峰度絕對值 < 10 (Kline, 1998)。從表 3-5 及表 3-6 可以發現本文樣本的峰度係數與偏態係數均介於可接受的範圍之內，故可視為常態分配。

(二) 多變量常態性的方法

Stata 提供外掛 mvsktest 指令，來執行多變量常態性檢定：multivariate skewness and kurtosis、mvsktest performs an (asymptotic) test for multivariate skewness 、kurtosis using the results in Mardia (1970)。

坊間多數 SEM 軟體 (Amos、Lisrel) 都不允許樣本有遺漏值，但 Stata 則可處理它。

Stata sem 對係數的估計法，有下列三種：

1. ML(maximum likelihood) 法：適合於常態性且沒有遺漏值的情況。
2. MLMV(maximum likelihood for missing values) 法：又稱 FIML，適合常態性且有遺漏值的 sem 模型。
3. ADF 法：適合於非常態性的變數。

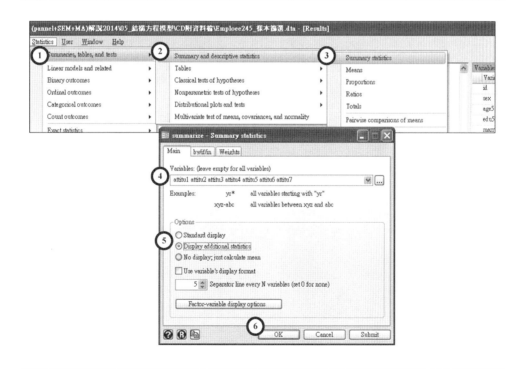

圖 3-7 求 7 個變數的偏態及峰度之畫面

141

(三) 非常態資料的處理

1. 資料的再檢核與過濾。

2. 資料的變數轉換，例如取 ln(x)。

3. 使用其他估計方法，例如 SEM 估計法，由內定 ml 法改成 ADF 法。

```
. Emploee245_ 樣本篩選.dta
. summarize attitu1 attitu2 attitu3 attitu4 attitu5 attitu6 attitu7, detail
* 或 summarize attitu*, detail
                              attitu1
-----------------------------------------------------------------
          Percentiles     Smallest
  1%           2              1
  5%           3              2
 10%           4              2          Obs                  245
 25%           4              2          Sum of Wgt.          245

 50%           5                         Mean            5.118367
                           Largest       Std. Dev.       1.210554
 75%           6              7
 90%           7              7          Variance         1.46544
 95%           7              7          Skewness        -.3666439
 99%           7              7          Kurtosis        2.985277

                              attitu2
-----------------------------------------------------------------
          Percentiles     Smallest
  1%           2              1
  5%           3              1
 10%           4              2          Obs                  245
 25%           5              2          Sum of Wgt.          245

 50%           6                         Mean            5.306122
                           Largest       Std. Dev.       1.231487
 75%           6              7
 90%           7              7          Variance        1.516561
 95%           7              7          Skewness         -.729736
 99%           7              7          Kurtosis        3.372969
```

```
                              attitu3
------------------------------------------------------------
        Percentiles      Smallest
 1%          2               1
 5%          3               1
10%          3               2        Obs              245
25%          4               2        Sum of Wgt.      245

50%          5                        Mean         4.963265
                         Largest      Std. Dev.     1.28782
75%          6               7
90%          7               7        Variance     1.658481
95%          7               7        Skewness    -.4391498
99%          7               7        Kurtosis      2.84885

                              attitu4
------------------------------------------------------------
        Percentiles      Smallest
 1%          1               1
 5%          3               1
10%          3               1        Obs              245
25%          4               2        Sum of Wgt.      245

50%          5                        Mean         4.967347
                         Largest      Std. Dev.    1.173021
75%          6               7
90%          6               7        Variance     1.375979
95%          7               7        Skewness    -.5931004
99%          7               7        Kurtosis     3.554583

                              attitu5
------------------------------------------------------------
        Percentiles      Smallest
 1%          1               1
 5%          3               1
10%          3               1        Obs              245
25%          4               1        Sum of Wgt.      245
```

	Percentiles	Smallest		
50%	5		Mean	5.065306
		Largest	Std. Dev.	1.262568
75%	6	7		
90%	6	7	Variance	1.594078
95%	7	7	Skewness	-.7718585
99%	7	7	Kurtosis	3.787657

attitu6

	Percentiles	Smallest		
1%	1	1		
5%	2	1		
10%	3	1	Obs	245
25%	4	1	Sum of Wgt.	245
50%	5		Mean	4.579592
		Largest	Std. Dev.	1.372592
75%	6	7		
90%	6	7	Variance	1.884008
95%	7	7	Skewness	-.4812111
99%	7	7	Kurtosis	3.021658

attitu7

	Percentiles	Smallest		
1%	1	1		
5%	3	1		
10%	4	1	Obs	245
25%	5	2	Sum of Wgt.	245
50%	5		Mean	5.212245
		Largest	Std. Dev.	1.236341
75%	6	7		
90%	7	7	Variance	1.528538
95%	7	7	Skewness	-.6819714
99%	7	7	Kurtosis	3.693669

表 3-5 平均數、變異數、偏態及峰度摘要表 (員工)

參　　數	平均數	標準差	變異數	偏　態	峰　度
訓練態度 1	5.12	1.211	1.465	-0.366	2.985
訓練態度 2	5.306	1.231	1.516	-0.729	3.373
訓練態度 3	4.963	1.287	1.658	-0.439	2.848
訓練態度 4	4.967	1.173	1.376	-0.593	3.554
訓練態度 5	5.065	1.262	1.594	-0.772	3.787
訓練態度 6	4.579	1.372	1.884	-0.481	3.021
訓練態度 7	5.212	1.236	1.528	-0.682	3.693
訓練需求 1	5.24	1.188	1.411	-0.692	1.347
訓練需求 2	5.47	1.154	1.332	-0.819	1.109
訓練需求 3	5.59	1.099	1.208	-0.566	-0.105
訓練需求 4	5.53	1.044	1.090	-0.517	0.492
訓練需求 5	5.24	1.272	1.617	-0.891	0.921
訓練需求 6	4.92	1.474	2.173	-0.813	0.313
訓練需求 7	4.92	1.265	1.600	-0.520	0.469
滿意程度 1	4.98	1.164	1.354	-0.507	0.874
滿意程度 2	5.09	1.054	1.112	-0.468	0.486
滿意程度 3	4.93	1.119	1.251	-0.291	0.246
滿意程度 4	4.97	1.085	1.178	-0.059	-0.078
滿意程度 5	5.21	1.123	1.261	-0.230	-0.339
滿意程度 6	5.18	1.080	1.167	-0.473	0.544
滿意程度 7	5.01	1.138	1.296	-0.246	0.042
內容吸收 1	5.33	1.127	1.271	-0.799	1.510
內容吸收 2	5.39	1.097	1.204	-0.718	0.671
內容吸收 3	5.24	1.165	1.358	-0.850	1.489
內容吸收 4	5.12	1.165	1.356	-0.407	0.118
內容吸收 5	5.16	1.149	1.320	-0.509	0.395
內容吸收 6	5.28	1.065	1.134	-0.549	0.728
內容吸收 7	5.19	1.164	1.355	-0.488	0.476
訓練後工作表現 1	5.03	1.151	1.326	-0.670	1.051
訓練後工作表現 2	5.20	1.080	1.165	-0.577	0.655

參　　數	平均數	標準差	變異數	偏　態	峰　度
訓練後工作表現 3	5.14	1.111	1.233	-0.777	1.155
訓練後工作表現 4	5.00	1.102	1.214	-0.528	0.402
訓練後工作表現 5	5.09	1.114	1.241	-0.432	0.782
訓練後工作表現 6	5.10	1.110	1.232	-0.692	0.678
訓練後工作表現 7	5.19	1.179	1.389	-0.654	0.857

表 3-6　平均數、變異數、偏態及峰度摘要表 (員工)(續)

參　　數	平均數	標準差	變異數	偏　態	峰　度
生產力 1	4.98	1.084	1.175	-0.172	-0.271
生產力 2	5.10	1.078	1.162	-0.326	0.153
生產力 3	4.94	1.121	1.257	-0.612	0.893
生產力 4	5.00	1.104	1.218	-0.693	0.953
生產力 5	4.98	1.042	1.085	-0.398	0.676
生產力 6	5.02	1.123	1.260	-0.347	-0.189
生產力 7	5.00	1.167	1.362	-0.370	0.113
組織承諾 1	5.07	1.143	1.307	-0.539	0.878
組織承諾 2	5.08	1.182	1.398	-0.486	0.179
組織承諾 3	5.26	1.170	1.370	-0.409	0.102
組織承諾 4	5.27	1.207	1.457	-0.420	-0.154
組織承諾 5	5.24	1.233	1.520	-0.623	0.245
組織承諾 6	5.38	1.158	1.341	-0.711	1.066
組織承諾 7	5.29	1.268	1.608	-0.711	0.727
組織績效 1	4.59	1.245	1.800	-0.583	0.375
組織績效 2	4.84	1.284	1.649	-0.829	0.490
組織績效 3	5.07	1.101	1.212	-0.764	1.602
組織績效 4	5.03	1.103	1.217	-0.457	0.526
組織績效 5	5.09	1.124	1.264	-0.607	0.866
組織績效 6	5.05	1.220	1.488	-0.693	0.740
組織績效 7	4.95	1.293	1.671	-0.665	0.434

二、個別測量模型適配評估

修改你的初始模型。先用「estat mindices」找出 Standard EPC 或 MI 值最大值，再：(1) 加路徑於「誤差之間當共變關係 (covariance)」、或 (2) 在某潛在變數之眾多指標裡，找出刪除某指標，會使測量模型 (CFA) 的卡方值降最大者。

※ 修改 SEM 模型的原則：

1. 可增加模型適配度 (Increase the overall fit of the model)
   (1) 限制某些參數值為 0(Constrain some parameters to be 0)。
   (2) 設定某些參數值是相同的 (Set equal constrains for some parameters)。
   (3) 在眾多變數裡增加新徑路 (Add new paths among variables)。
2. 預期的結果 (Expected outcome)
   (1) 測量模型，若刪除某指標，可使整體適配度之卡方值降幅最大，則優先刪之。
   (2) 路徑圖之迴歸係數，都需達到 0.05 顯著性 ($p < 0.05$)。sem 迴歸係數採 t 檢定來考驗顯著性；gsem 則採 z 檢定來考驗顯著性。

比較新舊二模型，再決定是否需要額外的修改。

※ 比較新舊二模型良窳的方法：

1. 巢狀模型 (Nested model)，則採概似比 (Likelihood ratio) 檢定。
2. 非巢狀模型 (Nonnested model)，可採 Akaike(AIC) 或 Bayesian(BIC) 準則。

在進行問卷的驗證性因素分析時，若只採用整體的假設性測量模型之驗證，將會有所限制，無法一一發現其誤差的相關過程及觀察變數和潛在變數間相關的變化，較難提出正確的修正模型。因此研究者往往會先進行各份問卷假設性測量模型的考驗，根據所提出的修正指標，一步一步的來修正各份問卷的假設性測量模型。最後再依修改後的各份問卷的測量模型，對整體審核指標量表進行假設性測量模型的考驗，如此才能增加模型的適配性 (陳藝文，2000)。以下對員工之訓練態度、訓練需求、反應層次、學習層次、行為層次、生產力、組織承諾及組織績效，分別進行各分問卷假設性測量模型考驗。

(一) 訓練態度構面之測量模型

本文將原樣本數 324 份 (存在「Emploee324.dta」資料檔) 中刪除異常樣本，剩餘樣本數 245 份 (存在「Emploee245_ 樣本篩選 .dta」資料檔)，經由驗證性

因素分析結果如表 3-7。由此表可知，起始模型的適配度不佳。MI(modification index) 為修正指標，探討觀察變數殘差之間的共變關係，經由 MI 值的修正可以有效降低卡方值。本文為例，發現刪除態度 1(我認為參加訓練是來自於我對工作的熱衷) 至少可以減少卡方值 22.901；其次刪除態度 2(我認為參加訓練可以滿足我個人的求知欲) 至少可以減少卡方值 8.189，經由二次 MI 值修正後，本模型的整體適配度 (gof) 達到不錯的建議值。

Step1-1. 未修正前 **CFA** 測量模型及適配度

表 3-7 訓練態度構面測量模型驗證性因素分析結果摘要表

模型 \ 指標	χ^2/df	SRMR	RMSEA	CFI
假設性模型	5.409	0.037	0.117	0.949
修正模型 1	3.563	0.027	0.089	0.967
修正模型 2	1.303	0.014	0.031	0.998

SRMR：Standardized root mean squared residual

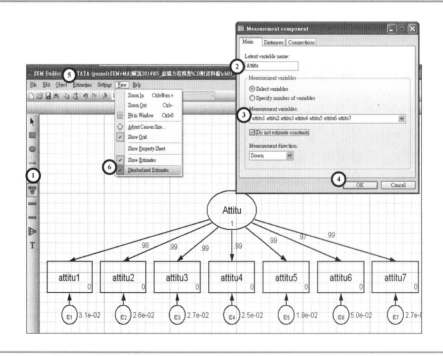

圖 3-8 訓練態度構面假設性 CFA 測量模型之 Builder 畫面

```
＊或開啟樣本未篩選過
. use Emploee324.dta , clear
＊開啟樣本篩選過
. use Emploee245_ 樣本篩選.dta , clear

＊假設性模型
. sem (Attitu -> attitu1 attitu2 attitu3 attitu4 attitu5 attitu6 attitu7),
  latent(Attitu) nocaps


Structural equation model                  Number of obs    =      324
Estimation method  = ml
Log likelihood     = -3240.6443


( 1)  [attitu1]Attitu = 1
-------------------------------------------------------------------------------
                |                 OIM
                |   Coef.   Std. Err.      z    P>|z|    [95% Conf. Interval]
----------------+--------------------------------------------------------------
Measurement     |
  attitu1 <-|
      Attitu |        1  (constrained)
       _cons |  4.947531   .0730451   67.73   0.000    4.804365    5.090697
----------------+--------------------------------------------------------------
  attitu2 <-|
      Attitu |  .8979437    .071795   12.51   0.000    .7572281    1.038659
       _cons |  5.256173   .0671775   78.24   0.000    5.124507    5.387838
----------------+--------------------------------------------------------------
  attitu3 <-|
      Attitu |  1.062878   .0782073   13.59   0.000    .9095941    1.216161
       _cons |  4.904321   .0730402   67.15   0.000    4.761165    5.047477
----------------+--------------------------------------------------------------
  attitu4 <-|
      Attitu |  1.053127   .0776935   13.55   0.000    .9008502    1.205403
       _cons |  4.910494   .0710818   69.08   0.000    4.771176    5.049812
----------------+--------------------------------------------------------------
  attitu5 <-|
      Attitu |  1.080627   .0770811   14.02   0.000    .9295506    1.231703
       _cons |  4.987654   .0694239   71.84   0.000    4.851586    5.123723
```

```
---------------+------------------------------------------------------------------
attitu6 <-|
     Attitu |  1.092156   .0907329   12.04   0.000    .9143225   1.269989
      _cons |  4.524691   .0822867   54.99   0.000    4.363412    4.68597
---------------+------------------------------------------------------------------
attitu7 <-|
     Attitu |  1.005622   .0789905   12.73   0.000    .8508039   1.160441
      _cons |  5.200617   .0722486   71.98   0.000    5.059013   5.245222
---------------+------------------------------------------------------------------
Variance   |
  e.attitu1 |  .8160687   .0737628                   .6835784   .9742382
  e.attitu2 |  .7262731   .0644817                   .6102763   .8643176
  e.attitu3 |    .69746   .0653764                   .5804062   .8381209
  e.attitu4 |  .6248416   .0596104                   .5182802   .7533126
  e.attitu5 |  .4958136   .0509871                   .4053078   .6065294
  e.attitu6 |   1.10521   .0973545                   .9299622   1.313483
  e.attitu7 |   .768283   .0694182                   .6435924   .9171314
     Attitu |  .9126598   .1251666                    .697543   1.194117
---------------+------------------------------------------------------------------
LR test of model vs. saturated: chi2(14)   =    75.74, Prob > chi2 = 0.0000
```

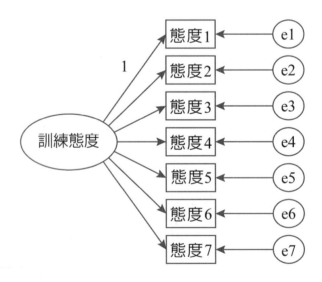

圖 3-9 修正前訓練態度構面假設性 CFA 測量模型

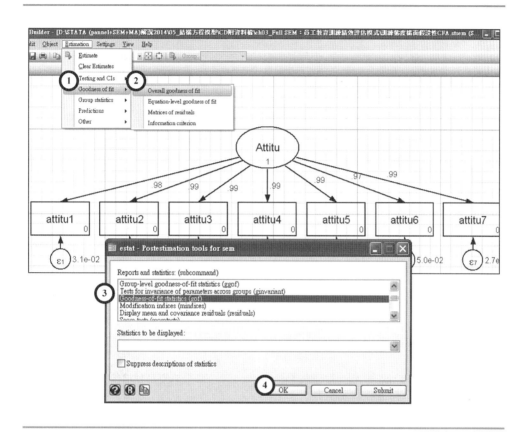

圖 3-10 訓練態度構面假設性 CFA 整體適配度之畫面

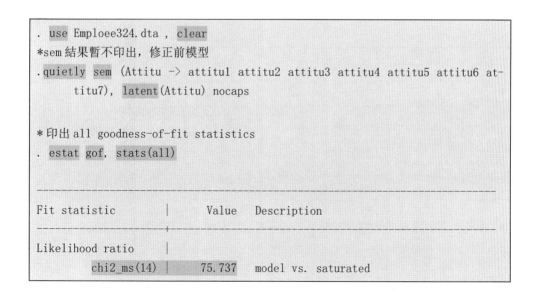

```
. use Emploee324.dta , clear
*sem 結果暫不印出，修正前模型
.quietly sem (Attitu -> attitu1 attitu2 attitu3 attitu4 attitu5 attitu6 at-
     titu7), latent(Attitu) nocaps


*印出 all goodness-of-fit statistics
. estat gof, stats(all)


─────────────────────────────────────────────────────────

Fit statistic        |     Value   Description
─────────────────────┼───────────────────────────────────

Likelihood ratio     |
     chi2_ms(14)      |    75.737   model vs. saturated
```

```
          p > chi2 |      0.000
     chi2_bs(21) |   1237.411   baseline vs. saturated
          p > chi2 |      0.000
-----------------+----------------------------------------------------------
Population error   |
            RMSEA |      0.117   Root mean squared error of approximation
90% CI, lower bound |    0.092
        upper bound |    0.143
            pclose |      0.000   Probability RMSEA <= 0.05
-----------------+----------------------------------------------------------
Information criteria |
              AIC |   6523.289   Akaike's information criterion
              BIC |   6602.684   Bayesian information criterion
-----------------+----------------------------------------------------------
Baseline comparison |
              CFI |      0.949   Comparative fit index
              TLI |      0.924   Tucker-Lewis index
-----------------+----------------------------------------------------------
Size of residuals   |
             SRMR |      0.037   Standardized root mean squared residual
               CD |      0.905   Coefficient of determination
-----------------+----------------------------------------------------------
```

Step 1-2. 未修正模型之 **MI** 值

```
. quietly sem (Attitu ->attitu1 attitu2 attitu3 attitu4 attitu5 attitu6 at-
      titu7), latent(Attitu )


*求 MI 值
. estat mindices
Modification indices

--------------------------------------------------------------------------
                  |                                        Standard
                  |    MI      df    P>MI       EPC          EPC
------------------+-------------------------------------------------------
Covariance        |
```

```
  e.attitu1  |
    e.attitu2 |    20.970    1   0.00    .2266721    .2944319
    e.attitu3 |    10.892    1   0.00    .1672004    .2216227
    e.attitu5 |    15.409    1   0.00   -.1793994   -.282032
    e.attitu6 |     4.976    1   0.03   -.1358659   -.1430621
-----------+------------------------------------------------
  e.attitu2  |
    e.attitu4 |    10.355    1   0.00   -.1459257   -.2166191
    e.attitu6 |    14.969    1   0.00   -.2202975   -.2458879
-----------+------------------------------------------------
  e.attitu3  |
    e.attitu7 |     4.868    1   0.03   -.1094015   -.1494525
-----------+------------------------------------------------
  e.attitu4  |
    e.attitu5 |     8.497    1   0.00    .1246189    .2238926
-----------+------------------------------------------------
  e.attitu6  |
    e.attitu7 |     8.313    1   0.00    .1716384    .186265
------------------------------------------------------------
EPC = expected parameter change
```

1. MI 最大值為「e.attitu1 與 e.attitu2」，且它的 Standard(expected parameter change) = 0.2944 也是最大值。但 e.attitu2 與其他 error 則不大，故先考慮刪(態度 1)attitu1 變數。

2. 至於 MI 最大值為「e.attitu1 與 e.attitu2」，這一對變數到底誰應先刪，其實很容易判斷法則，就是「看誰被刪除」之後，卡方值降低就多，就刪它。因為卡方值愈小，表示 CFA 適配度愈佳。

Step2-1. 修正模型 1 之 CFA 測量模型及適配度

　　刪除 attitu1 之後，再重做一次 CFA。

```
. quietly sem (Attitu -> attitu2 attitu3 attitu4 attitu5 attitu6 attitu7),
  latent(Attitu )
*印出 all goodness-of-fit statistics
. estat gof, stats(all)
```

```
-----------------------------------------------------------------------------
Fit statistic            |   Value   Description
-------------------------+---------------------------------------------------
Likelihood ratio         |
            chi2_ms(9)   |   32.063  model vs. saturated
             p > chi2    |    0.000
           chi2_bs(15)   |  990.028  baseline vs. saturated
             p > chi2    |    0.000
-------------------------+---------------------------------------------------
Population error         |
                 RMSEA   |    0.089  Root mean squared error of approximation
  90% CI, lower bound    |    0.057
           upper bound   |    0.123
                pclose   |    0.025  Probability RMSEA <= 0.05
-------------------------+---------------------------------------------------
Information criteria     |
                   AIC   | 5624.173  Akaike's information criterion
                   BIC   | 5692.227  Bayesian information criterion
-------------------------+---------------------------------------------------
Baseline comparison      |
                   CFI   |    0.976  Comparative fit index
                   TLI   |    0.961  Tucker-Lewis index
-------------------------+---------------------------------------------------
Size of residuals        |
                  SRMR   |    0.027  Standardized root mean squared residual
                    CD   |    0.897  Coefficient of determination
-----------------------------------------------------------------------------
```

Step2-2. 修正模型 1 之 MI 值

```
*刪除 attitu1 之後，再重做一次 MI
. quietly sem (Attitu -> attitu2 attitu3 attitu4 attitu5 attitu6 attitu7),
latent(Attitu)
. estat mindices


Modification indices
```

```
----------------------------------------------------------------
                 |                                     Standard
                 |    MI    df   P>MI      EPC           EPC
-----------------+----------------------------------------------
Covariance       |
 e.attitu2       |
   e.attitu3     |   4.695   1   0.03    .1097309     .1428773
   e.attitu4     |   4.783   1   0.03   -.1041852    -.149822
   e.attitu6     |  11.649   1   0.00   -.2006312    -.2198065
   e.attitu7     |   5.545   1   0.02    .1189574     .1541299
-----------------+----------------------------------------------
 e.attitu6       |
   e.attitu7     |   6.322   1   0.01    .1514148     .1682154
----------------------------------------------------------------
EPC = expected parameter change
```

1. MI 最大值為「e.attitu2 與 e.attitu3」(MI = 11.649)，故可考慮再刪 attitu2 變數。
2. 至於 MI 最大值為「e.attitu2 與 e.attitu3」，這一對變數到底誰應先刪，其實很容易判斷法則，就是「看誰被刪除」之後，卡方值降低就多，就刪它。因為卡方值愈小，表示 CFA 適配度愈佳。

Step 3-1. 修正模型 2 之 CFA 測量模型及適配度

刪除 attitu1 及 attitu2 之後，再重做一次 CFA。

```
* 修正模型 2 之 CFA 測量模型
. sem (Attitu -> attitu3 attitu4 attitu5 attitu6 attitu7), latent(Attitu )
  nocaps


Endogenous variables


Measurement:  attitu3 attitu4 attitu5 attitu6 attitu7


Exogenous variables


Latent:       Attitu


Fitting target model:
```

```
Iteration 0:   log likelihood = -2358.1826
Iteration 1:   log likelihood = -2358.1633
Iteration 2:   log likelihood = -2358.1633


Structural equation model                    Number of obs    =      324
Estimation method  = ml
Log likelihood     = -2358.1633


 ( 1)  [attitu3]Attitu = 1
```

| | OIM | | | | | |
---	Coef.	Std. Err.	z	P>|z|	[95% Conf.	Interval]
Measurement						
attitu3 <-						
Attitu	1	(constrained)				
_cons	4.904321	.0730402	67.15	0.000	4.761165	5.047477
attitu4 <-						
Attitu	1.055332	.0758234	13.92	0.000	.906721	1.203943
_cons	4.910494	.0710818	69.08	0.000	4.771176	5.049812
attitu5 <-						
Attitu	1.083457	.0740255	14.64	0.000	.9383696	1.228544
_cons	4.987654	.0694239	71.84	0.000	4.851586	5.123723
attitu6 <-						
Attitu	1.121535	.0878704	12.76	0.000	.9493123	1.293758
_cons	4.524691	.0822867	54.99	0.000	4.363412	4.68597
attitu7 <-						
Attitu	.9765781	.0774043	12.62	0.000	.8248684	1.128288
_cons	5.200617	.0722486	71.98	0.000	5.059013	5.245222
Variance						
e.attitu3	.7833798	.0731633			.6523412	.9407406
e.attitu4	.5844454	.0603038			.4774368	.7154379
e.attitu5	.4521194	.0528369			.3595651	.5684978

```
    e.attitu6 |  1.005024    .0942157                 .8363358    1.207736
    e.attitu7 |   .7898687    .073354                 .658423     .9475559
       Attitu |   .9451201   .1273546                .7257514    1.230796
------------------------------------------------------------------------------

LR test of model vs. saturated: chi2(5)    =       6.52, Prob > chi2 = 0.2592

. . *印出 all goodness-of-fit statistics
. estat gof, stats(all)


----------------------------------------------------------------------------
Fit statistic          |    Value   Description
-----------------------+----------------------------------------------------
Likelihood ratio       |
         chi2_ms(5) |     6.517   model vs. saturated
          p > chi2 |     0.259
         chi2_bs(10) |   793.764   baseline vs. saturated
          p > chi2 |     0.000
-----------------------+----------------------------------------------------
Population error       |
             RMSEA |     0.031   Root mean squared error of approximation
 90% CI, lower bound |     0.000
        upper bound |     0.087
            pclose |     0.641   Probability RMSEA <= 0.05
-----------------------+----------------------------------------------------
Information criteria   |
               AIC |  4746.327   Akaike's information criterion
               BIC |  4803.038   Bayesian information criterion
-----------------------+----------------------------------------------------
Baseline comparison    |
               CFI |     0.998   Comparative fit index
               TLI |     0.996   Tucker-Lewis index
-----------------------+----------------------------------------------------
Size of residuals      |
              SRMR |     0.014   Standardized root mean squared residual
                CD |     0.886   Coefficient of determination
----------------------------------------------------------------------------
```

1. 在刪除「attitu1、attitu2」變數之後，所有適配度指標 (卡方之 p > 0.05、

157

RMSEA < 0.05、CFI > 0.9、SRMR < 0.05) 都已達到建議值，故 CFA 修正到此即可。總共七個外顯變數刪二個之後，其餘 5 個都可保留給 full SEM 分析。

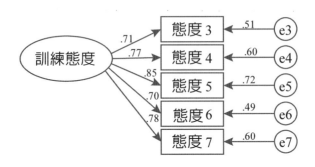

圖 3-11 訓練態度構面修正後 CFA 測量模型

模型適配度之準則 (Criteria)

(一) 整體適配度 (Overall model fit)

1. Chi-Square test (理想值 p-value > 0.05)

(二) 遞增適配度 (Incremental fit indices)

1. Comparative Fit Index (理想值 CFI ≥ 0.90)

2. Non-Normed Fit Index (理想值 NNFI ≥ 0.90)

(三) 殘差為主的指標 (Residual-based Indices)

1. Root Mean Square Error of Approximation (理想值 RMSEA ≤ 0.05)

2. Standardized Root Mean Square Residual (理想值 SRMR ≤ 0.05)

3. Root Mean Square Residual (理想值 RMR ≤ 0.05)

4. Goodness of Fit Index (理想值 GFI ≥ 0.95)

5. Adjusted Goodness of Fit Index (理想值 AGFI ≥ 0.90)

(四) 二個敵對模型誰優的比較 (Model Comparison Indices)

1. 卡方差異檢定 (Chi-Square Difference Test)

2. Akaike Information Criterion (AIC 值愈小則適配度愈佳)

3. Bayesian Information Criterion (BIC 值愈小則適配度愈佳)

(二) 訓練需求構面之測量模型

Stata 分析法，仿照訓練態度的 CFA 做法，即可篩選訓練需求 7 個指標，並判定那幾個指標該被刪除？

本文將樣本數 245 份，經由驗證性因素分析結果如表 3-8。由此表得知，起始模型的適配度不佳，本文發現刪除需求 3(參加訓練是為了提升自己工作能力之需求) 至少可以減少卡方值 69.960；其次刪除需求 6(參加訓練是為了提升個人的工作收入) 至少可以減少卡方值 61.897；再者刪除需求 7(參加訓練是為了實現自己的生涯規劃) 至少可以減少卡方值 20.488。經由三次 MI 值修正後，訓練態度 CFA 模型的整體適配度 (gof) 達到不錯的建議值。

表 3-8 訓練需求構面測量模型驗證性因素分析結果摘要表

指標 模型	χ^2/df	SRMR	RMSEA	CFI
假設性模型	16.751	0.203	0.248	0.772
修正模型 1	16.381	0.217	0.245	0.814
修正模型 2	5.277	0.087	0.129	0.963
修正模型 3	1.358	0.025	0.037	0.999

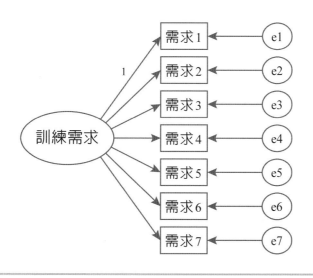

圖 3-12 訓練需求構面假設性 CFA 測量模型

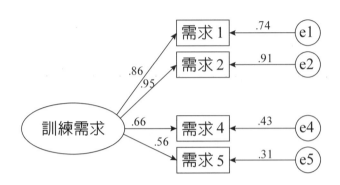

圖 3-13 訓練需求構面修正後 CFA 測量模型

(三) 反應層次構面之測量模型

　　Stata 分析法，仿照訓練態度的 CFA 做法，即可篩選反應滿意 7 個指標，並判定那幾個指標該被刪除？

　　本文有效樣本數 324 人，經由驗證性因素分析結果如表 3-9 及圖 3-14 所示。由表 3-9 得知，起始模型的適配度不佳，本文發現刪除滿意程度 1(上課場地環境的安排) 至少可以減少卡方值 53.517；其次刪除滿意程度 2(上課教學設備) 至少可以減少卡方值 9.658；再者刪除滿意程度 3(教學資料和講義的充實程度) 至少可以減少卡方值 5.284。經由三次 MI 值修正後，本模型的整體適配度 (gof) 達到不錯的建議值，結果如圖 3-15 所示。

表 3-9 反應層次構面測量模型驗證性因素分析結果摘要表

模型 \ 指標	χ^2/df	RMR	RMSEA	CFI
假設性模型	6.954	0.059	0.153	0.927
修正模型 1	3.090	0.031	0.091	0.980
修正模型 2	2.560	0.023	0.078	0.990
修正模型 3	0.854	0.010	0.000	1.000

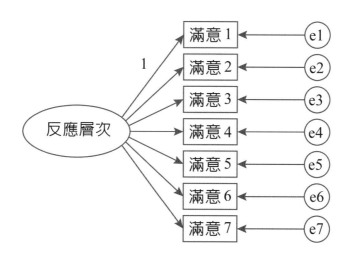

圖 3-14 反應層次構面假設性 CFA 測量模型

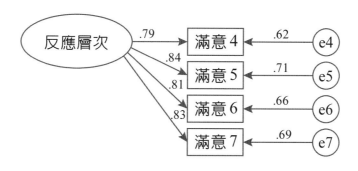

圖 3-15 反應層次構面修正後 CFA 測量模型

(四) 學習層次構面之測量模型

本文有效樣本數 324 人，經由驗證性因素分析結果如表 3-10 及圖 3-16 所示。由表 3-10 得知，起始模型的適配度不佳，本文發現刪除內容的吸收 6(訓練後能提高自己對業務處理的信心) 至少可以減少卡方值 29.254；其次刪除內容的吸收 1(訓練後能提升自己的專業基礎知識) 至少可以減少卡方值 12.468；再者刪除內容的吸收 7(訓練後與他人之間的團隊合作愈來愈好) 至少可以減少卡

方值 7.394。經由三次 MI 值修正後，本模型的整體適配度 (gof) 達到不錯的建議值，結果如圖 3-17 所示。

表 3-10 學習層次構面測量模型驗證性因素分析結果摘要表

指標 模型	χ^2/df	RMR	RMSEA	CFI
假設性模型	6.016	0.047	0.141	0.947
修正模型 1	4.016	0.035	0.109	0.974
修正模型 2	2.363	0.028	0.073	0.990
修正模型 3	0.156	0.004	0.000	1.000

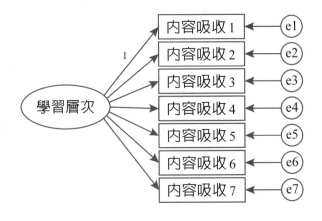

圖 3-16 學習層次構面假設性 CFA 測量模型

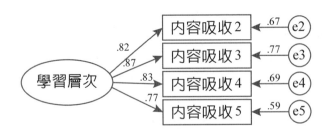

圖 3-17 學習層次構面修正後 CFA 測量模型

(五) 行為層次構面之測量模型

　　本文有效樣本數 324 人，經由驗證性因素分析結果如表 3-11 及圖 3-18 所示。由表 3-11 得知，起始模型的適配度不佳，本文發現刪除訓練後工作表現 6(訓練後在工作時對業務處理的信心日漸提升) 至少可以減少卡方值 60.528；其次刪除訓練後工作表現 2(訓練後在工作上能充分運用所學的專業應用知識) 至少可以減少卡方值 13.767；再者刪除訓練後工作表現 3(訓練後能將自己的專業技術能力運用在工作上) 至少可以減少卡方值 6.470。經由三次 MI 值修正後，本模型的整體適配度 (gof) 達到不錯的建議值，結果如圖 3-19 所示。

表 3-11　行為層次構面測量模型驗證性因素分析結果摘要表

模型 ＼ 指標	χ^2/df	RMR	RMSEA	CFI
假設性模型	12.387	0.065	0.213	0.883
修正模型 1	9.010	0.046	0.179	0.934
修正模型 2	4.089	0.029	0.111	0.980
修正模型 3	1.759	0.016	0.055	0.997

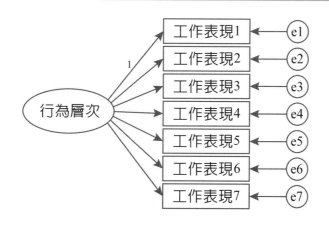

圖 3-18　行為層次構面假設性 CFA 測量模型

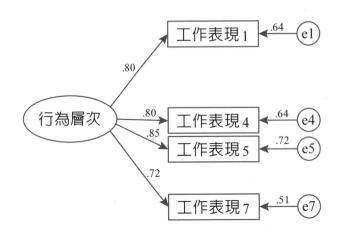

圖 3-19 行為層次構面修正後 CFA 測量模型

(六) 生產力構面之測量模型

本文問卷回收有效樣本數 324 人，經由驗證性因素分析結果如表 3-12 及圖 3-20 所示。由表 3-12 得知，起始模型的適配度不佳，本文發現刪除生產力 6(訓練後我的工作品質能獲得同事的肯定) 至少可以減少卡方值 35.724；其次刪除生產力 2(訓練後我的工作能力明顯提高) 至少可以減少卡方值 22.450；再者刪除生產力 7(訓練後我的工作品質能獲得主管的肯定) 至少可以減少卡方值 5.776。經由三次 MI 值修正後，本模型的整體適配度 (gof) 達到不錯的建議值，結果如圖 3-21 所示。

表 3-12 生產力構面測量模型驗證性因素分析結果摘要表

模型 \ 指標	χ^2/df	RMR	RMSEA	CFI
假設性模型	6.700	0.046	0.152	0.938
修正模型 1	5.289	0.034	0.132	0.963
修正模型 2	2.558	0.022	0.079	0.990
修正模型 3	0.451	0.007	0.000	1.000

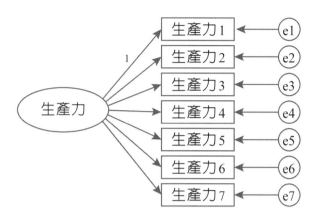

圖 3-20 生產力構面假設性 CFA 測量模型

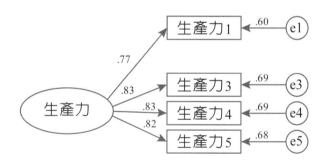

圖 3-21 生產力構面修正後 CFA 測量模型

(七) 組織承諾構面之測量模型

　　Stata 分析法，仿照訓練態度的 CFA 做法，即可篩選組織承諾 7 個指標，並判定那幾個指標該被刪除？

　　本文有效樣本數 324 人，經由驗證性因素分析結果如表 3-13 及圖 3-22 所示，由表 3-13 得知，起始模型的適配度不佳。本文發現刪除組織承諾 1 (訓練後我以能進入農會工作而感到光榮) 至少可以減少卡方值 63.415；其次刪除組織承諾 7(訓練後我對農會有義務與責任，所以不會考慮離職) 至少可以減少卡

Stata 在結構方程模型及試題反應理論的應用

方值 10.280；再者刪除組織承諾 2(訓練後我對於農會有更深的感情) 可使 χ^2/df 由 2.328 減少至 0.479。經由三次 MI 值修正後，本模型的整體適配度 (gof) 達到不錯的建議值，結果如圖 3-23 所示。

表 3-13　組織承諾構面測量模型驗證性因素分析結果摘要表

指標\模型	χ^2/df	RMR	RMSEA	CFI
假設性模型	8.669	0.054	0.176	0.928
修正模型 1	3.155	0.030	0.093	0.984
修正模型 2	2.328	0023	0.073	0.993
修正模型 3	0.479	0.009	0.000	1.000

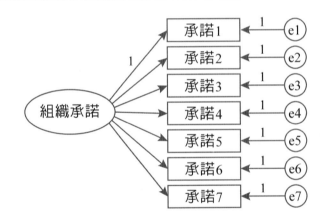

圖 3-22　組織承諾構面假設性 CFA 測量模型

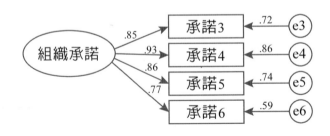

圖 3-23　組織承諾構面修正後 CFA 測量模型

166

(八) 組織績效構面之測量模型

　　Stata 分析法，仿照訓練態度的 CFA 做法，即可篩選組織績效 7 個指標，並判定那幾個指標該被刪除？

　　本文有效樣本數 324 人，經由驗證性因素分析結果如表 3-14 及圖 3-24 所示。由表 3-14 得知，起始模型的適配度不佳，本文發現刪除組織績效 1(員工接受訓練後，農會年度總收入增加) 至少可以減少卡方值 128.655；其次刪除組織績效 7(員工接受訓練後，對教育訓練參與意願逐年提升) 至少可以減少卡方值 8.252。經由二次 MI 值修正後，本模型的整體適配度 (gof) 達到不錯的建議值，結果如圖 3-25 所示。

表 3-14 組織績效構面測量模型驗證性因素分析結果摘要表

模型 ＼ 指標	χ^2/df	RMR	RMSEA	CFI
假設性模型	13.781	0.093	0.227	0.873
修正模型 1	2.165	0.030	0.069	0.990
修正模型 2	1.074	0.012	0.017	1.000

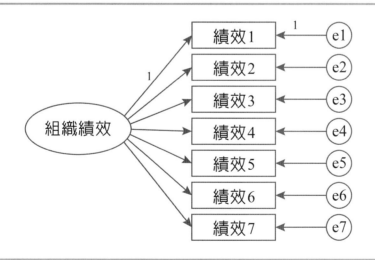

圖 3-24 組織績效構面假設性 CFA 測量模型

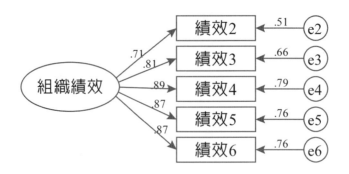

圖 **3-25** 組織績效構面修正後 CFA 測量模型

三、信度分析

　　為了方便讀者快速計算「組成信度及平均變異數抽取量 (AVE)」，在本書 CD 上「組成信度執行檔 (輸入標準化因素負荷量即可計算)」資料夾，你可執行「Exps.exe」程式，其畫面如下。

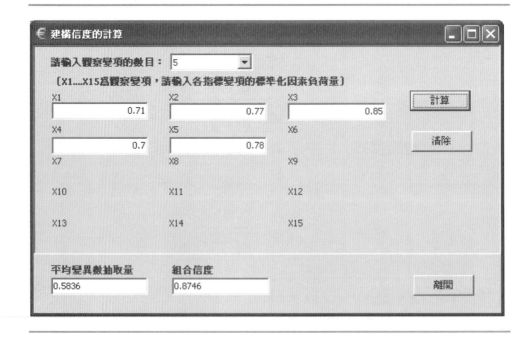

圖 **3-26** 「Exps.exe」自動計算組成信度之畫面，以訓練態度 5 個指標為例

Bentler 和 Wu(1983) 認為具有良好信度的量表需符合下列兩項標準：(1) 個別項目信度 (individual item reliability) 大於 0.20。(2) 潛在變數的成分信度 (composite reliability) 大於 0.60。個別項目信度即各觀察變數的 R^2；潛在變數的成分信度係以各潛在變數為單位進行估計，其數值相當於該潛在變數所屬觀察指標的 Cronbach α 係數。潛在變數的平均變異抽取亦是以個別變數的潛在變數為單位計算的，該數值表是觀察指標能測量到多少百分比的潛在變數。

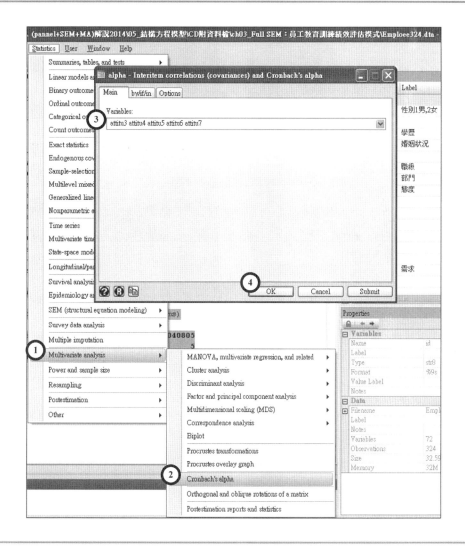

圖 3-27 計算 Cronbach alpha 之畫面，以訓練態度 5 個指標為例

註：Statistics > Multivariate analysis > Cronbach alpha

```
. use Emploee324.dta, clear
. alpha attitu3 attitu4 attitu5 attitu6 attitu7


Test scale = mean(unstandardized items)


Average interitem covariance:        1.040805
Number of items in the scale:               5
Scale reliability coefficient:         0.8774
```

　　組成信度 (CR) 為所有測量變數信度的組成，表示構面指標內部變數的一致性。若潛在變數的 CR 值越高，其測量變數是高度相關的，表示他們都在衡量相同的潛在變數，越能測出該潛在變數，值須大於 0.7(Hair et al., 1988)。由表 3-15 顯示員工的潛在構面組成信度介於 0.8509 至 0.9150 之間，均大於可接受的建議值 0.70 以上，表示各構面具有良好的信度。

表 3-15　SMC、組成信度及平均變異數抽取量摘要表 (員工)

一階因素	指　標	Factor loading	SMC	組成信度 (CR)	AVE	一致性信度 (Cronbach α)
訓練態度	態度 3	0.71	0.51	0.8746	0.5836	0.8774
	態度 4	0.77	0.60			
	態度 5	0.85	0.72			
	態度 6	0.70	0.49			
	態度 7	0.78	0.60			
訓練需求	需求 1	0.86	0.74	0.8509	0.5978	0.837
	需求 2	0.95	0.91			
	需求 4	0.66	0.43			
	需求 5	0.56	0.31			
反應層次	滿意 4	0.79	0.62	0.8897	0.6687	0.889
	滿意 5	0.84	0.71			
	滿意 6	0.81	0.66			
	滿意 7	0.83	0.69			

一階因素	指　標	Factor loading	SMC	組成信度 (CR)	AVE	一致性信度 (Cronbach α)
學習層次	內容吸收 2	0.82	0.67	0.8936	0.6778	0.893
	內容吸收 3	0.87	0.77			
	內容吸收 4	0.83	0.69			
	內容吸收 5	0.77	0.59			
行為層次	工作表現 1	0.80	0.64	0.8717	0.6302	0.867
	工作表現 4	0.80	0.64			
	工作表現 5	0.85	0.72			
	工作表現 7	0.72	0.51			
生產力	生產力 1	0.77	0.60	0.8862	0.6608	0.886
	生產力 3	0.83	0.69			
	生產力 4	0.83	0.69			
	生產力 5	0.82	0.68			
組織承諾	承諾 3	0.85	0.72	0.9150	0.7300	0.913
	承諾 4	0.93	0.86			
	承諾 5	0.86	0.74			
	承諾 6	0.77	0.59			
組織績效	績效 2	0.71	0.51	0.9110	0.6731	0.915
	績效 3	0.81	0.66			
	績效 4	0.89	0.79			
	績效 5	0.87	0.76			
	績效 6	0.87	0.76			

四、效度分析

根據 Anderson and Gerbing(1988) 及 Williams and Hazer(1986) 等學者的建議，進行結構方程模型分析時應分為兩階段法：

第一階段：先針對各研究構面及其衡量題項進行 Cronbach α 係數分析及驗證性因素分析，以瞭解各構面的信度、收斂效度 (convergent validity) 及區別效度 (discriminant validity)。

第二階段：為將多個衡量題項縮減為少數衡量指標，再運用線性結構關係發展

結構模型加以分析，以驗證研究中對於各影響途徑之假設的檢定。

效度分析分為測量變數、潛在變數及測量誤差作為初始效度之判別，接著判斷收斂效度及區別效度，依序說明如下：

1. 收斂效度

依據 Kline(1998) 及 Bagozzi & Yi(1988) 針對 SEM 收斂效度的評估標準包含五大項，分別是 (1)SMC ≧ 0.5。(2) 組型係數 (factor loading) ≧ 0.7。(3) 組成信度 (CR) > 0.7。(4)AVE > 0.5。(5)Cronbach α > 0.6，符合上述標準者模型具有收斂效度。以下根據前述標準，整理成表 3-15，逐項說明如下。

(1) SMC：本文員工部分觀察變數的 SMC 大多在 0.5 以上，只有少數幾項在 0.5 以下，但不影響整體效度。

(2) 組型 (pattern) 係數：本文員工部分觀察變數的組型係數大多在 0.7 以上，只有一項在 0.7 以下，但不影響整體效度。

(3) 組成信度：本文員工部分的潛在變數共有八個構面，其組成信度分別為訓練態度 0.8746、訓練需求 0.8509、反應層次 0.8897、學習層次 0.8936、行為層次 0.8717、生產力 0.8862、組織承諾 0.9150 及組織績效 0.9110，均達到 0.7 以上，顯示各構面具有良好的組成信度。

(4) AVE：本文員工部分的潛在變數共有八個構面，其 AVE 分別為訓練態度 0.5836、訓練需求 0.5978、反應層次 0.6687、學習層次 0.6778、行為層次 0.6302、生產力 0.6608、組織承諾 0.7300 及組織績效 0.6731，均達到可接受的建議值 0.50 以上，顯示各構面具有良好的 AVE 值。

(5) Cronbach α：本文員工部分的潛在變數共有八個構面，其 Cronbach α 分別為訓練態度 0.8774、訓練需求 0.837、反應層次 0.889、學習層次 0.893、行為層次 0.867、生產力 0.886、組織承諾 0.913 及組織績效 0.915，均達到可接受的建議值 0.6 以上，顯示各構面具有良好的 Cronbach α 值。

2. 區別效度

常見的，區別效度的檢定法：

(1) 直接檢查構面的相關係數，一般以 0.85 為標準 (較不嚴謹)。

(2) 利用 bootstrap 計算構面之間的相關係數 95% 信賴區間，若沒包含 1，則有區別效度 (Torkzadeh, Koufteros, pflughoeft , 2003)。

(3) SEM 檢定構面之間的相關係數設為 1，如果 reject 則表示有區別效度 (巢型結構)(Anderson and Gerbing,1988, Bogozzi et al., 1991)。

(4) AVE 法，每個構面的 AVE 要大於構面相關係數的平方 (Fornell and Larcker, 1981)。

(5) ECVI，AIC 指標適配法 (非巢型結構)(Kline, 2005, p151)。

※Bootstrap 法

Step 1.　bootstrap 指令：Bootstrap sampling and estimation

Bootstrap 語法：

```
. bootstrap exp_list, reps(#): command
```

```
bootstrap 之選擇表：
Statistics > Resampling > Bootstrap estimation
```

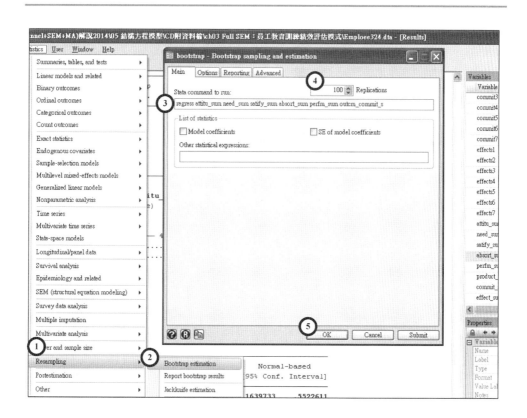

圖 3-28 bootstrap 指令之畫面

173

```
. use Emploee324.dta , clear
* bootstrap 法。迴歸式中，1 個依變數 attitu_sum；4 個預測變數。
. bootstrap, reps(100) bca : regress attitu_sum need_sum satify_sum absort_
    sum perfm_sum commit_sum


(running regress on estimation sample)

Jackknife replications (324)
----+---1 ---+---2 ---+---3 ---+---4 ---+---5
..................................................     50
..................................................    100
..................................................    150
..................................................    200
..................................................    250
..................................................    300
.....................

Bootstrap replications (100)
----+---1 ---+---2 ---+---3 ---+---4 ---+---5
..................................................     50
..................................................    100


Linear regression                    Number of obs   =       324
                                      Replications    =       100
                                      Wald chi2(5)    =    354.80
                                      Prob > chi2     =    0.0000
                                      R-squared       =    0.5015
                                      Adj R-squared   =    0.4937
                                      Root MSE        =    0.7372
```

	Observed	Bootstrap			Normal-based	
attitu_sum	Coef.	Std. Err.	z	P>|z|	[95% Conf.	Interval]
need_sum	.3581172	.1029489	3.48	0.001	.1563411	.5598933
satify_sum	.2566214	.0781638	3.28	0.001	.1024532	.4098196
absort_sum	-.0295965	.1078217	-0.27	0.784	-.2409231	.1817301
perfm_sum	.2097069	.0964507	2.17	0.030	.0206669	.3987468

```
outcm_commit_s |    .1359919    .0659405     2.06    0.039    .0067508    .265233
        _cons |    .1467753    .2819641     0.52    0.603   -.4058643  .6994149
----------------------------------------------------------------------------------
```

Step 2. 事後指令「**estat bootstrap**」：旨在印出 percentile-based and bias-corrected CI tables

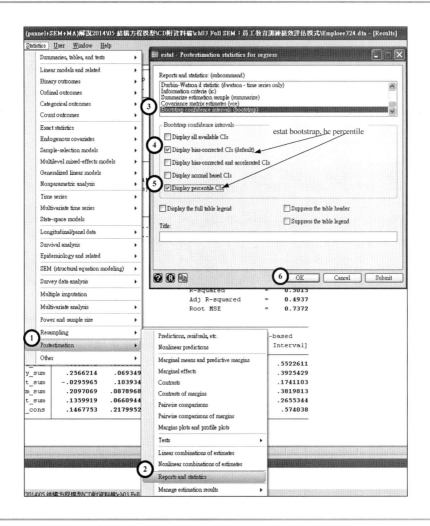

圖 3-29 指令「estat bootstrap」之畫面

註：Statistics > Postestimation > Reports and statistics

事後指令「estat bootstrap」之選項如下：

. estat bootstrap [, *options*]	說　明
bc	校正偏誤 CI 值 (bias-corrected CIs; the default)
bca	校正偏誤及加速 CI 值 (bias-corrected and accelerated (BC_a) CIs)
normal	常態之 CI 值 (normal-based CIs)
percentile	CI 的百分位數 (percentile CIs)
all	所有變數的 CI (all available CIs)
noheader	不印表頭 (suppress table header)
nolegend	不印表註解 (suppress table legend)
verbose	印出表頭及註解 (display the full table legend)

註：bc, bca, normal, 及 percentile 可一起使用。

```
. estat bootstrap, percentile bc

Linear regression                          Number of obs   =      324
                                           Replications    =      100

             |    Observed            Bootstrap
attitu_sum   |      Coef.      Bias    Std. Err.   [95% Conf. Interval]
-------------+--------------------------------------------------------------
   need_sum  |   .35811718   -.005126    .10294888    .1585714    .5301921  (P)
             |                                        .1759245    .6067529  (BC)
 satify_sum  |   .25662138   .0026034    .07816378    .1343921    .4268085  (P)
             |                                        .1503458    .4595037  (BC)
 absort_sum  |  -.02959651   .0105712    .10782167   -.2118825    .1761448  (P)
             |                                       -.2467865    .1709508  (BC)
  perfm_sum  |   .20970685  -.0036779    .09645074    .0234717    .3776709  (P)
             |                                        .0070613    .3717401  (BC)
outcm_comm~s |   .13599186  -.0060653    .06594055    .0124877    .2656004  (P)
             |                                        .0346847    .2658822  (BC)
      _cons  |    .1467753    .012429    .28196414   -.3755922    .7280721  (P)
             |                                       -.4312807     .715861  (BC)
----------------------------------------------------------------------------
(P)    percentile confidence interval
(BC)   bias-corrected confidence interval
```

```
* bootstrap 法。迴歸式中，1 個依變數 need_sum；4 個預測變數。
. bootstrap, reps(100) bca : regress  need_sum satify_sum absort_sum perfm_
sum outcm_commit_s
(running regress on estimation sample)


Jackknife replications (324)
----+--- 1 ---+--- 2 ---+--- 3 ---+--- 4 ---+--- 5
..................................................    50
..................................................    100
..................................................    150
..................................................    200
..................................................    250
..................................................    300
.........................

Bootstrap replications (100)
----+--- 1 ---+--- 2 ---+--- 3 ---+--- 4 ---+--- 5
..................................................    50
..................................................    100

Linear regression                     Number of obs    =      324
                                       Replications     =      100
                                       Wald chi2(4)     =   314.59
                                       Prob > chi2      =   0.0000
                                       R-squared        =   0.5924
                                       Adj R-squared    =   0.5873
                                       Root MSE         =   0.5889
```

| | Observed | Bootstrap | | | Normal-based |
need_sum	Coef.	Std. Err.	z	P>|z|	[95% Conf. Interval]
satify_sum	.0751787	.0595047	1.26	0.206	-.0414483 .1918057
absort_sum	.3775059	.0949216	3.98	0.000	.191463 .5635488
perfm_sum	.2333208	.0824085	2.83	0.005	.0718031 .3948385
outcm_commit_s	.1421346	.0477687	2.98	0.003	.0485098 .2357595
_cons	.9474165	.2609601	3.63	0.000	.4359441 1.458889

```
. estat bootstrap, percentile bc

Linear regression                              Number of obs    =    324
                                               Replications     =    100


             |   Observed              Bootstrap
    need_sum |     Coef.      Bias     Std. Err.   [95% Conf. Interval]
-------------+----------------------------------------------------------
  satify_sum |  .07517875  .0097798  .05155599   -.0096485   .1758046   (P)
             |                                    -.0610806   .1622673   (BC)
  absort_sum |  .37750592 -.0034706  .09937144    .1629095   .5584828   (P)
             |                                     .1547787    .554778   (BC)
   perfm_sum |  .23332084  .0043091  .09569886    .0667795   .4185718   (P)
             |                                     .0649983   .3979459   (BC)
  outcm_comm~s| .14213462  -.009228  .05230759    .0385717   .2515921   (P)
             |                                     .0536821   .2667879   (BC)
       _cons |  .94741646 -.0064462  .23614493    .4718397  1.416994    (P)
             |                                     .3676031  1.412878    (BC)

(P)   percentile confidence interval
(BC)  bias-corrected confidence interval
```

```
* bootstrap 法。迴歸式中，1 個依變數 satify_sum；3 個預測變數。
. bootstrap, reps(100) bca : regress satify_sum absort_sum perfm_sum outcm_
  commit_s
(running regress on estimation sample)

Jackknife replications (324)
----+--- 1 ---+--- 2 ---+--- 3 ---+--- 4 ---+--- 5
..................................................      50
..................................................     100
..................................................     150
..................................................     200
..................................................     250
..................................................     300
.....................
```

```
Bootstrap replications (100)
----+--- 1 ---+--- 2 ---+--- 3 ---+--- 4 ---+--- 5
..................................................     50
..................................................    100


Linear regression                          Number of obs    =      324
                                            Replications     =      100
                                            Wald chi2(3)     =   115.36
                                            Prob > chi2      =   0.0000
                                            R-squared        =   0.3486
                                            Adj R-squared    =   0.2455
                                            Root MSE         =   0.7851


             |    Observed   Bootstrap                      Normal-based
  satify_sum |     Coef.    Std. Err.      z    P>|z|   [95% Conf. Interval]
-------------+---------------------------------------------------------------
 absort_sum  |  .4564327   .0982069     4.65   0.000   .2639508    .6489147
 perfm_sum   |  .2607977   .0909469     2.87   0.004   .082545     .4390504
outcm_commit_s| -.1292164  .0615071    -2.10   0.036  -.2497681   -.0086647
   _cons     |  2.127509   .3413178     6.23   0.000   1.458539    2.79648
-------------+---------------------------------------------------------------

. estat bootstrap, percentile bc

Linear regression                          Number of obs    =      324
                                            Replications     =      100


             |    Observed              Bootstrap
  satify_sum |     Coef.      Bias     Std. Err.   [95% Conf. Interval]
-------------+---------------------------------------------------------------
 absort_sum  | .45643274  -.0026831   .09820687    .2556784    .6744844   (P)
             |                                     .2556784    .6744844   (BC)
 perfm_sum   | .26079773   .0000738   .09094693    .0740815    .4270934   (P)
             |                                     .0645908    .4091862   (BC)
outcm_comm~s | -.12921642 -.0012254   .0615071    -.2498361   -.0083599   (P)
             |                                    -.2409692    .0423401   (BC)
```

```
     _cons |   2.1275094    .0168145    .34131779    1.547206   2.894907   (P)
           |                                          1.627926   3.189719   (BC)
---------------------------------------------------------------------------------
(P)     percentile confidence interval
(BC)    bias-corrected confidence interval
```

```
* bootstrap 法。迴歸式中，1 個依變數 absort_sum；2 個預測變數。
. bootstrap, reps(100) bca : regress absort_sum perfm_sum outcm_commit_s
(running regress on estimation sample)

Jackknife replications (324)
----+---1 ---+---2 ---+---3 ---+---4 ---+---5
..................................................    50
..................................................   100
..................................................   150
..................................................   200
..................................................   250
..................................................   300
......................

Bootstrap replications (100)
----+---1 ---+---2 ---+---3 ---+---4 ---+---5
..................................................    50
..................................................   100

Linear regression                        Number of obs    =      324
                                          Replications     =      100
                                          Wald chi2(2)     =    30.84
                                          Prob > chi2      =   0.0000
                                          R-squared        =   0.5865
                                          Adj R-squared    =   0.5839
                                          Root MSE         =   0.6171

-------------------------------------------------------------------------------
            |   Observed    Bootstrap                       Normal-based
 absort_sum |     Coef.     Std. Err.      z     P>|z|    [95% Conf. Interval]
------------+------------------------------------------------------------------
  perfm_sum |   .7045608    .0580694     12.13   0.000    .590747     .8183747
```

```
outcm_commit_s |   .0669762    .0507206    1.32   0.187  -.0324344    .1663868
         _cons |  1.320315    .2268827    5.82   0.000   .8756331    1.764997
-----------------------------------------------------------------------------


. estat bootstrap, percentile bc

Linear regression                        Number of obs    =      324
                                         Replications     =      100


             |   Observed              Bootstrap
  absort_sum |     Coef.       Bias    Std. Err.   [95% Conf. Interval]
-------------+---------------------------------------------------------------
   perfm_sum |  .70456084    .000909   .05806935   .5975226   .8318228   (P)
             |                                     .6029941   .8379236   (BC)
 outcm_comm~s |  .06697623  -.0003148  .05072062  -.0309289   .1547885   (P)
             |                                    -.0309289   .1547885   (BC)
       _cons |  1.3203151  -.0035063  .22688271   .9145349   1.755915   (P)
             |                                     .9527079   1.787467   (BC)
-----------------------------------------------------------------------------

(P)    percentile confidence interval
(BC)   bias-corrected confidence interval
```

```
* bootstrap 法。迴歸式中，1 個依變數 perfm_sum; 1 個預測變數。
. bootstrap, reps(100) bca : regress perfm_sum outcm_commit_s
(running regress on estimation sample)


Jackknife replications (324)
----+---1 ---+---2 ---+---3 ---+---4 ---+---5
.................................................. 50
.................................................. 100
.................................................. 150
.................................................. 200
.................................................. 250
.................................................. 300
......................

Bootstrap replications (100)
```

```
----+---1 ----+---2 ----+---3 ----+---4 ----+---5
..............................................  50
..............................................  100


. estat bootstrap,  percentile bc
Linear regression                          Number of obs    =    324
                                           Replications     =    100


-----------------------------------------------------------------------
            |  Observed              Bootstrap
 perfm_sum  |   Coef.       Bias     Std. Err.  [95% Conf. Interval]
------------+----------------------------------------------------------
outcm_comm~s | .58034789  -.0009202  .03930915   .4949716   .6613724  (P)
            |                                    .4999885   .6649617  (BC)
     _cons  | 2.1246185   .0026208  .21450337    1.70616    2.566612  (P)
            |                                    1.606      2.527144  (BC)
-----------------------------------------------------------------------
(P)    percentile confidence interval
(BC)   bias-corrected confidence interval
```

本例的區別效度，分別採用 Bootstrap 法及 AVE 法等二種方法來檢定。

彙總上述 Bootstrap 法，它係以 Bootstrap 計算構面之間的相關係數 95% 信賴區間，若沒包含 1 者，則具有區別效度 (Torkzadeh, Koufteros, Pflughoeft, 2003)。AVE 法則是：若每個構面的 AVE 要大於構面相關係數的平方，則具有區別效度 (Fornell and Larcker, 1981)。根據前述標準，整理成表 3-16、表 3-17 及圖 3-30，逐項說明如下。

由表 3-16 顯示 Bootstrap 計算構面之間的相關係數 95% 信賴區間均未包含 1，則表示每個構面間具有區別效度。表 3-17 相關矩陣顯示，大多數構面的 AVE 值均大於構面相關係數的平方，除了行為層次與結果層次的標準化係數略大於構面的 AVE 之外，但不影響整體的區別效度。

表 3-16　Bootstrap 法區別效度

潛在變數	Coef. Estimate	Percentile method		Bias-Corrected confidence interval	
		Lower	Upper	Lower	Upper
訓練態度 ←→ 訓練需求	.3581	.1586	.5302	.1759	.6067
訓練態度 ←→ 反應滿意層	.2566	.1343	.4268	.1503	.4595
訓練態度 ←→ 學習吸收層	-.0295	-.2118825	.1761	-.2467	.1709
訓練態度 ←→ 行為表現層	.2097	.0234	.3776	.0071	.3717
訓練態度 ←→ 結果層次	.1359	.0124	.2656	.0346	.2658
訓練需求 ←→ 反應滿意層	.0751	-.0096	.1758	-.0610	.1622
訓練需求 ←→ 學習吸收層	.3775	.1629	.5584	.1547	.5547
訓練需求 ←→ 行為表現層	.2333	.0667	.4185	.0649	.3979
訓練需求 ←→ 結果層次	1421	.0385	.2515	.0536	.2667
反應滿意層 ←→ 學習吸收層	.4564	.2556	.6744	.2556	.6744
反應滿意層 ←→ 行為表現層	.2607	.0740	.4270	.0645	.4091
反應滿意層 ←→ 結果層次	-.1292	-.2498	-.0083	-.2409	.0423
學習吸收層 ←→ 行為表現層	.7045	.5975	.8318	.6029	.8379
學習吸收層 ←→ 結果層次	.0669	-.0309	.1547	-.0309	.1547
行為表現層 ←→ 結果層次	.5803	.6613	.6613	.4999	.6649

　　以 Bootstrap 計算六構面之間的相關係數 95% 信賴區間，結果都沒包含 1 者，表示這六個構面之間具有區別效度。

表 3-17　AVE 法區別效度 (相關矩陣)

	訓練態度	訓練需求	反應層次	學習層次	行為層次	結果層次
訓練態度	0.5836					
訓練需求	0.2209	0.5978				
反應滿意	0.4147	0.1962	0.6687			
學習吸收	0.2992	0.5242	0.3295	0.6778		
行為表現	0.4529	0.4290	0.3856	0.5975	0.6302	
結果層次	0.3660	0.3505	0.2725	0.5198	0.8930	0.6880

Step 3. 一階驗證性分析：六個構念之測量模型

利用 Stata Builder 之前，要先設定 (圓 vs. 矩) 圖形的長寬大小。如下圖所示。

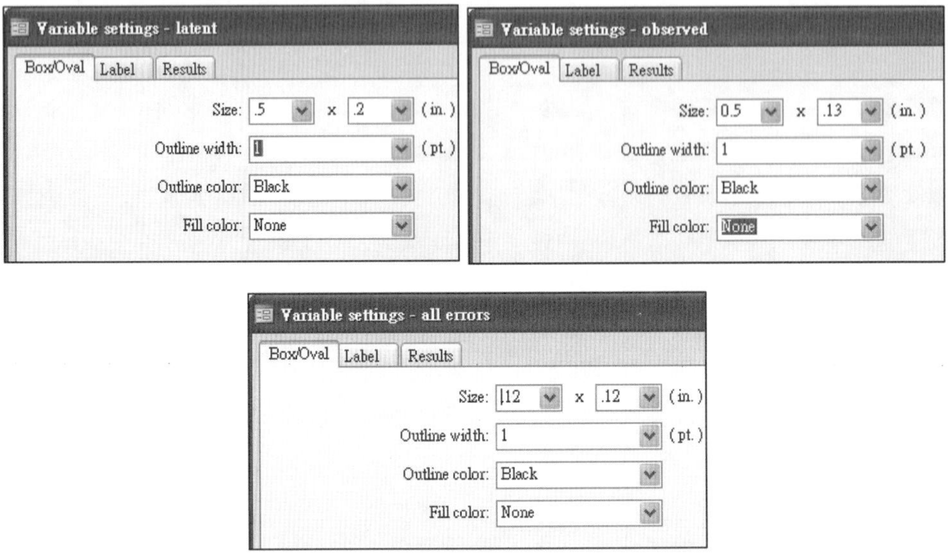

圖 3-30 先設定 (圓 vs. 矩) 圖形的長寬大小 (Setting> variables > Latent 等)

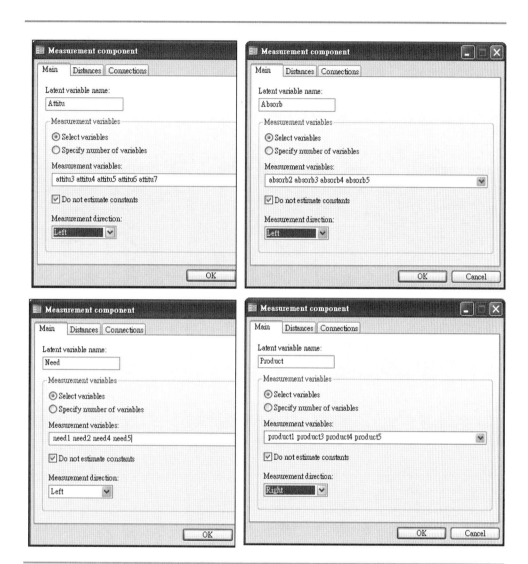

圖 3-31　六構念之「Add measurement component」之界定畫面

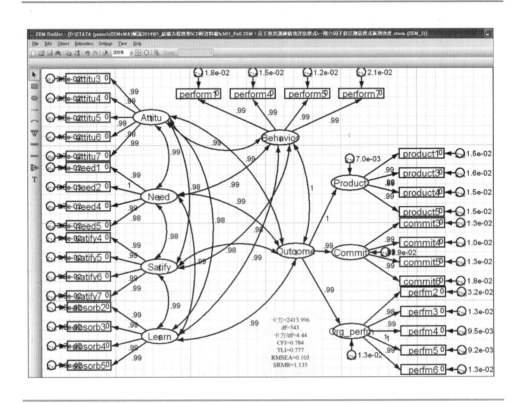

圖 3-32 一階六因子斜交測量模型區別效度

```
. use Emploee324.dta , clear
. sem (Attitu -> attitu3 attitu4 attitu5 attitu6 attitu7) (attitu3 <- _
cons@0) (attitu4 <- _cons@0) (attitu5 <- _cons@0) (attitu6 <- _cons@0) (attitu7
<- _cons@0) (Need -> need1 need2 need4 need5) (need1 <- _cons@0) (need2 <- _
cons@0) (need4 <- _cons@0) (need5 <- _cons@0) (Satify -> satify4 satify5 sat-
ify6 satify7) (satify4 <- _cons@0) (satify5 <- _cons@0) (satify6 <- _cons@0)
(satify7 <- _cons@0) (Learn -> absorb2 absorb3 absorb4 absorb5) (absorb2 <- _
cons@0) (absorb3 <- _cons@0) (absorb4 <- _cons@0) (absorb5 <- _cons@0) (Be-
havior -> perform1) (Behavior -> perform4 perform5 perform7) (perform1 <- _
cons@0) (perform4 <- _cons@0) (perform5 <- _cons@0) (perform7 <- _cons@0)
(Product -> product1 product3 product4 product5) (product1 <- _cons@0)
(product3 <- _cons@0) (product4 <- _cons@0) (product5 <- _cons@0) (Commit ->
commit3 commit4 commit5 commit6) (commit3 <- _cons@0) (commit4 <- _cons@0)
(commit5 <- _cons@0) (commit6 <- _cons@0) (Org_perfm -> perfm2 perfm3 perfm4
perfm5 perfm6) (perfm2 <- _cons@0) (perfm3 <- _cons@0) (perfm4 <- _cons@0)
```

```
(perfm5 <- _cons@0) (perfm6 <- _cons@0) (Outcome -> Product) (Outcome -> Com-
mit) (Outcome -> Org_perfm), covstruct(_lexogenous, diagonal) latent(Attitu
Need Satify Learn Behavior Product Commit Org_perfm Outcome ) cov(
Attitu*Need Attitu*Satify Attitu*Learn Attitu*Outcome Need*Satify Need*Learn
Need* Outcome Satify*Learn Satify*Outcome   Behavior*Attitu Behavior*Need
Behavior*Satify Behavior*Learn Behavior*Outcome Outcome*Learn) nocapslatent


. estat gof, stats(all)
```

```
------------------------------------------------------------------------------
Fit statistic          |      Value   Description
-----------------------+------------------------------------------------------
Likelihood ratio       |
          chi2_ms(543) |   2413.996   model vs. saturated
              p > chi2 |      0.000
          chi2_bs(561) |   9242.808   baseline vs. saturated
              p > chi2 |      0.000
-----------------------+------------------------------------------------------
Population error       |
                 RMSEA |      0.103   Root mean squared error of approximation
  90% CI, lower bound  |      0.000
          upper bound  |          .
               pclose  |          .   Probability RMSEA <= 0.05
-----------------------+------------------------------------------------------
Information criteria   |
                  AIC  |  28409.644   Akaike's information criterion
                  BIC  |  28734.788   Bayesian information criterion
-----------------------+------------------------------------------------------
Baseline comparison    |
                  CFI  |      0.784   Comparative fit index
                  TLI  |      0.777   Tucker-Lewis index
-----------------------+------------------------------------------------------
Size of residuals      |
                 SRMR  |      1.135   Standardized root mean squared residual
                   CD  |      1.000   Coefficient of determination
------------------------------------------------------------------------------
```

3-2-5　抽樣設計

　　為使本文的研究對象具有代表性，本文採用分層隨機抽樣方式，抽取足夠且具有代表性的樣本進行分析，本單元擬探討內容包括抽樣方法及樣本數大小，詳細說明如下。

※ 抽樣之樣本數

　　本文旨在農會教育訓練績效評估之施測，農會機構鎖定中部地區農會為研究對象，樣本框架包括臺灣省農會、臺中市及南投縣轄區內各鄉鎮市農會 38 家農會，合計為研究母體。

1. 省農會：臺灣省農會 1 家。

2. 臺中市：臺中市農會 1 家、臺中縣農會、豐原市農會、沙鹿鎮農會、大甲鎮農會、梧棲鎮農會、清水鎮農會、東勢鎮農會、潭子鄉農會、烏日鄉農會、大雅鄉農會、大安鄉農會、石岡鄉農會、外埔鄉農會、霧峰鄉農會、太平市農會、大里市農會、龍井鄉農會、新社鄉農會、大肚鄉農會、后里鄉農會、神岡鄉農會、和平鄉農會，合計 23 家農會。

3. 南投縣：包括南投縣農會、南投市農會、草屯鎮農會、埔里鎮農會、竹山鎮農會、集集鎮農會、水里鄉農會、名間鄉農會、中寮鄉農會、鹿谷鄉農會、國姓鄉農會、魚池鄉農會、仁愛鄉農會、信義鄉農會，合計 14 家農會。

　　Comery(1973) 指出要進行因素分析時，以求其建構效度，則樣本數最好在 300 份以上，如果樣本少於 100 則不宜進行因素分析；Gorsuch(1983) 建議樣本數最少為變數的 5 倍，並大於 100 以上，方能得到較穩定的結果。Bentler & Chou(1987) 認為若資料符合常態分配，樣本數大小為變數總數目的 5 倍即可，但若為其他分配時，需為變數總數的 10 倍。Anderson & Gerbing(1988) 認為 100 ～ 150 是樣本數大小的最低底限。Hair 等 (2006) 認為樣本數最少是估計參數 (變數間關係之個數) 的 5 倍以上，最好是估計參數的 10 倍。Marsh 等 (1988) 認為若以最大概似估計法 (Maximum Likelihood Estimation，MLE) 進行參數估計時，樣本數至少大於 100 以上，因為樣本數太少可能導致不能收斂或得到不當解。但是如果樣本數太大 (超過 400)，則最大概似估計法會變得太敏感，以致於所有的適配度指標都變得很差。所以在使用驗證性因素分析時樣本大小以 200 ～ 400 之間最為恰當；Boomsma & Hoogland(2001) 認為小於 200 之樣本數，將產生無法聚合性與不適當的解，而 400 是最恰當的數目。黃芳銘 (2006) 依據

大拇指定律 (rules of thumb)，樣本數為題項總數 10 倍或 20 倍。

本文有 56 個觀察變數，依上述學者之原則，決定採取變數的 7 倍作為探索性因素分析之用，樣本數約為 392 份。並依據學者之建議，其問卷依 Marsh 與 Boomsma & Hoogland 樣本採用建議之原則，驗證性因素分析樣本數約為 300 份。

故本文調查合計發出 700 份問卷，扣除填答不完整的問卷之後，農會員工有效樣本 324 份，農會主管有效樣本 205 份。

3-2-6 統計分析法

問卷資料回收後，經由整理編號並剔除無效問卷，隨即對有效問卷進行編碼 (coding) 並登錄 (key in)。本文使用 Stata 12 軟體進行探索性因素分析及驗證性因素分析，統計分析方法包括敘述統計分析、信度分析、效度分析及驗證性因素分析等，以下將分別說明。

一、信度分析 (Reliability Analysis)

信度分析是用來瞭解量表的一致性或穩定性，常用的方法有 Cronbach α 係數、折半信度、再測信度等。

本文採用 Cronbach α 係數作為問卷信度之評估標準，藉以檢測衡量問卷題項間的一致性、穩定性，其 α 值越高表示量表越穩定、各題項間的關聯性越大，亦即一致性越高。根據學者 Nunnally (1978) 認為 Cronbach α 值應大於 0.7 以上為佳，表示該問卷量表具有高度一致性，但在一般的應用研究中，Cronbach α 值若大於 0.6 以上，亦可說明該問卷內容具有相當程度的可信度。如果內在信度 Cronbach α 係數在 0.80 以上，表示量表有高信度 (Bryman & Duncan,1997)。而 Cuieford(1965) 提出 α 係數的大小所代表可信度程度如表 3-18Cronbach α 係數的合理範圍所列：

表 3-18 Cronbach α 係數的合理範圍

不可信	$\alpha \leq 0.30$
初步的研究，勉強可信	$0.30 < \alpha \leq 0.40$
稍微可信	$0.40 < \alpha \leq 0.50$
可信 (最常見的範圍)	$0.50 < \alpha \leq 0.70$
很可信 (次常見的範圍)	$0.70 < \alpha \leq 0.90$
十分可信	$0.90 < \alpha$

資料來源：Cuieford (1965)

二、效度分析 (Validity Analysis)

效度 (Validity) 是指一種衡量尺度能夠測出研究者所想要衡量之事物的程度，表示一份量表能夠眞正測量到它所要測量的能力與功能的程度。也就是要能夠達到測量的目的，才算是有效的測驗，此種有效的程度即稱爲效度。

一般常見的效度，有二種不同的類型，說明如下 (張紹勳，2005)：

1. 內容效度 (Content Validity)

內容效度係指測量工具能涵蓋測量主題的程度，即量表內容是否涵蓋所要衡量的構念，或者說內容效度是一個測量本身所包含概念意義範圍或程度，可眞正能代表原有之內容、物質或題目之本意。一種衡量是否具有足夠的內容效度，涉及研究人員的主觀判斷，有些人認爲是具有高度內容效度的衡量，在其他人看來可能並非如此，內容效度的關鍵因素在於發展衡量工具時所遵循的程序。

2. 建構效度 (Construct Validity)

建構效度是指量表能測量理論上某概念或特質的程度，即構念是否能眞實反應實際狀況，建構效度分爲收斂效度 (Convergent Validity) 和區別效度 (Discriminant Validity) 二類。收斂效度是指來自相同構念的這些項目，彼此之間相關要高，就是以不同方法測同一特質，相關性要高。區別效度是指來自不同構念之項目，彼此之間相關應較低，就是以相同方法測不同的特質，二者的相關性要很低。

而本文各構面所使用之問卷主要是根據國內、外學者所研究之量表再經指導教授修正後沿用之，而其中問卷也經過不少學者繼續修正沿用。本量表內容經與指導教授充分的討論，以實際特性作爲依據，以擷取近實務範圍的題意作爲問卷的題項。

三、驗證性因素分析

一般而言，因素分析可分爲探索性因素分析 (exploratory factor analysis, EFA) 和驗證性因素分析 (confirmatory factor analysis, CFA) 兩種。

若我們只想利用因素分析來確定因素的維數，此時稱之爲探索性因素分析。

而當研究人員根據某些理論或者其他的先驗知識對因素的可能個數或者因素結構作出假設，然後利用因素分析來檢驗這個假設，此時就是驗證性因素分析。

(一) 測量模型 (驗證性因素分析) 之適配度檢定

　　測量模型用以描述潛在變數與指標變數之間的關係，也稱為驗證性因素分析模型。測量模型適配度檢定目的在評鑑測量模型是否能解釋實際觀察資料。簡而言之，即為考驗量表的建構效度。Bagozzi 和 Yi(1988) 認為模型的適配度須從基本適合標準 (preliminary fit criteria)、整體模型適配度 (overall model fit) 以及模型內在結構適配度 (fit of internal structure of model) 三方面來評鑑，以下分別探討之。

　　(1) 基本適配度

評鑑指標	理想數值
誤差變異數值	> 0.00
誤差變異 p 值	< 0.05
估計參數間相關之絕對值	< 1.00
標準化因素負荷量	0.50 ～ 0.95
參數估計標準誤	不能太大

　　(2) 整體模型適配度

評鑑指標	理想數值
CN	> 200
AGFI	> 0.90
SRMR	< 0.05
Δ_1 NFI	> 0.90
Δ_2 IFI	> 0.90
CD(整體 R^2)	0.90 ～ 1.00
TLI (NNFI)	> 0.90
RMSEA	< 0.08

　　(3) 模型內在結構適配度

　　你只要看：測量模型之個別項目信度、潛在變數成分信度與平均變異抽取。

(二) 測量模型分析步驟

測量模型的檢定必須先於結構模型。

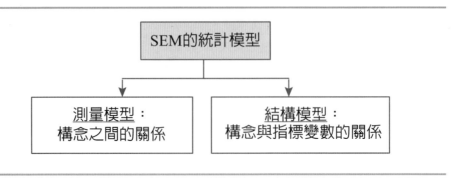

圖 3-33 SEM 的統計模型

1. 測量模型係驗證性因素分析 (CFA)，旨在建立測量指標與潛在變數間之關係，主要透過驗證性因素分析以檢驗測量指標 (即問卷、量表) 的效度。
2. 結構模型旨在檢驗潛在變數間之因果路徑關係，主要針對潛在變數進行路徑分析，以檢驗結構模型的適配性 (Fitness)。

   通常 CFA 分析有 5 步驟：

Step 1. 模型認定。

Step 2. 評鑑：一個模型之整體適配度的目的在於決定模型整體上和所蒐集的資料一致之程度 (Diamantopoulos & Siguaw，2000)。整體適配度可說是模型的外在品質。過去評量模型的整體適配標準都以 χ^2 值的顯著與否為標準。然而，χ^2 值常常隨著樣本人數而波動，一旦樣本人數很大，幾乎所有的模型都可能被拒絕。當樣本人數超過200人時，χ^2 值就很容易顯著。

Step 3. 估計：Fornell 與 Larcker(1981) 認為具有良好收斂效度的量表需符合下列三項標準：(1) 所有標準化因素負荷量都要大於 0.50，且需達到 0.05 的顯著水準。(2) 潛在變數之成分信度要高於 0.80。(3) 潛在變數之平均變異抽取要高於 0.50。

Step 4. 適配度評估。

Step 5. 模型修正。

   Jöreskog(1969) 和 Mulaik et al.(1989) 都將因素分析分為「探索性因素分析」及「驗證性因素分析」兩大類。迄今研究者所用的因素分析大部分是屬於探索

性因素分析 (即用傳統 SPSS、SAS 統計軟體)，而不是驗證性因素分析 (即用 LISREL、Stata 統計軟體)。

驗證性因素分析亦可說是結構模型分析 (structural equation model, SEM) 的一種特例 (張紹勳，2005)。驗證性因素分析係在研究進入較成熟的階段所用的統計方法，用來驗證或確定因素分析各個參數的性質或因素的個數。換句話說，驗證性因素分析，係指在觀察變數 $(X_1, X_2, \cdots, X_K)$ 與所萃取之潛在因素 $(Y_1, Y_2, \cdots, Y_J)$ 有一定理論架構之前提下，為驗證理論架構與實際資料之相容性，所進行之因素分析。一般而言，財務、心理等領域之觀察變數與潛在因素有非常強烈的理論架構。以財務為例，資產負債表中之現金、應收帳款、短期投資…等乃歸屬於流動資產；土地、廠房、機器設備…等則歸屬於固定資產。若前述之會計科目所萃取之財務因素，不同於財務理論所給定之歸屬，則實證結果將與財務理論相違背，而無法從事進一步的分析。有鑑於此，研究者可事先根據理論，給定會計科目與財務因素間之組型負荷量，此即為目標矩陣 (target matrix)，應用於目標轉軸。所謂目標矩陣，乃目標轉軸之依據，由 (-1, 0, 1) 等數值所構成，分別表示觀察變數與潛在因素間為負相關、零相關、正相關等關係。或是根據直交轉軸結果所構成。

四、整體模型適配度檢定

結構方程模型的基本概念是：

1. 首先會根據先前的理論、已有的知識與經驗，經過文獻整理、理論推導和假設，而建立一個描述一組變數之間相互關係的假設模型(又稱為觀念性模型)。
2. 然後經過對觀察變數的測量，獲得一組觀察變數的資料和基於此資料所形成的共變數矩陣，這個共變數矩陣稱為樣本矩陣。
3. 結構方程模型就是要將假設模型中，各類變數之路徑關係所形成的共變數矩陣 (又稱再生矩陣) 與實際的樣本矩陣進行適配性檢驗。
4. 如果再生矩陣與樣本矩陣間的差距很小，即假設模型與實際的樣本資料適配良好，那麼就表示模型是可以接受的；否則就要對模型進行修正。

整體模型適配度方面，CFA 在評估因素結構的適配度方面，提供了多項指標作為評估的依據。由於假設模型與觀察資料是否適配的判斷值很多，不同的適配指標值的評估可能對模型支持與否未盡一致。關於指標的選取，並沒有一個明確的準則，但研究者應依據多元的準則去衡量。吳明隆 (2007) 指出研究者主要應從卡方值的大小、顯著性、RMSEA、ECVI、SRMR、GFI 及 CFI 等

適配指標作為判別模型是否達整體適配程度的決策之用。學者 Hoyle 與 Panter (1995) 兩人則建議，研究者需提供卡方值、GFI、NNFI、IFI、CFI、RNI 等適配指標值。黃芳銘 (2006) 的建議，在絕對適配指標方面採用卡方值、SRMR、RMSEA，相對適配指標則採用 NNF 及 CFI，簡效適配指標採用 PNFI。綜合上述專家學者的建議，本文所採用的適配指標為：

1. 卡方自由度比 (χ^2/df)

估計參數越多，自由度會變得越大；而當樣本數越多，卡方值也會隨之擴大，若同時考量到卡方值與自由度大小，則兩者的比值也可以作為模型適配度是否契合的指標。因此學者建議可以 χ^2/df 指標來輔助判斷模型的適配情況，將卡方值除以自由度，當 χ^2/df 小於 3 時，表示模型之適配度為可以接受的範圍 (吳明隆，2007)。

2. 平均方根殘值 (Root Mean Square Residual, RMR)

RMR 愈小，表示理論模型與觀測資料的適配情形愈佳。可接受的 RMR 標準，會隨著輸入矩陣的型態而異，若分析矩陣類型是相關矩陣的話，則 RMR 值必須小於 0.05。一般而言，RMR 至少要小於 0.1，愈接近 0 表示模型契合度愈好 (Hair et al.,1998)。

3. 近似誤差均方根 (Root Mean Square Error of Approximation, RMSEA)

主要在找尋母群與模型的適配程度，其指標值應小於或等於 0.05 表示良好適配；0.05 ～ 0.08 可視為不錯的適配；0.08 ～ 0.10 之間可視為中度適配；大於 0.10 以上代表不良的適配 (黃芳銘，2006)。

4. 適合度指標 (Goodness-Of-Fit Index, GFI)

GFI 的指數性質類似於迴歸分析的 R^2，數值愈大，表示實際觀察的共變數矩陣能夠被假設模型解釋的百分比愈高，模型契合度愈佳。GFI 數值介於 0 到 1 之間，0 表示適合度很差，1 代表適合度完美。一般而言，GFI 值大於 0.8 即在可接受的範圍 (Bagozzi & Yi,1988)。

5. 調整後契合度指標 (Adjusted goodness of fit index, AGFI)

AGFI 介於 0 至 1 之間，其值大於 0.90 可視為具有良好的適配度，大於 0.80 可視為可接受的範圍 (Bagozzi & Yi, 1988)。

6. 規範適配指標 (Normed fit index, NFI)

NFI 反應假設模型與一個觀察變數間沒有任何獨立模型的差異程度。NFI 大於 0.90 可視為具有理想的適配度。

7. 比較適配指標 (Comparative Fit Index, CFI)

CFI 指標是一種改良式的 NFI 指標值，它代表的意義是在測量從最限制模型到作飽和模型時，非集中參數的改善情形。指標需大於或等於 0.90。

五、信度評估

本文在信度方面預計探討個別觀察變數的項目信度、潛在變數組合信度兩項。個別觀察變數的項目信度根據 Bagozzi & Yi 兩者認為信度值應大於 0.5，個別觀察變數的 R^2 等於其標準化因素負荷量的平方。除了個別觀察變數之係數外，尚須檢定因素的信度，因素的信度即潛在變數的建構向度，或稱組合信度 (CR)。Bagozzi & Yi 認為潛在變數組合信度在 0.6 以上代表潛在變數的組合信度良好，但 Hair(1998) 認為 0.7 以上才是較佳的組合信度。吳明隆 (2007) 雖然並沒有一個明確的規準，來決定組合信度要多高才能宣稱內在適配指標的信度是好的，但多數的學者採用以下的分類觀點作為判別的依據，信度係數在 0.9 以上是最佳的、0.5 以上是最小可以接受的範圍。

效度評估

在檢驗個別變數的效度，也就是觀察變數在其所反映的因素上標準化負荷量及潛在變數的平均變異數抽取量。多數學者建議其判別的臨界值為 0.5 以上，當潛在變數的變異抽取在 0.5 以上時，表示觀察變數被其潛在變數解釋變異數的量；遠高於其被測量誤差所解釋的變異量，代表是可行的。

為區別各構面間的差異性，本文採用區別效度來考驗。依據 Anderson & Gerbing (1988) 的建議來進行區別效度的檢定，其方式為：分別將兩兩構面的相關係數限定為 1，然後將此限定模型與未限定之原衡量模型進行卡方差異度檢定。如果限定模型之卡方值較未限定之原衡量模型之卡方值之差異達顯著水準時，則表示此二構面間具有區別效度。黃芳銘 (2006) 亦建議進行區別效度的檢定，以驗證分類方式是否適切，其方法為應用兩兩變數的相關係數與標準誤來計算其信賴區間，若信賴水準為 95%，則信賴區間為 $[r - 1.96 \times$ 標準誤，$r + 1.96 \times$ 標準誤]。若信賴區間包含 1，則表示只要使用單一構面就足夠來涵蓋這些觀測變數；若信賴區間不包含 1，則表示此兩兩構面間具有區別效度，由上述的專家學者得知區別效度的檢定方法。本文區別效度檢定考量三個指標，分別為相關、卡方及信賴區間三方面。

3-3 樣本特徵分析

本文旨在探討員工教育訓練績效評估之模型，研究對象爲目前在農會服務的員工及主管。教育訓練績效評估的理論依據爲理性行動理論和 Kirkpatrick 理論，評估模型的潛在變數包括訓練態度、訓練需求、反應層次、學習層次、行爲層次、結果層次、生產力、組織承諾和組織績效等，運用 SEM 模型進行分析以建構農會員工教育訓練績效評估模型。

本節的基本資料分析包括農會員工及主管部分，基本資料所包含的項目，包括性別、年齡、職位、學歷、工作年資和服務部門等六項，簡要說明如下。

本文員工之基本資料如表 3-19 所示，參加訓練之農會員工以女性居多，佔 65.1% 左右，與國內農會現有人員男女比例相近。年齡分布集中於 35 ～ 45 歲以上者佔 39.8%，其次爲 25 ～ 35 歲之間計有 29.6%，45 ～ 55 歲有 20.1%，明顯發現 25 歲以下年輕工作人力嚴重斷層，顯示農會員工在人力方面已有老化的現象。

職位分類以 7 ～ 9 等者人數較多佔 47.5%，其次爲分類 10 ～ 12 等者佔 29.3%，顯示受訓練員工以基層管理人員及基層幹部訓練爲主。學員學歷以大學 (專) 者最多達 59.3%，其次爲高中 (職) 38.3%，而研究所者只佔 2.2%，顯示隨臺灣教育環境的改變農會員工整體學歷提升仍偏低。

工作年資以 10 ～ 15 年人員較多佔 23.5%，其次爲 15 ～ 20 年者計有 23.1%，有鑑於農會人力斷層之現象，建議未來幾年仍應招募新進人員加強訓練，資深員工亦實施第二專長訓練。服務部門以信用部門者居多佔 42.0%，其次爲供銷部門 15.1%、會務部門 11.1%。

表 3-19　參加訓練之農會員工基本資料 (N = 324)

		人　數	百分比
性　別	男	113	34.9
	女	211	65.1
年　齡	25 歲以下	18	5.6
	25 ～ 35 歲	96	29.6
	35 ～ 45 歲	129	39.8
	45 ～ 55 歲	65	20.1
	55 歲以上	16	4.9

		人　數	百分比
學　歷	國中以下	1	0.3
	高中 (職)	124	38.3
	專科	122	37.7
	大學	70	21.6
	研究所 (含) 以上	7	2.2
婚姻狀況	已婚	230	71.0
	未婚	94	29.0
工作年資	5 年以內	56	17.3
	5～10 年	62	19.1
	10～15 年	76	23.5
	15～20 年	75	23.1
	20 年以上	55	17.0
職　等	試用人員	55	17.0
	10～12 等	95	29.3
	7～9 等	154	47.5
	3～6 等	20	6.2
部　門	會務	36	11.1
	會計	26	8.0
	推廣	29	9.0
	供銷	49	15.1
	信用	136	42.0
	保險	24	7.4
	輔導	7	2.2
	其他	17	5.2

3-4 Full SEM 分析結果與討論

本節分析，包括：基本資料檢視、違犯估計分析、整體模型信度與效度分析、研究架構之整體性分析、整體模型適配度分析、整體架構直接與間接效果分析、研究假設分析、交叉效度分析、檢定力分析等，詳細說明如下。

3-4-1 結構方程模型實證分析

本節結構方程模型實證分析內容包括基本資料檢視、違犯估計分析、整體模型信度與效度分析、研究架構之整體性分析、整體模型適配度分析等，詳細說明如下。

一、基本資料檢視

所有潛在變數相對應之觀察變數，其偏態及峰度要符合常態特性，則偏態絕對值要小於 3，峰度絕對值要小於 10 (Kline,1998)。由表 3-20 顯示「員工」的觀察變數資料之偏態絕對值介於 0.057 至 0.785，皆在 3 以下；峰度絕對值介於 0.027 至 1.056，皆在 10 以下，符合資料常態特性。相對地，「主管」的觀察變數資料之偏態絕對值介於 0.215 至 0.611，皆在 3 以下；峰度絕對值介於 0.013 至 0.681，皆在 10 以下，符合資料常態特性。

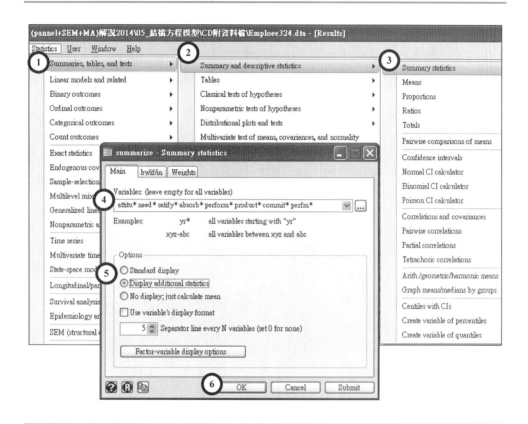

圖 3-34 summary 指令求平均數、變異數、偏態及峰度之畫面

```
. use Emploee324.dta, clear
. summarize attitu* need* satify* absorb* perform* product* commit* perfm*,
  detail
```

表 3-20 平均數、變異數、偏態及峰度摘要表 (員工)

參 數	平均數	標準差	變異數	偏 態	峰 度
態度 3	4.91	1.318	1.737	-0.442	-0.166
態度 4	4.91	1.282	1.645	-0.593	0.310
態度 5	4.99	1.252	1.568	-0.574	0.259
態度 6	4.53	1.483	2.200	-0.443	-0.215
態度 7	5.20	1.303	1.697	-0.638	0.372

參　數	平均數	標準差	變異數	偏　態	峰　度
需求 1	5.22	1.175	1.381	-0.590	0.990
需求 2	5.47	1.140	1.299	-0.749	0.885
需求 4	5.53	1.067	1.138	-0.587	0.419
需求 5	5.22	1.260	1.586	-0.762	0.532
滿意 4	5.13	1.146	1.312	-0.057	-0.398
滿意 5	5.35	1.144	1.309	-0.290	-0.447
滿意 6	5.33	1.121	1.257	-0.388	0.162
滿意 7	5.19	1.181	1.396	-0.235	-0.219
內容吸收 2	5.39	1.085	1.177	-0.699	0.650
內容吸收 3	5.26	1.180	1.393	-0.785	1.056
內容吸收 4	5.09	1.185	1.405	-0.422	0.027
內容吸收 5	5.20	1.151	1.325	-0.473	0.268
工作表現 1	5.04	1.112	1.238	-0.584	0.973
工作表現 4	4.97	1.138	1.294	-0.455	0.113
工作表現 5	5.07	1.126	1.268	-0.370	0.474
工作表現 7	5.14	1.222	1.493	-0.567	0.349
生產力 1	4.94	1.092	1.192	-0.156	-0.219
生產力 3	4.96	1.147	1.315	-0.686	1.104
生產力 4	4.98	1.142	1.304	-0.580	0.773
生產力 5	4.97	1.107	1.226	-0.401	0.563
承諾 3	5.16	1.238	1.533	-0.467	0.246
承諾 4	5.12	1.311	1.719	-0.452	-0.132
承諾 5	5.11	1.322	1.747	-0.577	0.133
承諾 6	5.28	1.202	1.444	-0.626	0.649
績效 2	4.75	1.306	1.706	-0.741	0.209
績效 3	5.00	1.119	1.252	-0.622	0.944
績效 4	5.01	1.123	1.261	-0.370	0.248
績效 5	5.02	1.131	1.279	-0.438	0.498
績效 6	5.01	1.237	1.531	-0.602	0.393

二、違犯估計分析

整體模型的評估步驟：

Step 1：檢驗違犯估計

Step 2：整體模型適配指標評鑑

Step 3：模型參數估計檢驗

Step 4：假設檢定

Step 5：影響效果分析

整體模型適配度指標是否達到適配標準可以從幾個指標來檢視，而在考驗整體模型適配度指標時，Hair 等人 (1998) 建議，應先檢核模型參數是否有違犯估計 (offending estimate) 現象：

1. 有無「負的誤差 (δ、ε、ζ) 變異數」存在。

2. 標準化參數係數是否 $\geq$ 1。標準化係數不能大於 1，一般以 0.95 為門檻標準。

3. 是否有太大的標準誤 (standard error) 存在。若有無意義的標準誤 (> 1)，意涵變數之間有共線性 (collinear, collinearity or multicollinear) 問題產生，代表預測變數之間具有相關性高的特性，造成迴歸模型一些解釋不合理現象，變數必須採用二擇一的方式處理。

4. 因素負荷量不能太低或太高，最好介於 0.50 ～ 0.95 之間。

當違反這幾項標準時，表示模型可能有序列誤差、認定問題或資料建檔輸入有誤，此時研究者最好重新檢核模型參數的序列是否有意義，同時檢查語法程式是否與假設模型路徑圖一致 (Bagozzi & Yi,1988)。

Step 1. 設定 Builder (圓 vs. 矩) 圖形的長寬大小
　　利用 Stata Builder 之前，要先設定 (圓 vs. 矩) 圖形的長寬大小。如下圖所示。

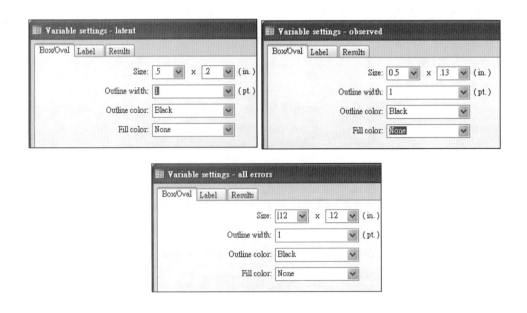

圖 3-35　先設定 (圓 vs. 矩) 圖形的長寬大小 (Setting> variables > Latent 等)

Step 2. 使用 sem 指令，繪六因子的測量模型

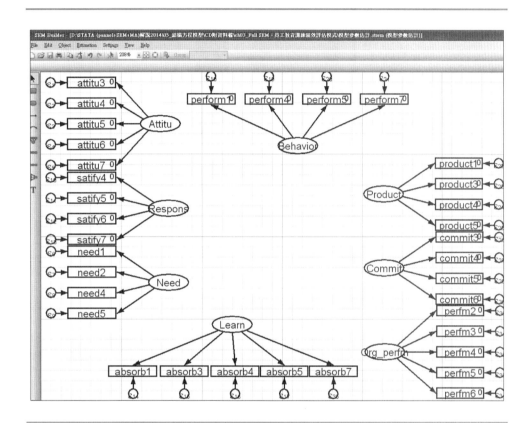

圖 3-36 模型參數估計之 Builder 圖形

```
. use Emploee324.dta, clear

. sem (Attitu -> attitu3 attitu4 attitu5 attitu6 attitu7), latent(Attitu)
  standardized

Endogenous variables

Measurement:  attitu3 attitu4 attitu5 attitu6 attitu7

Exogenous variables
```

```
Latent:        Attitu

Fitting target model:

Iteration 0:    log likelihood = -2358.1826
Iteration 1:    log likelihood = -2358.1633
Iteration 2:    log likelihood = -2358.1633

Structural equation model                    Number of obs    =      324
Estimation method  = ml
Log likelihood      = -2358.1633

 ( 1)  [attitu3]Attitu = 1
```

	OIM					
Standardized	Coef.	Std. Err.	z	P>|z|	[95% Conf. Interval]	
Measurement						
attitu3 <-						
Attitu	.73945	.0295535	25.02	0.000	.6815262	.7973738
_cons	3.730304	.1567177	23.80	0.000	3.423143	4.037465
attitu4 <-						
Attitu	.8018658	.0248008	32.33	0.000	.7532572	.8504744
_cons	3.837904	.1606771	23.89	0.000	3.522983	4.152826
attitu5 <-						
Attitu	.8428952	.0218973	38.49	0.000	.7999772	.8858132
_cons	3.991304	.1663446	23.99	0.000	3.665274	4.317333
attitu6 <-						
Attitu	.7361299	.0300159	24.52	0.000	.6772999	.7949599
_cons	3.05483	.1322408	23.10	0.000	2.795642	3.314017
attitu7 <-						
Attitu	.7300432	.0303986	24.02	0.000	.6704631	.7896234
_cons	3.999015	.1666302	24.00	0.000	3.672426	4.325604
Variance						

```
   e.attitu3 |    .4532137    .0437067                        .3751591    .5475081
   e.attitu4 |    .3570112    .0397738                        .2869799    .4441322
   e.attitu5 |    .2895276    .0369143                        .2255086    .3717208
   e.attitu6 |    .4581128    .0441911                         .379195    .5534549
   e.attitu7 |    .4670369    .0443846                        .3876661    .5626581
      Attitu |           1           .                               .
```

```
LR test of model vs. saturated: chi2(5)   =      6.52, Prob > chi2 = 0.2592


.
. sem (Need -> need1 need2 need4 need5) , latent(Need) standardized


Endogenous variables

Measurement:  need1 need2 need4 need5

Exogenous variables

Latent:       Need

Fitting target model:

Iteration 0:   log likelihood =  -1704.638
Iteration 1:   log likelihood = -1704.3091
Iteration 2:   log likelihood = -1704.3082
Iteration 3:   log likelihood = -1704.3082

Structural equation model                 Number of obs     =       324
Estimation method  = ml
Log likelihood     = -1704.3082


 ( 1)  [need1]Need = 1
```

```
              |               OIM
 Standardized |    Coef.   Std. Err.     z    P>|z|    [95% Conf. Interval]
--------------+-----------------------------------------------------------------
 Measurement  |
   need1 <-   |
```

Need	.8693287	.0193233	44.99	0.000	.8314557	.9072017
_cons	4.451378	.1834796	24.26	0.000	4.091764	4.810991

need2 <-						
Need	.943178	.0164557	57.32	0.000	.9109255	.9754305
_cons	4.811098	.1969939	24.42	0.000	4.424997	5.197199

need4 <-						
Need	.6783483	.0329666	20.58	0.000	.613735	.7429615
_cons	5.191567	.2113754	24.56	0.000	4.777279	5.605855

need5 <-						
Need	.5498708	.0413477	13.30	0.000	.4688308	.6309107
_cons	4.14565	.1720717	24.09	0.000	3.808396	4.482904

Variance						
e.need1	.2442676	.0335966			.1865483	.3198455
e.need2	.1104153	.0310412			.0636399	.1915707
e.need4	.5398436	.0447256			.4589302	.6350229
e.need5	.6976421	.0454717			.613977	.7927081
Need	1	.			.	.

LR test of model vs. saturated: chi2(2)   =   8.43, Prob > chi2 = 0.0148

.

. sem (Respons -> satify4 satify5 satify6 satify7), latent(Respons) standard-
ized

Endogenous variables

Measurement: satify4 satify5 satify6 satify7

Exogenous variables

Latent: Respons

Fitting target model:

```
Iteration 0:    log likelihood = -1605.7088
Iteration 1:    log likelihood = -1605.7081
Iteration 2:    log likelihood = -1605.7081


Structural equation model                    Number of obs    =      324
Estimation method  = ml
Log likelihood     = -1605.7081


 ( 1)  [satify4]Respons = 1

-----------------------------------------------------------------------------
              |              OIM
Standardized  |    Coef.   Std. Err.      z    P>|z|    [95% Conf. Interval]
--------------+--------------------------------------------------------------
Measurement   |
  satify4 <-  |
      Respons |  .8346498  .0209916    39.76   0.000    .793507    .8757925
        _cons |  4.478818  .1845072    24.27   0.000    4.117191   4.840446
--------------+--------------------------------------------------------------
  satify5 <-  |
      Respons |  .8614269  .0189226    45.52   0.000    .8243393   .8985145
        _cons |  4.680053  .1920604    24.37   0.000    4.303622   5.056485
--------------+--------------------------------------------------------------
  satify6 <-  |
      Respons |  .8461437  .0200571    42.19   0.000    .8068326   .8854548
        _cons |  4.751917  .1947645    24.40   0.000    4.370186   5.133649
--------------+--------------------------------------------------------------
  satify7 <-  |
      Respons |  .819809   .0221478    37.02   0.000    .7764001   .863218
        _cons |  4.394226  .1813411    24.23   0.000    4.038804   4.749648
--------------+--------------------------------------------------------------
Variance      |
   e.satify4  |  .3033598  .0350412                     .2418997   .3804352
   e.satify5  |  .2579437  .0326009                     .2013462   .3304503
   e.satify6  |  .2840408  .0339423                     .2247314   .3590027
   e.satify7  |  .3279131  .036314                      .2639335   .4074019
      Respons |      1         .                            .
-----------------------------------------------------------------------------
LR test of model vs. saturated: chi2(2)   =      0.51, Prob > chi2 = 0.7753
```

```
.
. sem (Learn -> absorb3 absorb4 absorb5 absorb7) , latent(Learn) standardized

Endogenous variables

Measurement:  absorb3 absorb4 absorb5 absorb7

Exogenous variables

Latent:       Learn

Fitting target model:

Iteration 0:   log likelihood = -1713.1309
Iteration 1:   log likelihood = -1712.5758
Iteration 2:   log likelihood = -1712.5713
Iteration 3:   log likelihood = -1712.5713

Structural equation model                       Number of obs    =        324
Estimation method  = ml
Log likelihood     = -1712.5713


 ( 1)  [absorb3]Learn = 1
------------------------------------------------------------------------------
             |                 OIM
Standardized |    Coef.    Std. Err.      z     P>|z|    [95% Conf. Interval]
-------------+----------------------------------------------------------------
Measurement  |
  absorb3 <- |
       Learn |  .8436141   .0221872    38.02   0.000    .8001281    .8871002
       _cons |  4.471709   .1842409    24.27   0.000    4.110603    4.832815
-------------+----------------------------------------------------------------
  absorb4 <- |
       Learn |  .7977186   .0254997    31.28   0.000    .7477401    .8476971
       _cons |  4.295127   .1776393    24.18   0.000     3.94696    4.643293
-------------+----------------------------------------------------------------
  absorb5 <- |
       Learn |  .8541415   .0217689    39.24   0.000    .8114752    .8968078
```

```
      _cons |   4.514539   .1858459    24.29   0.000    4.150288     .87879
------------+----------------------------------------------------------------
 absorb7 <- |
      Learn |   .7277966   .0307259    23.69   0.000    .6675749   .7880184
      _cons |   4.282408   .1771648    24.17   0.000    3.935172   4.629645
------------+----------------------------------------------------------------
Variance    |
  e.absorb3 |   .2883152   .0374348                      .2235361   .3718668
  e.absorb4 |    .363645   .0406832                      .2920442   .4528003
  e.absorb5 |   .2704424   .0371875                       .206552   .3540952
  e.absorb7 |   .4703121   .0447245                       .390338   .5666716
      Learn |          1          .                              .
-----------------------------------------------------------------------------
LR test of model vs. saturated: chi2(2)    =      15.23, Prob > chi2 = 0.0005


.
. sem (Behavior -> perform1 perform4 perform5 perform7) , latent(Behavior)
  standardized


Endogenous variables

Measurement:  perform1 perform4 perform5 perform7

Exogenous variables

Latent:       Behavior

Fitting target model:

Iteration 0:   log likelihood = -1662.0532
Iteration 1:   log likelihood = -1661.9581
Iteration 2:   log likelihood = -1661.9579
Iteration 3:   log likelihood = -1661.9579

Structural equation model              Number of obs      =       324
Estimation method  = ml
Log likelihood     = -1661.9579
```

```
( 1)  [perform1]Behavior = 1
--------------------------------------------------------------------------------
               |                OIM
  Standardized |      Coef.   Std. Err.      z    P>|z|    [95% Conf. Interval]
---------------+----------------------------------------------------------------
Measurement    |
  perform1 <-  |
      Behavior |   .7711839   .0267437    28.84   0.000    .7187671   .8236006
         _cons |   4.528634   .1863743    24.30   0.000    4.163347   4.893921
---------------+----------------------------------------------------------------
  perform4 <-  |
      Behavior |   .8232772    .023076    35.68   0.000     .778049   .8685054
         _cons |   4.368163   .1803668    24.22   0.000    4.014651   4.721675
---------------+----------------------------------------------------------------
  perform5 <-  |
      Behavior |   .8918425   .0185127    48.17   0.000    .8555582   .9281267
         _cons |   4.518498   .1859942    24.29   0.000    4.153956    4.88304
---------------+----------------------------------------------------------------
  perform7 <-  |
      Behavior |   .7596711   .0274146    27.71   0.000    .7059395   .8134028
         _cons |   4.218733   .1747914    24.14   0.000    3.876149   4.561318
---------------+----------------------------------------------------------------
Variance       |
    e.perform1 |   .4052754   .0412487                     .3319827   .4947492
    e.perform4 |   .3222147    .037996                     .2557235   .4059945
    e.perform5 |    .204617   .0330209                     .1491337   .2807422
    e.perform7 |   .4228998   .0416522                     .3486591   .5129487
      Behavior |          1          .                            .
--------------------------------------------------------------------------------
LR test of model vs. saturated: chi2(2)    =       3.35, Prob > chi2 = 0.1872

. sem (Product -> product1 product3 product4 product5), latent(Product) stan-
  dardized

Endogenous variables

Measurement:  product1 product3 product4 product5
```

210

```
Exogenous variables

Latent:        Product

Fitting target model:

Iteration 0:    log likelihood = -1608.816
Iteration 1:    log likelihood = -1608.6147
Iteration 2:    log likelihood = -1608.614
Iteration 3:    log likelihood = -1608.614

Structural equation model                    Number of obs      =      324
Estimation method  = ml
Log likelihood      =  -1608.614

( 1)  [product1]Product = 1
---------------------------------------------------------------------------
                |              OIM
  Standardized |     Coef.   Std. Err.      z     P>|z|   [95% Conf. Interval]
----------------+----------------------------------------------------------
Measurement    |
  product1 <-  |
      Product |   .784516   .0257068    30.52   0.000    .7341315  .8349004
        _cons |  4.531578   .1864847    24.30   0.000    4.166075  4.897081
----------------+----------------------------------------------------------
  product3 <-  |
      Product |  .8564559   .0201859    42.43   0.000    .8168923  .8960194
        _cons |  4.328757   .1788946    24.20   0.000     3.97813  4.679384
----------------+----------------------------------------------------------
  product4 <-  |
      Product |    .81676   .0232992    35.06   0.000    .7710944  .8624255
        _cons |  4.368163   .1803668    24.22   0.000    4.014651  4.721675
----------------+----------------------------------------------------------
  product5 <-  |
      Product |  .8404245   .0212364    39.57   0.000     .798802   .882047
        _cons |  4.496505   .1851699    24.28   0.000    4.133579  4.859431
----------------+----------------------------------------------------------
Variance       |
```

```
    e. product1 |    . 3845347    . 0403348                         . 3130768    . 4723025
    e. product3 |    . 2664834    . 0345766                         . 2066453    . 3436487
    e. product4 |    . 3329032    . 0380597                         . 2660743    . 4165172
    e. product5 |    . 2936866    . 0356951                         . 2314344    . 3726838
       Product  |         1             .                               .            .
 ─────────────────────────────────────────────────────────────────────────────────────
 LR test of model vs. saturated: chi2(2)      =        7.50, Prob > chi2 = 0.0235

 . sem (Commit -> commit3 commit4 commit5 commit6), latent(Commit) standard-
   ized
 Endogenous variables

 Measurement:  commit3 commit4 commit5 commit6

 Exogenous variables

 Latent:       Commit

 Fitting target model:

 Iteration 0:   log likelihood = -1617. 8957
 Iteration 1:   log likelihood = -1617. 8571
 Iteration 2:   log likelihood = -1617. 8571

 Structural equation model                        Number of obs    =       324
 Estimation method  = ml
 Log likelihood      = -1617. 8571

  ( 1)   [commit3]Commit = 1
 ─────────────────────────────────────────────────────────────────────────────────────
                |              OIM
 Standardized  |    Coef.     Std. Err.       z    P>|z|      [95% Conf. Interval]
 ──────────────┼──────────────────────────────────────────────────────────────────────
 Measurement   |
   commit3 <-  |
        Commit |   .8574387   .0170321     50.34   0.000      .8240564     .890821
         _cons |   4.172665   .1730764     24.11   0.000      3.833442    4.511889
 ──────────────┼──────────────────────────────────────────────────────────────────────
   commit4 <-  |
```

```
       Commit |   .9419389    .0104381     90.24    0.000     .9214805    .9623973
        _cons |   3.908334     .163276     23.94    0.000     3.588319    4.228349
--------------+----------------------------------------------------------------
commit5 <-    |
       Commit |   .9001168     .013355     67.40    0.000     .8739415    .9262922
        _cons |   3.868119    .1617914     23.91    0.000     3.551014    4.185225
--------------+----------------------------------------------------------------
commit6 <-    |
       Commit |   .7783118    .0240206     32.40    0.000     .7312322    .8253913
        _cons |   4.395612    .1813929     24.23    0.000     4.040088    4.751135
--------------+----------------------------------------------------------------
Variance      |
   e.commit3  |   .2647989    .0292079                        .2133176    .3287046
   e.commit4  |   .1127511    .0196642                        .0801066    .1586987
   e.commit5  |   .1897897    .0240422                        .1480622     .243277
   e.commit6  |   .3942308     .037391                        .3273541     .47477
       Commit |          1           .                               .           .
------------------------------------------------------------------------------
LR test of model vs. saturated: chi2(2)     =      4.37, Prob > chi2 = 0.1125


.

. sem (Org_perfm -> perfm2 perfm3 perfm4 perfm5 perfm6), latent() standardized


Endogenous variables

Measurement:   perfm2 perfm3 perfm4 perfm5 perfm6

Exogenous variables

Latent:        Org_perfm

Fitting target model:

Iteration 0:    log likelihood = -1918.5729
Iteration 1:    log likelihood = -1918.5544
Iteration 2:    log likelihood = -1918.5544

Structural equation model                        Number of obs      =       324
```

```
Estimation method   = ml
Log likelihood      = -1918.5544

( 1)  [perfm2]Org_perfm = 1
```

| | OIM | | | | | |
Standardized	Coef.	Std. Err.	z	P>|z|	[95% Conf. Interval]	
Measurement						
perfm2 <-						
Org_perfm	.7323569	.0277387	26.40	0.000	.6779901	.7867238
_cons	3.614307	.1524654	23.71	0.000	3.31548	3.913134
perfm3 <-						
Org_perfm	.846444	.0181901	46.53	0.000	.8107921	.8820958
_cons	4.469548	.18416	24.27	0.000	4.108601	4.830495
perfm4 <-						
Org_perfm	.894109	.0140137	63.80	0.000	.8666427	.9215753
_cons	4.456026	.1836536	24.26	0.000	4.096072	4.815981
perfm5 <-						
Org_perfm	.902375	.013254	68.08	0.000	.8763976	.9283524
_cons	4.456947	.1836881	24.26	0.000	4.096925	4.816969
perfm6 <-						
Org_perfm	.8812218	.0150244	58.65	0.000	.8517747	.910669
_cons	4.054341	.1686808	24.04	0.000	3.723733	4.38495
Variance						
e.perfm2	.4636533	.0406293			.3904845	.5505325
e.perfm3	.2835326	.0307937			.2291692	.350792
e.perfm4	.200569	.0250595			.1570048	.256221
e.perfm5	.1857193	.0239202			.1442861	.2390506
e.perfm6	.2234481	.0264796			.1771354	.2818693
Org_perfm	1	.			.	.

```
LR test of model vs. saturated: chi2(5)  =   19.85, Prob > chi2 = 0.0013
```

Fornell 與 Larcker(1981) 認為具有良好收斂效度的量表需符合下列三項標準：(1) 所有標準化因素負荷量都要大於 0.50，且需達到 0.05 的顯著水準。(2) 潛在變數之成分信度要高於 0.80。(3) 潛在變數之平均變異抽取要高於 0.50。

研究模型內每個估計參數是否都達到顯著水準是檢核模型內在品質的一項重要指標，在表 3-21 本文估計的 34 個參數，迴歸係數顯著性 Z 檢定均達到 0.05 顯著水準。

在 34 個觀察變數的因素負荷量，其值介於 0.7 至 0.89 之間，皆符合 0.5 至 0.95 之標準，顯示潛在變數對每個觀察變數有不錯的解釋力。在 90 個非標準化參數估計值當中，其值並未出現負的誤差變異數。90 個估計參數的標準誤介於 0.026 至 0.127 之間，顯示並未有太大的標準誤。在 90 個標準化估計參數值當中，包括因素負荷量、相關係數和誤差變異數，其值介於 0.072 至 0.930 之間，都符合小於 1 之規定。從上述因素負荷量值、顯著性考驗、標準誤、負的誤差變異數和相關係數等 5 項基本適配指標標準而言，本文具有不錯的模型「內在品質」，因此可進一步進行下一階段的整體 (overall) 模型適配度分析。

表 3-21　模型參數估計摘要表

參　　數	標準化參數估計值	標準誤 Std. Err.	Z 值
態　度 3 <--- 訓練態度	0.7394	0.0296	25.02*
態　度 4 <--- 訓練態度	0.8018	0.0248	32.33
態　度 5 <--- 訓練態度	0.8429	0.0219	38.49*
態　度 6 <--- 訓練態度	0.7361	0.0300	24.52*
態　度 7 <--- 訓練態度	0.7300	0.0303	24.02*
需　求 1 <--- 訓練需求	0.8693	0.0193	44.99*
需　求 2 <--- 訓練需求	0.9432	0.0165	57.32*
需　求 4 <--- 訓練需求	0.6783	0.0329	20.58*
需　求 5 <--- 訓練需求	0.5498	0.0413	13.30*
滿　意 4 <--- 反應層次	0.8346	0.0209	39.76*
滿　意 5 <--- 反應層次	0.8614	0.0189	45.52*
滿　意 6 <--- 反應層次	0.8461	0.0201	42.19*
滿　意 7 <--- 反應層次	0.8198	0.0221	37.02*
吸　收 3 <--- 學習層次	0.8436	0.0222	38.02*

參　　數	標準化參數估計值	標準誤 Std. Err.	Z 值
吸　收 4<--- 學習層次	0.7977	0.0255	31.28*
吸　收 5<--- 學習層次	0.8541	0.0217	39.24*
吸　收 7<--- 學習層次	0.7277	0.0307	23.69*
表　現 1<--- 行為層次	0.7711	0.0267	28.84*
表　現 4<--- 行為層次	0.8232	0.0230	35.68*
表　現 5<--- 行為層次	0.8918	0.0185	48.17
表　現 7<--- 行為層次	0.7596	0.0274	27.71*
生產力 1<--- 生產力	0.7845	0.0257	30.52*
生產力 3<--- 生產力	0.8564	0.0202	42.43*
生產力 4<--- 生產力	0.8167	0.0232	35.06*
生產力 5<--- 生產力	0.8404	0.0212	39.57*
承　諾 3<--- 組織承諾	0.8574	0.0170	50.34*
承　諾 4<--- 組織承諾	0.9419	0.0104	90.24*
承　諾 5<--- 組織承諾	0.9000	0.0133	67.40*
承　諾 6<--- 組織承諾	0.7783	0.0240	32.40*
績　效 2<--- 組織績效	0.7323	0.0277	26.40*
績　效 3<--- 組織績效	0.8464	0.0182	46.53*
績　效 4<--- 組織績效	0.8941	0.0140	63.80*
績　效 5<--- 組織績效	0.9023	0.0132	68.08*
績　效 6<--- 組織績效	0.8812	0.0150	58.65*

* $p < 0.05$

三、信度與效度

　　本文的信度包括 SMC、Cronbach α 及組成信度，效度包括收斂效度與區別效度，收斂效度的檢定包括五大項，包括組型係數、AVE、SMC、Cronbach α 及組成信度等。第三章預試部分利用員工 258 份進行信度和效度分析；而本單元為完整樣本，員工 324 份再進行一次信度和效度分析，信度及效度詳細資料如表 3-22 所示。

1. SMC：SMC (Squared Multiple Correlations)，又稱為信度係數，其值為每個觀

察變數因素負荷量的平方，其值要大於 0.5 方符合規定。此表顯示員工部分觀察變數的 SMC 大多在 0.5 以上，只有少數幾項在 0.5 以下，但不影響整體效度。

2. Cronbach α：此表為員工部分的 8 個潛在變數，其 Cronbach α 分別為訓練態度 0.8997、訓練需求 0.8621、反應層次 0.906、學習層次 0.894、行為層次 0.883、生產力 0.895、組織承諾 0.926 及組織績效 0.927，均達到可接受的建議值 0.6 以上，顯示各構面具有良好的 Cronbach α 值。

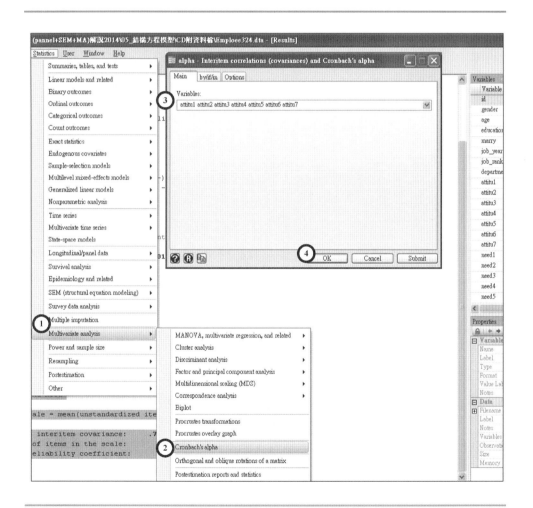

圖 3-37　Cronbach α 信度分析「attitu1-attitu7」之畫面

```
. use Emploee324.dta, clear
*或. use Emploee245_樣本篩選.dta , clear
*用 alpha 指令：Compute interitem correlations (covariances) and Cronbach al-
pha
. alpha attitu1-attitu7
. alpha attitu1-attitu7

Test scale = mean(unstandardized items)

Average interitem covariance:        .9659916
Number of items in the scale:               7
Scale reliability coefficient:         0.8997

. alpha need1-need7

Test scale = mean(unstandardized items)

Average interitem covariance:        .7243886
Number of items in the scale:               7
Scale reliability coefficient:         0.8621
```

3. 組成信度：此表為員工部分的 8 個潛在變數，其組成信度分別為訓練態度 0.8798、訓練需求 0.8528、反應層次 0.9056、學習層次 0.8937、行為層次 0.8849、生產力 0.8953、組織承諾 0.9267 及組織績效 0.9296，均達到 0.7 以上，顯示各構面具有良好的組成信度。

4. 組型係數：此表顯示員工部分觀察變數的組型係數大多在 0.7 以上，只有少數幾項在 0.7 以下，但不影響整體效度。

5. AVE：此表顯示員工部分的潛在變數，其 AVE 分別為訓練態度 0.5947、訓練需求 0.6014、反應層次 0.7059、學習層次 0.6781、行為層次 0.6588、生產力 0.6815、組織承諾 0.7604 及組織績效 0.7264，均達到可接受的建議值 0.50 以上，顯示各構面具有良好的 AVE 值。

　　為了方便讀者，快速計算「組成信度及平均變異數抽取量 (AVE)」，在本書 CD 上「組成信度執行檔 (輸入標準化因素負荷量即可計算)」資料夾，你可執行「Exps.exe」程式，其畫面如下。

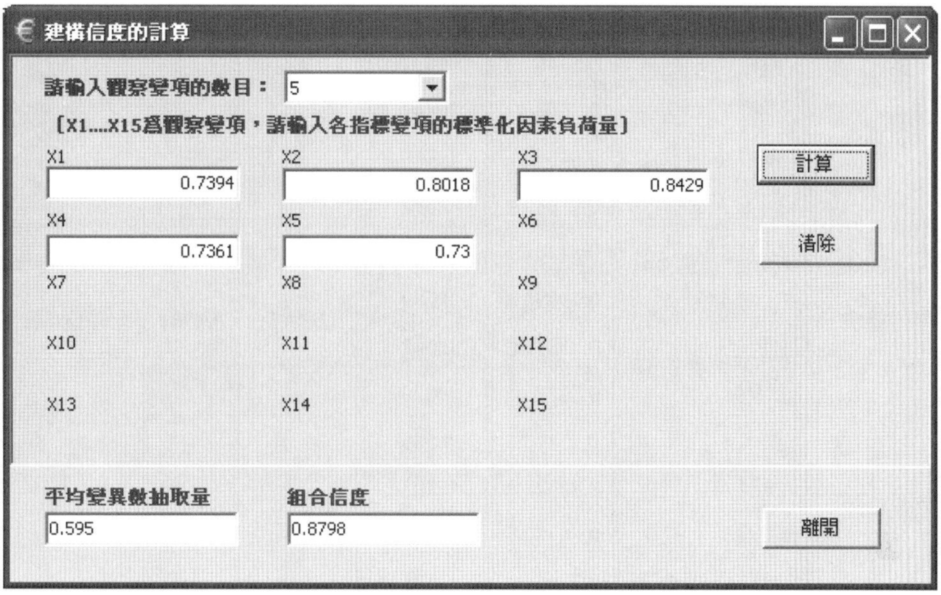

圖 3-38 「Exps.exe」自動計算組成信度之畫面，以訓練態度 5 個指標為例

表 3-22 SMC、組成信度及平均變異數抽取量摘要表 (員工)

一階因素	指標	Factor loading	SMC	組成信度 (CR)	AVE	Cronbach α
訓練態度	態度 3	0.7394	0.547	0.8798	0.595	0.8997
	態度 4	0.8018	0.643			
	態度 5	0.8429	0.710			
	態度 6	0.7361	0.542			
	態度 7	0.7300	0.533			
訓練需求	需求 1	0.8693	0.756	0.8528	0.6014	0.8621
	需求 2	0.9432	0.890			
	需求 4	0.6783	0.460			
	需求 5	0.5498	0.302			

一階因素	指 標	Factor loading	SMC	組成信度 (CR)	AVE	Cronbach α
反應層次	滿意 4	0.8346	0.697	0.9056	0.7059	0.906
	滿意 5	0.8614	0.742			
	滿意 6	0.8461	0.716			
	滿意 7	0.8198	0.672			
學習層次	吸收 3	0.8436	0.643	0.8937	0.6781	0.894
	吸收 4	0.7977	0.789			
	吸收 5	0.8541	0.662			
	吸收 7	0.7277	0.629			
行為層次	表現 1	0.7711	0.595	0.8849	0.6588	0.883
	表現 4	0.8232	0.795			
	表現 5	0.8918	0.678			
	表現 7	0.7596	0.595			
生產力	生產力 1	0.7845	0.615	0.8953	0.6815	0.895
	生產力 3	0.8564	0.734			
	生產力 4	0.8167	0.667			
	生產力 5	0.8404	0.706			
組織承諾	承諾 3	0.8574	0.735	0.9267	0.7604	0.926
	承諾 4	0.9419	0.887			
	承諾 5	0.9000	0.810			
	承諾 6	0.7783	0.606			
組織績效	績效 2	0.7323	0.536	0.9296	0.7264	0.927
	績效 3	0.8464	0.716			
	績效 4	0.8941	0.799			
	績效 5	0.9023	0.814			
	績效 6	0.8812	0.777			

四、研究架構之整體性分析

本文為了進一步瞭解各構面之間的影響效果，以下即就訓練態度、訓練需求、Kirkpatrick 四層次 (反應、學習、行為與結果層次)、生產力、組織承諾及組織績效之關係模型，以線性結構分析法 (Stata) 來驗證其因果關係。本文根據文獻理論及上述分析修正，建立此因果模型路徑圖，如圖 3-39 模型之整體架構所示。

Step 1. 設定 Builder (圓 vs. 矩) 圖形的長寬大小

利用 Stata Builder 之前，要先設定 (圓 vs. 矩) 圖形的長寬大小。如下圖所示。

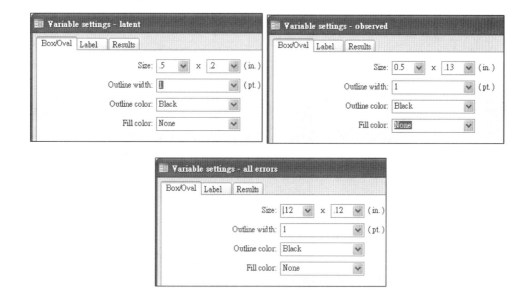

圖 3-39 先設定 (圓 vs. 矩) 圖形的長寬大小 (Setting> variables > Latent 等)

Step 2. 使用 Builder 工具，繪研究架構之對應 Full SEM

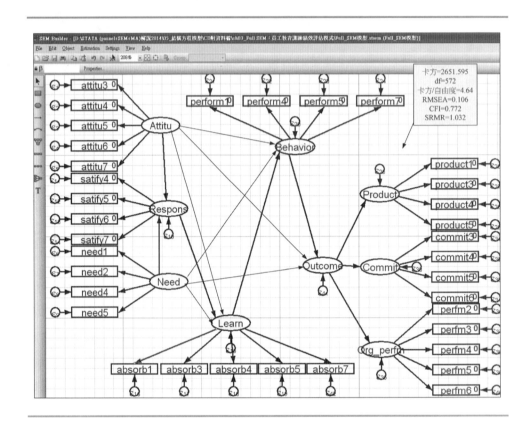

圖 3-40 Full SEM 模型之整體架構

五、整體模型適配度分析

整體模型適配度用來評估整個模型與觀察資料的適配程度，可以說是模型的外在品質，以瞭解實證結果是否與理論模型相符。本文模型適配指標分成三大類，在絕對適配指標方面包括 χ^2、RMR、RMSEA、CFI 等 4 項；在增值適配指標方面包括 NFI、IFI 和 CFI 等三項；在簡約適配指標方面只有 χ^2/df 一項，整體模型評估結果整理如表 3-23 所示，並將各適配指標的標準簡述如下。

1. χ^2 適配指標

χ^2 為卡方值 (chi-square)，愈小表示整體模型之因果路徑圖與實際資料愈適配即你界定模型與飽和模型之差距愈小。一個不顯著 ($p > 0.05$) 的卡方值表示模型之因果路徑圖模型與實際資料相適配，二者不一致的情形愈小，但卡方值對

受試樣本的大小非常敏感，如果樣本數愈大，則卡方值愈容易達到顯著，導致理論模型遭到拒絕的機率愈大。學者 Rigdon(1995) 認為，使用真實世界的數據資料來評估理論模型時，χ^2 統計通常實質的助益不大，因為卡方值受到估計參數及樣本數影響很大，本文的卡方值為 2651.595，對本文的助益不大，所以要進一步參考其他的適配指標。

2. RMR

RMR 為殘差均方和平方根 (root mean square residual)，即從適配殘差的概念而來，所謂適配殘差矩陣是指資料樣本所得之變異數共變數矩陣與理論模型隱含之變異數共變數矩陣的差異值，矩陣中的參數即是適配殘差。當差異值愈小時，表示樣本資料與假設模型適配度良好，一般 RMR 值以小於 0.05 為標準。Stata 已沒提供 RMR 值。

3. RMSEA

RMSEA 為漸進殘差均方和平方根 (root mean square error of approximation)，其值等於 χ^2-df，其意義是每個自由度之平均差異值，由於考慮到自由度，因此可將模型的複雜度也列入考量，RMSEA 值通常被視為是最重要適配指標訊息。當 RMSEA 的數值高於 0.10 以上時，則模型的適配度欠佳；其數值 0.08 至 0.10 之間則是模型尚可，具有普通適配；在 0.05 至 0.08 之間表示模型良好，即有合理適配；若數值小於 0.05，表示模型適配度非常良好 (Browen & Cudeck,1993)。本文的 RMSEA 值為 0.106，表示模型適配度並非很好。

4. CFI

NFI 為規準適配指標 (normal fit index)，IFI 為增值適配指標 (incremental fit index)，CFI 為比較適配指標 (comparative fit index)。NFI 與 NNFI 二種指標是一種相對性指標值，反應了假設模型與一個觀察變數間沒有任何共變假設的獨立模型的差異程度。其中 NFI 值、RFI 值、IFI 值、CFI 值、TLI 值大多介於 0 與 1 之間，愈接近 1 表示模型適配度愈佳，指標值愈小表示模型適配度愈差。學者 Bentler(1995) 研究發現：即使在小樣本情況下，CFI 值對假設模型適配度的估計仍然十分穩定，CFI 指標值愈接近 1，表示能夠有效改善非集中性的程度。本文 CFI 值為 0.772，研究模型解釋力尚可。

5. χ^2/df

卡方自由度比也稱為規範卡方 (Normed chi-square, NC)，當假設模型的估計參數愈多，自由度會變得愈大；而當樣本數愈多，卡方值也會隨之擴大，若同時考量到卡方值與自由度大小，則二者的比值也可以作為模型適配度是否契

合的指標。卡方自由度比值 (χ^2/df) 愈小，表示假設模型的共變異數矩陣與觀察資料間愈適配，相對的，卡方自由度比值愈大，表示模型的適配度愈差，一般而言，卡方自由度比值小於 2 時，表示假設模型的適配度較佳 (Carmines & McIver,1981)。此值小於 1 表示模型過度適配，若是大於 3 表示模型適配度不佳，其值若介於 1 至 3 之間表示模型的適配良好 (吳明隆，2007)。本文的 χ^2/df 值爲 4.64，表示模型具有良好的解釋力。

　　綜合以上所述的各項指標，本文整體模型的適配情況十分良好，因此可知本文所提出之關聯模型爲一個可被接受之模型。

```
＊執行 sem 指令，但不印出
.quietly sem (Attitu -> attitu3 attitu4 attitu5 attitu6 attitu7) (Attitu ->
Respons) (Attitu -> Learn) (Attitu -> Behavior) (Attitu -> Outcome) (attitu3
<-_cons@0) (attitu4 <-_cons@0) (attitu5 <-_cons@0) (attitu6 <-_cons@0) (at-
titu7 <-_cons@0) (Need -> need1 need2 need4 need5) (Need -> Respons) (Need
-> Learn) (Need -> Behavior) (Need -> Outcome) (Respons -> satify4 satify5
satify6 satify7) (Respons -> Learn) (satify4 <-_cons@0) (satify5 <-_cons@0)
(satify6 <-_cons@0) (satify7 <-_cons@0) ((Learn, init( 1)) -> absorb1) (Learn
-> absorb3 absorb4 absorb5 absorb7) (Learn -> Behavior) (Behavior -> perform1
perform4 perform5 perform7) (Behavior -> Outcome) (perform1 <-_cons@0) (per-
form4 <-_cons@0) (perform5 <-_cons@0) (perform7 <-_cons@0) (Product -> prod-
uct1 product3 product4 product5) (product1 <-_cons@0) (product3 <-_cons@0)
(product4 <-_cons@0) (product5 <-_cons@0) (Commit -> commit3 commit4 commit5
commit6) (commit3 <-_cons@0) (commit4 <-_cons@0) (commit5 <-_cons@0) (com-
mit6 <-_cons@0) (Org_perfm -> perfm 2 perfm3 perfm4 perfm5 perfm6) (perfm2
<-_cons@0) (perfm3 <-_cons@0) (perfm4 <-_cons@0) (perfm5 <-_cons@0) (perfm6
<-_cons@0) (Outcome -> Product) (Outcome -> Commit) (Outcome -> Org_perfm),
covstruct(_lexogenous, diagonal) latent(Attitu Need Respons Learn Behavior
Product Commit Org_perfm Outcome ) nocapslatent

. estat gof, stats(all)

---------------------------------------------------------------------------
Fit statistic        |      Value   Description
---------------------+-----------------------------------------------------
Likelihood ratio     |
      chi2_ms(572)   |   2651.595   model vs. saturated
```

```
             p > chi2 |      0.000
        chi2_bs(595)  |   9696.812   baseline vs. saturated
             p > chi2 |      0.000
----------------------+-------------------------------------------------
Population error      |
                RMSEA |      0.106   Root mean squared error of approximation
 90% CI, lower bound  |      0.000
          upper bound |          .
               pclose |          .   Probability RMSEA <= 0.05
----------------------+-------------------------------------------------
Information criteria  |
                  AIC |  29256.873   Akaike's information criterion
                  BIC |  29608.482   Bayesian information criterion
----------------------+-------------------------------------------------
Baseline comparison   |
                  CFI |      0.772   Comparative fit index
                  TLI |      0.762   Tucker-Lewis index
----------------------+-------------------------------------------------
Size of residuals     |
                 SRMR |      1.032   Standardized root mean squared residual
                   CD |      1.000   Coefficient of determination
----------------------+-------------------------------------------------
```

表 3-23 整體模型適配度各評估項目總結

適配度指標	適配度評估			適配結果	
	理想值	可接受值	本研究數值	良好	可接受
χ^2/df	<3	--	4.64		★
RMSEA	<0.05	0.05~0.1	0.106		★
CFI	>0.9	0.8~0.9	0.772		★

Likelihood ratio χ^2 概似比率卡方考驗值 (Chi-square index)：

結構方程式的 χ^2(卡方) 統計是屬於劣性適配 (Badness of fit measure) 的指標，在特定的自由度之下，若 χ^2(卡方) 檢定值顯著時，代表觀察 (獲得) 矩陣與理論估計矩陣的適配不良。在結構方程式分析中，期望觀察 (獲得) 的數值與模型是適配，故 χ^2(卡方) 檢定值必須為不顯著。一般設定 χ^2 檢定的機率 p 需大

於 0.10，該結構方程式的模型方能夠被接受。

3-4-2 整體架構直接與間接效果分析

　　結構方程模型的路徑分析，結合傳統的路徑分析與驗證性因素分析之測量模型。分析模型中除觀察變數外，也包含潛在變數，因而同時具備測量模型與結構模型。模型中若以觀察變數爲因變數、潛在變數爲果變數，則成爲「形成性指標」，此種包含潛在變數的路徑分析，稱爲「潛在變數路徑分析」。路徑分析中，變數間的影響效果包含「直接效果」與「間接效果」，二者的效果總量和稱爲外因變數對內因變數影響的總效果值 (吳明隆，2007)。

　　在路徑分析中有關直接間接效果的計算方式，目前有兩種方法爲學術研究者所採用，一種是利用路徑係數乘積方法 (Product of coefficients)，另一種爲效果之拔靴分布法 (Bootstrap Distribution of Effects)，本文採用效果之拔靴分布法分析研究模型的直接與間接效果。由圖 3-41 的關聯模型結果路徑中，將分析路徑歸納爲態度對結果的間接直接效果分析，以及需求對結果的間接直接效果分析兩大類。在態度對結果分析中，包括三種路徑分析關係，分別是 (一) 態度—反應—學習—行爲—結果；(二) 態度—學習—行爲—結果；(三) 態度—行爲—結果。在需求對結果分析中，也同樣包括三種路徑分析關係，分別是 (一) 需求—反應—學習—行爲—結果；(二) 需求—學習—行爲—結果；(三) 需求—行爲—結果。

　　由表 3-24 整體架構直接與間接效果分析中，可以得知本文模型的效果分析，主要分成兩大路徑分析，在態度對結果的路徑分析方面，整體「間接效果」Z 值爲 2.10，達到 0.05 的顯著水準，但整體「直接效果」的 Z 值爲 2.59，亦達顯著影響水準。

　　在需求對結果的路徑分析方面，整體間接效果 Z 值爲 0.85，未達到 0.05 的顯著水準，但整體直接效果的 Z 值爲 −2.02，達 0.05 顯著影響水準。

表 3-24 各構面之間的效果

	直接效果			間接效果			Total 效果		
	Estimate	S.Err	z 值	Estimate	S.E.	z 值	Estimate	S.E.	z 值
態度→反應	1.031	0.016	64.03*	--	--	--	1.03	0.016	64.03*
需求→反應	-0.165	0.060	-2.75*	--	--	--	-0.165	0.060	-2.75*
反應→學習	0.447	0.058	7.66*	--	--	--	0.447	0.058	7.66*
態度→學習	0.286	0.061	4.71*	0.461	0.060	7.66*	0.747	0.551	13.56*
需求→學習	0.278	0.049	5.60*	-0.073	0.0287	-2.57*	0.204	0.0566	3.61*
反應→行為	--	--	--	0.3434	0.0449	7.66*	0.3439	0.0449	7.66*
學習→行為	0.769	0.066	11.62*	--	--	--	0.769	0.0662	11.62*
態度→行為	0.436	0.0552	7.90*	0.577	0.0546	10.52*	1.011	0.0153	66.11*
需求→行為	-0.111	0.047	-2.36*	0.157	0.0456	3.44*	0.0459	0.0537	0.86*
反應→結果	--	--	--	0.2888	0.0377	7.66*	0.289	0.0378	7.66*
學習→結果	--	--	--	0.646	0.0556	11.62*	0.646	0.0556	11.62*
行為→結果	0.839	0.053	15.78*	--	--	--	0.8398	0.0532	15.62*
態度→結果	0.139	0.054	2.59*	0.848	0.054	2.10*	0.9878	0.0154	63.90*
需求→結果	-0.071	0.035	-2.02*	0.038	0.045	0.85	-0.0321	0.0535	-0.60

Stata 分析步驟：

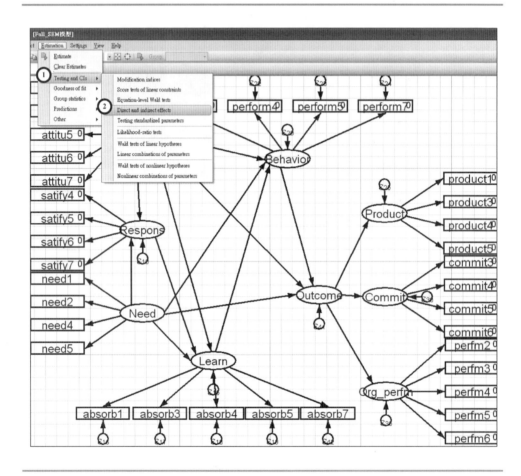

圖 3-41 印出「全體效果、間接效果、直接效果」(Decomposition of effects into total, direct, and indirect)

```
. use Emploee324.dta, clear

*執行 sem 指令，但不印出
.quietly sem (Attitu -> attitu3 attitu4 attitu5 attitu6 attitu7) (Attitu ->
Respons) (Attitu -> Learn) (Attitu -> Behavior) (Attitu -> Outcome) (attitu3
<-_cons@0) (attitu4 <-_cons@0) (attitu5 <-_cons@0) (attitu6 <-_cons@0) (at-
titu7 <-_cons@0) (Need -> need1 need2 need4 need5) (Need -> Respons) (Need
-> Learn) (Need -> Behavior) (Need -> Outcome) (Respons -> satify4 satify5
satify6 satify7) (Respons -> Learn) (satify4 <-_cons@0) (satify5 <-_cons@0)
(satify6 <-_cons@0) (satify7 <-_cons@0) ((Learn, init( 1)) -> absorb1) (Learn
-> absorb3 absorb4 absorb5 absorb7) (Learn -> Behavior) (Behavior -> perform1
perform4 perform5 perform7) (Behavior -> Outcome) (perform1 <-_cons@0) (per-
form4 <-_cons@0) (perform5 <-_cons@0) (perform7 <-_cons@0) (Product -> prod-
uct1 product3 product4 product5) (product1 <-_cons@0) (product3 <-_cons@0)
(product4 <-_cons@0) (product5 <-_cons@0) (Commit -> commit3 commit4 commit5
commit6) (commit3 <-_cons@0) (commit4 <-_cons@0) (commit5 <-_cons@0) (com-
mit6 <-_cons@0) (Org_perfm -> perfm 2 perfm3 perfm4 perfm5 perfm6) (perfm2
<-_cons@0) (perfm3 <-_cons@0) (perfm4 <-_cons@0) (perfm5 <-_cons@0) (perfm6
<-_cons@0) (Outcome -> Product) (Outcome -> Commit) (Outcome -> Org_perfm),
covstruct(_lexogenous, diagonal) latent(Attitu Need Respons Learn Behavior
Product Commit Org_perfm Outcome ) nocapslatent

*Decomposition of effects into total, direct, and indirect
. estat teffects

Direct effects
-----------------------------------------------------------------------------
             |                OIM
             |    Coef.   Std. Err.      z    P>|z|    [95% Conf. Interval]
-------------+---------------------------------------------------------------
Measurement  |
  attitu3 <- |
      Attitu |        1   (constrained)
-------------+---------------------------------------------------------------
  attitu4 <- |
      Attitu | 1.002726    .012885    77.82   0.000    .9774721    1.02798
-------------+---------------------------------------------------------------
  attitu5 <- |
```

Attitu	1.018136	.0125536	81.10	0.000	.9935316	1.042741
attitu6 <-						
Attitu	.928562	.0146209	63.51	0.000	.8999055	.9572184
attitu7 <-						
Attitu	1.05668	.0142407	74.20	0.000	1.028769	1.084592
need1 <-						
Need	1	(constrained)				
need2 <-						
Need	1.049037	.0478013	21.95	0.000	.9553483	1.142726
need4 <-						
Need	.7192231	.0509977	14.10	0.000	.6192694	.8191769
need5 <-						
Need	.6894824	.0643094	10.72	0.000	.5634383	.8155265
satify4 <-						
Respons	1	(constrained)				
Attitu	0	(no path)				
Need	0	(no path)				
satify5 <-						
Respons	1.041854	.009381	111.06	0.000	1.023468	1.060241
Attitu	0	(no path)				
Need	0	(no path)				
satify6 <-						
Respons	1.036073	.0094314	109.85	0.000	1.017588	1.054558
Attitu	0	(no path)				
Need	0	(no path)				
satify7 <-						
Respons	1.011457	.0098201	103.00	0.000	.9922098	1.030704
Attitu	0	(no path)				
Need	0	(no path)				

```
---------------+----------------------------------------------------------------------
absorb1 <-     |
     Respons   |          0    (no path)
       Learn   |          1    (constrained)
      Attitu   |          0    (no path)
        Need   |          0    (no path)
---------------+----------------------------------------------------------------------
absorb3 <-     |
     Respons   |          0    (no path)
       Learn   |   1.100605    .0562835    19.55    0.000    .990291    1.210918
      Attitu   |          0    (no path)
        Need   |          0    (no path)
---------------+----------------------------------------------------------------------
absorb4 <-     |
     Respons   |          0    (no path)
       Learn   |   1.012772    .0611894    16.55    0.000    .8928429   1.132701
      Attitu   |          0    (no path)
        Need   |          0    (no path)
---------------+----------------------------------------------------------------------
absorb5 <-     |
     Respons   |          0    (no path)
       Learn   |   1.052063    .0572283    18.38    0.000    .9398975   1.164228
      Attitu   |          0    (no path)
        Need   |          0    (no path)
---------------+----------------------------------------------------------------------
absorb7 <-     |
     Respons   |          0    (no path)
       Learn   |   .9587135    .0653251    14.68    0.000    .8306786   1.086748
      Attitu   |          0    (no path)
        Need   |          0    (no path)
---------------+----------------------------------------------------------------------
perform1 <-    |
     Respons   |          0    (no path)
       Learn   |          0    (no path)
    Behavior   |          1    (constrained)
      Attitu   |          0    (no path)
        Need   |          0    (no path)
---------------+----------------------------------------------------------------------
perform4 <-    |
```

Respons |	0	(no path)				
Learn |	0	(no path)				
Behavior |	.9895898	.0100996	97.98	0.000	.969795	1.009385
Attitu |	0	(no path)				
Need |	0	(no path)				
perform5 <- |						
Respons |	0	(no path)				
Learn |	0	(no path)				
Behavior |	1.009155	.009802	102.95	0.000	.9899437	1.028367
Attitu |	0	(no path)				
Need |	0	(no path)				
perform7 <- |						
Respons |	0	(no path)				
Learn |	0	(no path)				
Behavior |	1.020187	.0112454	89.94	0.000	.997956	1.042417
Attitu |	0	(no path)				
Need |	0	(no path)				
product1 <- |						
Behavior |	0	(no path)				
Outcome |	0	(no path)				
Product |	1	(constrained)				
Attitu |	0	(no path)				
Need |	0	(no path)				
product3 <- |						
Behavior |	0	(no path)				
Outcome |	0	(no path)				
Product |	1.005367	.0100064	100.47	0.000	.985755	1.024979
Attitu |	0	(no path)				
Need |	0	(no path)				
product4 <- |						
Behavior |	0	(no path)				
Outcome |	0	(no path)				
Product |	1.009996	.0100253	100.75	0.000	.9903467	1.029645

```
        Attitu |        0   (no path)
          Need |        0   (no path)
---------------+--------------------------------------------------------
product5 <-    |
      Behavior |        0   (no path)
       Outcome |        0   (no path)
       Product | 1.006935  .0099268   101.44   0.000    .9874789   1.026391
        Attitu |        0   (no path)
          Need |        0   (no path)
---------------+--------------------------------------------------------
commit3 <-     |
      Behavior |        0   (no path)
       Outcome |        0   (no path)
        Commit |        1   (constrained)
        Attitu |        0   (no path)
          Need |        0   (no path)
---------------+--------------------------------------------------------
commit4 <-     |
      Behavior |        0   (no path)
       Outcome |        0   (no path)
        Commit | .9966353  .0084669   117.71   0.000    .9800405   1.01323
        Attitu |        0   (no path)
          Need |        0   (no path)
---------------+--------------------------------------------------------
commit5 <-     |
      Behavior |        0   (no path)
       Outcome |        0   (no path)
        Commit | .9933567  .0089817   110.60   0.000    .9757529   1.010961
        Attitu |        0   (no path)
          Need |        0   (no path)
---------------+--------------------------------------------------------
commit6 <-     |
      Behavior |        0   (no path)
       Outcome |        0   (no path)
        Commit | 1.017128   .010054   101.17   0.000    .9974228   1.036834
        Attitu |        0   (no path)
          Need |        0   (no path)
---------------+--------------------------------------------------------
perfm2 <-      |
```

```
      Behavior |          0   (no path)
       Outcome |          0   (no path)
      Org_perfm |         1   (constrained)
        Attitu |          0   (no path)
          Need |          0   (no path)
---------------+-----------------------------------------------------------------
perfm3 <-      |
      Behavior |          0   (no path)
       Outcome |          0   (no path)
      Org_perfm |  1.054354   .0127091   82.96   0.000   1.029445   1.079263
        Attitu |          0   (no path)
          Need |          0   (no path)
---------------+-----------------------------------------------------------------
perfm4 <-      |
      Behavior |          0   (no path)
       Outcome |          0   (no path)
      Org_perfm |  1.057275   .0121837   86.78   0.000   1.033395   1.081155
        Attitu |          0   (no path)
          Need |          0   (no path)
---------------+-----------------------------------------------------------------
perfm5 <-      |
      Behavior |          0   (no path)
       Outcome |          0   (no path)
      Org_perfm |  1.060003   .0121776   87.05   0.000   1.036136   1.083871
        Attitu |          0   (no path)
          Need |          0   (no path)
---------------+-----------------------------------------------------------------
perfm6 <-      |
      Behavior |          0   (no path)
       Outcome |          0   (no path)
      Org_perfm |  1.059065   .0127744   82.91   0.000   1.034028   1.084102
        Attitu |          0   (no path)
          Need |          0   (no path)
---------------+-----------------------------------------------------------------
Structural     |
Respons <-     |
        Attitu |  1.030638   .0160953   64.03   0.000   .9990924   1.062185
          Need | -.1650694   .060004    -2.75   0.006  -.282675   -.0474638
---------------+-----------------------------------------------------------------
```

```
Learn <-      |
    Respons |  .4470426    .0583639     7.66    0.000    .3326515    .5614338
     Attitu |  .2859379    .0606751     4.71    0.000    .1670169    .4048588
       Need |  .2782107    .0496702     5.60    0.000    .1808589    .3755625
------------+----------------------------------------------------------------
Behavior <- |
    Respons |        0    (no path)
      Learn |  .7692955    .0661903    11.62    0.000    .6395649    .899026
     Attitu |  .4361405    .0551941     7.90    0.000    .3279622    .5443189
       Need | -.1112769    .047218     -2.36    0.018   -.2038225   -.0187314
------------+----------------------------------------------------------------
Outcome <-  |
    Respons |        0    (no path)
      Learn |        0    (no path)
   Behavior |  .8398399    .0532209    15.78    0.000    .735529     .9441509
     Attitu |  .1391222    .0537749     2.59    0.010    .0337252    .2445191
       Need | -.0707177    .034942     -2.02    0.043   -.1392028   -.0022327
------------+----------------------------------------------------------------
Product <-  |
      Learn |        0    (no path)
   Behavior |        0    (no path)
    Outcome |        1    (constrained)
     Attitu |        0    (no path)
       Need |        0    (no path)
------------+----------------------------------------------------------------
Commit <-   |
      Learn |        0    (no path)
   Behavior |        0    (no path)
    Outcome | 1.044336    .013627     76.64    0.000    1.017628    1.071045
     Attitu |        0    (no path)
       Need |        0    (no path)
------------+----------------------------------------------------------------
Org_perfm <-|
      Learn |        0    (no path)
   Behavior |        0    (no path)
    Outcome |  .9608264   .0141512    67.90    0.000    .9330906    .9885623
     Attitu |        0    (no path)
       Need |        0    (no path)
------------+----------------------------------------------------------------
```

Stata 在結構方程模型及試題反應理論的應用

```
Indirect effects
--------------------------------------------------------------------------------
                 |                   OIM
                 |    Coef.   Std. Err.      z    P>|z|   [95% Conf. Interval]
-----------------+--------------------------------------------------------------
Measurement      |
  attitu3 <-     |
          Attitu |        0  (no path)
-----------------+--------------------------------------------------------------
  attitu4 <-     |
          Attitu |        0  (no path)
-----------------+--------------------------------------------------------------
  attitu5 <-     |
          Attitu |        0  (no path)
-----------------+--------------------------------------------------------------
  attitu6 <-     |
          Attitu |        0  (no path)
-----------------+--------------------------------------------------------------
  attitu7 <-     |
          Attitu |        0  (no path)
-----------------+--------------------------------------------------------------
  need1 <-       |
            Need |        0  (no path)
-----------------+--------------------------------------------------------------
  need2 <-       |
            Need |        0  (no path)
-----------------+--------------------------------------------------------------
  need4 <-       |
            Need |        0  (no path)
-----------------+--------------------------------------------------------------
  need5 <-       |
            Need |        0  (no path)
-----------------+--------------------------------------------------------------
  satify4 <-     |
         Respons |        0  (no path)
          Attitu | 1.030638   .0160953   64.03   0.000    .9990924   1.062185
            Need | -.1650694   .060004   -2.75   0.006   -.282675   -.0474638
-----------------+--------------------------------------------------------------
  satify5 <-     |
```

```
    Respons |        0    (no path)
     Attitu |  1.073775   .0164625    65.23   0.000    1.041509   1.106041
       Need |  -.1719783  .0625257    -2.75   0.006    -.2945263  -.0494302
------------+--------------------------------------------------------------
satify6 <-  |
    Respons |        0    (no path)
     Attitu |  1.067817   .0164339    64.98   0.000    1.035607   1.100027
       Need |  -.171024   .0621843    -2.75   0.006    -.292903   -.0491449
------------+--------------------------------------------------------------
satify7 <-  |
    Respons |        0    (no path)
     Attitu |  1.042446   .0164244    63.47   0.000    1.010255   1.074638
       Need |  -.1669606  .0607127    -2.75   0.006    -.2859553  -.0479659
------------+--------------------------------------------------------------
absorb1 <-  |
    Respons |  .4470426   .0583639     7.66   0.000    .3326515   .5614338
      Learn |        0    (no path)
     Attitu |  .7466772   .0550837    13.56   0.000    .6387151   .8546393
       Need |  .2044176   .0566114     3.61   0.000    .0934614   .3153738
------------+--------------------------------------------------------------
absorb3 <-  |
    Respons |  .4920172   .0642356     7.66   0.000    .3661177   .6179166
      Learn |        0    (no path)
     Attitu |  .8217963   .0588563    13.96   0.000    .7064401   .9371526
       Need |  .224983    .0621583     3.62   0.000    .103155    .3468109
------------+--------------------------------------------------------------
absorb4 <-  |
    Respons |  .4527523   .0591093     7.66   0.000    .3369001   .5686044
      Learn |        0    (no path)
     Attitu |  .7562138   .0591066    12.79   0.000    .6403669   .8720607
       Need |  .2070285   .0575709     3.60   0.000    .0941916   .3198653
------------+--------------------------------------------------------------
absorb5 <-  |
    Respons |  .4703169   .0614025     7.66   0.000    .3499702   .5906636
      Learn |        0    (no path)
     Attitu |  .7855513   .0583513    13.46   0.000    .6711849   .8999177
       Need |  .2150602   .0592616     3.63   0.000    .0989096   .3312108
------------+--------------------------------------------------------------
absorb7 <-  |
```

Respons	.4285858	.0559543	7.66	0.000	.3189174	.5382541
Learn	0	(no path)				
Attitu	.7158495	.0611003	11.72	0.000	.5960952	.8356038
Need	.1959779	.0545413	3.59	0.000	.0890789	.302877

perform1 <-						
Respons	.3439079	.0448991	7.66	0.000	.2559073	.4319085
Learn	.7692955	.0661903	11.62	0.000	.6395649	.899026
Behavior	0	(no path)				
Attitu	1.010556	.0152858	66.11	0.000	.9805964	1.040515
Need	.0459806	.0537457	0.86	0.392	-.0593589	.1513202

perform4 <-						
Respons	.3403277	.0444317	7.66	0.000	.2532432	.4274122
Learn	.7612869	.0655012	11.62	0.000	.6329069	.8896669
Behavior	0	(no path)				
Attitu	1.000036	.0148314	67.43	0.000	.9709668	1.029105
Need	.045502	.0531848	0.86	0.392	-.0587384	.1497423

perform5 <-						
Respons	.3470564	.0453102	7.66	0.000	.2582501	.4358627
Learn	.7763385	.0667963	11.62	0.000	.6454202	.9072568
Behavior	0	(no path)				
Attitu	1.019808	.0147853	68.97	0.000	.9908292	1.048786
Need	.0464016	.0542358	0.86	0.392	-.0598986	.1527018

perform7 <-						
Respons	.3508502	.0458054	7.66	0.000	.2610731	.4406272
Learn	.7848249	.0675264	11.62	0.000	.6524755	.9171743
Behavior	0	(no path)				
Attitu	1.030956	.0159495	64.64	0.000	.9996952	1.062216
Need	.0469088	.0548293	0.86	0.392	-.0605546	.1543722

product1 <-						
Behavior	.8398399	.0532209	15.78	0.000	.735529	.9441509
Outcome	1	(constrained)				
Product	0	(no path)				
Attitu	.9878274	.0154586	63.90	0.000	.9575291	1.018126
Need	-.0321014	.0534898	-0.60	0.548	-.1369394	.0727367

product3 <-						
Behavior	.8443474	.0535065	15.78	0.000	.7394766	.9492183
Outcome	1.005367	(constrained)				
Product	0	(no path)				
Attitu	.9931291	.0155324	63.94	0.000	.9626862	1.023572
Need	−.0322736	.0537775	−0.60	0.548	−.1376756	.0731283
product4 <-						
Behavior	.8482348	.0537529	15.78	0.000	.7428812	.9535885
Outcome	1.009996	(constrained)				
Product	0	(no path)				
Attitu	.9977015	.0155906	63.99	0.000	.9671445	1.028259
Need	−.0324222	.0540246	−0.60	0.548	−.1383084	073464
product5 <-						
Behavior	.8456643	.05359	15.78	0.000	.7406299	.9506987
Outcome	1.006935	(constrained)				
Product	0	(no path)				
Attitu	.9946781	.0154959	64.19	0.000	.9643067	1.025049
Need	−.032324	.0538615	−0.60	0.548	−.1378905	.0732426
commit3 <-						
Behavior	.8770751	.0555805	15.78	0.000	.7681394	.9860109
Outcome	1.044336	.013627	76.64	0.000	1.017628	1.071045
Commit	0	(no path)				
Attitu	1.031624	.0169852	60.74	0.000	.9983334	1.064914
Need	−.0335246	.0558624	−0.60	0.548	−.1430129	.0759637
commit4 <-						
Behavior	.8741241	.0553935	15.78	0.000	.7655549	.9826933
Outcome	1.040822	.0135812	76.64	0.000	1.014204	1.067441
Commit	0	(no path)				
Attitu	1.028153	.0166702	61.68	0.000	.9954798	1.060826
Need	−.0334118	.0556743	−0.60	0.548	−.1425314	.0757078
commit5 <-						
Behavior	.8712485	.0552112	15.78	0.000	.7630365	.9794605
Outcome	1.037398	.0135365	76.64	0.000	1.010867	1.063929

Commit	0	(no path)				
Attitu	1.02477	.0169156	60.58	0.000	.9916166	1.057924
Need	−.0333019	.0554914	−0.60	0.548	−.142063	.0754592
commit6 <−						
Behavior	.892098	.0565325	15.78	0.000	.7812964	1.0029
Outcome	1.062224	.0138604	76.64	0.000	1.035058	1.08939
Commit	0	(no path)				
Attitu	1.049294	.0178356	58.83	0.000	1.014337	1.084251
Need	−.0340988	.0568194	−0.60	0.548	−.1454628	.0772651
perfm2 <−						
Behavior	.8069404	.051136	15.78	0.000	.7067157	.9071652
Outcome	.9608264	.0141512	67.90	0.000	.9330906	.9885623
Org_perfm	0	(no path)				
Attitu	.9491307	.0169192	56.10	0.000	.9159696	.9822917
Need	−.0308438	.051395	−0.60	0.548	−.1315762	.0698886
perfm3 <−						
Behavior	.8508008	.0539155	15.78	0.000	.7451284	.9564732
Outcome	1.013051	.0149204	67.90	0.000	.9838077	1.042294
Org_perfm	0	(no path)				
Attitu	1.00072	.0160343	62.41	0.000	.9692931	1.032146
Need	−.0325203	.054188	−0.60	0.548	−.1387269	.0736863
perfm4 <−						
Behavior	.853158	.0540648	15.78	0.000	.7471929	.9591231
Outcome	1.015858	.0149617	67.90	0.000	.9865334	1.045182
Org_perfm	0	(no path)				
Attitu	1.003492	.0156798	64.00	0.000	.9727603	1.024524
Need	−.0326104	.054338	−0.60	0.548	−.139111	.0738902
perfm5 <−						
Behavior	.8553595	.0542043	15.78	0.000	.7491209	.961598
Outcome	1.018479	.0150003	67.90	0.000	.9890791	1.047879
Org_perfm	0	(no path)				
Attitu	1.006082	.0156933	64.11	0.000	.9753233	1.03684
Need	−.0326946	.0544782	−0.60	0.548	−.1394699	.0740807

```
 perfm6 <-    |
    Behavior |   .8546023    .0541564    15.78   0.000     .7484578    .9607469
     Outcome |   1.017578     .014987    67.90   0.000     .9882036    1.046952
   Org_perfm |          0   (no path)
      Attitu |   1.005191    .0161097    62.40   0.000     .9736166    1.036766
        Need |  -.0326656      .05443    -0.60   0.548    -.1393464    .0740151
-------------+----------------------------------------------------------------
Structural   |
 Respons <-  |
      Attitu |          0   (no path)
        Need |          0   (no path)
-------------+----------------------------------------------------------------
 Learn <-    |
     Respons |          0   (no path)
      Attitu |   .4607393      .06015     7.66   0.000     .2458475    .5786312
        Need |  -.0737931    .0287662    -2.57   0.010    -.1301738   -.0174123
-------------+----------------------------------------------------------------
 Behavior <- |
     Respons |   .3439079    .0448991     7.66   0.000     .2559073    4319085
       Learn |          0   (no path)
      Attitu |   .5744154    .0546017    10.52   0.000     .4673981    .6814327
        Need |   .1572576    .0456686     3.44   0.001     .0677488    .2467663
-------------+----------------------------------------------------------------
 Outcome <-  |
     Respons |   .2888276     .037708     7.66   0.000     .2149211     .362734
       Learn |    .646085    .0555892    11.62   0.000     .5371321     .755038
    Behavior |          0   (no path)
      Attitu |   .8487052    .0541572    15.67   0.000      .742559    .9548514
        Need |   .0386164    .0452394     0.85   0.393    -.0500513     .127284
-------------+----------------------------------------------------------------
 Product <-  |
       Learn |    .646085    .0555892    11.62   0.000     .5371321     .755038
    Behavior |   .8398399    .0532209    15.78   0.000      .735529    .9441509
     Outcome |          0   (no path)
      Attitu |   .9878274    .0154586    63.90   0.000     .9575291    1.018126
        Need |  -.0321014    .0534898    -0.60   0.548    -.1369394    .0727367
-------------+----------------------------------------------------------------
 Commit <-   |
       Learn |   .6747299    .0580538    11.62   0.000     .5609465    .7885134
```

241

		OIM				
	Coef.	Std. Err.	z	P>|z|	[95% Conf.	Interval]
Behavior	.8770751	.0555805	15.78	0.000	.7681394	.9860109
Outcome	0	(no path)				
Attitu	1.031624	.0169852	60.74	0.000	.9983334	1.064914
Need	−.0335246	.0558624	−0.60	0.548	−.1430129	.0759637
Org_perfm <−						
Learn	.6207756	.0534116	11.62	0.000	.5160908	.7254604
Behavior	.8069404	.051136	15.78	0.000	.7067157	.9071652
Outcome	0	(no path)				
Attitu	.9491307	.0169192	56.10	0.000	.9159696	.9822917
Need	−.0308438	.051395	−0.60	0.548	−.1315762	.0698886

Total effects

		OIM				
	Coef.	Std. Err.	z	P>|z|	[95% Conf.	Interval]
Measurement						
attitu3 <−						
Attitu	1	(constrained)				
attitu4 <−						
Attitu	1.002726	.012885	77.82	0.000	.9774721	1.02798
attitu5 <−						
Attitu	1.018136	.0125536	81.10	0.000	.9935316	1.042741
attitu6 <−						
Attitu	.928562	.0146209	63.51	0.000	.8999055	.9572184
attitu7 <−						
Attitu	1.05668	.0142407	74.20	0.000	1.028769	1.084592
need1 <−						
Need	1	(constrained)				
need2 <−						

Need	1.049037	.0478013	21.95	0.000	.9553483	1.142726
need4 <-						
Need	.7192231	.0509977	14.10	0.000	.6192694	.8191769
need5 <-						
Need	.6894824	.0643094	10.72	0.000	.5634383	.8155265
satify4 <-						
Respons	1	(constrained)				
Attitu	1.030638	.0160953	64.03	0.000	.9990924	1.062185
Need	-.1650694	.060004	-2.75	0.006	-.282675	-.0474638
satify5 <-						
Respons	1.041854	.009381	111.06	0.000	1.023468	1.060241
Attitu	1.073775	.0164625	65.23	0.000	1.041509	1.106041
Need	-.1719783	.0625257	-2.75	0.006	-.2945263	-.0494302
satify6 <-						
Respons	1.036073	.0094314	109.85	0.000	1.017588	1.054558
Attitu	1.067817	.0164339	64.98	0.000	1.035607	1.100027
Need	-.171024	.0621843	-2.75	0.006	-.292903	-.0491449
satify7 <-						
Respons	1.011457	.0098201	103.00	0.000	.9922098	1.030704
Attitu	1.042446	.0164244	63.47	0.000	1.010255	1.074638
Need	-.1669606	.0607127	-2.75	0.006	-.2859553	-.0479659
absorb1 <-						
Respons	.4470426	.0583639	7.66	0.000	.3326515	.5614338
Learn	1	(constrained)				
Attitu	.7466772	.0550837	13.56	0.000	.6387151	.8546393
Need	.2044176	.0566114	3.61	0.000	.0934614	.3153738
absorb3 <-						
Respons	.4920172	.0642356	7.66	0.000	.3661177	.6179166
Learn	1.100605	.0562835	19.55	0.000	.990291	1.210918
Attitu	.8217963	.0588563	13.96	0.000	.7064401	.9371526
Need	.224983	.0621583	3.62	0.000	.103155	.3468109

```
-------------+----------------------------------------------------------------
absorb4 <-   |
     Respons |  .4527523   .0591093    7.66   0.000    .3369001   .5686044
       Learn |  1.012772   .0611894   16.55   0.000    .8928429   1.132701
      Attitu |  .7562138   .0591066   12.79   0.000    .6403669   .8720607
        Need |  .2070285   .0575709    3.60   0.000    .0941916   .3198653
-------------+----------------------------------------------------------------
absorb5 <-   |
     Respons |  .4703169   .0614025    7.66   0.000    .3499702   .5906636
       Learn |  1.052063   .0572283   18.38   0.000    .9398975   1.164228
      Attitu |  .7855513   .0583513   13.46   0.000    .6711849   .8999177
        Need |  .2150602   .0592616    3.63   0.000    .0989096   .3312108
-------------+----------------------------------------------------------------
absorb7 <-   |
     Respons |  .4285858   .0559543    7.66   0.000    .3189174   .5382541
       Learn |  .9587135   .0653251   14.68   0.000    .8306786   1.086748
      Attitu |  .7158495   .0611003   11.72   0.000    .5960952   .8356038
        Need |  .1959779   .0545413    3.59   0.000    .0890789   .302877
-------------+----------------------------------------------------------------
perform1 <-  |
     Respons |  .3439079   .0448991    7.66   0.000    .2559073   .4319085
       Learn |  .7692955   .0661903   11.62   0.000    .6395649   .899026
    Behavior |         1  (constrained)
      Attitu |  1.010556   .0152858   66.11   0.000    .9805964   1.040515
        Need |  .0459806   .0537457    0.86   0.392   -.0593589   .1513202
-------------+----------------------------------------------------------------
perform4 <-  |
     Respons |  .3403277   .0444317    7.66   0.000    .2532432   .4274122
       Learn |  .7612869   .0655012   11.62   0.000    .6329069   .8896669
    Behavior |  .9895898   .0100996   97.98   0.000    .969795    1.009385
      Attitu |  1.000036   .0148314   67.43   0.000    .9709668   1.029105
        Need |  .045502    .0531848    0.86   0.392   -.0587384   .1497423
-------------+----------------------------------------------------------------
perform5 <-  |
     Respons |  .3470564   .0453102    7.66   0.000    .2582501   .4358627
       Learn |  .7763385   .0667963   11.62   0.000    .6454202   .9072568
    Behavior |  1.009155   .009802   102.95   0.000    .9899437   1.028367
      Attitu |  1.019808   .0147853   68.97   0.000    .9908292   1.048786
        Need |  .0464016   .0542358    0.86   0.392   -.0598986   .1527018
```

perform7 <-						
Respons	.3508502	.0458054	7.66	0.000	.2610731	.4406272
Learn	.7848249	.0675264	11.62	0.000	.6524755	.9171743
Behavior	1.020187	.0112454	89.94	0.000	.997956	1.042417
Attitu	1.030956	.0159495	64.64	0.000	.9996952	1.062216
Need	.0469088	.0548293	0.86	0.392	-.0605546	.1543722
product1 <-						
Behavior	.8398399	.0532209	15.78	0.000	.735529	.9441509
Outcome	1	(constrained)				
Product	1	(constrained)				
Attitu	.9878274	.0154586	63.90	0.000	.9575291	1.018126
Need	-.0321014	.0534898	-0.60	0.548	-.1369394	.0727367
product3 <-						
Behavior	.8443474	.0535065	15.78	0.000	.7394766	.9492183
Outcome	1.005367	(constrained)				
Product	1.005367	.0100064	100.47	0.000	.985755	1.024979
Attitu	.9931291	.0155324	63.94	0.000	.9626862	1.023572
Need	-.0322736	.0537775	-0.60	0.548	-.1376756	.0731283
product4 <-						
Behavior	.8482348	.0537529	15.78	0.000	.7428812	.9535885
Outcome	1.009996	(constrained)				
Product	1.009996	.0100253	100.75	0.000	.9903467	1.029645
Attitu	.9977015	.0155906	63.99	0.000	.9671445	1.028259
Need	-.0324222	.0540246	-0.60	0.548	-.1383084	.073464
product5 <-						
Behavior	.8456643	.05359	15.78	0.000	.7406299	.9506987
Outcome	1.006935	(constrained)				
Product	1.006935	.0099268	101.44	0.000	.9874789	1.026391
Attitu	.9946781	.0154959	64.19	0.000	.9643067	1.025049
Need	-.032324	.0538615	-0.60	0.548	-.1378905	.0732426
commit3 <-						
Behavior	.8770751	.0555805	15.78	0.000	.7681394	.9860109
Outcome	1.044336	.013627	76.64	0.000	1.017628	1.071045

```
      Commit |        1   (constrained)
      Attitu |  1.031624    .0169852    60.74   0.000    .9983334   1.064914
        Need |  -.0335246    .0558624    -0.60   0.548   -.1430129   .0759637
-------------+----------------------------------------------------------------
  commit4 <- |
    Behavior |   .8741241    .0553935    15.78   0.000    .7655549   .9826933
     Outcome |   1.040822    .0135812    76.64   0.000    1.014204   1.067441
      Commit |   .9966353    .0084669   117.71   0.000    .9800405    1.01323
      Attitu |   1.028153    .0166702    61.68   0.000    .9954798   1.060826
        Need |  -.0334118    .0556743    -0.60   0.548   -.1425314   .0757078
-------------+----------------------------------------------------------------
  commit5 <- |
    Behavior |   .8712485    .0552112    15.78   0.000    .7630365   .9794605
     Outcome |   1.037398    .0135365    76.64   0.000    1.010867   1.063929
      Commit |   .9933567    .0089817   110.60   0.000    .9757529   1.010961
      Attitu |    1.02477    .0169156    60.58   0.000    .9916166   1.057924
        Need |  -.0333019    .0554914    -0.60   0.548    -.142063   .0754592
-------------+----------------------------------------------------------------
  commit6 <- |
    Behavior |    .892098    .0565325    15.78   0.000    .7812964     1.0029
     Outcome |   1.062224    .0138604    76.64   0.000    1.035058    1.08939
      Commit |   1.017128    .010054    101.17   0.000    .9974228   1.036834
      Attitu |   1.049294    .0178356    58.83   0.000    1.014337   1.084251
        Need |  -.0340988    .0568194    -0.60   0.548   -.1454628   .0772651
-------------+----------------------------------------------------------------
   perfm2 <- |
    Behavior |   .8069404     .051136    15.78   0.000    .7067157   .9071652
     Outcome |   .9608264    .0141512    67.90   0.000    .9330906   .9885623
    Org_perfm |       1   (constrained)
      Attitu |   .9491307    .0169192    56.10   0.000    .9159696   .9822917
        Need |  -.0308438     .051395    -0.60   0.548   -.1315762   .0698886
-------------+----------------------------------------------------------------
   perfm3 <- |
    Behavior |   .8508008    .0539155    15.78   0.000    .7451284   .9564732
     Outcome |   1.013051    .0149204    67.90   0.000    .9838077   1.042294
    Org_perfm |   1.054354    .0127091    82.96   0.000    1.029445   1.079263
      Attitu |    1.00072    .0160343    62.41   0.000    .9692931   1.032146
        Need |  -.0325203     .054188    -0.60   0.548   -.1387269   .0736863
-------------+----------------------------------------------------------------
```

```
perfm4 <-    |
   Behavior |   .853158    .0540648    15.78    0.000     .7471929    .9591231
    Outcome |  1.015858    .0149617    67.90    0.000     .9865334    1.045182
  Org_perfm |  1.057275    .0121837    86.78    0.000     1.033395    .081155
     Attitu |  1.003492    .0156798    64.00    0.000     .9727603    1.024524
       Need | -.0326104    .054338     -0.60    0.548    -.139111     .0738902
-------------+----------------------------------------------------------------
perfm5 <-    |
   Behavior |  .8553595    .0542043    15.78    0.000     .7491209    .961598
    Outcome |  1.018479    .0150003    67.90    0.000     .9890791    1.047879
  Org_perfm |  1.060003    .0121776    87.05    0.000     1.036136    1.083871
     Attitu |  1.006082    .0156933    64.11    0.000     .9753233    1.03684
       Need | -.0326946    .0544782    -0.60    0.548    -.1394699    .0740807
-------------+----------------------------------------------------------------
perfm6 <-    |
   Behavior |  .8546023    .0541564    15.78    0.000     .7484578    .9607469
    Outcome |  1.017578    .014987     67.90    0.000     .9882036    1.046952
  Org_perfm |  1.059065    .0127744    82.91    0.000     1.034028    1.084102
     Attitu |  1.005191    .0161097    62.40    0.000     .9736166    1.036766
       Need | -.0326656    .05443      -0.60    0.548    -.1393464    .0740151
-------------+----------------------------------------------------------------
Structural   |
Respons <-   |
     Attitu |  1.030638    .0160953    64.03    0.000     .9990924    1.062185
       Need | -.1650694    .060004     -2.75    0.006    -.282675    -.0474638
-------------+----------------------------------------------------------------
Learn <-     |
    Respons |  .4470426    .0583639     7.66    0.000     .3326515    .5614338
     Attitu |  .7466772    .0550837    13.56    0.000     .6387151    .8546393
       Need |  .2044176    .0566114     3.61    0.000     .0934614    .3153738
-------------+----------------------------------------------------------------
Behavior <-  |
    Respons |  .3439079    .0448991     7.66    0.000     .2559073    .4319085
      Learn |  .7692955    .0661903    11.62    0.000     .6395649    .899026
     Attitu |  1.010556    .0152858    66.11    0.000     .9805964    1.040515
       Need |  .0459806    .0537457     0.86    0.392    -.0593589    .1513202
-------------+----------------------------------------------------------------
Outcome <-   |
    Respons |  .2888276    .037708      7.66    0.000     .2149211    .362734
```

```
       Learn |   .646085    .0555892    11.62   0.000    .5371321    .755038
     Behavior |  .8398399    .0532209    15.78   0.000     .735529   .9441509
       Attitu |  .9878274    .0154586    63.90   0.000    .9575291   1.018126
         Need | -.0321014    .0534898    -0.60   0.548   -.1369394   .0727367
-------------+----------------------------------------------------------------
Product <-   |
       Learn |   .646085    .0555892    11.62   0.000    .5371321    .755038
     Behavior |  .8398399    .0532209    15.78   0.000     .735529   .9441509
      Outcome |         1    (constrained)
       Attitu |  .9878274    .0154586    63.90   0.000    .9575291   1.018126
         Need | -.0321014    .0534898    -0.60   0.548   -.1369394   .0727367
-------------+----------------------------------------------------------------
Commit <-    |
       Learn |  .6747299    .0580538    11.62   0.000    .5609465   .7885134
     Behavior |  .8770751    .0555805    15.78   0.000    .7681394   .9860109
      Outcome |  1.044336      .013627    76.64   0.000    1.017628   1.071045
       Attitu |  1.031624    .0169852    60.74   0.000    .9983334   1.064914
         Need | -.0335246    .0558624    -0.60   0.548   -.1430129   .0759637
-------------+----------------------------------------------------------------
Org_perfm <- |
       Learn |  .6207756    .0534116    11.62   0.000    .5160908   .7254604
     Behavior |  .8069404     .051136    15.78   0.000    .7067157   .9071652
      Outcome |  .9608264    .0141512    67.90   0.000    .9330906   .9885623
       Attitu |  .9491307    .0169192    56.10   0.000    .9159696   .9822917
         Need | -.0308438     .051395    -0.60   0.548   -.1315762   .0698886
------------------------------------------------------------------------------
```

3-4-3 研究假設分析

由圖 3-42 顯示出有關本文的分析結果，以下驗證本文假設，如下：

1. **假設 H_{1a}：受訓學員的訓練態度會影響學員的學習滿意程度。**

研究結果支持假設 H_{1a}：如圖 3-42 所示，學員的訓練態度強弱會影響到學員對訓練課程的反應 (標準化參數估計值為 0.98，$p < 0.001$)，亦即學員在訓練前有較高的學習意願者對訓練課程的滿意程度會較高。

2. **假設 H_{1b}：受訓學員的訓練態度會影響學員訓練內容的吸收及改變程度。**

研究結果支持假設 H_{1b}：學員的訓練態度會影響學員訓練內容的吸收及改變

程度 (標準化參數估計值為 0.37，$p < 0.05$)，亦即學員在訓練前有較高的學習意願者認為自己在訓練課程學習效果較佳。

3. **假設 H_{1c}：受訓學員的訓練態度會影響學員訓練後工作表現的改變程度。**

研究結果支持假設 H_{1c}：如圖 3-42 所示，學員的訓練態度會影響學員訓練後工作表現的改變程度 (標準化參數估計值為 0.43，$p < 0.001$)，亦即學員在訓練前有愈高的學習意願者愈會想要將訓練所學應用於實際工作上。

4. **假設 H_{1d}：受訓學員的訓練態度會影響學員結果層次的成效，進而促進生產力、組織承諾和組織績效。**

研究結果拒絕假設 H_{1d}：學員的訓練態度會「直接」影響到學員的學習結果 (標準化參數估計值為 0.14，$p < 0.05$)。

5. **假設 H_{2a}：受訓學員的訓練需求會影響學員的學習滿意程度。**

研究結果支持假設 H_{2a}：學員的訓練需求會影響到學員對訓練課程的反應(標準化參數估計值為 -0.032，$p < 0.05$)，亦即學員在訓練前有較高的學習需求者對訓練課程的滿意程度會較高。

6. **假設 H_{2b}：受訓學員的訓練需求會影響學員訓練內容的吸收及改變程度。**

研究結果支持假設 H_{2b}：學員的訓練需求強弱會影響學員對訓練內容的吸收及改變程度 (標準化參數估計值為 0.074，$p < 0.05$)，亦即學員在訓練前有較高的學習需求者認為自己在訓練課程學習效果較佳。

7. **假設 H_{2c}：受訓學員的訓練需求會影響學員訓練後工作表現的改變程度。**

研究結果支持假設 H_{2c}：學員的訓練需求會影響到學員訓練後工作表現的改變程度 (標準化參數估計值為 -0.02，$p < 0.05$)，亦即學員在訓練前有愈高的學習需求者愈會想要將訓練所學應用於實際工作上。

8. **假設 H_{2d}：受訓學員的訓練需求會影響學員結果層次的成效情形，進而促進生產力、組織承諾和組織績效。**

研究結果拒絕假設 H_{2d}：學員的訓練需求並未直接影響到學員的學習結果 (標準化參數估計值為 -0.014，$p < 0.05$)。

9. **假設 H_{3a}：受訓學員的學習滿意程度會影響學員的訓練內容的吸收及改變程度。**

研究結果支持假設 H_{3a}：學員對於訓練課程的滿意程度會影響學員對訓練內容的吸收及改變程度 (標準化參數估計值為 0.61，$p < 0.001$)，亦即學員對訓練課程愈滿意，愈覺得自己在訓練中之學習有所收穫。

10. **假設 H_{3b}：受訓學員對訓練內容的吸收及改變程度會影響學員訓練後工作表現的改變程度。**

　　研究結果支持假設 H_{3b}：學員的訓練內容的吸收及改變程度會影響學員訓練後工作表現的改變程度 (標準化參數估計值為 0.57，$p < 0.001$)，亦即學員知覺到自己在課程中所學習的知識或技能，會增加其意願將知識技能應用於工作上。

11. **假設 H_{3c}：受訓學員訓練後工作表現的改變程度會影響學員結果層次的成效情形。**

　　研究結果支持假設 H_{3c}：學員的行為遷移改變對生產力、組織承諾及組織績效有益 (標準化參數估計值為 0.86，$p < 0.001$)，亦即學員若能將學到課程的知識或技能遷移，會增加組織的效益。

12. **假設 H_{4a}：受訓學員結果層次的生產力會顯著提升。**

　　研究結果支持假設 H_{4a}：學員結果層次的生產力有顯著提升 (標準化參數估計值為 0.99，$p < 0.001$)。

13. **假設 H_{4b}：受訓學員結果層次的組織承諾會顯著提升。**

　　研究結果支持假設 H_{4b}：學員結果層次的組織承諾有顯著提升 (標準化參數估計值為 0.99，$p < 0.001$)。

14. **假設 H_{4c}：受訓學員結果層次的組織績效會顯著提升。**

　　研究結果支持假設 H_{4c}：學員結果層次的組織績效有顯著提升 (標準化參數估計值為 0.99，$p < 0.001$)。

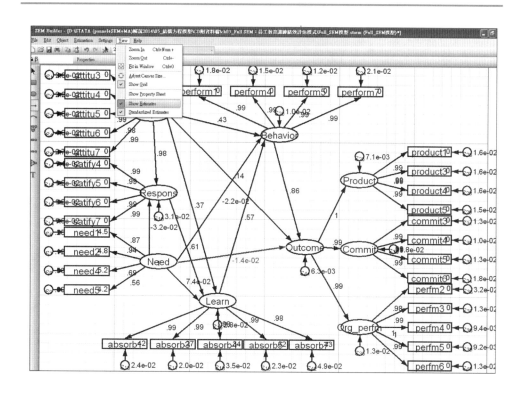

■ 圖 **3-42** 研究模型之 Stata 路徑分析結果 (存在「Full_SEM 模型 .stsem」檔)

```
. use Emploee324.dta

*研究模型之路徑分析
. sem (Attitu -> attitu3 attitu4 attitu5 attitu6 attitu7) (Attitu -> Re-
spons) (Attitu -> Learn) (Attitu -> Behavior) (Attitu -> Outcome) (attitu3
<-_cons@0) (attitu4 <-_cons@0) (attitu5 <-_cons@0) (attitu6 <-_cons@0) (at-
titu7 <-_cons@0) (Need -> need1 need2 need4 need5) (Need -> Respons) (Need
-> Learn) (Need -> Behavior) (Need -> Outcome) (Respons -> satify4 satify5
satify6 satify7) (Respons -> Learn) (satify4 <-_cons@0) (satify5 <-_cons@0)
(satify6 <-_cons@0) (satify7 <-_cons@0) ((Learn, init( 1)) -> absorb1) (Learn
-> absorb3 absorb4 absorb5 absorb7) (Learn -> Behavior) (Behavior -> perform1
perform4 perform5 perform7) (Behavior -> Outcome) (perform1 <-_cons@0) (per-
form4 <-_cons@0) (perform5 <-_cons@0) (perform7 <-_cons@0) (Product -> prod-
uct1 product3 product4 product5) (product1 <-_cons@0) (product3 <-_cons@0)
```

```
(product4 <-_cons@0) (product5 <-_cons@0) (Commit -> commit3 commit4 commit5
commit6) (commit3 <-_cons@0) (commit4 <-_cons@0) (commit5 <-_cons@0) (commit6
<-_cons@0) (Org_perfm -> perfm2) (Org_perfm -> perfm3) (Org_perfm -> perfm4)
(Org_perfm -> perfm5) (Org_perfm -> perfm6) (perfm2 <-_cons@0) (perfm3 <-_
cons@0) (perfm4 <-_cons@0) (perfm5 <-_cons@0) (perfm6 <-_cons@0) (Outcome ->
Product Commit Org_perfm), covstruct(_lexogenous, diagonal) latent(Attitu
Need Respons Learn Behavior Product Commit Org_perfm Outcome ) nocapslatent
```

（報表省略）

* 只印標準化係數
. sem, standardized

```
Structural equation model                           Number of obs    =      324
Estimation method  = ml
Log likelihood       = -14535.437


 ( 1)   [satify4]Respons = 1
 ( 2)   [absorb1]Learn = 1
 ( 3)   [perform1]Behavior = 1
 ( 4)   [product1]Product = 1
 ( 5)   [commit3]Commit = 1
 ( 6)   [perfm2]Org_perfm = 1
 ( 7)   [Product]Outcome = 1
 ( 8)   [attitu3]Attitu = 1
 ( 9)   [need1]Need = 1
 (10)   [cov(Attitu,Need)]_cons = 0
 (11)   [attitu3]_cons = 0
（省略）
 (34)   [perfm4]_cons = 0
 (35)   [perfm5]_cons = 0
 (36)   [perfm6]_cons = 0
-------------------------------------------------------------------------------
              |                 OIM
 Standardized |     Coef.   Std. Err.      z    P>|z|   [95% Conf. Interval]
--------------+----------------------------------------------------------------
Structural    |
  Respons <-  |
       Attitu |  .9840474   .0020176   487.73   0.000    .980093    .9880018
```

Need	−.0320463	.011726	−2.73	0.006	−.0550288	−.0090638
Learn <−						
Respons	.6135104	.0712789	8.61	0.000	.4738064	.7532145
Attitu	.3746747	.0716502	5.23	0.000	.2245428	.5151066
Need	.0741238	.0159511	4.65	0.000	.0428602	.1053874
Behavior <−						
Learn	.5740545	.0532688	10.78	0.000	.4696495	.6784595
Attitu	.426451	.0535637	7.96	0.000	.3214681	.5314338
Need	−.0221232	.009434	−2.35	0.019	−.0406135	−.003633
Outcome <−						
Behavior	.8591174	.0533258	16.11	0.000	.7546008	.963634
Attitu	.1391538	.0536993	2.59	0.010	.0339051	.2444025
Need	−.0143823	.0071121	−2.02	0.043	−.0283217	−.0004429
Product <−						
Outcome	.9964645	.0006943	1435.15	0.000	.9951036	.9978253
Commit <−						
Outcome	.9908038	.0012668	782.14	0.000	.9883209	.9932866
Org_perfm <−						
Outcome	.9933623	.0009543	1040.90	0.000	.9914918	.9952327
Measurement						
attitu3 <−						
Attitu	.9854328	.0017536	561.96	0.000	.9819959	.9888697
_cons	0	(constrained)				
attitu4 <−						
Attitu	.9887144	.0014056	703.39	0.000	.9859594	.9914694
_cons	0	(constrained)				
attitu5 <−						
Attitu	.9907554	.0011906	832.13	0.000	.9884218	.9930889
_cons	0	(constrained)				

```
attitu6 <- |
     Attitu |   .9758744   .0027838   350.55   0.000   .9704181   .9813306
       _cons |          0   (constrained)
------------+----------------------------------------------------------------
attitu7 <- |
     Attitu |   .9862689   .0016657   592.11   0.000   .9830042   .9895336
       _cons |          0   (constrained)
------------+----------------------------------------------------------------
need1 <- |
       Need |   .8681783   .0182534    47.56   0.000   .8324024   .9039542
       _cons |   4.461282   .1832397    24.35   0.000   4.102139   4.820426
------------+----------------------------------------------------------------
need2 <- |
       Need |   .9387902   .0152786    61.44   0.000   .9088447   .9687358
       _cons |   4.821765   .1967214    24.51   0.000   4.436198   5.207332
------------+----------------------------------------------------------------
need4 <- |
       Need |   .6860394   .0325453    21.08   0.000   .6222517    .749827
       _cons |   5.199407   .2111472    24.62   0.000   4.785566   5.613247
------------+----------------------------------------------------------------
need5 <- |
       Need |    .557828   .0410177    13.60   0.000   .4774348   .6382211
       _cons |   4.152072   .1718914    24.16   0.000   3.815171   4.488973
------------+----------------------------------------------------------------
satify4 <- |
     Respons |   .9929747   .0008924  1112.71   0.000   .9912256   .9947238
       _cons |          0   (constrained)
------------+----------------------------------------------------------------
satify5 <- |
     Respons |   .9941798   .0007677  1294.96   0.000   .9926751   .9956846
       _cons |          0   (constrained)
------------+----------------------------------------------------------------
satify6 <- |
     Respons |   .9938962   .0007963  1248.21   0.000   .9923356   .9954569
       _cons |          0   (constrained)
------------+----------------------------------------------------------------
satify7 <- |
     Respons |   .9921017    .000985  1007.17   0.000    .990171   .9940323
       _cons |          0   (constrained)
```

```
----------------+----------------------------------------------------------------
absorb1 <-      |
         Learn  |  .9879168   .0023037    428.85   0.000   .9834017   .9924319
         _cons  |  .4192612   .1006387      4.17   0.000   .2220129   .6165094
----------------+----------------------------------------------------------------
absorb3 <-      |
         Learn  |  .9900525   .0018982    521.58   0.000   .9863321   .9937728
         _cons  |   .273843   .0876201      3.13   0.002   .1021107   .4455753
----------------+----------------------------------------------------------------
absorb4 <-      |
         Learn  |  .9825198   .0033704    291.52   0.000    .975914   .9891256
         _cons  |    .33611   .0998144      3.37   0.001   .1404773   .5317426
----------------+----------------------------------------------------------------
absorb5 <-      |
         Learn  |  .9882049   .0022998    429.70   0.000   .9836974   .9927124
         _cons  |  .3152395   .0938183      3.36   0.001    .131359   .4991201
----------------+----------------------------------------------------------------
absorb7 <-      |
         Learn  |  .9752313   .0050409    193.46   0.000   .9653513   .9851112
         _cons  |  .4315617   .1160633      3.72   0.000   .2040817   .6590417
----------------+----------------------------------------------------------------
perform1 <-     |
      Behavior  |   .991019   .0010862    912.40   0.000   .9888902   .9931479
         _cons  |         0   (constrained)
----------------+----------------------------------------------------------------
perform4 <-     |
      Behavior  |  .9923555   .0009387   1057.21   0.000   .9905158   .9941953
         _cons  |         0   (constrained)
----------------+----------------------------------------------------------------
perform5 <-     |
      Behavior  |  .9939131   .0007783   1277.05   0.000   .9923877   .9954385
         _cons  |         0   (constrained)
----------------+----------------------------------------------------------------
perform7 <-     |
      Behavior  |  .9893078     .00127    779.01   0.000   .9868187   .9917968
         _cons  |         0   (constrained)
----------------+----------------------------------------------------------------
product1 <-     |
       Product  |  .9921165   .0009846   1007.62   0.000   .9901867   .9940463
```

```
     _cons |          0   (constrained)
-----------+------------------------------------------------------------
product3 <- |
   Product |   .9921272   .0009875   1004.65   0.000    .9901917    9940628
     _cons |          0   (constrained)
-----------+------------------------------------------------------------
product4 <- |
   Product |   .9922032   .0009721   1020.65   0.000    .9902978   .9941085
     _cons |          0   (constrained)
-----------+------------------------------------------------------------
product5 <- |
   Product |   .9924308    .000955   1039.24   0.000    .9905591   .9943025
     _cons |          0   (constrained)
-----------+------------------------------------------------------------
commit3 <- |
    Commit |   .9936215   .0008254   1203.81   0.000    .9920037   .9952392
     _cons |          0   (constrained)
-----------+------------------------------------------------------------
commit4 <- |
    Commit |   .9948726   .0007079   1405.46   0.000    .9934852     .99626
     _cons |          0   (constrained)
-----------+------------------------------------------------------------
commit5 <- |
    Commit |   .9933635   .0008588   1156.73   0.000    .9916803    9950466
     _cons |          0   (constrained)
-----------+------------------------------------------------------------
commit6 <- |
    Commit |   .9908359   .0011284    878.09   0.000    .9886243   .9930476
     _cons |          0   (constrained)
-----------+------------------------------------------------------------
perfm2 <- |
  Org_perfm |   .9837549   .0018603    528.81   0.000    .9801087    .987401
     _cons |          0   (constrained)
-----------+------------------------------------------------------------
perfm3 <- |
  Org_perfm |   .9932738   .0008274   1200.45   0.000    .9916521   .9948955
     _cons |          0   (constrained)
-----------+------------------------------------------------------------
perfm4 <- |
```

```
     Org_perfm |   .9952659   .0006174   1611.96   0.000    .9940558    .996476
         _cons |          0   (constrained)
---------------+--------------------------------------------------------------------
perfm5 <-      |
     Org_perfm |   .9953921   .0006049   1645.63   0.000    .9942066    .9965776
         _cons |          0   (constrained)
---------------+--------------------------------------------------------------------
perfm6 <-      |
     Org_perfm |   .9932427   .0008306   1195.83   0.000    .9916148    .9948706
         _cons |          0   (constrained)
---------------+--------------------------------------------------------------------
Variance       |
     e.attitu3 |   .0289222    .003456                        .0228832    .0365548
     e.attitu4 |   .0224438   .0027795                        .0176067    .0286097
     e.attitu5 |   .0184038   .0023592                         .014315    .0236606
     e.attitu6 |   .0476692   .0054333                        .0381257    .0596016
     e.attitu7 |   .0272736   .0032856                        .0215377    .0345372
       e.need1 |   .2462665   .0316944                        .1913622    .3169235
       e.need2 |   .1186729   .0286868                        .0738908    .1905955
       e.need4 |     .52935   .0446547                        .4486808    .6245228
       e.need5 |    .688828   .0457616                        .6047307    .7846203
     e.satify4 |   .0140013   .0017722                        .0109251    .0179436
     e.satify5 |   .0116064   .0015265                         .008969    .0150194
     e.satify6 |   .0121703   .0015828                        .0094319    .0157037
     e.satify7 |   .0157343   .0019545                        .0123245    .0200717
     e.absorb1 |   .0240203   .0045517                        .0165685    .0348237
     e.absorb3 |   .0197961   .0037586                        .0136448    .0287207
     e.absorb4 |   .0346548   .0066229                        .0238281    .0504008
     e.absorb5 |   .0234511   .0045453                        .0160392    .0245881
     e.absorb7 |    .048924    .009832                        .0329959    .0725411
    e.perform1 |   .0178813   .0021528                        .0141227    .0226402
    e.perform4 |   .0152305    .001863                        .0119839    .0193567
    e.perform5 |   .0121368   .0015471                        .0094537    .0155815
    e.perform7 |   .0212702   .0025128                        .0168738    .0268119
    e.product1 |   .0157048   .0019537                        .0123067    .0200412
    e.product3 |   .0156835   .0019595                         .012277    .0200353
    e.product4 |   .0155329   .0019291                        .0121769    .0198137
    e.product5 |   .0150811   .0018955                        .0117883    .0192938
     e.commit3 |   .0127163   .0016403                        .0098757    .0163741
```

```
      e. commit4  |     .0102285     .0014085                    .0078091     .0133974
      e. commit5  |      .013229     .0017061                    .0102742     .0170336
      e. commit6  |     .0182441     .0022361                    .0143481      .023198
       e. perfm2  |     .0322264     .0036602                    .0257949     .0402615
       e. perfm3  |     .0134071     .0016437                    .0105434     .0170488
       e. perfm4  |     .0094458      .001229                    .0073196     .0121896
       e. perfm5  |     .0091946     .0012042                     .007113     .0118853
       e. perfm6  |     .0134689     .0016499                     .010594      .017124
      e. Respons  |     .0306237     .0038756                    .0238965     .0392448
        e. Learn  |     .0282445     .0043127                    .0209392     .0380983
     e. Behavior  |     .0104593     .0016117                    .0077328      .014147
      e. Outcome  |     .0063179     .0012522                    .0042841     .0093172
      e. Product  |     .0070586     .0013837                    .0048067     .0103653
       e. Commit  |     .0183078     .0025103                    .0139935     .0239524
     e. Org_perfm |     .0132314      .001896                    .0099915     .0175218
         Attitu   |           1            .                           .            .
           Need   |           1            .                           .            .
---------------+------------
Covariance     |
     Attitu     |
        Need    |           0   (constrained)
---------------+------------
LR test of model vs. saturated: chi2(572) =    2651.60, Prob > chi2 = 0.0000
```

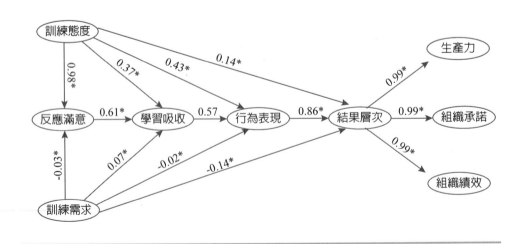

圖 3-43 研究模型之路徑分析結果

3-4-4 檢定力 (power) 分析

Stata 檢定力分析也有二個指令「sampsi、power」，可參閱作者另一本書《Stata 與高等統計分析》精闢介紹。在此，只介紹 R 語言的檢定力 (power) 分析。

在 SEM 的模型適配度評估中分為第一類型誤差 (型一錯誤 α) 檢定及第二類型誤差 (型二錯誤 β) 二種。型一錯誤 α 的檢定係指誤差在於檢定當模型被拒絕，而此模型是正確時，所犯的錯誤機率。型二錯誤 β 係指當模型被接受，但模型是不正確時，所犯的錯誤機率，而該機率就是統計檢定力 (檢定力 = 1 − β)。

一些學者認為評估統計檢定力是一件相當重要的檢定，因為在檢定模型時樣本數扮演著相當重要的角色 (Diamantopoulos & Siguaw; Saris & Satorra, 1993)。樣本大小對適配度指標所計算的檢定值產生很大的影響，特別是那些建基於卡方值的適配度量測，所以一個顯著的卡方值，根本就是樣本的一個主效果。

依據 MacCallum、Browne 及 Suqawara(1996) 等人的研究顯示，SEM 的統計檢定力牽涉到 Cronbach α 值、樣本數、自由度和 RMSEA 值等幾個要素。本文利用 R 語言進行檢定力分析，檢定時須輸入整體模型的自由度為 512、樣本數為 324、RMSEA 為 0.057 等，當中利用 α 值 0.05 和 RMSEA 值 0.08 為標準進行分析，分析結果顯示出 power 值為 1，顯示本文模型沒有犯型二錯誤。

R 語言之 power 分析步驟

R 語言之 pwr package 提供各式各樣 power 檢定功能。

Step 1. 先安裝 R

在 google 入口網，鍵入「R」，即可 download 此軟體。

Step 2. 在連線狀態，選「程式套件 > 安裝程式套件」

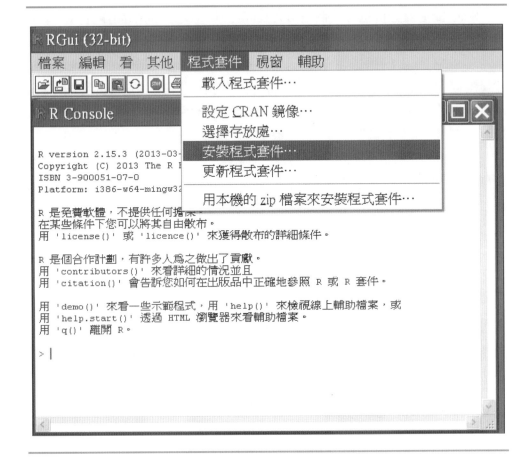

圖 3-44　選「程式套件 > 安裝程式套件」

Step 3. 挑選「檢定力 pwr」package

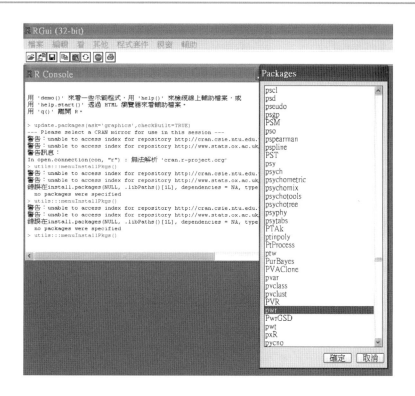

圖 3-45 挑選「檢定力 pwr package」

Step 4. 執行「library(pwr)」，將此外掛 package 正式納入你電腦中

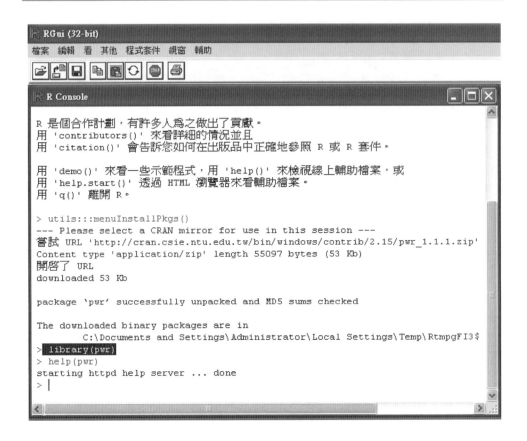

圖 3-46 執行「library(pwr)」

```
> library(pwr)
> help(pwr)
```

　　你若對 pwr 指令格式不熟，R 提供 help 讓你查詢任何指令語法。想查本例子 pwr 語法，你就直接打「help(pwr)」，螢幕會出現下面範例：

```
Examples
## Exercise 8.1 P. 357 from Cohen (1988)
pwr.anova.test(f=0.28,k=4,n=20,sig.level=0.05)

## Exercise 6.1 p. 198 from Cohen (1988)
pwr.2p.test(h=0.3,n=80,sig.level=0.05,alternative="greater")

## Exercise 7.3 p. 251
pwr.chisq.test(w=0.346,df=(2-1)*(3-1),N=140,sig.level=0.01)

## Exercise 6.5 p. 203 from Cohen (1988)
pwr.p.test(h=0.2,n=60,sig.level=0.05,alternative="two.sided")
```

Step 5. 執行 pwr.chisq.test()

以本例 SEM 分析結果，再利用 R 語言進行檢定力分析，檢定時須輸入整體模型的自由度為 512、樣本數為 324、卡方值 =1046.717 等，其中型一錯誤率 α=0.05，分析結果顯示出 power 值為 1，顯示本文模型沒有犯型二錯誤。

R 指令如下：

```
> pwr.chisq.test(w=1046.717,df=512,N=324,sig.level=0.05)
```

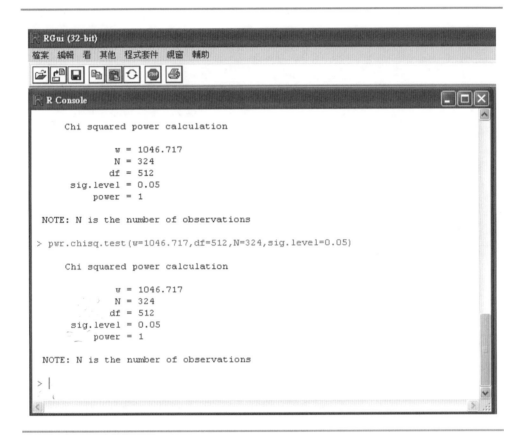

圖 3-47 執行 pwr.chisq.test() (得 power＝1)

接著爲了要確認「樣本數是否足夠」來判斷 power 值，同樣利用 R 語言進行分析，分析時須輸入整體模型的自由度爲 512 及 RMSEA 爲 0.057，當中型一錯誤率 $\alpha = 0.05$，分析結果顯示樣本數爲 64，表示本文模型只要達 64 份樣本就不易發生型二錯誤。本文樣本數爲 324 份，可大大降低犯型二錯誤的機率，結果顯示此模型具有良好的檢定力。

3-4-5 多樣本之交叉效度 (Cross-Validation) 分析：測量 不變性

交叉效度的檢定，旨在證明假設模型具有一定的穩定性，非隨機而生 (Capitalization on chance)。

交叉效度檢定需要兩個不同的獨立樣本，及對檢定樣本所訂下的一些效標

的測量。這種檢定要回答的問題是，如果在 A 樣本中發現某一些測驗題得分組合與效標的相關最大，那麼，在 B 樣本中是否這種關係也同樣會出現嗎？

1. 廣義交叉效度 (Cross validity)，係指測量結果具有跨樣本 - 跨情境的有效性。在 SEM 結構模型中，一個理想模型在不同樣本上重複出現的程度。

2. 凡測量不同情境下的穩定性檢驗，都可視為交叉效度的一種做法。

3. 交叉效度的概念反映了效度一般化 (validity generalization) 的能力，研究者由不同樣本上重複獲得證據，證明量表有效性的一個動態性、累積性的過程。

4. 多群組的 CFA 是最佳交叉效度的分析。故本例旨來示範「交叉效度」的分析。

表 3-25 交叉效度檢定

研究中的模型數目	效度樣本來源	
	相同母體	不同母體
單一模型	模型穩定性	效度延展性
不同模型	模型選擇性	效度概化

　　群組之間的比較，例如「因素負荷量」、「結構 (路徑) 係數」及、「因素共變異數」之間 沒有差異，則表示模型具相當的穩定性 (交叉效度高)。

　　交叉效度又稱為「複核效化」，是指一個模型在許多「不同群樣本」下，而非只是在其所衍生的樣本下，能夠複製的程度。交叉效度的主要目的在檢驗模型的預測效度，當研究者採用模型發展以及模型競爭策略時，更需要檢定交叉效度，因為一個模型在某一樣本下適配得很好，並不表示在其他的樣本下會如此 (MacCallum, Roznowski, Mar, & Reith, 1994)。

　　交叉效度可以從不同的角度來看，一方面牽涉單一模型或模型比較，另一方面則是牽涉相同母群體或不同母群體。這兩個面向就形成四種類型的交叉效度，分別為模型穩定、效度延展、模型選擇及模型概化。模型穩定 (model stability) 主要是評估同一母群體下，一個單一模型在現有樣本下適配得很好，是否在其他樣本之下也可以適配的同樣好，資料的蒐集方式牽涉到兩群樣本。效度延展 (validity extension) 的目的是檢定效度是否能夠擴展到其他的母群體，它的程序和模型穩定是相似的，只不過是樣本來自於不同的母群體。模型選擇 (model selection) 目的是想要從數個競爭模型中選擇一個比較穩定的模型，這個工作是在同一個母群體下完成。模型概化 (model generalization) 目的在於從一堆競爭模型中找出一個模型，其最能夠在不同母群體中複製自己的模型。

進行交叉效度分析時有三種不同的實施策略，第一種為寬鬆策略 (loose relication strategy)，效度樣本僅需維持與測定模型相同的因素結構設定，參數無須進行任何等同設定。第二種為溫和策略 (moderate replication strategy)，指效度樣本的部分參數必須套用測定樣本的參數數據，也就是說效度模型中的部分參數必須設定為樣本間等同，一般慣用的等同參數是因素負荷量；第三種為嚴謹策略 (tight replication strategy)，是指兩個樣本之間具有完全相等的模型設定，同時參數的數值也完全相等。雖然交叉效度分析有三種策略，但嚴謹策略符合條件相當嚴苛，所以實務上大多採用寬鬆及溫和策略兩種，以下將本文的模型穩定性及效度延展性之交叉效度分析說明如下。

3-4-5-1 模型穩定性之交叉效度分析

員工總樣本數為 324 份，利用 Stata 軟體隨機分成兩群，第一群為 Group1 樣本數為 173 份，第二群為 Group2 樣本數為 151 份，分群完成之後，運用 Stata 軟體進行多群組比較。群組之間的比較項目，包括測量係數 (因素負荷量)、結構係數 (潛在變數之間的迴歸值)、結構共變異數 (結構模型中的變異數及共變異數)、結構殘差 (結構模型中殘差的變異數及共變異數)、測量殘差 (測量模型中殘差的變異數及共變異數) 及模型適配度分析。以下就這些分析項目進行寬鬆策略及溫和策略分析其交叉效度，寬鬆策略之交叉效度分析如表 3-26 所示，溫和策略之交叉效度分析如表 3-27 所示。

在下表中，Group1 與 Group2 的因素負荷量及結構係數兩者差距甚小，且兩群的模型適配度，不論是 RMSEA 或是 CFI、GFI、AGFI、RMR、CMIN/DF 等指標值皆很接近，顯示兩群之間的模型差異性甚低，所以顯示本文模型穩定性良好。

表 3-26　模型穩定性使用寬鬆策略之交叉效度分析

Group	CMIN	DF	CMIN/DF	GFI	AGFI	CFI	RMR	RMSEA
Group1	2538.313	1374	1.847	0.712	0.674	0.892	0.098	0.051
Group2	2538.313	1374	1.847	0.712	0.674	0.892	0.098	0.051

表 3-27 為溫和策略的交叉效度分析項目彙整表，要通過溫和策略的檢驗，必須利用 Stata 軟體將分群後的自由度、卡方值、顯著性、CFI 值列出，然後

加以比較。在表 3-27 的第一列為 Unconstrained(預設模型) 之相關資料，溫和策略的檢驗步驟依序為 (一)Measurement weights(因素負荷量) 分析：其 p 值為 0.508，大於 0.05，表示在此模型下兩群的因素負荷量沒有顯著差異；(二) Structural weights(結構係數) 分析：其 p 值為 0.242，大於 0.05，表示在此模型下兩群的結構係數沒有顯著差異；(三)Structural covariances(結構共變異數) 分析：其 p 值為 0.000，小於 0.05，表示在此模型下兩群的結構共變異數有顯著差異。但 p 值顯著時，在統計上可能會受到樣本數大小的影響而造成失真，所以實務上必須要再看模型的 CFI 值加以比較，Structural covariances 的 CFI 值為 0.891，Structural weights 的 CFI 值為 0.892，兩者相減的 △CFI 絕對值為 0.001，未達顯著的水準，所以 Group1 及 Group2 在溫和策略的交叉效度檢驗水準之下，兩者並未有差異性，顯示本文模型具有良好的穩定性。

表 3-27　模型穩定性使用溫和策略之交叉效度分析

Model	DF	CMIN	p	NFI Delta-1	IFI Delta-2	RFI Rho-1	CFI
Unconstrained	1374	2538.313	0.000	0.793	0.893	0.777	0.892
Measurement weights	31	30.189	0.508	0.002	0.003	-0.002	0.892
Structural weights	13	16.129	0.242	0.001	0.001	-0.001	0.892
Structural covariances	3	18.547	0.000	0.002	0.002	0.001	0.891
Structural residuals	7	17.114	0.017	0.001	0.002	0.000	0.890
Measurement residuals	39	59.023	0.021	0.005	0.005	-0.001	0.888

3-4-5-2 效度延展性之交叉效度分析

　　本文另外蒐集主管樣本 205 份「主管 205.dta 資料檔」，進行主管與員工效度延展性之交叉效度分析，因檢定該效度先決條件是兩群樣本的大小要儘量「一樣多」；利用 Stata 軟體將員工樣本數 324 份隨機抽取 80%，約 250 份樣本數，再運用 Stata 軟體與主管樣本進行多群組比較。群組之間的比較項目，包括測量係數 (因素負荷量)、結構係數 (潛在變數之間的迴歸值)、結構共變異數 (結構模型中的變異數及共變異數)、結構殘差 (結構模型中殘差的變異數及共變異數)、測量殘差 (測量模型中殘差的變異數及共變異數) 及模型適配度分析。以下就這些分析項目進行寬鬆策略及溫和策略分析其交叉效度，寬鬆策略之交叉

效度分析如表 3-28 所示，溫和策略之交叉效度分析如表 3-29 所示。

在表 3-28 中，員工卷 (Emploee324.dta 資料檔) 與主管卷 (主管 205.dta 資料檔) 的因素負荷量及結構係數兩者差距甚小，且兩群的模型適配度，不論是 RMSEA 或是 CFI、GFI、AGFI、RMR、CMIN/DF 等指標值皆很接近，顯示兩群之間的模型差異性甚低，所以顯示本文模型具有延展性。

表 3-28　效度延展性使用寬鬆策略之交叉效度分析

Group	CMIN	DF	CMIN/DF	GFI	AGFI	CFI	RMR	RMSEA
員工卷	517.538	230	2.250	0.882	0.843	0.957	0.069	0.053
主管卷	517.538	230	2.250	0.882	0.843	0.957	0.069	0.053

表 3-29 為溫和策略的交叉效度分析項目彙整表，要通過溫和策略的檢驗，必須利用 Stata 軟體將分群後的自由度、卡方值、顯著性、CFI 值列出，然後加以比較。在表 3-29 的第一列為 Unconstrained(預設模型) 之相關資料，溫和策略的檢驗步驟依序為 (一) Measurement weights(因素負荷量) 分析：其 p 值為 0.289，大於 0.05，表示在此模型下兩群的因素負荷量沒有顯著差異。(二) Structural weights(結構係數) 分析：其 p 值為 0.010，小於 0.05，表示在此模型下兩群的結構共變異數有顯著差異。但 p 值顯著時，在統計上可能會受到樣本數大小的影響而造成失真，所以實務上必須要再看模型的 CFI 值加以比較：Structural weights 的 CFI 值為 0.956，Measurement weights 的 CFI 值為 0.957，兩者相減的 △ CFI 絕對值為 0.001，未達顯著的水準，表示在此模型下兩群的結構共變異數沒有顯著差異。(三) Structural covariances(結構共變異數) 分析：其 p 值為 0.231，大於 0.05，表示在此模型下兩群的結構共變異數沒有顯著差異。所以員工及主管在溫和策略的交叉效度檢驗水準之下，兩者並未有差異性，顯示本文模型具有良好的延展性。

表 3-29　效度延展性使用溫和策略之交叉效度分析

Model	DF	CMIN	p	NFI Delta-1	IFI Delta-2	RFI Rho-1	CFI
Unconstrained	230	517.538	0.000	0.926	0.958	0.913	0.957
Measurement weights	13	15.307	0.289	0.002	0.002	-0.002	0.957
Structural weights	3	11.353	0.010	0.002	0.002	0.001	0.956
Structural covariances	1	1.435	0.231	0.000	0.000	0.000	0.956
Structural residuals	4	26.425	0.000	0.004	0.004	0.003	0.952
Measurement residuals	17	43.190	0.000	0.006	0.006	0.001	0.948

附錄：問卷

壹、農會員工之問卷

一、個人基本資料

1. 您的性別：□男　□女
2. 您的年齡：□ 25 歲以下　□ 25～35 歲　□ 35～45 歲　□ 45 歲～55 歲　□ 55 歲以上
3. 教育程度：□國中以下　□高中 (職)　□專科　□大學　□研究所 (含) 以上
4. 婚姻狀況：□已婚　□未婚
5. 工作年資：□ 5 年以下　□ 5～10 年　□ 10～15 年　□ 15～20 年　□ 20 年以上
6. 職等：□試用人員　□ 10～12 等　□ 7～9 等　□ 3～6 等　□ 1～2 等
7. 部門別：□會務　□會計　□推廣　□供銷　□信用　□保險　□輔導　□其他_____

二、訓練的態度

　　接受教育訓練時，您在認知、情感和行為三方面之態度為何？請您在每題適當的□中打一個「√」。(計分方式為非常不同意 1 分，依序至非常同意 7 分)

題　目	計 分 方 式						
	1	2	3	4	5	6	7
1. 我認為參加訓練是來自於*我對工作的熱衷*	□	□	□	□	□	□	□
2. 我認為參加訓練可以*滿足我個人的求知欲*	□	□	□	□	□	□	□
3. 我認為參加訓練是基於*我個人的生涯規劃*	□	□	□	□	□	□	□
4. 我喜歡參加訓練是因為訓練過程讓我覺得很快樂	□	□	□	□	□	□	□
5. 我喜歡參加訓練是因為訓練讓我有成就感	□	□	□	□	□	□	□
6. 我會*主動要求*農會讓我參加訓練課程	□	□	□	□	□	□	□
7. 我會以*積極的態度*參加訓練課程	□	□	□	□	□	□	□

三、訓練的需求

接受教育訓練時，您在組織需求、工作需求和個人需求三方面之需求為何？請您在每題適當的□中打一個「√」。(計分方式非常不同意 1 分，依序至非常同意 7 分)

題　目	計　分　方　式						
	1	2	3	4	5	6	7
1. 參加訓練是為了達成農會的經營目標之需求	□	□	□	□	□	□	□
2. 參加訓練是為了提升農會競爭力之需求	□	□	□	□	□	□	□
3. 參加訓練是為了提升自己*工作能力*之需求	□	□	□	□	□	□	□
4. 參加訓練是為了改善自己的*工作效率*之需求	□	□	□	□	□	□	□
5. 參加訓練是為了因應工作職位變動之需求	□	□	□	□	□	□	□
6. 參加訓練是為了提升個人的工作收入	□	□	□	□	□	□	□
7. 參加訓練是為了實現自己的生涯規劃	□	□	□	□	□	□	□

四、教育訓練滿意程度

在接受教育訓練時，您對行政環境、訓練課程教材和訓練講師的滿意程度為何？ 請您在每題適當的□中打一個「√」。(計分方式非常不滿意 1 分，依序至非常滿意 7 分)

題　目	計 分 方 式						
	1	2	3	4	5	6	7
1. 上課場地環境的安排 (如燈光、空調、桌椅安排方式)	□	□	□	□	□	□	□
2. 上課教學設備 (如電腦、投影機、教學軟體)	□	□	□	□	□	□	□
3. 教學資料和講義的充實程度	□	□	□	□	□	□	□
4. 訓練課程內容的實用性	□	□	□	□	□	□	□
5. 講師上課的教學態度 (如對學員親切的態度)	□	□	□	□	□	□	□
6. 講師上課的口語表達能力 (如說話清晰、生動活潑)	□	□	□	□	□	□	□
7. 講師上課的教學技巧 (如講述和發問的技巧)	□	□	□	□	□	□	□

五、訓練內容的吸收及改變程度

在您接受教育訓練後，對於知識、技能的吸收和態度改變的程度為何？請您在每題適當的□中打一個「√」。(計分方式非常不同意 1 分，依序至非常同意 7 分)

題 目	計 分 方 式						
	1	2	3	4	5	6	7
1. 訓練後能提升自己的**專業基礎知識**	□	□	□	□	□	□	□
2. 訓練後能提升自己的**專業應用知識**	□	□	□	□	□	□	□
3. 訓練後能提升自己的**專業技術能力**	□	□	□	□	□	□	□
4. 訓練後能提升自己的**管理專業能力**	□	□	□	□	□	□	□
5. 訓練後能提升自己的**問題解決能力**	□	□	□	□	□	□	□
6. 訓練後能提高自己對業務處理的信心	□	□	□	□	□	□	□
7. 訓練後與他人之間的團隊合作愈來愈好	□	□	□	□	□	□	□

六、訓練後工作表現的改變程度

接受教育訓練後，您的知識、技能和態度在工作崗位上的表現為何？ 請您就個人之認知在每題適當的□中打一個「√」。(計分方式非常不同意 1 分，依序至非常同意 7 分)

題 目	計 分 方 式						
	1	2	3	4	5	6	7
1. 訓練後在工作上能充分運用所學的**專業基礎知識**	□	□	□	□	□	□	□
2. 訓練後在工作上能充分運用所學的**專業應用知識**	□	□	□	□	□	□	□
3. 訓練後能將自己的**專業技術能力**運用在工作上	□	□	□	□	□	□	□
4. 訓練後能將自己的**管理專業能力**運用在工作上	□	□	□	□	□	□	□
5. 訓練後能將自己的**問題解決能力**運用在工作上	□	□	□	□	□	□	□
6. 訓練後在工作時對業務處理的信心日漸提升	□	□	□	□	□	□	□
7. 訓練後在工作時與他人之間的團隊合作愈來愈好	□	□	□	□	□	□	□

七、員工生產力

接受教育訓練後，您在工作效能、工作效率和工作品質等三方面，<u>工作產出與工作投入的比例之表現</u>為何？ 請您就個人之認知在每題適當的□中打一個「√」。(計分方式非常不同意 1 分，依序至非常同意 7 分)

題　目	計 分 方 式						
	1	2	3	4	5	6	7
1. 訓練後我的**目標達成率**明顯提高	□	□	□	□	□	□	□
2. 訓練後我的**工作能力**明顯提高	□	□	□	□	□	□	□
3. 訓練後我的**工作失誤率**明顯下降	□	□	□	□	□	□	□
4. 訓練後我都能如期達成工作目標	□	□	□	□	□	□	□
5. 訓練後我能以更少的時間完成工作	□	□	□	□	□	□	□
6. 訓練後我的工作品質能獲得**同事**的肯定	□	□	□	□	□	□	□
7. 訓練後我的工作品質能獲得**主管**的肯定	□	□	□	□	□	□	□

八、組織承諾

接受教育訓練後，<u>員工對雇主之忠誠度，包括情感的依附與認同、持續性的承諾和規範性的依附感等三方面，您的表現</u>為何？請您就個人之認知在每題適當的□中打一個「√」。(計分方式非常不同意 1 分，依序至非常同意 7 分)

題　目	計 分 方 式						
	1	2	3	4	5	6	7
1. 訓練後我以能進入農會工作而感到光榮	□	□	□	□	□	□	□
2. 訓練後我對於農會有更深的感情	□	□	□	□	□	□	□
3. 訓練後我為農會付出更多心力，所以不會考慮換工作	□	□	□	□	□	□	□
4. 訓練後離開農會會中斷我的生涯規劃，所以不會考慮離職	□	□	□	□	□	□	□
5. 訓練後我離開農會會造成很大的犧牲，所以不會考慮離職	□	□	□	□	□	□	□
6. 訓練後在工作上我答應同事的事項會盡力做好	□	□	□	□	□	□	□
7. 訓練後我對農會有義務與責任，所以不會考慮離職	□	□	□	□	□	□	□

九、組織績效

　　員工接受訓練後，對於公司整體的經營目標之達成率，包括**財務、顧客、內部流程和學習成長等四個構面，貴會的表現為何**？請您就個人之認知在每題適當的□中打一個「√」。(計分方式非常不同意 1 分，依序至非常同意 7 分)

題　目	計　分　方　式						
	1	2	3	4	5	6	7
1. 員工接受訓練後，農會年度***總收入***增加	□	□	□	□	□	□	□
2. 員工接受訓練後，農會年度***獲利能力***增加	□	□	□	□	□	□	□
3. 員工接受訓練後，農會的***顧客滿意度***提高	□	□	□	□	□	□	□
4. 員工接受訓練後，農會員工對顧客的回應速度變快	□	□	□	□	□	□	□
5. 員工接受訓練後，農會內部員工***工作滿意度***提升	□	□	□	□	□	□	□
6. 員工接受訓練後，農會各部門***工作流程***更加精簡	□	□	□	□	□	□	□
7. 員工接受訓練後，對教育訓練參與意願逐年提升	□	□	□	□	□	□	□

本問卷到此結束。

請您檢查是否有遺漏之處，最後謝謝您能在百忙之中抽空填寫此問卷！

貳、農會主管之問卷

一、個人基本資料

1. 您的性別：□男　□女
2. 您的年齡：□ 25 歲以下　□ 25 ～ 35 歲　□ 35 ～ 45 歲　□ 45 歲～ 55 歲　□ 55 歲以上
3. 教育程度：□國中以下　□高中 (職)　□專科　□大學　□研究所 (含) 以上
4. 婚姻狀況：□已婚　□未婚
5. 工作年資：□ 5 年以下　□ 5 ～ 10 年　□ 10 ～ 15 年　□ 15 ～ 20 年　□ 20 年以上
6. 職等：□ 7 ～ 9 等　□ 3 ～ 6 等　□ 1 ～ 2 等
7. 部門別：□會務　□會計　□推廣　□供銷　□信用　□保險　□輔導　□其他_____

二、訓練後工作表現的改變程度

　　貴會員工在接受教育訓練後，您認為員工的知識、技能和態度等三項在工作崗位上的表現為何？ 請您就員工在工作崗位上的實際表現，在每題適當的□中打一個「√」。(計分方式非常不同意 1 分，依序至非常同意 7 分)

題　目	計　分　方　式						
	1	2	3	4	5	6	7
1.訓練後員工在工作上能充分運用所學的**專業基礎知識**	□	□	□	□	□	□	□
2.訓練後員工在工作上能充分運用所學的**專業應用知識**	□	□	□	□	□	□	□
3.員工在訓練後能將自己的**專業技術能力**運用在工作上	□	□	□	□	□	□	□
4.員工在訓練後能將自己的**管理專業能力**運用在工作上	□	□	□	□	□	□	□
5.員工在訓練後能將自己的*問題解決能力*運用在工作上	□	□	□	□	□	□	□
6.訓練後員工在工作時對業務處理的信心日漸提升	□	□	□	□	□	□	□
7.訓練後員工在工作時與他人之間的團隊合作愈來愈好	□	□	□	□	□	□	□

三、員工生產力

貴會員工在接受教育訓練後，您認為員工在工作效能、工作效率和工作品質等三方面，工作產出與工作投入的比例之表現為何？請您就員工在工作崗位上的實際表現，在每題適當的□中打一個「√」。(計分方式非常不同意 1 分，依序至非常同意 7 分)

題　目	計　分　方　式						
	1	2	3	4	5	6	7
1. 訓練後員工*目標達成率*明顯提高	□	□	□	□	□	□	□
2. 訓練後員工*工作能力*明顯提高	□	□	□	□	□	□	□
3. 訓練後員工*工作失誤率*明顯下降	□	□	□	□	□	□	□
4. 訓練後員工都能如期達成工作目標	□	□	□	□	□	□	□
5. 訓練後員工能以更少的時間完成工作	□	□	□	□	□	□	□
6. 訓練後員工工作品質能獲得*同事*的肯定	□	□	□	□	□	□	□
7. 訓練後員工工作品質能獲得*主管*的肯定	□	□	□	□	□	□	□

四、組織承諾

貴會員工在接受教育訓練後，您認為員工對雇主之忠誠度，包括情感的依附與認同、持續性的承諾和規範性的依附感等三方面的表現為何？ 請您就員工在工作崗位上的實際表現，在每題適當的□中打一個「√」。(計分方式非常不同意 1 分，依序至非常同意 7 分)

題　目	計　分　方　式						
	1	2	3	4	5	6	7
1. 訓練後員工會因能進入農會工作而感到光榮	□	□	□	□	□	□	□
2. 訓練後員工會加深對農會的情感	□	□	□	□	□	□	□
3. 訓練後員工因付出心力增加，所以不會考慮換工作	□	□	□	□	□	□	□
4. 訓練後員工離職會中斷員工的生涯規劃，所以不會考慮離職	□	□	□	□	□	□	□
5. 訓練後員工離職會造成很大的犧牲，所以不會考慮離職	□	□	□	□	□	□	□
6. 訓練後員工工作上答應同事的事項會盡力做好	□	□	□	□	□	□	□
7. 訓練後員工對農會有義務與責任，所以不會考慮離職	□	□	□	□	□	□	□

五、組織績效

　　貴會員工在接受教育訓練後，您認為**農會整體的經營目標之達成率，包括財務、顧客、內部流程和學習成長等四個構面的表現**為何？請您就**貴會的實際經營表現**，在每題適當的□中打一個「√」。(計分方式非常不同意 1 分，依序至非常同意 7 分)

題　目	計　分　方　式						
	1	2	3	4	5	6	7
1. 員工接受教育訓練後，農會年度***總收入***增加。	□	□	□	□	□	□	□
2. 員工接受教育訓練後，農會年度***獲利能力***增加。	□	□	□	□	□	□	□
3. 員工接受教育訓練後，農會的***顧客滿意度***提高。	□	□	□	□	□	□	□
4. 員工接受教育訓練後，農會員工對顧客的回應速度變快。	□	□	□	□	□	□	□
5. 員工接受教育訓練後，農會內部員工***工作滿意度***提升。	□	□	□	□	□	□	□
6. 員工接受教育訓練後，農會各部門***工作流程***更加精簡。	□	□	□	□	□	□	□
7. 員工接受教育訓練後，對教育訓練參與意願逐年提升。	□	□	□	□	□	□	□

04

SEM 實例分析、Builder 介面操作

　　SEM 結合了因素分析 (factor analysis) 與路徑分析 (path analysis)，因而包涵測量與結構模型。

1. 測量模式旨在建立測量指標與潛在變數間之關係，主要透過驗證性因素分析以考驗測量模式的效度。

2. 結構模式旨在考驗潛在變數間之因果路徑關係，主要針對潛在變數進行路徑分析，以考驗結構模式的適配性。

一、模型界定、Builder 圖形介面

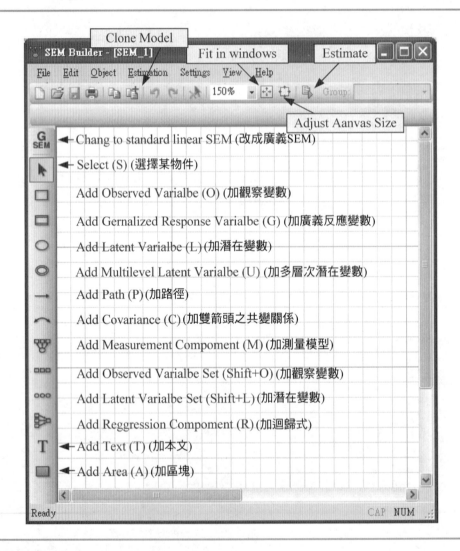

圖 4-1　Builder 介面之工具

二、SEM Builder 圖形介面之符號意義

SEM 模型裡變數，包括：(1) 測量模型之觀察變數 measured (observed, manifest) variables (indicators)。(2) 因素變數 (latent variables)。所謂因素 (factors) 變數，它是觀察變數之加權線性組合「weighted linear combinations that we have created/invented」。

變數與符號	意　義	關係類型
⬭ 線性或廣義的潛在變數	潛在變數 / 因素變數 (Latent or factors)	可以是 ξ 或 η。 「第 1 個英文字為大寫」來命名潛在變數
▭ 線性的外顯變數	外顯變數 / 觀察變數 (Observed or manifest)	1.可以是 x 或 y，它必需符合 ~ $N(0, \sigma^2)$。 2.Stata 通常以「第 1 個英文字為小寫」來命名外顯變數。
$X \longleftrightarrow Y$ covariance	相關	X 與 Y 為共變關係
$X \longrightarrow Y$ path	單向因果關係	X 對 Y 的直接效果 例如 .sem (x1 x2 x3 x4 <-X)。或 gsem (L1 -> x1 x2 x3 x4 x5) (L2 -> x6 x7 x8 x9 x10, logit) 1.sem 指令係採最小平方方法 (OLS) 迴歸。 2.gsem 指令共適合於 8 種類型迴歸 (logit, probit 等)。
$X \longrightarrow Y_1 \longrightarrow Y_2$ causal chain	單向因果鍵 (chain)	X 對 Y_1 為直接效果，X 對 Y_2 為間接效果，Y_1 稱為中介變數。
$X \rightleftarrows Y$ nonrecursive	回溯因果關係 Reciprocal effects	X 與 Y 互為直接效果，X 與 Y 具有回饋循環效果。
$Y_1 \rightarrow Y_2 \rightarrow Y_3 \rightarrow Y_1$ circle	循環因果關係	「Y_1 對 Y_2」、「Y_2 對 Y_3」、「Y_3 對 Y_1」均為直接效果，「Y_1、Y_2、Y_3」為間接回饋循環效果。
⌢	相關或共變數	
外生變數 → 內生變數	外生變數 (Exogenous)	"of external origin", Outside the model
外生變數 → 內生變數	內生變數 (Endogenous)	"of internal origin", Inside the model

變數與符號	意　義	關係類型
Gaussian identity 廣義的反應變數	1.不再限制它 ~ $N(0, \sigma^2)$。 2.廣義反應變數 (Gernalized Response Varialbe)，共 8 種分配 (伯努力 , 負二項 ,gamma, 卜瓦松等分配)。 3. 五種連結 (logit,probit,…) 之迴歸讓你挑。	
（橢圓形） Multilevel 潛在變數	多層次潛在變數 (Multilevel Latent Varialbe)。例如，個體層 vs. 組織層。同一地區不同行業的工人生活品質。	

路徑分析圖形符號：

1. 方形或矩形使用於表示可以直接觀察測量的項目，一般可以歸屬於單一問卷題目，可以稱為外顯變數 (observed variables)、觀測項目或指標 (indicators)。假設觀察變數屬於自變數 (原因) 性質時，此觀察變數又稱為外生觀察變數 (exogenous observed variables) 或獨立觀察變數 (independent observed variables)，一般使用 X 變數標示之；若觀察變數屬於依變數 (結果) 性質者，此觀察變數又稱為內生觀察變數 (endogenous observed variables) 或依變數 (dependent observed variables)，使用 Y 變數標示之。

2. 圓形或橢圓形使用於敘述理論變數，一般情況下無法直接測量，又稱為潛在變數 (latent variables)、無法測量變數 (unmeasured variables)、構念 (constructs)、因素 (factor) 變數。最好由兩個觀測變數構成。潛在變數若被假設為因者，稱為潛在自變數 (latent independent variable) 或外生潛在變數 (exogenous latent variables)，通常使用 ξ(Xi) 符號表示；若假設為果者，稱為潛在依變數 (latent dependent variables) 或內生潛在變數 (endogenous latent variable)，通常使用 η(eta) 符號表示。

3. 兩個方形或兩個圓形圖案之間的單向箭頭，代表從一個因變數 (causal variable) 到果變數 (effect variables) 的方向性關係。

4. 兩個方形或兩個圓形圖案之間的雙向箭頭，代表兩個變數之間具有非因果性的關係存在。

5. 觀察變數 (observed, measured, indicator or manifest variables)：(在資料檔中的變數)
   人們可以直接觀察，並進行測量的變量，如 IQ、體重、價格、收入等。

6. 潛在變數 (latent, unobserved variables, factor or construct)：(資料檔看不到)
   不可以直接進行觀測，但可以藉由觀察變數反應的變量，如顧客滿意度、忠

誠度等。

7. 潛在變數會受到觀察變數的影響，潛在變數之間也會相互影響，這些影響關係又分為「因果關係」及「相關關係」。

8. 外生變數 (exogenous)：(自變數)
用來預測變數的變數，本身不具有測量誤差的變量 (unique, error variables)，有潛在及觀察變數兩種。

9. 內生變數 (endogenous)：(依變數)
被自變數預測的變數，本身具有測量誤差的變量，即使該變數也有去預測別的變數，有潛在及觀察變數兩種。

三、以理論為基礎之 SEM 模型

SEM 是一個結構方程式的體系，其方程式中包含有隨機變數 (random variables)、結構參數 (structural parameters)、以及有時亦包含非隨機變數 (nonrandom variables)。隨機變數包含三種類型：外顯變數 (observed variables)、潛在變數 (latent variables) 以及干擾 / 誤差變數 (disturbance/error variables)。

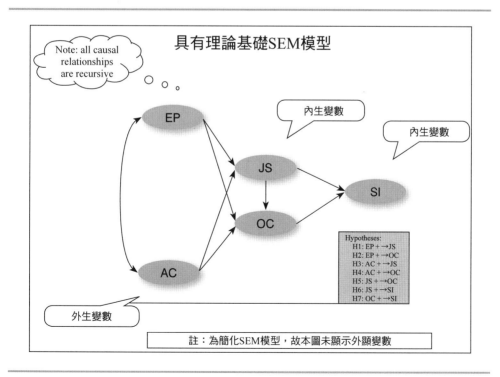

圖 4-2 以理論為基礎之 SEM 模型

四、SEM 分析要思考問題 (questions)

1. 是否有模型中的任何間接或中介作用？(Are there any indirect or mediating effects in the model?)

   答：你可參考第 4 章範例：indirect effects。

2. 次群組之間是否有差異？(Are there group differences?)

   答：你可參考第 4 章範例：Multigroup models(交叉效度、測量不變性。)

3. 在時間追蹤方面，是否會改變變異數 (or 平均數)？(Can change in the variance (or mean) be tracked over time?)

   答：可改為潛在成長模型嗎 (Growth Curve or Latent Growth Curve Analysis)？

4. 樣本與你認定 SEM 之間的適配度：

   模型是否可產生母群體共變數矩陣，來「適配」的樣本數據呢？(Does the model produce an estimated population covariance matrix that "fits" the sample data?)

   答：SEM 可計算出許多適配指數、緊密指數，絕對指數等 (SEM calculates many indices of fit; close fit, absolute fit, etc.)。

5. 哪種模式最適合你樣本的數據？(Which model best fits the data?)

   答：你認定的 2 個以上 SEM 當中，何者適配度才是最佳？

6. 什麼是變異數由因素來解釋變量的百分比？(What is the percent of variance in the variables explained by the factors?)

   答：你可參考第 3、4 章範例。

7. 什麼是指標的可靠性？(What is the reliability of the indicators?)

   答：你可參考第 3、4 章範例之項目個別信度、組成效度及變異抽取量。

8. 什麼是從模型參數估計？(What are the parameter estimates from the model?)

   答：你可參考第 3、4、5 章範例。

9. 該模型可從個人層或群組層級成分來進行估算嗎？(Can a model be estimated with individual and group level components?)

   答：你可參考第 5 章範例：Multilevel Models。

10. 潛在類別變數可被估計嗎？(Can latent categorical variables be estimated?)

    答：你可參考第 5 章範例：Mixture models。

11. 從連續變數或離散變數，可估計潛在群組的成員嗎？(Can a latent group membership be estimated from continuous and discrete variables?)

    答：你可參考第 5 章範例：多類別 (multinomial) 反應變數的 logit 迴歸 (Latent

Class Analysis)。

12. 我們可以預測在人們將退出研究或終止的處理率嗎？(Can we predict the rate at which people will drop out of a study or end treatment?)

   答：gsem 就可處理離散時間型之生存混合分析 (Discrete-time survival mixture analysis)。

13. 可以將這些技術結合成一個大的繆論？(Can these techniques be combined into a huge mess?)

   答：gsem 可處理多群組多層級之潛成長曲線 (Multiple group multilevel growth curve latent class analysis)。

五、sem 指令之事後檢定

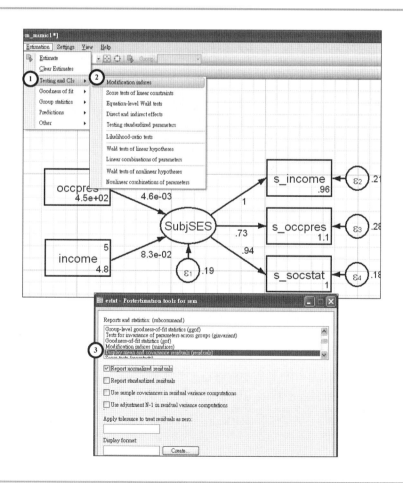

圖 4-3 sem 或 gsem 事後檢定之畫面

sem 指令之事後檢定：

事後指令	說　明
sem, coeflegend	印出 _b[]。
sem, standardized	印出標準化參數值
estat framework	顯示建模框架之效果 [display results in modeling framework (matrix 形式)]
estat gof, stats(all)	整體 (overall) 適配度 (goodness of fit)
estat ggof	分群組 (group-level) 適配度 goodness of fit)
estat eqgof	迴歸方程式 (equation-level) 適配度 (goodness of fit)
estat residuals	殘差之矩陣 (matrices of residuals)
estat ic	Akaike's and Schwarz's Bayesian 資訊準則 (AIC and BIC)
estat mindices	修正指標 (modification indices) (score tests)
estat scoretests	分數檢定 (score tests)
estat ginvariant	檢定跨群組之參數不變性 (test of invariance of parameters across groups)
estat eqtest	方程式層級之 Wald 檢定 (equation-level Wald tests)
lrtest	概似比檢定 (likelihood-ratio tests)
test	Wald 檢定
lincom	參數的線性組合 (linear combination of parameters)
nlcom	參數的非線性組合 (nonlinear combination of parameters)
testnl	非線性假設的 Wald 檢定 (Wald tests of nonlinear hypotheses)
estat stdize:	標準化參數之檢定 (test standardized parameters)
estat teffects	印出直接、間接及總效果 (decomposition of effects)
estat stable	評量非遞迴系統的穩定性 (assess stability of nonrecursive systems)
estat summarize	樣本估計之統計量 (summary statistics for the estimation sample)
estat vce	估計值之變異數 - 共變數矩陣 [variance-covariance matrix of the estimators (VCE)]
predict	因素值、預測值等 (factor scores, predicted values, etc.)
margins	邊際平均值、預測利潤和邊際效應 (marginal means, predictive margins, and marginal effects)
estimates	類別之估計結果 (cataloging estimation results)

4-1 SEM 之適配度、遺漏值

適配度統計分析常用的指標理想建議值，是根據以下學者的建議：Hayduk(1987) 認為 χ^2/df 小於 3，可視為良好之適配，其他學者認為其值小於 5 即可接受 (Bollen 1989; Hair et al.1998)。Gefen et al. (2000) 及 Hair et al. (1998) 的建議，若 GFI, NFI, IFI, CFI 指標大於 0.90，AGFI 指標大於 0.8，被認為提供可接受的模型適合度。此外，Hu & Benteler 主張 CFI 和 RMSEA 兩個指標都須報告在論文中，當研究者想去估計統計檢定力時 RMSEA 指標特別適合，Bagozzi&Yi (1988) 提出 RMSEA 指標的理想值小於 0.05 是可接受的，其他學者如 Browne & Cudek(1993) 和 Jarvenpaa et al.(2000) 皆指出 RMSEA 之理想值小於 0.08 即可接受。

測量模型的適配度 (Goodness-of-Fit) 指標值及理想數值，可整理成下表：

適配度指標	理想數值	建議的學者
χ^2	--	--
df	--	--
χ^2/df	< 3	Hayduk(1987)
GFI	> 0.9	Scott(1994)
AGFI	> 0.8	Scott(1994)
SRMR	< 0.1	Hu and Bentler(1999)
CFI	> 0.9	Bagozzi&Yi(1988)
RMSEA	< 0.08	Jarvenpaa et al.(2000)
NFI	> 0.9	Bentler & Bonett(1980)
NNFI	> 0.9	Bentler & Bonett(1980)
IFI	> 0.9	Bentler & Bonett(1980)

4-1-1 SEM 分析步驟

進行 SEM 分析的步驟：

Step 1. 開發一個具有理論基礎的模型 (Develop a theoretically based model)。

Step 2. 用 Builder 介面建構 SEM 圖 (Construct the SEM diagram)。

Step 3. 或直接用 sem/gsem 指令，來將 SEM 圖轉換成一組結構方程式 (Convert the SEM diagram into a set of structural equations)。

Step 4. 先用 clean 指令清空資料檔，並決定輸入資料格式 (是 raw data,covariance 矩陣)。

Step 5. 決定估計法 (estimation method)。若 raw data 沒有遺漏值，系統內定概似法 (ml)；若有遺漏值，則你要改 mlmv 法 (ml with missing values)；Adf 法 (asymptotic distribution free) 則不受漸近分布的限制。其中，Maximum Likelihood 估計法是：

(1) 假定觀察變數是多變量常態性 (multivariate normality)。

(2) 通常用在較大的樣本數。

(3) 參數估計是一致的、漸近無偏誤(asymptotically unbiased)、且有效率。

(4) 估計值是常態分布的，這使得用於檢定的參數具統計顯著性。

(5) 概似估計法 (ML) 是 scale-free，不受量表尺度 (1~5 分 , 或 -2~+2 分) 的限制。

Step 6. 先估計你的模型，再執行「estat gof」指令求出 goodness-of-fit。

Step 7. 修改你的原始模型。先用「estat mindices」找出 Standard EPC 或 MI 值最大值，再：(1) 加 path 於「誤差之間 covariance」、或 (2) 在某潛在變數之眾多指標裡，找出刪除某指標，會使測量模型 (CFA) 的卡方值降最大者。

修改 SEM 模型的原則：

1.可增加模型適配度 (Increase the overall fit of the model)

(1) 限制某參數值為零 (Constrain some parameters to be 0)。

(2) 設定某參數之間是相等的(Set equal constrains for some parameters)。

(3) 在某變數之間新加路徑 (Add new paths among variables)。

2.預期的結果 (Expected outcome)

(1) 測量模型，若刪除某指標，可使整體適配度之卡方值降幅最大，則優先刪之。

(2) 路徑圖之迴歸係數，都需達到 0.05 顯著性 ($p < 0.05$)。sem 迴歸係數採 t 檢定來考驗顯著性；gsem 則採 z 檢定來考驗顯著性。

Step 8. 比較新舊二模型，再決定是否需要額外的修改。

比較新舊二模型良窳的方法：

1.Nested models，則採 Likelihood ratio 檢定。

2.Nonnested model，可採 Akaike(AIC) 或 Bayesian(BIC) 準則。

4-1-2　SEM 之適配度

評量一個模型之整體適配度，其目的乃在於瞭解整體而言模型和所蒐集的資料間一致之程度 (Diamantopoulos & Siguaw，2000)。整體適配度可說是模型的外在品質。過去評量模型的整體適配標準都以 χ^2 值的顯著與否為標準。然而，χ^2 值常常隨著樣本人數而波動，一旦樣本人數很大，幾乎所有的模型都可能被拒絕。當樣本人數超過 200 人時，χ^2 值就很容易顯著。

一、整體適配度指標

1. 殘差均方和平方根 (Root Mean Square Residual, RMR)：小於 0.05，表示殘差較小，具有良好的適配程度。

2. 均方根近似誤 (Root Mean Square error of approximation, RMSEA)：小於 0.05，表示良好的適配程度；0.05~0.08，表示合理的適配程度；0.08~0.10，表示普通的適配程度；大於 0.10，表示不良的適配程度。

3. 適配度指數 (goodness of fit index, GFI)：大於 0.90 以上，表示具有良好的適配程度。

二、比較適配度指標

1. 規範適配度指數 (Normed fit index, NFI)：大於 0.90 以上，表示具有比較良好的適配程度。

2. 非規範適配度指數 (Non-normed fit index, NNFI)：大於 0.90 以上，表示具有比較良好的適配程度。

3. 比較適配度指數 (Comparative fit index, CFI)：大於 0.90 以上，表示具有比較良好的適配程度。

4. 增值適配指數 (Incremental fit index, IFI)：大於 0.90 以上，表示具有比較良好的適配程度。

5. 相對適配指數 (relative fit index, RFI)：大於 0.90 以上，表示具有比較良好的適配程度。

三、精簡適配度指標

1. 卡方自由度比 (Normed chi-square, NC)：1 < NC < 3，表示有精簡適配程度。

2. 簡約調整後之規準適配指標 (Parsimony-adjusted NFI, PNFI)：大於 0.50 以上，表示有精簡適配程度。

3. 簡約適配度指數 (Parsimony goodness of fit index, PGFI)：大於 0.50 以上，表示有精簡適配程度。

4. 穩定的 Akaike 訊息指標 (Consistent AIC, CAIC)：理論模型的 CAIC 值小於獨立模型的 CAIC 值，且小於飽和模型的 CAIC 值，表示有精簡適配程度。

5. 適當的樣本數 (Critical N, CN)：模型要獲得一個可被接受的適配程度，所需要最低的樣本大小。

四、基本適配度指標

基本適配度指標是指本模型是否違犯估計，換言之，結構模型或測量模型中統計所輸出的估計係數不可超出可接受的範圍。換言之，值超出範圍則模型獲得的解是不適當。如果在統計輸出的結果中發現違犯估計的現象，那麼，所獲得的統計估計係數是有問題的。

通常人們會採取三種標準來評估模型是否有違犯估計的情形。

1. 是否有負的誤差變異數存在。

2. 標準化係數 (因素負荷量) 是否超過或太接近 1。

3. 是否有太大的標準誤。

五、內在適配度指標

1. 以 R^2 為考量，其值須為正的實數，且達顯著水準。

2. 所有估計的參數均達顯著水準。

4-1-3　Linear SEM ╱廣義 gsem 事後檢定之指令

當使用 sem/gsem 指令適配模型之後，你尚可求「樣本外」預測值及任何事後檢定。sem/gsem 提供多種事後檢定，大部分指令是雷同。但有少數事後檢定指令是僅為 sem/gsem 量身訂做，不可混用。

有些 sem 事後檢定，係假定「觀察變數是聯合常態分布 (joint normality)」；有些事後檢定則不受此限制。不論是否受限於「觀察變數是聯合常態分布 (joint normality)」，若你懷疑樣本資料可能是非常態，則可選擇：(1) 你界定 SEM 儘量避免需要聯合常態分布 (joint normality) 這類檢定；(2) 在分析 sem 之前，就做「ln(x)」變數變換。由於 sem 旨在驗證因果關係，若不注意常態性假定，則可

造成不可預測的因果，除非你改用 gsem 亦可克服。故你若懷疑樣本資料不是常態，建議你改用 gsem 指令，它係專用處理 8 種較有名分配 (連續分配 vs. 離散分配)。

以下章節將依序介紹 sem/gsem 搭配指令：

1. 印出該模型的參數 (sem 及 gsem 都可)。

2. 印勝出比 (odds ratios)、發病率比 (incidence-rate ratios) 等 (gsem only)。

3. 求出適配度值 (goodness-of-fit statistics) (sem 及 gsem 都可)。

4. 省略路徑和放鬆限制之檢定 [tests for including omitted paths and relaxing constraints (sem only)]。

5. 模型簡化之檢定 [tests of model simplification (sem 及 gsem 都可)。

6. 印出其他結果、統計值及檢定 [other results, statistics, and tests (sem 及 gsem 都可)]。

7. 求出預測值 (sem)。

8. 求出預測值 (gsem)。

9. 使用 contrast, pwcompare, and margins 副指令 (sem 及 gsem 都可)。

一、重印該模型的參數 (sem 及 gsem 都可)

執行任一種界定 sem 指令之後，你可再不附加 arguments 於「sem / gsem」指令身上，重印出 estimation output：

```
* 重印出 estimation output
. sem
* 若要改印 Bentler - Weeks 公式，指令如下
. estat framework
(output omitted )
```

許多 sem/gsem 指令之事後檢定，你要清楚指出「那一個路徑」係數要印出。例如：

```
. sem ... (Y<-x1) ..., ... cov(e.Y1*e.Y2)
```

1.「Y <- x1」path 對應的係數為： _b[Y1:x1]。

2「e.Y1 and e.Y2」對應的係數為： _b[cov(e.Y1,e.Y2): cons]。

3. 你若覺得上述寫法很難記，則可改成下列指令來印出全部參數：

```
. sem, coeflegend
或
. gsem, coeflegend
```

二、印 odds ratios, incidence-rate ratios 等 (gsem only)

有些 generalized linear response functions，其 exponentiated coefficients 帶有
特殊意義，對醫學特別重要，例如：

指　令	Family	Link	exp(coef) 的特殊意義
logit	Bernoulli	logit	勝出比 (odds ratio)
ologit	ordinal	logit	勝出比 (odds ratio)
mlogit	multinomial	ogit	相對風險比 (relative-risk) ratio
poisson	Poisson	log	發病率 (incidence-rate ratio)
nbreg	nbreg	log	發病率 (incidence-rate ratio)

通常 gsem 只印出係數 (非 exponentiated coefficients)、標準差。因此，你若
要印出「exponentiated coefficients、及其標準誤」，則需改用「estat eform」，
其語法如下：

```
. estat eform equationname
*例如：estat eform 依變數 自變數
```

三、求出模型的適配度 (goodness-of-fit statistics)(sem 及 gsem 都可)

記得要在 sem 分析前，觀察值要符合「assumption of joint normality」，你
若違反此假定，所得 goodness-of-fit 就沒意義。Stata 模型適配度之指令如下：

1. (sem only)，estat gof 印出 goodness-of-fit。
2. (sem only)，estat eqgof 分別印出每個方程式的「R^2-like goodness-of-fit」。
3. (sem only)， 在 執 行「sems group()」 選 項 之 後，estat ggof 印 出 各 群 組
   goodness-of-fit。
4. (sem only)，estat residuals 印出「the element-by-element differences between the
   observed and fitted covariance matrix」，及「the observed and fitted mean vector,

optionally in standardized or in normalized units」。

5. (sem/gsem 都可)，estat ic 印出 Akaike and Bayesian information criteria。

四、執行「刪路徑或刪路徑限制式的檢定」tests for including omitted paths and relaxing constraints (sem only)

1. (sem only.)，estat mindices 可印出模型中每個刪除路徑 (omitted path) 的 χ^2 modification indices 及顯著性 (significance)。

2. (sem only.)，estat scoretests 執行每一路徑上線性限制式「linear constraints placed on the paths and covariances」score 檢定。

3. (sem only.)，estat ginvariant 只搭配「sem group()」選項，旨在檢定「whether you can relax constraints that parameters are equal across groups」。

五、模型簡化 (simplification) 之檢定 (sem 及 gsem 都可)

1. (sem/gsem 都可)，test 印出 Wald 檢定 (Wald tests) of single or multiple linear constraints。

2. (sem/gsem 都可)，lrtest 印出概似比 (likelihood-ratio tests of single or multiple linear)。

3. (sem only.)，estat eqtest 印出整體 Wald 檢定 (overall Wald test for each equation in the model), the test corresponding to all coefficients in the equation except the intercept being simultaneously 0。

4. (sem only.)，estat ginvariant 需搭配 sem 「group()」選項，來檢定跨群組限制式之參數是否合理「whether parameters allowed to vary across groups could be constrained」。

六、印 other results, statistics, and tests (sem 及 gsem 都可)

1. (sem only.)，「estat stdize：選項」旨在對標準化係數做各種檢定，語法為：

```
estat stdize: test …
estat stdize: lincom …
estat stdize: testnl …
estat stdize: nlcom …
```

estat stdize 選擇表 (Menu) 為：

Statistics > SEM (structural equation modeling) > Testing and CIs > Testing standardized parameters

293

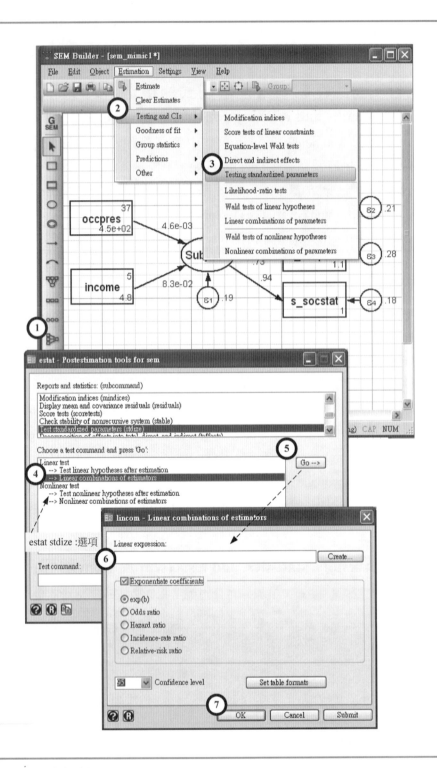

圖 4-4 「estat stdize：選項」之畫面

294

2. (sem only.)，estat teffects 印出變數之間總效果、直接 / 間接效度。此 sem 分析
結果皆可套在 standardized 或 unstandardized 形式。

七、sem 之事後預測值

(一) sem 事後預測之 Menu

```
Statistics > SEM (structural equation modeling) > Predictions
```

(二) sem 事後預測之語法

```
. predict [type] {stub*|newvarlist} [if] [in] [, options]
```

其中，

options	說　明
xb	linear prediction for all 觀察內生變數 (此為內定值)
xb(varlist)	linear prediction for specified 觀察內生變數
xblatent	linear prediction for all 潛在內生變數
xblatent(varlist)	linear prediction for specified 潛在內生變數
latent	factor scores for all 潛在變數
latent(varlist)	factor scores for specified 潛在變數
scores	calculate first derivative of the log likelihood

「. predict」指令可印出迴歸預測值。語法如下：

1. predict newvar, xb(*odepvarname*)：新產生 newvar 來存觀察內生變數 (observed
endogenous variable) *odepvarname*。

predict stub*, xb：新產生「stub1、tub1 …」來存模型中觀察內生變數 (observed
endogenous variables) 的預測值。

這些潛在變數的預測 (預測的因素分數) 係由已知觀察內生變數 (observed
exogenous variable) 所預測的。

2. predict newvar, latent(*Lname*)：新產生 newvar 來存外生及內生潛在變數
Lname。

predict stub*：新產生「stub1、tub1、…」來存模型中所有潛在變數。

3. predict newvar, xblatent(*Lname*)：新產生 newvar 來存潛在內生變數 *Lname*。

   predict stub*, xblatent：新產生「stub1、tub1、…」來存模型中所有潛在內生變數。

   在線性方程式中，求出的「predict newvar, xblatent(*Lname*)」不同於「predict newvar, latent(*Lname*)」。

4. predict stub*：預測每一個參數之新變數，將包含「observation-by-observation values of the first derivative」。此指令常搭配「method(ml) 或 method(mlmv)」選項一起使用。

八、gsem 之事後預測值

因為 generalized SEMs(比 SEM 模型來得複雜，故 gsem 之事後預測也比指令 sem 複雜。因此我們要思考二個新議題：(1)generalized linear response variables 對比 linear response variables 的預測值；(2) 該模型的可選多層次性 (optional multilevel nature of the model)。

(一) gsem 事後預測之 Menu

```
Statistics > SEM (structural equation modeling) > Predictions
```

(二) gsem 事後預測之語法

```
. predict [type] {stub*|newvarlist} [if] [in] [, options_obs_endog]
或
. predict [type] {stub*|newvarlist} [if] [in] [, options_obs_endog options_
  latent]
```

其中，

options_obs_endog	說　明
+ outcome(depvar [#])	界定印出的觀察變數有那些 (specify observed response variable) (系統內定是全部 default all)
Mu	算出依變數的預測值 (calculate expected value of depvar)
Pr	算 出 機 率 (calculate probability) (synonym for mu when mu is a probability)
Eta	算出依變數的線性預測值 (calculate expected value of linear prediction of depvar)
Nooffset	忽略 Poisson 偏移 (make calculation ignoring Poisson or nbreg offset or exposure)
Fixedonly	設定潛在變數為 0 (make calculation setting latent variables to 0)
	---or---
Means	此內定值係根據潛在變數的貝氏平均之經驗值 (use empirical Bayes means of latent variables; the default)
Modes	根據潛在變數的貝氏眾數之經驗值 (use empirical Bayes modes of latent variables)
intpoints(#)	積分點 (# of integration points); default is intpoints(7) (means only)
tolerance(#)	容忍值 (tolerance); default is tolerance(1.0e-8) (means and modes)
iterate(#)	最大疊代次數 (maximum # of iterations); default is iterate(1001) (means and modes)
+ outcome(depvar #)	它只能用在 mlogit, ologit, oprobit 三個指令之後 (is allowed only after mlogit, ologit, and oprobit). Predicting other generalized responses requires specifying only
outcome(depvar).	
outcome(depvar #)	也可以指定為結果 (may also be specified as outcome)(#.depvar) or outcome(depvar ##)
outcome(depvar #3)	意味著第三種結果值 (means the third outcome value). outcome(depvar #3) would mean the same as outcome(depvar 4) if outcomes were 1, 3, and 4.

options_latent	說　明
* latent	算出所有潛在變數的貝氏之經驗值 (calculate empirical Bayes prediction of all latent variables)
* latent(varlist)	只算出你有界定潛在變數的貝氏之經驗值 (calculate empirical Bayes prediction of specified latent variables
se(stub*|newvarlist)	算出標準誤 (calculate standard errors)
means	此內定值係潛在變數的貝氏平均之經驗值 (use empirical Bayes means of latent variables; the default)
modes	潛在變數的貝氏眾數之經驗值 use empirical Bayes modes of latent variables
intpoints(#)	積分點位置 [# of integration points]; default is intpoints(7) (means only)
tolerance(#)	容忍值 tolerance; default is tolerance(1.0e-8) (means and modes)
iterate(#)	最大疊代次數 (maximum # of iterations); default is iterate(1001) (means and modes)

* 潛在或 latent() 必須界定才可求得潛在變數的預測值 (Either latent or latent() must be specified to obtain predictions of latent variables.)。

九、sem 及 gsem 事後指令 contrast, pwcompare, margins

1. 對比 (contrast) 事後指令

功能：對比你界定線性假設之檢定 (Contrasts and linear hypothesis tests after estimation)。

```
語法:
. contrast termlist [, options]
```

其中：

options	說　明
Main	
Overall	對所有你界定 contrast 加一個聯合假設 (add a joint hypothesis test for all specified contrasts)
Asobserved	視所有因素為觀察變數 (treat all factor variables as observed)
Lincom	視你定義 contrast 為線性組合 (treat user-defined contrasts as linear combinations)

options	說　明
Equations	
equation(*eqspec*)	執行你方程式定義的 *eqspec* 對比 (perform contrasts in termlist for equation eqspec)
atequations	執行你方程式定義的 contrast (perform contrasts in termlist within each equation)
Advanced	
emptycells(*empspec*)	為平衡因素而處理空缺細格 (treatment of empty cells for balanced factors)
noestimcheck	不做估計的檢查 (suppress estimability checks)
Reporting	
level(#)	信賴區間 (confidence level); default is level(95)
mcompare(*method*)	調整多重比較 (adjust for multiple comparisons); default is mcompare (noadjust)
noeffects	不印個別 contrast (suppress table of individual contrasts)
cieffects	印出效果之信賴區間 (show effects table with confidence intervals)
pveffects	印出效果之顯著性 p 值 (show effects table with p-values)
effects	印出效果之信賴區間及顯著性 p 值 (show effects table with confidence intervals and p-values)
nowald	不印 Wald 檢定 (suppress table of Wald tests)
noatlevels	只印出你用 @ 或巢狀 | 運算子所定義的 Wald 檢定 (report only the overall Wald test for terms that use the within @ or nested | operator)
nosvyadjust	計算未調整的 Wald 檢定之調查結果 (compute unadjusted Wald tests for survey results)
sort	對每 term 之個別對比值來排序 (sort the individual contrast values in each term)
post	事　後 contrast 及　其 VCEs 值 (post contrasts and their VCEs as estimation results)
display options	控制橫列的格式、行距、線寬和因子變量標籤 (control column formats, row spacing, line width, and factor-variable labeling)
eform option	印出 contrast 指數化 (report exponentiated contrasts)
df(#)	以 df(#) 當 t 分配的自由度 (use t distribution with # degrees of freedom for computing p-values and confidence intervals)

df(#)+does not appear in the dialog box.

2. pwcompare 指令

功能：成對比較 (Pairwise comparisons)。

> 語法：
> . pwcompare marginlist [, *options*]

其中，

Options	說　明
主要選項 Main	
mcompare(method)	調整多種比較 (adjust for multiple comparisons); default is mcompare (noadjust)
asobserved	將所有因素當作觀察變數 (treat all factor variables as observed)
Equations	
equation(eqspec)	執行 equation(eqspec) 的比較 (perform comparisons within equation eqspec)
atequations	執行 equation 的比較 (perform comparisons within each equation)
進階選項 Advanced	
emptycells(empspec)	將缺少細格處理成平衡格式 (treatment of empty cells for balanced factors)
noestimcheck	不印估計的檢查 (suppress estimability checks)
印出選項 Reporting	
level(#)	信賴區間 (confidence level); default is level(95)
cieffects	印出效果表之信賴區間 (show effects table with confidence intervals); the default
pveffects	印出效果表之顯著性 p 值 (show effects table with p-values)
effects	印出效果表之信賴區間及顯著性 p 值 (show effects table with confidence intervals and p-values)
cimargins	印出邊際效果及信賴區間 (show table of margins and confidence intervals)
groups	印出邊際及群組表格 (show table of margins and group codes)
sort	對每一邊際及比較做排序 (sort the margins or contrasts within each term)

Options	說　明
post	事後邊際及VCEs當作結果值 (post margins and their VCEs as estimation results)
display_options	控制直行格式、橫列間隔、線寬及因素變數標籤 (control column formats, row spacing, line width, and (factor-variable labeling)
eform_option	印對比的指數化 (report exponentiated contrasts)
df(#)	以 df(#) 當 t 分配的自由度 (use t distribution with # degrees of freedom for computing p-values and confidence intervals)

註：df(#) does not appear in the dialog box.

3. margins 事後指令

功能：算出邊際平均數 (Marginal means, predictive margins, and marginal effects)

選擇表：
Statistics > Postestimation > Marginal means and predictive margins
Statistics > Postestimation > Marginal effects

語法：
. margins [marginlist] [if] [in] [weight] [, *response_options options*]

其中，

response_options	說　明
主要選項 Main	
predict(pred_opt)	估計預測邊際值 (estimate margins for predict, pred_opt)
expression(pnl_exp)	估計 (pnl_exp) 邊際值 (estimate margins for pnl_exp
dydx(varlist)	估計 (varlist) 斜率 (estimate marginal effect of variables in varlist)
eyex(varlist)	估計 varlist 所列變數的彈性值 (estimate elasticities of variables in varlist)
dyex(varlist)	估計 $\dfrac{dy}{dx}$ (estimate semielasticity --d(y)/d(lnx)
eydx(varlist)	估計 $\dfrac{d(lny)}{d(x)}$ (estimate semielasticity --d(lny)/d(x)
continuous	視因素變數為連續變數 (treat factor-level indicators as continuous)

options]	說　明
主要選項 Main	
Grand	加全體邊際，內定值是沒加邊際 (add the overall margin; default if no marginlist)
At	
at(atspec)	估計你界定共變數的邊際值 (estimate margins at specified values of covariates)
atmeans	印出共變關係平均數的邊際 (estimate margins at the means of covariates)
asbalanced	視所有因素變數都是平衡的 (treat all factor variables as balanced)
if/in/over	
over(varlist)	印出 varlist 中邊際值 (estimate margins at unique values of varlist)
subpop(subspec)	印出次組群的邊際 (estimate margins for subpopulation)
Within	
within(varlist)	印出 varlist 中巢狀因素的邊際 (estimate margins at unique values of the nesting factors in varlist)
Contrast	
contrast_options	印 [R] 文件中任何選項 (any options documented in [R] margins, contrast)
Pairwise comparisons	
pwcompare_options	印 [R] 文件中任何選項 (any options documented in [R] margins, pwcompare)
SE	
vce(delta)	stata 內定使用 delta 法求得 SE 值 (estimate SEs using delta method; the default)
vce(unconditional)	印出樣本共變數之 SE(estimate SEs allowing for sampling of covariates)
nose	不印 SE (do not estimate SEs)
進階選項 Advanced	
noweights	忽略你界定 estimation 中的權重 (ignore weights specified in estimation)
Noesample	對估計樣本，不限制邊際率 (do not restrict margins to the estimation sample)
emptycells(empspec)	為平衡因素來處理空缺細格 (treatment of empty cells for balanced factors)
estimtolerance(tol)	指定估計函數值之容忍值 (specify numerical tolerance used to determine estimable functions); default is estimtolerance(1e-5)
noestimcheck	不印估計的檢查 (suppress estimability checks)
force	估計邊際值，儘管有潛在的問題 (estimate margins despite potential problems)

options]	說　明
chainrule	當微分時使用鍊式法則 (use the chain rule when computing derivatives)
nochainrule	不用鍊式法則 (do not use the chain rule)
Reporting	
level(#)	設定信賴區間 (set confidence level); default is level(95)
mcompare(method)	調整多重比較 (adjust for multiple comparisons); default is mcompare (noadjust)
noatlegend	抑制固定變異數的值 (suppress legend of fixed covariate values)
post	事後邊際及 VCEs 當作結果值 (post margins and their VCE as estimation results)
display_options	控制直行格式、橫列間隔、線寬及因素變數標籤 (ontrol column formats, row spacing, line width, and factor-variable labeling)
df(#)	以 df(#) 當 t 分配的自由度 (use t distribution with # degrees of freedom for computing p-values and confidence intervals)

Stata 邊際效果分析，其功能包括：

1. 邊際平均數的估計 (Estimated marginal means)。
2. 邊際效果及部分效果 (Marginal and partial effects)。
3. 邊際效果及部分效果的平均 (Average marginal and partial effects)。
4. 最小平方平均數 (Least-squares means)。
5. 預測邊際 (Predictive margins)。
6. 調整後預測邊際 ((Adjusted predictions, means, and effects)。
7. 邊際的對比比較 (Contrasts of margins)。
8. 邊際的配對比較 (Pairwise comparisons of margins)。
9. 剖面圖 (Profile plots)。
10. 邊際效果圖 (Graphs of margins and marginal effects)。

4-1-4 線性 SEM 估計法：含遺漏値

Stata 執行 SEM 參數估計時，常以最大概似估計法 (ml) 為主要估計方法。使用這些估計方法時，資料必須滿足常態性假設 (normality test)。當資料符合常態性的假設時，運用最大概似估計法後，所獲得的估計結果或統計推論才能獲得確保。當資料無法符合常態性檢定時，那麼就須放棄使用最大概似估計法，而必須使用較為穩健的估計法，如漸進分配自由法 (Asymptotically Distribution-Free)ADF 法。

（一）單變量常態性的方法

1. 使用 P-P 圖或 Q-Q 圖來觀察資料的常態性。其中，常態 Q-Q 圖中，從左下到右上的對角線，即代表著標準常態分配，若樣本資料全都能落在該對角線附近，那麼就可以研判樣本資料符合常態分配性。
2. 利用假設檢定來判斷資料的常態性。
3. 運用變數分配的偏態 (skewness) 和峰度 (kurtosis)。

所有潛在變數相對應之觀察變數的偏態及峰度皆符合常態性，假設偏態絕對值 < 3，峰度絕對值 < 10 (Kline,1998)。從表 3-5 及表 3-6 可以發現本文樣本的峰度係數與偏態係數均介於可接受的範圍之內，故可視為常態分配。

（二）多變量常態性的方法

Stata 提供外掛 mvsktest 指令，來執行多變量常態性檢定：multivariate skewness and kurtosis、mvsktest performs an (asymptotic) test for multivariate skewness、kurtosis using the results in Mardia (1970)。

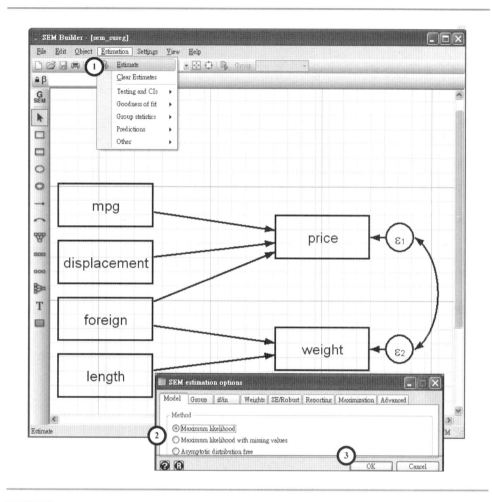

圖 4-5 Stata 三種 SEM 參數估計法

　　坊間多數 SEM 軟體 (Amos、Lisrel) 都不允許樣本有遺漏值，但 Stata 則可處理它。

　　Stata SEM 對係數的估計法，有下列三種：

1. ML(maximum likelihood) 法：最大概似法適合於常態性且沒有遺漏值的情況。

2. MLMV(maximum likelihood for missing values) 法：又稱 FIML，適合常態性且有遺漏值的 SEM 模型。

3. ADF 法：適合於非常態性的變數。

範例：500 名考生之四項 IQ 測驗 (M=100, S=15)

一、資料檔之內容

讀入資料檔之前，先設定工作目錄，「File > Chang working directory」，指定 CD 所附資料檔之路徑，接著再選「File > Open」分別開啓「Fitting_model_using_missing_rand.dta」資料檔、「Fitting_model_using_missing_rand.stsem」繪圖檔。

共 500 名考生，連續接受四場次智力測驗 (test1, test2, test3, test4)。但多數考生不是每場次都會參加，故考生參加場次就以 taken 變數來記錄。

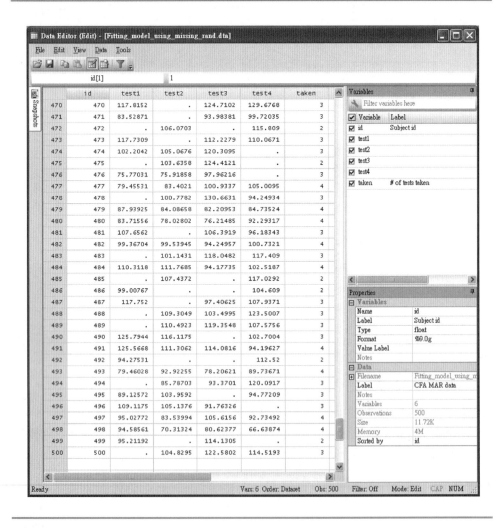

圖 4-6 「Fitting_model_using_missing_rand.dta」資料檔 (N=500，6 variables)

```
. use Fitting_model_using_missing_rand.dta, clear
*或 use http://www.stata-press.com/data/r12/cfa_missing.dta

. note

_dta:
  1.  Fictional data on 500 subjects taking four tests.
  2.  Tests results M.A.R. (missing at random).
  3.  230 took all 4 tests
  4.  219 took 3 of the 4 tests
  5.  51 took 2 of the 4 tests
  6.  All tests have expected mean 100, s.d. 14.
```

二、SEM 模型

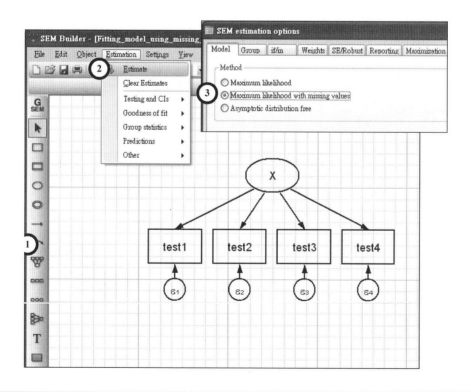

圖 4-7 「Fitting_model_using_missing_rand.stsem」概念性模型

三、分析結果與討論

```
. use Fitting_model_using_missing_rand.dta, clear
*或 use http://www.stata-press.com/data/r12/cfa_missing.dta
. webgetsem cfa_missing

*將系統內定的 ml 法，改成 mlmv 法 (max likelihood for missing value)
.quietly  sem (X -> test1 test2 test3 test4) , method(mlmv)
*改印出標準化參數值
. sem, standardized
```

Structural equation model   Number of obs   =   500
Estimation method = mlmv
Log likelihood   = -6592.9961

(1) [test1]X = 1

| | | OIM | | | |
Standardized	Coef.	Std. Err.	z	P>|z|	[95% Conf. Interval]
Measurement						
test1 <-						
X	.6941856	.0377307	18.40	0.000	.6202347	.7681365
_cons	7.082615	.2471411	28.66	0.000	6.598227	7.567003
test2 <-						
X	.7280465	.0388181	18.76	0.000	.6519644	.8041286
_cons	7.005484	.2499313	28.03	0.000	6.515627	7.49534
test3 <-						
X	.6862183	.0357948	19.17	0.000	.6160618	.7563748
_cons	7.536552	.2541193	29.66	0.000	7.038487	8.034617
test4 <-						
X	.7018771	.0354488	19.80	0.000	.6323987	.7713555
_cons	7.059182	.2437884	28.96	0.000	6.581365	7.536998
var(e.test1)	.5181063	.0523843			.424968	.6316572

var(e.test2)		.4699483	.0565228			.371255	.594878
var(e.test3)		.5291045	.0491261			.441072	.6347073
var(e.test4)		.5073685	.0497614			.4186391	.6149038
var(X)		1	.			.	.

LR test of model vs. saturated: chi2(2)   =   2.27, Prob > chi2 = 0.3209

本例，將系統內定的 ml 法，改成 mlmv 法 (max likelihood for missing value)。因為二種估計法所得係數是不相同。

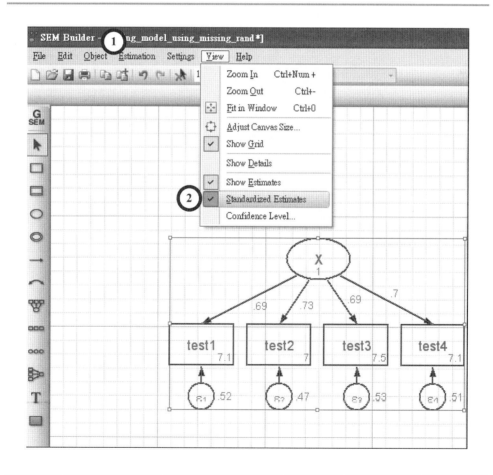

圖 4-8 「Fitting_model_using_missing_rand.stsem」檔「View → Standardized Estimated」結果

4-2 線性 SEM 之特殊迴歸

4-2-1 相關分析

一、範例：1980 年美國各州普查

(一) 問題說明

為瞭解美國 50 州的人口移動率、人口離婚率、人口平均年齡之三者相關 (分析單位：州)。

研究者收集數據並整理成下表，此「wpi1.dta」資料檔之變數如下：

變數名稱	說　明	編碼 Codes/Values
mrgrate	州人口之移動率	0.0103731~0.1955433
dvcrate	州人口之離婚率	0.0039954~0.0236739
medagesq	州人口之平均年齡的平方	585.64~1204.09

(二) 資料檔之內容

讀入資料檔之前，先設定工作目錄「File > Chang working directory」，指定 CD 所附資料檔之路徑，接著再選「File > Open」，依序開啓「census13.dta」資料檔、「Correlation.stsem」圖形檔。

「census13.dta」資料檔內容如圖 4-9。

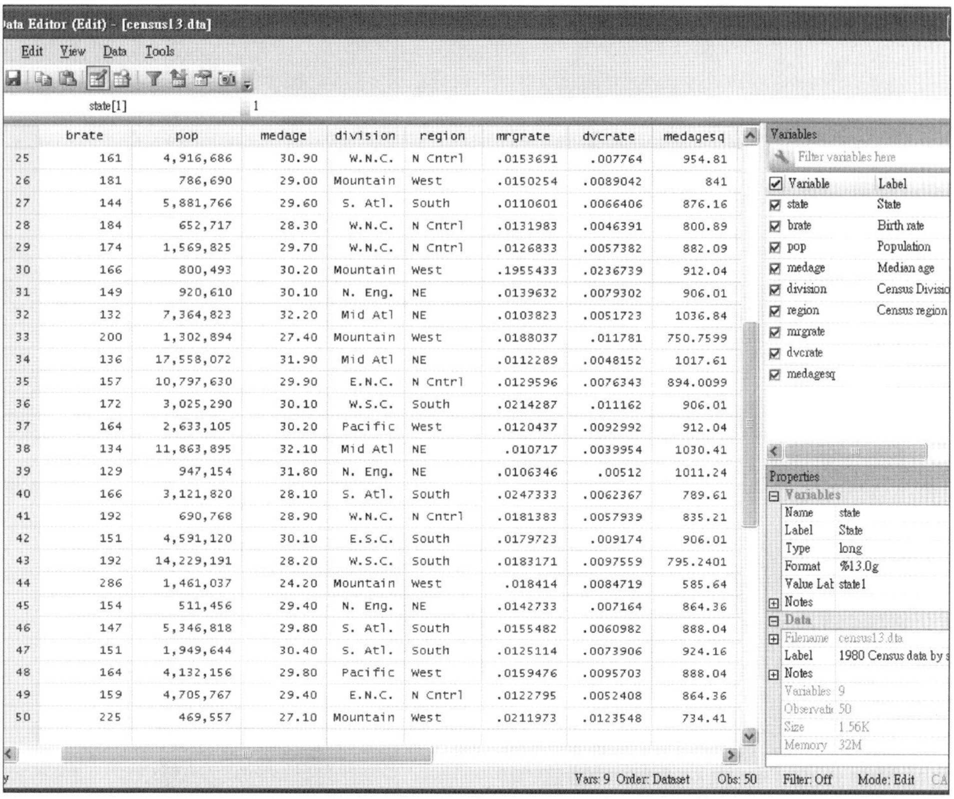

	brate	pop	medage	division	region	mrgrate	dvcrate	medagesq
25	161	4,916,686	30.90	W.N.C.	N Cntrl	.0153691	.007764	954.81
26	181	786,690	29.00	Mountain	West	.0150254	.0089042	841
27	144	5,881,766	29.60	S. Atl.	South	.0110601	.0066406	876.16
28	184	652,717	28.30	W.N.C.	N Cntrl	.0131983	.0046391	800.89
29	174	1,569,825	29.70	W.N.C.	N Cntrl	.0126833	.0057382	882.09
30	166	800,493	30.20	Mountain	West	.1955433	.0236739	912.04
31	149	920,610	30.10	N. Eng.	NE	.0139632	.0079302	906.01
32	132	7,364,823	32.20	Mid Atl	NE	.0103823	.0051723	1036.84
33	200	1,302,894	27.40	Mountain	West	.0188037	.011781	750.7599
34	136	17,558,072	31.90	Mid Atl	NE	.0112289	.0048152	1017.61
35	157	10,797,630	29.90	E.N.C.	N Cntrl	.0129596	.0076343	894.0099
36	172	3,025,290	30.10	W.S.C.	South	.0214287	.011162	906.01
37	164	2,633,105	30.20	Pacific	West	.0120437	.0092992	912.04
38	134	11,863,895	32.10	Mid Atl	NE	.010717	.0039954	1030.41
39	129	947,154	31.80	N. Eng.	NE	.0106346	.00512	1011.24
40	166	3,121,820	28.10	S. Atl.	South	.0247333	.0062367	789.61
41	192	690,768	28.90	W.N.C.	N Cntrl	.0181383	.0057939	835.21
42	151	4,591,120	30.10	E.S.C.	South	.0179723	.009174	906.01
43	192	14,229,191	28.20	W.S.C.	South	.0183171	.0097559	795.2401
44	286	1,461,037	24.20	Mountain	West	.018414	.0084719	585.64
45	154	511,456	29.40	N. Eng.	NE	.0142733	.007164	864.36
46	147	5,346,818	29.80	S. Atl.	South	.0155482	.0060982	888.04
47	151	1,949,644	30.40	S. Atl.	South	.0125114	.0073906	924.16
48	164	4,132,156	29.80	Pacific	West	.0159476	.0095703	888.04
49	159	4,705,767	29.40	E.N.C.	N Cntrl	.0122795	.0052408	864.36
50	225	469,557	27.10	Mountain	West	.0211973	.0123548	734.41

圖 4-9「census13.dta」資料檔 (N=50 , 9 variables)

觀察資料之特徵：

```
. use http://www.stata-press.com/data/r12/census13.dta

. describe
Contains data from D:\Stata\census13.dta
  obs:            50                    1980 Census data by state
 vars:             9                    25 Apr 2014 08:51
 size:         1,600
---------------------------------------------------------------------------------
              storage  display     value
variable name   type   format      label      variable label
---------------------------------------------------------------------------------
state           long   %13.0g      state1     State
```

```
brate           long      %10.0g                    Birth rate
pop             long      %12.0gc                   Population
medage          float     %9.2f                     Median age
division        int       %8.0g        division     Census Division
region          int       %-8.0g       cenreg       Census region
mrgrate         float     %9.0g
dvcrate         float     %9.0g
medagesq        float     %9.0g
```

(三) 利用 Builder 介面建構 SEM 模型

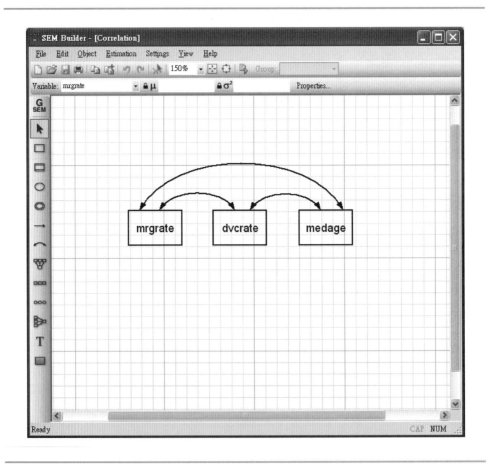

圖 4-10 「Correlation.stsem」概念性模型

(四) 分析結果與討論

```
* 開啟系統內建之資料檔
. webuse census13
* 使用傳統 corr 指令
. correlate mrgrate dvcrate medage

* 相當於，改用 sem 指令
. sem ( <-mrgrate dvcrate medage), standardized
*Stata v13 以後指令，改為下列 sem:
. sem (mrgrate) (dvcrate) (medagesq), cov( mrgrate*dvcrate mrgrate*medagesq
 dvcrate*medagesq) nocapslatent


Exogenous variables

Observed:  mrgrate dvcrate medagesq


Fitting target model:


Iteration 0:   log likelihood =  54.573551
Iteration 1:   log likelihood =  54.573551


Structural equation model                   Number of obs    =       50
Estimation method  = ml
Log likelihood     =  54.573551
```

| | OIM | | | | | |
	Coef.	Std. Err.	z	P>|z|	[95% Conf.	Interval]
Mean						
mrgrate	.0186789	.0036026	5.18	0.000	.011618	.0257398
dvcrate	.0079769	.0004417	18.06	0.000	.0071111	.0088426
medagesq	875.422	13.98259	62.61	0.000	848.0166	902.8274
Variance						
mrgrate	.0006489	.0001298			.0004385	.0009604
dvcrate	9.76e-06	1.95e-06			6.59e-06	.0000144

```
  medagesq |   9775.636    1955.127                         6605.485    14467.23
-----------+----------------------------------------------------------------------
Covariance |
   mrgrate |
    dvcrate |   .0000613    .0000142     4.31   0.000    .0000334    .0000891
   medagesq |  -.0508982    .3562663    -0.14   0.886   -.7491673    .6473709
-----------+----------------------------------------------------------------------
    dvcrate |
   medagesq |  -.0677012    .0447122    -1.51   0.130   -.1553356    .0199331
-----------+----------------------------------------------------------------------
LR test of model vs. saturated: chi2(2)     =       0.00, Prob > chi2 = 1.0000
```

1. 本例旨在求變異數—共變數矩陣，不含潛在變數所代表 SEM 模型，因此整體模型之適配度 LR 檢定「$\chi^2_{(2)} = 0.00, p > 0.05$」可忽略不看。

2. 平均數：在「Mean」欄。

3. 變異數：在「Variance」欄。

4. 共變數：在「Covariance」欄。

5.「mrgrate dvcrate medagesq」之變異數—共變數矩陣為

$$\begin{bmatrix} 0.019 & & (對稱) \\ 0.000 & 0.008 & \\ -.051 & -.067 & 875.4 \end{bmatrix}$$

mrgrate　dvcrate　medagesq

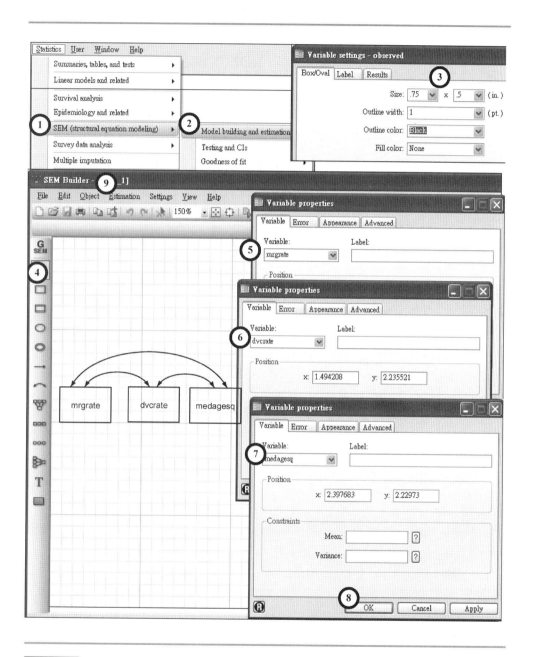

圖 4-11 利用 Builder 建構 SEM 模型，並存在「Correlation.stsem」檔

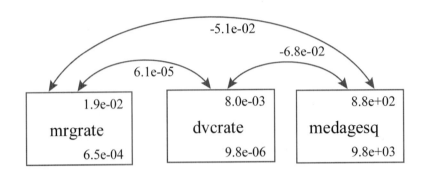

圖 4-12 「Correlation.stsem」檔 Estimate 結果

1. 方形右上角為平均數。
2. 雙向曲線為「共變數」。

4-2-2 多變量迴歸 (Multivariate regression)：非線性迴歸

　　多變量分析牽涉到多組測量值間的關係。Lattin(2003) 等人將多變量方法定義為分析介於二個或多組測量值中每一物件含有一個或多個樣本之間關係的收集方法。

　　測量值的物件 (object) 可以是項目、人、組織、事件等加以代表，為測量值的實體代表。

　　多變量統計分析方法將會在未來居於支配地位，且將會激烈的改變研究學者對其研究問題構思與研究設計的態度。

範例：多變量迴歸 (Multivariate regression)

　　調查汽車消費者，找出汽車耗油 (mpg) 的原因，包括：車重 (weight) 及車重平方 (weight2)、進口車品牌 (foreign)。

一、資料檔之內容

　　讀入資料檔之前，先設定工作目錄「File > Chang working directory」，指定 CD 所附資料檔之路徑，接著再選「File > Open」，分別開啟「auto.dta」資料檔、Multivariate_regression.stsem」繪圖檔。

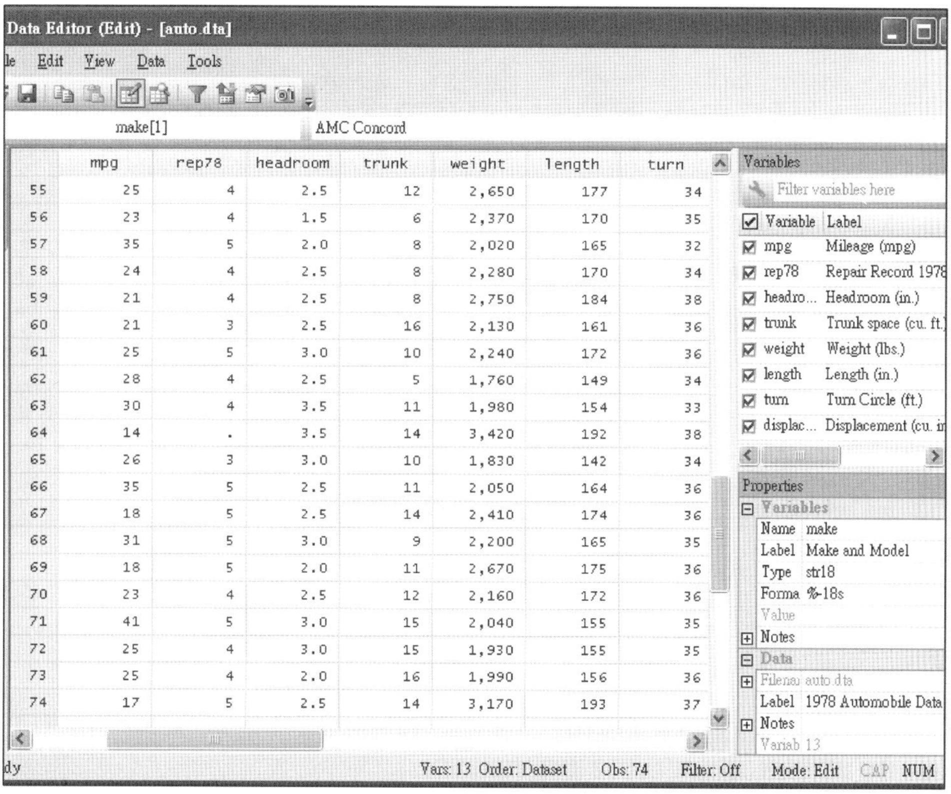

	mpg	rep78	headroom	trunk	weight	length	turn
55	25	4	2.5	12	2,650	177	34
56	23	4	1.5	6	2,370	170	35
57	35	5	2.0	8	2,020	165	32
58	24	4	2.5	8	2,280	170	34
59	21	4	2.5	8	2,750	184	38
60	21	3	2.5	16	2,130	161	36
61	25	5	3.0	10	2,240	172	36
62	28	4	2.5	5	1,760	149	34
63	30	4	3.5	11	1,980	154	33
64	14	.	3.5	14	3,420	192	38
65	26	3	3.0	10	1,830	142	34
66	35	5	2.5	11	2,050	164	36
67	18	5	2.5	14	2,410	174	36
68	31	5	3.0	9	2,200	165	35
69	18	5	2.0	11	2,670	175	36
70	23	4	2.5	12	2,160	172	36
71	41	5	3.0	15	2,040	155	35
72	25	4	3.0	15	1,930	155	35
73	25	4	2.0	16	1,990	156	36
74	17	5	2.5	14	3,170	193	37

圖 4-13「auto.dta」資料檔 (N=74 輛車 , 13 variables)

```
* 開啟 Stata 系統所附資料檔 auto.dta
. sysuse auto.dta
obs:            74                      1978 Automobile Data
 vars:            12                      13 Apr 2011 17:45
 size:         3,182                      (_dta has notes)
--------------------------------------------------------------------------------
              storage  display     value
variable name   type   format      label      variable label
--------------------------------------------------------------------------------
make            str18  %-18s                  Make and Model
price           int    %8.0gc                 Price 車價
mpg             int    %8.0g                  Mileage (mpg) 耗油率
rep78           int    %8.0g                  Repair Record 1978
```

```
headroom        float    %6.1f                  Headroom (in.)
trunk           int      %8.0g                  Trunk space (cu. ft.)
weight          int      %8.0gc                 Weight (lbs.) 車重
length          int      %8.0g                  Length (in.) 車長
turn            int      %8.0g                  Turn Circle (ft.)
displacement    int      %8.0g                  Displacement (cu. in.) 車CC數
gear_ratio      float    %6.2f                  Gear Ratio
foreign         byte     %8.0g        origin    Car type 進口車嗎?
--------------------------------------------------------------------------------

Sorted by:  foreign

. note
_dta:
    1.  from Consumer Reports with permission
```

二、SEM 模型

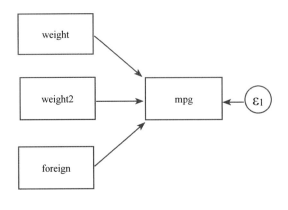

圖 4-14 多變量之線性迴歸

三、分析結果與討論

Step 1. 多變量迴歸 (Multiple and Multivariate Regression)

```
* 開啟 Stata 網站所附之資料檔 auto.dta
. sysuse auto
* 產生新變數 weight2，為 weight 的平方
. generate weight2 = weight^2

* 使用 reg 指令執行傳統非線性迴歸
. regress mpg weight weight2 foreign
      Source |       SS       df       MS              Number of obs =      74
-------------+------------------------------           F(  3,    70) =   52.25
       Model | 1689.15372        3   563.05124         Prob > F      =  0.0000
    Residual |  754.30574       70  10.7757963         R-squared     =  0.6913
-------------+------------------------------           Adj R-squared =  0.6781
       Total | 2443.45946       73  33.4720474         Root MSE      =  3.2827


         mpg |      Coef.   Std. Err.      t    P>|t|     [95% Conf. Interval]
-------------+----------------------------------------------------------------
      weight | -.0165729   .0039692    -4.18   0.000    -.0244892   -.0086567
     weight2 |  1.59e-06   6.25e-07     2.55   0.013     3.45e-07    2.84e-06
     foreign |   -2.2035   1.059246    -2.08   0.041      -4.3161   -.0909002
       _cons |  56.53884   6.197383     9.12   0.000     44.17855    68.89913
-
* 上述迴歸式相當於，改用 sem 指令
. sem (mpg <-weight weight2 foreign)
```

1. 變數變換後之線性迴歸式為：

$$mpg = 57 - 0.017 \times weight + 0.0000016 \times weight^2 - 2.2 \times foreign$$

汽車耗油率 $= 57 - 0.017 \times$ 車重 $+ 0.0000016 \times$ 車重平方 $- 2.2 \times$ 進口車嗎

Step 2. 改用 SEM 分析線性迴歸式

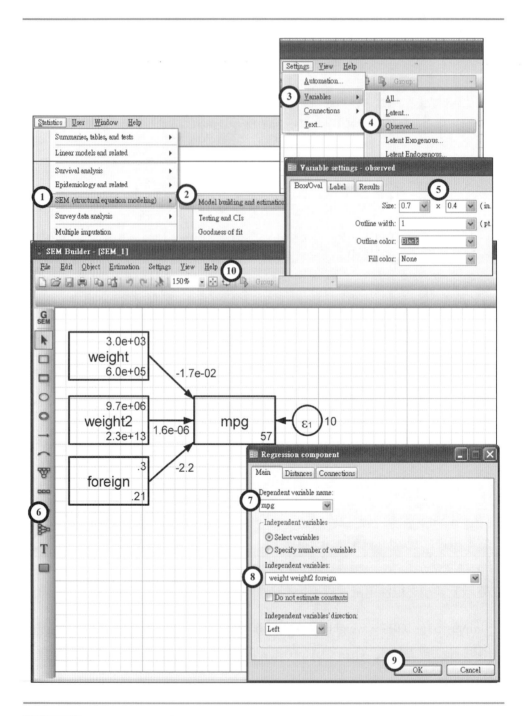

圖 4-15 利用 Builder 建構 SEM 模型,並存在「Multivariate_regression.stsem」檔

線性迴歸及多變量迴歸 (Multiple and Multivariate Regression)：

```
*開啟 Stata 網站所附之資料檔 auto.dta
. sysuse auto

*上述，多變量迴歸 (reg 指令)，相當於改用 sem 指令
. sem (mpg <-weight weight2 foreign)
*或下列 sem 指令
. sem (weight -> mpg) (weight2 -> mpg) (foreign -> mpg), nocapslatent


Endogenous variables

Observed:  mpg

Exogenous variables

Observed:   weight weight2 foreign

Fitting target model:

Iteration 0:   log likelihood = -1909.8206
Iteration 1:   log likelihood = -1909.8206

Structural equation model                   Number of obs    =       74
Estimation method  = ml
Log likelihood     = -1909.8206

-------------------------------------------------------------------------
             |                OIM
             |    Coef.   Std. Err.     z    P>|z|    [95% Conf. Interval]
-------------+-----------------------------------------------------------
Structural   |
  mpg <-     |
      weight |  -.0165729   .0038604   -4.29   0.000   -.0241392   -.0090067
     weight2 |  1.59e-06    6.08e-07    2.62   0.009    4.00e-07    2.78e-06
     foreign |   -2.2035    1.03022    -2.14   0.032   -4.222695   -.1843056
       _cons |  56.53884    6.027559    9.38   0.000    44.72504    68.35264
-------------+-----------------------------------------------------------
```

```
Variance      |
       e.mpg  |    10.19332    1.675772                      7.385485    14.06865
-----------------------------------------------------------------------------
LR test of model vs. saturated: chi2(1)    =       0.00, Prob > chi2 = 1.0000
```

1. 改用 sem 指令，與線性迴歸式 (reg 指令)，分析均為：

$$mpg = 57 - 0.017 \times weight + 0.0000016 \times weight^2 - 2.2 \times foreign$$

$$汽車耗油率 = 57 - 0.017 \times 車重 + 0.0000016 \times 車重平方 - 2.2 \times 進口車嗎$$

2. 因本例整體適配度「概似比 LR 檢定」檢定結果，卡方 = 0.00 ($p > 0.01$)，幾乎達到完美適配。

4-2-3 納入測驗信度之迴歸式

範例：納入測驗信度 (Reliability) 的迴歸式

坊間任何標準測驗 (如 IQ)，都會附加說明其信度為何？通常信度不可達到完美的 1。表示該變數的變異數分解，可能部分來自測量誤差。例如，二個標準化智力測驗 (x1, x2 智力量表) 來預測多益分數 y。因為事前已知「x1 及 x2 智力測驗」的信度均為 0.5。試如何求迴歸模型？

一、資料檔之內容

讀入資料檔之前，先設定工作目錄「File > Chang working directory」，指定 CD 所附資料檔之路徑，接著再選「File > Open」，開啟「sem_rel.dta」資料檔。

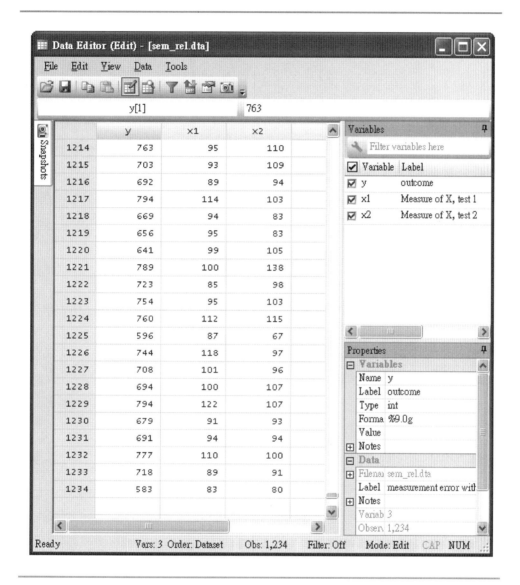

圖 4-16 「sem_rel.dta」資料檔 (N=1234, 3 variables)

```
. use http://www.stata-press.com/data/r12/sem_rel

. summarize


    Variable |        Obs        Mean    Std. Dev.       Min        Max
-------------+--------------------------------------------------------
```

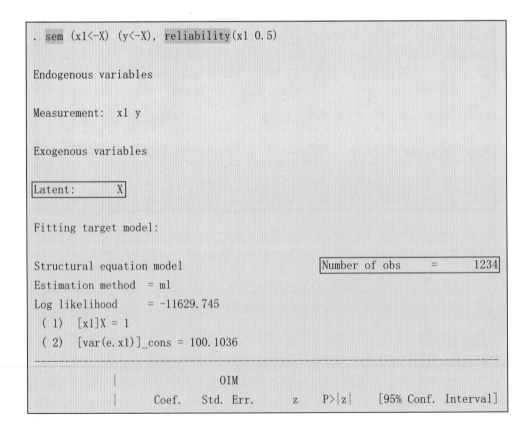

y |	1234	701.081	71.79378	487	943
x1 |	1234	100.278	14.1552	51	149
x2 |	1234	100.2066	14.50912	55	150

```
. note

_dta:
1. Fictional data.
2. Variables x1 and x2 each contain a test score designed to measure X.
   The test is scored to have mean 100.
3. Variables x1 and x2 are both known to have reliability 0.5.
4. Variable y is the outcome, believed to be related to X.
```

二、測量模型分析結果與討論

以 x1 智力測驗來代表潛在變數 X，再以潛在變數 X 來預測 y(多益考試成績)。

```
. sem (x1<-X) (y<-X), reliability(x1 0.5)

Endogenous variables

Measurement:  x1 y

Exogenous variables

Latent:       X

Fitting target model:

Structural equation model              Number of obs    =       1234
Estimation method  = ml
Log likelihood     = -11629.745
 ( 1)   [x1]X = 1
 ( 2)   [var(e.x1)]_cons = 100.1036
------------------------------------------------------------------------
          |              OIM
          |    Coef.   Std. Err.      z    P>|z|    [95% Conf. Interval]
```

```
----------------+-------------------------------------------------------------
Measurement    |
  x1 <-        |
            X  |            1    (constrained)
        _cons  |      100.278   .4027933   248.96   0.000    99.4885   101.0674
----------------+-------------------------------------------------------------
  y <-         |
            X  |      7.09952   .352463    20.14    0.000    6.408705   7.790335
        _cons  |      701.081   2.042929   343.17   0.000    697.077   705.0851
----------------+-------------------------------------------------------------
Variance       |
        e.x1   |     100.1036   (constrained)
         e.y   |      104.631   207.3381                     2.152334   5086.411
            X  |     100.1036   8.060038                     85.48963   117.2157
----------------+-------------------------------------------------------------
LR test of model vs. saturated: chi2(0)    =        0.00, Prob > chi2 =      .
```

1. 若有考量 x1 測驗之信度 (0.5)，採用 sem 指令求得迴歸模型為：

$$X = 100.1 + 1 \times x1 + 7.099 \times y$$

2. 當們忽視 x1 測驗的信度時，求得「y <- x1」係數為 3.55；但有考慮該測驗的信度時，求得「y <- x1」係數更正為 7.099。

4-2-4　驗證性因素分析 (CFA)：Measurement models

　　若我們只想利用因素分析來確定因素的維數，此時稱之為探索性因素分析。當研究人員根據某些理論或者其他的先驗知識對因素的可能個數或者因素結構作出假設，然後利用因素分析來檢驗這個假設，此時就是驗證性因素分析。

一、測量模型 (驗證性因素分析) 之適配度檢定

　　測量模型用以描述潛在變數與指標變數之間的關係，也稱為驗證性因素分析模型。測量模型適配度檢定目的在評鑑測量模型是否能解釋實際觀察資料。簡而言之，即為考驗量表的建構效度。

　　測量模式 (含測量指標信度) 之評估為進行 SEM 分析的首要任務，滿足前述信度之最低要求後，再進行結構模式之評析。當測量模式不當時 (尤其指標的

信度不佳時)，即應重新尋找或增加更有預測力的指標變數後，再進行結構模式之分析，否則可能會導致離譜的結構關係。

　　一般而言，研究者在進行因素分析前，通常對於資料的因素結構並未有任何假設；僅藉由統計數據來判斷因素的結構，此種因素分析策略帶有濃厚的嘗試錯誤的意味，因此稱為探索性因素分析 (Exploratory Factor Analysis, EFA)。研究者有時在研究之初，既有某種特定結構關係的假設，例如某一個概念測量問卷是由數個不同子量表所組成；此時因素分析可以被用來確認資料模式是否即為研究者所預期，因此，此種因素分析方法可以稱為驗證性因素分析 (Confirmatory Factor Analysis, CFA)。

　　EFA 與 CFA 兩種最大的不同，在於測量理論架構在分析過程中所扮演的角色與檢驗時機。

　　CFA 屬於 SEM 一種次模式，為 SEM 的一種特殊應用。

　　為了使 CFA 中所要檢驗的建構效度能有效的檢定需要經過下列四個程序：

Step 1. 構念必須有明確的操作型定義來界定其內容與範疇。

Step 2. 用以測量構念的指標能夠明確的被指出。

Step 3. 測量同一構念的指標必須具有相當的一致性，測量不同構念的指標則有相當的區別性，多元指標的一致與區別性應能從觀察資料中檢驗得出。

Step 4. 經由統計驗證的程序，觀察資料可以用以支持或推翻構念是否存在的假設。

　　通常 CFA 分析有 5 步驟：

Step 1. 模式認定。

Step 2. 評估：一個模型之整體適配度的目的在於決定模型整體上和所蒐集的資料一致之程度 (Diamantopoulos & Siguaw, 2000)。整體適配度可說是模型的外在品質。過去評量模型的整體適配標準都以 χ^2 值的顯著與否為標準。然而，χ^2 值常常隨著樣本人數而波動，一旦樣本人數很大，幾乎所有的模型都可能被拒絕。當樣本人數超過200人時，χ^2 值就很容易顯著。

Step 3. 估計。

Step 4. 適配度評估。

　　在結構模型或測量模型中，透過統計分析獲得的估計係數超出可以被接受的範圍，即進行模型估計參數時獲得不適當的解。故，再評估模型適配度時，必須先檢查是否有違犯估計的情況發生。依據 Hair 等 (1998) 提出常發生的違犯估計有：

1. 有無「負的誤差 (δ、ε、ζ) 變異數」存在。
2. 標準化參數係數是否 $\geq$ 1。標準化係數不能大於 1，一般以 0.95 爲門檻標準。
3. 是否有太大的標準誤 (standard error) 存在。若有無意義的標準誤 (> 1)，意涵變數之間有共線性 (collinear, collinearity or multicollinear) 問題產生，代表預測變數之間具有相關性高的特性，造成迴歸模型一些解釋不合理現象，變數必須採用二擇一的方式處理。

　　當違反這幾項標準時，表示模型可能有敘列誤差、認定問題或資料建檔輸入有誤，此時研究者最好重檢核模型參數的敘列是否有意義，同時檢查語法程式是否與假設模型路徑圖一致 (Bagozzi & Yi,1988)。

Step 5. 模式修正。

4-2-4a 單因子測量模型 (Single-factor measurement model)

　　SEM 模型裡變數，包括：(1)measured (observed, manifest) variables (indicators)。(2)factors (latent variables) 變數。所謂 factors 變數，它是你界定的加權線性組合「weighted linear combinations that we have created/invented」。

　　例如，某老師想知道考生的學習效果，即以三次學科考 (x1, x2, x3) 及多益考成績 (x4) 的組合分數，來代表生的潛在能力。甚至你亦可將此潛在能力再搭配其他變數 (學生態度、家長 SES…)，形成更複雜的研究架構。

一、資料檔之內容

　　讀入資料檔之前，先設定工作目錄「File > Chang working directory」，指定 CD 所附資料檔之路徑，接著再選「File > Open」，分別開啟「sem_1fmm.dta」資料檔、「sem_1fmm.stsem」圖形檔。

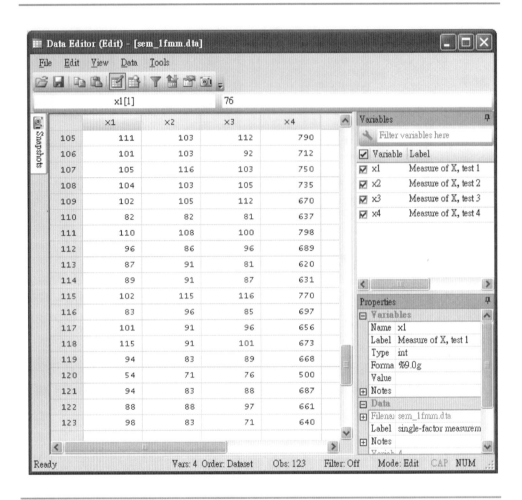

圖 4-17 「sem_1fmm.dta」資料檔 (N=123, 4 variables)

1. 其中，x1, x2, x3 為三個智力測驗。x4 為多益測驗。

```
* 單因子驗證因素分析之例子
. webuse sem_1fmm
* 或 use http://www.stata-press.com/data/r12/sem_1fmm

. note
```

```
_dta:
1. fictional data
2.  Variables x1, x2, and x3 each contain a test score designed to measure X.
The test is scored to have mean 100.
3. Variable x4 is also designed to measure X, but designed to have mean 700.

. summarize x1 x2 x3 x4


    Variable |      Obs        Mean    Std. Dev.        Min         Max
-------------+----------------------------------------------------------
         x1  |      123    96.28455    14.16444         54         131
         x2  |      123    97.28455    16.14764         64         135
         x3  |      123    97.09756    15.10207         62         138
         x4  |      123    690.9837    77.50737        481         885
```

　　測量模式適配度檢定目的在評估測量模式是否能解釋實際觀察資料。簡而言之，即為考驗量表的建構效度。Bagozzi 和 Yi(1988) 認為模式的適配度須從基本適合標準 (preliminary fit criteria)、整體模式適配度 (overall model fit) 以及模式內在結構適配度 (fit of internal structure of model) 三方面來評估，以下分別探討之。

(1) 基本適配度

評估指標	理想數值
誤差變異數值	> .00
誤差變異 p 值	< .05
估計參數間相關之絕對值	< 1.00
標準化因素負荷量	0.50~0.95
參數估計標準誤	不能太大

(2) 整體模式適配度

評估指標	理想數值
CN	> 200
AGFI	>0.90
SRMR	< 0.05
$\triangle_1$NFI	> 0.90
$\triangle_2$IFI	> 0.90
TCD(整體 R^2)	0.90~1.00
TLI(NNFI)	> 0.90
RMSEA	< 0.08

(3) 模式內在結構適配度

你只要看：測量模式之個別項目信度、潛在變數成分信度與平均變異抽取。

二、SEM 模型

潛在變數 X 代表成就測驗。它由三個智力測驗 (x1, x2, x3) 及一個多益測驗 (x4) 所組成的。

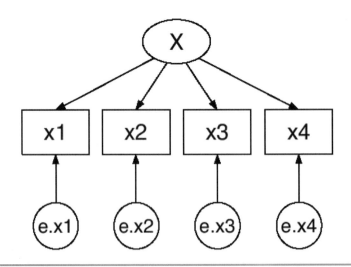

圖 4-18 單一潛在變數之 CFA (存在 sem_1fmm.stsem 檔)

本例，單一潛在變數之 CFA，其對應的聯立迴歸式為：

$$\begin{cases} x_1 = \alpha_1 + \beta_1 X + ex_1 \\ x_2 = \alpha_2 + \beta_2 X + ex_2 \\ x_3 = \alpha_3 + \beta_3 X + ex_3 \\ x_4 = \alpha_4 + \beta_4 X + ex_4 \end{cases}$$

三、分析結果與討論

Step 1. 先用 sem 分析測量模型

```
* 單因子驗證因素分析之例子
. webuse sem_1fmm

* 單一潛在變數之 CFA
. quietly sem (x1 x2 x3 x4 <-X)

* 或用 Builder 建立之指令
. quietly sem (X -> x1) (X -> x2) (X -> x3) (X -> x4), latent(X ) nocapsla-
tent
Structural equation model                    Number of obs    =       123
Estimation method  = ml
Log likelihood     = -2080.9859


 ( 1)  [x1]X = 1

----------------------------------------------------------------------
               |                OIM
               |    Coef.   Std. Err.      z    P>|z|   [95% Conf. Interval]
---------------+------------------------------------------------------
Measurement    |
  x1 <-        |
           X   |        1  (constrained)
        _cons  | 96.28455  1.271963    75.70   0.000   93.79155   98.77755
---------------+------------------------------------------------------
  x2 <-        |
```

		Coef.	Std. Err.	z	P>|z|	[95% Conf. Interval]
X		1.172364	.1231777	9.52	0.000	.9309398	1.413788
_cons		97.28455	1.450053	67.09	0.000	94.4425	100.1266
x3 <-							
X		1.034523	.1160558	8.91	0.000	.8070579	1.261988
_cons		97.09756	1.356161	71.60	0.000	94.43953	99.75559
x4 <-							
X		6.886044	.6030898	11.42	0.000	5.704009	8.068078
_cons		690.9837	6.960137	99.28	0.000	677.3421	704.6254
Variance							
e.x1		80.79361	11.66414			60.88206	107.2172
e.x2		96.15861	13.93945			72.37612	127.7559
e.x3		99.70874	14.33299			75.22708	132.1576
e.x4		353.4711	236.6847			95.14548	1313.166
X		118.2068	23.82631			79.62878	175.4747

LR test of model vs. saturated: chi2(2) = 1.78, Prob > chi2 = 0.4111

*改印出標準化參數值
. sem, standardized

Structural equation model   Number of obs   =   123
Estimation method = ml
Log likelihood   = -2080.9859

 (1) [x1]X = 1

		OIM				
Standardized		Coef.	Std. Err.	z	P>|z|	[95% Conf. Interval]
Measurement							
x1 <-							
X		.7707157	.0407187	18.93	0.000	.6909085	.8505229
_cons		6.825425	.4444161	15.36	0.000	5.954385	7.696464

```
x2 <-       |
         X |    .7925874    .0372215    21.29   0.000    .7196345    .8655403
      _cons |   6.049334    .3960908    15.27   0.000     5.27301    6.825657
------------+
x3 <-       |
         X |     .747821    .0442932    16.88   0.000     .661008    .834634
      _cons |   6.455719     .421362    15.32   0.000    5.629865    7.281574
------------+
x4 <-       |
         X |    .9698857    .0208023    46.62   0.000     .929114    1.010657
      _cons |   8.951534    .5778076    15.49   0.000    7.819052    10.08402
------------+
Variance    |
      e.x1 |    .4059973    .0627651                     .2998691    .5496859
      e.x2 |    .3718052    .0590027                     .2724183    .5074517
      e.x3 |    .4407637    .0662467                     .3282996    .5917541
      e.x4 |    .0593216    .0403517                      .015639    .2250174
         X |           1           .                            .           .
------------+
LR test of model vs. saturated: chi2(2)   =       1.78, Prob > chi2 = 0.4111
```

333

Stata 在結構方程模型及試題反應理論的應用

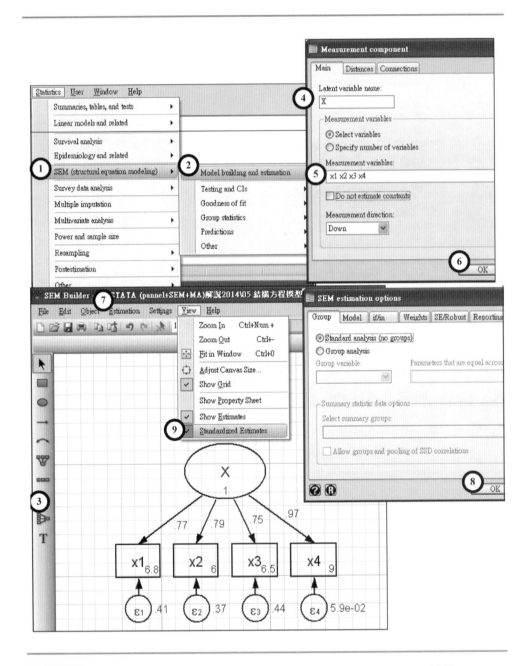

圖 4-19 「sem_1fmm.stsem」檔「View → Standardized Estimated」結果

Fornell 與 Larcker(1981) 認為具有良好收斂效度的量表需符合下列三項標準：(1) 所有標準化因素負荷量都要大於 0.50，且需達到 0.05 的顯著水準。(2)

潛在變數之成分信度要高於 0.80。(3) 潛在變數之平均變異抽取要高於 0.50。

Step 2. 用 CD 所附「組成信度執行檔 (輸入標準化因素負荷量即可計算)」 Exps.exe 檔，來計算組成信度及變異抽取量

Bentler 和 Wu(1983) 認為具有良好信度的量表需符合下列兩項標準：(1) 個別項目信度 (individual item reliability) 大於 0.20。(2) 潛在變數的成分信度 (composite reliability) 大於 0.60。個別項目信度即各觀察變數的 R^2；潛在變數的成分信度係以各潛在變數為單位進行估計，其數值相當於該潛在變數所屬觀察指標的 Cronbach α 係數；潛在變數的平均變異抽取亦是以個別變數的潛在變數為單位計算的，該數值表是觀察指標能測量到多少百分比的潛在變數。

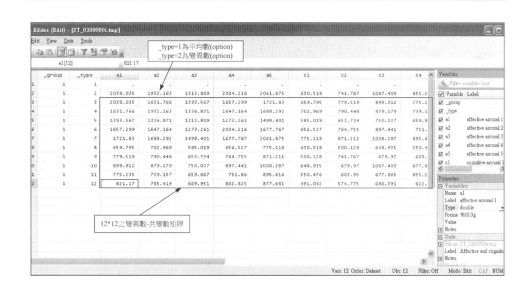

圖 4-20 計算組成信度及平均變異抽取量

Step 3. 整體適配度分析

結構方程模型的基本概念是：

1. 首先會根據先前的理論、已有的知識與經驗，經過文獻整理、理論推導和假設，而建立一個描述一組變數之間相互關係的假設模型 (又稱為觀念性模型)。
2. 然後經過對觀察變數的測量，獲得一組觀察變數的資料和基於此資料所形成的共變數矩陣，這個共變數矩陣稱為樣本矩陣。

3. 結構方程模型就是要將假設模型中，各類變數之路徑關係所形成的共變數矩陣 (又稱再生矩陣) 與實際的樣本矩陣進行適配性檢驗。

4. 如果再生矩陣與樣本矩陣間的差距很小，即假設模型與實際的樣本資料適配良好，那麼就表示模型是可以接受的；否則就要對模型進行修正。

指標值 (Fit index)	建議的指標值	解　釋
Chi-square/d.f.	≦ 3.0	調整的卡方值，較不受樣本數大小的影響。
GFI	≧ 0.9	研究者的模式可以解釋觀察資料共變數的程度，用來說明模式的解釋力。
AGFI	≧ 0.8	GFI 受樣本數影響很大，AGFI 可以調整 GFI 的大小，用來避免受樣本數大小影響。
GFI	≧ 0.9	比較適配指標，屬於非中心性分配，小樣本也適用，用來說明研究者的模式較虛無模型的改善程度。
NNFI	≧ 0.9	非規範適配指標，對規範適配指標 (NFI) 作自由度調整，用來避免受樣本數大小影響。
SRMSR	≦ 0.1	標準化的均方根殘差，是平均殘差共變標準化的總和，用來標準化研究者模式的整體殘差，以瞭解殘差特性。
RMSEA	≦ 0.08	近似誤差均方根，比卡方較不受樣本數大小影響，研究者的模式與飽和模式的差距，越小越好。

```
. quietly sem (x1<-X) (y<-X), reliability(x1 0.5)

. estat gof, stats(all)


------------------------------------------------------------------------
Fit statistic        |     Value   Description
---------------------+--------------------------------------------------
Likelihood ratio     |
          chi2_ms(2) |     1.778   model vs. saturated
            p > chi2 |     0.411
          chi2_bs(6) |   306.462   baseline vs. saturated
            p > chi2 |     0.000
```

```
---------------------+------------------------------------------------------------
Population error     |
            RMSEA |     0.000   Root mean squared error of approximation
90% CI, lower bound |     0.000
        upper bound |     0.172
             pclose |     0.514   Probability RMSEA <= 0.05
---------------------+------------------------------------------------------------
Information criteria |
               AIC |   4185.972  Akaike's information criterion
               BIC |   4219.718  Bayesian information criterion
---------------------+------------------------------------------------------------
Baseline comparison  |
               CFI |     1.000   Comparative fit index
               TLI |     1.002   Tucker-Lewis index
---------------------+------------------------------------------------------------
Size of residuals    |
              SRMR |     0.013   Standardized root mean squared residual
                CD |     0.953   Coefficient of determination
---------------------+------------------------------------------------------------
```

1. 概似比 (LR) 檢定整體 (overall) 適配度：LR test of model(本例測驗型)vs. saturated(飽和模型 : 有 perfect 共變數之模型)，結果得 $\chi^2_{(2)} = 1.78$, $p > 0.05$，表示該模型之整體適配度良好。

2. 評估一個模型之整體適配度的目的在於決定模型整體上和所蒐集的資料一致之程度 (Diamantopoulos & Siguaw，2000)。整體適配度可說是模型的外在品質。過去評量模型的整體適配標準都以 χ^2 值的顯著與否為標準。然而，χ^2值常常隨著樣本人數而波動，一旦樣本人數很大，幾乎所有的模型都可能被拒絕。當樣本人數超過 200 人時，χ^2 值就很容易顯著。

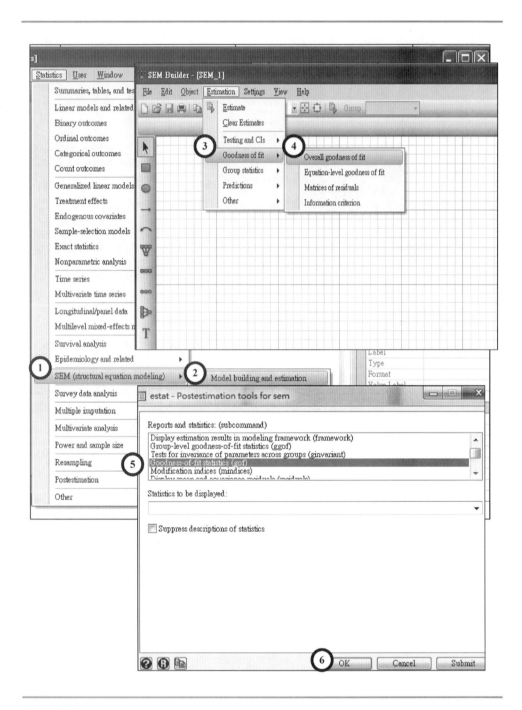

圖 4-21 整體適配度分析之畫面

Step 4. 改用 gsem 分析測量模型

Stata v13 版以後才有提供 gsem 指令，但 gsem 指令無法印出標準化的係數。

```
. webuse sem_1fmm
*gsem 指令限制在 Stata v13 版以後才有
. gsem (x1 x2 x3 x4 <-X)

Fitting fixed-effects model:


Iteration 0:    log likelihood = -2233.3283
Iteration 1:    log likelihood = -2233.3283


Refining starting values:


Grid node 0:    log likelihood = -2081.0303


Fitting full model:


Iteration 0:    log likelihood = -2081.0303
Iteration 1:    log likelihood = -2080.9861
Iteration 2:    log likelihood = -2080.9859


Generalized structural equation model          Number of obs   =         123
Log likelihood = -2080.9859


 (1)  [x1]X = 1

--------------------------------------------------------------------------------
            |    Coef.    Std. Err.      z     P>|z|    [95% Conf. Interval]
------------+-------------------------------------------------------------------
x1 <-       |
          X |          1  (constrained)
       _cons |  96.28455   1.271962    75.70   0.000    93.79155   98.77755
------------+-------------------------------------------------------------------
x2 <-       |
          X |  1.172365   .1231778     9.52   0.000    .9309411   1.413789
       _cons |  97.28455   1.450052    67.09   0.000    94.4425   100.1266
------------+-------------------------------------------------------------------
x3 <-       |
```

X	1.034524	.1160559	8.91	0.000	.8070585	1.261989
_cons	97.09756	1.35616	71.60	0.000	94.43954	99.75559
x4 <-						
X	6.886053	.6030902	11.42	0.000	5.704018	8.068088
_cons	690.9837	6.96013	99.28	0.000	677.3421	704.6253
var(X)	118.2064	23.8262			79.62858	175.474
var(e.x1)	80.79381	11.66416			60.88222	107.2175
var(e.x2)	96.15857	13.93942			72.37613	127.7558
var(e.x3)	99.70883	14.33298			75.22718	132.1577
var(e.x4)	353.4614	236.6835			95.14011	1313.168

1. 「未標準化」之參數估計，本例分析採 sem 與 gsem 指令來分析，測得結果都是相同的，且 log-likelihood 亦相同。

2. 值得一提的是，遇到簡單模型，儘量用 sem 指令 (殺雞不用牛刀)，sem 除了比 gsem 簡單外，精準度亦較高；但遇到較複雜模型或非常態之反應變數，才需改用 gsem 指令。

3. Likelihood ratio χ^2 概似比率卡方考驗值 (Chi-square index)：
結構方程式的 χ^2(卡方) 統計是屬於劣性適配 (Badness of fit measure) 的指標，在特定的自由度之下，若 χ^2(卡方) 檢定值顯著時，代表觀察 (獲得) 矩陣與理論估計矩陣的適配不良。在結構方程式分析中，期望觀察 (獲得) 的數值與模式是適配，故 χ^2(卡方) 檢定值必須爲不顯著。一般設定 χ^2 檢定的機率 p 需大於 0.10，該結構方程式的模式方能夠被接受。

4-2-4b Two-factor 測量模型：Equation-level goodness-of-fit

測量模式旨在建立測量指標與潛在變數間之關係，主要透過驗證性因素分析以檢驗測量指標 (即問卷、量表) 的效度。

範例：情感面及認知面之驗證性分析 (Confirmatory factor analysis of an instrument designed to measure affective and cognitive arousal)

當你研究重點是在多元迴歸之方程式的顯著性檢定，而不是整體 SEM 適配

度時，則你可仿照本例的做法。

一、資料檔之內容

讀入資料檔之前，先設定工作目錄「File > Chang working directory」，指定 CD 所附資料檔之路徑，接著再選「File > Open」，分別開啓「sem_2fmm.dta」資料檔、「sem_2fmm.stsem」執行檔。

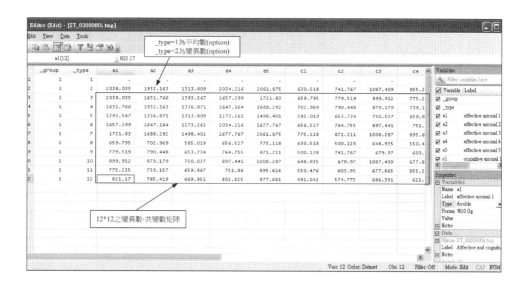

圖 4-22 「sem_2fmm.dta」資料檔 (N＝216, 12 variables)

```
＊雙因子驗證因素分析之例子
＊開啟系統內建之資料檔
. webuse sem_2fmm


. ssd describe


  Summary statistics data from http://www.stata-press.com/data/r12/sem_2fmm.
dta
    obs:          216           Affective and cognitive arousal
    vars:          10           25 May 2011 10:11
                                (_dta has notes)
```

```
-----------------------------------------------------------------
variable name                    variable label
-----------------------------------------------------------------
a1                               affective arousal 1
a2                               affective arousal 2
a3                               affective arousal 3
a4                               affective arousal 4
a5                               affective arousal 5
c1                               cognitive arousal 1
c2                               cognitive arousal 2
c3                               cognitive arousal 3
c4                               cognitive arousal 4
c5                               cognitive arousal 5
-----------------------------------------------------------------
. note

_dta:
1. Summary statistics data containing published covariances from Thomas O.
Williams, Ronald C. Eaves, and Cynthia Cox, 2 Apr 2002, "Confirmatory factor
analysis of an instrument designed to measure affective and cognitive arous-
al", _Educational and Psychological Measurement_, vol. 62, no. 2, 264-283.
2. a1-a5 report scores from 5 miniscales designed to measure affective arous-
al.
3. c1-c5 report scores from 5 miniscales designed to measure cognitive arous-
al.
4. The series of tests, known as the VST II (Visual Similes Test II) were ad-
ministered to 216 children ages 10 to 12.  The miniscales are sums of scores
of 5 to 6 items in VST II.
```

二、SEM 模型

含有二個直交 (orthogonal) 共同因素模型,如下圖。

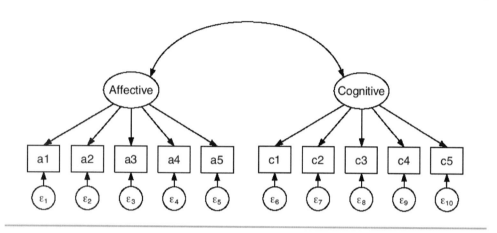

圖 4-23 利用 Builder 建構 sem 模型,並存在「sem_2fmm.stsem」檔

三、分析結果與討論

Step 1. 測量模型分析

```
* 雙因子驗證因素分析之例子
* 開啟系統內建之資料檔 sem_2fmm.dta
. webuse sem_2fmm

* 雙潛在變數 Affective 及 Cognitive 之 CFA
. sem (Affective -> a1 a2 a3 a4 a5)  (Cognitive -> c1 c2 c3 c4 c5)
* 或利用 Stata Builder 建立的指令為:
. sem (Affective -> a1 a2 a3 a4 a5)  (Cognitive -> c1 c2 c3 c4 c5), covstruct(_
lexogenous, diagonal) latent(Affective Cognitive ) cov( Affective*Cognitive)
nocapslatent
Endogenous variables

Measurement:  a1 a2 a3 a4 a5 c1 c2 c3 c4 c5
```

```
Exogenous variables

┌─────────────────────────────────────────┐
│ Latent:        Affective Cognitive       │
└─────────────────────────────────────────┘

Fitting target model:

Iteration 0:    log likelihood = -9542.8803
Iteration 1:    log likelihood = -9539.5505
Iteration 2:    log likelihood = -9539.3856
Iteration 3:    log likelihood = -9539.3851


Structural equation model          ┌────────────────────────────┐
                                    │ Number of obs    =     216 │
Estimation method  = ml             └────────────────────────────┘
Log likelihood     = -9539.3851


 ( 1)   [a1]Affective = 1
 ( 2)   [c1]Cognitive = 1
─────────────────────────────────────────────────────────────────────────
                    |            OIM
                    |   Coef.   Std. Err.      z    P>|z|   [95% Conf. Interval]
────────────────────+──────────────────────────────────────────────────────
Measurement         |
  a1 <-             |
       Affective    |        1  (constrained)
────────────────────+──────────────────────────────────────────────────────
  a2 <-             |
       Affective    | .9758098  .0460752    21.18   0.000    .885504   1.066116
────────────────────+──────────────────────────────────────────────────────
  a3 <-             |
       Affective    | .8372599  .0355086    23.58   0.000   .7676643   .9068556
────────────────────+──────────────────────────────────────────────────────
  a4 <-             |
       Affective    | .9640461  .0499203    19.31   0.000    .866204   1.061888
────────────────────+──────────────────────────────────────────────────────
  a5 <-             |
       Affective    | 1.063701  .0435751    24.41   0.000   .9782951   1.149107
────────────────────+──────────────────────────────────────────────────────
  c1 <-             |
```

```
      Cognitive |              1   (constrained)
----------------+-----------------------------------------------------------------
      c2 <-     |
      Cognitive |   1.114702    .0655687    17.00   0.000    .9861901    1.243215
----------------+-----------------------------------------------------------------
      c3 <-     |
      Cognitive |   1.329882    .0791968    16.79   0.000    1.174659    1.485105
----------------+-----------------------------------------------------------------
      c4 <-     |
      Cognitive |   1.172792    .0711692    16.48   0.000    1.033303    1.312281
----------------+-----------------------------------------------------------------
      c5 <-     |
      Cognitive |   1.126356    .0644475    17.48   0.000    1.000041    1.252671
----------------+-----------------------------------------------------------------
Variance        |
          e.a1 |   384.1359    43.79119                      307.2194    480.3095
          e.a2 |   357.3524    41.00499                      285.3805    447.4755
          e.a3 |   154.9507    20.09026                      120.1795    199.7822
          e.a4 |   496.4594    54.16323                      400.8838    614.8214
          e.a5 |   191.6857    28.07212                      143.8574    255.4154
          e.c1 |   171.6638    19.82327                      136.894     215.2649
          e.c2 |   171.8055    20.53479                      135.9247    217.1579
          e.c3 |   276.0144    32.33535                      219.3879    347.2569
          e.c4 |   224.1994    25.93412                      178.7197    281.2527
          e.c5 |   146.8655    18.5756                       114.6198    188.1829
      Affective |   1644.463    193.1032                      1306.383    2070.034
      Cognitive |   455.9349    59.11245                      353.6255    587.8439
----------------+-----------------------------------------------------------------
Covariance      |
      Affective |
      Cognitive |   702.0736    85.72272     8.19   0.000    534.0601    870.087
----------------+-----------------------------------------------------------------
LR test of model vs. saturated: chi2(34)  =        88.88,  Prob > chi2 = 0.0000
```

1. LR 檢定整體適配度，結果得 $\chi^2_{(34)} = 88.88$, $p < 0.05$，表示該模型之整體適配度不是頂優。但 $\chi^2_{(34)}/df = 88.88/34 = 2.6$，理想值 < 3，故本 CFA 仍是理想的。

2. Likelihood ratio χ^2 概似比率卡方考驗值 (Chi-square index)：
   結構方程式的 χ^2 (卡方) 統計是屬於劣性適配 (Badness of fit measure) 的指

標，在特定的自由度之下，若 χ^2 (卡方) 檢定值顯著時，代表觀察 (獲得) 矩陣與理論估計矩陣的適配不良。在結構方程式分析中，期望觀察 (獲得) 的數值與模式是適配，故 χ^2 (卡方) 檢定值必須為不顯著。一般設定 χ^2 檢定的機率 p 需大於 0.10，該結構方程式的模式方能夠被接受。

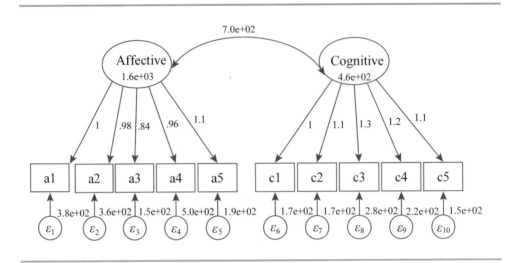

圖 4-24 「sem_2fmm.stsem」檔估計結果

Step 2. 測量模型之標準化係數

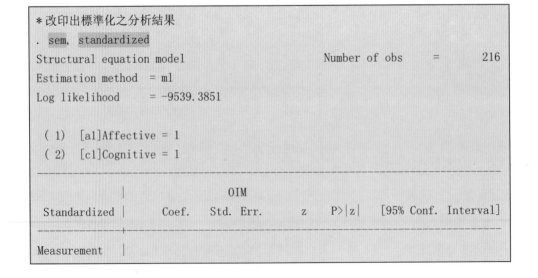

```
＊改印出標準化之分析結果
. sem, standardized
Structural equation model                    Number of obs    =     216
Estimation method  = ml
Log likelihood     = -9539.3851

 ( 1)   [a1]Affective = 1
 ( 2)   [c1]Cognitive = 1
```

	OIM					
Standardized	Coef.	Std. Err.	z	P>|z|	[95% Conf. Interval]	
Measurement						

a1 <-						
Affective	.9003553	.0143988	62.53	0.000	.8721342	.9285765
a2 <-						
Affective	.9023249	.0141867	63.60	0.000	.8745195	.9301304
a3 <-						
Affective	.9388883	.0097501	96.29	0.000	.9197784	.9579983
a4 <-						
Affective	.8687982	.0181922	47.76	0.000	.8331421	.9044543
a5 <-						
Affective	.9521559	.0083489	114.05	0.000	.9357923	.9685195
c1 <-						
Cognitive	.8523351	.0212439	40.12	0.000	.8106978	.8939725
c2 <-						
Cognitive	.8759601	.0184216	47.55	0.000	.8398544	.9120658
c3 <-						
Cognitive	.863129	.0199624	43.24	0.000	.8240033	.9022547
c4 <-						
Cognitive	.8582786	.0204477	41.97	0.000	.8182018	.8983554
c5 <-						
Cognitive	.8930346	.0166261	53.71	0.000	.8604479	.9256212
Variance						
e.a1	.1893602	.0259281			.1447899	.2476506
e.a2	.1858097	.0256021			.1418353	.2434179
e.a3	.1184887	.0183086			.0875289	.1603993
e.a4	.2451896	.0316107			.1904417	.3156764
e.a5	.0933991	.015899			.0669031	.1303885
e.c1	.2735248	.0362139			.2110086	.354563
e.c2	.2326939	.0322732			.1773081	.3053806

e.c3	.2550083	.0344603		.1956717	.3323385
e.c4	.2633578	.0350997		.2028151	.3419733
e.c5	.2024893	.0296954		.1519049	.2699183
Affective	1		.		.
Cognitive	1		.		.
Covariance					
Affective					
Cognitive	.8108102	.0268853	30.16	0.000	.758116	.8635045

LR test of model vs. saturated: chi2(34) = 88.88, Prob > chi2 = 0.0000

1. 驗證因素模型之整體適配度，LR 檢定結果，$\chi^2_{(34)}$ = 88.88(p < 0.05)，表示該模型之整體適配度不是頂優。但 $\chi^2_{(34)}$ = /df = 88.88/34 = 2.6，理想值 < 3，故本 CFA 仍是理想的。

2. 選「View > Standardized Estimates」選擇表所求得，標準化參數估計如下圖。

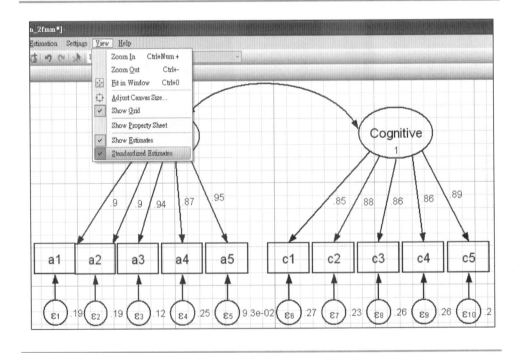

圖 4-25 「sem_2fmm.stsem」檔「View Standardized Estimated」結果

Fornell 與 Larcker(1981) 認為具有良好收斂效度的量表需符合下列三項標準：(1) 所有標準化因素負荷量都要大於 0.50，且需達到 0.05 的顯著水準。(2) 潛在變數之成分信度要高於 0.80。(3) 潛在變數之平均變異抽取要高於 0.50。

Step 3. Equation-level goodness-of-fit statistics for linear SEM

本例，潛在變數 Affective 與 a1 的相關為 0.90，表示 a1 可解釋 Affective 變異數為 $0.90^2 = 0.81$(即 $R^2 = 0.81$)，無法解釋變異數為 (1-0.81)=0.19。為了便利你能更快算出「外顯變數對潛在變數的解釋變異數」，Stata 提供「estat eqgof」事後檢定指令。

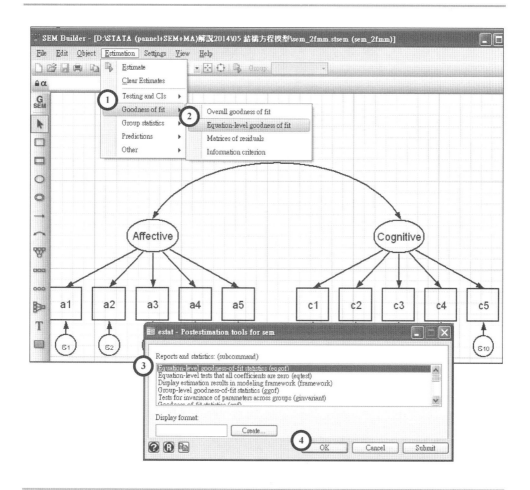

圖 4-26 Equation-level goodness-of-fit 之畫面

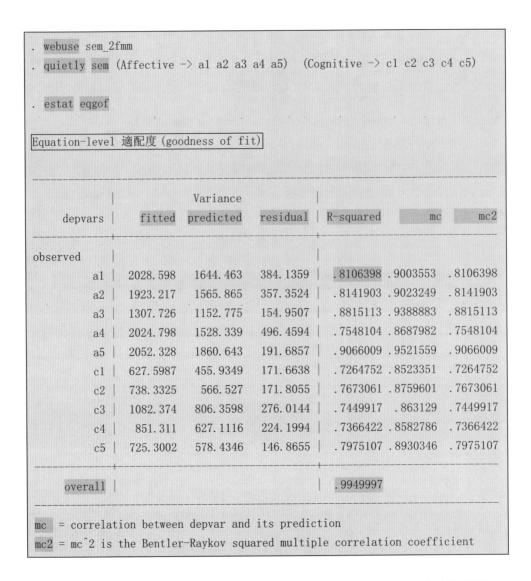

```
. webuse sem_2fmm
. quietly sem (Affective -> a1 a2 a3 a4 a5)  (Cognitive -> c1 c2 c3 c4 c5)

. estat eqgof
```

Equation-level 適配度 (goodness of fit)

	Variance					
depvars	fitted	predicted	residual	R-squared	mc	mc2
observed						
a1	2028.598	1644.463	384.1359	.8106398	.9003553	.8106398
a2	1923.217	1565.865	357.3524	.8141903	.9023249	.8141903
a3	1307.726	1152.775	154.9507	.8815113	.9388883	.8815113
a4	2024.798	1528.339	496.4594	.7548104	.8687982	.7548104
a5	2052.328	1860.643	191.6857	.9066009	.9521559	.9066009
c1	627.5987	455.9349	171.6638	.7264752	.8523351	.7264752
c2	738.3325	566.527	171.8055	.7673061	.8759601	.7673061
c3	1082.374	806.3598	276.0144	.7449917	.863129	.7449917
c4	851.311	627.1116	224.1994	.7366422	.8582786	.7366422
c5	725.3002	578.4346	146.8655	.7975107	.8930346	.7975107
overall				.9949997		

mc = correlation between depvar and its prediction
mc2 = mc^2 is the Bentler-Raykov squared multiple correlation coefficient

1.「fitted」代表每個內生變數的 fitted variance，本例二個因素共 10 個外顯變數。

2.「predicted」代表每個內生變數預測的 fitted variance。

3.「residual」殘餘的 residual variance。

4.「R-squared」印出 R^2，例如，潛在變數 Affective 與 a1 的相關為 0.90，表示 a1 可解釋 Affective 變異數為 $0.09^2 = 0.81$(即 $R^2 = 0.81$)。

5.「overall R^2」又稱 coefficient of determination，相當於多元迴歸的決定係數，此值愈大，表示預測變數愈能預測依變數 (潛在變數)。整體決定係數 $R^2 = 0.9949$，是非常高。

6.「mc」代表 multiple correlation(複相關係數)。「mc2」代表 multiple-correlation squared。

4-2-4c Two-factor 測量模型：Group-level GOF(交叉效度)

1. 廣義交叉效度 (Cross validity)，係指測量結果具有跨樣本 - 跨情境的有效性。在 SEM 結構模式中，一個理想模型在不同樣本上重複出現的程度。

2. 凡測量不同情境下的穩定性檢驗，都可視為交叉效度的一種做法。

3. 交叉效度的概念反映了效度一般化 (validity generalization)) 的能力，研究者由不同樣本上重複獲得證據，證明量表有效性的一個動態性、累積性的過程。

4. 多群組的 CFA 是最佳交叉效度的分析。故本例旨來示範「交叉效度」的分析。

表 4-1 交叉效度檢定

研究中的模型數目	效度樣本來源	
	相同母體	不同母體
單一模型	模型穩定性	效度延展性
不同模型	模型選擇性	效度一般性

　　群組之間的比較，例如「因素負荷量」、「結構 (路徑) 係數」及、「因素共變異數」之間沒有差異，則表示模型具相當的穩定性 (交叉效度高)。

範例：已分群組之雙因子驗證因素分析：交叉效度檢定

　　若你猜疑，可能不同群組之間，對外顯變數的反應是不同質的。此時你可仿照本例做法，來控制不同群組之間的異質性。

　　本例旨在探討「個人外貌是否會影響她的人緣關係」，屬自我概念之因素分析。外顯變數有：「與父母關係 4 個指標」、「與同儕關係 4 個指標」這二類因素。樣本共 134 名學生，區分二個群組：Group 1 is grade 4，group 2 is grade 5。

一、資料檔之內容

　　讀入資料檔之前，先設定工作目錄「File > Chang working directory」，指定 CD 所附資料檔之路徑，接著再選「File > Open」，分別開啟「2factor_measure_model_by_group.dta」資料檔、「2factor_measure_model_by_group.stsem」圖形檔。

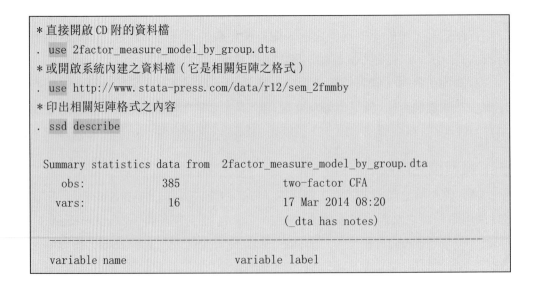

圖 4-27 「2factor_measure_model_by_group.dta」資料檔 (2 個樣本的共變數矩陣)

```
* 直接開啟 CD 附的資料檔
. use 2factor_measure_model_by_group.dta
* 或開啟系統內建之資料檔 ( 它是相關矩陣之格式 )
. use http://www.stata-press.com/data/r12/sem_2fmmby
* 印出相關矩陣格式之內容
. ssd describe


  Summary statistics data from  2factor_measure_model_by_group.dta
     obs:           385                    two-factor CFA
    vars:            16                    17 Mar 2014 08:20
                                           (_dta has notes)
  _____

  variable name                       variable label
```

```
----------------------------------------------------------------
  phyab1                    Physical ability 1
  phyab2                    Physical ability 2
  phyab3                    Physical ability 3
  phyab4                    Physical ability 4
  appear1                   Appearance 1
  appear2                   Appearance 2
  appear3                   Appearance 3
  appear4                   Appearance 4
  peerrel1                  Relationship w/ peers 1
  peerrel2                  Relationship w/ peers 2
  peerrel3                  Relationship w/ peers 3
  peerrel4                  Relationship w/ peers 4
  parrel1                   Relationship w/ parent 1
  parrel2                   Relationship w/ parent 2
  parrel3                   Relationship w/ parent 3
  parrel4                   Relationship w/ parent 4
----------------------------------------------------------------
. note
 _dta:
  1. Summary statistics data from Marsh, H. W. and Hocevar, D., 1985, "Appli-
 cation of confirmatory factor analysis to the study of self-concept: First-
 and higher order factor models and their invariance across groups", _Psycho-
 logical Bulletin_, 97: 562-582.
  2. Summary statistics based on 134 students in grade 4 and 251 students in
 grade 5 from Sydney, Australia.
  3. Group 1 is grade 4, group 2 is grade 5.
  4. Data collected using the Self-Description Questionnaire and includes six-
 teen subscales designed to measure nonacademic status: four intended to mea-
 sure physical ability, four intended to measure physical appearance, four
 intended to measure relations with peers, and four intended to measure rela-
 tions with parent.
 s.
```

二、SEM 模型

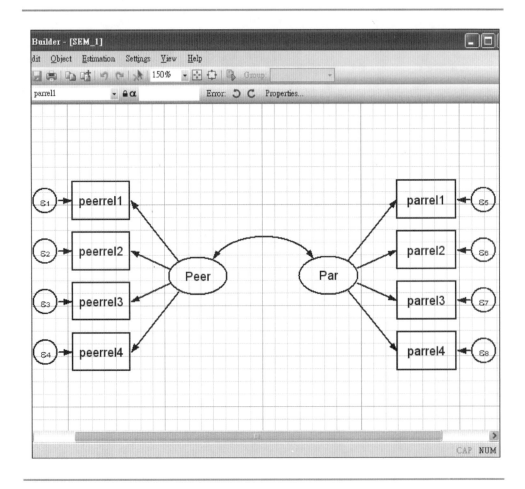

圖 4-28 「2factor_measure_model_by_group.stsem」概念性模型

三、分析結果與討論

Step 1. 全部樣本都納入「因素分析」

```
. use http://www.stata-press.com/data/r12/sem_2fmmby
* 只求 sem 模型，但不印出
. quietly sem (Peer -> peerrel1 peerrel2 peerrel3 peerrel4) (Par -> parrel1
parrel2 parrel3 parrel4)
```

```
＊印出標準化參數值
. sem, standardized


Structural equation model              Number of obs      =      385
Estimation method  = ml
Log likelihood     = -5558.6017


 (1)  [peerrel1]Peer = 1
 (2)  [parrel1]Par = 1
```

	OIM					
Standardized	Coef.	Std. Err.	z	P>|z|	[95% Conf. Interval]	
Measurement						
peerrel1 <-						
Peer	.6818762	.0338006	20.17	0.000	.6156283	.7481241
_cons	4.720842	.1775971	26.58	0.000	4.372758	5.068926
peerrel2 <-						
Peer	.6860585	.0335316	20.46	0.000	.6203377	.7517792
_cons	3.84545	.1476548	26.04	0.000	3.556052	4.134849
peerrel3 <-						
Peer	.7902176	.0279493	28.27	0.000	.7354381	.8449971
_cons	3.261966	.1281255	25.46	0.000	3.010845	3.513088
peerrel4 <-						
Peer	.7518688	.0298175	25.22	0.000	.6934276	.81031
_cons	4.058776	.1548928	26.20	0.000	3.755192	4.36236
parrel1 <-						
Par	.5554994	.0415308	13.38	0.000	.4741005	.6368983
_cons	7.337092	.2692773	27.25	0.000	6.809318	7.864866
parrel2 <-						
Par	.5400053	.0425949	12.68	0.000	.4565208	.6234897
_cons	6.330118	.2337453	27.08	0.000	5.871986	6.78825
parrel3 <-						

Par	.8258667	.0294477	28.05	0.000	.7681502	.8835832
_cons	4.97283	.1863143	26.69	0.000	4.60766	5.337999
parrel4 <-						
Par	.7595713	.031591	24.04	0.000	.6976541	.8214886
_cons	6.381713	.2355603	27.09	0.000	5.920024	6.843403
var(e.peerrel1)	.5350448	.0460956			.451915	.6334664
var(e.peerrel2)	.5293238	.0460093			.4464103	.6276371
var(e.peerrel3)	.3755562	.044172			.298235	.4729237
var(e.peerrel4)	.4346933	.0448377			.3551267	.5320869
var(e.parrel1)	.6914204	.0461407			.6066509	.7880352
var(e.parrel2)	.7083943	.0460029			.6237323	.8045478
var(e.parrel3)	.3179442	.0486398			.2355766	.4291109
var(e.parrel4)	.4230514	.0479913			.3387132	.5283894
var(Peer)	1	.			.	.
var(Par)	1	.			.	.
cov(Peer,Par)	.4767045	.0512406	9.30	0.000	.3762748	.5771342

LR test of model vs. saturated: chi2(19) =   28.19, Prob > chi2 = 0.0798

1. LR 檢定整體適配度，結果得 $\chi^2_{(19)} = 28.19$, $p > 0.05$，表示該模型之整體 (overall) 適配度良好。

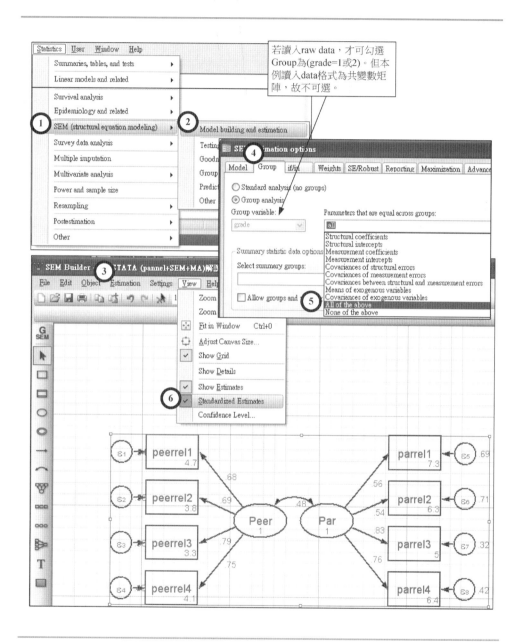

Step 2. 全體樣本之 Equation-level 適配度

```
. use http://www.stata-press.com/data/r12/sem_2fmmby
* 只求 sem 模型，但不印出
. quietly sem (Peer -> peerrel1 peerrel2 peerrel3 peerrel4) (Par -> parrel1
  parrel2 parrel3 parrel4)

. estat eqgof
```

Equation-level 適配度 (goodness of fit)

depvars	Variance fitted	predicted	residual	R-squared	mc	mc2
observed						
peerrel1	3.381603	1.572294	1.809309	.4649552	.6818762	.4649552
peerrel2	4.14454	1.950737	2.193804	.4706762	.6860585	.4706762
peerrel3	5.090781	3.178907	1.911874	.6244438	.7902176	.6244438
peerrel4	4.032813	2.279776	1.753037	.5653067	.7518688	.5653067
parrel1	1.620335	.5000022	1.120333	.3085796	.5554994	.3085796
parrel2	2.121704	.6187009	1.503003	.2916057	.5400053	.2916057
parrel3	3.044585	2.076577	.9680081	.6820558	.8258667	.6820558
parrel4	2.008937	1.159053	.8498834	.5769486	.7595713	.5769486
overall				.9615694		

```
mc  = correlation between depvar and its prediction
mc2 = mc^2 is the Bentler-Raykov squared multiple correlation coefficient
```

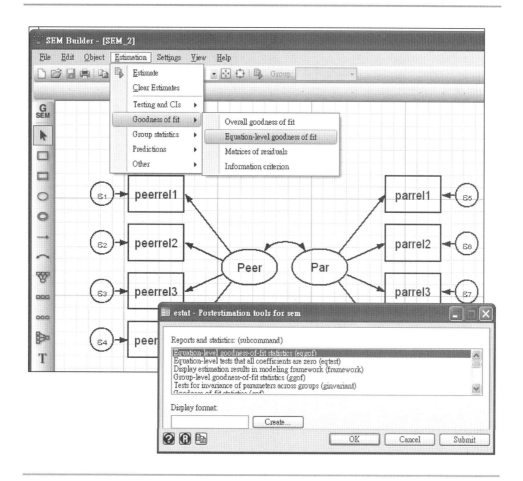

圖 4-30 全體樣本之 Equation-level 適配度

Step 3. 以「group()」選項將樣本分群組之後,再納入「因素分析」

```
. use http://www.stata-press.com/data/r12/sem_2fmmby
* 以 grade 當分組變數,先求 sem 模型,但不印出
. quietly sem (Peer -> peerrel1 peerrel2 peerrel3 peerrel4) (Par -> parrel1
parrel2 parrel3 parrel4), group(grade)

* 改印出標準化參數值
. sem, standardized
```

```
Structural equation model                    Number of obs       =      385
Grouping variable  = grade                   Number of groups    =        2
Estimation method  = ml
Log likelihood     = -5542.6774

 ( 1)  [peerrel1]1bn. grade#c. Peer = 1
 ( 2)  [peerrel2]1bn. grade#c. Peer -[peerrel2]2. grade#c. Peer = 0
 ( 3)  [peerrel3]1bn. grade#c. Peer -[peerrel3]2. grade#c. Peer = 0
 ( 4)  [peerrel4]1bn. grade#c. Peer -[peerrel4]2. grade#c. Peer = 0
 ( 5)  [parrel1]1bn. grade#c. Par = 1
 ( 6)  [parrel2]1bn. grade#c. Par -[parrel2]2. grade#c. Par = 0
 ( 7)  [parrel3]1bn. grade#c. Par -[parrel3]2. grade#c. Par = 0
 ( 8)  [parrel4]1bn. grade#c. Par -[parrel4]2. grade#c. Par = 0
 ( 9)  [peerrel1]1bn. grade -[peerrel1]2. grade = 0
 (10)  [peerrel2]1bn. grade -[peerrel2]2. grade = 0
 (11)  [peerrel3]1bn. grade -[peerrel3]2. grade = 0
 (12)  [peerrel4]1bn. grade -[peerrel4]2. grade = 0
 (13)  [parrel1]1bn. grade -[parrel1]2. grade = 0
 (14)  [parrel2]1bn. grade -[parrel2]2. grade = 0
 (15)  [parrel3]1bn. grade -[parrel3]2. grade = 0
 (16)  [parrel4]1bn. grade -[parrel4]2. grade = 0
 (17)  [peerrel1]2. grade#c. Peer = 1
 (18)  [parrel1]2. grade#c. Par = 1
 (19)  [mean(Peer)]1bn. grade = 0
 (20)  [mean(Par)]1bn. grade = 0
-----------------------------------------------------------------------------
                  |                  OIM
   Standardized   |    Coef.    Std. Err.     z     P>|z|   [95% Conf. Interval]
------------------+----------------------------------------------------------
Measurement       |
  peerrel1 <-     |
           Peer   |
              1   |  .7265247   .0449769    16.15   0.000   .6383715   .8146778
              2   |  .6514761   .0375748    17.34   0.000   .5778308   .7251213
          _cons   |
              1   |  4.307408   .2466901    17.46   0.000   3.823905   4.790912
              2   |  4.822858   .2251733    21.42   0.000   4.381526   5.264189
------------------+----------------------------------------------------------
  peerrel2 <-     |
```

```
       Peer |
          1 |    .7270995    .0433403    16.78   0.000    .642154    .8120451
          2 |    .652965     .0383219    17.04   0.000    .5778555   .7280745
       _cons |
          1 |    3.483893    .2086696    16.70   0.000    3.074908   3.892878
          2 |    3.906619    .185888     21.02   0.000    3.542286   4.270953
------------+----------------------------------------------------------------
 peerrel3 <- |
       Peer |
          1 |    .8245644    .0334128    24.68   0.000    .7590766   .8900523
          2 |    .7557499    .03589      21.06   0.000    .6854068   .826093
       _cons |
          1 |    2.891226    .1900886    15.21   0.000    2.518659   3.263792
          2 |    3.30884     .1673399    19.77   0.000    2.98086    3.63682
------------+----------------------------------------------------------------
 peerrel4 <- |
       Peer |
          1 |    .8000796    .0362633    22.06   0.000    .7290048   .8711543
          2 |    .7117293    .0365683    19.46   0.000    .6400567   .7834019
       _cons |
          1 |    3.69779     .2290934    16.14   0.000    3.248775   4.146805
          2 |    4.107373    .1938423    21.19   0.000    3.727449   4.487297
------------+----------------------------------------------------------------
 parrel1 <-  |
        Par |
          1 |    .5632535    .0532756    10.57   0.000    .4588353   .6676718
          2 |    .5478126    .0444413    12.33   0.000    .4607093   .634916
       _cons |
          1 |    7.872508    .4312785    18.25   0.000    7.027218   8.717798
          2 |    7.116014    .3091777    23.02   0.000    6.510037   7.721991
------------+----------------------------------------------------------------
 parrel2 <-  |
        Par |
          1 |    .6011414    .051732     11.62   0.000    .4997485   .7025342
          2 |    .511507     .0455545    11.23   0.000    .4222218   .6007921
       _cons |
          1 |    7.542313    .437771     17.23   0.000    6.684298   8.400329
          2 |    5.964514    .2513067    23.73   0.000    5.471962   6.457066
------------+----------------------------------------------------------------
```

361

```
parrel3 <-  |
        Par |
          1 |   .8333364    .0439099    18.98   0.000    .7472746    .9193982
          2 |   .8273879    .0317205    26.08   0.000    .7652168    .8895589
       _cons |
          1 |   5.279445    .3144119    16.79   0.000    4.663209    5.895681
          2 |   4.871611     .229391    21.24   0.000    4.422013    5.321209
------------+
parrel4 <-  |
        Par |
          1 |   .7460469    .0413151    18.06   0.000    .6650708    .8270231
          2 |   .7648775    .0369759    20.69   0.000    .6924061    .8373489
       _cons |
          1 |    6.63166    .3988579    16.63   0.000    5.849913    7.413408
          2 |    6.31893    .2775252    22.77   0.000    5.774991     6.86287
------------+
  mean(Peer)|
          1 |          0   (constrained)
          2 |   .2882691    .1372056     2.10   0.036     .019351    .5571872
   mean(Par)|
          1 |          0   (constrained)
          2 |  -.0710509    .1133868    -0.63   0.531    -.293285    .1511833
------------+
var(e.peerrel1)|
          1 |   .4721619    .0653537                      .3599756    .6193112
          2 |   .5755789    .0489582                      .4871947    .6799974
var(e.peerrel2)|
          1 |   .4713263    .0630255                      .3626598    .6125533
          2 |   .5736367    .0500457                      .4834768    .6806097
var(e.peerrel3)|
          1 |   .3200935     .055102                      .2284274    .4485445
          2 |   .4288421    .0542477                      .3346741    .5495064
var(e.peerrel4)|
          1 |   .3598727     .058027                      .2623605    .4936275
          2 |   .4934414    .0520535                      .4012746    .6067775
var(e.parrel1)|
          1 |   .6827455    .0600153                      .5746927    .8111141
          2 |   .6999013     .048691                       .610689    .8021462
var(e.parrel2)|
```

1		.6386291	.0621965		.5276545	.7729434
2		.7383606	.0466029		.6524444	.8355906
var(e.parrel3)						
1		.3055505	.0731834		.1910772	.4886041
2		.3154293	.0524903		.227643	.4370688
var(e.parrel4)						
1		.443414	.061646		.3376528	.5823023
2		.4149624	.056564		.3176731	.5420472
var(Peer)						
1		1	.		.	.
2		1	.		.	.
var(Par)						
1		1	.		.	.
2		1	.		.	.
cov(Peer,Par)						
1		.5236134	.080357	6.52	0.000	.3661165 .6811102
2		.4688342	.0657383	7.13	0.000	.3399894 .5976789

LR test of model vs. saturated: chi2(50) =   61.91, Prob > chi2 = 0.1204

1.「saturated model」是指模型能完美適配共變數矩陣「the model that fits the covariances perfectly」。

2. 整體因素分析結果,參數都根據「grade = 1, grade = 2」分成二組來估計。故有二組不同的 SEM 模型參數。

3. 以 grade 將樣本分二群組之後,LR 檢定整體適配度,結果得 $\chi^2_{(50)}$ = 61.91, $p >$ 0.05,表示該模型之整體適配度良好。

4. 這二個群組之間的比較,在測量模型中「因素負荷量」之間沒有差異,表示本模型具相當的穩定性 (交叉效度高)。

Step 4. 樣本分群組 (Group-level) 之後 goodness-of-fit

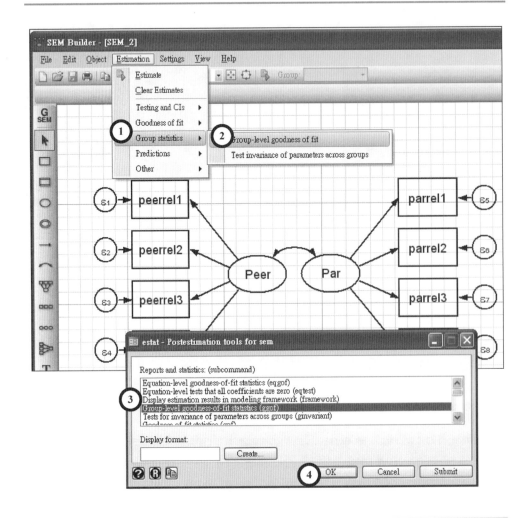

圖 4-31 Group-level goodness-of-fit 畫面

```
. use http://www.stata-press.com/data/r12/sem_2fmmby

* 以 grade 樣本分群組後, 再 sem 分析
. quietly sem (Peer -> peerrel1 peerrel2 peerrel3 peerrel4) (Par -> parrel1
parrel2 parrel3 parrel4), group(grade)

* 以 grade 樣本分群組後, 再求適配度

. estat ggof

Group-level fit statistics
------------------------------------------------
             |      N        SRMR         CD
-------------+----------------------------------
    grade    |
        1    |    134        0.088       0.969
        2    |    251        0.056       0.955
------------------------------------------------
Note: group-level chi-squared are not
  reported because of constraints between
  groups.
```

1. 將樣本分二群組之後，分組求出適配度。

2. SRMR 值愈近 0，表示適配度愈佳。

3. CD 類似決定係數 R^2，值愈近 1，表示適配度愈佳。

4-2-4d 多樣本 Two-factor CFA：Testing parameter equality across groups(測量不變性)

測量不變性，係指同一套測驗施於不同的對象或於不同的時點上使用時，測驗的分數具有之等同性。它又分三種類型：

1. 功能概念恆等性 (functional/conceptual equivalence)：測驗項目與其所對應的潛在因素之間的共變結構上的相似性與差異性。

2. 轉譯恆等性 (transliteral equivalence)：一個量表被轉譯爲不同的語文之後項目的等同性。

3. 因素恆等性 (factoral invariance)：一個測驗的因素結構在不同研究對象中的相似性。

交叉效度 (測量不變性) 的檢定，旨在證明假設模型具有一定的穩定性，非隨機而生 (Capitalization on chance)。

一、測量不變性：因素恆等性 (factoral invariance)

測量不變性 (measurement invariance) 係指，對不同的對象或於不同的時間上使用同一測驗工具或評量方法，測驗分數或評量結果應愈有一定的恆等性 (Reise, Widaman, & Pugh, 1993)。

例如，根據吳昆壽等人 (2006) 編製資優行為觀察量表，此模式之潛在變數為資優行為，觀察變數包含：語文表達、分析性思考、正向動機、創意思考、風趣幽默、敏感性、快速學習、人際互動與情緒表達等九個指標。假如你的研究對象係以 700 位就讀高雄市國小一般智能資優資源班學生為受試對象進行調查研究。此「資優行為觀察量表之信效度及測量不變性檢定」研究重點如下述：

1. 教師評定版與學生自評版資優行為觀察量表，是否符合良好個別項目信度與潛在變數成分信度之標準，是否具有良好之信度？

2. 教師評定版與學生自評版資優行為觀察量表，是否符合良好收斂效度與模式適合度之各項標準，即是否具有良好之效度？

3. 教師評定版與學生自評版資優行為觀察量表，是否符合性別測量不變性的特質。即國小男女資優生之資優行為所得分數，是否具有相同的意義？

二、測量不變性之範例

近年來隨著統計方法的日新月異，對於理論建構的檢定更趨嚴謹，尤其在結構方程模式 (structural equation modeling, SEM) 的發展與應用後，能以更精確的方法有效檢驗潛在的心理構念。

續前例。使用「estat ginvariant」來執行「Testing parameter equality across groups」。

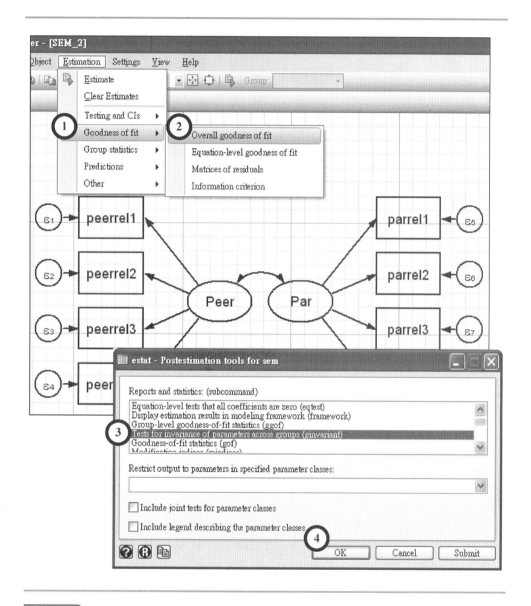

圖 4-32 Tests for invariance of parameters across groups 之畫面

```
. use http://www.stata-press.com/data/r12/sem_2fmmby
. quietly sem (Peer -> peerrel1 peerrel2 peerrel3 peerrel4) (Par -> parrel1
parrel2 parrel3 parrel4), group(grade)

. estat ginvariant
```

Tests for group invariance of parameters

		Wald Test			Score Test		
		chi2	df	p>chi2	chi2	df	p>chi2
Measurement							
peerrel1 <-							
	Peer	.	.	.	2.480	1	0.1153
	_cons	.	.	.	0.098	1	0.7537
peerrel2 <-							
	Peer	.	.	.	0.371	1	0.5424
	_cons	.	.	.	0.104	1	0.7473
peerrel3 <-							
	Peer	.	.	.	2.004	1	0.1568
	_cons	.	.	.	0.002	1	0.9687
peerrel4 <-							
	Peer	.	.	.	0.239	1	0.6246
	_cons	.	.	.	0.002	1	0.9611
parrel1 <-							
	Par	.	.	.	0.272	1	0.6019
	_cons	.	.	.	0.615	1	0.4329
parrel2 <-							
	Par	.	.	.	0.476	1	0.4903
	_cons	.	.	.	3.277	1	0.0703
parrel3 <-							
	Par	.	.	.	3.199	1	0.0737

```
       _cons |        .          .          .      1.446      1   0.2291
-------------+----------------------------------------------------------
  parrel4 <- |
         Par |        .          .          .      2.969      1   0.0849
       _cons |        .          .          .      0.397      1   0.5288
-------------+----------------------------------------------------------
Variance     |
  e.peerrel1 |      0.024        1      0.8772        .          .         .
  e.peerrel2 |      0.033        1      0.8565        .          .         .
  e.peerrel3 |      0.011        1      0.9152        .          .         .
  e.peerrel4 |      0.294        1      0.5879        .          .         .
   e.parrel1 |      1.981        1      0.1593        .          .         .
   e.parrel2 |     14.190        1      0.0002        .          .         .
   e.parrel3 |      0.574        1      0.4486        .          .         .
   e.parrel4 |      0.022        1      0.8813        .          .         .
        Peer |      4.583        1      0.0323        .          .         .
         Par |      0.609        1      0.4350        .          .         .
-------------+----------------------------------------------------------
Covariance   |
        Peer |
         Par |      0.780        1      0.3772        .          .         .
```

1. 「score tests」印出卡方值來代表「parameters that were constrained」，其虛無假設「H_0：限制式是有效的 (the constraint is valid)」。本例所有卡方值的顯著性 p 值都 >0.05，故都接受虛無假設，因此，限制是有效的 None of the tests reject a valid constraint。

2. 相對地，「score tests」若印出「parameters that were not constrained」，其虛無假設「H_0：限制式可能有效 (a constraint would be valid)」。在「grade 4 differs from grade 5」裡，有二個 cases「Wald tests」p 值 < 0.05，包括：variance of e.parrel2 及 variance of Peer。

3. 簡單來說，「score tests」欄，只要所有參數的 p 值 > 0.05，則表示你的模型具有「測量不變性」，亦即你的量表 / 測驗，不會因為施測群組 (e.g 男女、年齡、種族…) 不同而有差異。

4. 上述結果顯示，我們提出的限制都不應被放寬。意即「parameter equality across groups」(除了 e.parrel2 及 Peer 二個變異數係例外)。

4-2-4e 整體 goodness-of-fit statistics for linear SEM

整體模型的評估步驟：

Step 1：檢驗違犯估計

Step 2：整體模型適配指標評鑑

Step 3：模型參數估計檢驗

Step 4：假設檢定

Step 5：影響效果分析

Stata 提供 sem 適配度的統計量，包括 9 種：

1. 你界定模型 vs. 飽和模式比值「Model vs. saturated」(卡方檢定)。

2. 你界定基本模型 vs. 飽和模式比值「Baseline vs. saturated」(卡方檢定)。

3. RMSEA, 均方根近似誤 (root mean squared error of approximation)。

4. AIC, Akaike's 資訊準則 (information criterion)。

5. BIC, Bayesian 資訊準則 (information criterion)。

6. CFI, 比較適配之指數 (comparative fit index)。

7. TLI, Tucker–Lewis 指數 , a.k.a. nonnormed fit index。

8. SRMR, 標準化之均方根近似誤 (standardized root mean squared residual)。

9. CD, 決定係數 (coefficient of determination)。

範例：續前例，二因子驗證性因素分析

```
. use http://www.stata-press.com/data/r12/sem_2fmm
. sem (Affective -> a1 a2 a3 a4 a5) (Cognitive -> c1 c2 c3 c4 c5)
(output omitted )
LR test of model vs. saturated: chi2(34)    =       88.88, Prob > chi2 = 0.0000
```

1. 「saturated model」是指模型能完美適配共變數矩陣「the model that fits the covariances perfectly」。

2. 「此檢定是對比飽和模型 this test against the saturated model」，結果 $\chi^2_{(24)}$ = 88.88, $p < 0.05$。

   卡方 /df = 88.88/34 = 2.614 < 標準值 3，顯示本例適配度自是堪用但仍不是很優。因為很優的測量模型，其卡方檢定之 p 值是要 > 0.05。

3. 適配度旨在衡量你的「fit the observed moments」有多好？亦即「the covariances between all pairs of a1, …, a5, c1,…, c5」之間的共變數。測量模型

係假定：不可觀察變數爲因，以本例來說，潛在變數 Affective 及 Cognitive 都是因。故外顯變數 (a1, …, a5) 都能想像成潛在變數 Affective 的果；而外顯變數 (c1, …, c5) 能夠想像爲潛在變數 Cognitive 的果。

4. 可惜 sem 適配度的卡方值，容易受下列因素干擾：樣本數、相關值、variance unrelated to the model 及 multivariate nonnormality。故 Stata 亦另外提供其他適配度，讓你參考。其指令如下：

```
. estat gof, stats(all)


-------------------------------------------------------------------------
Fit statistic          |    Value   Description
-----------------------+-------------------------------------------------
Likelihood ratio       |
          chi2_ms(34)  |   88.879   model vs. saturated
             p > chi2  |    0.000
          chi2_bs(45)  | 2467.161   baseline vs. saturated
             p > chi2  |    0.000
-----------------------+-------------------------------------------------
Population error       |
                RMSEA  |    0.086   Root mean squared error of approximation
 90% CI, lower bound   |    0.065
          upper bound  |    0.109
               pclose  |    0.004   Probability RMSEA <= 0.05
-----------------------+-------------------------------------------------
Information criteria   |
                  AIC  | 19120.770  Akaike's information criterion
                  BIC  | 19191.651  Bayesian information criterion
-----------------------+-------------------------------------------------
Baseline comparison    |
                  CFI  |    0.977   Comparative fit index
                  TLI  |    0.970   Tucker-Lewis index
-----------------------+-------------------------------------------------
Size of residuals      |
                 SRMR  |    0.022   Standardized root mean squared residual
                   CD  |    0.995   Coefficient of determination
-------------------------------------------------------------------------
```

1. 整體適配度之 likelihood ratio 檢定，有二形式：
   (1)「model vs. saturated」的卡方檢定：「saturated model」是指「the model that fits the covariances perfectly」。因「$p >$ chi2 為 0.000」，故在 type I 誤差為 0.05 下，我們可拒絕「你界定模型係飽和模型一樣好」(We can reject at the 5% level that the model fits as well as the saturated model)。
   (2)「baseline vs. saturate」的卡方檢定：卡方 $=2467.161(p < 0.05)$。「baseline 模型」除了包含所有觀察變數的平均數及變異數之外，仍包括所有觀察外生變數的平均數及變異數。(The baseline model includes the mean and variances of all observed variables plus the covariances of all observed exogenous variables)。由此可見，不同的研究者用 sem 所界定 baseline model 都會不同。
2. 「population error」：誤差 RMSEA = 0.086(> 0.05)，通常，若 RMSEA < 0.05 表示模型適配良好。故本例 RMSEA 不是很好。
3. AIC 及 BIC 資訊準則，儘管提供的資訊有限，但在比較二個競爭模型誰較優時，AIC 及 BIC 非常有用。通常 AIC 及 BIC 值愈小愈佳。
4. 「baseline comparison」：CFI 及 TLI 愈接近 1，模型適配就愈佳。
5. 「Size of residuals」：SRMR 愈接近 0，模型適配就愈佳。CD 如同決定係數 R2 愈接近 1，模型適配就愈佳。

4-2-4f 高階驗證性因素分析 (Higher-order CFA 模型)

二階驗證性因素分析 (two-order confirmatory factor analysis; TCFA)，又稱「高階驗證性因素分析」(higher-order confirmatory factor analysis; HCFA)。所謂高階驗證性因素分析，顧名思義就是在 CFA 模型中，因素的結構有著高低階層次的不同。CFA 應用於檢驗假設理論模型之時，基於理論模型複雜度的需要，因素之間可能存有更為高階的潛在變數。亦即，在一階驗證性因素分析中，觀察變數或測量指標可能受到某種潛在變數的影響，而這些潛在變數因素背後有著更高層次的共同因素，此更高層次的共同因素稱為「高階因素」(higher-under factor)，涉及高階因素的 CFA 分析，即稱為二階驗證性因素分析。而一階驗證性因素分析，也稱為初階驗證性因素分析 (first-order confirmatory factors analysis)。

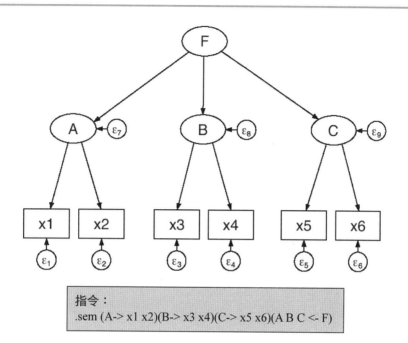

指令：
.sem (A-> x1 x2)(B-> x3 x4)(C-> x5 x6)(A B C <- F)

圖 4-33 Higher-order CFA 模型

4-2-5 階層 (Hierarchical) 驗證性因素分析：Higher-order CFA

範例：Two-order CFA

Bollen(1989, 315) 認為，非學術特質 (nonacad) 之潛在變數，它意涵著四個次構念：physical ability(Phys), appearance(Appear), 同事關係 (peer) 及父母關係 (Par)，試證明此 Higher-order CFA 模型是否良好？

一、資料檔之內容

讀入資料檔之前，先設定工作目錄「File > Chang working directory」，指定 CD 所附資料檔之路徑，接著再選「File > Open」，開啟「sem_hcfa1.dta」資料檔。

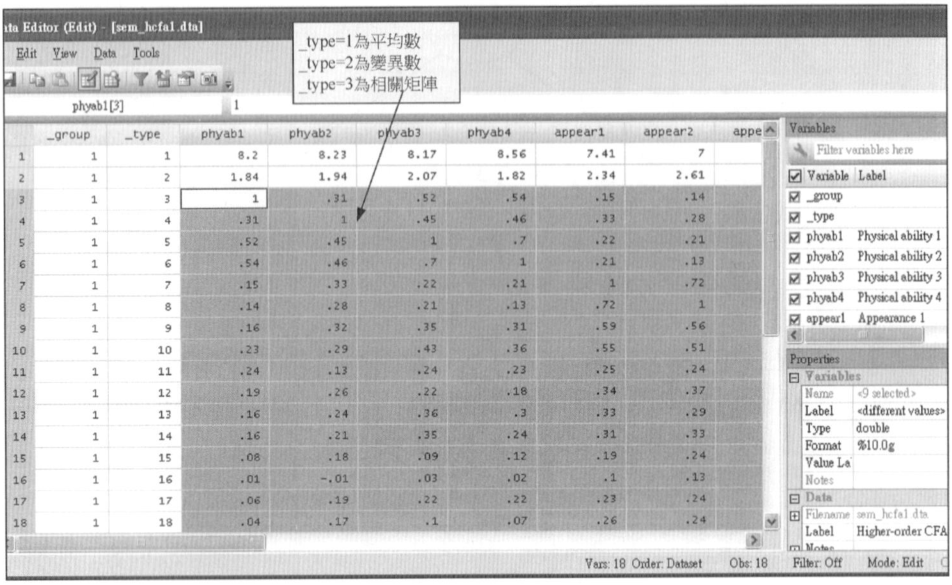

圖 4-34 「sem_hcfa1.dta」資料檔 (共變數矩陣之格式)

```
. use http://www.stata-press.com/data/r12/sem_hcfa1
或「webuse sem_hcfa1」亦可開啟它


* 印出相關矩陣格式之內容
. ssd describe
  obs:            251                 Higher-order CFA
  vars:            16                 28 Apr 2014 16:20
                                      (_dta has notes)
  ─────────────────────────────────────────────────────

  variable name                       variable label
  ─────────────────────────────────────────────────────

  phyab1                              Physical ability 1
  phyab2                              Physical ability 2
  phyab3                              Physical ability 3
  phyab4                              Physical ability 4
  appear1                             Appearance 1
```

appear2	Appearance 2
appear3	Appearance 3
appear4	Appearance 4
peerrel1	Relationship w/ peers 1
peerrel2	Relationship w/ peers 2
peerrel3	Relationship w/ peers 3
peerrel4	Relationship w/ peers 4
parrel1	Relationship w/ parent 1
parrel2	Relationship w/ parent 2
parrel3	Relationship w/ parent 3
parrel4	Relationship w/ parent 4

. *印出資料檔之補充說明

. note

_dta:

1. Summary statistics data from Marsh, H. W. and Hocevar, D., 1985, "Application of confirmatory factor analysis to the study of self-concept: First-and higher order factor models and their invariance across groups", _Psychological Bulletin_, 97: 562-582.

2. Summary statistics based on 251 students from Sydney, Australia in Grade 5.

3. Data collected using the Self-Description Questionnaire and includes sixteen subscales designed to measure nonacademic traits: four intended to measure physical ability, four intended to measure physical appearance, four intended to measure relations with peers, and four intended to measure relations with parents.

Stata 在結構方程模型及試題反應理論的應用

二、SEM 模型

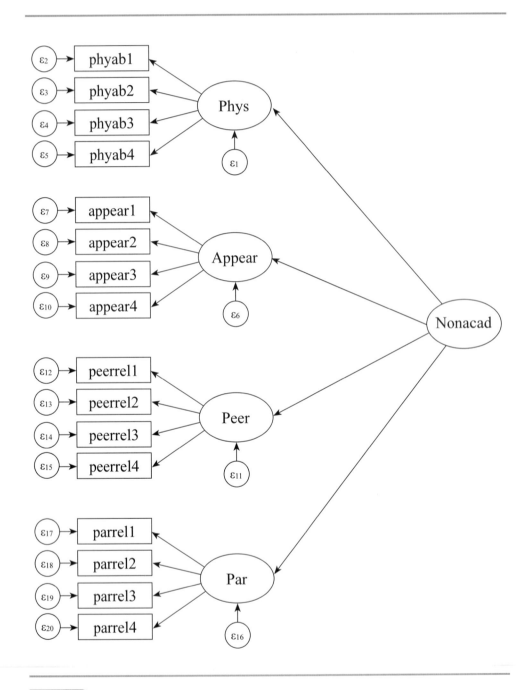

圖 4-35 Hierarchical CFA 模型

三、分析結果與討論

Step 1. 二階測量模型分析

```
＊只求 SEM 模型，但不印出
. quietly sem (Phys -> phyab1 phyab2 phyab3 phyab4) (Appear -> appear1 ap-
pear2 appear3 appear4) (Peer -> peerrel1 peerrel2 peerrel3 peerrel4) (Par ->
parrel1 parrel2 parrel3 parrel4) (Nonacad -> Phys Appear Peer Par)
＊印出標準化參數值
. sem, standardized

Structural equation model                    Number of obs    =       251
Estimation method  = ml
Log likelihood     = -7584.7881

 ( 1)   [phyab1]Phys = 1
 ( 2)   [appear1]Appear = 1
 ( 3)   [peerrel1]Peer = 1
 ( 4)   [parrel1]Par = 1
 ( 5)   [Phys]Nonacad = 1
```

		OIM				
Standardized	Coef.	Std. Err.	z	P>|z|	[95% Conf. Interval]	
Structural						
Phys <-						
Nonacad	.5453322	.0643128	8.48	0.000	.4192814	.6713829
Appear <-						
Nonacad	.7347549	.0600072	12.24	0.000	.617143	.8523669
Peer <-						
Nonacad	.8795219	.0594454	14.80	0.000	.763011	.9960328
Par <-						
Nonacad	.5031269	.0671004	7.50	0.000	.3716124	.6346413
Measurement						
phyab1 <-						

Phys	.6202756	.0448324	13.84	0.000	.5324057	.7081454
_cons	4.46549	.2090469	21.36	0.000	4.055766	4.875215
phyab2 <-						
Phys	.5490267	.0498796	11.01	0.000	.4512645	.6467888
_cons	4.250764	.1999431	21.26	0.000	3.858883	4.642645
phyab3 <-						
Phys	.8435363	.0303174	27.82	0.000	.7841154	.9029572
_cons	3.954789	.1874511	21.10	0.000	3.587391	4.322186
phyab4 <-						
Phys	.8312953	.0309303	26.88	0.000	.7706731	.8919175
_cons	4.712744	.2195996	21.46	0.000	4.282337	5.143151
appear1 <-						
Appear	.7972889	.032936	24.21	0.000	.7327355	.8618423
_cons	3.173013	.1550462	20.46	0.000	2.869128	3.476898
appear2 <-						
Appear	.7662056	.0353709	21.66	0.000	.6968799	.8355313
_cons	2.687367	.1355363	19.83	0.000	2.42172	2.953013
appear3 <-						
Appear	.7787591	.0331465	23.49	0.000	.7137932	.843725
_cons	2.896923	.143879	20.13	0.000	2.614926	3.178921
appear4 <-						
Appear	.751404	.0362603	20.72	0.000	.6803351	.8224728
_cons	3.16873	.154872	20.46	0.000	2.865186	3.472273
peerrel1 <-						
Peer	.5992328	.0480604	12.47	0.000	.5050362	.6934294
_cons	5.162362	.2388931	21.61	0.000	4.69414	5.630584
peerrel2 <-						
Peer	.6447472	.044851	14.38	0.000	.5568409	.7326536
_cons	4.122234	.1945085	21.19	0.000	3.741004	4.503464

```
  peerrel3 <- |
        Peer |  .7839508    .0355012    22.08   0.000    .7143697    .8535319
       _cons |  3.456464    .1666807    20.74   0.000    3.129776    3.783152
-------------+
  peerrel4 <- |
        Peer |  .7202563    .0397927    18.10   0.000     .642264    .7982485
       _cons |  4.281766    .2012563    21.28   0.000    3.887311    4.676221
-------------+
   parrel1 <- |
         Par |  .5382082    .0525861    10.23   0.000    .4351414    .6412751
       _cons |  7.151674    .3253743    21.98   0.000    6.513952    7.789395
-------------+
   parrel2 <- |
         Par |  .5208205    .0537412     9.69   0.000    .4154897    .6261512
       _cons |  5.826913    .2676173    21.77   0.000    5.302393    6.351433
-------------+
   parrel3 <- |
         Par |    .81067    .0364958    22.21   0.000    .7391395    .8822004
       _cons |  4.908107    .2279706    21.53   0.000    4.461293    5.354921
-------------+
   parrel4 <- |
         Par |  .7922516    .0370949    21.36   0.000    .7195469    .8649564
       _cons |    6.1347    .2809848    21.83   0.000    5.583979     6.68542
-------------+
Variance     |
   e.phyab1  |  .6152582    .0556169                     .5153618    .7345183
   e.phyab2  |  .6985697    .0547704                      .599063     .814605
   e.phyab3  |  .2884465    .0511476                     .2037649    .4083204
   e.phyab4  |  .3089481    .0514244                     .2229478    .4281224
   e.appear1 |  .3643304      .05251                     .2746584     .483279
   e.appear2 |   .412929    .0542028                     .3192589    .5340816
   e.appear3 |  .3935342    .0516262                     .3043103    .5089186
   e.appear4 |  .4353921    .0544922                     .3406802    .5564346
   e.peerrel1|  .6409201    .0575987                     .5374121    .7643641
   e.peerrel2|   .584301    .0578351                     .4812639    .7093981
   e.peerrel3|  .3854211    .0556624                     .2904058    .5115237
   e.peerrel4|  .4812309    .0573219                     .3810329    .6077773
   e.parrel1 |  .7103319    .0566045                     .6076189    .8304077
   e.parrel2 |   .728746     .055979                     .6268891    .8471527
```

e. parrel3	.3428142	.0591721		.2444194	.4808195
e. parrel4	.3723373	.0587771		.2732538	.5073493
e. Phys	.7026128	.0701437		.577748	.8544639
e. Appear	.4601352	.0881812		.3160528	.6699021
e. Peer	.2264412	.1045671		.0915975	.5597931
e. Par	.7468634	.0675201		.625588	.8916489
Nonacad	1	.		.	.

LR test of model vs. saturated: chi2(100) = 219.48, Prob > chi2 = 0.0000

1. 整體 SEM 模型適配度非常良好，因為概似比 (LR) 檢定顯示，$\chi^2_{(100)} = 219.48$，$p < 0.05$，故卡方 /df = 2.19，它仍小於理想值 3。

2. 個別參數之顯著性，絕大多數係數的 p 值都 <0.05，表示本模型內在品質及基本品質均佳。

3. 通常 sem 指令會自動限制一階因素 (first-order factors)「Phys, Appear, Peer, and Par.」的路徑上係數 (path coefficients) 為 1。

4. 在二階 CFA 裡，sem 亦自動限制二階因素 (second-order factor)「Nonacad」的路徑上係數 (path coefficients) 為 1。

Step2. 整體適配度分析

```
. estat gof

---------------------------------------------------------------------
Fit statistic          |   Value   Description
-----------------------+---------------------------------------------
Likelihood ratio       |
         chi2_ms(100)  |   219.475   model vs. saturated
              p > chi2  |     0.000
         chi2_bs(120)  |  1691.802   baseline vs. saturated
              p > chi2  |     0.000
---------------------------------------------------------------------
```

1. 卡方值 = 219.475($p < 0.05$)，整體適配度不是很優。

2. 卡方值 / 自由度 = 219.475/100 = 2.19 < 標準值 3，表示整體適配度尚可。

4-2-6a 完整 (full) 結構模型：panel data 模型的信度及穩定度

進行結構方程模型分析時，要先驗證測量模型具有信、效度後，才能驗證結構模型。也就是說，唯有潛在變數的測量是可信的、有效的情形下，驗證潛在變數間的關係才有實質意義。

完整 (full) 結構模型係指同時包含測量模式及結構模式：

1. 測量模式旨在建立測量指標與潛在變數間之關係，主要透過驗證性因素分析以檢驗測量指標 (即問卷、量表) 的效度。
2. 結構模式旨在檢驗潛在變數間之因果路徑關係，主要針對潛在變數進行路徑分析，以檢驗結構模式的適配性 (Fitness)。

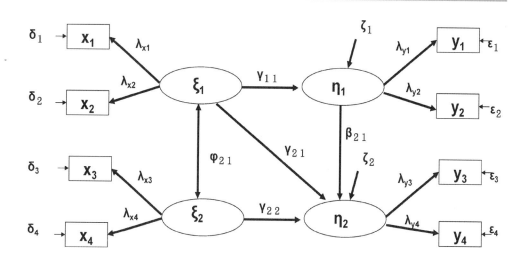

圖 4-36 完整 (full) 結構模型之示意圖

範例：Assessing reliability and stability in panel models

「panel data」係指你的研究設計，包含：橫斷面及縱貫面 (時間軸上連續記錄的數據)，故 panel data 又稱縱橫資料。由於 panel data 日趨重要，故作者另寫一本書「Stata 時間序列及 panel data 分析」，專門討論 panel data 的預測及單根等檢定。

在結構方程模式 (SEM) 的驗證性因素分析中，每個構面 (潛在變數) 的信

度，需要大於 0.7 水準，是由標準化因素負荷量總和的平方，加上測量誤差之總和後，除以標準化因素負荷量總和的平方，數學式如下：

$$構面信度 = \frac{(標準化因素負荷量的總和)^2}{(標準化因素負荷量的總和)^2 + 測量誤差之總和}$$

舉例來說，潛在變數 CO 之測量模型，其信度計算公式如下：

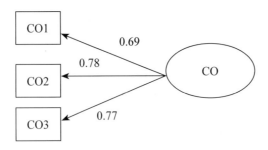

效度 標準化因素負荷量的總和 $= 0.69 + 0.78 + 0.77 = 2.24$
測量誤差的總和 $= 0.24 + 0.12 + 0.2 = 0.56$

$$構面信度 = \frac{(2.24)^2}{(2.24)^2 + 0.56} = 0.9$$

- -

效度

$$變異萃取 = \frac{標準化因素負荷平方後的總和}{標準化因素負平方後的總和 + 測量誤差的總和}$$

$$標準化因素負荷平方後的總和 = (0.69)^2 + (0.78)^2 + (0.77)^2$$
$$= 1.6774$$

測量誤差之總和 $= 0.23 + 0.13 + 0.2 = 0.56$

$$變異萃取 = \frac{1.6774}{1.6774 + 0.56} = 0.75$$

$$平均的變異萃取 = \frac{多元相關平方（SMC）的總和}{因素個數}$$

圖 4-37 潛在變數 CO 之測量模型

一、資料檔之內容

讀入資料檔之前，先設定工作目錄「File > Chang working directory」，指定 CD 所附資料檔之路徑，接著再選「File > Open」，分別開啓「sem_sm2.dta」資料檔、「sem_sm2.stsem」繪圖檔。

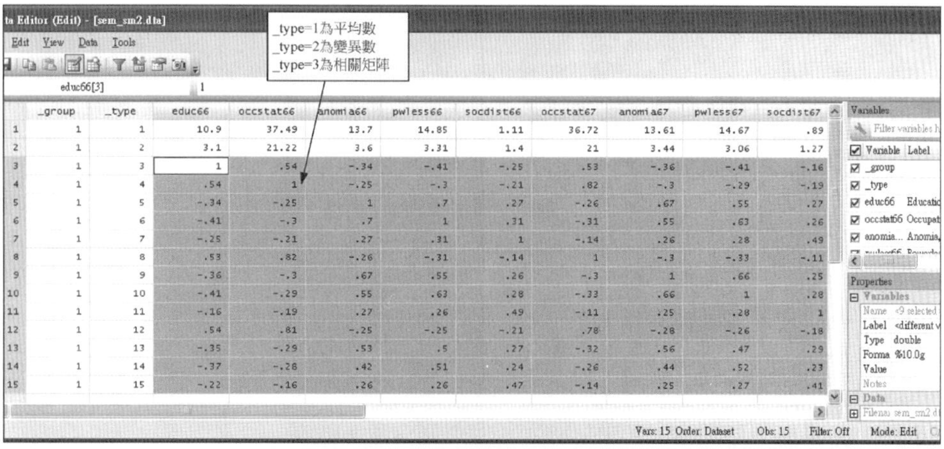

圖 4-38 「sem_sm2.dta」資料檔 (N= 932, 13 個原始變數，相關矩陣中「-」開頭字爲系統變數)

本例疏離感 4 個指標，重複在「1966、1967、1971 年」連續測了三次，故屬縱貫面研究設計；加上「社會經濟地位 (SES)」是屬橫斷面設計。二種研究設計混合，就構成追蹤 (panal data) 設計。

```
*開啟系統內建之資料檔（它是相關矩陣之格式）
. use http://www.stata-press.com/data/r12/sem_sm2.dta

*印出相關矩陣格式之內容
. describe using  http://www.stata-press.com/data/r12/sem_sm2.dta

Contains data                      Structural model with
                                     measurement component
  obs:          15                 25 May 2011 11:45
```

```
vars:          15
size:       1,680
------------------------------------------------------------------------------------
                storage  display    value
variable name   type     format     label      variable label
------------------------------------------------------------------------------------
_group          int      %8.0g
_type           int      %8.0g
educ66          double   %10.0g                 Education, 1966
occstat66       double   %10.0g                 Occupational status, 1966
anomia66        double   %10.0g                 Anomia, 1966
pwless66        double   %10.0g                 Powerlessness, 1966
socdist66       double   %10.0g                 Latin American social distance, 1966
occstat67       double   %10.0g                 Occupational status, 1967
anomia67        double   %10.0g                 Anomia, 1967
pwless67        double   %10.0g                 Powerlessness, 1967
socdist67       double   %10.0g                 Latin American social distance, 1967
occstat71       double   %10.0g                 Occupational status, 1971
anomia71        double   %10.0g                 Anomia, 1971
pwless71        double   %10.0g                 Powerlessness, 1971
socdist71       double   %10.0g                 Latin American social distance, 1971
------------------------------------------------------------------------------------

. note

_dta:
1. Summary statistics data from Wheaton, B., Muthen B., Alwin, D., & Sum-
mers, G., 1977, "Assessing reliability and stability in panel models", in D.
R. Heise (Ed.), Sociological Methodology 1977 (pp. 84-136), San Francisco:
Jossey-Bass, Inc.
2. Four indicators each measured in 1966, 1967, and 1981, plus another indi-
cator (educ66) measured only in 1966.
3. Intended use: Create structural model relating Alienation in 1971, Alien-
ation in 1967, and SES in 1966.
```

二、SEM 模型

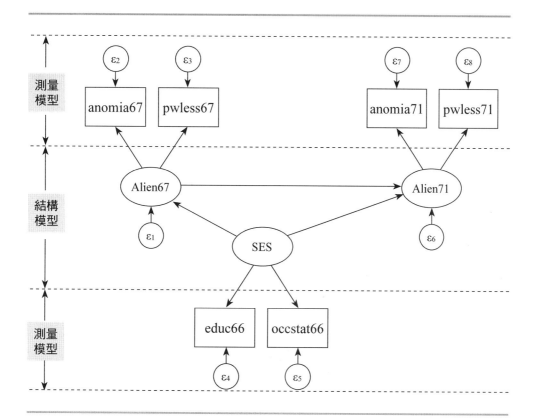

圖 4-39 Structural model with measurement component (存在 sem_sm2.stsem 檔)

三、完全結構模型之分析

這裡，「full」結構模型，係指路徑分析 (path analysis) ＋驗證性因素分析，這二種模型的給合而成。

其中，路徑分析，係觀察變數的路徑分析之簡稱。路徑分析是迴歸模型的一種延伸，其運算過程還算簡單。但在進行資料分析之前，研究者必須視其研究對象、需求與目標，擬定可能的路徑圖架構，然後依據所擬定的路徑，以變數間的相關係數作爲資料，進行迴歸分析，計算所得的各路徑之迴歸係數，即爲路徑係數。

從顯著的路徑係數估計值之正、負號與大小，研究者可以判斷影響作用是正或負、以及它的影響程度。

此外，在很多情形下，管理性變數多半會依時間先後順序而發生，在路徑分析中，先發生者被視為解釋變數 (自變數)，後發生者被視為結果變數 (依變數)，變數之間的因果關係可由路徑圖來表示，透過路徑圖，研究者能清楚瞭解變數間之影響途徑 (箭頭方向) 及影響方向 (正向、負向、模糊等)。

路徑分析的步驟：

步驟 1：用 Builder 來畫出路徑圖。

步驟 2：蒐集資料，求得路徑係數。

步驟 3：模型評鑑與修正。

步驟 4：效果分解 (直接 vs. 間接 vs. 總效果)。

實際上，Stata 之 full SEM 分析程序如下：

Step 1-1. 求初始 SEM 模型之係數

```
*開啟系統內建之資料檔（它是相關矩陣之格式）
. use http://www.stata-press.com/data/r12/sem_sm2.dta

*組合 path analysis 及驗證性因素分析二種
.quietly sem (anomia67 pwless67 <-Alien67) (anomia71 pwless71 <-Alien71)
(Alien67 <-SES) (Alien71 <-Alien67 SES) (SES -> educ occstat66)
（印出的報表省略）
```

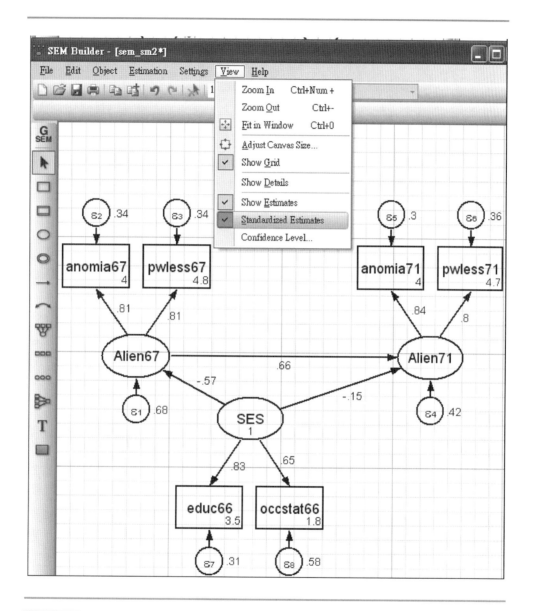

圖 4-40 Builder 執行結果 (標準化參數)

1. 社經地位 (SES) 只影響早期疏離感 (Alien 67)(beta = -0.63, $p < 0.05$)，且社經地位也影響後期疏離感 (Alien 71)(beta = -0.027, $p > 0.05$)。
2. 早期疏離感 (Alien 67)(beta = -0.63, $p < 0.05$)，會再影響後期疏離感 (Alien 71) (beta = 0.79, $p < 0.05$)。

4-2-6b panel data 模型：Modification indices

1. 在實證的過程中，研究者往往會發現假設模型與樣本資料並不適配，因而研究者常常會面臨假設模型是否需要修正的窘境。

2. 雖然導致模型不適配的原因很多，但是大致上，這些原因可歸納為兩類：

   (1) 一類是模型認定 (identification) 錯誤，即模型中的因素結構或因果關係之假設有誤。

   (2) 另一類則是資料的分配問題 (如非常態性、遺漏值以及名目或順序尺度資料)。

3. 模型認定錯誤屬結構性問題，又可分為兩種：

   (1) 外在認定錯誤包含遺漏了一些觀察變數或遺漏了一些潛在變數等。

   (2) 內在認定錯誤則是樣本資料中具有遺漏值或錯誤假設了測量模型中的因素結構和結構模型中的因果關係。

4. 當模型不適配的原因是因為內在認定錯誤所導致時，那麼模型尚可透過不斷的修正而加以改進。至於其他原因所導致的不合適，則無法透過修正作為而改進模型，這時就須根據導致不合適的實際原因，而採取相對應的措施來進行改進。

5. 模型修正的主要意義在於：當我們使用經由問卷設計、抽樣、蒐集資料等程序所獲得的資料來檢驗依據相關理論所提出的初始假設模型時，如果假設模型已偏離資料所反應的現況事實時，那麼就需要根據資料所反應的現況對初始假設模型進行修正。而且須不斷的重複這個修正過程，直到可以得到一個能與資料適配良好，同時整體模型具有實際的意涵、潛在變數間的實際意義和參數估計值都能得到理論支持或合理解釋的模型為止。

6. 模型修正在結構方程模型中，往往是個爭議性很高的議題。因為在不斷利用既有資料從事修正的過程中，總讓人覺得研究者把本質是驗證性的研究變成是資料導向式的探索性研究了。

7. 當模型適配度很差時，可以參考模型修正指標 (modification index) 對模型進行調整。在這種情況下，研究者可以根據初始模型的參數顯著性檢驗結果和 Amos 提供的模型修正指標來進行模型擴展 (model building) 或模型限制 (model trimming) 任務。其中，模型擴展是指透過釋放部分原有限制的路徑或增加新路徑，使模型結構更加合理。模型擴展通常運用在想提高模型適配程度時；模型限制則是指透過刪除或限制部分路徑，使模型結構更加簡潔。模型限制

通常在想提高模型可識別度時使用。

8. 在 Stata 中，已提供了這兩種模型修正型態的修正指標，其中修正指數 (modification indices，MI) 可用於模型擴展的修正型態。而「LR test of model vs. saturated」(卡方值) 則可用於模型限制的修正型態。其中，理論模型即根據實際意義所設定的模型亦稱為假設模型，其模型的限制條件介於獨立模型和飽和模型之間。飽和模型是對參數間關係最無限制的模型，各個變數間都假設相關或者有因果關係 (最好的模型)。

9. 修正指數 (MI) 適用於模型擴展的情況。對於假設模型中某個原本受限制的參數，若允許其被自由估計 (如在模型中新增某條路徑)，則進行模型修正後，整個模型所減少的最小卡方值就稱為修正指數。在使用修正指數修改假設模型時，原則上每次只能針對一個參數進行修改，而且要從具有最大修正指數的參數開始修改。但在實務修正過程中，千萬一定要考慮該參數自由估計是否有理論根據。

10. 如果研究者進行模型修正的企圖，是想朝模型擴展的方向進行，那麼就須考慮使用 MI 值協助模型修正之工作。所謂，MI 係指一個固定或限制參數被恢復為自由時，卡方值可能減少的最小的量。即

$$MI = \chi^2_{修正前} - \chi^2_{修正後}$$

11. 在評價模型時，一般皆以卡方值 (χ^2) 作為最基本的評價指標。當模型對資料的適配程度提高，卡方值就會減小。也就是說，模型對資料的適配程度越好，卡方值就會越小。

一、測量模型的適配度

1. 檢查指標的負荷量是否具統計顯著性。

2. 確認構念的信度及變異數萃取量 (Variance Extract, VE > 0.5)。

3. 模型的修正，修正指數 (MI) 若有值超過 3.84 則考慮修正。

4. 若理論上找不到修正的理由，則不可修正。

二、修正指數 (MI) 範例

　　續前例之資料檔。

Step 1. 可能遺漏路徑 (omitted paths) 的評估

```
* 開啟系統內建之資料檔（它是相關矩陣之格式）
. use http://www.stata-press.com/data/r12/sem_sm2.dta

. sem (Alien67 -> pwless67) (Alien67 -> socdist67) (Alien67 -> Alien71)
  (Alien71 -anomia71) (Alien71 -> pwless71) (SES -> Alien67) (SES -> Alien71)
  (SES -> educ66) (SES -> occstat66), vce(eim) latent(Alien67 Alien71 SES ) no-
  capslatent

. sem , standardize
```

```
Structural equation model                     Number of obs    =      932
Estimation method  = ml
Log likelihood     = -15246.469

 ( 1)   [anomia67]Alien67 = 1
 ( 2)   [anomia71]Alien71 = 1
 ( 3)   [educ66]SES = 1
```

	EIM					
Standardized	Coef.	Std. Err.	z	P>|z|	[95% Conf. Interval]	
Structural						
Alien67 <-						
SES	-.5668196	.0344951	-16.43	0.000	-.6344288	-.4992105
Alien71 <-						
Alien67	.663018	.0396204	16.73	0.000	.5853634	.7406726
SES	-.1514814	.0454774	-3.33	0.001	-.2406153	-.0623474
Measurement						
anomia67 <-						
Alien67	.8129036	.0186481	43.59	0.000	.776354	.8494532
_cons	3.95852	.097363	40.66	0.000	3.767692	4.149348
pwless67 <-						
Alien67	.8119044	.0186651	43.50	0.000	.7753216	.8484872

```
      _cons |   4.796692    .1158294    41.41   0.000     4.56967    5.023713
-------------+
anomia71 <- |
     Alien71 |   .8395221    .0184861    45.41   0.000    .8032901    .8757542
       _cons |   3.993669      .09813    40.70   0.000    3.801337       4.186
-------------+
pwless71 <- |
     Alien71 |   .7980731    .0191251    41.73   0.000    .7605885    .8355576
       _cons |   4.717722    .1140761    41.36   0.000    4.494136    4.941307
-------------+
educ66 <-   |
         SES |   .8326654    .0316423    26.31   0.000    .7706475    .8946832
       _cons |   3.518017    .0878219    40.06   0.000    3.345889    3.690145
-------------+
occstat66 <- |
         SES |   .6485198     .030106    21.54   0.000    .5895132    .7075265
       _cons |   1.767678    .0524337    33.71   0.000     1.66491    1.870446
-------------+
Variance    |
 e.anomia67 |   .3391878    .0303182             .2846792    .4041332
 e.pwless67 |   .3408112    .0303085             .2862966    .4057062
 e.anomia71 |   .2952026     .031039             .2402265     .36276
 e.pwless71 |   .3630794    .0305265             .3079182    .4281223
   e.educ66 |   .3066684     .052695             .2189811    .4294686
e.occstat66 |    .579422    .0390486             .5077273    .6612406
  e.Alien67 |   .6787155     .039105             .6062403     .759855
  e.Alien71 |   .4236036    .0345807             .3609708     .497104
        SES |          1         .
-------------+
LR test of model vs. saturated: chi2(6)  =       71.62, Prob > chi2 = 0.0000
```

1. 整體適配度之概似比 (LR) 檢定，卡方 = 71.62，卡方 / df = 11.93，表示你界定的 sem 適配不是很好。故仍要用「estat mindices」指令來修正該模型。
2. 得到一個模型的估計後，要對參數的估計值是否顯著和模型的適配程度是否達到要求進行檢驗。如果不能通過檢驗，則需要對模型進行修正。通常，修正有下列四種方法：
(1) 增加或減少內生變數 (相當於增加或減少模型的方程式個數)。

(2) 內生變數保持不變，只增加或減少外生變數。

(3) 內生變數和外生變數都保持不變，只改變其路徑。

(4) 路徑不變，只改變誤差項的相關型態。

Step 2. 可能遺漏路徑 (omitted paths) 的評估：Modification indice

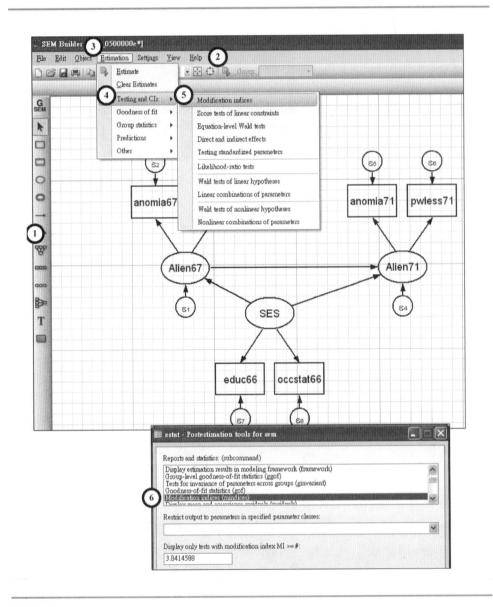

圖 4-41 「estat mindices」指令之畫面

＊評估 omitted paths using estat mindices 指令。即修正指標 (MI) 的應用
. estat mindices

Modification indices

	MI	df	P>MI	EPC	Standard EPC
Measurement					
anomia67 <-					
anomia71	51.977	1	0.00	.3906425	.4019984
pwless71	32.517	1	0.00	-.2969297	-.2727609
educ66	5.627	1	0.02	.0935048	.0842631
pwless67 <-					
anomia71	41.618	1	0.00	-.3106995	-.3594367
pwless71	23.622	1	0.00	.2249714	.2323233
educ66	6.441	1	0.01	-.0889042	-.0900664
anomia71 <-					
anomia67	58.768	1	0.00	.429437	.4173061
pwless67	38.142	1	0.00	-.3873066	-.3347904
pwless71 <-					
anomia67	46.188	1	0.00	-.3308484	-.3601641
pwless67	27.760	1	0.00	.2871709	.2780833
educ66 <-					
anomia67	4.415	1	0.04	.1055965	.1171781
pwless67	6.816	1	0.01	-.1469371	-.1450411
Covariance					
e.anomia67					
e.anomia71	63.786	1	0.00	1.951578	.5069627
e.pwless71	49.892	1	0.00	-1.506704	-.3953794
e.educ66	6.063	1	0.01	.5527612	.1608845
e.pwless67					
e.anomia71	49.876	1	0.00	-1.534199	-.4470094
e.pwless71	37.357	1	0.00	1.159123	.341162
e.educ66	7.752	1	0.01	-.5557802	-.1814365

EPC = expected parameter change

1. 我們懷疑，初始 SEM 模型中，可能遺漏一堆 path 要加到原來 full SEM。故「estat mindices」來修正 SEM 模型。
2. 從「Standard EPC」欄，可發現「期望的參數改變」最大值，有
   (1)「e.anomia67*e.anomia71」，標準化 EPC=0.507。
   (2)「e.pwless67*e.pwless71」，標準化 EPC=0.341。
3. 故初始模型中，再加上述二個遺漏的路徑，並再次對新的模型執行 sem 指令，如下。

Step 3. 重新適配新的 SEM 模型

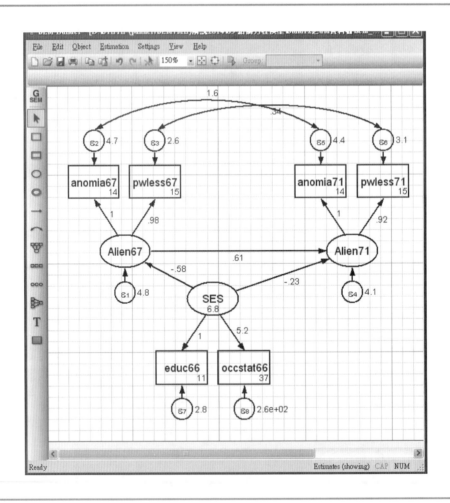

圖 4-42 根據 MI，重新適配新的 SEM 模型 (存在 sem_sm2-2.stsem)

```
* 重新適配新的 SEM 模型  （新 SEM 多加了網底字兩個誤差間之共變數）
. sem (anomia67 pwless67 <- Alien67) (anomia71 pwless71 <- Alien71) (Alien67
<- SES) (Alien71 <- Alien67 SES) ( SES -> educ occstat66), cov(e.anomia67*e.
anomia71) cov(e.pwless67*e.pwless71)

Endogenous variables

Measurement:    anomia67 pwless67 anomia71 pwless71 educ66 occstat66
Latent:         Alien67 Alien71

Exogenous variables

Latent:         SES

Fitting target model:

Structural equation model                        Number of obs        =
932
Estimation method  = ml
Log likelihood     = -15213.046

 ( 1)   [anomia67]Alien67 = 1
 ( 2)   [anomia71]Alien71 = 1
 ( 3)   [educ66]SES = 1
```

	OIM					
	Coef.	Std. Err.	z	P>|z|	[95% Conf.	Interval]
Structural						
Alien67 <-						
SES	-.5752228	.057961	-9.92	0.000	-.6888244	-.4616213
Alien71 <-						
Alien67	.606954	.0512305	11.85	0.000	.5065439	.707364
SES	-.2270301	.0530773	-4.28	0.000	-.3310596	-.1230006
Measurement						
anomia67 <-						
Alien67	1	(constrained)				

```
        _cons |      13.61    .1126143  120.85  0.000     13.38928    13.83072
--------------+----------------------------------------------------------------
  pwless67 <- |
       Alien67 |   .9785952    .0619825   15.79  0.000     .8571117    1.100079
        _cons |      14.67    .1001814  146.43  0.000     14.47365    14.86635
--------------+----------------------------------------------------------------
  anomia71 <- |
       Alien71 |          1   (constrained)
        _cons |      14.13    .1159036  121.91  0.000     13.90283    14.35717
--------------+----------------------------------------------------------------
  pwless71 <- |
       Alien71 |   .9217508    .0597225   15.43  0.000     .8046968    1.038805
        _cons |       14.9    .1034517  144.03  0.000     14.69724    15.10276
--------------+----------------------------------------------------------------
    educ66 <- |
          SES |          1   (constrained)
        _cons |       10.9    .1014894  107.40  0.000     10.70108    11.09892
--------------+----------------------------------------------------------------
  occstat66 <- |
          SES |    5.22132     .425595   12.27  0.000     4.387169    6.055471
        _cons |      37.49    .6947112   53.96  0.000     36.12839    38.85161
--------------+----------------------------------------------------------------
      var(e.anomia67)|   4.728874    .456299              3.914024    5.713365
      var(e.pwless67)|   2.563413   .4060733              1.879225     3.4967
      var(e.anomia71)|   4.396081   .5171156              3.490904    5.535966
      var(e.pwless71)|   3.072085   .4360333              2.326049    4.057398
        var(e.educ66)|   2.803674   .5115854              1.960691    4.009091
     var(e.occstat66)|   264.5311   18.22483              231.1177    302.7751
      var(e.Alien67)|   4.842059   .4622537              4.015771    5.838364
      var(e.Alien71)|   4.084249   .4038995              3.364613    4.957802
           var(SES)|   6.796014   .6524866              5.630283    8.203105
--------------+----------------------------------------------------------------
cov(e.anomia67,e.anomia71)| 1.622024 .3154267 5.14 0.000   1.003799    2.240249
cov(e.pwless67,e.pwless71)| .3399961 .2627541 1.29 0.196  -.1749925    .8549847
-------------------------------------------------------------------------------
LR test of model vs. saturated: chi2(4)    =        4.78, Prob > chi2 = 0.3111
```

1. 修正前，整體適配度之概似比 (LR) 檢定，卡方 = 71.62($p < 0.05$)，卡方 / $df =$

11.93 > 3 理想值。

2. 修正後，整體適配度之概似比 (LR) 檢定，卡方 = 4.78(p > 0.05)，表示修正後模型適配良好。

4-2-7a 單層 (One-level) 之中介效果

若自變數對依變數有顯著的影響效果，而此效果是透過另一變數而達到影響，則此變數即為中介變數 (mediator variables)。

通常中介變數可以用來解釋自變數是經由什麼途徑而影響了依變數，而其間的影響程度即稱為中介效果。

1. 何謂中介變數？如何檢測呢？

答：若自變數對依變數有影響效果，而此效果是透過另一變數達到影響，則此變數即為中介變數，通常用以解釋自變數是經由什麼歷程影響了依變數。檢測方式為，首先，自變數對依變數有顯著影響效果；而單看中介變數和依變數時，中介變數的影響效果顯著；單獨看自變數和中介變數時，自變數也會顯著影響此中介變數；同時看自變數和中介變數影響依變數時，自變數的效果會減弱或變為不顯著，可參考 Baron R. M., & Kenny D. A. (1986) The moderator-mediator variable distinction in social psychological research: Conceptual, strategic, and statistical considerations. Journal of Personality and Social Psychology, 51(6), 1173-1182。

2. 在社會科學的研究中，自變數與調節 (干擾) 變數透過中介變數來影響依變數。中介變數可以定義為影響依變數的理論性因素，其對依變數的影響，必須從觀察現象之自變數中進行推論。中介效果是指自變數透過中介變數來影響依變數的效果，有下列三種情形：無中介效果、部分中介效果和完全中介效果。

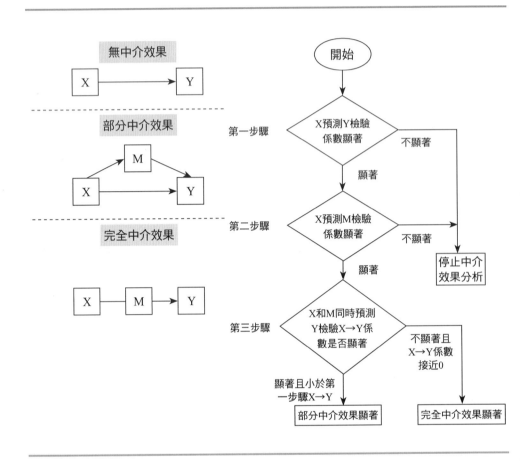

圖 4-43 三種中介效果之示意圖

在中介模型中，我們都成對的介紹量測模型和結構模型，量測模型的目的是爲了取得量表的信度和效度，結構模型是在討論因果關係。

範例：One-level Mediation Effect

路徑分析的最終目的是進行因果效應的分解，其中因果效應可分爲直接效果和間接效果。但是，路徑分析假定變數沒有測量誤差的存在，只能處理可以觀測的外顯變數的因果關係問題，至於潛在變數則不能進行處理。這些問題的解決就需要靠結構方程模型來完成了。

沒有涉及潛在變數的即爲傳統的路徑分析，傳統的路徑分析中，其變數性質全屬於外顯變數，因此研究者對於所關心的概念屬於可以實際加以測量得到的觀察變數，因此變數沒有測量誤差假設。相對地，有涉及潛在變數的即爲潛

在變數的路徑分析。

1. 直接效果 (Direct Effect)：路徑圖為「x → y」。即 Regression coefficients of direct prediction。

2. 間接效果 (Indirect Effect)：

中介變數 X2 是介於 X1 變數與 Y 變數之間 (Mediating effect of x1 on y through x2)，路徑圖為「x1 → x2 → y」。

中介變數 (Mediator, Intervening variable)。它介於自變數 (IV) 與依變數 (DV) 之間的變數。中介扮演 IV 對 DV 關係的中繼角色。

本例旨在探討主管支持 (managerial support) 對員工工作績效 (job performance) 的影響。但是，工作績效部分受到中介變數—工作滿足 (job satisfaction) 的影響。往昔「中介」一系列迴歸分析，都採用 Baron and Kenny (1986) 所講的，都假定誤差之間係無相關時，儘管有人認為這方法是夠用。可惜，實務上，外顯變數之間的誤差是不可能沒有相關的。故中介效果不可以僅用 SPSS OLS 迴歸的觀念來分析。

結構方程模型更優，它不但能算出：「經過中介」路徑的間接效果、二條路徑合併之後的總效果。進而讓你將簡單中介模型加入更大的模型中，甚至你亦可用潛在變數來量測任何「中介模型的一部分」。

研究者在 75 個分店 (branch) 中，隨機抽樣 1500 名員工，來調查「主管支持與工作滿意對員工工作績效的影響」。

一、資料檔之內容

讀入資料檔之前，先設定工作目錄「File > Chang working directory」，指定 CD 所附資料檔之路徑，接著再選「File > Open」，分別開啟「gsem_multmed. dta」資料檔、「sem_med.stsem」繪圖檔。

```
. use http://www.stata-press.com/data/r13/gsem_multmed
(Fictional job-performance data)
*或用「webuse gsem_multmed」亦可開啟此資料檔

. summarize
Variable Obs Mean       Std. Dev.   Min      Max
branch   1500 38        21.65593    1        75
support  1500 .0084667  .5058316    -1.6     1.8
satis    1500 .0212     .6087235    -1.6     2
perform  1500 5.005317  .8949845    2.35022  8.084294
```

```
. notes
_dta:
1. Fictional data on job performance, job satisfaction, and perceived support
from managers for 1,500 sales employees of a large department store in 75 lo-
cations.
2. Variable support is average of Likert-scale questions, each question
scored from -2 to 2.
3. Variable satis is average of Likert-scale questions, each question scored
from -2 to 2.
4. Variable perform is job performance measured on continuous scale.
```

二、SEM 模型

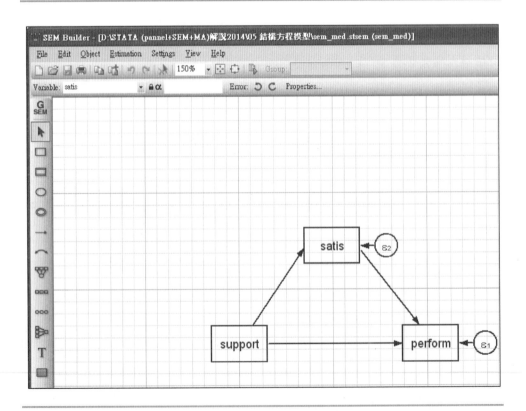

圖 4-44 利用 Builder 建構 SEM 模型,並存在「sem_med.stsem」檔

三、分析結果與討論

Step 1. 求中介變數之迴歸係數

```
. sem (perform <-satis support) (satis <-support)
```

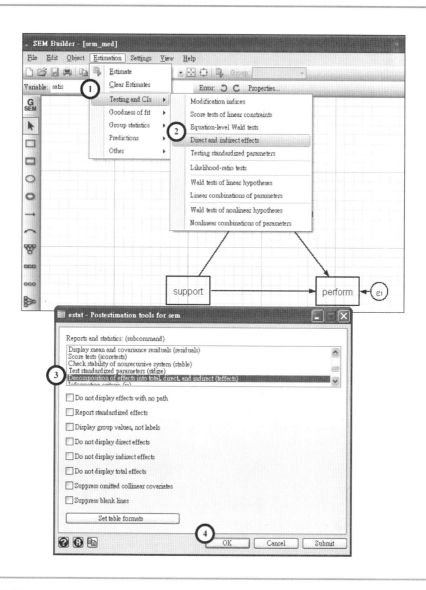

圖 4-45 Decomposition of effects into total, direct, and indirect 之畫面

Step 2. 求直接效果、間接效果及總效果

```
. estat teffects
  Endogenous variables
  Observed:  perform satis
  Exogenous variables
  Observed: support
  Fitting target model:
  Iteration 0:   log likelihood = -3779.9224
  Iteration 1:   log likelihood = -3779.9224
  Structural equation model                    Number of obs    =    1500
  Estimation method = ml
  Log likelihood     = -3779.9224
```

	OIM					
	Coef.	Std. Err.	z	P>|z|	[95% Conf.	Interval]
Structural						
perform <-						
satis	.8984401	.0251903	35.67	0.000	.849068	.9478123
support	.6161077	.0303143	20.32	0.000	.5566927	.6755227
_cons	4.981054	.0150589	330.77	0.000	4.951539	5.010569
satis <-						
support	.2288945	.0305047	7.50	0.000	.1691064	.2886826
_cons	.019262	.0154273	1.25	0.212	-.0109749	.0494989
var(e.perf~m)	.3397087	.0124044			.3162461	.364912
var(e.satis)	.3569007	.0130322			.3322507	.3833795

```
LR test of model vs. saturated: chi2(0) = 0.00, Prob > chi2 =
Direct effects
```

	OIM					
	Coef.	Std. Err.	z	P>|z|	[95% Conf.	Interval]
Structural						
perform <-						

```
        satis |  .8984401  .0251903  35. 67  0. 000   . 849068   .9478123
      support |  .6161077  .0303143  20. 32  0. 000   .5566927   .6755227
--------------+-------------------------------------------------------------
 satis < -    |
      support |  .2288945  .0305047   7. 50  0. 000   .1691064   .2886826

Indirect effects
------------------------------------------------------------------------------
              |              OIM
              |   Coef.    Std. Err.    z     P>|z|    [95% Conf. Interval]
--------------+---------------------------------------------------------------
Structural    |
  perform <-  |
        satis |      0    (no path)
      support | . 205648  .0280066   7. 37  0. 000    .150756    . 26054
--------------+---------------------------------------------------------------
 satis < -    |
      support |      0    (no path)
------------------------------------------------------------------------------

Total effects
------------------------------------------------------------------------------
              |              OIM
              |   Coef.    Std. Err.    z     P>|z|    [95% Conf. Interval]
--------------+---------------------------------------------------------------
Structural    |
  perform <-  |
        satis | .8984401  .0251903  35. 67  0. 000   . 849068   .9478123
      support | .8217557  .0404579  20. 31  0. 000   .7424597   .9010516
--------------+---------------------------------------------------------------
 satis < -    |
      support | .2288945  .0305047   7. 50  0. 000   .1691064   .2886826
------------------------------------------------------------------------------
```

1. 在 One-level model 中，求得：「工作滿足對工作績效」直接效果為 0.8984；「主管支持對工作績效」直接效果為 0.6161。

Step 3. One-level model with gsem

```
. gsem  (perform <-satis support) (satis <-support)
Iteration 0:    log likelihood = -2674.3421
Iteration 1:    log likelihood = -2674.3421
Generalized structural equation model          Number of obs = 1500
Log likelihood = -2674.3421
```

	Coef.	Std. Err.	z	P>|z|	[95% Conf. Interval]	
perform <-						
satis	.8984401	.0251903	35.67	0.000	.849068	.9478123
support	.6161077	.0303143	20.32	0.000	.5566927	.6755227
_cons	4.981054	.0150589	330.77	0.000	4.951539	5.010569
satis < -						
support	.2288945	.0305047	7.50	0.000	.1691064	.2886826
_cons	.019262	.0154273	1.25	0.212	-.0109749	.0494989
var(e.perf~m)	.3397087	.0124044			.3162461	.364912
var(e.satis)	.3569007	.0130322			.3322507	.3833795

```
. estat  teffects
invalid subcommand teffects
r(321);
```

由於 sem 可直接「estat teffects」指令求直接效果、間接效果及總效果,但 gsem 則無法用此指令。故有變通的方法如下:

間接效果 indirect effect $= \beta_1 \beta_4$

全體效果 total effect $= \beta_2 + \beta_1 \beta_4$

其中 (where)

β_1 = perform <- satis 的路徑係數

β_4 = satis <- support 的路徑係數

β_2 = perform <- support 的路徑係數

上述三個迴歸係數,你可變通來估計這 3 個係數,如下:

$\beta_1 = \_b[\text{perform} : \text{satis}]$

$\beta_4 = \_b[\text{satis} : \text{support}]$

$\beta_2 = \_b[\text{perform} : \text{support}]$

Step3-1. 求間接效果

上述三個迴歸係數之 Stata 指令爲:

```
* 印出 _b[] notation，即直接效果 = 係數值
. gsem, coeflegend
(output omitted )

* nlcom 是 Nonlinear combinations of estimators：來求間接效果
. nlcom _b[perform:satis]*_b[satis:support]
      _nl_1 : _b[perform : satis]*_b[satis : support]
```

	Coef.	Std. Err.	z	P>|z|	[95% Conf. Interval]
_nl_1	.205648	.0280066	7.34	0.000	.150756	.26054

Step3-2. 求總效果

上述三個迴歸係數之 Stata 指令爲:

```
* nlcom 是 Nonlinear combinations of estimators：來求總接效果
. nlcom _b[perform:support]+_b[perform:satis]*_b[satis:support]

      _nl_1 : _b[perform : satis]*_b[satis : support]
```

	Coef.	Std. Err.	z	P>|z|	[95% Conf. Interval]
_nl_1	.8217557	.0404579	20.31	0.000	.7424597	.9010516

4-2-7b Two-level 之中介 (Mediation) 效果

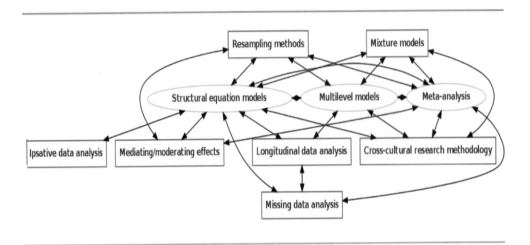

圖 4-46 SEM meta-analysis 及 multilevel modeling 三者關係

一、多層次結構方程模式分析 (Multilevel Structural Equation Modeling)

(一) 階層線性模式的抽樣

　　由於個體受到次文化的影響 (文化鑲嵌)，不同層次 (e.g. 地區文化) 就會潛移默化影響受訪者的認知。故你可用階層線性模式的抽樣法，來控制「層次 (multilevel)」此干擾變數，進而可省去「需統計法再控制它」的麻煩。常見的 multilevel，就是「個體 ∈ 家庭 ∈ 學校 ∈ 社會」。

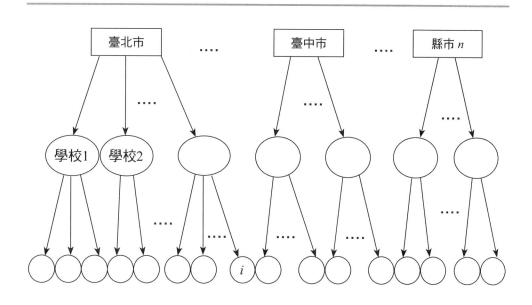

圖 4-47 階層線性模式的抽樣架構

(二) 何時需要多層次？

1. **階層結構的抽樣法** (Hierarchical Structure Sampling)

(1) 一個學校有多個教師，一個教師有多個學生 (Student nested in Teacher nested in School)。

(2) 一個事業單位有多個領導，一個領導有多個職員 (Employee nested in Leaders nested in departments)。

2. **脈絡效果** (Contextual Effects) **或集體心思** (Collective Mind)

有個別情境的影響，從而導致行為及心靈的集體模式。

3. **組內相關** (High Intra-Class Correlation, ICC)

(1) 群集 (Clusters) 之間顯著變化。

(2) 不同群組之間存有高度異質性 (High homogeneity among subject and heterogeneity among groups)。

(三) 多層次模型的分析法

1. **迴歸** (Regression) **法：階層線性模型** (Hierarchical Linear Modeling, HLM)

(1) 以多元迴歸分析為基礎。

(2) 變數為顯性變數。

(3) 重視干擾效果 (moderated effect)。

2. 潛在變數法 (SEM 法)

(1) 以因素分析為基礎。

(2) 變數為潛在變數。

(3) 重視構念的定義與變異數萃取。

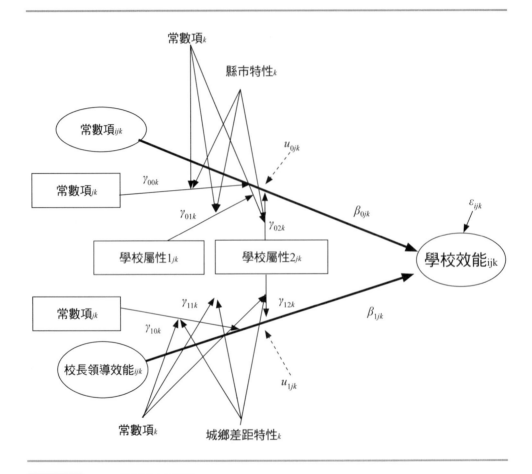

圖 4-48 HLM 分析之示意圖

(四) 多層次模型的解析

1. 觀察變數的拆解：$y_T = y_B + y_W$

2. 共變矩陣的拆解：$S_T = S_B + S_W$

(1) 組內共變矩陣 (S_W)，或記為 σ_w^2。

(2) 組間共變矩陣 (S_B)，或記為 σ_B^2。

3. ICC(Intra-Class Coefficient)

(1) 組間變異數除以總變異數的比值：$ICC = \rho = \dfrac{\sigma_B^2}{\sigma_B^2 + \sigma_W^2}$。

(2) 反映組間差異強度。

4. 估計矩陣 (Σ)，係由假設模型所導出的共變矩陣，它由潛在因素與誤差所組成。

5. 多層次 CFA

(1) 組間估計矩陣 (Σ_B)：$y_{gi} = v + \Lambda_B \eta_{Bg} + \varepsilon_{Bg} + \Lambda_W \eta_{Wgi} + \varepsilon_{Wgi}$。

(2) 組內估計矩陣 (Σ_W)：$\Sigma_B = \Lambda_B \Psi_B \Lambda_B' + \Theta_B$。

(3) Σ_B 與 Σ_W 為獨立直交：$\Sigma_W = \Lambda_W \Psi_W \Lambda_W' + \Theta_W$。

(4) 假設模型 η_B 與 η_w 結構可以相同，也可以不同。

6. 潛在模型 ICC

觀察變數的組內與組間的潛在變數的變異數 Ψ_B 與 Ψ_W 各自佔總潛在變數變異的比例：$ICC = \dfrac{\Psi_B}{\Psi_B + \Psi_W} = \dfrac{\Psi_B}{\Psi_T}$。

7. 母體矩陣的估計

(1) Σ_W

以整合組內觀察矩陣 (SPW)(pooled within-group sample matrix) 來估計：

$$S_{PW} = \hat{\Sigma}_W$$

其中，$S_{PW} = \dfrac{\sum\limits_{g=1}^{G} \sum\limits_{i=1}^{Ng} (y_{gi} - \bar{y}_g)(y_{gi} - \bar{y}_g)'}{N - G}$

(2) Σ_B

以組間觀察矩陣 (S_B') 來推估：$S_B' = \hat{\Sigma}_W + c\hat{\Sigma}_B$。

由各組 i 個個體以非聚合 (disaggregated) 資料導出的平均數來計算。

係 Σ_B 與 Σ_W 的線性整合加權估計數：

$$S_B' = \dfrac{\sum\limits_{g=1}^{G} N_g (\bar{y}_g - \bar{y})(\bar{y}_g - \bar{y})'}{G - 1}$$

(3) 平衡模式 (balanced model)

各組觀察值數目相等：$S_B' = \hat{\Sigma}_W + c\hat{\Sigma}_B$。

加權值 c(常數) 為各組人數，作為組間觀察矩陣調整加權之用。

(4) 非平衡模式 (un-balanced model)

　　(a) 各組觀察值數目不相等，c 為變數。

　　(b) S_{PW} 仍是母體矩陣 ($\sum_W$) 的最大概似估計數：$S'_{Bd} = \hat{\sum}_W + c\hat{\sum}_B$。

　　(c) SEM 估計必須視每一組為不同的模型，才能利用完全訊息最大概似估計法 (Full Information Maximum Likelihood; FIML) 來估計參數，造成模式極端複雜化。

　　(d) Muthen(1989, 1990) 建議忽略各組人數差異的影響，改以非常接近平均組人數的事後估計組人數 (c^*) 來取代參數 c，為受限的最大概似估計解 (Limited Information Maximum Likelihood, LIML)：

$$c^* = \frac{N^2 - \sum_{g}^{G} n_g^2}{N(G-1)}$$

8. 多層次路徑模式

　(1) 單層路徑模式：$y = \alpha + By + \Gamma x + \zeta$。

　(2) 多層次：方程式中帶有組別區隔：$y_{gi} = \alpha_g + B_y y_{gi} + \varepsilon_{gi}$

　　ε_{gi} 為組內迴歸的解釋殘差，服從期望值為 0 的隨機常態分配。

　(3) 各組平均數：以截距項表示 $y_{gi} = (I - B_y)^{-1}\alpha_g + (I - B_y)^{-1}\varepsilon_{gi}$ 來縮簡此模型 (reduced form of the model)。

　(4) 潛在變數的路徑模式：$\begin{cases} v_c^* = \upsilon_B + \Lambda_B \eta_{Bc} + \varepsilon_{Bc} \\ \eta_{Bc} = \alpha_B + B_B \eta_{Bc} + \varsigma_{Bc} \end{cases}$。

9. 多層次路徑模式

　　實際估計以 Stata 最便捷。

$$u = v_B + \Lambda_B(I - B)^{-1}\alpha_B$$
$$\Sigma_B = \Lambda_B(1 - B_B)^{-1}\Psi_B(I - B_B)'^{-1}\Lambda'_B + \Theta_B$$
$$\Sigma_W = \Lambda_W(1 - B_W)^{-1}\Psi_W(I - B_W)'^{-1}\Lambda'_W + \Theta_W$$

二、多層次 SEM 範例：Two-level Mediation Effect

　　由前例來看，sem 指令來適配 single-level models 會比 gsem 簡單有效率。但 single-level models 就一定要用 gsem 指令不可。

　　繼承前例資料檔 gsem_multmed.dta。One-level 中介效果分析，樣本是不考

慮有否分層隨機抽樣；但 Two-level 則會考慮分層隨機抽樣，來降低外生變數的干擾。

本例，研究者先以 75 個分店 (branch) 來分層，再以 branch 依照人口比例來隨機抽樣，共抽出 1500 名員工，來調查受訪者的認知：「主管支持 (support) 與工作滿意 (satis) 對員工工作績效 (perform) 的影響」。

(一) 資料檔之內容

讀入資料檔之前，先設定工作目錄，「File > Chang working directory」，指定 CD 所附資料檔之路徑，接著再選「File > Open」，分別開啟「gsem_mlmed. dta」資料檔、「gsem_mlmed2.stsem」繪圖檔。

```
. use http://www.stata-press.com/data/r13/gsem_multmed
(Fictional job-performance data)
. summarize

Variable  Obs   Mean       Std. Dev.   Min      Max
branch    1500  38         21.65593    1        75
support   1500  .0084667   .5058316    -1.6     1.8
satis     1500  .0212      .6087235    -1.6     2
perform   1500  5.005317   .8949845    2.35022  8.084294


. notes
_dta:
1. Fictional data on job performance, job satisfaction, and perceived support
from managers for 1,500 sales employees of a large department store in 75 lo-
cations.
2. Variable support is average of Likert-scale questions, each question
scored from -2 to 2.
3. Variable satis is average of Likert-scale questions, each question scored
from -2 to 2.
4. Variable perform is job performance measured on continuous scale.
```

(二)SEM 模型

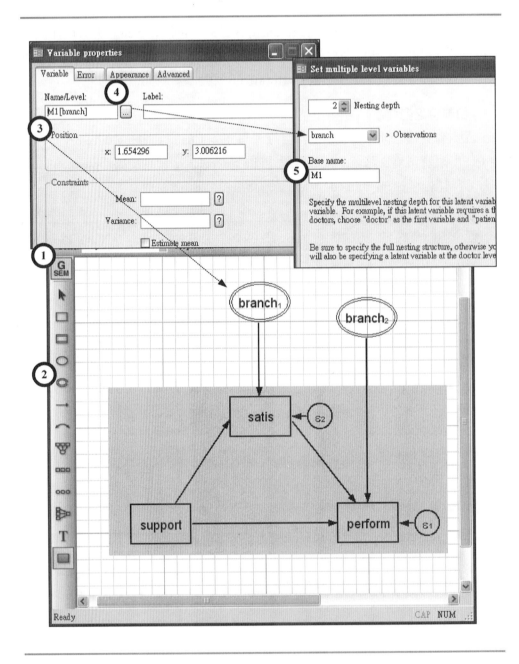

圖 4-49 利用 Builder 建構 SEM 模型，並存在「gsem_mlmed2.stsem」檔

1. 本模型中，在 branch (individual store) level，每一個方程式都有 random intercept。此模型也是各式各樣的 two-level mediation models 的代表。

2. 以 branch(1~75 個分店) 分成二層次「branch$_1$ vs. branch$_2$」，進行中介變數之效果估計。

3. 「個別分店 (branch) 為分層」：第 1 間接效果係用「satis support」來預測 perform，第 2 直接效果係用「support」來預測 perform。

(三) 分析結果與討論

Step 1. 以「個別分店 (branch) 為分層」，並用 **gsem** 求出本例 **sem** 模型的係數

二層次中介總效果，會隨著你的界定 level 數而變。

```
* 第1間接效果係用「satis support」來預測perform, ; 第2直接效果係用「support」
  來預測perform。
. gsem (perform <-satis support M1[branch]) (satis <-support M2[branch]),
  cov(M1[branch] * M2[branch]@0)
Generalized structural equation model  Number of obs = 1500
Log likelihood = -1703.714
(  1) [perform]M1[branch] = 1
(  2) [satis]M2[branch] = 1
------------------------------------------------------------------------------
              |    Coef.    Std. Err.     z     P>|z|    [95% Conf. Interval]
--------------+---------------------------------------------------------------
perform <-    |
        satis |  .604264    .0336398    17.96   0.000    .5383313    .6701968
      support |  .6981525   .0250432    27.88   0.000    .6490687    .7472364
              |
   M1[branch] |       1    (constrained)
              |
        _cons |  4.986596   .0489465   101.88   0.000    4.890663    5.082529
--------------+---------------------------------------------------------------
satis <-      |
      support |  .2692633   .0179649    14.99   0.000    .2340528    .3044739
              |
   M2[branch] |       1    (constrained)
--------------+---------------------------------------------------------------
```

```
           |
    _cons  | .0189202  .0570868    0.33   0.740   -.0929678    .1308083
     var(  |
M1[branch] | .1695962  .0302866                    .119511     .2406713
     var(  |
M2[branch] | .2384738  .0399154                    .1717781    .3310652
-----------+------------------------------------------------------------
var(e.perf~m) |  .201053  .0075151                  .1867957    .2163985
  var(e.satis) | .3569007  .0044523                 .1104299    .1278983
-----------+------------------------------------------------------------
```

1. 如前例結果，得知在 One-level model 中，求得：「工作滿足對工作績效」
   direct effects 為 0.8984；「主管支持對工作績效」direct effects 為 0.6161。

2. 「個別分店 (branch) 為分層」：第 1 間接效果係用「satis support」來預測
   perform，迴歸式為：

$$perform = 4.99 + 0.6 \times satis + 1 \times branch + 0.698 \times support$$

   第 2 直接效果係用「support」來預測 perform，迴歸式為：

$$perform = 0.019 + 1 \times branch + 0.27 \times support$$

Step2. 以 **nlcom** 指令算出間接效果及直接效果

「nlcom 指令」：Nonlinear combinations of estimators。此選擇表是在：

Statistics > Postestimation > Nonlinear combinations of estimates

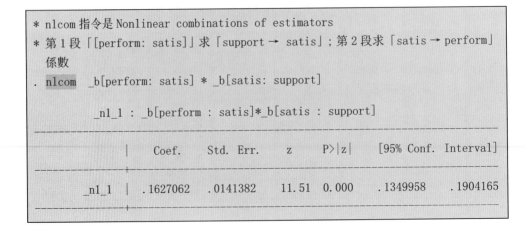

```
* nlcom 指令是 Nonlinear combinations of estimators
* 第 1 段「[perform: satis]」求「support → satis」；第 2 段求「satis → perform」
  係數
. nlcom _b[perform: satis] * _b[satis: support]

       _nl_1 : _b[perform : satis]*_b[satis : support]

-------------------------------------------------------------------------
           |  Coef.    Std. Err.    z     P>|z|   [95% Conf. Interval]
-----------+-------------------------------------------------------------
     _nl_1 | .1627062  .0141382   11.51   0.000    .1349958    .1904165
-----------+-------------------------------------------------------------
```

在 two-level 之下，透過中介變數 (satis) 之「support → satis → perform」間接效果為 0.163。

nlcom 指令如下：

```
* nlcom 指令是 Nonlinear combinations of estimators
* 第 1 段「[perform: satis]」求「support → satis」; 第 2 段求「satis → perform」
  係數
. nlcom _b[perform:support]+_b[perform:satis]*_b[satis:support]

      _nl_1 : _b[perform : satis]*_b[satis : support]

-----------------------------------------------------------------------------
            |   Coef.    Std. Err.      z     P>|z|    [95% Conf. Interval]
------------+----------------------------------------------------------------
     _nl_1  |  .8608587   .0257501    33.43   0.000    .8103897    .911328
-----------------------------------------------------------------------------
```

在 two-level 之下，本例「support → perform」直接效果，加上「support → satis → perform」間接效果，就等於全體 (total) 效果 = 0.86。

4-2-8 MIMIC 模型及 Residual analysis for linear SEM

MIMIC 意指潛在變數有多指標且多個前因模型 (multiple indicators and multiple causes)。它是典型 (canonical) 相關之一類型，即在個自變數與多個依變數之間，夾著一個以上的潛在變數當橋樑。

範例：MIMIC 模型及 Residual analysis for linear SEM
一、資料檔之內容

讀入資料檔之前，先設定工作目錄「File > Chang working directory」，指定 CD 所附資料檔之路徑，接著再選「File > Open」，分別開啟「sem_mimic1.dta」資料檔、「sem_mimic1.stsem」圖形檔。

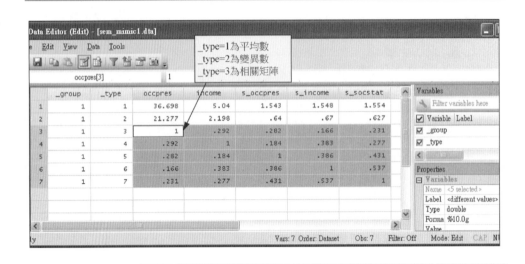

圖 4-50　「sem_mimic1.dta」資料檔 (相關矩陣之格式)

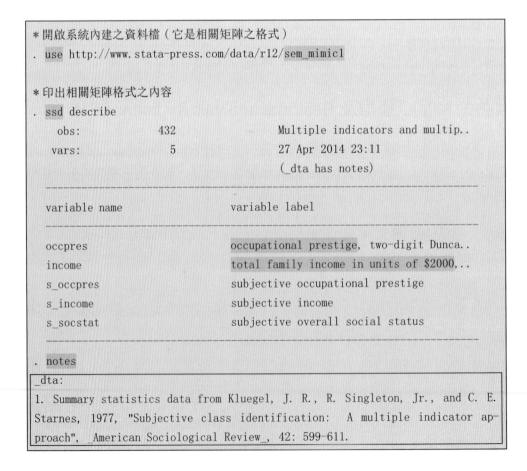

2. Data is also analyzed in Bollen, K. A. 1989, _Structural Equations with Latent Variables_, New York: John Wiley & Sons, Inc.

3. The stummary statistics represent 432 white adults included in the sample for the 1969 Gary Area Project for the Institute of Social Research at Indiana University

4. The three subjective variables are measures of socioeconomic status based on an individuals perception of their own income, occupational prestige, and social status.

5. The income and occpres variables are objective measures of income and occupational prestige, respectively.

二、MIMIC 模型

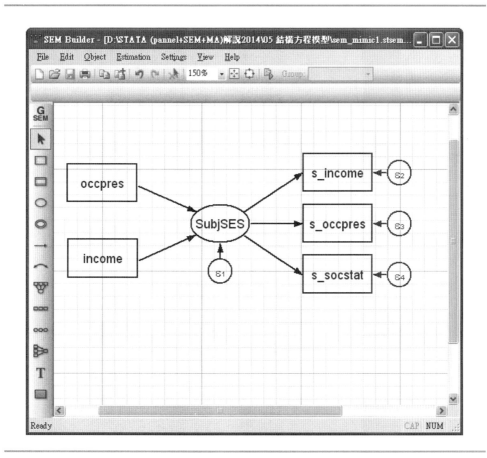

圖 4-51 利用 Builder 建構 SEM 模型，並存在「sem_mimic1.stsem」檔

1. 本模型，潛在變數 SubjSES 有三個 (s_ 開頭) 外顯變數，記錄受試者認知的社
    會經濟地位 (SES)：
    (1) s socstat：受試者的社經地位 (SES)。
    (2) s income：受試者的家庭收入。
    (3) s occpres：受試者的職業聲望。
2. 另外二個外顯變數，受試者的收入 (income)、two-digit Duncan SEI 分數
    (occpres)，都可視爲 SubjSES 的預測變數。

三、分析結果與討論

Step 1. 先建構初始 SEM 模型

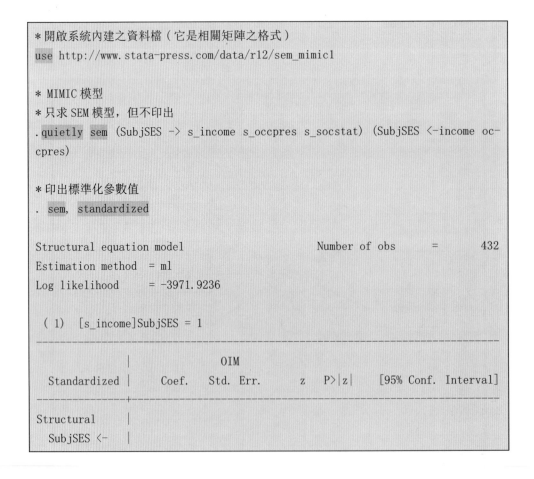

```
* 開啟系統內建之資料檔 ( 它是相關矩陣之格式 )
use http://www.stata-press.com/data/r12/sem_mimic1

* MIMIC 模型
* 只求 SEM 模型, 但不印出
.quietly sem (SubjSES -> s_income s_occpres s_socstat) (SubjSES <-income oc-
cpres)

* 印出標準化參數值
. sem, standardized

Structural equation model                    Number of obs     =       432
Estimation method  = ml
Log likelihood      = -3971.9236

 ( 1)  [s_income]SubjSES = 1
-------------------------------------------------------------------------------
                   |              OIM
  Standardized |   Coef.   Std. Err.      z    P>|z|    [95% Conf. Interval]
-----------------+-------------------------------------------------------------
Structural       |
  SubjSES <-     |
```

```
         income |    .3714539    .051077        7. 27   0. 000    .2713448    .471563
        occpres |    .2011226    .0538186       3. 74   0. 000     .09564    .3066051
----------------+---------------------------------------------------------------------
Measurement     |
  s_income <-   |
         SubjSES |   .7306764    .0391489      18. 66   0. 000    .6539459    .8074069
           _cons |   1.436298    .1468859       9. 78   0. 000    1.148407     1.72419
----------------+---------------------------------------------------------------------
  s_occpres <-  |
         SubjSES |   .5584971    .0429619      13. 00   0. 000    .4742933    .6427009
           _cons |   1.743524    .1381069      12. 62   0. 000     1.47284    2.014208
----------------+---------------------------------------------------------------------
  s_socstat <-  |
         SubjSES |    .734338    .0382984      19. 17   0. 000    .6592745    .8094015
           _cons |   1.600121    .1462742      10. 94   0. 000    1.313429    1.886813
----------------+---------------------------------------------------------------------
Variance        |
     e.s_income |    .466112    .0572104                         .3664495    .5928795
    e.s_occpres |    .688081    .0479882                          .600171    .7888676
    e.s_socstat |   .4607477    .0562479                          .362701    .5852987
      e.SubjSES |   .7779424    .0419302                         .6999527    .8646218
----------------+---------------------------------------------------------------------
LR test of model vs. saturated: chi2(4)    =     26. 65, Prob > chi2 = 0. 0000
```

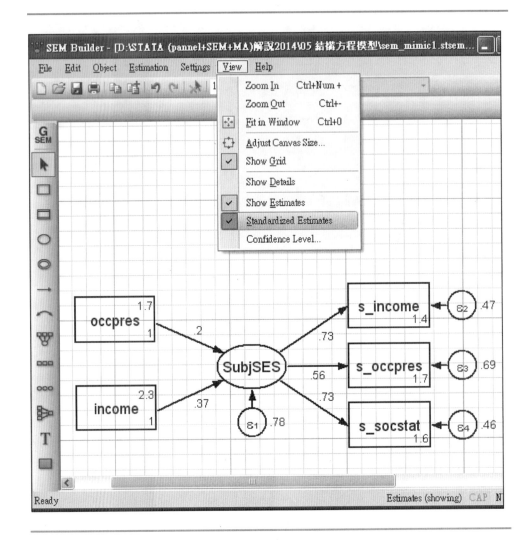

圖 4-52 「sem_mimic1.stsem」檔「View → Standardized Estimated」結果

Step 2. SEM 模型之殘差分析

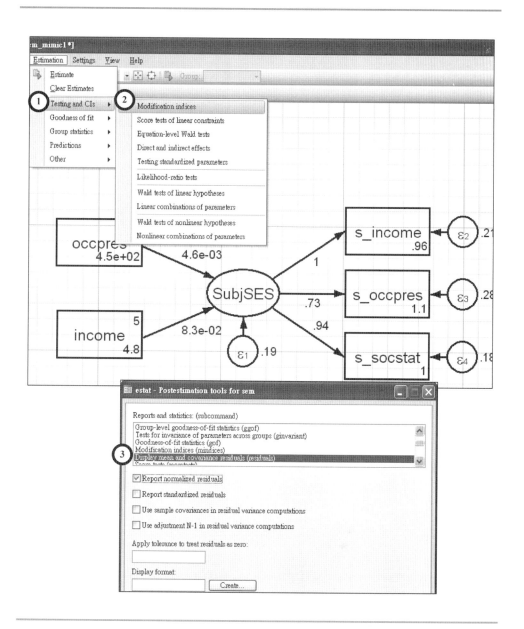

圖 4-53 sem 或 gsem 事後檢定之畫面

```
. use http://www.stata-press.com/data/r12/sem_mimic1
* 舊的 SEM 模型
. sem (SubjSES -> s_income s_occpres s_socstat) (SubjSES <-income occpres)

* 評估 residuals 值
. estat residuals, normalized

Residuals of observed variables

Mean residuals
```

	s_income	s_occpres	s_socstat	income	occpres
raw	0.000	0.000	0.000	0.000	0.000
normalized	0.000	0.000	0.000	0.000	0.000

Covariance residuals

	s_income	s_occpres	s_socstat	income	occpres
s_income	−0.000				
s_occpres	−0.009	0.000			
s_socstat	0.000	0.008	0.000		
income	0.101	−0.079	−0.053	0.000	
occpres	−0.856	1.482	0.049	0.000	0.000

Normalized covariance residuals

	s_income	s_occpres	s_socstat	income	occpres
s_income	−0.000				
s_occpres	−0.425	0.000			
s_socstat	0.008	0.401	0.000		
income	1.362	−1.137	−0.771	0.000	
occpres	−1.221	2.234	0.074	0.000	0.000

1. 印出的殘差 (residual) 分二部分：mean residuals 及 covariance residuals。.

2. 本例，estat 指令有加選「normalized」選項，Stata 才會多印 normalized residuals。

3. 通常「mean residuals」、「covariance residuals」都會分開印在：raw residuals 及 normalized residuals 部分。

4. 「normalized and standardized residuals」二者都以相同演算法來微調殘差。經驗上，normalized residuals 總是比較有效 (儘管它不是常態分配)。但 standardized residuals 有時可能算不出來，可能造成報表是 missing values。通常，normalized residuals 估計值都會略小於 standardized residuals。

5. 殘差分析結果，顯著 (s_income <- income) 及 (s_occpres <- occpres) 二個之殘差過大，故我們再加二個路徑 (單向箭頭直線)。

Step3. 新 vs. 舊 SEM 模型之概似比檢定

　　根據 Bollen 說法，我們可從客觀測量 (相對於主觀測量) 中，外加「direct path」，故本例我們試試，舊 SEM 再加：(s_income <-income) 及 (s_occpres <-occpres) 二個 path，並進行概似比檢定，來看看新 SEM 模型是否比舊 SEM 好。

```
* 舊的 SEM 模型
. sem (SubjSES -> s_income s_occpres s_socstat) (SubjSES <-income occpres)
. estat residuals, normalized

* 將舊的 SEM 估計參數值，暫存到 mimic1
. estimates store mimic1

* 重新執行新的 SEM 模型
. sem (SubjSES -> s_income s_occpres s_socstat) (SubjSES <-income occpres) (s_income <-income) (s_occpres <-occpres)

* 執行 likelihood ratio 檢定：使用 lrtest 指令，來比較新 vs. 舊 SEM 的適配度
. lrtest mimic1

Likelihood-ratio test                          LR chi2(2)  =      22.42
(Assumption: mimic1 nested in .)               Prob > chi2 =     0.0000
```

likelihood ratio 檢定結果 LR $\chi^2_{(2)}$ = 22.42，$p < 0.05$，達到 0.05 顯著差異，故

可斷定：新的 SEM 比舊的 SEM 顯著的優。即多加 (s_income <- income) 及 (s_occpres <- occpres) 二個路徑，可改善模型的適配度。

Step 4. 修正 SEM 模型

改用 estat framework 來分析上例 MIMIC 新的模型。

```
* 為了論證 estat framework (它是 Bentler-Weeks 形式的分析結果)
* 開啟系統內建之資料檔 (它是相關矩陣之格式)
. use http://www.stata-press.com/data/r12/sem_mimic1

* 印出相關矩陣格式之內容
. ssd describe

* 重新執行新的 SEM 模型
. sem (SubjSES -> s_income s_occpres s_socstat) (SubjSES <-income occpres) (s_income <-income) (s_occpres <-occpres)

* 報表改以 Bentler-Weeks 格式來印出
. estat framework, fitted

Endogenous variables on endogenous variables
```

	observed			latent
Beta	s_income	s_occpres	s_socstat	SubjSES
observed				
s_income	0	0	0	1
s_occpres	0	0	0	.7837824
s_socstat	0	0	0	1.195539
latent				
SubjSES	0	0	0	0

```
Exogenous variables on endogenous variables
```

	observed	
Gamma	income	occpres

```
-------------+--------------------
   observed  |
    s_income |   .0532426              0
    s_occpres |           0    .0045201
    s_socstat |           0           0
-------------+--------------------
   latent    |
    SubjSES  |   .0538023    .0034324
-------------+--------------------
```

Covariances of error variables

Psi	observed			latent
	e.s_inc~e	e.s_occ~s	e.s_soc~t	e.SubjSES
observed				
e.s_income	.22927			
e.s_occpres	0	.2773785		
e.s_socstat	0	0	.1459008	
latent				
e.SubjSES	0	0	0	.1480268

Intercepts of endogenous variables

alpha	observed			latent
	s_income	s_occpres	s_socstat	SubjSES
_cons	.8825316	1.06586	1.07922	0

Covariances of exogenous variables

Phi	observed	
	income	occpres
observed		
income	4.820021	
occpres	13.62431	451.6628

```
Means of exogenous variables
              |   observed
       kappa  |   income     occpres
--------------+--------------------------
        mean  |     5.04      36.698
              |
```

```
Fitted covariances of observed and latent variables

              |  observed                              |  latent   |  observed
       Sigma  |  s_income   s_occpres   s_socstat      |  SubjSES  |  income    occpres
--------------+------------------------------------+-----------+------------------
   observed   |                                        |           |
     s_income |  .4478605                              |           |
    s_occpres |  .1614442    .4086515                  |           |
    s_socstat |  .2255141    .1738218    .3922179      |           |
--------------+------------------------------------+-----------+------------------
   latent     |                                        |           |
     SubjSES  |  .1886296    .1453919    .2060302      |  .1723325 |
--------------+------------------------------------+-----------+------------------
   observed   |                                        |           |
     income   |  .5627229    .3014933    .3659453      |  .3060923 |  4.820021
    occpres   |  3.008694    3.831182    2.729774      |  2.2833   | 13.62431 451.6628
```

```
Fitted means of observed and latent variables

              |  observed                              |  latent   |  observed
         mu   |  s_income   s_occpres   s_socstat      |  SubjSES  |  income    occpres
--------------+------------------------------------+-----------+------------------
         mu   |    1.548       1.543     1.553999      | .3971255  |   5.04      36.698
```

4-2-9 潛在成長曲線模型 (Latent growth curve models)

在縱貫研究方面常有分析技術與資料蒐集方式的缺口，由於多以重複測量方式蒐集資料，因此，相關的研究大部分採用重複測量的 t 考驗、ANOVA、

ANCOVA、MANOVA、MANCOVA、迴歸分析、路徑分析等分析技術，僅能處理觀察變數，分析結果混雜真實分數與測量誤差，無法精確分析個別的改變量 (Otis, Grouzet, & Pelletier, 2005)。隨著 SEM 的發展，克服了上述分析技術的研究限制，近年在行為及社會科學的研究上多有應用 (MacCallum & Austin, 2000)，其中，潛在成長模型主要在探討研究變數所呈現的潛在成長或下降的情形 (Duncan, Duncan, & Strycker, 2006)。

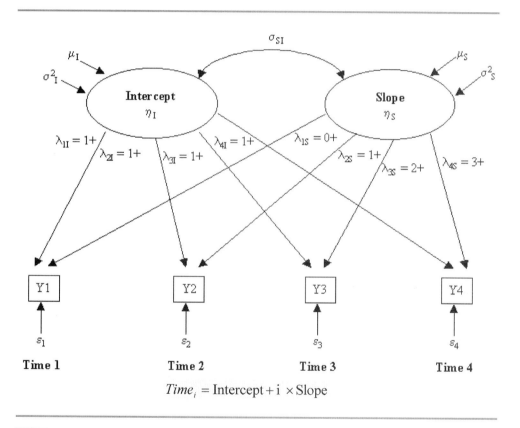

$$Time_i = Intercept + i \times Slope$$

圖 4-54 潛在成長曲線模型之示意圖

4-2-9a Latent growth curve models：四期犯罪率之成長曲線

範例：四期犯罪率之成長曲線

本例連續追蹤美國紐約 359 個社區連續 4 期 (間隔二個月) 之犯罪率，它屬於短期之縱貫資料。根據經驗，通常時間數列都會高達九成以上是非常態，故

這四個變數做潛在成長曲線模型之前，事先取自然對數「ln(x)」，將它們轉成常態之後再分析。

一、資料檔之內容

讀入資料檔之前，先設定工作目錄「File > Chang working directory」，指定CD 所附資料檔之路徑，接著再選「File > Open」，分別開啓「sem_lcm.dta」資料檔、「sem_lcm.stsem」繪圖檔。

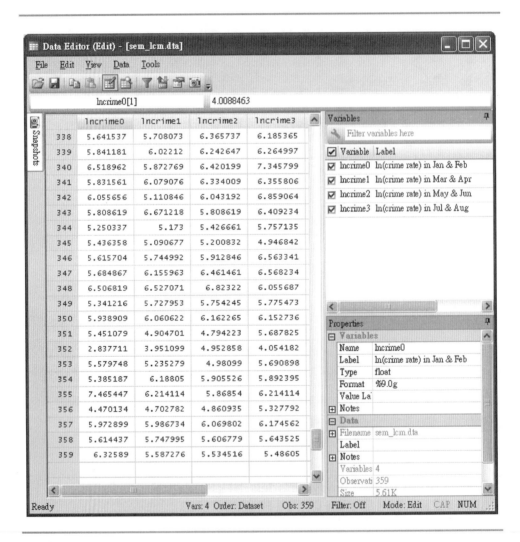

圖 4-55 「sem_lcm.dta」資料檔 (N=359，4 variables)

```
. use http://www.stata-press.com/data/r12/sem_lcm
. describe
   obs:            359
   vars:             4                        28 Apr 2014 08:27
   size:         5,744                        (_dta has notes)
---------------------------------------------------------------------
                 storage  display    value
variable name    type     format     label   variable label
---------------------------------------------------------------------
lncrime0         float    %9.0g              ln(crime rate) in Jan & Feb
lncrime1         float    %9.0g              ln(crime rate) in Mar & Apr
lncrime2         float    %9.0g              ln(crime rate) in May & Jun
lncrime3         float    %9.0g              ln(crime rate) in Jul & Aug
---------------------------------------------------------------------
. notes

_dta:
1. Data used in Bollen, Kenneth A. and Patrick J. Curran, 2006, _Latent Curve
Models: A Structural Equation Perspective_. Hoboken, New Jersey: John Wiley &
Sons
2. Data from 1995 Uniform Crime Reports for 359 communities in New York
state.
```

二、分析結果與討論

Step 1. 求潛在成長模型之參數值

```
*開啟系統內建之資料檔
. webuse sem_lcm

* 潛在成長模型,「@」旨在限制 path 的參數值
. sem (lncrime0 <-Intercept@1 Slope@0) (lncrime1 <-Intercept@1 Slope@1)
(lncrime2 <-Intercept@1 Slope@2) (lncrime3 <-Intercept@1 Slope@3),
means(Intercept Slope) noconstant

Endogenous variables
```

Stata 在結構方程模型及試題反應理論的應用

```
Measurement:  lncrime0 lncrime1 lncrime2 lncrime3
Exogenous variables

Latent:       Intercept Slope

Fitting target model:

Iteration 0:   log likelihood = -1035.2036
Iteration 1:   log likelihood = -1031.5492
Iteration 2:   log likelihood = -1031.3066
Iteration 3:   log likelihood = -1031.3061
Iteration 4:   log likelihood = -1031.3061

Structural equation model              Number of obs     =      359
Estimation method = ml
Log likelihood      = -1031.3061

 ( 1)  [lncrime0]Intercept = 1
 ( 2)  [lncrime1]Intercept = 1
 ( 3)  [lncrime1]Slope = 1
 ( 4)  [lncrime2]Intercept = 1
 ( 5)  [lncrime2]Slope = 2
 ( 6)  [lncrime3]Intercept = 1
 ( 7)  [lncrime3]Slope = 3
 ( 8)  [lncrime0]_cons = 0
 ( 9)  [lncrime1]_cons = 0
 (10)  [lncrime2]_cons = 0
 (11)  [lncrime3]_cons = 0
---------------------------------------------------------------------
             |               OIM
             |   Coef.  Std. Err.    z   P>|z|  [95% Conf. Interval]
-------------+-------------------------------------------------------
Measurement  |
  lncrime0 <-|
   Intercept |     1  (constrained)
       _cons |     0  (constrained)
-------------+-------------------------------------------------------
  lncrime1 <-|
   Intercept |     1  (constrained)
```

430

```
             Slope |         1    (constrained)
             _cons |         0    (constrained)
-------------------+---------------------------------------------------------------
lncrime2 <-        |
         Intercept |         1    (constrained)
             Slope |         2    (constrained)
             _cons |         0    (constrained)
-------------------+---------------------------------------------------------------
lncrime3 <-        |
         Intercept |         1    (constrained)
             Slope |         3    (constrained)
             _cons |         0    (constrained)
-------------------+---------------------------------------------------------------
  mean(Intercept)  | 5.332935    .0408794   130.46   0.000    5.252813    5.413057
     mean(Slope)   | .1444134    .0104294    13.85   0.000    .1239721    .1648546
-------------------+---------------------------------------------------------------
 var(e.lncrime0)   | .0761231    .0151941                     .0514775    .1125683
 var(e.lncrime1)   | .1118785    .0111312                     .0920572    .1359676
 var(e.lncrime2)   | .0883066    .0096639                     .0712592    .1094323
 var(e.lncrime3)   | .1113854    .0162217                     .0837265    .1481813
  var(Intercept)   | .5385184    .0457714                     .4558821    .6361339
     var(Slope)    | .020211     .003545                      .0143313    .028503
-------------------+---------------------------------------------------------------
cov(Intercept,Slope)| -.0377157  .0096477    -3.91   0.000   -.0566247  -.0188066
-------------------+---------------------------------------------------------------
LR test of model vs. saturated: chi2(5)  =    11.05, Prob > chi2 = 0.0504
```

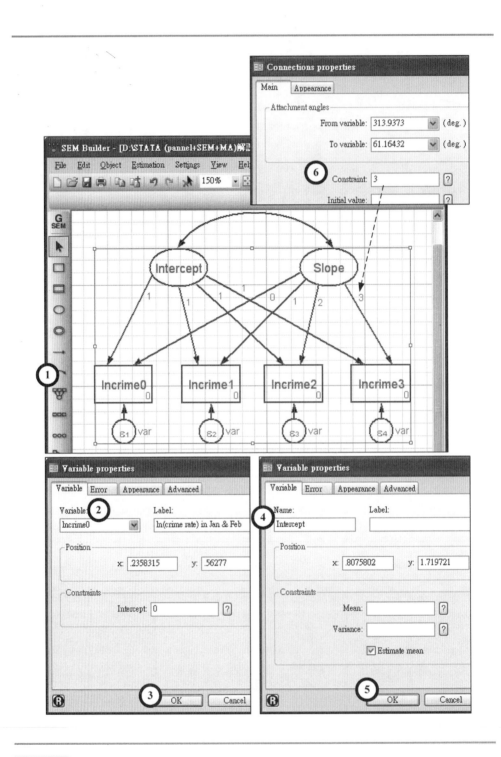

圖 4-56 利用 Builder 建構 SEM 模型,並存在「sem_lcm.stsem」檔

432

1. 本例是 1955 年犯罪率之重複量數，係假定犯罪率的成長是線性 (rate grows linearly)。

2. 此 SEM 解釋 Latent growth models 的公式為：

$$\ln\_crime_i = \text{Intercept} + i \times \text{Slope}$$
$$\ln\_crime_i = 5.34 + 0.14 \times i，i 為每二個月期間$$

3. 通常 SEM 不會印出潛在外生變數 (latent exogenous variable) 的平均數，因為 SEM 自動認定平均數為 0。故你需加選「means()」，才能避開本例兩個潛在變數平均數 (mean) 被內定為 0 的困境。

4. 本例每二個月期間，所求出 Intercept 的平均數為 5.34、Slope 的平均數為 0.14。記得。本例四期變數仍可用 e^x 指數來還原權值。

Step 2. 更改時間序列之格式為二因子混合設計模型，以利我們思考

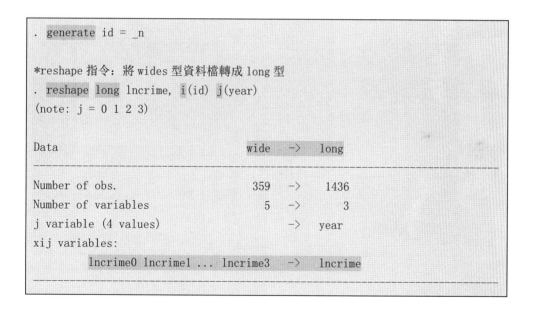

```
. generate id = _n

*reshape 指令：將 wides 型資料檔轉成 long 型
. reshape long lncrime, i(id) j(year)
(note: j = 0 1 2 3)


Data                              wide    ->    long
─────────────────────────────────────────────────────
Number of obs.                    359     ->     1436
Number of variables                 5     ->        3
j variable (4 values)                     ->     year
xij variables:
        lncrime0 lncrime1 ... lncrime3    ->    lncrime
─────────────────────────────────────────────────────
```

1. 本例，將 wides 型資料檔轉成 long 型，結果如圖 4-57。

2. 你可參考作者另一本書《Stata 與高等統計分析》ANOVA 那章講解，進一步瞭解「二因子混合設計」如何分析，進而如法炮製本例之「二因子混合設計」分析。

Stata 在結構方程模型及試題反應理論的應用

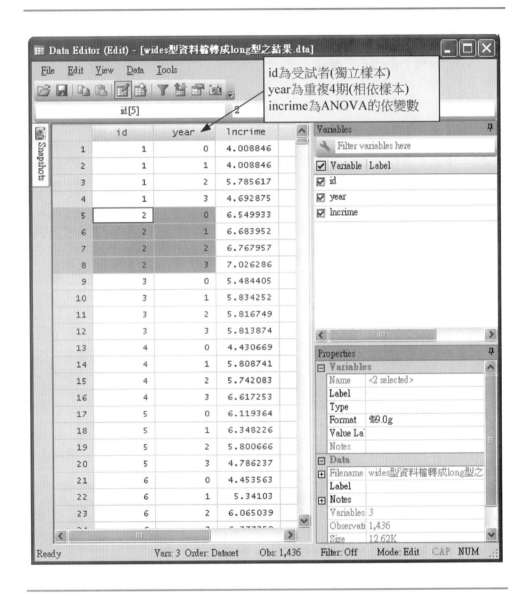

圖 4-57 wides 型資料檔轉成 long 型之結果 (N = 1436 , 3 variables)

補充說明

　　reshape 指令：將 wides 型資料檔轉成 long 型，反之亦然。reshape 語法如下：

```
＊外觀說明：
          long
   +----------------+                    wide
   | i  j  stub |                  +----------------+
   |----------------|                 | i  stub1 stub2 |
   | 1  1   4.1 |    reshape      |----------------|
   | 1  2   4.5 |  <---------->    | 1    4.1   4.5 |
   | 2  1   3.3 |                  | 2    3.3   3.0 |
   | 2  2   3.0 |                  +----------------+
   +----------------+

＊從 long 型變 wide 型，指令如下：
                                   j existing variable
                                  /
         reshape wide stub, i(i) j(j)

＊從 wide 型變 long 型，指令如下：
         reshape long stub, i(i) j(j)
                                      \
                                   j new variable
```

4-2-9b Latent growth curve models：學生成績之成長趨勢

範例：學生成績之成長趨勢

以本書 CD 所附「潛在成長模型之 AMOS 程式」資料夾來說，它是張紹勳、巫俊采 (2012) 研究 Latent growth curve models 的代表作。此研究架構包括：二種學習動機、三種學習策略對學習成效 (程式設計成績) 的影響，由截距與斜率所構成之預測曲線，藉以瞭解整體與個別學生學習成效的成長趨勢，如圖 4-58。接著再分別與「學習動機、學習策略變數」結合，分別分析「學習動機、學習策略」對學習成效的影響之成長速率。

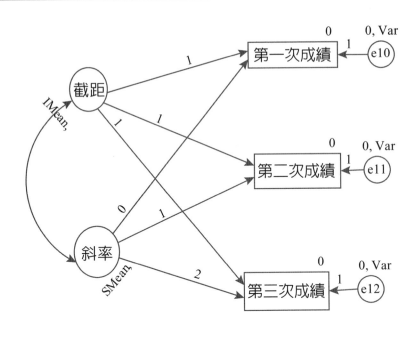

圖 4-58 程式設計成績成長趨勢

　　為了節省篇幅，在此只介紹「三種學習策略影響程式設計成績」的分析法，「二種動機影響程式設計成績」則請自行如法炮製。

　　本例依學習策略將研究樣本分為深度學習、表面學習及策略性學習三群組，進行學習成效 LGM 之群組比較，結果如圖 4-59 所示。群組比較中學習成效 LGM 與觀察資料絕對適配的卡方考驗結果，χ^2 = 112.617(p = 0.000) 達顯著水準拒絕虛無假設，表示模型與觀察資料不適配，RMSEA = 0.230 未小於 0.08；χ^2/df = 4.022 未小於 3，增值適配指標 NFI = 0.453；TLI = 0.086；IFI = 0.710；RFI = 0.066 皆未大於 0.90，精簡適配度指標 PNFI = 0.705 大於 0.5，由這些相關指標來看，顯示此模型與觀察資料非常不適配，應與樣本數過少有關。

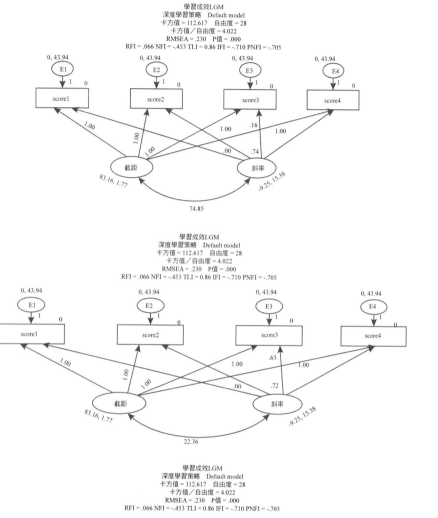

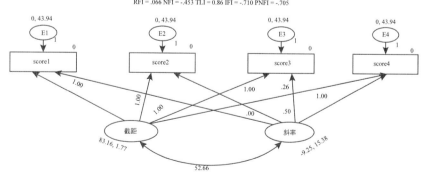

圖 4-59 學習策略對學習成效 LGM 之群組比較圖

茲就不同學習策略對四次作業成績之 LGM 影響之差異性分析如表 4-2。

表 4-2　學習策略對學習成效之群組比較

參　數	深度學習	表面學習	策略性學習
截距平均數	83.16 ***		
截距變異數	1.77		
斜率平均數	-9.25 ***		
斜率變異數	15.38		
截距與斜率間的共變數	74.85 ***	22.36	52.66***
L2	0.74 ***	0.72***	0.5 ***
L3	0.16	0.63***	0.26

*p < .05, **p < .01, ***p < .001

　　以學習成效 LGM 之參數估計值及顯著性考驗來看，學習成效的起始狀態平均為 83.16(p < .001)，成長速率的平均值為 -9.25(p < .001)，兩者皆達顯著水準，表示研究樣本在第一次作業之平均分數為 83.16 分，之後隨著每次作業的評量，其成績以平均 9.25 分的成長速率逐次下降。在起始狀態的變異數為 1.77，成長速率的變異數為 15.38 皆未達顯著水準。表示三群組間四次作品的學習成效並無顯著差異。四期的學習成效之誤差變異值均為 43.94，統計考驗皆達顯著水準 (p < 0.001)，且符合殘差變異無負值，顯示模型未違反估計。深度、策略性與表面等三群的起始狀態與成長速率之共變數，依次為 22.36(p < 0.001)、52.66(p < 0.001) 與 22.36，其中深度與策略性學習皆達顯著，即深度學習者與策略學習者的起始狀態能預測學習成效的成長速率，顯示深度學習者與策略學習者初始的成績高，則其學習成效的成長速率亦高。而表面與策略性則未達顯著水準，表示表面學習者之起始狀態對成長速率皆無預測作用。在成長速率設定為 0、L2、L3、1 的情形下，其中，深度學習在成長速率 L2 與 L3 分別為 0.74(p < 0.001) 與 0.16；表面學習之 L2、L3 為 0.72(p < 0.001)、0.63(p < 0.001)；策略性學習之 L2、L3 為 0.5(p < 0.001)、0.26。在學習成長趨勢中，三種學習策略學習者在第二次作業均有顯著的變化，表面學習者則在第三次作業亦有顯著變化，茲將其成績分布繪製如圖 4-60。由圖可知，第二次作業陡降，第三次作業上升、第四次作業成績陡降，為最低分數之作品成績。無論何種學習策略皆有相同趨勢，其中，深度學習群組的表現起伏最明顯，策略性學習策略的學習表

現較爲平緩，顯示策略性學習者能依自我的學習情形，調整學習策略，善用組織學習，表現較爲穩定。

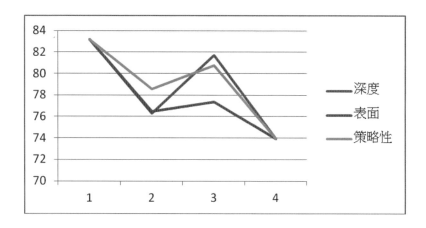

圖 4-60 學習策略對動態學習成效之影響

4-2-10 Correlated uniqueness 模型：Multitrait-Multimethod (MTMM)

一、認識效度

建構 (construct) 效度是指「量表能衡量理論上某構念或特質的程度」，即構念是否能眞實反應實際狀況。所謂建構乃是一種理論性的概念，用來代表持續性的心理特質或屬性。例如，生產力、人格、成就動機、智力……等等。換句話說，建構效度強調的是量表所衡量的是否能代表所要衡量的構念。

常見的建構效度有兩類：收斂 (convergent) 效度及區別 (discriminant) 效度兩種。

(一) 收斂效度

是指來自相同構念的這些項目，彼此之間相關要高。例如，若要衡量相同的東西 (筆試、口試)，則所得分數 (結果) 應相同 (筆試與口試成績之相關要高)，反之亦然。若以「多特質多方法」之角度來看，就是指不同的衡量方法 (method) 去衡量同一構面 (trait) 之相關性要高。收斂效度及區別效度常用的「統計檢定」有三種方法：

1. 以「相關分析」來計算某一構念之這些項目的 r 值，並將 r 值的顯著性 (p 值) 排列成兩維矩陣，再由顯著性之 p 值矩陣，來判斷是否屬於同一構念之項目，若每一個 r 值彼此都達到顯著水準之個數愈多 (即兩維矩陣中「$p < 0.05$」的個數)，則表示該量表建構效度愈佳。如表 4-3 所示「工作意義」這個構念，它包含 6 個項目，故有 15 個相關分析之顯著性 p 值，其中高達 14 個 p 值達到 0.05 顯著水準，高達 93%(14/15)，可證明此量表具有高的收斂效度。相對地，在區別效度檢定方面，表 4-3 所示 r 值顯著性矩陣中，若屬於不同構念的項目間之 p 值不顯著 (即 $p > 0.05$) 者個數愈多，則表示該量表之區別效度愈高。

表 4-3　授權量表各項目單尾相關矩陣之 **p** 值

群組：工作有意義 (6 題) = E11, E10, E13, E25, E9, E26；自主權 (8 題) = E15, E17, E16, E20, E18, E14, E21, E5；團隊潛力 (4 題) = E2, E1, E6, E3；團隊成果 (4 題) = E7, E23, E8, E24

	E11	E10	E13	E25	E9	E26	E15	E17	E16	E20	E18	E14	E21	E5	E2	E1	E6	E3	E7	E23	E8	E24
E11	.																					
E10	.000	.																				
E13	.000	.000	.																			
E25	.000	.000	.000	.																		
E9	.000	.001	.000	.000	.																	
E26	.014	.001	.001	.000	.031	.																
E15	.417	.205	.001	.311	.117	.010	.															
E17	.103	.074	.010	.004	.176	.033	.058	.														
E16	.101	.020	.031	.010	.006	.131	.039	.024	.													
E20	.111	.006	.030	.006	.019	.081	.024	.039	.040	.												
E18	.101	.027	.030	.001	.009	.082	.005	.040	.002	.000	.											
E14	.111	.030	.001	.016	.030	.002	.072	.001	.001	.005	.000	.										
E21	.072	.001	.003	.002	.259	.023	.127	.002	.030	.072	.000	.000	.									
E5	.166	.066	.001	.012	.066	.171	.082	.052	.003	.000	.000	.001	.000	.								
E2	.119	.052	.030	.017	.082	.376	.082	.052	.001	.769	.209	.832	.376	.209	.							
E1	.102	.004	.002	.012	.127	.058	.001	.004	.030	.065	.003	.143	.001	.832	.003	.						
E6	.104	.001	.040	.040	.024	.039	.040	.002	.001	.461	.770	.651	.040	.143	.031	.000	.					
E3	.155	.039	.001	.084	.005	.129	.005	.084	.001	.242	.715	.096	.097	.770	.077	.040	.006	.				
E7	.100	.008	.052	.046	.072	.017	.072	.046	.052	.073	.035	.129	.096	.129	.208	.404	.106	.007	.			
E23	.106	.357	.736	.232	.648	.375	.375	.232	.736	.138	.904	.952	.145	.034	.001	.479	.159	.003	.944	.		
E8	.100	.005	.107	.020	.030	.070	.030	.020	.107	.411	.622	.427	.384	.952	.401	.874	.384	.821	.218	.049	.	
E24	.167	.019	.002	.030	.068	.042	.068	.030	.002	.152	.111	.482	.126	.427	.092	.005	.019	.034	.223	.055	.018	.

2. 以「因素分析」(factor analysis) 求量表各項目之因素結構 (structure) 矩陣 (非 pattern matrix)，再由結構矩陣所表列之因素負荷量 (factor loading) 大小來判定建構效度好壞。同一構念中，若因素負荷量的值愈大 (通常取 0.5 以上者才保留該「項目」，否則刪除後再重新執行一次因素分析)，表示收斂效度愈高。例如，表 4-3 所示「工作有意義」、「自主權」、「團隊潛力」、「團隊成果」四個構念，其對應的各項目之因素負荷量均大於 0.5，故可宣稱該「授權量表」收斂效度佳。相對地，在區別效度檢定方面，每一個項目只能在其所屬構念中，出現一個大於 0.5 以上之因素負荷量，符合這個條件的項目愈多，則量表的區別效度愈高。總之，每一個項目，其所對應的因素負荷量，必須接近 1.0(收斂效度)，但在其他因素之因素負荷量必須接近 0(區別效度)。此意味著，若該項目在所有因素之因素負荷量小於 0.5 或該項目因素負荷量有兩個以上是大於 0.5(橫跨兩個因素以上) 者，都須刪除。

表 4-4　授權量表因素分析結果 (灰色區塊數字為「因素負荷量」)

項目 ＼ 因素	工作有意義	自主權	團隊潛力	團隊成果
E11	.78	−.15	−.15	.24
E10	.74	−.17	−.22	.08
E13	.68	−.37	−.39	−.06
E25	.64	−.20	−.27	.25
E9	.55	−.15	−.13	.24
E26	.53	−.25	−.19	.20
E15	.11	−.77	−.08	.05
E17	.21	−.77	−.10	.08
E16	.35	−.71	.03	−.01
E20	.13	−.67	−.23	.10
E18	.38	−.63	−.14	.22
E14	.34	−.60	−.33	−.29
E21	.23	−.57	−.35	.31
E5	.20	−.50	−.39	.32
E2	.17	−.08	−.85	.08

項目 ＼ 因素	工作有意義	自主權	團隊潛力	團隊成果
E1	.23	−.25	−.76	.02
E6	.40	−.00	−.53	.30
E3	.27	−.07	−.51	.22
E7	.30	−.24	−.03	.61
E23	.07	−.08	−.16	.54
E8	.35	.02	−.15	.53
E24	.30	−.21	−.23	.50
特徵值 (eigen value)	4.84	2.09	1.50	1.30
解釋變異量	22.0	9.5	6.8	5.9

3. 以「多特質多方法」(muti-traits multi-methods, MTMM) 來檢定：MTMM 的做法是，用同一個「異質的特質」(hetero-traits) 衡量工具，以不同的「方法」(例如，「自評法 vs. 同伴評分法 vs. 投射測驗」；「調查法 vs. 觀察法」；「觀察自由行為 vs. 觀察角色扮演 vs. 投射測驗」)，分前後兩期對同一批樣本 (受訪者) 重測兩次。此種信度 (重測信度) 及效度 (建構效度) 檢定方法是最嚴謹的方式，但因為須用不同主、客觀「方法」重複衡量同一批樣本，研究資料蒐集過程較冗長，且亦須受訪者長期配合，所以在「經濟性」及「便利性」考量下，常常被研究者忽視。

MTMM 判定信度、效度良窳的四個判定準則，是依其在 MTMM 矩陣中各個相關係數值的大小，依序應為：(1) 主對角線上，代表重測信度 (即同方法同特質) 之 r 值要最大 (不論是同一批受訪同量表重複測兩次或者是同質的兩批受訪者個別單獨接受一種方法的度量)。(2) 在第二條主對角線上，代表收斂效度 (即不同方法同特質) 之 r 值要第二大。(3) 在主對角線與第二條對角線之間，小的下三角形矩陣所代表區別效度 (即同方法不同特質) 之 r 值要第三大。(4) 在矩陣最左下方「下三角形」(即不同方法不同特質) 之相關係數值應最小。

表 4-5　**MTMM 相關矩陣**

	方法	Method 1			Method 2			Method 3		
		依賴性 A1	社會性 B1	成就動機 C1	依賴性 A2	社會性 B2	成就動機 C2	依賴性 A3	社會性 B3	成就動機 C3
自陳量表 方法 1	A1	(0.98)								
	B1	0.40	(0.98)							
	C1	-.94*	-.47	(0.87)						
投射測驗 方法 2	A2	0.95*	0.10	-.89*	(0.96)					
	B2	0.35	0.99*	-.48	0.07	(0.97)				
	C2	-.93*	-.67*	0.97*	-.80*	-.65*	(0.95)			
同伴評分 方法 3	A3	0.94*	0.11	-.90*	0.99*	0.08	-.80*	(0.94)		
	B3	0.37	0.97*	-.51	0.11	0.99*	-.67*	0.12	(0.99)	
	C3	-.93*	-.65*	0.96*	-.81*	-.63*	0.99*	-.81*	-.64*	(0.96)

註：* 代表 $P < .05$，小括弧內數字為重測信度 (r 值應最大)，三段「網底」的數字為收斂效度 (不同方法測相同特質，r 值應第二大)，「粗實線」三角框內的數字為區別效度 (相同方法測不同特質，r 值應第三大)，虛線三角形內的數字為不同方法不同特質 (r 值應最小)。

(二) SEM 模型之信度、效度

在結構方程模式 (SEM) 的驗證性因素分析中，每個構面 (潛在變數) 的信度，需要大於 0.7 水準，是由標準化因素負荷量總和的平方，加上測量誤差之總和後，除以標準化因素負荷量總和的平方，數學公式如下：

$$構面信度 = \frac{(標準化因素負荷量的總和)^2}{(標準化因素負荷量的總和)^2 + 測量誤差之總和}$$

除了 MTMM 外，SEM 有一專有的效度，指的就是 CFA 驗證性因素分析的效度。用來判定效度的方式是平均變異萃取開根號後的值大於構面的相關係數。變異萃取是代表構面的解釋量，需要大於 0.5 水準，構面的變異萃取是由標準化因素負荷平方後的總和再加上測量誤差的總和，再除以標準化因素負荷平方後的總和。

舉例來說，潛在變數 CO 之測量模型，其信度、效度的計算公式如下：

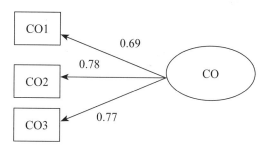

效度 標準化因素負荷量的總和 = 0.69 + 0.78 + 0.77 = 2.24
測量誤差的總和 = 0.24 + 0.12 + 0.2 = 0.56

$$構面信度 = \frac{(2.24)^2}{(2.24)^2 + 0.56} = 0.9$$

- -

效度

$$變異萃取 = \frac{標準化因素負荷平方後的總和}{標準化因素負荷平方後的總和 + 測量誤差的總和}$$

標準化因素負荷平方後的總和 = $(0.69)^2 + (0.78)^2 + (0.77)^2$
$$= 1.6774$$

測量誤差之總和 = 0.23 + 0.13 + 0.2 = 0.56

$$變異萃取 = \frac{1.6774}{1.6774 + 0.56} = 0.75$$

$$平均的變異萃取 = \frac{多元相關平方（SMC）的總和}{因素個數}$$

圖 4-61 潛在變數 CO 之測量模型

Stata 在結構方程模型及試題反應理論的應用

二、MTMM 範例

(一) 資料檔之內容

讀入資料檔之前，先設定工作目錄「File > Chang working directory」，指定 CD 所附資料檔之路徑，接著再選「File > Open」，分別開啓「sem_cu1.dat」資料檔、「sem_cu1.stsem」圖形檔。

「sem_cu1.dta」資料檔內容如圖 4-62。

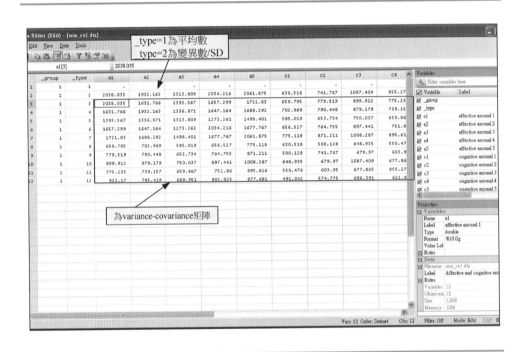

圖 4-62 sem_cu1 資料檔之格式，為 variance-covariance 矩陣 (N=500, 12 variables)

```
＊相關誤差模型 (Correlated uniqueness model)
＊(病人) 自評法 vs. 臨床訪談法 vs. 觀察者評分法，各方法之內的誤差彼此相互相關聯
＊開啟系統內建之資料檔 (它是相關矩陣之格式)
. use http://www.stata-press.com/data/r12/sem_cu1


＊印出相關矩陣格式之內容
. ssd describe


  Summary statistics data from I:\Documents and Settings\chess2\My Documents\
Downloads\sem_cu1.dta
    obs:          500              Correlated uniqueness
    vars:           9              25 May 2013 10:12
                                   (_dta has notes)
  ----------------------------------------------------------------------------

    variable name                 variable label
  ----------------------------------------------------------------------------

    par_i                         self-report inventory for paranoid
    szt_i                         self-report inventory for schizotypal
    szd_i                         self-report inventory for schizoid
    par_c                         clinical interview rating for paranoid
    szt_c                         clinical interview rating for schizoty..
    szd_c                         clinical interview rating for schizoid
    par_o                         observer rating for paranoid(偏執)
    szt_o                         observer rating for schizotypal(分裂型)
    szd_o                         observer rating for schizoid(精神分裂)
  ----------------------------------------------------------------------------

. notes


_dta:
1. Summary statistics data for Multitrait-Multimethod matrix (a specific kind
of correlation matrix) and standard deviations from Brown, Timothy A., 2006,
_Confirmatory Factor Analysis for Applied Research_, New York, NY: The Guil-
ford Press.
2. Summary statistics represent a sample of 500 patients who were evaluated
for three personality disorders using three different methods.
3. The personality disorders include paranoid, schizotypal, and schizoid.
4. The methods of evaluation include a self-report inventory, ratings from a
clinical interview, and observational ratings.
```

(二)SEM 模型

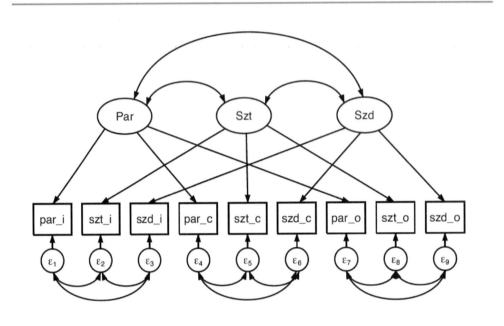

圖 **4-63** 三角驗證法所衍生的相關誤差模型 (Correlated uniqueness model)

```
. sem (Par ->par_i par_c par_o) (Szt ->szt_i szt_c szt_o) (Szd ->szd_i szd_c
szd_o), covstr(e.par_i e.szt_i e.szd_i, unstructured) covstr(e.par_c e.szt_c
e.szd_c, unstructured) covstr(e.par_o e.szt_o e.szd_o, unstructured) stan-
dardized

Endogenous variables

Measurement:   par_i par_c par_o szt_i szt_c szt_o szd_i szd_c szd_o

Exogenous variables

Latent:        Par Szt Szd

Fitting target model:

Structural equation model              Number of obs      =        500
Estimation method  = ml
```

```
Log likelihood     = -9879.9961

 ( 1)   [par_i]Par = 1
 ( 2)   [szt_i]Szt = 1
 ( 3)   [szd_i]Szd = 1
------------------------------------------------------------------------
               |                OIM
Standardized   |     Coef.    Std. Err.     z      P>|z|   [95% Conf. Interval]
---------------+--------------------------------------------------------
Measurement    |
  par_i <-     |
          Par  |  .7119709    .0261858    27.19    0.000    .6606476    .7632941
---------------+--------------------------------------------------------
  par_c <-     |
          Par  |  .8410183    .0242205    34.72    0.000    .7935469    .8884897
---------------+--------------------------------------------------------
  par_o <-     |
          Par  |  .7876062    .0237685    33.14    0.000    .7410209    .8341916
---------------+--------------------------------------------------------
  szt_i <-     |
          Szt  |  .7880887    .0202704    38.88    0.000    .7483594    .8278179
---------------+--------------------------------------------------------
  szt_c <-     |
          Szt  |  .7675732    .0244004    31.46    0.000    .7197493    .8153972
---------------+--------------------------------------------------------
  szt_o <-     |
          Szt  |  .8431662    .0181632    46.42    0.000    .807567     .8787653
---------------+--------------------------------------------------------
  szd_i <-     |
          Szd  |  .7692321    .0196626    39.12    0.000    .7306942    .80777
---------------+--------------------------------------------------------
  szd_c <-     |
          Szd  |  .8604596    .0179455    47.95    0.000    .8252871    .8956321
---------------+--------------------------------------------------------
  szd_o <-     |
          Szd  |  .8715597    .0155875    55.91    0.000    .8410086    .9021107
---------------+--------------------------------------------------------
Variance       |
     e.par_i   |  .4930975    .0372871                      .4251739    .5718722
     e.par_c   |  .2926882    .0407398                      .2228049    .3844905
     e.par_o   |  .3796764    .0374404                      .3129503    .4606295
```

```
         e.szt_i |   .3789163    .0319498                         .3211966    .4470082
         e.szt_c |   .4108313    .0374582                         .3436006    .4912169
         e.szt_o |   .2890708    .0306291                         .2348623    .3557912
         e.szd_i |    .408282    .0302501                         .3530966    .4720922
         e.szd_c |   .2596093    .0308827                         .2056187    .3277766
         e.szd_o |   .2403837     .027171                          .192616    .2999976
             Par |          1           .                                .           .
             Szt |          1           .                                .           .
             Szd |          1           .                                .           .
-----------------+------------------------------------------------------------------------
Covariance       |
      e.par_i    |
         e.szt_i |   .2166732    .0535966     4.04   0.000        .1116258    .3217207
         e.szd_i |   .4411039    .0451782     9.76   0.000        .3525563    .5296515
-----------------+------------------------------------------------------------------------
      e.par_c    |
         e.szt_c |  -.1074802    .0691107    -1.56   0.120       -.2429348    .0279743
         e.szd_c |  -.2646125    .0836965    -3.16   0.002       -.4286546   -.1005705
-----------------+------------------------------------------------------------------------
      e.par_o    |
         e.szt_o |   .4132457    .0571588     7.23   0.000        .3012165    .5252749
         e.szd_o |   .3684402    .0587572     6.27   0.000        .2532781    .4836022
-----------------+------------------------------------------------------------------------
      e.szt_i    |
         e.szd_i |   .7456394    .0351079    21.24   0.000        .6768292    .8144496
-----------------+------------------------------------------------------------------------
      e.szt_c    |
         e.szd_c |  -.3296552    .0720069    -4.58   0.000       -.4707861   -.1885244
-----------------+------------------------------------------------------------------------
      e.szt_o    |
         e.szd_o |   .4781276    .0588923     8.12   0.000        .3627009    .5935544
-----------------+------------------------------------------------------------------------
Par              |
             Szt |   .3806759     .045698     8.33   0.000        .2911095    .4702422
             Szd |   .3590146    .0456235     7.87   0.000        .2695941    .4484351
-----------------+------------------------------------------------------------------------
Szt              |
             Szd |   .3103837    .0466126     6.66   0.000        .2190246    .4017428
-----------------+------------------------------------------------------------------------
LR test of model vs. saturated: chi2(15) =      14.37, Prob > chi2 = 0.4976
```

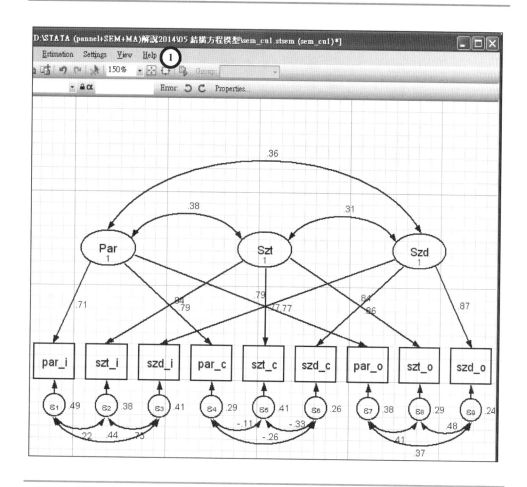

圖 4-64 利用 Builder 建構 SEM 模型，並存在「sem_cu1.stsem」檔

4-2-11 似不相關迴歸模型 (Seemingly Unrelated Regression)

一、資料檔之內容

讀入資料檔之前，先設定工作目錄「File > Chang working directory」，指定 CD 所附資料檔之路徑，接著再選「File > Open」，分別開啟「auto.dta」資料檔、「Seemingly_Unrelated_Reg.stsem」繪圖檔。

「auto.dta」資料檔內容如圖 4-65。

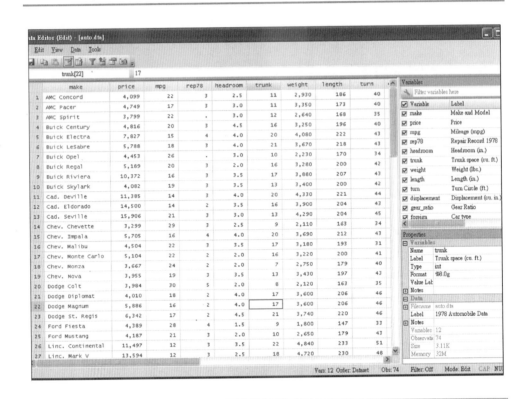

圖 4-65 Stata 網站內附「auto.dta」資料檔 (N＝74 輛汽車 , 12 variables)

觀察資料之特徵

```
＊開啟 Stata 系統所附資料檔 auto.dta
. sysuse auto.dta
obs:            74                    1978 Automobile Data
 vars:           12                    13 Apr 2011 17:45
 size:        3,182                    (_dta has notes)

              storage  display   value
variable name  type    format    label   variable label

make          str18    %-18s             Make and Model
price         int      %8.0gc            Price 車價
mpg           int      %8.0g             Mileage (mpg) 耗油率
```

```
rep78           int     %8.0g              Repair Record 1978
headroom        float   %6.1f              Headroom (in.)
trunk           int     %8.0g              Trunk space (cu. ft.)
weight          int     %8.0gc             Weight (lbs.) 車重
length          int     %8.0g              Length (in.) 車長
turn            int     %8.0g              Turn Circle (ft.)
displacement    int     %8.0g              Displacement (cu. in.) 車CC數
gear_ratio      float   %6.2f              Gear Ratio
foreign         byte    %8.0g      origin  Car type 進口車嗎?

Sorted by:  foreign

. note
_dta:
  1.  from Consumer Reports with permission
```

二、SEM 模型

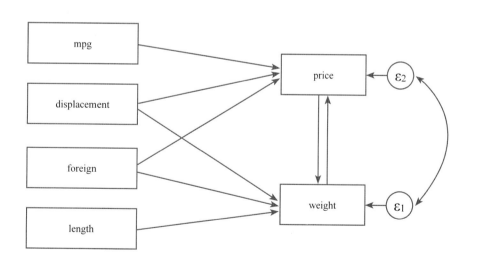

圖 4-66 似不相關迴歸模型之例子

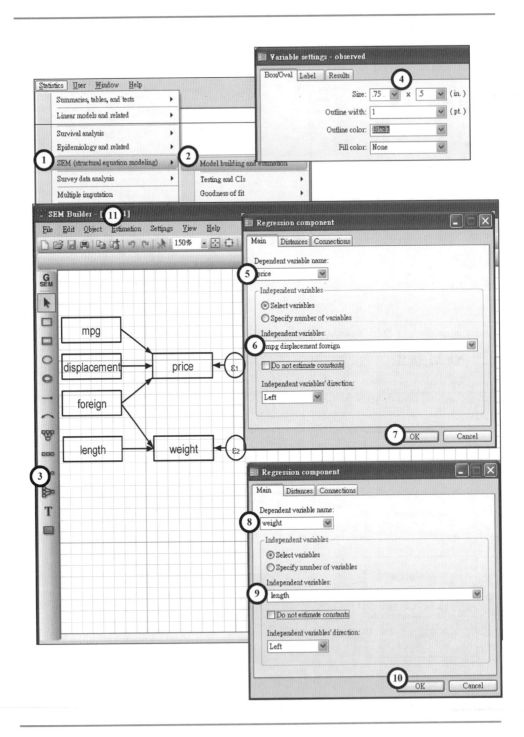

三、分析結果與討論

```
*開啟系統內建之資料檔
. sysuse auto

*最原始「似不相關迴歸」指令為:
. sureg (price foreign mpg displ) (weight foreign length), isure

*sureg 指令之後,你若比較「變異數-共變數」估計值,可執行:
. matrix list  e(Sigma)

*改以 sem 指令分析,似不相關迴歸模型
. sem (price <-foreign mpg displacement) (weight <-foreign length), cov(e.
price*e.weight) nocapslatent

Endogenous variables
Observed:  price weight

Exogenous variables
Observed:  mpg displacement foreign length

Fitting target model:

Iteration 0:    log likelihood = -2150.9983
Iteration 1:    log likelihood = -2138.5739
Iteration 2:    log likelihood = -2133.3461
Iteration 3:    log likelihood = -2133.1979
Iteration 4:    log likelihood = -2133.1956
Iteration 5:    log likelihood = -2133.1956

Structural equation model                       Number of obs   =        74
Estimation method = ml
Log likelihood    = -2133.1956

-------------------------------------------------------------------------
            |               OIM
            |    Coef.   Std. Err.    z    P>|z|    [95% Conf. Interval]
------------+------------------------------------------------------------
```

```
Structural       |
  price  <-      |
           mpg | -105.0163   57.93461   -1.81  0.070   -218.566    8.53347
  displacement |  17.22083    4.5941     3.75  0.000    8.216558   26.2251
       foreign | 2940.929   724.7311     4.06  0.000   1520.482  4361.376
         _cons | 4129.866  1984.253      2.08  0.037    240.8022  8018.931
---------------+-------------------------------------------------------------
  weight  <-     |
       foreign | -153.2515   76.21732   -2.01  0.044   -302.6347  -3.86827
        length |  30.73507    1.584743  19.39  0.000    27.62903  33.84111
         _cons | -2711.096  312.6813    -8.67  0.000   -3323.94  -2098.252
---------------+-------------------------------------------------------------
Variance         |
       e.price | 4732491    801783.1                  3395302   6596312
      e.weight |  60253.09    9933.316                 43616.45  83235.4
---------------+-------------------------------------------------------------
Covariance       |
  e.price        |
      e.weight |  209268     73909.54    2.83  0.005    64407.92   354128
---------------+-------------------------------------------------------------
LR test of model vs. saturated: chi2(3)   =    38.86,  Prob > chi2 = 0.0000
```

1. 分析結果為

$$\begin{cases} price = 4129.86 - 105.01 \times mpg + 17.2 \times displacemant + 2940 \times foreign \\ weight = -2711.09 - 153.25 \times foreign + 30.73 \times length \end{cases}$$

2. 以上迴歸係數之顯著性，多數達到 $p < 0.05$ 顯著水準。

3. 二個多元迴歸所組成的聯立方程式，整體顯著性 LR 檢定結果，$\chi^2_{(3)} = 38.86, p < 0.05$，達到顯著效果。

4. 似不相關分析結果，與你分別執行「regress price displacement foreign mpg」、「regress weight foreign length」結果，兩者所得迴歸式都會截然不同。

5. 整個分析結果，如圖 4-68 所示。

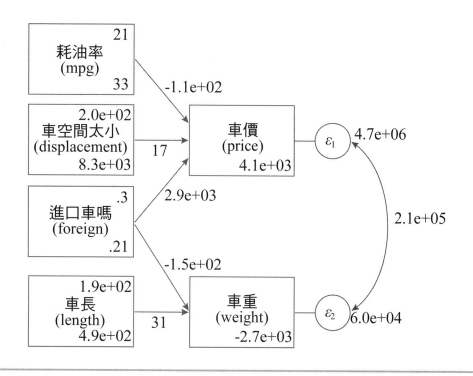

圖 4-68 「Seemingly_Unrelated_Reg.stsem」檔 Estimate 結果

小結

　　除了前面所述之 SEM 實例外，sem 指令之特殊案例尚包括：

1. 變異數分析及共變數分析 (ANOVA and ANCOVA)。

2. 路徑分析 (Path Analysis)。

3. 二分變數、次序變數機率迴歸 (Dichotomous and Ordinal Probit)。

4. 古典測驗理論 (Classical Test Theory)：單 vs. 雙參數試題反應理論。

5. Tobit 迴歸 (Tobit Regression)、(截取 / 斷尾迴歸 Censored Regression)。

6. 固定效果模型、隨機效果模型 (Fixed and Random Effects Models)。

7. 中介分析 (mediation analysis)。

8. 測量模型 (measurement models)。

9. 多群組模型 (multiple group models)。

10. 聯立方程式模型 (Simultaneous Econometric Models)。

11. 主成分模型 (Principal Component Models)。

4-2-12非遞迴模型的穩定性：直接 / 間接效果

範例：Direct and indirect effects for linear SEM

研究者想瞭解「本身 vs. 重要友人」智力 (intel) 及家庭社經地位 (ses)，彼此相互影響關係，本例屬 Nonrecursive structural mode。

一、資料檔之內容

同步調查 329 名受試者「本身 vs. 重要友人」的智力 (intel)、父母期望、家庭社經地位 (ses)、職業願望、教育願望各 5 項。

讀入資料檔之前，先設定工作目錄「File > Chang working directory」，指定 CD 所附資料檔之路徑，接著再選「File > Open」，分別開啓「sem_sm1.dta」資料檔、「sem_sm1.stsem」繪圖檔。

本例ssd輸入資料檔格式為相關矩陣，故可忽略平均數(_type=1)及標準差(_type=2)。

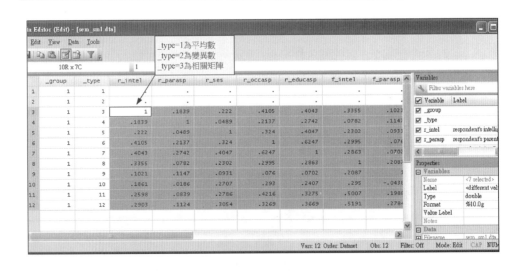

圖 4-69 「sem_sm1.dta」資料檔 (N=329, 10 variables)

```
*非遞迴系統之例子
*開啟系統內建之資料檔（它是相關矩陣之格式）
. use http://www.stata-press.com/data/r12/sem_sm1

*印出相關矩陣之內容
. ssd describe


   Summary statistics data from http://www.stata-press.com/data/r12/sem_sm1.
dta
```

obs:	329	Structural model with all obse..
vars:	10	25 May 2011 10:13
		(_dta has notes)

variable name	variable label
r_intel	respondent's intelligence
r_parasp	respondent's parental aspiration
r_ses	respondent's family socioeconomic status
r_occasp	respondent's occupational aspiration
r_educasp	respondent's educational aspiration
f_intel	friend's intelligence
f_parasp	friend's parental aspiration
f_ses	friend's family socioeconomic status
f_occasp	friend's occupational aspiration
f_educasp	friend's educational aspiration

```
. note


_dta:
1. Summary statistics data from Duncan, O.D., Haller, A.O., and Portes, A.,
1968, "Peer Influences on Aspirations: A Reinterpretation", _American Journal
of Sociology_ 74, 119-137.
2. The data contain 329 boys with information on five variables and the same
information for each boy's best friend.
```

二、SEM 模型

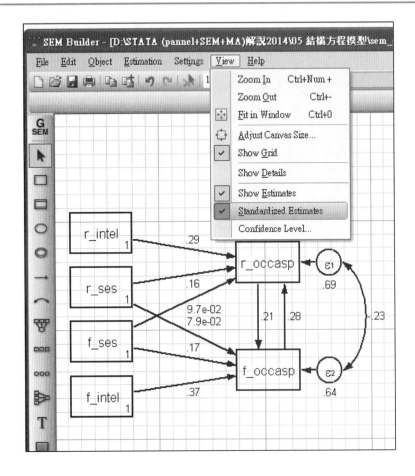

X ⇄ Y

回溯因果關係(Reciprocal effects)，代表X與Y互為直接效果，X與Y具有回饋循環效果。

圖 4-70 非遞迴結構模型 (存在 sem_sm1.stsem 檔)

```
*在 Stata v13 版中，才可用下列指令，來開啟此 *.stsem 檔；否則只能 sem 指令
. webgetsem sem_sm1
```

三、分析結果與討論

Step 1. 求 SEM 參數及顯著性

```
*非遞迴系統之例子
*開啟系統內建之資料檔（它是相關矩陣之格式）
. use http://www.stata-press.com/data/r12/sem_sm1

*Model 具有回饋迴圈 (feedback loop)
.quietly sem (r_occasp <-f_occasp r_intel r_ses f_ses) (f_occasp <-r_occasp
f_intel f_ses r_ses), cov(e.r_occasp*e.f_occasp)

. sem ,standardized

Structural equation model                    Number of obs      =        329
Estimation method  = ml
Log likelihood     = -2617.0489
```

	OIM Coef.	Std. Err.	z	P>|z|	[95% Conf. Interval]
Structural						
r_occ~p <-						
f_occasp	.2773441	.1281904	2.16	0.031	.0260956	.5285926
r_intel	.2854766	.05	5.71	0.000	.1874783	.3834748
r_ses	.1570082	.0520841	3.01	0.003	.0549252	.2590912
f_ses	.0973327	.060153	1.62	0.106	-.020565	.2152304
f_occ~p <-						
r_occasp	.2118102	.156297	1.36	0.175	-.0945264	.5181467
r_ses	.0794194	.0587732	1.35	0.177	-.0357739	.1946127
f_ses	.1681772	.0537199	3.13	0.002	.062888	.2734663
f_intel	.3693682	.0525924	7.02	0.000	.2662891	.4724474
Variance						
e.r_occasp	.6889244	.0399973			.6148268	.7719519
e.f_occasp	.6378539	.039965			.5641425	.7211964

```
Covariance   |
  e. r_occasp |
  e. f_occasp |   -. 2325666    . 2180087    -1.07    0. 286    -. 6598558    . 1947227
------------------------------------------------------------------------------------------
LR test of model vs. saturated: chi2(0)    =        0. 00, Prob > chi2 =         .
```

Step 2. 求 sem 穩定性

```
* 診斷 stability using estat stable
. estat stable

Stability analysis of simultaneous equation systems

   Eigenvalue stability condition
   +----------------------------------------------------+
   |       Eigenvalue        |      Modulus      |
   |-------------------------+-------------------|
   |    . 2423722            |     . 242372      |
   |   -. 2423722            |     . 242372      |
   +----------------------------------------------------+
   stability index =   . 2423722
   All the eigenvalues lie inside the unit circle.
   SEM satisfies stability condition.
```

1. 「estat stable」旨在檢定 nonrecursive 系統的穩定性。但遞迴模型 (Recursive models) 則不需要,因爲它本身已是穩定 (stable),就不需穩定性的檢定。

2. 穩定性 (Stability) 是看「whether the parameters of the model are such that the model would blow up if it were operated over and over again」。若你分析 SEM 是不穩定的,則造成 SEM 模型的效度會失眞。

3. 穩定性是模組中特徵值最大那個數值 (The stability is the maximum of the moduli, and the moduli are the absolute values of the eigenvalues),通常這二個特徵值是不相等的 (Usually, the two eigenvalues are not identical),but it is a property of this model that they are.

4. 通常,stability index < 1,Stata 才會印出 stable model 估計值。

Step 3. 求直接及間接效果

```
*印出 total, direct, and indirect effects using estat teffects
. estat teffects
```

Direct effects

| | OIM | | | | | |
	Coef.	Std. Err.	z	P>|z|	[95% Conf. Interval]	
Structural						
r_occasp <-						
r_occasp	0	(no path)				
f_occasp	.2773441	.1287622	2.15	0.031	.0249748	.5297134
r_intel	.2854766	.0522001	5.47	0.000	.1831662	.3877869
r_ses	.1570082	.052733	2.98	0.003	.0536534	.260363
f_ses	.0973327	.0603699	1.61	0.107	-.0209901	.2156555
f_intel	0	(no path)				
f_occasp <-						
r_occasp	.2118102	.1563958	1.35	0.176	-.09472	.5183404
f_occasp	0	(no path)				
r_intel	0	(no path)				
r_ses	.0794194	.0589095	1.35	0.178	-.0360411	.1948799
f_ses	.1681772	.0543854	3.09	0.002	.0615838	.2747705
f_intel	.3693682	.0557939	6.62	0.000	.2600142	.4787223

Indirect effects

| | OIM | | | | | |
	Coef.	Std. Err.	z	P>|z|	[95% Conf. Interval]	
Structural						
r_occasp <-						
r_occasp	.0624106	.0460825	1.35	0.176	-.0279096	.1527307
f_occasp	.0173092	.0080361	2.15	0.031	.0015587	.0330597

	Coef.	Std. Err.	z	P>|z|	[95% Conf. Interval]	
r_intel	.0178168	.0159383	1.12	0.264	-.0134217	.0490552
r_ses	.0332001	.0204531	1.62	0.105	-.0068872	.0732875
f_ses	.0556285	.0292043	1.90	0.057	-.0016109	.112868
f_intel	.1088356	.052243	2.08	0.037	.0064411	.21123

f_occasp <-						
r_occasp	.0132192	.0097608	1.35	0.176	-.0059115	.0323499
f_occasp	.0624106	.0289753	2.15	0.031	.0056201	.1192011
r_intel	.0642406	.0490164	1.31	0.190	-.0318298	.160311
r_ses	.0402881	.0315496	1.28	0.202	-.021548	.1021242
f_ses	.0323987	.0262124	1.24	0.216	-.0189765	.083774
f_intel	.0230525	.0202112	1.14	0.254	-.0165607	.0626657

Total effects

	OIM					
	Coef.	Std. Err.	z	P>|z|	[95% Conf. Interval]	

Structural						
r_occasp <-						
r_occasp	.0624106	.0460825	1.35	0.176	-.0279096	.1527307
f_occasp	.2946533	.1367983	2.15	0.031	.0265335	.5627731
r_intel	.3032933	.0509684	5.95	0.000	.2033971	.4031896
r_ses	.1902083	.050319	3.78	0.000	.091585	.2888317
f_ses	.1529612	.050844	3.01	0.003	.0533089	.2526136
f_intel	.1088356	.052243	2.08	0.037	.0064411	.21123

f_occasp <-						
r_occasp	.2250294	.1661566	1.35	0.176	-.1006315	.5506903
f_occasp	.0624106	.0289753	2.15	0.031	.0056201	.1192011
r_intel	.0642406	.0490164	1.31	0.190	-.0318298	.160311
r_ses	.1197074	.0483919	2.47	0.013	.0248611	.2145537
f_ses	.2005759	.0488967	4.10	0.000	.10474	.2964118
f_intel	.3924207	.0502422	7.81	0.000	.2939478	.4908936

1. 影響受訪者自己願望，總效果依序為：

   自身智力 r_intel(0.303)、重要友人職業願望 f_occasp(0.295)、自身家庭社經地位 r_ses(0.190)、重要友人社經地位 f_ses(0.153)、重要友人智力 f_intel(0.109)、自身職業願望 r_occasp(0.062)。

2. 在路徑圖 (path diagram) 中，受訪者智力 (r_intel) 對受訪者職業期望 (r_occasp)，同時存有「直接效果和間接效果」，即總效果為：

$$0.3033 = 0.2855 + 0.0178$$

   其中，直接效果 (direct effec) 為 0.2855；間接效果 (indirect effect) 為 0.0178(= 0.2855×0.21×0.28)。

Generalized SEM
之分析

5-1 認識 Generalized SEM

　　廣義結構方程模型 (Generalized SEM, gsem 指令)，它擴展了各種潛在變數模型，包括多層次模型、廣義線性混合模型、縱貫性 (panel data) 模型、試題反應模型 (IRT)、潛類模型以及結構方程模型。其中，多層次模型 (Multilevel models) 又可細分為：

1. 負二項迴歸 (模型)。

2. 序位 (ordered)Logit 模型。

3. 序位 (ordered) 機率模型。

4. Multinomial Logit 模型。

5. 廣義線性模型。

6. 階層模型與 (多樣本 / 多群組) 交叉模型。

　　其中，Panel data 模型，請見作者「Stata 時間序列及 Panel data 分析」，Panel data 模型又可細分為：

1. 序位 (ordered) 依變數。

2. 隨機效果序位機率單元估計式。

3. 隨機效果序位 Logit 估計式。

4. 隨機效果多元 Logit 估計式。

5. 穩健 (robust) 群集標準誤。

　　期望本章對潛在變數模型的介紹，你可將 Generalized SEM 應用至：生物統計學、心理計量學、經濟計量學及統計學等模型估計及預測法。

5-1-1 Generalized SEM 的介紹

一、模型界定、**Builder** 圖形介面

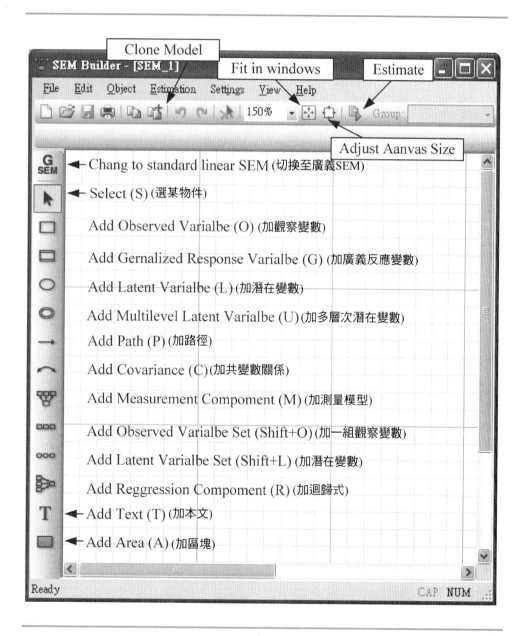

圖 5-1　Builder 介面之工具

二、SEM Builder 圖形介面之符號意義

SEM 模型裡變數，包括：(1)measured (observed, manifest) variables (indicators)。(2)factors (latent variables) 變數。所謂 factors 變數，它是觀察變數之加權線性組合「weighted linear combinations that we have created/invented」。

變數與符號	意 義	關係類型
⬭ 線性或廣義的潛在變數	潛在變數／因素變數 (Latent or factors)	可以是 ξ 或 η。 「第 1 個英文字為大寫」來命名潛在變數
▭ 線性的外顯變數	外顯變數／觀察變數 (Observed or manifest)	1.可以是 x 或 y，它必需符合 ~ $N(0, \sigma^2)$。 2.Stata 通常以「第 1 個英文字為小寫」來命名外顯變數。
$X \longleftrightarrow Y$ covariance	相關	X 與 Y 為共變關係
$X \longrightarrow Y$ path	單向因果關係	X 對 Y 的直接效果 例如 .sem (x1 x2 x3 x4 <-X)。或 gsem (L1 -> x1 x2 x3 x4 x5) (L2 -> x6 x7 x8 x9 x10, logit) 1.sem 指令係採最小平方方法 (OLS) 迴歸。 2.gsem 指令共適合於 8 種類型迴歸 (logit, probit 等)。
$X \longrightarrow Y_1 \longrightarrow Y_2$ causal chain	單向因果鍵 (chain)	X 對 Y_1 為直接效果，X 對 Y_2 為間接效果，Y_1 稱為中介變數。
$X \rightleftarrows Y$ recursive	回溯因果關係 Reciprocal effects	X 與 Y 互為直接效果，X 與 Y 具有回饋循環效果。
$Y_1 \rightarrow Y_2 \rightarrow Y_3 \rightarrow Y_1$ circle	循環因果關係	「Y_1 對 Y_2」、「Y_2 對 Y_3」、「Y_3 對 Y_1」均為直接效果，「Y_1、Y_2、Y_3」為間接回饋循環效果。
⌒→	相關或共變數	
外生變數 → 內生變數	外生變數 (Exogenous)	"of external origin", Outside the model
外生變數 → 內生變數	內生變數 (Endogenous)	"of internal origin", Inside the model

變數與符號	意　義	關係類型
Gaussian identity 廣義的反應變數	1.不再限制它 $\sim N(0, \sigma^2)$。 2.廣義反應變數 (Gernalized Response Varialbe)，共 8 種分配 (伯努力 , 負二項 ,gamma 分配 , 卜瓦松等分配)。 3. 五種連結 (logit,probit,…) 之迴歸讓你挑。	
⬭ Multilevel 潛在變數	多層次潛在變數 (Multilevel Latent Varialbe)。例如，個體層 vs. 組織層。同一地區不同行業的工人生活品質。	

1. gsem 指令才有的 family 選項有：

　　gsem 指令內定 distribution family 為 gaussian 分配，即常態分配。gsem 指令內定 link function 則會根據你挑選 distribution family 而不同。如下所示：

傳統迴歸指令	gsem 對應的 distribution family 及 link function
cloglog	為 family(bernoulli) link(cloglog) 代名詞
gamma	為 family(gamma) link(log) 代名詞
logit	為 family(bernoulli) link(logit) 代名詞
nbreg	為 family(nbreg mean) link(log) 代名詞
mlogit	為 family(multinomial) link(logit) 代名詞
ocloglog	為 family(ordinal) link(cloglog) 代名詞
ologit	為 family(ordinal) link(logit) 代名詞
oprobit	為 family(ordinal) link(probit) 代名詞
poisson	為 family(poisson) link(log) 代名詞
probit	為 family(bernoulli) link(probit) 代名詞
regress	為 family(gaussian) link(identity) 代名詞

2. gsem 指令才有的 distribution family，其語法為：

gaussian [, *options*]	Gaussian (normal); the default
bernoulli	Bernoulli
binomial [# | *varname*]	binomial; default number of binomial trials is 1
gamma	gamma
multinomial	multinomial
nbinomial [mean | constant]	negative binomial; default dispersion is mean
ordinal	ordinal
poisson	Poisson

3. Stata 的八種 family() 及五種 link()，並非所有組合 (8×5 = 40 種) 都有意義，故最好能參考下列組合：

迴歸 (link) 分配 (family)	identity	log	logit	probit	cloglog
Gaussia	D	ˇ			
Bernoulli			D	ˇ	ˇ
binomial			D	ˇ	ˇ
family multinomial			D		
gamma		D			
negative binomial		D			
ordinal			D	ˇ	ˇ
Poisson	D				

註：D 代表 default

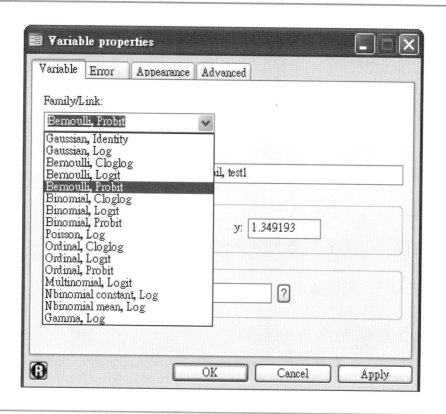

gsem 指令的 family 選項

4. 說明

　　gsem 指令不僅可建模爲 $y_i = x_i \times \beta + u_i$，它亦可：

$$g\{E(y_i)\} = x_i \times \beta$$
$$y_i \text{ sim } F$$

　　其中，你可從圖 5-2 中挑選 F 家族及 g() 迴歸。F 爲 family、g() 爲 link。例如，F 家族「Gaussian distribution」系統內定 g() 爲「identity function」，這一組合，gsem 採用線性迴歸來分析。相對地，其他 g() 及 F 組合，則形成其他模型，包括：logit(also known as logistic regression)、probit、multinomial logit、Poisson regression…等。

　　舉例來說，某測量模型之語法，你可界定爲：

```
. gsem (X -> x1 x2 x3 x4), family(bernoulli) link(probit)
```

甚至同一結構模型中，同時存在 logistic regression 及 Poisson regression，例如：

```
. gsem (low <-ptl age smoke ht lwt i.race ui, logit)
        (ptl <-age smoke ht, poisson)
* smoke 孕婦有抽菸嗎？ptl 為家族早產史。low 早產兒嗎？ht 有高血壓病史嗎？
```

5-1-2 廣義 gsem 與線性 sem 指令，二者的差異比較

廣義結構方程模型 (Generalized structural equation model, GSEM) 是 SEM 的進階版，它比 sem 增加一些新功能，但也減損 SEM 原有一些特色。gsem 與 sem 指令在能力方面的差異，包括：

1. gsem 指令允許廣義反應變數 (連結、分布)(generalized linear response functions as well as the linear response functions allowed by sem).

2. gsem 允許的多層次模型 (multilevel models)，但在 sem 不一定都可以分析。

3. gsem 允許讀入因素變數於模型中 (Stata's factor-variable notation to be used in specifying models), 但 sem 不一定都可以。

4. gsem 比 sem 指令更需多一點觀察值來填補遺漏值，並採概似比 (ML) 來計算模型適配度 (gsem's method ML is sometimes able to use more observations in the presence of missing values than can sem's method ML. Meanwhile, gsem does not provide the MLMV method provided by sem for explicitly handling missing values).

5. gsem 指令無法做不同群組的比較 (group-comparison capabilities)，但 sem 則可以分群組來分析結構模型。

6. gsem 指令無法像 sem 指令一樣，可根據調查樣本特徵來調整參數值 (the ability to produce estimates adjusted for survey sampling that sem provides).

7. gsem 無法產生標準化係數 (standardized coefficients).

8. gsem 無法讀入 summary statistic datasets (SSDs)，即無法讀入變異數 - 共變數矩陣之資料格式；但 sem 卻可以。

gsem 指令近似 sem 語法，二者差在分析能力。gsem 與 sem 語法差異，尚

包括：

1. gsem 新增語法，用潛在變數來處理多層次 (multilevel) 模型。

2. gsem 新增選項，可處理廣義線性反應之「family」及「link」。

3. 但 gsem 則刪除某些 sem 選項，例如，SSDs 資料格式的多樣本 (group-comparison) 比較之測量不變性的因素分析。

4. gsem 新增控制之選項 (sem 沒有的)，包括：數值積分 (quadrature choices)，積分點的數目 (number of integration points)，矩陣疊代運算的初始值 and a number of options dealing with starting values, which are a more difficult proposition in the generalized SEM framework。

5-1-3 Generalized SEM 可搭分配 (Family) 有 8 種

所謂廣義 SEM (Generalized SEM) 係指 (1)SEM with generalized linear response variables，(2)SEM with multilevel mixed effects。

SEM 係假定在常態分配；Generalized SEM 則適用下列 8 種分配族群 (distribution families)。

一、Gaussian 分配：連續型機率分配

1. 在統計學中，最常被用到的連續分配就是常態分配，又稱為高斯分配 (Gaussian distribution)。

2. 常態分配隨機變數的機率密度函數為

$$f_X(x; \mu, \sigma) = \frac{1}{\sqrt{2\pi\sigma^2}} \exp\left[-\frac{(x-\mu)^2}{2\sigma^2} \right]$$

其中 $-\infty < x < \infty$

參數 $-\infty < \mu < \infty$，$\sigma^2 > 0$

3. 常態隨機變數一般表為 $X \sim N(\mu, \sigma^2)$。

4. 常態隨機變數的行為可完全由其平均數及變異數描述。

5. 若 $X \sim N(\mu, \sigma^2)$，則 $E(X) = \mu$，$\mathrm{var}(X) = \sigma^2$。

6. 常態機率密度函數為鐘型 (bell shaped)，且對稱於平均數。

7. 常態隨機變數的變異數越大，其分配的形式越分散。

8. 常態隨機變數的平均數、中位數、與眾數均相同。

9. 常態隨機變數的所有動差都存在。其所有奇數動差皆為 0，而其所有的偶數動

差皆可由第一和第二階動差表示。

10. 平均數為 0，且變異數為 1 的常態隨機變數又稱作標準常態隨機變數 (standard normal random variable)。通常以希臘字母 ψ 與其大寫字母 Φ 分別表示標準常態隨機變數的機率密度函數與累積分配函數。

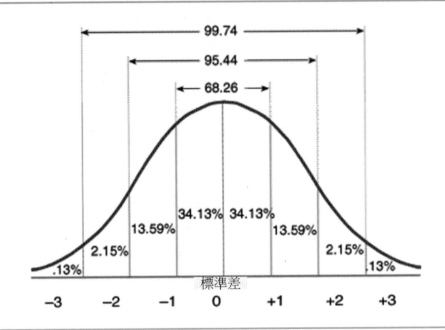

圖 5-3 Gaussian 分配 (常態分配)

二、Gamma 分配：連續型機率分配

若 x 之機率密度函數 (p.d.f) 定義如下，則稱 x 遵循伽瑪分配：

$$f(x) = \begin{cases} \dfrac{1}{\beta^{\alpha}\Gamma(\alpha)} x^{\alpha-1} e^{-x/\beta}, & x \geq 0 \\ \\ 0 & , \quad else \quad where \end{cases} \quad \text{其中 } \alpha > 0 \text{，} \beta > 0$$

伽瑪分配之特性：

(a) 動差生成函數 m.g.f：$M_x(t) = (1 - \beta t)^{-\alpha}$ for $|t| < \dfrac{1}{\beta}$

(b) 平均數 mean(μ)：$\mu = \alpha\beta$

(c) 變異數 variance(σ^2)：$\sigma^2 = \alpha\beta^2$

Graphic：

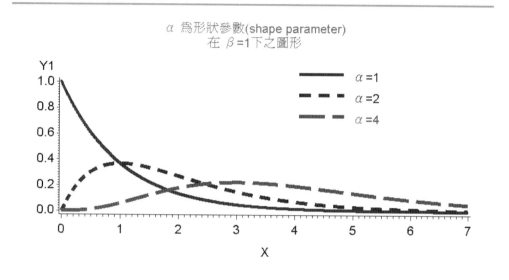

圖 5-4 Gamma 分配圖 (1)

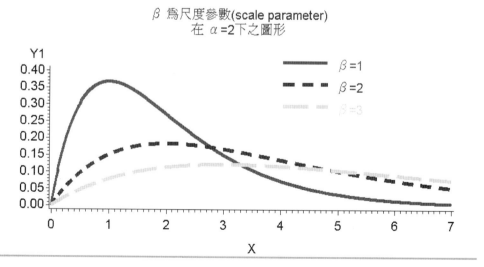

圖 5-5 Gamma 分配圖 (2)

三、Bernoulli 分配：離散型機率分配

1. 伯努力試驗 (Bernoulli experiment)：一個只有兩種現象的隨機試驗。

  (1) 僅爲一次試驗。

  (2) 一隨機實驗只有兩種可能的結果，其中一種爲成功，另一種爲失敗。

    以 $X = 1$ 表成功事件發生，發生機率爲 p，即 $p = P(X = 1)$；

    以 $X = 0$ 表失敗事件發生，發生機率爲 $q = 1 - p$，即 $q = P(X = 0)$。

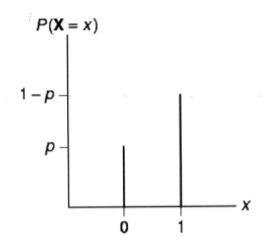

圖 5-6   Bernoulli 分配

2. 定義：

    一隨機實驗只有兩種可能的結果，其中一種爲成功，另一種爲失敗。

      以 $X = 1$ 表成功事件發生，發生機率爲 p，即 $p = P(X = 1)$；

      以 $X = 0$ 表失敗事件發生，發生機率爲 $q = 1 - p$，即 $q = P(X = 0)$。

    一間斷隨機變數 X，其機率函數如下：

$$f(x) = p^x q^{1-x}, \ x = 0, 1$$

以 $X \sim B(1, p)$ 表之，其中 p 爲母數。

    一間斷隨機變數 X，其機率質量函數 (probability mass function) 爲

$$f(k; p) = \begin{cases} p & \text{if } k = 1 \\ 1 - p & \text{if } k = 0 \end{cases}$$

亦可寫成

$$f(k; p) = p^k(1-p)^{1-k} \text{ for } k \in \{0, 1\}$$

3. Bernoulli 分配之特性

參數 Parameters	$0 < p < 1, p \in \mathbb{R}$
參數限制 Support	$k \in \{0, 1\}$
機率質量函數 pmf	$\begin{cases} q = (1-p) & \text{for } k=0 \\ p & \text{for } k=1 \end{cases}$
累積密度函數 CDF	$\begin{cases} 0 & \text{for } k<0 \\ q & \text{for } 0 \le k < 1 \\ 1 & \text{for } k \ge 1 \end{cases}$
平均數 Mean	p
變異數 Variance	$p(1-p)$
偏態 Skewness	$\dfrac{q-p}{\sqrt{pq}}$
超峰度 Ex. kurtosis	$\dfrac{1-6pq}{pq}$

四、二項式 (Binomial) 分配：離散型機率分配

1. **二項實驗** (binomial experiment)：一個由 n 個相互獨立且相同的伯努利試驗所組成的隨機試驗。

在一試驗中，若每次試行所出現的結果只有兩種情況 (如：成功或失敗，稱之為 Bernoulli 試行)。有一重複 n 次的試驗，若每次試行的結果互為獨立，也就是每次試行發生之結果不受上次試行的影響，且每次試行成功之機率都不變，當我們想知道 n 次中成功的次數，就產生了二項分配 (binomial distribution)。

例如：投擲相同硬幣 n 次會出現人頭的次數 X，X 就是具有二項分配的隨機變數。

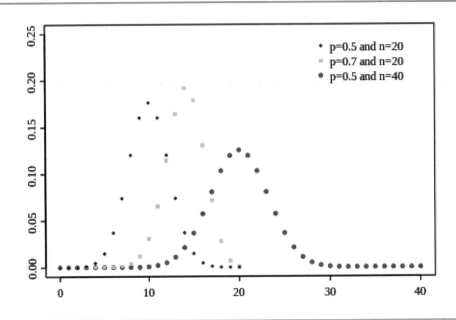

圖 5-7 二項式 (Binomial) 分配，$B(n, p)$

2. *定義*

　　一間斷隨機變數 X，其機率函數為

$$p(y) = \binom{n}{y} p^y (1 - p)^{n-y}, \; y = 0, 1, \cdots, n \; ; \; 0 < p < 1$$

　　其中 n，p 為參數

　　n 代表二項試驗中 Bernoulli 試驗的次數。

　　p 代表 Bernoulli 試驗結果為 1 的機率。

　　當 Y 為二項隨機變數且其參數為 n 和 p 時，記作 $Y \sim Bin(n, p)$。

　　例如：投擲一均勻銅幣 6 次，恰得 2 次正面之機率為

$$P(Y = 2) = \binom{6}{2} \left(\frac{1}{2} \right)^2 \left(\frac{1}{2} \right)^{6-2} = \frac{15}{64}$$

3. *特性*：

　(1) cdf

　　假設 $Y \sim Bin(n, p)$，則其分布函數為

$$F(y) = P(Y \le y) = \begin{cases} 0, & x < 0 \\ \sum_{i=0}^{[x]} \binom{n}{i} p^i (1-p)^{n-i}, & 0 \le x \le n \\ 1, & x > n \end{cases}$$

(2) 動差函數 mgf

$$Y \sim Bin(n,p) \qquad p(y) = \binom{n}{y} p^y q^{n-y} \quad , \quad y = 0,1,2,\ldots,n$$

$$M(t) = E\left[e^{tY}\right]$$

$$= \sum_{y=0}^{n} e^{ty} \binom{n}{y} p^y q^{n-y}$$

$$= \sum_{y=0}^{n} \binom{n}{y} \left(pe^t\right)^y q^{n-y}$$

$$= \left[pe^t + q\right]^n \quad , \quad t \in \Re$$

$$\therefore M(t) = \left[pe^t + (1-p)\right]^n$$

(3) 對不同的 p 值，二項隨機變數的對稱性如下：

(a) 當 $p < \frac{1}{2}$ 時，整數 $[(n+1)p] < \frac{n}{2} + \frac{1}{2}$，故機率的最大值偏左，而整個分布向右傾斜。

(b) 當 $p > \frac{1}{2}$ 時，整數 $[(n+1)p] > \frac{n}{2}$，故機率的最大值偏右，而整個分布向左傾斜。

(c) $p = \frac{1}{2}$。當 n 為偶數時為對稱分布，其機率之最大值恰好在中間這一項，即在 $x = n/2$ 時有最大之機率。當 n 為奇數時，也是對稱分布，此時中間兩項之機率相同。

(4) $Bin(n, p)$ 的眾數，即最可能發生之位置

$$m = \begin{cases} [(n+1)p] & \text{if } (n+1) \notin Z \\ (n+1)p \text{ or } (n+1)p - 1 & \text{if } (n+1) \in Z \end{cases}$$

(5) $E(Y) = np$

(6) $V(Y) = npq$

　Pf：

$$E(y) = \sum_{y=0}^{n} y \binom{n}{y} p^y (1-p)^{n-y}$$

$$= \sum_{y=1}^{n} n \binom{n-1}{y-1} p^y (1-p)^{n-y}$$

$$= np \sum_{y=1}^{n} n \binom{n-1}{y-1} p^{y-1} (1-p)^{n-y}$$

$$= np \sum_{y=0}^{m} \binom{m}{y} p^y (1-p)^{m-y}$$

$$= np \; ; \; (m = n-1)$$

$$E(Y^2) = \sum_{y=0}^{n} (y-1) y \binom{n}{y} p^y (1-p)^{n-y} + \sum_{y=0}^{n} y \binom{n}{y} p^y (1-p)^{n-y}$$

但

$$\sum_{y=0}^{n} (y-1) y \binom{n}{y} p^y (1-p)^{n-y}$$

$$= \sum_{y=1}^{n} (y-1) n \binom{n-1}{y-1} p^y (1-p)^{n-y}$$

$$= n \sum_{y=1}^{n} (y-1) \binom{n-1}{y-1} p^y (1-p)^{n-y}$$

$$= n(n-1) p^2 \sum_{y=2}^{n} \binom{n-2}{y-2} p^{y-2} (1-p)^{n-y}$$

$$= n(n-1) p^2 \sum_{y=0}^{m} \binom{m}{y} p^y (1-p)^{m-y}$$

$$= n(n-1) p^2 \quad ; \quad (m = n-2)$$

$$\therefore V(Y) = E(Y^2) - [E(Y)]^2 = np(1-p)$$

二項隨機變數的性質：若 $X \sim Bin(n_1, p)$ 與 $Y \sim Bin(n_2, p)$ 互相獨立，則 $X + Y$ 仍是二項隨機變數，且 $X \sim Bin(n_1, p)$，$Y \sim Bin(n_2, p)$，$X + Y \sim Bin(n_1 + n_2, p)$。

五、Poisson 分配：離散型機率分配

Poisson 隨機變數即為特定時段內某事件的發生次數，其分配為卜瓦松分配。

例如：洗車場的老闆想要知道會有多少車輛在一小時內進入他的洗車場。

1. Poisson 試驗有幾個重要假定：

(1) 事件發生次數在任兩個不重疊的時段是相互獨立的。

(2) 在某一極小時段內，事件只發生一次的機率與該時段的長度呈某一比例關係。

(3) 在某一極小時段內，事件發生次數超過一次的機率值（相對於相同時段內

只發生一次的機率) 非常小，所以可被忽略。

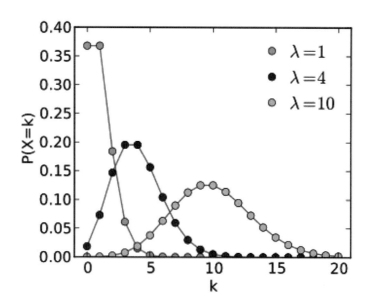

圖 5-8　Poisson 分配

2. Poisson 實驗：

(1) 在某特定時間或特定區域之平均成功次數 μ 為已知。

(2) 不管任何時間或區域，在某一段時間或特定區域內，事件發生機率均相同。

(3) 在極短時間或很小區域超過一次成功的機率不予列計。

(4) 事件在各段時間或特定區域上之發生相互獨立。

(5) 與所選擇的時間或區域之大小成正比。

3. 定義：

　　Poisson 分配之機率質量函數為

$$f_X(x) = \begin{cases} \dfrac{e^{-\lambda}\lambda^x}{x!}, & x = 0,1,2,\cdots,\infty \\ 0 & \text{，其他} \end{cases}$$

　　它符合下列三條件：

(1) 其為重複獨立的 Bernoulli Trials。

(2) 單位區間發生的平均次數為 μ，且與長度成正比。

(3) 假設極小區間發生兩次的機率為零。

(4) 其機率和為 1，

$$\sum_{x=0}^{\infty} \frac{e^{-\lambda} \lambda^x}{x!} = e^{-\lambda} \sum_{x=0}^{\infty} \frac{\lambda^x}{x!} = e^{-\lambda+\lambda} = 1$$

4. 動差

(1) 動差母函數

$$\because M_X(t) = E(e^{Xt}) = \sum_{x=0}^{\infty} e^{xt} f(x) = e^{-\lambda} \sum_{x=0}^{\infty} \frac{(\lambda e)^t}{x!} = \exp(-\lambda + \lambda e^t)$$

$$\therefore E(X) = \frac{dM_X(t)}{dt}\Big|_{t=0} = \lambda \exp(-\lambda + \lambda e^t + t)\Big|_{t=0} = \lambda$$

$$E(X^2) = \frac{d^2 M_X(t)}{dt^2}\Big|_{t=0} = \lambda \exp(-\lambda + \lambda e^t + t) + \lambda^2 \exp(-\lambda + \lambda e^t + 2t)\Big|_{t=0} = \lambda + \lambda^2$$

$$\Rightarrow Var(X) = E(X^2) - (E(X))^2 = \lambda + \lambda^2 - \lambda^2 = \lambda$$

(2) 機率母函數

$$\because P_X(t) = E(t^X) = \sum_{x=0}^{\infty} t^x f(x) = e^{-\lambda} \sum_{x=0}^{\infty} \frac{(\lambda t)^x}{x!} = \exp(-\lambda + \lambda t)$$

$$\therefore E(X) = \frac{dP_X(t)}{dt}\Big|_{t=1} = \lambda$$

$$\therefore E[X(X-1)] = \frac{d^2 P_X(t)}{dt^2}\Big|_{t=1} = \lambda^2$$

$$\therefore E[X(X-1) \times \ldots.(X-r+1)] = \frac{d^r P_X(t)}{dt^r}\Big|_{t=1} = \lambda^r \longrightarrow 階層動差$$

(3) Mode (眾數)

$$\frac{f_X(x-1)}{f_X(x)} = 1 \Rightarrow \frac{e^{-\lambda} \lambda^{x-1}}{(x-1)!} \Bigg/ \frac{e^{-\lambda} \lambda^x}{x!} = 1 \Rightarrow x = [\lambda] \text{，} x 要取正整數$$

(4) 偏態係數

$$\gamma_1 = E\left[\left(\frac{X-np}{\sqrt{\lambda}}\right)^3\right] = \frac{E\left[(X-np)^3\right]}{\lambda^{\frac{3}{2}}} = \frac{\lambda}{\lambda\sqrt{\lambda}} = \frac{1}{\sqrt{\lambda}} > 0$$

所以，尾向右偏

(5) 峰態係數

$$\gamma_2 = \frac{\lambda}{\lambda^2} - 3 = \frac{1}{\lambda} - 3$$

(6) 特性

$$X_i \sim Poisson(\lambda_i) \Rightarrow \sum_{i=1}^{n} X_i \sim Poisson(\sum_{i=1}^{n} \lambda_i)$$

Sol:

$$M_{\sum X_i}(t) = M_{X_1}(t) \times M_{X_2}(t) \times \dots \times M_{X_n}(t) = \exp\left(-(\lambda_1 + \lambda_2 + \dots + \lambda_n)(1-e^t)\right)$$

$$\therefore \sum_{i=1}^{n} X_i \sim Poisson\left(\sum_{i=1}^{n} \lambda_i\right)$$

六、Negative binomial 分配：離散型機率分配

<u>定義</u>：在二項試驗中，若隨機變數 X 表示自試驗開始至第 r 次成功爲止之試驗，則稱 X 爲負二項隨機變數。設 p 爲每次成功之機率，則 X 之 pmf 爲

$$f(x) = \begin{cases} \binom{x-1}{r-1} p^r q^{x-r} & x = r, r+1, \dots \\ 0 & \text{其他} \end{cases}$$

當 $r = 1$ 時，$f(x) = pq^{x-1}$，$x = 1, 2, 3, \cdots$，稱爲幾何分配。

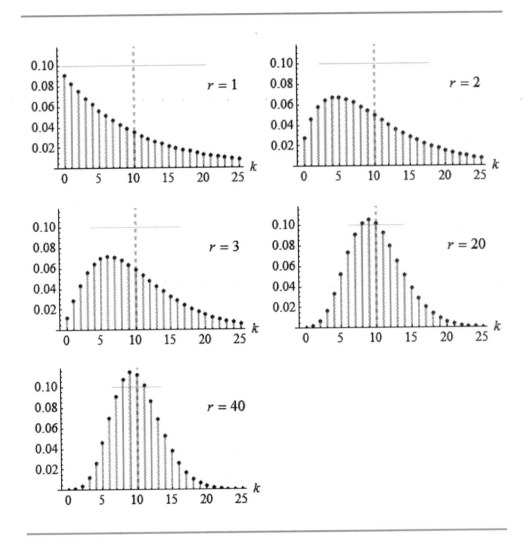

圖 5-9　Negative binomial 分配，NB(r,p)

七、Ordinal 分配：離散型機率分配

見作者《Stata 與高等統計分析》一書。

八、Multinomial 分配：離散型機率分配

見作者《Stata 與高等統計分析》一書。

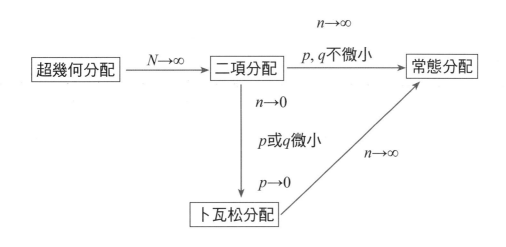

圖 5-10 各種分配之間的關係

5-1-4 Generalized SEM 的特性

一、廣義 SEM(Generalized SEM) 代表著，你可分析的迴歸，包括

　　linear 迴歸，logistic 迴歸，probit 迴歸，ordered logit 迴歸，ordered probit 迴歸，Poisson 迴歸，multinomial logistic 迴歸，tobit 迴歸，interval measurements 迴歸等。

二、廣義 SEM(Generalized SEM)，你可分析的特例，包括

1. 廣義線性模型 (Generalized linear models)。
2. 試題反應理論 (Item response theory, IRT)。
3. 二元、計數、序位變數的測量模型 (CFA with binary, count, and ordinal measurements)。
4. 多層次 Multilevel CFA 模型。
5. 多層次混合效果 Multilevel mixed-effects 模型。
6. 帶廣義反應之潛在成長曲線 Latent growth curve models with generalized-linear responses，即 Latent growth curves with repeated measurements of binary, count, and ordinal responses。
7. Multilevel 中介模型 (mediation models)。

8. Heckman Selection 模型

   with random intercepts and slopes

   with binary, count, and ordinal outcomes

9. 內生變數之處理 - 效果模型 (Endogenous treatment-effect models)。

10. Any multilevel structural equation models with generalized-linear responses

三、generalized SEM 的估計法

1. 最大概似法 (Maximum likelihood)

2. Mean-variance or mode-curvature adaptive Gauss–Hermite quadrature

3. Nonadaptive Gauss–Hermite quadrature

4. Laplace approximation

四、generalized SEM 的預測值 (Predictions)，包括

1. 內生變數的平均數 (Means of observed endogenous variables—probabilities for 0/1 outcomes, mean counts, etc.)。

2. 印出觀察內生變數的預測值(Linear predictions of observed endogenous variables)。

3. 用貝氏平均數的眾數來求潛在變數 (Latent variables using empirical Bayes means and modes)。

4. 貝氏法求得標準誤 (Standard errors of empirical Bayes means and modes)。

5. 印出觀察內生變數，不論有沒有做潛在變數的預測 (Observed endogenous variables with and without predictions of latent variables)。

5-1-5 gsem 指令之事後檢定

指　令	說　明
gsem, coeflegend	印出 _b[] notation
estat eform	印出指數型係數 (exponentiated coefficients)，勝出比、發病率…。
estat ic	印適配度 AIC 或 BIC，值愈小代表模型愈大 Akaike's and Schwarz's Bayesian information criteria (AIC and BIC)
lrtest	概似比檢定 (likelihood-ratio tests)
test	印出 Wald 檢定
lincom	迴歸參數之線性組合 (linear combination of parameters)
nlcom	迴歸參數之非線性組合 (nonlinear combination of parameters)
testnl	求 Wald 之非線假設的檢定 Wald tests of nonlinear hypotheses
estat summarize	印描述性統計量 summary statistics for the estimation sample
estat vce	印出 V-C 矩陣 variance-covariance matrix of the estimators (VCE)
predict	求廣義線性的預測值 generalized linear predictions, etc.
margins	印邊際值 marginal means, predictive margins, and marginal effects
contrast	對比或線性假設的檢定 contrasts and linear hypothesis tests
pwcompare	配對比較
estimates	印估計總表 cataloging estimation results

5-2 測量模型 (generalized response)

5-2-1 單因子 measurement model (generalized response)

一、單因子因素分析 (single-factor pass/fail measurement model)

(一) 資料檔之內容

　　讀入資料檔之前，先設定工作目錄「File > Chang working directory」，指定 CD 所附資料檔之路徑，接著再選「File > Open」，分別開啟「1factor_measure_model_genal.dta」資料檔、「1factor_measure_model_genal.stsem」繪圖檔。

　　本例有三個智力測驗 (x1, x2, x3)，因為考試之反應結果為 pass/fail(碼編 1 或 0)，故它不是常態分配。這種考試結果只有「對 vs. 錯」二分法，謂之試題反應理論 (IRT)。其中，x4 為多益測驗，此連續變數可視為常態分配。

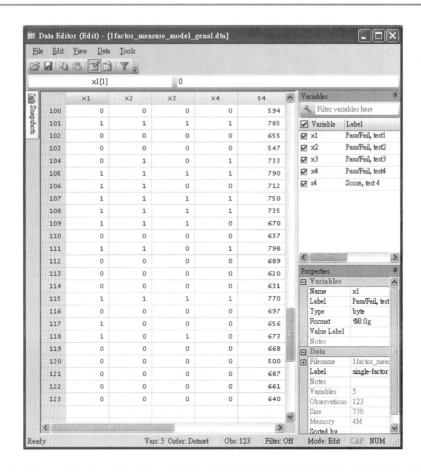

圖 5-11 「1factor_measure_model_genal.dta」資料檔 (N=123 , 5 variables)

```
*開啟資料檔
. use 1factor_measure_model_gena
*或 use http://www.stata-press.com/data/r13/gsem_1fmm


. note

_dta:
  1.  Fictional data.
  2.  The variables x1, x2, x3, and x4 record 1=pass, 0=fail.
  3.  Pass/fail for x1, x2, x3: score > 100
  4.  Pass/fail for x4: score > 725
  5.  Variable s4 contains actual score for test 4.
```

(二)SEM 模型

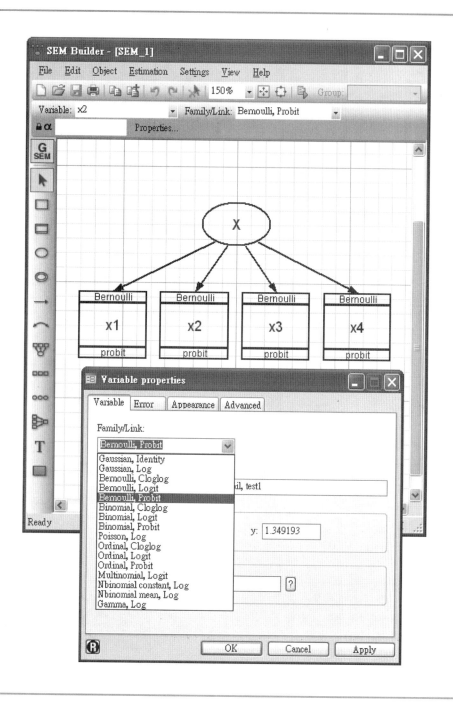

圖 5-12 「1factor_measure_model_genal.stsem」概念性模型

(三) 分析結果與討論

Step 1. 用 Builder 來繪你認定 (identification) 的模型

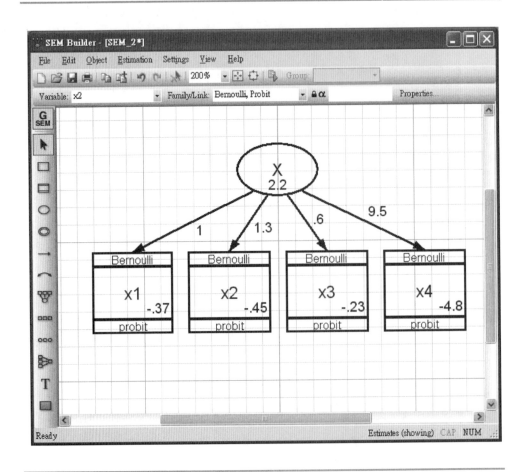

圖 5-13 「1factor_measure_model_genal.stsem」 檔「View → Standardized Estimated」結果

```
* 直開啟此「*.stsem」檔的指令為:
. webgetsem gsem_1fmm.stsem
* 或在「SEM builder」視窗,「File > Open」開啟 CD 所附之「1factor_measure_model_genal.stsem」檔亦可。
```

1. x1, x2, x3, x4 的編碼 (pass = 1, fail = 0)，採用 probit 迴歸式為

$$
\begin{cases}
\Pr(x_1 = 1) = \Phi(\alpha_1 + X\beta_1) \\
\Pr(x_2 = 1) = \Phi(\alpha_2 + X\beta_2) \\
\Pr(x_3 = 1) = \Phi(\alpha_3 + X\beta_3) \\
\Pr(x_4 = 1) = \Phi(\alpha_4 + X\beta_4)
\end{cases}
$$

其中，$\Phi(\cdot)$ 是 $N(0, 1)$ 累積常態分配。

x1~x4 四種測驗，你亦可將它想像成連續變數 (量表)，即 s1,s2,s3,s4 符合 $\sim N(\mu_i, \sigma_i^2)$ 分配。假如受訪者考試成績 > cutoff c_i，則考生 pass 該測驗。故此線性模型為

$$ s_i = \gamma_i + X\delta_i + \varepsilon_i $$

其中，$\varepsilon_i \sim N(0, \sigma_i^2)$。若 $s_i > c_i$ 則 $x_i = 1$。

由於本例本質是屬 pass/fail 問題，考生通過 test i 的機率，係由考生的成績是否大於 cutoff c_i 所決定：

$$
\begin{aligned}
\Pr(s_i > c_i) &= \Pr(\gamma_i + X\delta_i + \varepsilon_i > c_i) \\
&= \Pr\{\varepsilon_i > c_i - (\gamma_i + X\delta_i)\} \\
&= \Pr\{-\varepsilon_i \le -c_i + (\gamma_i + X\delta_i)\} \\
&= \Pr\{-\varepsilon_i \le (\gamma_i - c_i) + X\delta_i\} \\
&= \Pr\{-\varepsilon_i/\sigma_i \le (\gamma_i - c_i)/\sigma_i + X\delta_i/\sigma_i\} \\
&= \Phi\{(\gamma_i - c_i)/\sigma_i + X\delta_i/\sigma_i\}
\end{aligned}
$$

上述為 probit 模型的推導式中，最後一個方程式謂之 probit 模型。
其中：

α_i, β_i：估計考生 pass/fail 資料的參數

γ_i, δ_i：連續型 (變數) 考試成績。

這些參數的關係為

$$
\begin{aligned}
\alpha_i &= (\gamma_i - c_i)/\sigma_i \\
\beta_i &= \delta_i/\sigma_i
\end{aligned}
$$

其中，σ_i 為第 i 個測驗的標準差。

Step 2. Builder 認定的模型之分析結果

```
＊開啟資料檔
. use 1factor_measure_model_gena
＊或 use http://www.stata-press.com/data/r13/gsem_1fmm

. gsem (X -> x1 x2 x3 x4, family(bernoulli) link(probit)), latent(X ) nocaps-
latent

Fitting fixed-effects model:

Iteration 0:    log likelihood = -329.82091
Iteration 1:    log likelihood = -329.57665
Iteration 2:    log likelihood = -329.57664


Refining starting values:

Grid node 0:    log likelihood = -273.75437


Fitting full model:

Iteration 0:    log likelihood = -273.75437
Iteration 1:    log likelihood =  -264.3035
（略）
Iteration 17:   log likelihood = -261.30264
Iteration 18:   log likelihood = -261.30263


Generalized structural equation model        Number of obs   =        123
Log likelihood = -261.30263


 ( 1)   [x1]X = 1
----------------------------------------------------------------------------
              |    Coef.    Std. Err.     z    P>|z|    [95% Conf. Interval]
--------------+-------------------------------------------------------------
x1 <-         |
         X |          1  (constrained)
      _cons |  -.3666763   .1896773   -1.93   0.053   -.738437    .0050844
--------------+-------------------------------------------------------------
x2 <-         |
```

```
          X |   1.33293    .4686743     2.84    0.004     .4143455    2.251515
       _cons |  -.4470271   .2372344    -1.88    0.060    -.911998     .0179438
-------------+--------------------------------------------------------------------
x3 <-        |
          X |   .6040478    .1908343     3.17    0.002     .2300195    .9780761
       _cons |  -.2276709   .1439342    -1.58    0.114    -.5097767    .0544349
-------------+--------------------------------------------------------------------
x4 <-        |
          X |   9.453342    5.151819     1.83    0.067    -.6440375   19.55072
       _cons |  -4.801027   2.518038    -1.91    0.057    -9.736291    .1342372
-------------+--------------------------------------------------------------------
      var(X) |   2.173451   1.044885                       .847101    5.576536
```

1. x1, x2, x3, x4 是 family Bernoulli, link probit。 故 以「family (bernoulli) link (probit)」指令來表示。

2. Stata 潛在變數，通常第 1 個字母為大寫字。因為潛在外生 (latent exogenous) 變數 X 需常態化的限制。故第 1 個外顯變數 x1 與潛在變數 X 的 path 要限制 為 1。

3.「X -> x1, X -> x2, X -> x3」路徑係數 (path coefficients)，依序為「1, 1.33, 0.60」; 「X -> x4」path coefficients 為 9.45。表示 x4 效果較大 (精準度較小)。故我 們改用下列指令，以 s4(真實成績) 來取代 x4(pass /fail 分數)：

```
* 以 s4( 真實成績 ) 來取代 x4(pass /fail 分數 )
. gsem (x1 x2 x3 <-X, probit) (s4<-X)

Fitting fixed-effects model:

Iteration 0:   log likelihood = -959.23492
Iteration 1:   log likelihood = -959.09499
Iteration 2:   log likelihood = -959.09499

Refining starting values:

Grid node 0:   log likelihood = -905.14944
```

```
Fitting full model:

Iteration 0:   log likelihood = -905.14944  (not concave)
Iteration 1:   log likelihood = -872.33773
Iteration 2:   log likelihood = -869.83144
Iteration 3:   log likelihood = -869.69578
Iteration 4:   log likelihood = -869.68928
Iteration 5:   log likelihood =  -869.6892

Generalized structural equation model          Number of obs  =        123
Log likelihood =  -869.6892

 ( 1)  [x1]X = 1
```

	Coef.	Std. Err.	z	P>|z|	[95% Conf. Interval]	
x1 <-						
X	1 (constrained)					
_cons	-.4171085	.1964736	-2.12	0.034	-.8021896	-.0320274
x2 <-						
X	1.298311	.3280144	3.96	0.000	.6554142	1.941207
_cons	-.4926357	.2387179	-2.06	0.039	-.9605142	-.0247573
x3 <-						
X	.682969	.1747328	3.91	0.000	.3404989	1.025439
_cons	-.2942021	.1575014	-1.87	0.062	-.6028992	.0144949
s4 <-						
X	55.24829	12.19904	4.53	0.000	31.3386	79.15798
_cons	690.9837	6.960106	99.28	0.000	677.3422	704.6253
var(X)	1.854506	.7804393			.812856	4.230998
var(e.s4)	297.8565	408.64			20.24012	4383.299

本例，在模型修正後之「Log likelihood = -870」；在修正前模型之「Log

likelihood = −261」。這二個對數概數之數據有差異,並未代表任何意義。因為 Log-likelihood 本身係自動隨著你認定的 SEM 模型而改變。就像,本例第 4 個方程式,它係由 probit 模型改為線性迴歸模型。

5-2-2 雙因子 measurement model:Likert 量表 vs. 測驗卷的迴歸分析

一、資料檔之內容

讀入資料檔之前,先設定工作目錄,「File > Chang working directory」,指定 CD 所附資料檔之路徑,接著再選「File > Open」,分別開啟「2factor_measure_model_generl.dta」資料檔、「2factor_measure_model_generl.stsem」繪圖檔。

本例共 500 名考生,接受 8 題數學科考試 (答對 = 1 分,答錯 = 0 分)。並同時,調查這些學生「數學學習態度」,它共有 5 個問項,均屬李克特氏五點計分量表 (1 = 非常不同意、5 = 非常同意)。

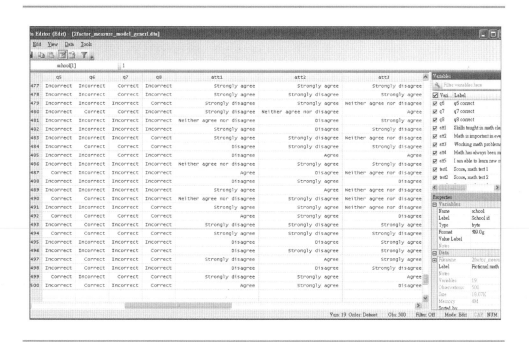

圖 5-14 「2factor_measure_model_generl.dta」資料檔 (N=500 , 19 variables)

```
. use 2factor_measure_model_generl.dta
* 或 use http://www.stata-press.com/data/r13/gsem_cfa.dta

. describe

Contains data from http://www.stata-press.com/data/r13/gsem_cfa.dta
  obs:          500                        Fictional math abilities data
  vars:          19                        21 Mar 2013 10:38
  size:      18,500                        (_dta has notes)
```

variable name	storage type	display format	value label	variable label
school	byte	%9.0g		School id
id	long	%9.0g		Student id
q1	byte	%9.0g	result	q1 correct
q2	byte	%9.0g	result	q2 correct
q3	byte	%9.0g	result	q3 correct
q4	byte	%9.0g	result	q4 correct
q5	byte	%9.0g	result	q5 correct
q6	byte	%9.0g	result	q6 correct
q7	byte	%9.0g	result	q7 correct
q8	byte	%9.0g	result	q8 correct
att1	float	%26.0g	agree	Skills taught in math class will help me get a better job.
att2	float	%26.0g	agree	Math is important in everyday life
att3	float	%26.0g	agree	Working math problems makes me anxious.
att4	float	%26.0g	agree	Math has always been my worst subject.
att5	float	%26.0g	agree	I am able to learn new math concepts easily.

```
test1          byte       %9.0g               Score, math test 1
test2          byte       %9.0g               Score, math test 2
test3          byte       %9.0g               Score, math test 3
test4          byte       %9.0g               Score, math test 4
--------------------------------------------------------------------------


. note


_dta:
1. Fictional data on math ability and attitudes of 500 students from 20
schools.
2. Variables q1-q8 are incorrect/correct (0/1) on individual math questions.
3. Variables att1-att5 are items from a Likert scale measuring each student'
s attitude toward math.
4. Variables test1-test4 are test scores from tests of four different aspects
of mathematical abilities.  Range of scores: 0-100.
```

二、SEM 模型

　　由於數學考試成績 (對 vs. 錯) 與數學學習態度 (Likert 五點計分方式) 息
息相關，二者分屬不同的分配。數學學習態度是屬次序分配 (1~5 分)「family
(ordinal) link(logit)」。相對地，數學考試成績 (對 vs. 錯) 是屬試驗一次
Bernoulli 分配，結果只有對或錯二分法「family (bernoulli) link(logit)」。

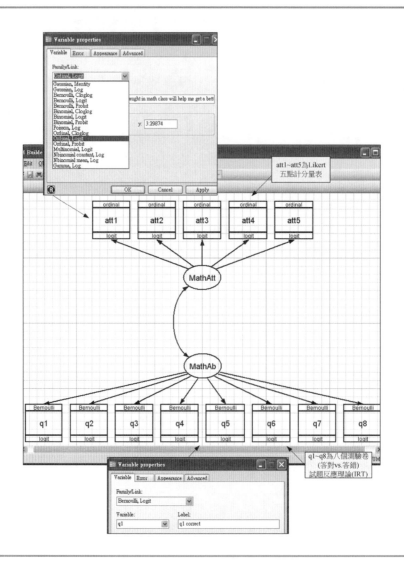

圖 5-15 「2factor_measure_model_generl.stsem」概念性模型

---

* 直開啟此「*.stsem」檔的指令為：
. webgetsem gsem_2fmm gsem_cfa.stsem
* 或在「SEM builder」視窗，「File > Open」開啟 CD 所附之「2factor_measure_model_generl.stsem」檔亦可。

三、分析結果與討論

Step 1. 結構模型

```
＊開啟資料檔
. use 2factor_measure_model_generl.dta

. gsem (MathAb -> q1 q2 q3 q4 q5 q6 q7 q8, family(bernoulli) link(logit))
(MathAtt -> att1 att2 att3 att4 att5, family(ordinal) link(logit)), cov-
struct(_lexogenous, diagonal) latent(MathAb MathAtt ) cov( MathAb*MathAtt)
nocapslatent

Fitting fixed-effects model:

Iteration 0:    log likelihood = -6629.7253
Iteration 1:    log likelihood = -6628.7848
Iteration 2:    log likelihood = -6628.7848

Refining starting values:

Grid node 0:    log likelihood = -6457.4584

Fitting full model:

Iteration 0:    log likelihood = -6457.4584
Iteration 1:    log likelihood = -6437.9594
Iteration 7:    log likelihood = -6394.3923

Generalized structural equation model          Number of obs   =        500
Log likelihood = -6394.3923

 ( 1)   [q1]MathAb = 1
 ( 2)   [att1]MathAtt = 1
-------------------------------------------------------------------------------
             |     Coef.   Std. Err.      z    P>|z|     [95% Conf. Interval]
-------------+-----------------------------------------------------------------
q1 <-        |
     MathAb  |         1   (constrained)
      _cons  |  .0446118   .1272964     0.35   0.726    -.2048845    .2941082
-------------------------------------------------------------------------------
```

```
q2 <-         |
      MathAb  |    .3446081    .1050264      3.28    0.001    .1387601    .5504562
       _cons  |   -.4572215    .0979965     -4.67    0.000   -.6492911    -.265152
--------------+------------------------------------------------------------------
q3 <-         |
      MathAb  |    .5445245    .1386993      3.93    0.000     .272679    .8163701
       _cons  |    .1591406    .1033116      1.54    0.123   -.0433464    .3616276
--------------+------------------------------------------------------------------
q4 <-         |
      MathAb  |    .2858874    .0948553      3.01    0.003    .0999743    .4718004
       _cons  |   -.3196648    .0947684     -3.37    0.001   -.5054075   -.1339222
--------------+------------------------------------------------------------------
q5 <-         |
      MathAb  |    .8174803    .1867024      4.38    0.000    .4515504     1.18341
       _cons  |     -.04543     .116575     -0.39    0.697   -.2739127    .1830527
--------------+------------------------------------------------------------------
q6 <-         |
      MathAb  |    .6030448    .1471951      4.10    0.000    .3145478    .8915419
       _cons  |    -.309992    .1070853     -2.89    0.004   -.5198753   -.1001086
--------------+------------------------------------------------------------------
q7 <-         |
      MathAb  |     .72084    .1713095      4.21    0.000    .3850796    1.056601
       _cons  |    .1047265    .1116494      0.94    0.348   -.1141023    .3235552
--------------+------------------------------------------------------------------
q8 <-         |
      MathAb  |    .5814761    .1426727      4.08    0.000    .3018428    .8611094
       _cons  |   -.0250442    .1045134     -0.24    0.811   -.2298868    .1797983
--------------+------------------------------------------------------------------
att1 <-       |
     MathAtt  |          1   (constrained)
--------------+------------------------------------------------------------------
att2 <-       |
     MathAtt  |    .3788714    .0971223      3.90    0.000    .1885152    .5692276
--------------+------------------------------------------------------------------
att3 <-       |
     MathAtt  |   -1.592717    .3614859     -4.41    0.000   -2.301216   -.8842173
--------------+------------------------------------------------------------------
att4 <-       |
     MathAtt  |   -.8100107     .153064     -5.29    0.000    -1.11001   -.5100108
```

att5 <-						
MathAtt	.5225423	.1170141	4.47	0.000	.2931988	.7518858
att1						
/cut1	-1.10254	.1312272	-8.40	0.000	-1.359741	-.8453396
/cut2	-.2495339	.1160385	-2.15	0.032	-.4769651	-.0221027
/cut3	.2983261	.1164414	2.56	0.010	.0701052	.5265471
/cut4	1.333053	.1391907	9.58	0.000	1.060244	1.605861
att2						
/cut1	-1.055791	.1062977	-9.93	0.000	-1.264131	-.8474513
/cut2	-.1941211	.0941435	-2.06	0.039	-.378639	-.0096032
/cut3	.3598488	.0952038	3.78	0.000	.1732528	.5464448
/cut4	1.132624	.1082204	10.47	0.000	.9205156	1.344732
att3						
/cut1	-1.053519	.1733999	-6.08	0.000	-1.393377	-.7136614
/cut2	-.0491073	.1442846	-0.34	0.734	-.3318999	.2336853
/cut3	.5570671	.1538702	3.62	0.000	.2554871	.8586471
/cut4	1.666859	.2135554	7.81	0.000	1.248298	2.08542
att4						
/cut1	-1.07378	.1214071	-8.84	0.000	-1.311734	-.8358264
/cut2	-.2112462	.1076501	-1.96	0.050	-.4222366	-.0002559
/cut3	.406347	.1094847	3.71	0.000	.191761	.620933
/cut4	1.398185	.1313327	10.65	0.000	1.140778	1.655593
att5						
/cut1	-1.244051	.1148443	-10.83	0.000	-1.469142	-1.018961
/cut2	-.336135	.0986678	-3.41	0.001	-.5295203	-.1427498
/cut3	.2137776	.0978943	2.18	0.029	.0219084	.4056468
/cut4	.9286849	.107172	8.67	0.000	.7186316	1.138738
var(MathAb)	2.300652	.7479513			1.216527	4.350909
var(MathAtt)	1.520854	.4077674			.8992196	2.572228
cov(MathAtt,MathAb)	.8837681	.2204606	4.01	0.000	.4516733	1.315863

1. 學生的數學態度決定他的數學成績，兩者共變數為 0.88($p < 0.05$)，達到顯著正相關。

2. 儘管上述 gsem 指令並未界定 MathAtt 與 MathAb 係共變數，但 gsem 自動內定「latent exogenous 變數」之間是有相關的 (共變的)。

Step 2. 測量模型：使用 Builder 來建模

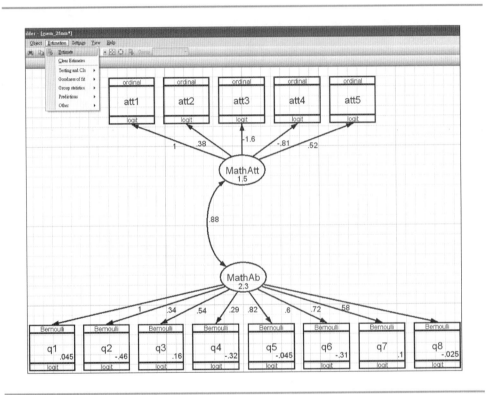

圖 5-16 「2factor_measure_model_generl.stsem」檔執行參數估計的結果

註：Stata 通常以第 1 個英文字母的大小寫來辨認「潛在變數 vs. 外顯變數」。這是一個好習慣，因為「潛在變數 vs. 外顯變數」命名之第 1 個英文字母，若都是小寫，則人肉眼容易混淆 (儘管 Stata 命名都是合法)。

使用 Builder 之步驟：

Step 2-1. 先開啓資料檔

```
. use http://www.stata-press.com/data/r13/gsem_cfa
```

Step 2-2. 開啓 **new Builder diagram.**

Menu 選：

Statistics > SEM (structural equation modeling) > Model building and estimation.

Step 2-3. 將 **Builder** 切換至 **gsem mode**，即按 G SEM

Step 2-4. 新建「**measurement component for MathAb**」，即按 ▽，開啓下列對話盒，並設定你的界定爲：

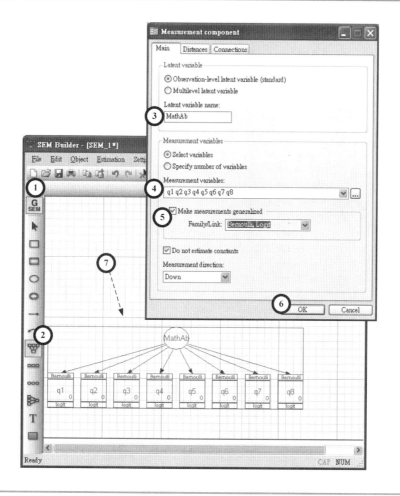

圖 5-17 界定「measurement component for MathAb」之畫面

Step 2-5. 新建「**measurement component for MathAtt**」，即按 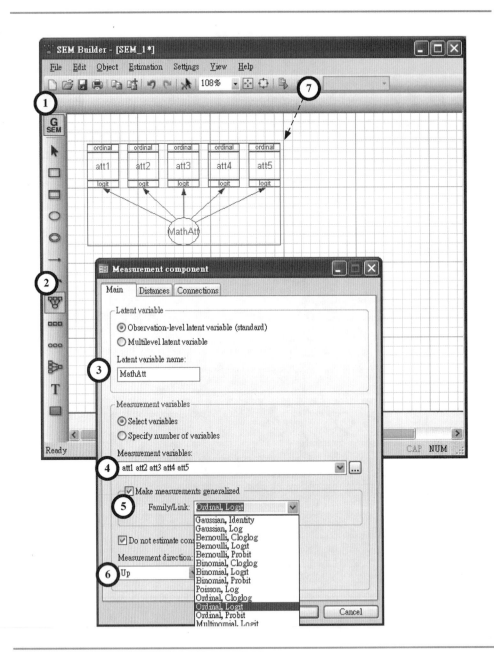，開啟下
列對話盒，並設定你的界定為：

圖 **5-18** 界定「measurement component for MathAtt」之畫面

Step 2-6. 新加「**covariance between MathAtt and MathAb.**」，即使用 **Add Covariance tool,**

Step 2-7. Estimate.

按

Step3. 測量模型之分析結果

1. 若只針對數學能力測驗來適配模型，其指令為：

```
. gsem (MathAb -> q1-q8), logit
```

2. 若數學態度量表結合數學能力測驗，雙因子測量模型的指令如下：

```
*數學能力測驗，結果只有（對 vs. 錯），故屬 logit 迴歸（logit 指令）
*數學態度 Likert 五點計分量表，屬 Ordered logistic 迴歸（ologit 指令）
. gsem (MathAb -> q1-q8, logit) (MathAtt -> att1-att5, ologit)
Fitting fixed-effects model:

Iteration 0:    log likelihood = -6629.7253
Iteration 1:    log likelihood = -6628.7848
Iteration 2:    log likelihood = -6628.7848


Refining starting values:

Grid node 0:    log likelihood = -6457.4584

Fitting full model:

Iteration 0:    log likelihood = -6457.4584
Iteration 7:    log likelihood = -6394.3923


Generalized structural equation model      Number of obs   =      500
Log likelihood = -6394.3923

 (1)  [q1]MathAb = 1
 (2)  [att1]MathAtt = 1
```

	Coef.	Std. Err.	z	P>|z|	[95% Conf.	Interval]
q1 <-						
MathAb	1	(constrained)				
_cons	.0446118	.1272964	0.35	0.726	-.2048845	.2941082
q2 <-						
MathAb	.3446081	.1050264	3.28	0.001	.1387601	.5504562
_cons	-.4572215	.0979965	-4.67	0.000	-.6492911	-.265152
q3 <-						
MathAb	.5445245	.1386993	3.93	0.000	.272679	.8163701
_cons	.1591406	.1033116	1.54	0.123	-.0433464	.3616276
q4 <-						
MathAb	.2858874	.0948553	3.01	0.003	.0999743	.4718004
_cons	-.3196648	.0947684	-3.37	0.001	-.5054075	-.1339222
q5 <-						
MathAb	.8174803	.1867024	4.38	0.000	.4515504	1.18341
_cons	-.04543	.116575	-0.39	0.697	-.2739127	.1830527
q6 <-						
MathAb	.6030448	.1471951	4.10	0.000	.3145478	.8915419
_cons	-.309992	.1070853	-2.89	0.004	-.5198753	-.1001086
q7 <-						
MathAb	.72084	.1713095	4.21	0.000	.3850796	1.056601
_cons	.1047265	.1116494	0.94	0.348	-.1141023	.3235552
q8 <-						
MathAb	.5814761	.1426727	4.08	0.000	.3018428	.8611094
_cons	-.0250442	.1045134	-0.24	0.811	-.2298868	.1797983
att1 <-						
MathAtt	1	(constrained)				

```
att2 <-    |
  MathAtt |   .3788714   .0971223     3.90   0.000      .1885152     .5692276
-----------+
att3 <-    |
  MathAtt | -1.592717    .3614859    -4.41   0.000    -2.301216    -.8842173
-----------+
att4 <-    |
  MathAtt |  -.8100107   .153064     -5.29   0.000    -1.11001     -.5100108
-----------+
att5 <-    |
  MathAtt |   .5225423   .1170141     4.47   0.000      .2931988     .7518858
-----------+
att1       |
    /cut1 | -1.10254     .1312272    -8.40   0.000    -1.359741    -.8453396
    /cut2 |  -.2495339   .1160385    -2.15   0.032     -.4769651    -.0221027
    /cut3 |   .2983261   .1164414     2.56   0.010      .0701052     .5265471
    /cut4 |  1.333053    .1391907     9.58   0.000     1.060244     1.605861
-----------+
att2       |
    /cut1 | -1.055791    .1062977    -9.93   0.000    -1.264131    -.8474513
    /cut2 |  -.1941211   .0941435    -2.06   0.039     -.378639     -.0096032
    /cut3 |   .3598488   .0952038     3.78   0.000      .1732528     .5464448
    /cut4 |  1.132624    .1082204    10.47   0.000      .9205156    1.344732
-----------+
att3       |
    /cut1 | -1.053519    .1733999    -6.08   0.000    -1.393377    -.7136614
    /cut2 |  -.0491073   .1442846    -0.34   0.734     -.3318999     .2336853
    /cut3 |   .5570671   .1538702     3.62   0.000      .2554871     .8586471
    /cut4 |  1.666859    .2135554     7.81   0.000     1.248298     2.08542
-----------+
att4       |
    /cut1 | -1.07378     .1214071    -8.84   0.000    -1.311734    -.8358264
    /cut2 |  -.2112462   .1076501    -1.96   0.050     -.4222366    -.0002559
    /cut3 |   .406347    .1094847     3.71   0.000      .191761      .620933
    /cut4 |  1.398185    .1313327    10.65   0.000     1.140778     1.655593
-----------+
att5       |
    /cut1 | -1.244051    .1148443   -10.83   0.000    -1.469142    -1.018961
```

```
    /cut2 |   -.336135    .0986678    -3.41   0.001    -.5295203    -.1427498
    /cut3 |   .2137776    .0978943     2.18   0.029     .0219084     .4056468
    /cut4 |   .9286849     .107172     8.67   0.000     .7186316     1.138738
----------+----------------------------------------------------------------
 var(MathAb) |   2.300652    .7479513                   1.216527     4.350909
var(MathAtt) |   1.520854    .4077674                    .8992196     2.572228
----------+----------------------------------------------------------------
cov(MathAtt,MathAb) |   .8837681    .2204606     4.01   0.000     .4516733     1.315863
```

1. 數學態度與數學能力之間，共變數估計值為 0.8838。

2. 數學態度與數學能力之間，積差相關 $\hat{\rho}_{xy} = \dfrac{\hat{\sigma}_{xy}^2}{\hat{\sigma}_x \hat{\sigma}_y} = \dfrac{0.8838}{2.301 \times 1.521} = 0.4724$。

3. att1~att5 之「cut1、cut2、cut3、cut5」，就是 ordered logit's cutpoints，也就是 Likert 五點計分的四個 cut 點，四個 cut 點恰巧可將連續變數切割成 5 等份之類別群組。

4. 為何「att3 att4 <- MathAtt」path 二個係數值為負呢？因為這二個量表問項是反向題，其中，att 3 問卷內容為「Working math problems makes me anxious」；att4 問卷內容為「Math has always been my worst subject」。二題都是反向之程度題。

5-3 多層次 (Multilevel) 模型

一、階層線性模型的抽樣

由於個體受到次文化的影響 (文化鑲嵌)，不同層次 (e.g. 地區文化) 就會潛移默化影響受訪者的認知。故你可用階層線性模型的抽樣法，來控制「層次 (multilevel)」此干擾變數，進而可省去「需統計法再控制它」的麻煩。常見的 multilevel，就是「個體 ⊂ 家庭 ⊂ 學校 ⊂ 社會」。

Multilevel modeling 旨在分析樣本中不同群組 (groups) 的隨機效果 (random effects)，不同群組的評分者亦稱不同 levels。例如，要研究「學生偏差行為」，你可分層次來調查：(1) 學生問卷的自評。(2) 父母的看法。(3) 醫生診斷的意見。這種三角驗證法，即可平衡受訪者的主觀偏見 / 偏誤。這種主觀互驗調查法可平衡機構的不可測量的效果。因為有些學校「學生偏差行為」比別校更好，但有

些學校則更糟糕。相同地，在醫院臨床診斷方面，這些不可測效果 (unmeasured effects) 亦可用潛在變數來參數化，因爲不可測效果在機構內是固定值，但在跨機構之間是變動的。

二、多層次模型的分析法

1. 迴歸 (Regression) 法：階層線性模型 (HLM)

(1) 以多元迴歸分析爲基礎。

(2) 變數爲顯性變數。

(3) 重視干擾效果 (moderated effect)。

2. 潛在變數法 (SEM 法)

(1) 以因素分析爲基礎。

(2) 變數爲潛在變數。

(3) 重視構念的定義與變異數萃取。

三、多層次模型的多樣本抽樣法

舉例來說，某偏差行爲研究決定採用 two-level nested model，則第一層抽樣爲 observational level；第二層則爲個人所屬的學校 (或城鎮)。

相對地，若此偏差行爲研究，決定改採用 three-level nested model，則第一層爲受訪者個人的自評；第二層爲個人所屬的學校層級；第三層爲個人所屬的州 (省) 層級的樣本。

此外，常有一種 nested models 稱之 crossed models。例如，在同一州 (或城鎮) 從事不同行業的工作者、同一行業在不同州 (或城鎮) 的工作者，這二種情形都會影響工人的生活品質。

利用 gsem 來適配 Multilevel models，gsem 可處理下列六種情況：

1. 雙層測量模型 (multilevel, generalized response).

2. Random-intercept and random-slope models (multilevel).

3. 三層模型 (multilevel, generalized response).

4. 多樣本之交叉模型 Crossed models (multilevel).

5. Two-level multinomial logistic regression (multilevel).

6. One-and two-level mediation models (multilevel).

5-3-1 雙層次測量模型 (廣義反應變數)

本例延續前例，只是多加考慮「學生鑲套在學校內 (students are nested within school)」，一併探討潛在變數 school 層次之「學校與學校之間的效果 (school-by-school effects)」。

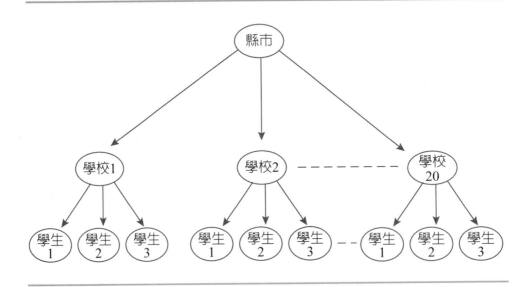

圖 **5-19** 不同層次 (階層) 的資料 (學生鑲套在學校內 (students are nested within school))

範例：Two-level measurement model(generalized response)

一、資料檔之內容

讀入資料檔之前，先設定工作目錄「File > Chang working directory」，指定 CD 所附資料檔之路徑，接著再選「File > Open」，分別開啟「gsem_cfa.dta」資料檔、「gsem_cfa.stsem」繪圖檔。

「gsem_cfa.dta」資料檔內容如圖 5-20。共 20 個學校 (school)，500 名考生。本例以學校來分層 (multilevel)，同一學校內變異視為固定不變；不同學校之間變異是變動的。

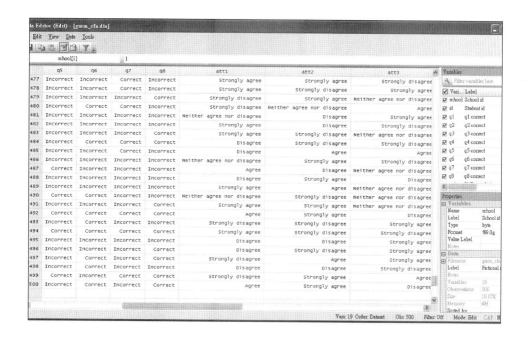

圖 5-20 「gsem_cfa.dta」資料檔 (N=500 考生 , 19 variables)

觀察資料之特徵

```
* 開啟網上資料檔 gsem_cfa
. use http://www.stata-press.com/data/r13/gsem_cfa


. describe


Contains data from http://www.stata-press.com/data/r13/gsem_cfa.dta
  obs:           500                    Fictional math abilities data
  vars:           19                    21 Mar 2013 10:38
  size:        18,500                    (_dta has notes)
---------------------------------------------------------------------
              storage   display    value
variable name   type    format     label     variable label
---------------------------------------------------------------------
school          byte    %9.0g                 School id
id              long    %9.0g                 Student id
```

```
q1          byte       %9.0g      result      q1 correct
q2          byte       %9.0g      result      q2 correct
q3          byte       %9.0g      result      q3 correct
q4          byte       %9.0g      result      q4 correct
q5          byte       %9.0g      result      q5 correct
q6          byte       %9.0g      result      q6 correct
q7          byte       %9.0g      result      q7 correct
q8          byte       %9.0g      result      q8 correct
att1     float   %26.0g   agree Skills taught in math class will help me get a
better job.
att2     float   %26.0g      agree    Math is important in everyday life
att3     float   %26.0g      agree    Working math problems makes me anxious.
att4     float   %26.0g      agree    Math has always been my worst subject.
att5     float   %26.0g      agree    I am able to learn new math concepts eas-
ily.
test1       byte       %9.0g                  Score, math test 1
test2       byte       %9.0g                  Score, math test 2
test3       byte       %9.0g                  Score, math test 3
test4       byte       %9.0g                  Score, math test 4
-----------------------------------------------------------------------------

. note
_dta:
1. Fictional data on math ability and attitudes of 500 students from 20
schools.
2. Variables q1-q8 are incorrect/correct (0/1) on individual math questions.
3. Variables att1-att5 are items from a Likert scale measuring each student's
attitude toward math.
4. Variables test1-test4 are test scores from tests of four different aspects
of mathematical abilities. Range of scores: 0-100.
```

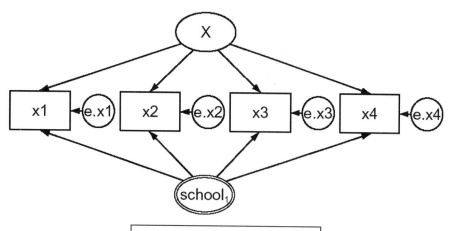

$$x_1 = \alpha_1 + \beta_1 X + \gamma_1 M_{1,s} + e.x_1$$
$$x_2 = \alpha_2 + \beta_2 X + \gamma_2 M_{1,s} + e.x_2$$
$$x_3 = \alpha_3 + \beta_3 X + \gamma_3 M_{1,s} + e.x_3$$
$$x_4 = \alpha_4 + \beta_4 X + \gamma_4 M_{1,s} + e.x_4$$

圖 5-21 SEM 模型代表之方程式

二、利用 Builder 介面來分析 school 層級之效果

Step 1. 分析 school 層級之效果

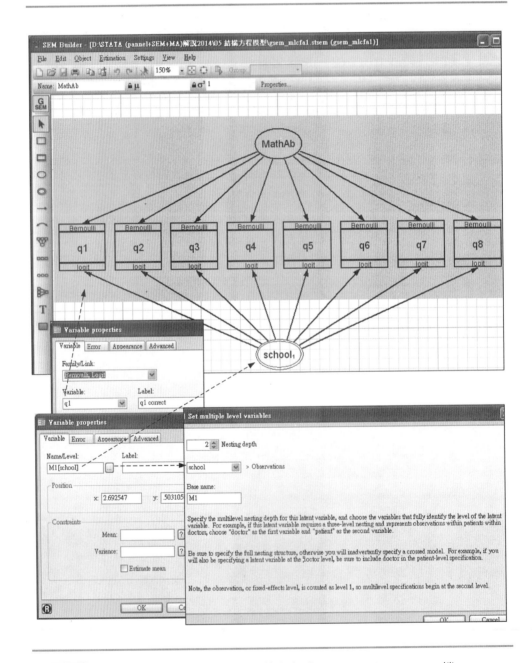

圖 5-22 利用 Builder 建構 SEM 模型，並存在「gsem_mlcfa1.stsem」檔

潛在變數「school$_1$」有二個圓圈，代表二個意思：

1. 在「學校內」是固定值，跨校是變動值 (I am constant within school and vary across schools)。
2. 它對應的潛在變數，名字叫 M1。

三、分析結果與討論

沒有 school$_1$ 分層之潛在變數時，其原始測量模型之指令為：

```
. gsem (MathAb -> q1-q8), logit
```

增加 school$_1$ 層級之潛在變數時，測量模型之指令改為：

```
. gsem (MathAb M1[school] -> q1-q8), logit

Fitting fixed-effects model:

Iteration 0:    log likelihood = -2750.3114
Iteration 1:    log likelihood = -2749.3709
Iteration 2:    log likelihood = -2749.3708


Refining starting values:

Grid node 0:    log likelihood = -2649.0033


Fitting full model:

Iteration 0:    log likelihood = -2649.0033   (not concave)
Iteration 10:   log likelihood = -2630.2063

Generalized structural equation model        Number of obs    =       500
Log likelihood = -2630.2063

 ( 1)   [q1]M1[school] = 1
 ( 2)   [q2]MathAb = 1
-------------------------------------------------------------------------
            |     Coef.   Std. Err.      z    P>|z|    [95% Conf. Interval]
------------+------------------------------------------------------------
```

```
q1 <-          |
  M1[school]   |           1    (constrained)
               |
        MathAb |   2.807515    .9468682    2.97   0.003    .9516878    4.663343
         _cons |   .0388021    .1608489    0.24   0.809   -.276456     .3540602
---------------+------------------------------------------------------------------
q2 <-          |
  M1[school]   |   .6673925    .3058328    2.18   0.029    .0679712    1.266814
               |
        MathAb |           1    (constrained)
         _cons |  -.4631159    .1201227   -3.86   0.000   -.698552    -.2276798
---------------+------------------------------------------------------------------
q3 <-          |
  M1[school]   |   .3555867    .3043548    1.17   0.243   -.2409377    .9521111
               |
        MathAb |   1.455529    .5187786    2.81   0.005    .4387416    2.472316
         _cons |   .1537831    .1070288    1.44   0.151   -.0559894    .3635556
---------------+------------------------------------------------------------------
q4 <-          |
  M1[school]   |   .7073241    .3419273    2.07   0.039    .037159     1.377489
               |
        MathAb |   .8420897    .3528195    2.39   0.017    .1505762    1.533603
         _cons |  -.3252735    .1202088   -2.71   0.007   -.5608784   -.0896686
---------------+------------------------------------------------------------------
q5 <-          |
  M1[school]   |   .7295553    .3330652    2.19   0.028    .0767595    1.382351
               |
        MathAb |   2.399529    .8110973    2.96   0.003    .8098079    3.989251
         _cons |  -.0488674    .1378015   -0.35   0.723   -.3189533    .2212185
---------------+------------------------------------------------------------------
q6 <-          |
  M1[school]   |   .484903     .2844447    1.70   0.088   -.0725983    1.042404
               |
        MathAb |   1.840627    .5934017    3.10   0.002    .6775813    3.003673
         _cons |  -.3139302    .1186624   -2.65   0.008   -.5465042   -.0813563
---------------+------------------------------------------------------------------
q7 <-          |
  M1[school]   |   .3677241    .2735779    1.34   0.179   -.1684787    .903927
               |
```

```
      MathAb |   2.444023    .8016872     3.05    0.002     .8727449    4.015301
        _cons |   .1062164    .1220796     0.87    0.384    -.1330552    .3454881
-------------+--------------------------------------------------------------------
q8 <-        |
   M1[school]|   .5851299    .3449508     1.70    0.090    -.0909612    1.261221
             |
      MathAb |   1.606287    .5367614     2.99    0.003     .5542541     2.65832
        _cons |  -.0261962    .1189835    -0.22    0.826    -.2593995    .2070071
-------------+--------------------------------------------------------------------
var(M1[school])|  .2121216   .1510032                       .052558    .8561121
   var(MathAb)|   .2461246    .1372513                      .0825055    .7342217
```

注意：

1. M1[school] 變異數為 0.21。表示 20 個 school（明星學校 vs. 普通學校）對考生數學成績是有顯著干擾效果（因為 95%CI 不含 0）。而且，數學成績之變異數為 0.246，95%CI 亦不含 0。由於 school 及數學成績之變異值非常相近且都達到 0.05 顯著水準。可見本例，我們無法忽視 school 層次之干擾效果（即學校與學校之間，學生數學成績的變異數是不等值）。

2. 考量「school-level latent variable for each question」，測量模型之指令就改為：

```
. gsem (MathAb M1[school] -> q1@1 q2@c2 q3@c3 q4@c4 q5@c5 q6@c6 q7@c7 q8@c8),
logit
```

Step 2. Fitting the variance components model

在「variance-components model」中，納入 school 層次之概念模型如圖 5-23。因為各學校名氣影響考生數學能力（潛在變數），數學能力（潛在變數）又影響考生 8 項考題。

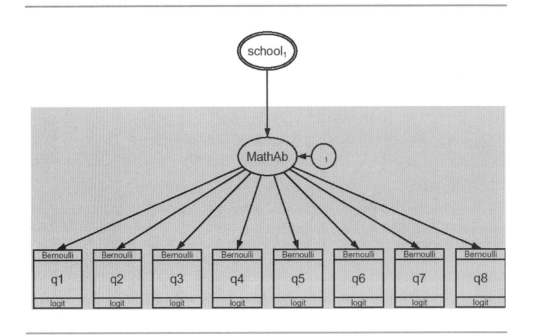

圖 5-23 納入 school 層次之概念模型，可惜 Stata 無法執行

　　由於上述之 school 層次之概念模型，gsem 無法執行。gsem 無法計算「沒有外顯變數之 school」潛在變數影響另一潛在變數，況且這二個潛在變數是在不同層次。故需改成圖 5-24。

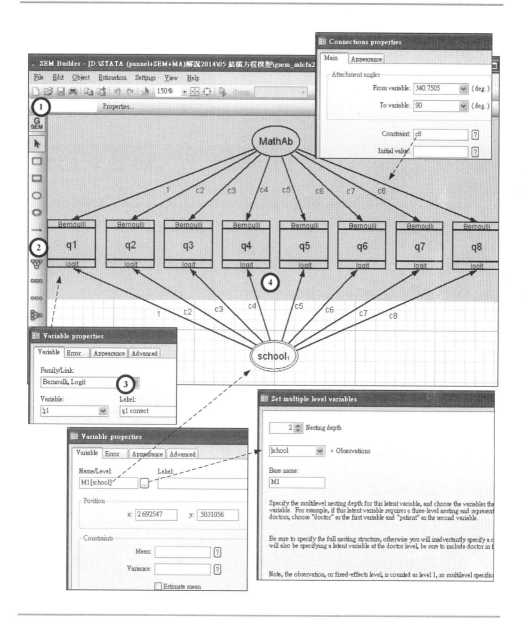

圖 5-24 利用 Builder 建構 SEM 模型，並存在「gsem_mlcfa2.stsem」檔

　　此模型將二個潛在變數 (school, MathAb) 之路徑係數，限制為相同。其效果如圖 5-23 之「school 層次之概念模型」，但它就可被 gsem 指令執行 (結果如下)。

＊直開啟「gsem_mlcfa2.stsem」檔的指令為：
. webgetsem gsem_mlcfa2.stsem
＊或在「SEM builder」視窗，「File ＞ Open」開啟 CD 所附之「gsem_mlcfa2.stsem」檔
亦可。

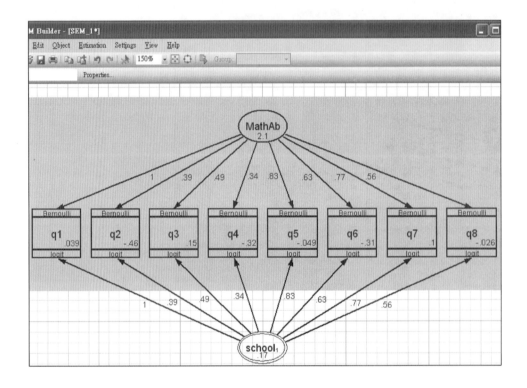

圖 5-25 「gsem_mlcfa2.stsem」檔執行參數估計的結果

```
. gsem (MathAb M1[school] -> q1@1 q2@c2 q3@c3 q4@c4 q5@c5 q6@c6 q7@c7 q8@c8),
logit

Fitting fixed-effects model:

Iteration 0:    log likelihood = -2750.3114
Iteration 1:    log likelihood = -2749.3709
Iteration 2:    log likelihood = -2749.3708

Refining starting values:

Grid node 0:    log likelihood = -2642.8248

Fitting full model:

Iteration 0:    log likelihood = -2651.7239   (not concave)
Iteration 1:    log likelihood = -2644.4937
Iteration 2:    log likelihood =   -2634.92
Iteration 3:    log likelihood = -2633.9336
Iteration 4:    log likelihood = -2633.5924
Iteration 5:    log likelihood = -2633.5922

Generalized structural equation model          Number of obs    =       500
Log likelihood = -2633.5922

 ( 1)   [q1]M1[school] = 1
 ( 2)   [q1]MathAb = 1
 ( 3)   [q2]M1[school] -[q2]MathAb = 0
 ( 4)   [q3]M1[school] -[q3]MathAb = 0
 ( 5)   [q4]M1[school] -[q4]MathAb = 0
 ( 6)   [q5]M1[school] -[q5]MathAb = 0
 ( 7)   [q6]M1[school] -[q6]MathAb = 0
 ( 8)   [q7]M1[school] -[q7]MathAb = 0
 ( 9)   [q8]M1[school] -[q8]MathAb = 0
---------------------------------------------------------------------------
            |    Coef.    Std. Err.    z    P>|z|    [95% Conf. Interval]
------------+--------------------------------------------------------------
q1 <-       |
 M1[school] |       1   (constrained)
```

MathAb |	1	(constrained)				
_cons |	.0385522	.1556214	0.25	0.804	-.2664601	.3435646
q2 <- |						
M1[school]|	.3876281	.1156823	3.35	0.001	.1608951	.6143612
MathAb |	.3876281	.1156823	3.35	0.001	.1608951	.6143612
_cons |	-.4633143	.1055062	-4.39	0.000	-.6701028	-.2565259
q3 <- |						
M1[school] |	.4871164	.1295515	3.76	0.000	.2332001	.7410328
MathAb |	.4871164	.1295515	3.76	0.000	.2332001	.7410328
_cons |	.1533212	.1098068	1.40	0.163	-.0618962	.3685386
q4 <- |						
M1[school]|	.3407151	.1058542	3.22	0.001	.1332446	.5481856
MathAb |	.3407151	.1058542	3.22	0.001	.1332446	.5481856
_cons |	-.3246936	.1011841	-3.21	0.001	-.5230108	-.1263763
q5 <- |						
M1[school]|	.8327426	.1950955	4.27	0.000	.4503624	1.215123
MathAb |	.8327426	.1950955	4.27	0.000	.4503624	1.215123
_cons |	-.0490579	.1391324	-0.35	0.724	-.3217524	.2236365
q6 <- |						
M1[school]|	.6267415	.1572247	3.99	0.000	.3185868	.9348962
MathAb |	.6267415	.1572247	3.99	0.000	.3185868	.9348962
_cons |	-.3135398	.1220389	-2.57	0.010	-.5527317	-.074348
q7 <- |						
M1[school]|	.7660343	.187918	4.08	0.000	.3977219	1.134347
MathAb |	.7660343	.187918	4.08	0.000	.3977219	1.134347

```
     _cons |   .1039102    .1330652     0.78   0.435    -.1568927    .3647131
-----------+----------------------------------------------------------------
q8 <-      |
 M1[school]|   .5600833    .1416542     3.95   0.000     .2824462    .8377203
           |
     MathAb |   .5600833    .1416542     3.95   0.000     .2824462    .8377203
     _cons |  -.0264193    .1150408    -0.23   0.818    -.2518951    .1990565
-----------+----------------------------------------------------------------
var(M1[school])|  .1719347  .1150138                      .0463406    .6379187
var(MathAb)|   2.062489    .6900045                      1.070589    3.973385
```

1. 由於事前已將二個潛在變數 (school, MathAb) 之路徑係數，限制為相同，故
   分析之係數都一樣。
2. 假設 school 及數學能力 (math ability) 在相同係數之情況下，M1[school] 及
   MathAb 變異數分別為 0.17 及 2.06。此時可發現數學能力 (math ability) 影響
   效果已遠大於 school。

5-3-2 Multilevel mediation models

見前一章之「單層、雙層之中介 (multilevel Mediation) 效果」。

5-3-3 三層次模型 (generalized response)

一、Three-level nested models

例如，先以城市 (county) 來分層，每個城市再隨機抽樣若干個學校
(school)。每個學校再隨機抽樣若干學生，所進行的 4 個測驗 (x1~x4)，這種分三
層次之測量模型如圖 5-26。

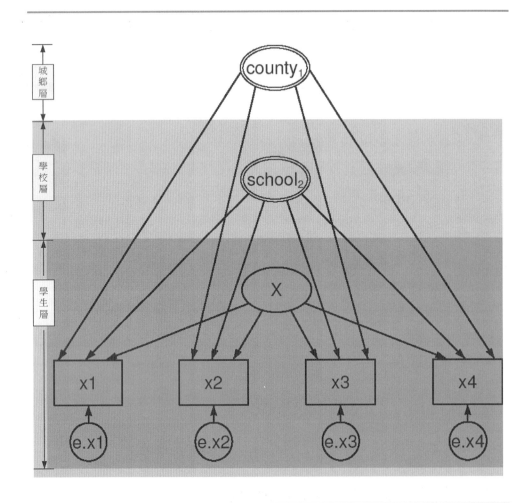

圖 5-26 student-within-school-within-county 模型之示意圖

本圖所對應的數學方程式為：

$$x_1 = \alpha_1 + \beta_1 X + \gamma_1 M_{1,C} + \delta_1 M_{2,S} + e.x_1$$
$$x_2 = \alpha_2 + \beta_2 X + \gamma_2 M_{1,C} + \delta_2 M_{2,S} + e.x_2$$
$$x_3 = \alpha_3 + \beta_3 X + \gamma_3 M_{1,C} + \delta_3 M_{2,S} + e.x_3$$
$$x_4 = \alpha_4 + \beta_4 X + \gamma_4 M_{1,C} + \delta_4 M_{2,S} + e.x_4$$

其中，C = county number。S = school number。

二、範例：**Three-level model (generalized response)**

本例，先以國家 (nation) 來當第一層，每個國家再隨機抽樣若干個區域 (region) 來當第二層。每個區域再隨機抽樣若干死於惡性黑色素瘤 (deaths) 的個人 (第三層)，這種分三層次之測量模型如圖 5-29。抽樣的思考邏輯爲：個人 ⊂ region ⊂ 歐洲國家。

(一) 問題說明

爲瞭解歐洲 9 個國家人民，紫外線劑量強度是否導致人們死於惡性黑色素瘤 (deaths)？

研究者收集數據並整理成下表，此「gsem_melanoma.dta」資料檔之變數如下：

變數名稱	說　明	編碼 Codes/Values
nation	國家	1~9 國家
region	區域	1~79 區域
deaths	死於惡性黑色素瘤 (deaths) 的人數	0~313 死亡人數
uv	紫外線劑量	-8.9002~13.359
expected	預期死於惡性黑色素瘤的人數	0.69~258.859

1. 某醫生診斷男性因惡性黑色素瘤而死亡之風險因素，是否受到紫外線劑量 (UV) 的影響？於是隨機抽樣 7 個國家 (nations)，每個國家調查 3 ～ 95 區域 (regions)，每個區域 1 ～ 13 個城市 (counties)。
2. 由於歐洲各國國家之紫外線強度不同，故以國家 (nations) 的各區域 (regions) 隨機抽樣來分層「控制」這二個外來的干擾因素 (國家、區域)，進而更嚴謹地證明「UV → 死於惡性黑色素瘤 (deaths)」因果關係。因此，本例屬三層次 SEM 模型。

(二) 資料檔之內容

讀入資料檔之前，先設定工作目錄，「File > Chang working directory」，指定 CD 所附資料檔之路徑，接著再選「File > Open」，分別開啓「gsem_melanoma.dta」資料檔、「gsem_3lev.stsem」繪圖檔。

「gsem_melanoma.dta」資料檔內容如圖 5-27。

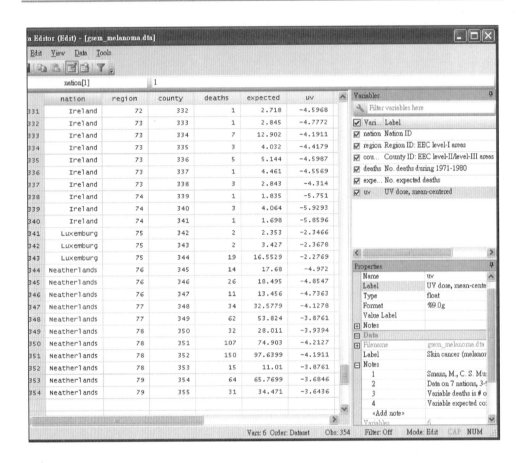

圖 5-27 「gsem_melanoma.dta」資料檔 (N＝354，6 variables)

觀察資料之特徵

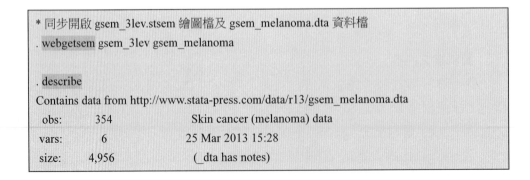

```
* 同步開啟 gsem_3lev.stsem 繪圖檔及 gsem_melanoma.dta 資料檔
. webgetsem gsem_3lev gsem_melanoma

. describe
Contains data from http://www.stata-press.com/data/r13/gsem_melanoma.dta
  obs:        354              Skin cancer (melanoma) data
  vars:         6              25 Mar 2013 15:28
  size:     4,956              (_dta has notes)
```

```
--------------------------------------------------------------------------------
          storage   display   value
variable name  type   format    label     variable label
--------------------------------------------------------------------------------

nation        byte   %12.0g   nation    Nation ID
region        byte   %9.0g              Region ID: EEC level-I areas
county        int    %9.0g              County ID: EEC level-II/level-III areas
deaths        int    %9.0g              No. deaths during 1971-1980
expected      float  %9.0g              No. expected deaths
uv            float  %9.0g              UV dose, mean-centered
--------------------------------------------------------------------------------
Sorted by: nation region county

. note

_dta:
1. Smans, M., C. S. Muir, and P. Boyle. 1992. Atlas of Cancer Mortality in the European Eco-
nomic Community. Lyon, France: IARC Scientific Publications
2. Data on 7 nations, 3-95 regions w/i nation, 1-13 counties w/i region.
3. Variable deaths is # of deaths among males due to malignant melanoma( 惡性黑色素瘤 ),
1971-1980.
4. Variable expected contains # of expected male deaths based on crude rates for the combined
counties.
```

(三) 利用 Builder 介面建構 SEM 模型

Three level Poisson model 如圖 5-28。

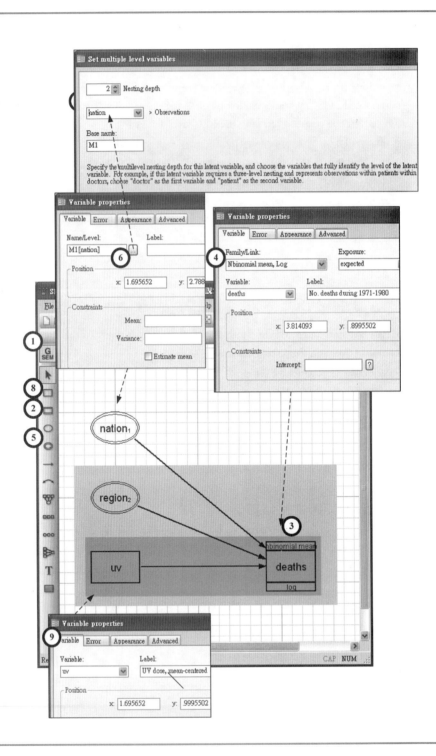

圖 5-28 「gsem_3lev.stsem」繪圖檔

本例圖 5-29 雙圓圈來表示「level 1 為國家 (nation₁)」，以「level 2 為區域 (region₂)」，以這二個層級來分層抽樣以「控制」地域此干擾變數，進而求得「紫外線劑量 (UV) →死於惡性黑色素瘤 (deaths)」因果關係。故本例屬三層次 SEM 模型。

(四) 分析結果與討論

Step1. Three level Poisson model 分析

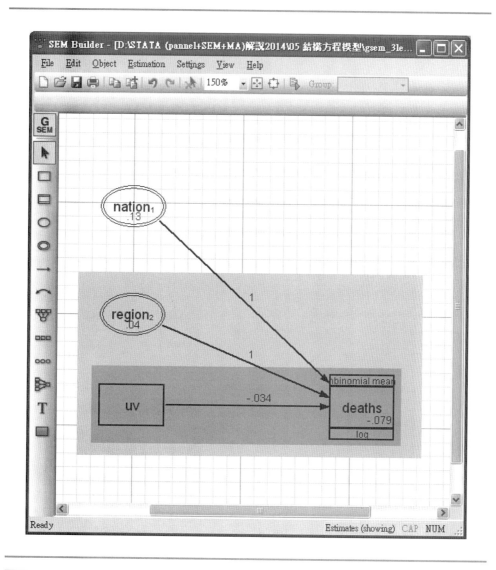

圖 5-29 「gsem_3lev.stsem」執行結果

```
* nation 為第 1 層潛在變數 M1, region 為第 2 層潛在變數 M2
* 死亡人數屬 negative binomial 分配。
. gsem (deaths <-uv M1[nation] M2[nation>region]), nbreg exposure(expected)

Fitting fixed-effects model:

Iteration 0:    log likelihood =  -1361.855
Iteration 1:    log likelihood = -1230.0211
Iteration 2:    log likelihood =  -1211.049
Iteration 3:    log likelihood = -1202.5641
Iteration 4:    log likelihood = -1202.5329
Iteration 5:    log likelihood = -1202.5329

Refining starting values:

Grid node 0:    log likelihood = -1209.6951

Fitting full model:

Iteration 0:    log likelihood = -1209.6951   (not concave)
Iteration 1:    log likelihood = -1195.0761   (not concave)
Iteration 11:   log likelihood = -1086.3902

Generalized structural equation model        Number of obs   =        354
Log likelihood = -1086.3902

 ( 1)   [deaths]M1[nation] = 1
 ( 2)   [deaths]M2[nation>region] = 1
--------------------------------------------------------------------------------
                   |   Coef.    Std. Err.     z     P>|z|    [95% Conf. Interval]
-------------------+------------------------------------------------------------
deaths <-          |
               uv  | -.0335933   .0113725   -2.95   0.003   -.055883    -.0113035
                   |
        M1[nation] |      1    (constrained)
 M2[nation>region] |      1    (constrained)
                   |
             _cons | -.0790606   .1295931   -0.61   0.542   -.3330583    .1749372
      ln(expected) |      1    (exposure)
```

```
----------------------+----------------------------------------------------------------
deaths                |
         /lnalpha     |  -4.182603   .3415036   -12.25   0.000   -4.851937   -3.513268
----------------------+----------------------------------------------------------------
     var(M1[nation])  |   .1283614   .0678971                     .0455187    .3619758
var(M2[nation>region])|   .0401818   .0104855                     .0240938    .067012
```

1. M1[nation] 變異數為 0.128，因為 95%CI 不含 0。表示歐洲 7 個國家對「紫外線劑量 (UV) →死於惡性黑色素瘤 (deaths)」是有顯著干擾效果。而且潛在變數 M2[nation>region] 之變異數為 0.04，95%CI 亦不含 0，表示歐洲 7 個國家各區域 (region) 對「紫外線劑量 (UV) →死於惡性黑色素瘤 (deaths)」亦有顯著干擾效果。

   由於 nation 及 region 之變異值都達到 0.05 顯著水準。可見本例，我們無法忽視 nation 及 region 這二層次之干擾效果 (即歐洲 7 個國家之間，各區域紫外線劑量的變異數是不等值)。

2. 在「抽樣控制」之下，考量 (國家及區域) 二個層級的干擾效果之後，所求得「紫外線劑量 (UV) →死於惡性黑色素瘤 (deaths)」有顯著的負向因果關係，$z = -2.95 (p < 0.05)$。表示愈少曬太陽 (紫外線) 民眾，死於惡性黑色素瘤 (deaths) 機率愈高。

3. 本例是國家層分好幾地區、每地區又分好幾個城市 (counties)「three-level model of counties nested within region nested within nation」，因此界定 M1 [nation] 及 M2 [nation > region] 為二層級之潛在變數。事實上，我們用 Builder 建構二個層級模型是可清楚看，但是 SEM 中二個雙圓圈仍無法看出「the nesting information」。

4. 本例採用負二項迴歸 (negative binomial regression)，它是平均數分散程度 (mean-dispersion) 模型。其對應指令為「nbreg」，它是「family(nbinomial mean) link(log)」的縮寫。

5. 負二項分配可視為「Gamma mixture of Poisson random variables」，其中，Gamma distribution~$(1, \alpha)$，求得 $\ln(\alpha) = -4.183$，此估計值算小的，換算得 $\alpha = 0.0153$。報表印出 $\ln(\alpha)$ 的 z 檢定值為 12.25 達到 0.01 顯著水準，係指 $\ln(\alpha) = 0$ (而非本例所指 $\ln(\alpha) = 1$ 情況)。

6. $\ln(\alpha) = 0$ 並不代表它「lack of overdispersion」，因為我們納入 random

effects，它已允許 extra dispersion(分散)。

7. 「exposure(expected)」 選 項 中，expected 變 數 已 含 有「expected number of deaths based on crude rates」。

8. 「exposure(*varname*)」可出現在 Poisson 及 negative binomial models。表示「each observation's time at risk is recorded invariable *varname*」；若刪除此選項，則每一觀察值的風險都是一樣的。

Step 2. 過度分散之檢定 (Testing for overdispersion)

```
* 先執行 gsem，但不印出
. quietly gsem (deaths <-uv M1[nation] M2[nation>region]), nbreg
exposure(expected)
* 負二項迴歸，存到 nbreg 變數
. estimates store nbreg

* 改 poisson 迴歸再執行 gsem，但不印出
. quietly gsem (deaths <-uv M1[nation] M2[nation>region]), poisson
exposure(expected)
* Poisson 迴歸，存到 poisson 變數
. estimates store poisson

* 以上二次迴歸模型 (nbreg 對 poisson)，做概似比 (LR) 檢定
. lrtest nbreg poisson

Likelihood-ratio test                       LR chi2(1)  =      17.84
(Assumption: poisson nested in nbreg)       Prob > chi2 =     0.0000
```

1. 概 似 比 (LR) 檢 定 結 果，LR $\chi^2_{(1)}$ = 17.84($p < 0.05$)，故 可 拒 絕「H_0: Poisson model adequately accounts for the dispersion in these data」。 故 本 例 符 合 Poisson model 的過度分散之假定。

2. 請注意，這個 LR 檢定仍是保守之處，因為我們旨在測試一個變異數是否為 0。在這種情況下，通常 lrtest 只會發出警告，可惜 lrtest 仍不知道負二項迴歸和 Poisson 迴歸之間的關係，係包括變異數為 0。

5-4 Logistic 迴歸 (廣義反應變數)

本例亦可改用 Conditional logistic regression 來求解，詳情請見《Stata 與高等統計分析》一書的第 7 章「7-4-4 Conditional logistic 迴歸」。

一、資料檔之內容

讀入資料檔之前，先設定工作目錄「File > Chang working directory」，指定 CD 所附資料檔之路徑，接著再選「File > Open」，依序開啓「Logistic_reg. dat」資料檔、「Logistic_reg.stsem」繪圖檔。

本例旨在瞭解造成孕婦早產兒之風險因素？(分析單位：產婦個體)

變數名稱	說　明	編碼 Codes/Values
low	是否為早產兒 (low birth*weight*) ？	1 為 BWT<=2500g，0 為 BWT>2500g
age	產婦年齡	Years
lwt	懷孕前體重 (mother's *weight* at last menstrual period)	Pounds
race	產婦種族 (white, black, or other; race)	1 = White, 2 = Black, 3 = Other
ptl	家族有早產史嗎？	0 = None, 1 = Yes
ht	家族高血壓 (history of hypertension) ？	0 = None, 1 = Yes
ui	有否「子宮煩躁症」(the presence of uterine irritability) ？	0 = No, 1 = Yes

「Logistic_reg.dta」資料檔內容如圖 5-30。

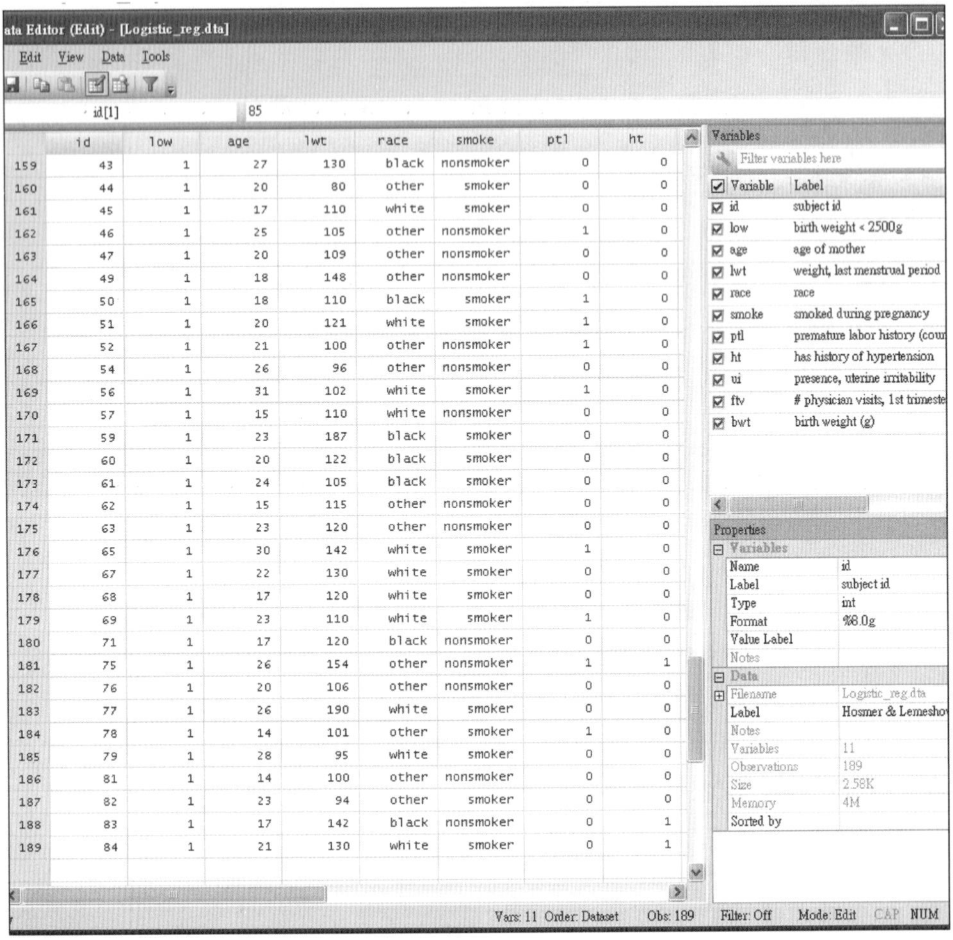

	id	low	age	lwt	race	smoke	ptl	ht
159	43	1	27	130	black	nonsmoker	0	0
160	44	1	20	80	other	smoker	0	0
161	45	1	17	110	white	smoker	0	0
162	46	1	25	105	other	nonsmoker	1	0
163	47	1	20	109	other	nonsmoker	0	0
164	49	1	18	148	other	nonsmoker	0	0
165	50	1	18	110	black	smoker	1	0
166	51	1	20	121	white	smoker	1	0
167	52	1	21	100	other	nonsmoker	1	0
168	54	1	26	96	other	nonsmoker	0	0
169	56	1	31	102	white	smoker	1	0
170	57	1	15	110	white	nonsmoker	0	0
171	59	1	23	187	black	smoker	0	0
172	60	1	20	122	black	smoker	0	0
173	61	1	24	105	black	smoker	0	0
174	62	1	15	115	other	nonsmoker	0	0
175	63	1	23	120	other	nonsmoker	0	0
176	65	1	30	142	white	smoker	1	0
177	67	1	22	130	white	smoker	0	0
178	68	1	17	120	white	smoker	0	0
179	69	1	23	110	white	smoker	1	0
180	71	1	17	120	black	nonsmoker	0	0
181	75	1	26	154	other	nonsmoker	1	1
182	76	1	20	106	other	nonsmoker	0	0
183	77	1	26	190	white	smoker	0	0
184	78	1	14	101	other	smoker	1	0
185	79	1	28	95	white	smoker	0	0
186	81	1	14	100	other	nonsmoker	0	0
187	82	1	23	94	other	smoker	0	0
188	83	1	17	142	black	nonsmoker	0	1
189	84	1	21	130	white	smoker	0	1

Variable	Label
id	subject id
low	birth weight < 2500g
age	age of mother
lwt	weight, last menstrual period
race	race
smoke	smoked during pregnancy
ptl	premature labor history (cou
ht	has history of hypertension
ui	presence, uterine irritability
ftv	# physician visits, 1st trimeste
bwt	birth weight (g)

Properties	
Variables	
Name	id
Label	subject id
Type	int
Format	%8.0g
Value Label	
Notes	
Data	
Filename	Logistic_reg.dta
Label	Hosmer & Lemesho
Notes	
Variables	11
Observations	189
Size	2.58K
Memory	4M
Sorted by	

圖 5-30 「Logistic_reg.dta」資料檔 (N=189 , 11 variables)

```
*直接開啟 CD 附的資料檔 Logistic_reg.dta
. use Logistic_reg.dta ,clear
*或改由網上抓 gsem_lbw.dta 資料檔
. use http://www.stata-press.com/data/r13/gsem_lbw
(Hosmer & Lemeshow data)
. describe
Contains data from http://www.stata-press.com/data/r13/gsem_lbw.dta
obs:      189            Hosmer & Lemeshow data
vars:      11            21 Mar 2013 12:28
```

```
size:     2,646         (_dta has notes)
-----------------------------------------------------------------

storage   display   value
variable name    type     format   label   variable label
-----------------------------------------------------------------

id                int      %8.0g            subject id
low               byte     %8.0g            birth weight < 2500g
age               byte     %8.0g            age of mother
lwt               int      %8.0g            weight, last menstrual period
race              byte     %8.0g    race    race
smoke             byte     %9.0g    smoke   smoked during pregnancy
ptl               byte     %8.0g            premature labor history (count)
ht                byte     %8.0g            has history of hypertension
ui                byte     %8.0g            presence, uterine irritability
ftv               byte     %8.0g            # physician visits, 1st trimester
bwt               int      %8.0g            birth weight (g)
Sorted by:

. notes
_dta:
1. Data from Hosmer, D. W., Jr., S. A. Lemeshow, and R. X. Sturdivant. 2013.
"Applied Logistic Regression". 3rd ed. Hoboken, NJ: Wiley.
2. Data from a study of risk factors associated with low birth weights.

. tabulate race low, chi2

           | birth weight < 2500g
      race |        0          1 |     Total
-----------+----------------------+----------
     white |       73         23 |        96
     black |       15         11 |        26
     other |       42         25 |        67
-----------+----------------------+----------
     Total |      130         59 |       189

         Pearson chi2(2) =    5.0048   Pr = 0.082
```

1. 由「tabulate race low, chi2」指令產生的交叉表，顯示：白人早產率最低 = (23/96) = 0.2396；黑人早產率最高 = (11/26) = 0.423；其他族裔早產率居中 = (25/67) = 0.373。本例係發現：皮膚色愈深，產婦愈易早產。值得一提的是，

尚有其他研究者，從臨床研究中卻發現白人孕婦不一定比其他族群不易早產。造成這種二極化對立結果，你就可改用作者《Meta 分析實作》一書所講方法，來化解這種對立結果之紛爭，並判定誰對誰錯。

二、SEM 模型

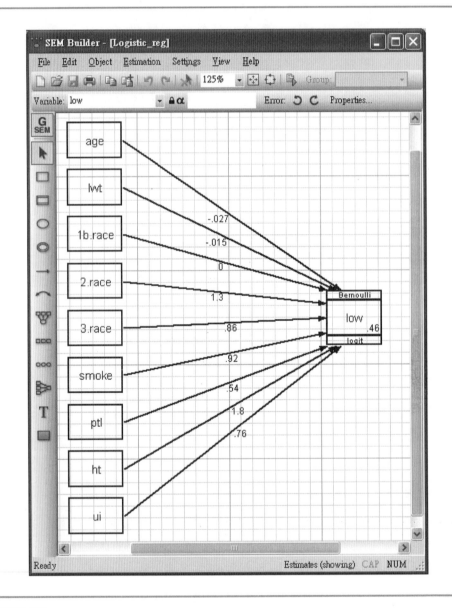

圖 5-31 「Logistic_reg.stsem」概念性模型 (或用「webgetsem gsem_logit」開啓)

遇到 3 個 levels 以上類別變數之預測變數，Stata 已捨棄虛擬 (dummy) 變數之迴歸分析觀念。

由於變數 race 編碼為「1, 2, 3」，依序代表種族為「white, black, other」。因此：

1. 以 race = 1 為比較 **b**ase 組。白人為對照組。因為 race 為 **I**ndeicator(類別) 變數，故以「**1b.**」符號來表示。

2. 「2. race」為 race 類別變數 level「2 vs. 1」比較。黑人 vs. 白人孕婦。

3. 「3. race」為 race 類別變數 level「3 vs. 1」比較。其他種族 vs. 白人孕婦。

三、分析結果與討論

Step 1. 先用 Builder 來適配 logit model

```
. use Logistic_reg.dta
* 或 use http://www.stata-press.com/data/r13/gsem_lbw
(Hosmer & Lemeshow data)

. gsem (low <-age lwt i.race smoke ptl ht ui), logit

Iteration 0:    log likelihood =  -101.0213
Iteration 1:    log likelihood = -100.72519
Iteration 2:    log likelihood =  -100.724
Iteration 3:    log likelihood =  -100.724

Generalized structural equation model        Number of obs    =        189
Log likelihood =   -100.724

------------------------------------------------------------------------------
             |      Coef.   Std. Err.      z    P>|z|     [95% Conf. Interval]
-------------+----------------------------------------------------------------
low <-       |
         age | -.0271003   .0364504    -0.74   0.457    -.0985418    .0443412
         lwt | -.0151508   .0069259    -2.19   0.029    -.0287253   -.0015763
             |
        race |
       black |  1.262647   .5264101     2.40   0.016     .2309024    2.294392
       other |  .8620792   .4391532     1.96   0.050     .0013548    1.722804
```

```
             |
      smoke |  .9233448   .4008266   2.30   0.021    .137739   1.708951
        ptl |  .5418366   .346249    1.56   0.118   -.136799   1.220472
         ht |  1.832518   .6916292   2.65   0.008    .4769494  3.188086
         ui |  .7585135   .4593768   1.65   0.099   -.1418484  1.658875
       _cons |  .4612239   1.20459    0.38   0.702   -1.899729  2.822176
------------------------------------------------------------------------
```

　　造成孕婦早產之風險因素中，達到顯著的因素包括：

1. lwt：懷孕前體重 (Pounds)

2. race：

「**1**.race」代表「an indicator for race equaling 1」。以白人孕婦爲對照組，得：

黑人孕婦比白人孕婦易早產 ($z = +2.40$, $p < 0.05$)。

其他種族孕婦比白人孕婦易早產 ($z = +1.96$, $p < 0.05$)

3. smoke：有抽煙孕婦比無抽煙者更易早產 ($z = +2.30$, $p < 0.05$)。

4. ht：家族有高血壓 (history of hypertension) 遺傳史的孕婦亦比正常人容易早產 ($z = 2.65$, $p < 0.05$)。

Step 2. 改用 gsem 指令

　　上述模型稱爲 factor-variable，其適配方式亦可改用 gsem 指令語法如下：

```
. use Logistic_reg.dta
*或 use http://www.stata-press.com/data/r13/gsem_lbw

*以「1b.race」宣告 race 1(白人) 為比較 base。
. gsem (low <-age lwt 1b.race 2.race 3.race smoke ptl ht ui), logit

*或以「i.race」宣告 race 為 Indicator 變數 (即類別變數)。
. gsem (low <-age lwt i.race smoke ptl ht ui), logit
(結果省略之)
```

　　上述二個 gsem 指令，分析結果都會相同 (如上)。

Step 3. 勝算比 (odds ratios)

　　logit 迴歸係可印出 odds ratios(即 exponentiated coefficients)，其指令爲：

```
* 做 logit 迴歸，但不印出
.quietly gsem (low <-age lwt 1b.race 2.race 3.race smoke ptl ht ui), logit

* 印出勝算比 (odds ratios)
. estat eform
```

low	exp(b)	Std. Err.	z	P>|z|	[95% Conf. Interval]	
age	.9732636	.0354759	-0.74	0.457	.9061578	1.045339
lwt	.9849634	.0068217	-2.19	0.029	.9716834	.9984249
race						
white	1	(empty)				
black	3.534767	1.860737	2.40	0.016	1.259736	9.918406
other	2.368079	1.039949	1.96	0.050	1.001356	5.600207
smoke	2.517698	1.00916	2.30	0.021	1.147676	5.523162
ptl	1.719161	.5952579	1.56	0.118	.8721455	3.388787
ht	6.249602	4.322408	2.65	0.008	1.611152	24.24199
ui	2.1351	.9808153	1.65	0.099	.8677528	5.2534
_cons	1.586014	1.910496	0.38	0.702	.1496092	16.8134

造成孕婦早產之風險因素中，達到顯著之風險因素，其勝算比 (odds ratios, OR) 為：

1. lwt(懷孕前體重)，OR = 0.98 < 1，表示懷孕體重愈輕，愈不易早產。
2. race：

「1.race」代表 "an indicator for race equaling 1"。

黑人孕婦比白人孕婦易早產 (OR = 3.53, $p < 0.05$)。

其他種族孕婦比白人孕婦易早產 (OR = 2.37, $p < 0.05$)。

3. smoke：有抽煙孕婦比無抽煙者更易早產 (OR = 2.52, $p < 0.05$)。
4. ht：家族有高血壓 (history of hypertension) 遺傳史的孕婦亦比正常人容易早產 (OR = 6.25, $p < 0.05$)。

上述 gsem 指令，亦可用下列 logit 指令來取代：

```
. logit low age lwt i.race smoke ptl ht ui
或
. logistic low age lwt i.race smoke ptl ht ui
（結果省略之）
```

5-5 Generalized responses 的組合模型：logit + poisson 迴歸

gsem 容許你在同一個模型中，混合二種 (以上) 不同的迴歸。例如，logit +poisson 迴歸。

由於往昔眾多學者都發現，家族有早產史 (ptl) 的孕婦，愈容易生出早產兒。故家族早產史應可視為中介變數 (不再是單純的預測變數)，家族早產史是屬 poisson 分配之 Log 迴歸分析。同時，懷孕是否早產則屬 Bernoulli 分析之 Logit 迴歸分析

本例旨在瞭解造成孕婦早產之風險因素？(分析單位：產婦個體)

變數名稱	說　明	編碼 Codes/Values
low	是否為早產兒 (low birth*weight*) ？	1 為 BWT<=2500g，0 為 BWT>2500g
age	產婦年齡	Years
lwt	懷孕前體重 (mother's *weight* at last menstrual period)	Pounds
race	產婦種族 (white, black, or other; race)	1 = White, 2 = Black, 3 = Other
ptl	家族有早產史嗎？	0 = None, 1 = Yes
ht	家族高血壓 (history of hypertension) ？	0 = None, 1 = Yes
ui	有否「子宮煩躁症」(the presence of uterine irritability) ？	0 = No, 1 = Yes

一、資料檔之內容

讀入資料檔之前，先設定工作目錄「File > Chang working directory」，指定 CD 所附資料檔之路徑，接著再選「File > Open」，分別開啓「gsem_lbw.dta」資料檔、「gsem_comb.stsem」繪圖檔。

「gsem_lbw.dta」資料檔內容如圖 5-32。

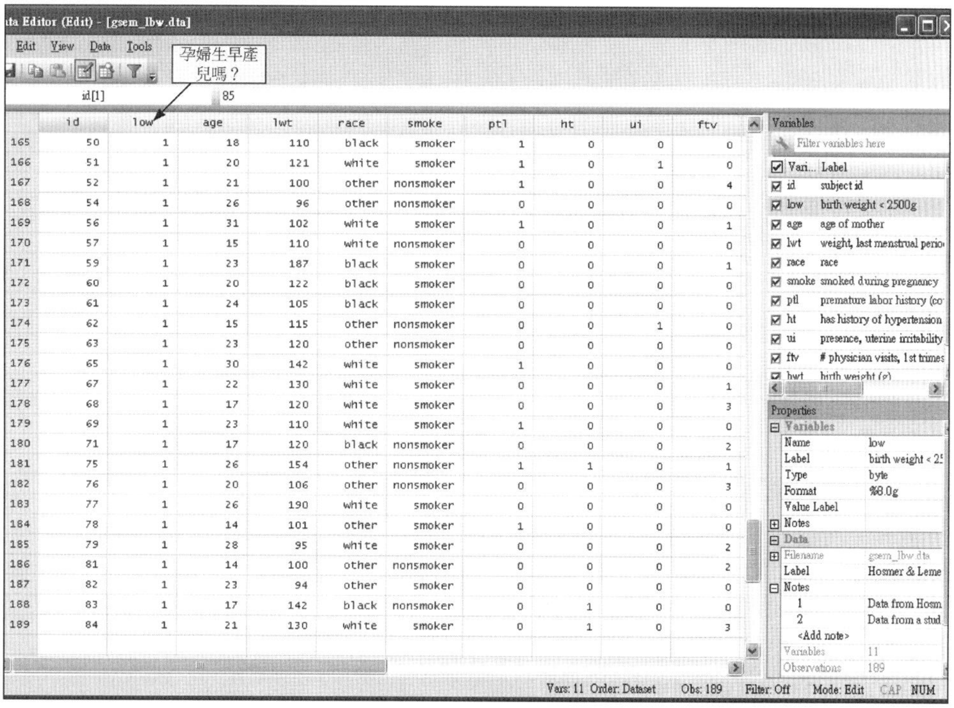

	id	low	age	lwt	race	smoke	ptl	ht	ui	ftv
165	50	1	18	110	black	smoker	1	0	0	0
166	51	1	20	121	white	smoker	1	0	1	0
167	52	1	21	100	other	nonsmoker	1	0	0	4
168	54	1	26	96	other	nonsmoker	0	0	0	0
169	56	1	31	102	white	smoker	1	0	0	1
170	57	1	15	110	white	nonsmoker	0	0	0	0
171	59	1	23	187	black	smoker	0	0	0	1
172	60	1	20	122	black	smoker	0	0	0	0
173	61	1	24	105	black	smoker	0	0	0	0
174	62	1	15	115	other	nonsmoker	0	0	1	0
175	63	1	23	120	other	nonsmoker	0	0	0	0
176	65	1	30	142	white	smoker	1	0	0	0
177	67	1	22	130	white	smoker	0	0	0	1
178	68	1	17	120	white	smoker	0	0	0	3
179	69	1	23	110	white	smoker	1	0	0	0
180	71	1	17	120	black	nonsmoker	0	0	0	2
181	75	1	26	154	other	nonsmoker	1	1	0	1
182	76	1	20	106	other	nonsmoker	0	0	0	3
183	77	1	26	190	white	smoker	0	0	0	0
184	78	1	14	101	other	smoker	1	0	0	0
185	79	1	28	95	white	smoker	0	0	0	2
186	81	1	14	100	other	nonsmoker	0	0	0	2
187	82	1	23	94	other	smoker	0	0	0	0
188	83	1	17	142	black	nonsmoker	0	1	0	0
189	84	1	21	130	white	smoker	0	1	0	3

圖 5-32 「gsem_lbw.dta」資料檔 (N=189, 11 variables)

```
. use http://www.stata-press.com/data/r13/gsem_lbw
(Hosmer & Lemeshow data)

. describe

Contains data from http://www.stata-press.com/data/r13/gsem_lbw.dta
  obs:           189                           Hosmer & Lemeshow data
 vars:            11                           21 Mar 2013 12:28
 size:         2,646                           (_dta has notes)
-----------------------------------------------------------------------------
              storage   display    value
variable name   type    format     label      variable label
-----------------------------------------------------------------------------
```

```
id              int      %8.0g                    subject id
low             byte     %8.0g                    birth weight < 2500g
age             byte     %8.0g                    age of mother
lwt             int      %8.0g                    weight, last menstrual period
race            byte     %8.0g          race      race
smoke           byte     %9.0g          smoke     smoked during pregnancy
ptl             byte     %8.0g                    premature labor history (count)
ht              byte     %8.0g                    has history of hypertension
ui              byte     %8.0g                    presence, uterine irritability
ftv             byte     %8.0g                    # physician visits, 1st trimes-
ter
bwt             int      %8.0g                    birth weight (g)
─────────────────────────────────────────────────────────────────────────────

Sorted by:

. note


_dta:
1.   Data from Hosmer, D. W., Jr., S. A. Lemeshow, and R. X. Sturdivant. 2013.
"Applied Logistic Regression". 3rd ed. Hoboken, NJ: Wiley.
2.   Data from a study of risk factors associated with low birth weights.
```

二、SEM 模型分析

本例結合 logit 迴歸及 poisson 迴歸這二種廣義反應變數。

Step 1. logit 迴歸 + poisson 迴歸分析

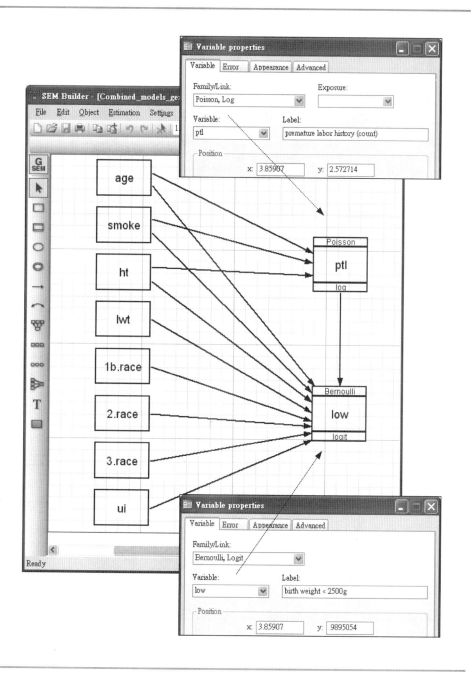

```
* 開啟網上檔 gsem_comb.stsem
. webgetsem gsem_comb gsem_lbw.dta
* 或開啟 CD 附的 Combined_models_general.stsem 檔亦可
```

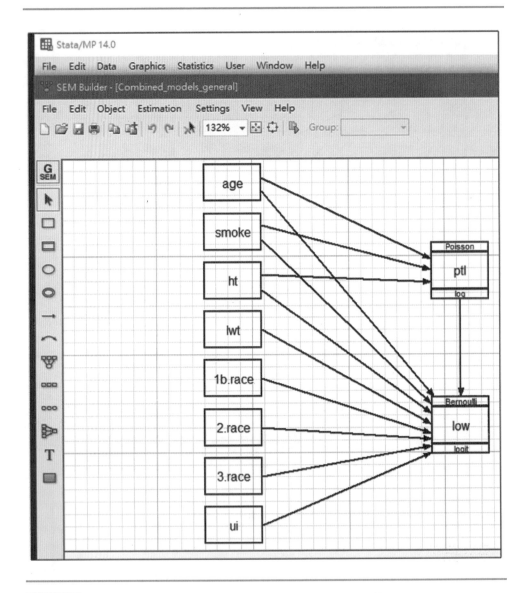

圖 5-34 利用 Builder 建構 SEM 模型，並存在「**.stsem」檔

```
. webgetsem gsem_comb gsem_lbw.dta

. gsem (low <-ptl age smoke ht lwt i.race ui, logit) (ptl <-age smoke ht,
poisson)


Iteration 0:    log likelihood = -322.96738
Iteration 1:    log likelihood =  -200.5818
Iteration 2:    log likelihood = -198.58086
Iteration 3:    log likelihood = -198.56179
Iteration 4:    log likelihood = -198.56178

Generalized structural equation model         Number of obs   =        189
Log likelihood = -198.56178


-------------------------------------------------------------------------------
             |      Coef.   Std. Err.      z    P>|z|     [95% Conf. Interval]
-------------+-----------------------------------------------------------------
low <-       |
         age | -.0271003   .0364504    -0.74   0.457   -.0985418    .0443412
       smoke |  .9233448   .4008266     2.30   0.021     .137739    1.708951
          ht |  1.832518   .6916292     2.65   0.008    .4769494    3.188086
         lwt | -.0151508   .0069259    -2.19   0.029   -.0287253   -.0015763
             |
        race |
       black |  1.262647   .5264101     2.40   0.016    .2309023    2.294392
       other |  .8620791   .4391532     1.96   0.050    .0013548    1.722803
             |
          ui |  .7585135   .4593768     1.65   0.099   -.1418484    1.658875
         ptl |  .5418366    .346249     1.56   0.118    -.136799    1.220472
       _cons |  .4612238    1.20459     0.38   0.702   -1.899729    2.822176
-------------+-----------------------------------------------------------------
ptl <-       |
         age |  .0370598   .0298752     1.24   0.215   -.0214946    .0956142
       smoke |  .9602534   .3396867     2.83   0.005    .2944796    1.626027
          ht | -.1853501   .7271851    -0.25   0.799   -1.610607    1.239906
       _cons | -2.985512   .7842174    -3.81   0.000    -4.52255   -1.448474
-------------------------------------------------------------------------------
```

547

Stata 在結構方程模型及試題反應理論的應用

　　在 189 名產婦中,「ptl → low」path 裡,其迴歸係數為 0.5418(p>0.05),表示本研究發現:家族早產史並無顯著影響孕婦早產率。此結果與其他臨床研究係有些差距。若要解決正反二派學者的論點,你可改採作者「Meta 統合分析」一書的統計分析來解決正反二派之辯證。

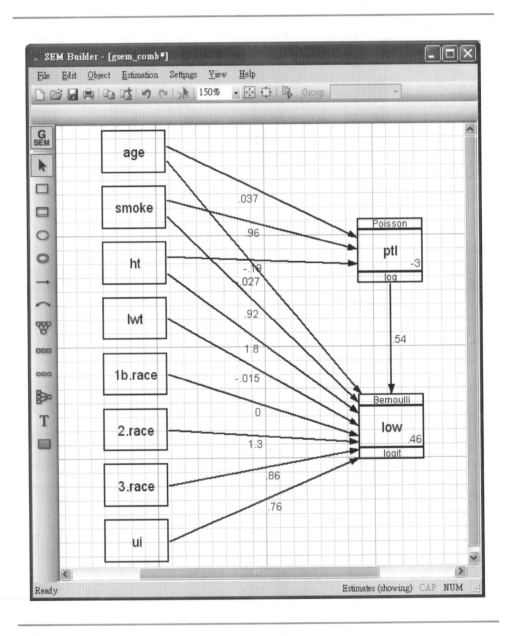

圖 5-35 「gsem_comb.stsem」檔執行參數估計的結果

Step 2. 求 odds ratios 及 incidence-rate ratios

對醫學而言，找出各風險因素之勝出比 (odds ratios,OR) 及發病率比 (incidence-rate ratios)，係非常重要的數據。故在 Stata 中，Exponentiated logit coefficients 就代表勝出比；exponentiated Poisson regression coefficients 就代表發病率比。

求得這二個風險比，其指令如下：

```
. use gsem_lbw.dta
*只做 gsem 指令，但不印出。因為 Stata 所有事後檢定，都只暫存最近一次迴歸。
.quietly gsem (low <-ptl age smoke ht lwt i.race ui, logit) (ptl <-age smoke ht, poisson)
*估計變數 low ptl 二個方程式的 Exponentiated 型迴歸係數
. estat eform low ptl
```

	exp(b)	Std. Err.	z	P>|z|	[95% Conf. Interval]	
low						
age	.9732636	.0354759	-0.74	0.457	.9061578	1.045339
smoke	2.517698	1.00916	2.30	0.021	1.147676	5.523162
ht	6.249602	4.322407	2.65	0.008	1.611152	24.24199
lwt	.9849634	.0068217	-2.19	0.029	.9716834	.9984249
race						
white	1	(empty)				
black	3.534767	1.860737	2.40	0.016	1.259736	9.918406
other	2.368079	1.039949	1.96	0.050	1.001356	5.600207
ui	2.1351	.9808153	1.65	0.099	.8677528	5.2534
ptl	1.719161	.5952579	1.56	0.118	.8721455	3.388787
_cons	1.586014	1.910496	0.38	0.702	.1496092	16.8134
ptl						
age	1.037755	.0310032	1.24	0.215	.9787348	1.100334
smoke	2.612358	.8873835	2.83	0.005	1.342428	5.083638
ht	.8308134	.6041551	-0.25	0.799	.1997664	3.45529
_cons	.0505137	.0396137	-3.81	0.000	.0108613	.2349286

造成孕婦早產兒之風險因素中，達到顯著之風險因素，其勝算比 (odds ratios, OR) 如下：

1. lwt(懷孕前體重)，OR=0.985<1，表示懷孕體重愈輕，愈不易早產。

2. race：

「1.race 」代表 "an indicator for race equaling 1"。

黑人孕婦比白人孕婦易早產 (OR = 3.53, $p < 0.05$)。

其他種族孕婦比白人孕婦易早產 (OR = 2.37, $p < 0.05$)。

3. smoke：有抽煙孕婦比無抽煙者更易早產 (incidence-rate ratios = 2.61, $p < 0.05$)。

4. ht：但家族有高血壓 (history of hypertension) 遺傳史的孕婦並未比正常人容易早產 (ncidence-rate ratios = −0.25, $p > 0.05$)。

5-6 多類別 (multinomial) 反應變數的 logit 迴歸

一、Multinomial logistic 迴歸之介紹

Multinomial Logit 迴歸之應用例子，例如：

1. 預期財富向下移轉對子女教育之影響—實證分析。

2. 以多項邏輯斯迴歸模型分析青少年 BMI 與身體活動量之相關性。

3. 臺灣選民經濟投票行為之研究：以四次總統大選為例。

4. 法拍屋拍定拍次、競標人數與得標價之決定因素：以士林法院為例。

5. 企業槓桿與研發技術槓桿之研發策略選擇之研究。

6. 董事會結構、操作衍生性金融商品交易對資訊透明度的影響。

7. 信用卡業務的徵審過程、繳款改變與違約之研究。

8. 商業銀行如何衡量住宅貸款之違約機率與違約損失率—內部模型法之應用。

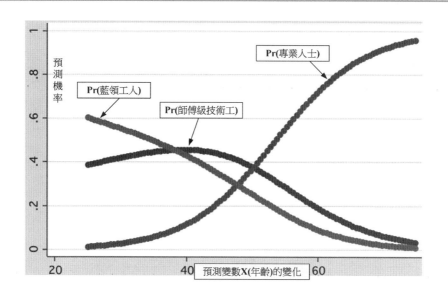

圖 5-36 Multinomial Logit 迴歸之示意圖 (依變數為職業別，自變數為年齡)

在迴歸分析中若反應變數爲二元類別變數 (binary variable)，例如手術的兩個結果 (存活或死亡)，若以此爲反應變數，則二元邏輯斯迴歸模型 (binary logistic regression model) 經常會用來分析。若反應變數爲超過 3 類別，則可考慮用下列兩個模型：(1) 廣義邏輯斯迴歸模型 (generalized logistic regression model)，亦稱爲多類別邏輯斯迴歸模型 (multinomial logistic regression model)。(2) 等比勝算邏輯斯迴歸模型 (proportional odds logistic regression model)，亦稱爲序位邏輯斯迴歸模型 (ordered logistic regression model) 或累積邏輯斯迴歸模型 (cumulative logistic regression model)。茲簡單介紹此兩個模型之定義：

(一) 廣義邏輯斯迴歸模型：多類別邏輯斯迴歸模型

此模型首先指定某一組爲參考組，接著其他組一一與此參考組做比較，其數學式如下：

$$\log\left(\frac{\pi_j}{\pi_1}\right) = \alpha_j + \beta_j x \text{ , } j = 2, \cdots J$$

例如，研究者欲探討不同年齡層對睡眠品質重要性的看法，以三分法的李克特量尺 (3-point Likert scale：1. 不重要、2. 中等重要、3. 很重要) 測量個案對

睡眠品質重要性的看法，假設研究者針對研究族群依年齡分組，每組隨機抽樣
200 人，得到資料如下：

年齡組	睡眠品質重要性			合　計
	1. 不重要	2. 中等重要	3. 很重要	
組 1. ≦ 50 歲	35	95	70	200
組 2. > 50 歲	15	55	130	200

　　若反應變數分三類。例如「睡眠品質重要性」，分「不重要、中等重要、
很重要」三類別，則可得兩個數學式如下：

$$\log\left(\frac{\pi_{中等重要}}{\pi_{不重要}}\right) = \alpha_2 + \beta_2 x，及 \log\left(\frac{\pi_{很重要}}{\pi_{不重要}}\right) = \alpha_3 + \beta_3 x$$

以上兩個數學式，可視為兩個二元邏輯斯迴歸模型。今根據上述 400 人的資
料，分析結果如下：

睡眠品質重要性	中等重要 / 不重要		很重要 / 不重要	
	OR(95%CI)	P	OR(95%CI)	P
年齡（以小於等於 50 歲為比較組） 大於 50 歲	1.4(0.7~2.7)	0.3930	4.3(2.2~8.5)	< 0.0001

1. 適合度指標：AIC = 750.1、SC = 749.3、−2LogL = 742.1。

2. OR(Odds Ratio)：勝算比。

3. 勝算比 = ODD(大於 50 歲)/ODD(小於等於 50 歲)。其中，ODD(勝算)。

　　上表可解釋為大於 50 歲組認為睡眠品質中等重要比上不重要的勝算是小於
等於 50 歲組的 1.4 倍 (p = 0.3930)，大於 50 歲組認為睡眠品質很重要比上不重
要的勝算是小於等於 50 歲組的 4.3 倍 (p < 0.0001)，後者具有統計上顯著的意義。

(二) 等比勝算邏輯斯迴歸模型：序位邏輯斯迴歸模型

　　此模型原則上係假設反應變數為一個序位變數 (即在同一條量尺上、但不等
距)，在建立模型時，每次找一個切點將資料分為兩組，建立一個二元邏輯斯迴
歸模型，其數學式如下：

$$\log\left(\frac{1-P(Y\le j)}{P(Y\le j)}\right)=\alpha_j+\beta x \text{ , } j=1,\cdots,J-1$$

若反應變數分三類,例如「不重要、中等重要、很重要」,則可得兩個數學式如下:

$$\log\left(\frac{\pi_{中等重要+很重要}}{\pi_{不重要}}\right)=\alpha_1+\beta x \text{ , 及} \log\left(\frac{\pi_{很重要}}{\pi_{不重要+中等重要}}\right)=\alpha_2+\beta x$$

今根據上述 400 人的資料,分析結果如下:

睡眠品質重要性	(很重要或中等重要) / 不重要		很重要 / (中等重要或不重要)	
	OR1(95%CI)	P	OR2(95%CI)	P
年齡(以小於等於 50 歲為比較組) 大於 50 歲	3.3(2.2~4.9)	< 0.0001	3.3(2.2~4.9)	< 0.0001

1. 適合度指標:AIC = 748.9、SC = 748.3、−2LogL = 742.9。

2. 勝算比 (Odds Ratio, OR):

   勝算比 = ODD(大於 50 歲)/ODD(小於等於 50 歲),其中,ODD(勝算)。

   上表可解釋為大於 50 歲組認為睡眠品質重要的勝算是小於等於 50 歲組的 3.3 倍 (p < 0.0001),亦即年紀愈大族群愈感受到睡眠品質的重要,且具統計上顯著的意義。

   上述之「等比勝算邏輯斯迴歸模型」有一很強的假設,此假設為不同定義的勝算在不同組別之間呈相等的比例關係,例如:上表中「很重要或中等重要」的「勝算」(以 ODD1 表示)、與「很重要」的「勝算」(以 ODD2 表示),在個別年齡組中,均存在一個相同的等比關係,亦即 ODD1= a×ODD2,因此在計算「勝算比」時,即 OR1 = ODD1(> 50 歲)/ODD1(≤ 50 歲);或 OR2 = ODD2(> 50 歲)/ODD2(≤ 50 歲),兩者所得到的值是相同的。從上表之結果中可發現兩個不同定義的勝算比皆為 3.3,且 p 值皆為 < 0.0001,因此在結果的解釋上也變得簡單有力。

(三) 多類別邏輯斯迴歸模型 (multinomial logistic regression model) 之例子

   例如,影響我國上市公司初次公開發行公司債之因素為下列 6 個預測變數,其 Logit 迴歸之表示式為:

$$Ln(IPO_{it}) = F(\beta_0 + \beta_1 Sales_i + \beta_2 Growth_i + \beta_3 Capex_i + \beta_4 MTB_i + \beta_5 R\&D_i + \beta_6 Intership_i)$$

上式中的 IPO_t 為一 Nomial 變數，若公司在 t 年度決定發行公司債，則其值為 1，否則為 0。

F(.) 為標準常態分配的累積分配函數。

1. 使用銷售額 ($Sales_{t-1}$) 作為公司規模的代理變數，以發行債券前一會計年度 (t − 1) 年末之值取自然對數。由於規模愈大的公司愈有可能藉由首次公開發行公司債來獲取外部資金，因此預期 $Sales_{t-1}$ 之係數將是正值。

2. 銷售額成長率 ($Growth_t$) 為銷售額的變動程度，定義為發行債券前一年與發行當年銷售額之變化率，而 $Capex_{t-1}$ 是指發行前一年度該公司的資本支出佔總資產帳面價值的比例。

3. $Growth_t$ 與 $Capex_{t-1}$ 是用以衡量每家公司對於融資需求的程度，我們預期此二變數與初次發行公司債的機率之間為正相關。

4. MTB_{t-1} 為市值對帳面值比，亦即 (權益市值 + 負債總額帳面值) ／ 資產總額帳面值之比例，我們使用 MTB_{t-1} 作為預期公司未來成長機會的代理變數。

5. $R \& D_{t-1}$ 為研發費用率，是指每家公司的研究發展費用佔銷售額之比例。

6. $Intership_{t-1}$ 代表內部人持股比例，以董監事與經理人的持股比例來衡量。本文預期 MTB_{t-1} 與 $Intership_{t-1}$ 二變數與初次發行公司債的機率之間為負相關，而 $R \& D_{t-1}$ 與初次發行公司債的機率之間呈正相關。

(四)Multinomial Logit 迴歸之推導

令 N 個方案其機率分別為 $P_1, P_2, \cdots, P_N$。故 Multinomial Logit 迴歸可以下列式子表示之：

$$\log(\frac{P_{jt}}{P_{1t}}) = X_t \beta_j \text{，} j = 2, 3, \cdots, N; \quad t = 1, 2, 3, \cdots, T$$

其中，

t：表第 t 個觀察值。

T：表觀察值的個數。

X_t：表解釋變數的 $1 \times K$ 個向量中之第 t 個觀察值。

β_j：表未知參數的 $K \times 1$ 個向量。

上式，$N - 1$ 的方程式，其必要條件為 $P_{1t} + P_{2t} + \cdots + P_{Nt} = 1$，且各機率值皆不相等。故各機率值可以下列式子表示之：

$$P_{1t} = \frac{1}{1 + \sum_{j=2}^{N} e^{X_t \beta_i}}$$

$$P_{1t} = \frac{e^{X_t \beta_i}}{1 + \sum_{j=2}^{N} e^{X_t \beta_i}}, \quad i = 2, 3, \cdots, N$$

此迴歸可藉由最大概似法 (Likelihood) 中觀察其最大概似函數來估計：

$$L = \prod_{t \in \theta_1} P_{1t} \times \prod_{t \in \theta_2} P_{2t} \times \cdots \times \prod_{t \in \theta_n} P_{Nt}$$

$$\theta_j = \{t \mid 第\, j\, 個觀察值\}$$

Π 是機率 P 連乘之積。

因此

$$L = \prod_{t \in \theta_1} \frac{1}{1 + \sum_{j=2}^{N} e^{X_t \beta_j}} \times \prod_{i=2}^{N} \prod_{t \in \theta_1} \frac{e^{X_t \beta_j}}{1 + \sum_{j=2}^{N} e^{X_t \beta_j}} = \prod_{t=1}^{T} \left(\frac{1}{\sum_{j=2}^{N} e^{X_t \beta_j}} \right) \times \prod_{i=2}^{N} \prod_{t \in \theta_1} e^{X_t \beta_j}$$

而此概似函數的最大值可藉由非線性的最大化方式求得。為獲取 β_1，β_2，$\cdots$，β_N 的有效估計量，必須建構一個資訊矩陣 (Information Matrix)，可以下列式子表示之：

$$F = \begin{bmatrix} F_{22} & F_2 & F_{24} & F_{2N} \\ F_{32} & F_{33} & \cdots & F_{3N} \\ \vdots & \vdots & \ddots & \vdots \\ F_{N2} & F_{N3} & \cdots & F_{NN} \end{bmatrix}$$

其中，

$$F_{rr} = \sum_{t=1}^{T} P_{rt}(1 - P_{rt}) X_t' X_t, \quad r = 2, 3, \cdots, N$$

$$F_{rs} = -\sum_{t=1}^{T} P_{rt} P_{st}) X_t' X_t, \quad r = 2, 3, \cdots, N$$

F 的反矩陣即為 $\hat{\beta}$ 之漸進共變異數矩陣 (Asymptotic Covariance Matrix)，其中，$\hat{\beta} = [\hat{\beta}_2, \hat{\beta}_3, \cdots, \hat{\beta}_N]$。Multinomial Logit 迴歸需要選擇某一方案當作「基底」(Base) 方案，而將其他方案與此「基底」進行比較，因此我們在上述的三個方案當中，選擇以不發行公司債做為基底方案。其中，Logit 迴歸方程式的應變數

為第 i 個方案相對於基底方案之「勝算比」(Log-odds) 機率。

　　假設 Multinomial Logit 迴歸之自變數有 6 個，包括：公司規模 (Sales)、融資需求 (Growth)、預期未來成長機會 (MTB)、研究發展費用率 (R&D)、內部人持股率 (Intership)。上述這些自變數所建立 Multinomial Logit 迴歸如下：

$$Ln(\frac{P_{si}}{P_{ni}}) = \beta_0 + \beta_1 Sales_i + \beta_2 Growth_i + \beta_3 Capex_i + \beta_4 MTB_i + \beta_5 R\&D_i + \beta_6 Intership_i$$

$$Ln(\frac{P_{ci}}{P_{ni}}) = \beta_0 + \beta_1 Sales_i + \beta_2 Growth_i + \beta_3 Capex_i + \beta_4 MTB_i + \beta_5 R\&D_i + \beta_6 Intership_i$$

其中，

1. P_{ni} 代表第 i 家公司選擇「不發行」公司債的機率。

2. P_{si} 與 P_{ci} 分別表示第 i 家公司選擇「發行」有擔保公司債及可轉換公司債之機率。

　　經 Multinomial Logit 迴歸分析結果如表 5-1。

表 5-1　**Multinomial Logit 迴歸模型預測初次發行公司債**

自變數	$Ln\left(\frac{P_{si}}{P_{ni}}\right)$ (P-value)	$Ln\left(\frac{P_{ci}}{P_{ni}}\right)$ (P-value)
銷售額	1.084 [a2] (0.209)	0.769 [a] (0.160)
銷售額成長率	0.012 [b] (0.005)	0.012 [b] (0.005)
資本支出 / 總資產	0.028 (0.021)	0.043 [a] (0.016)
市值對帳面值比	-0.902 [a] (0.277)	-0.061 (0.136)
研發費用率	0.179 [b] (0.074)	0.119 [b] (0.058)
內部人持股比	-0.024 [c] (0.013)	-0.012 (0.010)

註：1. P_{ni}, P_{si}, P_{ci} 分別代表第 i 家公司選擇「不發行」公司債、有擔保公司債、可轉換公司債之機率。

　　2. a, b, c 分別表示達 1%, 5%, 10% 的顯著水準。括弧中之數值為標準誤 (Standard Errors)。

結果顯示：銷售額 (Sales) 在 1% 顯著水準下，分別與「選擇發行有擔保公司債相對於不發行公司債之機率」以及「選擇發行可轉換公司債相對於不發行公司債之機率」呈現顯著正相關。

其次，衡量公司融資需求的兩個代理變數：銷售額成長率 (Growth) 與資本支出占總資產比 (Capex) 之研究結果顯示，Growth 在 5% 水準下，分別與發行有擔保公司債以及可轉換公司債之機率呈顯著正相關。雖然 Capex 是在 1% 顯著水準下，僅與發行可轉換公司債的機率呈正相關，但是 Capex 對於全體樣本發行有擔保公司債仍是有正面的影響性存在。

二、廣義 sem 範例：Multinomial logistic 迴歸

作者在《Stata 與高等統計分析》一書，亦有詳細介紹傳統之 Multinomial logistic 迴歸分析。在此我們改用 gsem 來求解 Multinomial logistic 迴歸。

本例，調查 3 地區共 644 名心理憂鬱症者，來瞭解「民眾參加醫療健保之保險 (insure)」的情況 (3 種類型)：1 = indemnity(保險理賠型)、2 = prepaid(預付型)、3 = insure(未投保型)，是否受到下列因素影響：

1. age(18~86 歲)。
2. site(3 個地區)。
3. male(性別)：1 = 男性，0 = 女性。
4. nonwhite(種族)：1 = nonwhite，0 = other。

(一) 資料檔之內容

讀入資料檔之前，先設定工作目錄「File > Chang working directory」，指定 CD 所附資料檔之路徑，接著再選「File > Open」，分別開啟「gsem_sysdsn1.dta」資料檔、「Multinomal_logit_constraints.stsem」繪圖檔。

「gsem_sysdsn1.dta」資料檔內容如圖 5-37。

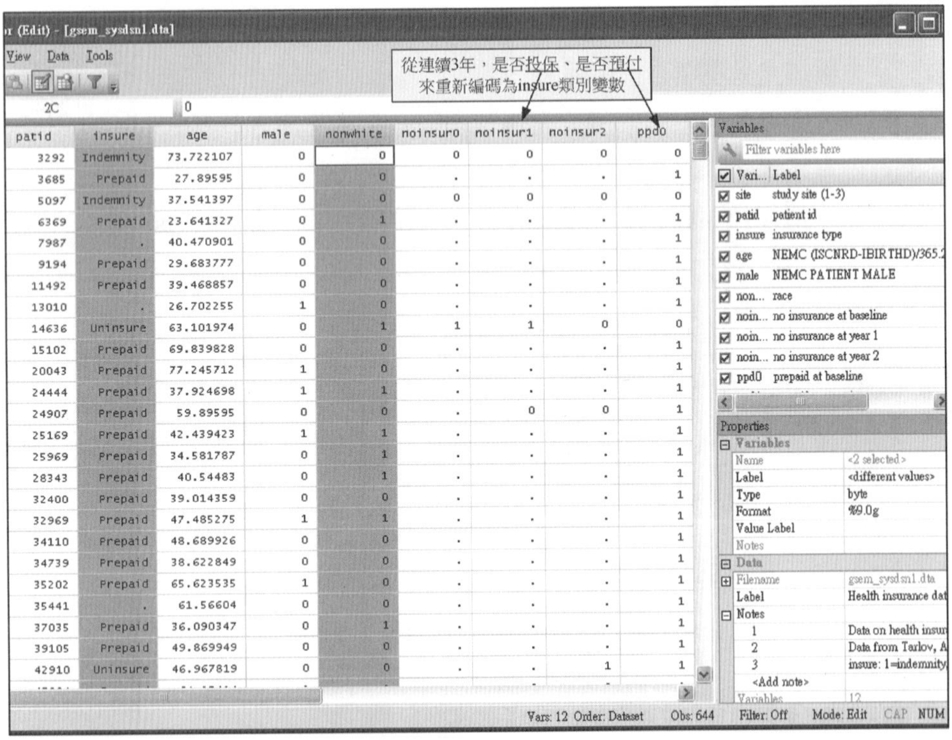

圖 5-37 「gsem_sysdsn1.dta」資料檔 (N=644 心理憂鬱症者, 12 variables)

```
* 改用網站上來開啟資料檔 gsem_sysdsn1.dta
. use http://www.stata-press.com/data/r13/gsem_sysdsn1
. desc


Contains data from http://www.stata-press.com/data/r13/gsem_sysdsn1.dta
  obs:          644                          Health insurance data
  vars:          12                          28 Mar 2013 13:46
  size:      11,592                          (_dta has notes)

            storage   display    value
variable name  type    format     label    variable label

site          byte     %9.0g               study site (1-3)
patid         float    %9.0g               patient id
```

insure	byte	%9.0g	insure	insurance type
age	float	%10.0g		NEMC (ISCNRD-IBIRTHD)/365.25
male	byte	%8.0g		NEMC PATIENT MALE
nonwhite	byte	%9.0g		race
noinsur0	byte	%8.0g		no insurance at baseline
noinsur1	byte	%8.0g		no insurance at year 1
noinsur2	byte	%8.0g		no insurance at year 2
ppd0	byte	%8.0g		prepaid at baseline
ppd1	byte	%8.0g		prepaid at year 1
ppd2	byte	%8.0g		prepaid at year 2

Sorted by: patid

. note

_dta:

1. Data on health insurance available to 644 psychologically depressed subjects.

2. Data from Tarlov, A.R., et al., 1989, "The Medical Outcomes Study. An application of methods for monitoring the results of medical care." _J. of the American Medical Association_ 262, pp. 925-930.

3. insure: 1=indemnity(有醫保理賠型), 2=prepaid(預付型), 3=uninsured(沒有醫療保險型)。

559

(二) SEM 模型

1. 認識「multinomial logistic 迴歸表示法」

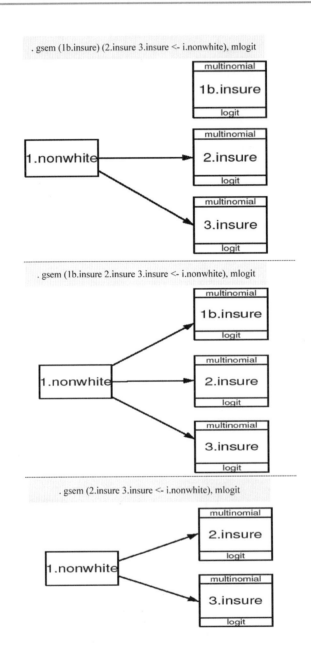

```
* 以類別變數 insure=1 為比較 base。
. gsem (1b.insure) (2.insure 3.insure <-i.nonwhite), mlogit

Iteration 0:    log likelihood = -556.59502
Iteration 1:    log likelihood = -551.78935
Iteration 2:    log likelihood = -551.78348
Iteration 3:    log likelihood = -551.78348

Generalized structural equation model          Number of obs   =        616
Log likelihood = -551.78348

-----------------------------------------------------------------------------
             |      Coef.    Std. Err.       z    P>|z|    [95% Conf. Interval]
-------------+---------------------------------------------------------------
1.insure     |    (base outcome)
-------------+---------------------------------------------------------------
2.insure <-  |
             |
  1.nonwhite |    .6608212    .2157321     3.06    0.002    .2379942    1.083648
       _cons |   -.1879149    .0937644    -2.00    0.045   -.3716896   -.0041401
-------------+---------------------------------------------------------------
3.insure <-  |
             |
  1.nonwhite |    .3779586     .407589     0.93    0.354   -.4209011    1.176818
       _cons |   -1.941934    .1782185   -10.90    0.000   -2.291236   -1.592632
-----------------------------------------------------------------------------
```

上圖所述，三種相同意義之 multinomial logistic 迴歸表示法，亦可改用下列指令來取代：

```
. gsem (i.insure <-i.nonwhite), mlogit

Iteration 0:    log likelihood = -556.59502
Iteration 1:    log likelihood = -551.78935
Iteration 2:    log likelihood = -551.78348
Iteration 3:    log likelihood = -551.78348
```

```
Generalized structural equation model       Number of obs   =        616
Log likelihood = -551.78348

-------------+------------------------------------------------------------------
             |     Coef.   Std. Err.      z    P>|z|     [95% Conf. Interval]
-------------+------------------------------------------------------------------
1. insure    |   (base outcome)
-------------+------------------------------------------------------------------
2. insure <- |
             |
 1.nonwhite  |  .6608212   .2157321    3.06   0.002     .2379942    1.083648
      _cons  | -.1879149   .0937644   -2.00   0.045    -.3716896   -.0041401
-------------+------------------------------------------------------------------
3. insure <- |
             |
 1.nonwhite  |  .3779586    .407589    0.93   0.354    -.4209011    1.176818
      _cons  | -1.941934   .1782185  -10.90   0.000    -2.291236   -1.592632
-------------+------------------------------------------------------------------
```

本例分析結果顯示：

(1) 非白種族 (nonwhites) 比白人：其選第二類保險「insure = 2」人口比率高於選「insure = 1」人口比率。而非白種族 (nonwhites) 比，其選第三類保險「insure = 3」人口比率高於選「insure = 1」。

(2) 反應變數這三個 levels，用 multinomial logistic regression model 表示之數學式為：

$$
\begin{cases}
Pr\,(y=1) = 1/D \\
Pr\,(y=2) = \exp(X_2\beta_2)/D \\
Pr\,(y=2) = \exp(X_3\beta_3)/D
\end{cases}
$$

其中，

$$
D = 1 + \exp(X_2\,\beta_2) + \exp(X_3\,\beta_3)
$$

(3) 對白人而言「1.nonwhite = 0」，$X_2\,\beta_2 = -0.1879$，$X_2\,\beta_2 = -1.9419$，因此 $D = 1.9721$。故對白人 insure 三種類型的機率，依序為 0.5071，0.4202，0.0727。這三個機率的加總為 1。

2. 組合所有預測變數之「multinomial logistic 迴歸表示法」

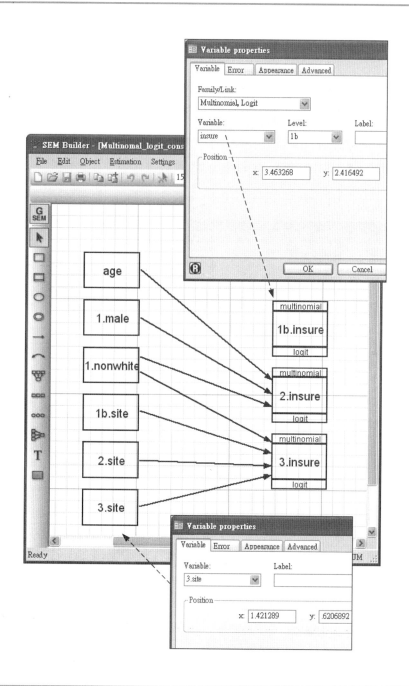

圖 5-39 「Multinomal_logit_constraints.stsem」概念性模型

563

(1) 反應變數「1.insure, 2.insure, and 3.insure」，分別代表：insure = 1 (code for indemnity)，insure = 2 (code for prepaid)，及 insure = 3 (code for uninsured)。我們界定「insure =1」為 mlogit 迴歸的比較基準組 (base)，儘管「1b.insure」不需要路徑，但你仍要宣告，好讓 multinomial logistic 將「1b.insure」視為比較基準點並令其係數自動限制為 0。

(2)「2.insure」是在宣告類別變數「level 2 vs. level 1」的相對風險比較。

(3)「3.insure」是在宣告類別變數「level 3 vs. level 1」的相對風險比較。

(三) 分析結果與討論

1. 用 Builder 來建構 multinomial logistic model

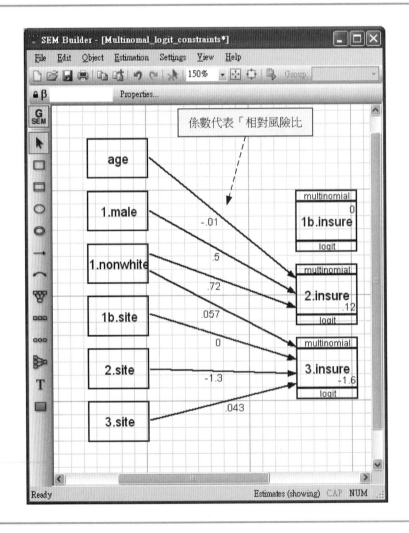

圖 5-40 「Multinomal_logit_constraints.stsem」執行結果

```
＊直開啟此「＊.stsem」檔的指令為:
. webgetsem sem_mlogit2.stsem
＊或在「SEM builder」視窗,「File ＞ Open」開啟 CD 所附之「Multinomal_logit_con-
straints.stsem」檔亦可。
```

(1) 在 multinomial logistic 迴歸,係數代表相對於比較基組之相對風險的對數
值「logs of the probability of the category divided by the probability of the base
category」,也就是「相對風險比 (relative-risk ratio)」。

(2) 若某預測變數 x 對「2.insure 及 3.insure」係正面效果 (coefficients),表示變
數 x 的增加,將會降低「1.insure」發生機率。因為預測變數 x 對「1.insure、
2.insure、3.insure」相對風險的總和為 1。

2. 用 gsem 指令求 multinomial logistic model

Step 1. 無限制式之 mlogit 分析

```
. gsem (2.insure <-i.nonwhite age i.male) (3.insure <-i.nonwhite i.site),
mlogit

Iteration 0:    log likelihood = -555.85446
Iteration 1:    log likelihood = -541.20487
Iteration 2:    log likelihood = -540.85219
Iteration 3:    log likelihood = -540.85164
Iteration 4:    log likelihood = -540.85164

Generalized structural equation model        Number of obs  =        615
Log likelihood = -540.85164
```

	Coef.	Std. Err.	z	P>|z|	[95% Conf. Interval]
1. insure	(base outcome)				
2. insure <-					
1. nonwhite	.7219663	.2184994	3.30	0.001	.2937153 1.150217
age	-.0101291	.0058972	-1.72	0.086	-.0216874 .0014292

1. male	.5037961	.1912717	2.63	0.008	.1289104	.8786818
_cons	.1249932	.2743262	0.46	0.649	-.4126763	.6626627

3. insure <-

1. nonwhite	.0569646	.4200407	0.14	0.892	-.7663001	.8802293
site						
2	-1.273576	.4562854	-2.79	0.005	-2.167879	-.3792728
3	.0434253	.3470773	0.13	0.900	-.6368337	.7236843
_cons	-1.558258	.2540157	-6.13	0.000	-2.056119	-1.060396

Step 2. 帶限制式之多重名目變數之 logit 迴歸 (Multinomial logistic regression model with constraints)

```
* 第一限制式：age 是 Uninsure 者，限制為 0
. constraint 1 [Uninsure]age = 0

. constraint 2 [Uninsure]1.male = 0

. constraint 3 [Prepaid]2.site = 0

. constraint 4 [Prepaid]3.site = 0

* mlogit 分析時，採用「constraint 1~4」式
. mlogit insure i.nonwhite age i.male i.site, constraints(1/4)

Iteration 0:   log likelihood = -555.85446
Iteration 1:   log likelihood = -541.20487
Iteration 2:   log likelihood = -540.85219
Iteration 3:   log likelihood = -540.85164
Iteration 4:   log likelihood = -540.85164


Multinomial logistic regression              Number of obs   =        615
                                             Wald chi2(6)    =      27.05
```

```
Log likelihood = -540.85164                    Prob > chi2    =    0.0001

 (1)   [Uninsure]o.age = 0
 (2)   [Uninsure]1o.male = 0
 (3)   [Prepaid]2o.site = 0
 (4)   [Prepaid]3o.site = 0
---------------------------------------------------------------------------
    insure |    Coef.    Std. Err.     z    P>|z|   [95% Conf. Interval]
-----------+---------------------------------------------------------------
 Indemnity |  (base outcome)
-----------+---------------------------------------------------------------
 Prepaid   |
1.nonwhite |  .7219663   .2184994    3.30   0.001    .2937153    1.150217
       age | -.0101291   .0058972   -1.72   0.086   -.0216874    .0014292
   1.male  |  .5037961   .1912717    2.63   0.008    .1289104    .8786818
           |
      site |
        2  |        0   (omitted)
        3  |        0   (omitted)
           |
      _cons |  .1249932   .2743262    0.46   0.649   -.4126763    .6626627
-----------+---------------------------------------------------------------
 Uninsure  |
1.nonwhite |  .0569646   .4200407    0.14   0.892   -.7663001    .8802293
       age |        0   (omitted)
   1.male  |        0   (omitted)
           |
      site |
        2  | -1.273576   .4562854   -2.79   0.005   -2.167879   -.3792728
        3  |  .0434253   .3470773    0.13   0.900   -.6368337    .7236843
           |
      _cons | -1.558258   .2540157   -6.13   0.000   -2.056119   -1.060396
---------------------------------------------------------------------------
```

(1) 從本例可看出，若 gsem 指令再搭配 mlogit，你就可任意組合 mlogit 之測量模型、及 multilevel 模型。

(2) 「1.nonwhite」橫列：在 4 個限制式之情況，非白人與白人在「 Uninsure 」(未投保) 機率並無顯著差異 (z = 0.14, p > 0.05)。

5-7 MIMIC 模型 (generalized indicators)

接著介紹，潛在變數有多指標且多個前因模型 (multiple indicators and multiple causes, MIMIC)。它是典型 (canonical) 相關的類型特例，即自變數們與依變數們之間，夾帶著一個以上的潛在變數當橋樑。

範例：Multiple indicators and multiple causes (MIMIC) 模型

前一章 MIMIC 範例，依變數假定它是符合 $N(0, \sigma^2)$。但本例依變數不受限為常態分配。

本例旨在探討現今生活中，性別 (sex) 對科學態度是否有明顯的差異？

其中，潛在變數 (SciAtt) 有多指標 (y1~y4 四個次序變數) 且多個前因模型 (multiple indicators and multiple causes, MIMIC)。 由 於 (y1~y4) 屬 Ordered categorical indicators，故反應變數 (SciAtt) 係屬 ordered probit 迴歸。

一、資料檔之內容

讀入資料檔之前，先設定工作目錄「File > Chang working directory」，指定 CD 所附資料檔之路徑，接著再選「File > Open」，分別開啓「gsem_issp93. dta」資料檔、「gsem_mimic.stsem」繪圖檔。

「gsem_issp93.dta」資料檔內容如圖 5-41。

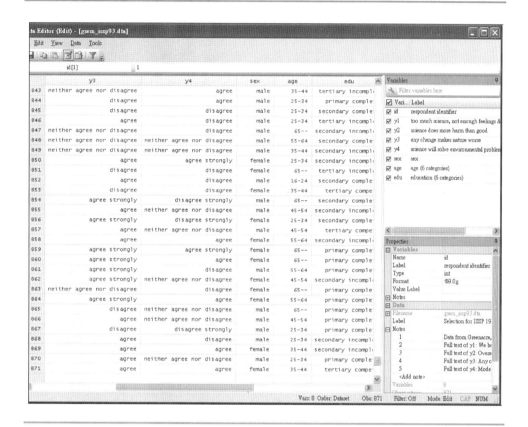

圖 5-41 「gsem_issp93.dta」資料檔 (N=871，8 variables)

1. 依變數：y1~y4 為受訪者對科學的態度，此 4 個外顯變數都採 Likert 五點計分量表，均屬 Ordinal 變數，假定它符合 $N(0, \sigma^2)$ 分配。而且，潛在變數 (SciAtt) 是由這 4 個外顯變數的潛在因素。
2. 性別 (sex) 為自變數 (1 = female, 0 = male)。

觀察資料之特徵

```
* 開啟 Stata 網站上 gsem_issp93.dta 資料檔
. webuse gsem_issp93.dta
(Selection for ISSP 1993)
* 印出此檔各變數之說明
. describe
```

```
Contains data from D:\gsem_issp93.dta
   obs:           871                      Selection for ISSP 1993
   vars:            8                      5 May 2014 21:52
   size:        7,839                      (_dta has notes)
```

```
                storage   display    value
variable name   type      format     label       variable label

id          int       %9.0g                   respondent identifier
y1          byte      %26.0g     agree5       too much science, not enough feelings
& faith
y2          byte      %26.0g     agree5       science does more harm than good
y3          byte      %26.0g     agree5       any change makes nature worse
y4          byte      %26.0g     agree5       science will solve environmental prob-
lems
sex         byte      %9.0g      sex          sex
age         byte      %9.0g      age          age (6 categories)
edu         byte      %20.0g     edu          education (6 categories)
```

```
Sorted by:

. note

_dta:
1. Data from Greenacre, M. and J Blasius, 2006, _Multiple Correspondence
Analysis and Related Methods , pp. 42-43, Boca Raton: Chapman & Hall.    Data
is a subset of the International Social Survey Program (ISSP) 1993.
2. Full text of y1: We believe too often in science, and not enough in feel-
ings and faith.
3. Full text of y2: Overall, modern science does more harm than good.
4. Full text of y3: Any change humans cause in nature, no matter how scien-
tific, is likely to make things worse.
5. Full text of y4: Modern science will solve our environmental problems with
little change to our way of life.
```

1. 問卷題目，y1~y3 為反向題，y4 為正向題。

二、SEM 模型分析

(一)gsem 指令，執行 Oderial Probit 迴歸

```
* 線上擷取 gsem_mimic.stsem 及 gsem_issp93.dta 資料檔
. webgetsem gsem_mimic  gsem_issp93.dta

* 由於反應變數 (SciAtt) 屬 ordered probit 迴歸，故採用 oprobit
. gsem (y1 y2 y3 y4 <-SciAtt) (SciAtt <-sex), oprobit

Fitting fixed-effects model:

Iteration 0:    log likelihood = -5227.8743
Iteration 1:    log likelihood = -5227.8743

Refining starting values:

Grid node 0:    log likelihood = -5230.8106

Fitting full model:

Iteration 0:    log likelihood = -5230.8106   (not concave)
Iteration 1:    log likelihood = -5132.1065   (not concave)
Iteration 7:    log likelihood = -5032.3778

Generalized structural equation model        Number of obs  =        871
Log likelihood = -5032.3778

 ( 1)  [y1]SciAtt = 1
```

	Coef.	Std. Err.	z	P>|z|	[95% Conf. Interval]
y1 <-						
SciAtt	1 (constrained)					
y2 <-						
SciAtt	1.405732	.2089672	6.73	0.000	.9961641	1.8153
y3 <-						
SciAtt	1.246449	.1710771	7.29	0.000	.911144	1.581754
y4 <-						
SciAtt	-.0345517	.0602017	-0.57	0.566	-.1525449	.0834415

```
SciAtt <-  |
      sex |   -.2337427    .0644245     -3.63    0.000      -.3600124    -.1074729
----------+----------------------------------------------------------------------
y1        |
    /cut1 |   -1.469615    .0855651    -17.18    0.000       -1.63732    -1.301911
    /cut2 |     -.10992    .0615897     -1.78    0.074      -.2306336     .0107937
    /cut3 |    .6729334    .0644695     10.44    0.000       .5465755     .7992914
    /cut4 |    1.879901    .0996675     18.86    0.000       1.684557     2.075246
----------+----------------------------------------------------------------------
y2        |
    /cut1 |    -2.16739    .1480596    -14.64    0.000      -2.457582    -1.877199
    /cut2 |   -.9912152    .0943091    -10.51    0.000      -1.176058    -.8063727
    /cut3 |   -.1118914     .075311     -1.49    0.137      -.2594982     .0357154
    /cut4 |    1.252164    .0983918     12.73    0.000        1.05932     1.445008
----------+----------------------------------------------------------------------
y3        |
    /cut1 |   -1.412372    .0977772    -14.44    0.000      -1.604012    -1.220733
    /cut2 |   -.0230879    .0687432     -0.34    0.737      -.1578221     .1116464
    /cut3 |    .8209522    .0771653     10.64    0.000       .6697109     .9721935
    /cut4 |    1.966042    .1196586     16.43    0.000       1.731515     2.200568
----------+----------------------------------------------------------------------
y4        |
    /cut1 |    -1.47999    .0650596    -22.75    0.000      -1.607505    -1.352476
    /cut2 |   -.4218768    .0443504     -9.51    0.000       -.508802    -.3349516
    /cut3 |     .172995    .0432394      4.00    0.000       .0882473     .2577427
    /cut4 |    .9454906    .0507422     18.63    0.000       .8460376     1.044944
----------+----------------------------------------------------------------------
var(e.SciAtt)|  .5283629    .0978703                         .3675036     .7596315
```

1. (y1~y4) 是次序變數，因 (1~5 分) 有 5 區段，故可有 4 個切割點 (cut 1~ cut 4)。

2. 科學態度的 4 個指標，(y1,y2,y3) 三者反向題，都與 SciAtt 呈現負相關，故我們應該將 SciAtt 解讀為「負面的科學態度」(negative attitude toward science)，即得分愈高，受訪者愈覺得科學對生活傷害係大於生活幫助。

3. 性別 (女 = 1 vs. 男 = 0) 與「負面的科學態度」SciAtt 的係數為 −0.2337，表示女生比男性更正面肯定科學對人們生活環境的改善 ($z = -3.63$, $p < 0.01$)。

4. 「y1 <- SciAtt」因素負荷量 (loadings) 為 1，表示在 probit index 中，女性在「y1 <- SciAtt」比男性低 0.234 標準差。

5.「y2 <- SciAtt」因素負荷量 (loadings) 為 1.41，表示在 probit index 中，女性在
「y2 <- SciAtt」比男性低 (0.234×1.41 = −0.033) 標準差。

(二)Builder，執行 Oderial Probit 迴歸

由於性別 (女 = 1 vs. 男 = 0) 與科學態度 (Likert 五點計分方式) 有息息相關，
二者分屬不同的分配。科學態度 (y1~y4) 是屬次序分配 (1~5 分)「family(ordinal)
link(probit)」。由於反應變數是屬 ordinal 分配，其採用機率統計法，故屬
「family(bernoulli) link(probit)」。

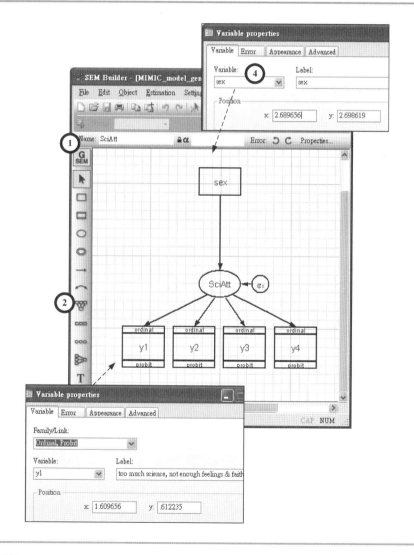

圖 5-42「MIMIC_model_general.stsem」概念性模型

```
*同時，開啟 Stata 網站之 gsem_mimic.stsem 繪圖檔及 gsem_issp93.dta 資料檔
. webgetsem gsem_mimic gsem.stsem _issp93.dta
```

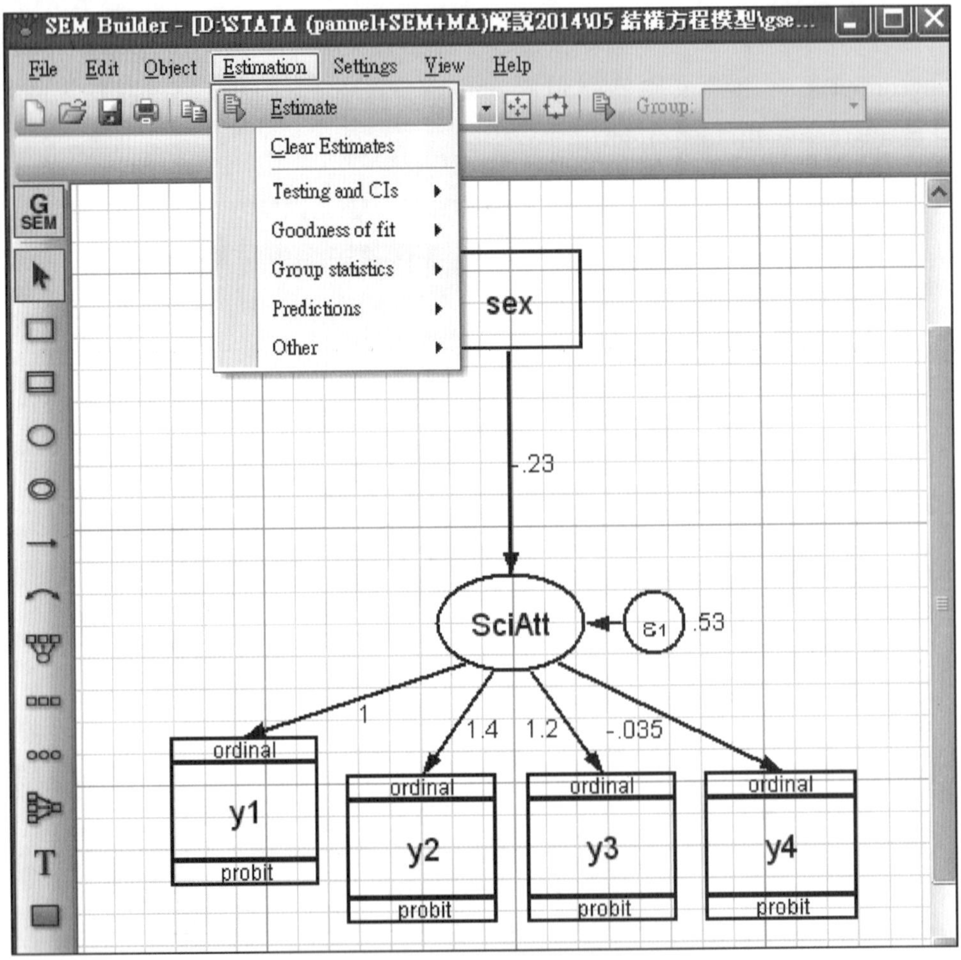

圖 5-43 「MIMIC_model_general.stsem」模型之估計結果

5-8 序位反應變數之機率迴歸 (Ordered probit regression)

範例： Ordered probit and ordered logit

Ordered probit 程序，旨在預測反應者在 k 種類別的機率。通常以 $k - 1$ 個 cutpoints($c_1, c_2, \cdots, c_{k-1}$) 將 $N(0, 1)$ 分配的 domain 切割成「k categories」，並假定個別反應者得分為：$s = X\beta + \varepsilon$，其中，$\varepsilon \sim N(0, 1)$。Ordered probit 迴歸將得分 s 切割成「k categories」，其機率預測公式為：

$$\Pr(\text{response is } i \mid X) = \Pr(c_{i-1}\} < X\beta + \varepsilon \leq c_i)$$

其中，$C_0 = -\infty$；$C_k = +\infty$；$c_1, c_2, \cdots, c_{k-1}$ 及 β 都是模型適配的參數。Stata 提供 oprobit 指令專門處理 ordered probit model。

一、資料檔之內容

讀入資料檔之前，先設定工作目錄，「File > Chang working directory」，指定 CD 所附資料檔之路徑，接著再選「File > Open」，分別開啓「gsem_issp93. dta」資料檔、「gsem_oprobit.stsem」繪圖檔。

「gsem_issp93.dta」資料檔內容如圖 5-44。

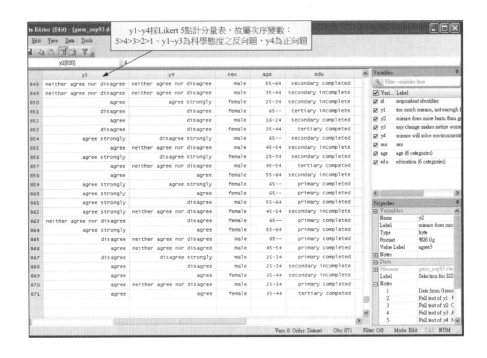

圖 5-44 「gsem_issp93.dta」資料檔 (N=871，8 variables)

```
＊線上同時，開啟 gsem_oprobit.stsem 及 gsem_issp93.dta
. webgetsem gsem_oprobit gsem_issp93


. describe


Contains data from http://www.stata-press.com/data/r13/gsem_issp93.dta
  obs:          871                          Selection for ISSP 1993
  vars:           8                          21 Mar 2013 16:03
  size:       7,839                          (_dta has notes)
-----------------------------------------------------------------------------
              storage   display     value
variable name   type    format      label      variable label
id             int     %9.0g                    respondent identifier
y1             byte    %26.0g       agree5      too much science, not enough feelings & faith
y2             byte    %26.0g       agree5      science does more harm than good
y3             byte    %26.0g       agree5      any change makes nature worse
```

```
y4        byte      %26.0g     agree5      science will solve environmental prob-
lems
sex       byte      %9.0g      sex         sex
age       byte      %9.0g      age         age (6 categories)
edu       byte      %20.0g     edu         education (6 categories)
------------------------------------------------------------------------------
Sorted by:

. note

_dta:
1. Data from Greenacre, M. and J Blasius, 2006, _Multiple Correspondence
Analysis and Related Methods_, pp. 42-43, Boca Raton: Chapman & Hall.  Data
is a subset of the International Social Survey Program (ISSP) 1993.
2. Full text of y1: We believe too often in science, and not enough in feel-
ings and faith.
3.  Full text of y2: Overall, modern science does more harm than good.
4. Full text of y3: Any change humans cause in nature, no matter how scien-
tific, is likely to make things worse.
5. Full text of y4: Modern science will solve our environmental problems with
little change to our way of life.
```

二、SEM 模型分析：序位變數之機率迴歸

Step 1. 使用 sem 指令之 oprobit 選項

本例，科學態度有 4 個指標，均採 Likert 五點計分量表，故測量模型屬
Ordered probit 迴歸。其指令如下：

```
. webgetsem gsem_oprobit gsem_issp93

*執行 Ordered probit 迴歸
. gsem (y1 y2 y3 y4 <-SciAtt), oprobit

Fitting fixed-effects model:

Iteration 0:    log likelihood = -5227.8743
Iteration 1:    log likelihood = -5227.8743
```

```
Refining starting values:

Grid node 0:    log likelihood = -5230.8106

Fitting full model:

Iteration 0:    log likelihood = -5230.8106   (not concave)
Iteration 1:    log likelihood = -5132.1849   (not concave)
Iteration 2:    log likelihood = -5069.5037
Iteration 3:    log likelihood = -5040.4779
Iteration 4:    log likelihood = -5040.2397
Iteration 5:    log likelihood = -5039.8242
Iteration 6:    log likelihood = -5039.823
Iteration 7:    log likelihood = -5039.823

Generalized structural equation model          Number of obs   =       871
Log likelihood = -5039.823

 ( 1)   [y1]SciAtt = 1
```

	Coef.	Std. Err.	z	P>|z|	[95% Conf.	Interval]
y1 <-						
SciAtt	1	(constrained)				
y2 <-						
SciAtt	1.424366	.2126574	6.70	0.000	1.007565	1.841167
y3 <-						
SciAtt	1.283359	.1797557	7.14	0.000	.931044	1.635674
y4 <-						
SciAtt	-.0322354	.0612282	-0.53	0.599	-.1522405	.0877697
y1						
/cut1	-1.343148	.0726927	-18.48	0.000	-1.485623	-1.200673
/cut2	.0084719	.0521512	0.16	0.871	-.0937426	.1106863
/cut3	.7876538	.0595266	13.23	0.000	.6709837	.9043238
/cut4	1.989985	.0999181	19.92	0.000	1.794149	2.18582
y2						

/cut1	−1.997245	.1311972	−15.22	0.000	−2.254387	−1.740104
/cut2	−.8240241	.0753839	−10.93	0.000	−.9717738	−.6762743
/cut3	.0547025	.0606036	0.90	0.367	−.0640784	.1734834
/cut4	1.419923	.1001258	14.18	0.000	1.22368	1.616166
y3						
/cut1	−1.271915	.0847483	−15.01	0.000	−1.438019	−1.105812
/cut2	.1249493	.0579103	2.16	0.031	.0114472	.2384515
/cut3	.9752553	.0745052	13.09	0.000	.8292277	1.121283
/cut4	2.130661	.1257447	16.94	0.000	1.884206	2.377116
y4						
/cut1	−1.484063	.0646856	−22.94	0.000	−1.610844	−1.357281
/cut2	−.4259356	.0439145	−9.70	0.000	−.5120065	−.3398647
/cut3	.1688777	.0427052	3.95	0.000	.0851771	.2525782
/cut4	.9413113	.0500906	18.79	0.000	.8431356	1.039487
var(SciAtt)	.5265523	.0979611			.3656637	.7582305

1. cut1~cut4 四個切點恰可分割 Likert 五點得分。

2. 求得 y1 變數的四個 cut 的預估值，依序為 −1.343、0.0084、0.7876、1.989。假設某人的科學態度 (SciAtt) 是中性的 (平均數 =0)，則其「k=5」類別的預測機率為：

$$\begin{cases} \text{Pr(response 1)} = \text{normal}(-1.343) = 0.090 \\ \text{Pr(response 2)} = \text{normal}(0.008) - \text{normal}(-1.343) = 0.414 \\ \text{Pr(response 3)} = \text{normal}(0.788) - \text{normal}(0.008) = 0.281 \\ \text{Pr(response 4)} = \text{normal}(1.99) - \text{normal}(0.788) = 0.192 \\ \text{Pr(response 5)} = 1 - \text{normal}(1.99) = 0.023 \end{cases}$$

3. (y1 y2 y3 y4 <- SciAtt) 此路徑係數，係測量每位受訪者對科學態度此潛在變數的效果。

4. 求得 (y1 y2 y3 y4 <- SciAtt) 這四個路徑係數，依序為「1, 1.42, 1.28, −0.03」。但 y1，y2，y3 問卷內容是反向題。故 SciAtt 得分愈高，愈不認同科學對人類是有益的。

5. 對此 SciAtt 潛在變數，後續你仍可再來混搭其他「潛在 / 外顯變數」組成 full SEM 或 MIMIC 模型，來延伸你的研究架構。

Step 2. 改用 Builder 建構 oprobit 測量模型

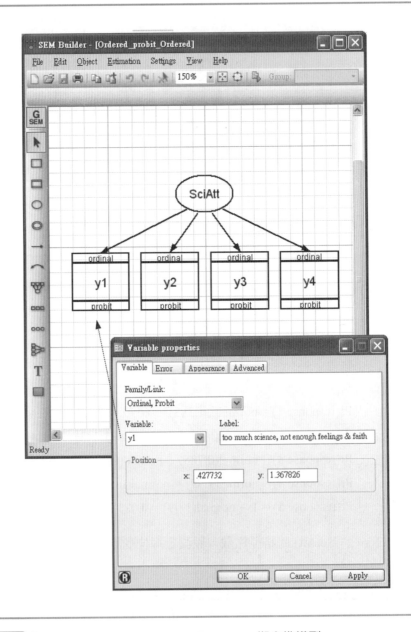

圖 5-45「Ordered_probit_Ordered logit.stsem」概念性模型

註：存在「gsem_oprobit.stsem」檔（或「gsem_oprobi.stsem t」）

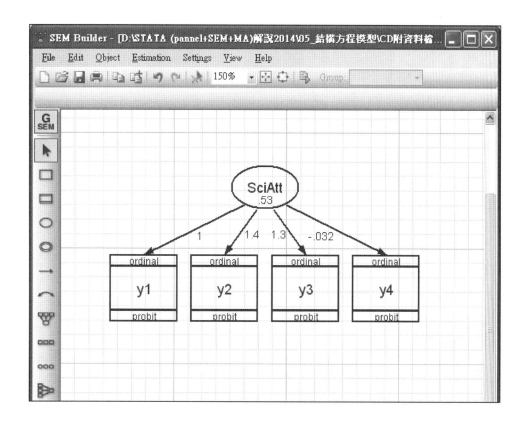

圖 5-46 「gsem_oprobit.stsem」檔執行參數估計的結果

```
. gsem (SciAtt -> y1 y2 y3 y4, family(ordinal) link(probit)), latent(SciAtt )
nocapslatent


Fitting fixed-effects model:


Iteration 0:    log likelihood = -5227.8743
Iteration 1:    log likelihood = -5227.8743


Refining starting values:


Grid node 0:    log likelihood = -5230.8106


Fitting full model:
```

```
Iteration 0:   log likelihood = -5230.8106   (not concave)
Iteration 1:   log likelihood = -5132.1849   (not concave)
Iteration 2:   log likelihood = -5069.5037
Iteration 3:   log likelihood = -5040.4779
Iteration 4:   log likelihood = -5040.2397
Iteration 5:   log likelihood = -5039.8242
Iteration 6:   log likelihood =  -5039.823
Iteration 7:   log likelihood =  -5039.823
```

Generalized structural equation model   Number of obs   =   871
Log likelihood = -5039.823

(1) [y1]SciAtt = 1

	Coef.	Std. Err.	z	P>|z|	[95% Conf.	Interval]
y1 <-						
SciAtt	1	(constrained)				
y2 <-						
SciAtt	1.424366	.2126574	6.70	0.000	1.007565	1.841167
y3 <-						
SciAtt	1.283359	.1797557	7.14	0.000	.931044	1.635674
y4 <-						
SciAtt	-.0322354	.0612282	-0.53	0.599	-.1522405	.0877697
y1						
/cut1	-1.343148	.0726927	-18.48	0.000	-1.485623	-1.200673
/cut2	.0084719	.0521512	0.16	0.871	-.0937426	.1106863
/cut3	.7876538	.0595266	13.23	0.000	.6709837	.9043238
/cut4	1.989985	.0999181	19.92	0.000	1.794149	2.18582
y2						
/cut1	-1.997245	.1311972	-15.22	0.000	-2.254387	-1.740104
/cut2	-.8240241	.0753839	-10.93	0.000	-.9717738	-.6762743
/cut3	.0547025	.0606036	0.90	0.367	-.0640784	.1734834
/cut4	1.419923	.1001258	14.18	0.000	1.22368	1.616166

```
------------+------------------------------------------------------------------------
y3          |
      /cut1 |   -1.271915    .0847483    -15.01    0.000    -1.438019    -1.105812
      /cut2 |    .1249493    .0579103      2.16    0.031     .0114472     .2384515
      /cut3 |    .9752553    .0745052     13.09    0.000     .8292277    1.121283
      /cut4 |    2.130661    .1257447     16.94    0.000     1.884206    2.377116
------------+------------------------------------------------------------------------
y4          |
      /cut1 |   -1.484063    .0646856    -22.94    0.000    -1.610844    -1.357281
      /cut2 |   -.4259356    .0439145     -9.70    0.000     -.5120065    -.3398647
      /cut3 |    .1688777    .0427052      3.95    0.000     .0851771     .2525782
      /cut4 |    .9413113    .0500906     18.79    0.000     .8431356    1.039487
------------+------------------------------------------------------------------------
 var(SciAtt)|    .5265523    .0979611                        .3656637     .7582305
------------+------------------------------------------------------------------------
```

　　本例之測量模型，y1~y4 變數採 Likert 五點計分量表，1 為非常不同意，5 為非常同意。其中，y1~y3 科學態度是反向題，且這三個 ordinal probit 迴歸係數都為正，表示科學態度 (SciAtt) 分數愈高者，愈不認同科學對人類是有益的。

5-9 試題反應理論 (Item response theory, IRT)

5-9-1 試題反應理論 (IRT) 之介紹

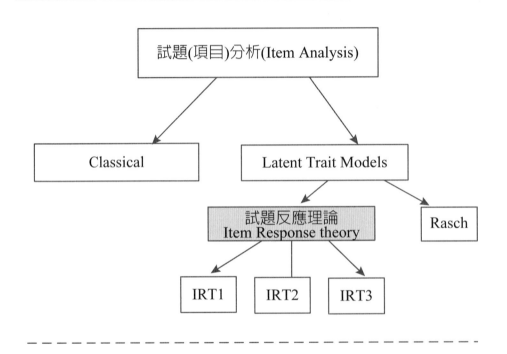

圖 5-47　試題分析 (Item Analysis) 的種類

在心理測量學，試題反應理論 (IRT) 也被稱為潛在特質理論、強真分數理論、或現代心理測量理論。它也是一個典範的設計、分析和計分測試、問卷調查，以及類似的儀器測量能力、態度或其他變量。它不同於用於評估式量表問卷，在 Likert 量表是假設「所有的數據項被認為是平行的工具的複製」。相比之下，試題反應理論會將每個項目的難度納入估算式。

IRT 是根據相關的應用程序的數學模型，來檢測數據。迄今 IRT 被認為是優於經典測驗理論，它是一個用於開發尺度，特別是當最優決策要求，例如，

研究生入學考試 (GRE) 和管理學研究生入學考試 (GMAT)。

　　試題反應理論專注在試題的理論，而不是古典測驗理論的 test-level focus。因此 IRT 模型中測試一個已知能力 (θ)，每個項目的每個受檢者的反應。item 原文是指：covering all kinds of informative item，item 可能是多項選題，它就有「不正確的 vs. 正確」的反應；item 也可能是調查問卷，讓受訪者表示認知程度 (a rating or Likert scale)、或診斷結果 (存在 / 不存在) 某症狀。

　　IRT 是基於考生答對某一試題概率「correct/keyed response」反應之一個數學函數的個人和試題參數。person parameter 被解釋為一個潛在特質。例如，包括一般智力或態度的強度。試題參數的特點包括：

1. 試題困難 (known as "location" for their location on the difficulty range)。
2. 鑑別度 discrimination (slope or correlation)：代表 how steeply the rate of success of individuals varies with their ability。
3. 猜測度 (pseudo guessing) 參數：例如，答案「A 到 D」之單選題，亂猜亦有 25% 猜中率。

一、試題反應理論之概念

　　試題反應理論 (item response theory,IRT) 建立在兩個基本概念上：(1) 考生 (examinee) 在某一測驗試題上的表現情形，可由一組因素來加以預測或解釋，這組因素叫作潛在特質 (latent traits) 或能力 (abilities)；(2) 考生的表現情形與這組潛在特質間的關係，可透過一條連續性遞增的函數來加以詮釋，這個函數便叫作試題特徵曲線 (item characteristic curve，簡寫為 ICC)。其實，我們把能力不同的考生得分點連接起來所構成的曲線，便是能力不同的考生在某一測驗試題上的試題特徵曲線，把各試題的試題特徵曲線加總起來，便構成所謂的試卷特徵曲線 (test characteristic curve，簡寫為 TCC)。因此，試題特徵曲線即是一條試題得分對能力因素所作的迴歸線，這條迴歸線在基本上是非直線的，但直線的試題特徵曲線也是有可能的，端視所選用的試題反應模型 (item response model) 而定。

　　試題特徵曲線所表示的涵義，即是某種潛在特質的程度與其在某一試題上正確反應的機率，二者之間的關係；這種潛在特質的程度愈高 (或愈強)，其在某一試題上的正確反應機率便愈大。在試題反應理論中，每一種試題反應模型就有其相對應的一條試題特徵曲線，此一曲線通常包含一個或多個參數來描述試題的特性，以及一個或多個參數來描述考生的潛在特質。因此，所選用的試

題反應模型所具有的參數個數及其數值的不同，所畫出的試題特徵曲線形狀便不同。常見的曲線形狀，如圖 5-48 所示。

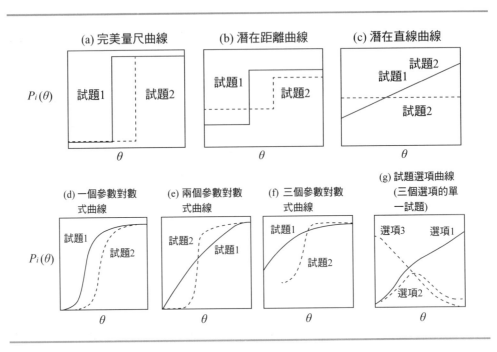

圖 5-48 七個不同的試題特徵曲線例子 (來源：Hambleton & Cook,1977)

註：$P_i(\theta)$ 為第 i 個考生，能力在 θ 值時，其答對考題的機率。

上圖所示的七種曲線中，θ 表示考生或受試者的能力或潛在特質，$P_i(\theta)$ 則表示能力或潛在特質為 θ 的考生或受試者，其答對或正確反應某一試題的機率。圖 5-48(a) 所示，代表 Guttman 的完美量尺模型 (perfect scale model)，它是一個階段式函數 (step functions) 所形成的曲線，表示在某一關鍵值 θ^* 以右的機率為 1，以左的機率為 0；換句話說，這種模型具有完美的鑑別能力，而 θ^* 即為區別出有能力組和無能力組的關鍵值。圖 5-48(b) 為圖 5-48(a) 的一種變形，叫作潛在距離模型 (latent distance model)，為社會心理學者常用來測量人的態度的一種模型，其正確與不正確反應的機率，在 0 與 1 之間變動不已。圖 5-48(c) 所示即為古典測驗理論下的試題特徵曲線，截距的大小反映出試題的難度，而曲線的斜率即代表試題的鑑別度，在所考慮的條件相等的情況下，正確反應的機率與 θ 值成正比。圖 5-48(d) 到圖 5-48(f) 所示，即代表試題反應理論中的一個參數、兩個參數、與三個參數的對數式模型 (logistic model)，它們的涵義分別代表

著：某一試題的正確反應機率除了受考生或受試者的 θ 值所決定外，並且分別受一個參數 (即難度)、二個參數 (即難度和鑑別度)、或三個參數 (即難度、鑑別度、和猜測度) 的試題參數所決定，其正確反應的機率值亦介於 0 與 1 之間。圖 5-48(g) 所示為特殊的試題反應模型，如：Samejima(1969) 的等級反應模型 (graded response model)，Masters(1982) 和 Yu(1991) 的部分計分模型 (partial credit model) 等，即是採用試題選項特徵曲線 (item option characteristic curves)，所代表的意思是指試題中每一選項被選中的機率，它也是能力或潛在特質的一種函數，它有個基本假設，亦即就某一固定能力的考生而言，他／她在同一試題上所有的試題選項特徵曲線的總和為 1。

試題反應模型不像古典的真實分數模型，它是可能作假的模型 (falsifiable models)；換句話說，任何一種試題反應模型都有可能適用或不適用於某份特殊的測驗資料，亦即模型可能會不當地預測或解釋資料。因此，在應用試題反應理論時，我們必須先估計出模型與考生的參數值外，還需要考驗模型與資料間的適合度 (model-data fit)。

當某一種試題反應模型適用於某種測驗資料時，一些試題反應理論的基本特性也會跟著產生。首先，從不同組的試題估計而得的考生能力估計值，除了測量誤差外，不會受所使用的測驗種類的影響，亦即，它是試題獨立 (item-independent) 的能力估計值。其次，從不同族群的考生估計而得的試題參數估計值，除了測量誤差外，亦不受參與測驗的考生族群的影響，亦即，它是樣本獨立 (sample-independent) 的試題參數估計值。上述兩種特性，在試題反應理論中叫作「不變性」(invariant)，這些不變性是從把試題的訊息 (information) 考慮在能力估計的過程中，把考生能力的訊息考慮在試題參數估計的過程中而得。典型的試題參數不變性例子，如圖 5-49 所示。在圖 5-49 中，不管考生所來自的族群為何，只要他們具有相同的能力，他們答對 (或正確反應) 某一試題的機率便相同；由於某特定能力的考生答對某一試題的機率是由試題參數所決定，試題參數對這兩族群的考生而言也必定相同。

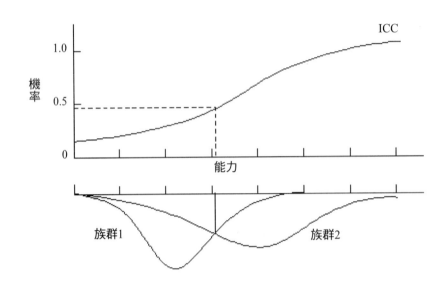

圖 5-49　試題特徵曲線與兩族群考生的能力分配曲線

　　除了上述的特性外，試題反應理論還可以針對個別的 (亦即每一位能力不同的考生或受試者) 能力估計值，提供其測量的估計標準誤 (standard errors)，這點作法不同於古典測驗理論僅提供所有考生單一的誤差估計值的作法。此外，試題反應理論把能力測量的估計標準誤之平方的倒數，定義為試題的訊息函數 (item information function)，它可以用來作為評量能力估計值之精確度的指標，大有取代古典測驗理論中「信度」(reliability) 指標之勢 (Wright & Masters, 1982; Wright & Stone, 1979)。這些作法及概念續待後文補充說明。

二、基本的試題反應模型

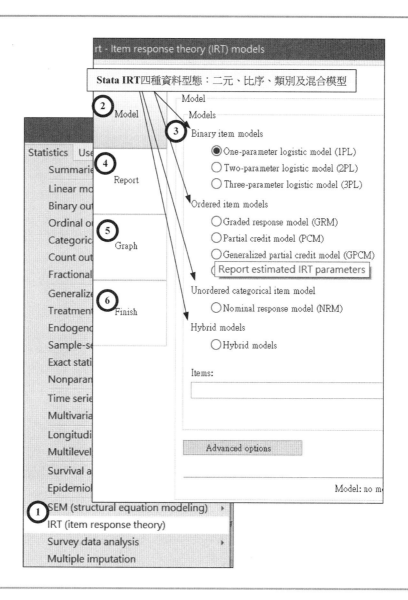

圖 5-50 Stata 試題反應理論之分析畫面 (Stata 提供四種 IRT 模型)

前文已經說過,試題特徵函數或試題特徵曲線是用來描述測驗所欲測量的
潛在特質,與其在試題上正確反應之機率間的一種數學關係。因此,每一種關
係就有其相對應的一條試題特徵曲線存在,亦即是每一種試題反應模型都是用

來描述特質與正確反應機率間的關係。常用的試題反應模型，有下列三種，每一種模型都依其採用的試題參數的數目多寡來命名，都僅適用於二元化的反應資料 (亦即，正確反應者登錄為 1，錯誤反應者為 0 的資料)。

1. 一個參數對數形模型 (one-parameter logistic model)

這個模型的數學公式如下所示：

$$P_i(\theta) = \frac{e^{(\theta-b_i)}}{1+e^{(\theta-b_i)}} \quad i = 1, 2, 3, \cdots, n \tag{5-1}$$

或

$$P(\theta) = \frac{1}{1+\exp[-1.7(\theta-b)]}$$

其中，$P_i(\theta)$ 表示任何一位能力為 θ 的考生答對試題 i 或在試題 i 上正確反應的機率；b_2 表示試題難度 (difficulty) 參數；n 是該測驗的試題總數；e 代表以底為 2.718 的指數；且 $P_i(\theta)$ 是一種 S 形曲線，其值介於 0 與 1 之間。一個參數的試題特徵曲線如圖 5-51 所示。

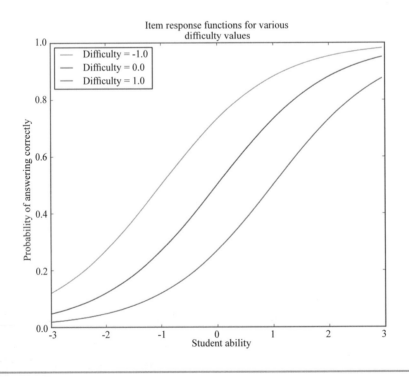

圖 5-51 3 條不同難度的一個參數試題特徵曲線

根據公式 (5-1) 的定義，試題難度參數 b 的位置正好座落在正確反應機率爲 0.5 時能力量尺 (ability scale) 上的點；換言之，當能力和試題難度相等時 (即 $\theta - b_i = 0$)，考生答對某試題的機會只有百分之五十。

推導：

當考生能力 $\theta = b_i$ 時，代入公式

$$p(b_i) = \frac{e^{(\theta - b_i)}}{1 + e^{(\theta - b_i)}} = \frac{\exp(b_i - b_i)}{1 + \exp(b_i - b_i)} = \frac{1}{1+1} = 0.5$$

當能力小於試題難度時 (即 $\theta - b_i < 0$)，考生答對某試題的機會便低於百分之五十。反之，當能力大於試題難度時 (即 $\theta - b_i > 0$)，考生答對某試題的機會便高於百分之五十。b_i 值愈大，考生要想有百分之五十答對某試題的機會，他 / 她便需要有較高的能力才能辦到，亦即該試題是屬於較困難的題目。愈困難的試題，其試題特徵曲線愈是座落在能力量尺的右方；反之，愈簡單的試題，其試題特徵曲線愈是座落在能力量尺的左方。因此，試題難度參數有時又叫作位置參數 (location parameter)。

理論上，b 值的大小介於 $\pm \infty$ 之間，但實際應用上，通常只取 ± 2 之間的範圍。如圖 5-51 所示，b 值愈大表示試題愈困難，b 值愈小表示試題愈簡單。b 值的概念符合常理的想法，但不同於古典測驗理論中對難度 P 值的概念定義：P 值愈大表示試題愈簡單，P 值愈小表示試題愈困難，其概念正好與常理的想法相反。這正是試題反應理論在解釋試題特性上的一大優點。

如圖 5-51 所示，三條曲線的形狀是一致的，但在能力量尺上的位置各有不同，這點顯示出：在一個參數模型下，影響考生在試題上表現好壞的試題特性只有一個，那就是該試題的難度。一個參數對數形模型並不把試題鑑別度 (discrimination) 指數考慮在內，其實，這種作法等於是假設所有試題的鑑別度都是相等的 (通常設定爲 1)。同時，它亦假設試題特徵曲線的下限 (lower asymptote) 爲零，亦即對於能力非常低的考生而言，他 / 她答對某試題的機會是零。換言之，一個參數對數形模型假設能力低的學生沒有猜題猜中的可能，雖然考生們在單選題試題上往往會猜題。

很明顯的，一個參數模型的假設非常地嚴格。這些假設的適當與否，端視資料本身的特性和所欲應用該模型的重要性而定。例如，從一堆同質性頗高的題庫 (item bank) 中選取相當容易的試題編製而成的測驗，便非常符合這些假

設的要求，這類情境常見於在有良好施測指導語下的效標參照測驗 (criterion-referenced tests) 中。

一個參數對數形模型相通於 George Rasch (1960) 的模型，因此又有 Rasch 模型之稱，以紀念這位丹麥的數學家在測驗理論上所作的貢獻。Rasch 模型通行於歐洲地區的心理計量學界，以及美國芝加哥大學等大學，有關 Rasch 模型的發展詳情可參閱 Rasch (1960)、Wright & Stone (1979)、和 Wright & Masters (1982)。

2. 兩個參數對數形模型 (two-parameter logistic model)

這個模型的數學公式如下所示：

$$P_i(\theta) = \frac{e^{a_i(\theta - b_i)}}{1 + e^{a_i(\theta - b_i)}} \quad i = 1, 2, 3, \cdots, n \tag{5-2}$$

或

$$P(\theta) = \frac{1}{1 + \exp[-1.7a(\theta - b)]}$$

其中，各符號的定義與公式 (5-1) 相同，唯多了一個參數：試題鑑別度 (item discrimination)a_i，它的涵義與在古典測驗理論中的涵義相同，同是用來描述試題 i 所具有鑑別力大小的特性。

試題鑑別度a參數

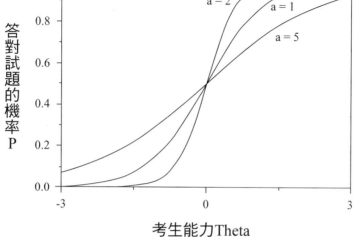

圖 5-52 試題鑑別度 a 參數之特徵曲線

典型的二個參數的試題特徵曲線，如圖 5-53 所示。

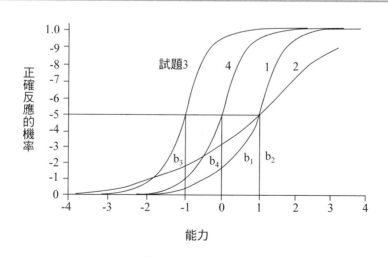

圖 5-53 四條典型的二個參數試題特徵曲線

試題鑑別度參數 a 的值，剛好與在 b 點的試題特徵曲線的斜率 (slope) 成某種比例。試題特徵曲線愈陡 (steeper) 的試題比稍平滑的試題，具有較大的鑑別度參數值；換句話說，鑑別度愈大的試題，其區別出不同能力水準考生的功能愈好，亦即分辨的效果愈好。事實上，該試題能否區別出以能力水準為 θ，上下兩組 (即高於 θ 和小於等於 θ) 不同能力考生的有效性，是與對應於 θ 量尺的試題特徵曲線的斜率成某種比例。

理論上，a 值的範圍在 $\pm \infty$ 之間，但學者們通常捨棄負的 a 值不用，因為該試題反向區別不同能力水準的考生。此外，帶有負值 a 的試題特徵曲線代表著：能力愈高的考生答對某試題的機率愈低，這似乎與學理相違背，所以負的 a 值不用。通常，a 值也不可能太大，常用的 a 值範圍介於 0 與 2 之間。a 值愈大，代表試題特徵曲線愈陡，試題愈有良好的分辨能力；a 值愈小，代表試題特徵曲線愈平坦，正確反應的機率與能力間成一種緩慢增加的函數關係，亦即試題愈無法明顯有效地分辨出考生的能力水準。

很明顯的，二個參數對數形模型是由一個參數對數形模型延伸演變而來，亦即把試題鑑別度參數考慮進一個參數對數形模型裡，便成為二個參數對數形模型。因此，一個參數對數形模型是二個參數對數形模型的一種特例，亦即把試題鑑別度參數都設定成一致時 (通常設定 $a_i = 1$, $i = 1, 2, \cdots, n$)，公式 (5-2) 的數學式子便簡化成公式 (5-1) 的數學式子，這種說法於是成立。

二個參數對數形模型是由 Birnbaum (1968) 修改自 Lord (1952) 的原始二個參數常態肩形模型 (normal ogive model) 而來，由於它比常態肩形模型易於計算和解釋，目前已取代常態肩形模型，而成為主要的試題反應模型。如果我們把公式 (5-2) 的分母與分子同時除以 $e^{a_i(\theta - b_i)}$，公式 (5-2) 也可以寫成下列的恆等式：

$$P_i(\theta) = \frac{1}{1 + e^{-a_i(\theta - b_i)}} \quad i = 1, 2, 3, \cdots, n$$

這個公式是二個參數對數形模型的另一種慣用表示方法。

3. 三個參數對數形模型 (three-parameter logistic model)

這個模型的數學公式如下所示：

$$P_i(\theta) = C_i + (1 + C_i) \frac{e^{a_i(\theta - b_i)}}{1 + e^{a_i(\theta - b_i)}} \quad i = 1, 2, 3, \cdots, n \tag{5-3}$$

其中，各符號的定義與公式 (5-2) 相同，唯多出一個參數：機運參數

(pseudo-chance parameter)C_i。這個參數提供試題特徵曲線一個大於零的下限，它代表著能力很低的考生答對某試題的機率。

三個參數對數形模型是由二個參數對數形模型延伸演變而來，它多增加一個參數 C，即是把低能力考生的表現好壞因素也考慮在模型裡。當然，猜題可能是這些考生在某些測驗試題 (如：選擇題) 上唯一的表現行為。通常，C 參數的值比考生在完全隨機猜測下猜答的機率值稍小，亦即 $C_i \leq 1/A_i$，A_i 代表試題 i 的選項數目。Lord(1974) 認為，這是由於出題者通常會在試題中佈置誘答選項的緣故，基於這項理由，C 不應該完全被視同「猜題參數」。三個參數的試題特徵曲線如圖 5-54 所示。

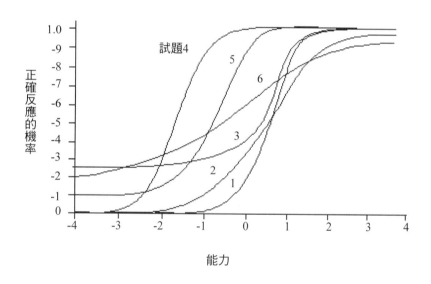

圖 5-54 六條典型的三個參數試題特徵曲線

如圖 5-54 所示，六條試題特徵曲線的試題參數分別為 $a_1 = 1.8, b_1 = 1.0, c_1 = 0.0, a_2 = 0.8, b_2 = 1.0, c_2 = 0.0, a_3 = 1.8, b_3 = 1.0, c_3 = 0.25, a_4 = 1.8, b_4 = -1.5, c_4 = 0.0, a_5 = 1.2, b_5 = -0.5, c_5 = 0.1, a_6 = 0.4, b_6 = 0.5, c_6 = 0.15$，這些參數決定這六條試題特徵曲線的形狀各不相同。其中，由第一條與第四條曲線的比較，可以顯現出試題難度參數在試題特徵曲線上的位置的重要性來：較困難的試題 (如第 1，2，3 題) 大多偏向能力量尺的高能力部分，而較簡單的試題 (如第 4，5，6 題) 則多偏向能力量尺的低能力部分。由第 1，3，4 條與第 2，5，6 條曲線的比較，

可以看出試題鑑別度參數對試題特徵曲線的陡度 (steepness) 的影響力。最後，由第 1 條與第 3 條曲線的比較，C 參數對試題特徵曲線的形狀也扮演著決定性的角色；同樣的，試題 3、5 和 6 的下限的比較，也提供我們不少有關 C 參數的訊息。

總之，二個參數再加「猜測度參數 c」，就是三個參數對數形模型。常見「猜測度參數 c」曲線如圖 5-55。

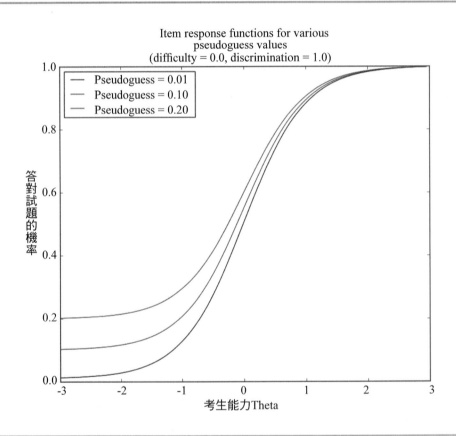

圖 5-55 猜測度參數 c 之特徵曲線 (ICC)

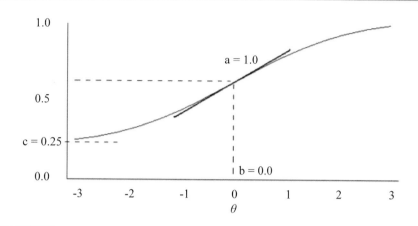

圖 5-56 three parameter logistic (3PL) model (單選題之猜對率 =0.25)

三參數 IRT，考生答對試題 i 的機率為：

$$p_i(\theta) = c_i + \frac{1 - c_i}{1 + e^{-a_i(\theta - b_i)}}$$

其中

b：難度即對錯率，item location: $p(b) = (1 + c)/2$ the half-way point between c_i(min) and 1 (max), also where the slope is maximized.

a：鑑別度即高低組之區分度，scale, slope: the maximum slope $p'(b) = a \cdot (1 - c)/4$.

c：考猜測能力 (pseudo-guessing), chance, asymptotic minimum $p(-\infty) = c$.

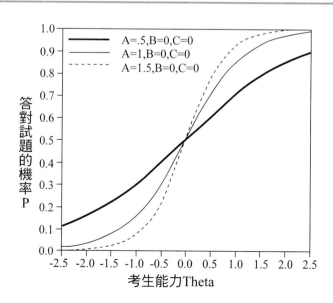

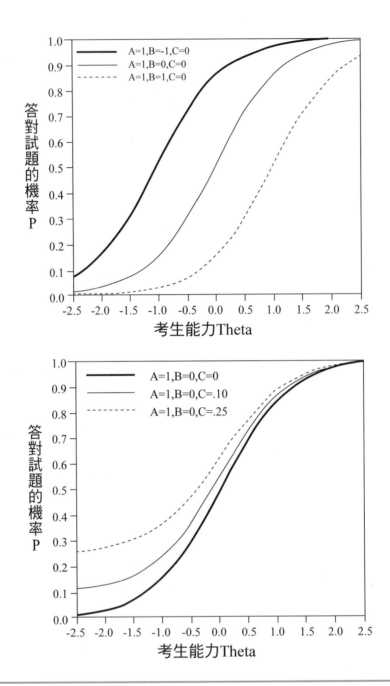

圖 5-57 變動三參數之特徵曲線 (ICC)

5-9-2 單參數之試題反應理論 (IRT)：Rasch 模型分析

一個參數對數形模型 (one-parameter logistic model)，這個模型的數學公式如下所示：

$$P(\theta)=\frac{1}{1+\exp[-1.7a(\theta-b)]}$$

範例：One-parameter logistic IRT (Rasch) mode

一、資料檔之內容

讀入資料檔之前，先設定工作目錄「File > Chang working directory」，指定 CD 所附資料檔之路徑，接著再選「File > Open」，分別開啓「gsem_cfa.dta」資料檔、「**gsem_irt2**.stsem」繪圖檔。

本例共 8 個數學考題 (q1~q8)，答對給 1 分；答錯給 0 分。

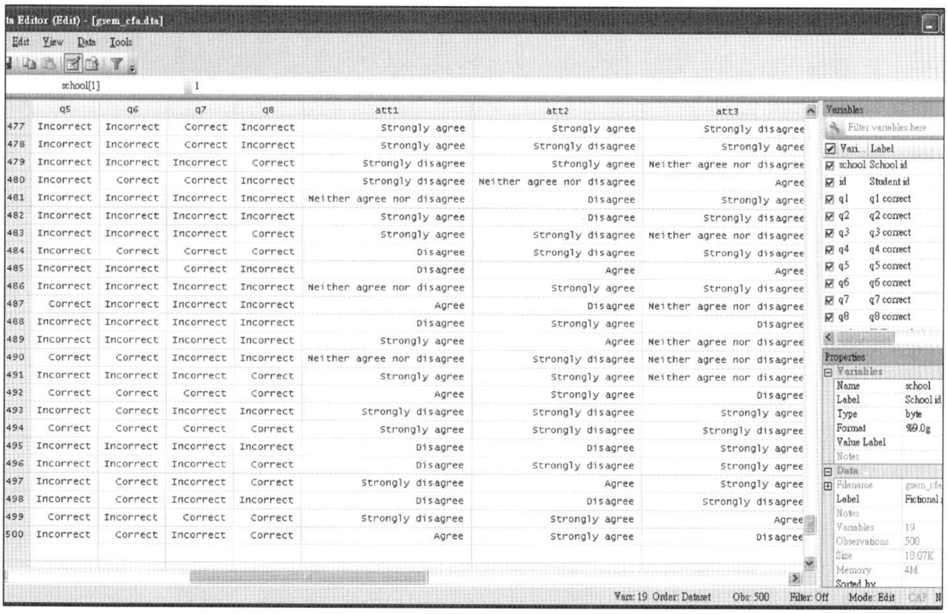

	q5	q6	q7	q8	att1	att2	att3
477	Incorrect	Incorrect	Correct	Incorrect	Strongly agree	Strongly agree	Strongly disagree
478	Incorrect	Incorrect	Correct	Incorrect	Strongly agree	Strongly disagree	Strongly agree
479	Incorrect	Incorrect	Incorrect	Correct	Strongly disagree	Strongly agree	Neither agree nor disagree
480	Incorrect	Correct	Correct	Incorrect	Strongly disagree	Neither agree nor disagree	Agree
481	Incorrect	Incorrect	Incorrect	Incorrect	Neither agree nor disagree	Disagree	Strongly agree
482	Incorrect	Incorrect	Incorrect	Incorrect	Strongly agree	Disagree	Strongly disagree
483	Incorrect	Incorrect	Incorrect	Correct	Strongly agree	Strongly disagree	Neither agree nor disagree
484	Incorrect	Correct	Correct	Correct	Disagree	Strongly disagree	Strongly disagree
485	Incorrect	Incorrect	Correct	Incorrect	Disagree	Agree	Agree
486	Incorrect	Incorrect	Incorrect	Incorrect	Neither agree nor disagree	Strongly agree	Strongly disagree
487	Correct	Incorrect	Incorrect	Incorrect	Agree	Disagree	Neither agree nor disagree
488	Incorrect	Incorrect	Incorrect	Incorrect	Disagree	Strongly agree	Disagree
489	Incorrect	Incorrect	Incorrect	Incorrect	Strongly agree	Agree	Neither agree nor disagree
490	Correct	Correct	Incorrect	Incorrect	Neither agree nor disagree	Strongly disagree	Neither agree nor disagree
491	Incorrect	Incorrect	Incorrect	Correct	Strongly agree	Strongly agree	Neither agree nor disagree
492	Correct	Correct	Correct	Correct	Agree	Strongly agree	Disagree
493	Incorrect	Correct	Incorrect	Incorrect	Strongly disagree	Strongly disagree	Strongly agree
494	Correct	Correct	Correct	Correct	Strongly agree	Strongly disagree	Strongly disagree
495	Incorrect	Incorrect	Incorrect	Incorrect	Disagree	Disagree	Strongly agree
496	Incorrect	Incorrect	Incorrect	Correct	Disagree	Strongly disagree	Strongly agree
497	Incorrect	Correct	Incorrect	Correct	Strongly disagree	Agree	Strongly agree
498	Incorrect	Correct	Incorrect	Incorrect	Disagree	Disagree	Strongly disagree
499	Correct	Incorrect	Correct	Correct	Strongly disagree	Strongly agree	Agree
500	Incorrect	Correct	Incorrect	Correct	Agree	Strongly agree	Disagree

圖 5-58 「gsem_cfa.dta」資料檔 (N=500 名考生 , 19 variables)

```
*開啟 Stata 網站資料檔 gsem_cfa.dta
. use http://www.stata-press.com/data/r13/gsem_cfa
(Fictional math abilities data)

. (Fictional math abilities data)
.
. summarize

    Variable |       Obs        Mean    Std. Dev.       Min        Max
-------------+--------------------------------------------------------
      school |       500        10.5    5.772056         1         20
          id |       500    50681.71    29081.41        71     100000
          q1 |       500        .506    .5004647         0          1
          q2 |       500        .394    .4891242         0          1
          q3 |       500        .534    .4993423         0          1
          q4 |       500        .424    .4946852         0          1
          q5 |       500         .49    .5004006         0          1
          q6 |       500        .434    .4961212         0          1
          q7 |       500         .52    .5001002         0          1
          q8 |       500        .494    .5004647         0          1
-------------+--------------------------------------------------------
        att1 |       500       2.946    1.607561         1          5
        att2 |       500       2.948    1.561465         1          5
        att3 |       500        2.84    1.640666         1          5
        att4 |       500        2.91    1.566783         1          5
        att5 |       500       3.086    1.581013         1          5
-------------+--------------------------------------------------------
       test1 |       500      75.548    5.948653        55         93
       test2 |       500      80.556    4.976786        65         94
       test3 |       500      75.572    6.677874        50         94
       test4 |       500      74.078    8.845587        43         96

note

_dta:
1. Fictional data on math ability and attitudes of 500 students from 20
schools.
2. Variables q1-q8 are incorrect/correct (0/1) on individual math questions.
3. Variables att1-att5 are items from a Likert scale measuring each student's
attitude toward math.
4. Variables test1-test4 are test scores from tests of four different aspects
of  mathematical abilities.  Range of scores: 0-100.
```

二、SEM 模型分析

Step 1 求試題難度：gsem 二種求解法

(一) 方法一：用 **gsem** 之 **Logit** 迴歸來求試題難度

```
. use http://www.stata-press.com/data/r13/gsem_cfa

* 限制 8 題試題對潛在變數 MathAb 的 path 係數為 1
. gsem (MathAb -> (q1-q8)@1), logit

Fitting fixed-effects model:

Iteration 0:    log likelihood = -2750.3114
Iteration 1:    log likelihood = -2749.3709
Iteration 2:    log likelihood = -2749.3708

Refining starting values:

Grid node 0:    log likelihood = -2653.2353

Fitting full model:

Iteration 0:    log likelihood = -2653.2353
Iteration 1:    log likelihood = -2651.2171
Iteration 2:    log likelihood = -2650.9117
Iteration 3:    log likelihood = -2650.9116

Generalized structural equation model       Number of obs   =        500
Log likelihood = -2650.9116

 ( 1)   [q1]MathAb = 1
 ( 2)   [q2]MathAb = 1
 ( 3)   [q3]MathAb = 1
 ( 4)   [q4]MathAb = 1
 ( 5)   [q5]MathAb = 1
 ( 6)   [q6]MathAb = 1
 ( 7)   [q7]MathAb = 1
 ( 8)   [q8]MathAb = 1
```

```
                    |   Coef.   Std. Err.     z    P>|z|    [95% Conf. Interval]
--------------------+----------------------------------------------------------------
q1 <-               |
            MathAb  |         1   (constrained)
             _cons  | .0293252   .1047674    0.28   0.780   -.1760152   .2346656
--------------------+----------------------------------------------------------------
q2 <-               |
            MathAb  |         1   (constrained)
             _cons  | -.5025012  .1068768   -4.70   0.000   -.7119759  -.2930264
--------------------+----------------------------------------------------------------
q3 <-               |
            MathAb  |         1   (constrained)
             _cons  | .1607425   .104967     1.53   0.126   -.044989    .3664739
--------------------+----------------------------------------------------------------
q4 <-               |
            MathAb  |         1   (constrained)
             _cons  | -.3574951  .105835    -3.38   0.001   -.564928   -.1500623
--------------------+----------------------------------------------------------------
q5 <-               |
            MathAb  |         1   (constrained)
             _cons  | -.0456599  .1047812   -0.44   0.663   -.2510274   .1597075
--------------------+----------------------------------------------------------------
q6 <-               |
            MathAb  |         1   (constrained)
             _cons  | -.3097521  .1055691   -2.93   0.003   -.5166637  -.1028404
--------------------+----------------------------------------------------------------
q7 <-               |
            MathAb  |         1   (constrained)
             _cons  | .09497     .1048315    0.91   0.365   -.1104959   .300436
--------------------+----------------------------------------------------------------
q8 <-               |
            MathAb  |         1   (constrained)
             _cons  | -.0269104  .1047691   -0.26   0.797   -.232254    .1784332
--------------------+----------------------------------------------------------------
       var(MathAb)  | .7929701   .1025406                    .6154407   1.02171
--------------------------------------------------------------------------------------
```

1. 因為 8 題選擇題考題，只有「答對 vs. 答錯」二種結果，故本例屬 logit 迴歸。
   以下三個等同指令，都是「限制 8 題試題對潛在變數 MathAb 的 path 係數為
   1」。

```
.  gsem (MathAb -> q1@1 q2@1 q3@1 q4@1 q5@1 q6@1 q7@1 q8@1), logit
.  gsem (MathAb -> (q1 q2 q3 q4 q5 q6 q7 q8)@1), logit
.  gsem (MathAb -> (q1-q8)@1), logit
```

2. intercept 的負係數，代表試題的難度。8 個考題中，q2 最難 (_cons=
   -0.5025)，q3 最容易 (_cons= 0.1607)。

Builder: Logit 迴歸之表示法

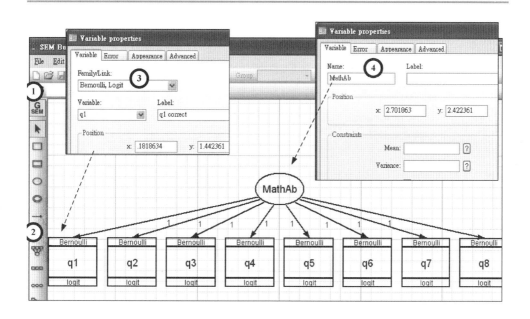

圖 5-59 「1parameter_logit_IRT_Rasch.stsem」概念性模型

```
* 直開啟此「*.stsem」檔的指令為:
.  webgetsem gsem_irt1.stsem
* 或在「SEM builder」視窗，「File > Open」開啟 CD 所附之「1parameter_logit_IRT_
Rasch.stsem」檔亦可。
```

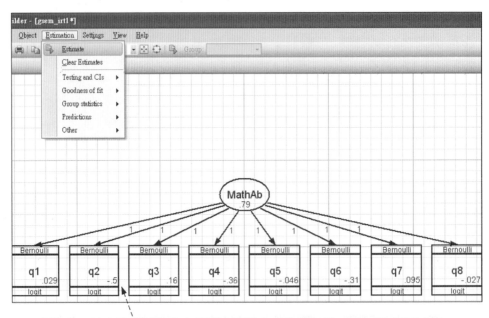

intercept的負係數，代表試題的難度。8個考題中，q2最難(_cons= -0.5025)，q3最容易(_cons= 0.1607)。

圖 5-60 「1parameter_logit_IRT_Rasch.stsem」檔執行參數估計的結果

(二) 方法二：1PL IRT model with variance constrained to 1(來求試題難度)

前面之 Logit 迴歸分析，所代表的 1PL IRT，係將所有考題 (item) 的路徑限制為 1。現有個較聰明之變通方法，就是「只對潛在變數之變異數限制為 1，並限制所有考題 (item) 的路徑都是相同值 (本例都設為同一個 b 未知數)」。這二種做法之效果相同。gsem 指令如下：

```
. use http://www.stata-press.com/data/r13/gsem_cfa

*潛在變數之變異數限制為1，並限制所有考題(item)的path都是b未知數
. gsem (MathAb -> (q1-q8)@b), logit var(MathAb@1)

Fitting fixed-effects model:

Iteration 0:   log likelihood = -2750.3114
```

```
Iteration 1:     log likelihood = -2749.3709
Iteration 2:     log likelihood = -2749.3708
Refining starting values:

Grid node 0:     log likelihood = -2645.8536

Fitting full model:

Iteration 0:     log likelihood = -2656.1973
Iteration 1:     log likelihood = -2650.9139
Iteration 2:     log likelihood = -2650.9116
Iteration 3:     log likelihood = -2650.9116
```

```
Generalized structural equation model          Number of obs    =        500
Log likelihood = -2650.9116
```

```
( 1)   [q1]MathAb -[q8]MathAb = 0
( 2)   [q2]MathAb -[q8]MathAb = 0
( 3)   [q3]MathAb -[q8]MathAb = 0
( 4)   [q4]MathAb -[q8]MathAb = 0
( 5)   [q5]MathAb -[q8]MathAb = 0
( 6)   [q6]MathAb -[q8]MathAb = 0
( 7)   [q7]MathAb -[q8]MathAb = 0
( 8)   [var(MathAb)]_cons = 1
```

	Coef.	Std. Err.	z	P>|z|	[95% Conf.	Interval]
q1 <-						
MathAb	.8904887	.0575755	15.47	0.000	.7776429	1.003335
_cons	.0293253	.1047674	0.28	0.780	-.1760151	.2346657
q2 <-						
MathAb	.8904887	.0575755	15.47	0.000	.7776429	1.003335
_cons	-.5025011	.1068768	-4.70	0.000	-.7119758	-.2930264
q3 <-						
MathAb	.8904887	.0575755	15.47	0.000	.7776429	1.003335
_cons	.1607425	.104967	1.53	0.126	-.044989	.366474

```
---------------+----------------------------------------------------------------
q4 <-          |
       MathAb  |   .8904887    .0575755    15.47   0.000    .7776429   1.003335
        _cons  |  -.3574951     .105835    -3.38   0.001   -.5649279  -.1500622
---------------+----------------------------------------------------------------
q5 <-          |
       MathAb  |   .8904887    .0575755    15.47   0.000    .7776429   1.003335
        _cons  |  -.0456599    .1047812    -0.44   0.663   -.2510273   .1597076
---------------+----------------------------------------------------------------
q6 <-          |
       MathAb  |   .8904887    .0575755    15.47   0.000    .7776429   1.003335
        _cons  |   -.309752    .1055691    -2.93   0.003   -.5166637  -.1028403
---------------+----------------------------------------------------------------
q7 <-          |
       MathAb  |   .8904887    .0575755    15.47   0.000    .7776429   1.003335
        _cons  |   .0949701    .1048315     0.91   0.365   -.1104959    .300436
---------------+----------------------------------------------------------------
q8 <-          |
       MathAb  |   .8904887    .0575755    15.47   0.000    .7776429   1.003335
        _cons  |  -.0269103    .1047691    -0.26   0.797    -.232254   .1784333
---------------+----------------------------------------------------------------
   var(MathAb) |          1   (constrained)
---------------------------------------------------------------------------------
```

1. 上述二個模型的 log-likelihood 值都是 −2650.9116。這二個模型是 equivalent。
2. 代表試題難度之 Intercepts 都沒變。

Step 2. Builder 單參數 IRT 之表示法

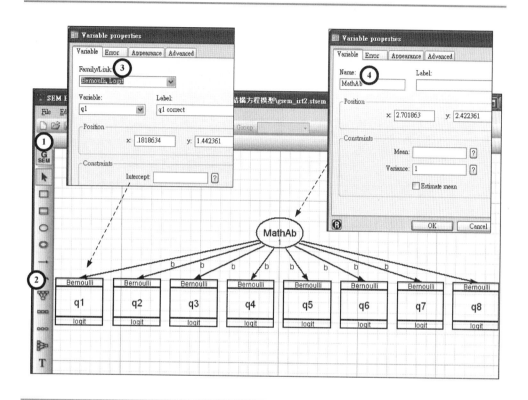

圖 5-61 利用 Builder 建構 SEM 模型,並存在「gsem_irt2.stsem」檔

> ＊直開啟此「＊.stsem」檔的指令為:
> . webgetsem gsem_irt2.stsem

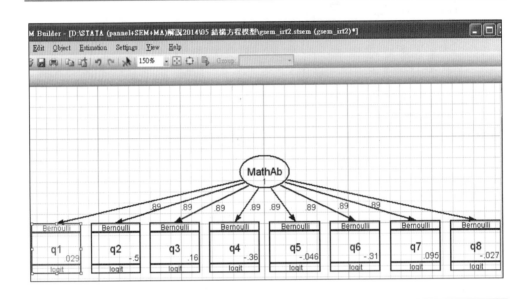

圖 5-62 「gsem_irt2.stsem」檔執行參數估計的結果

Step 3. 繪 item–characteristic curves

試題特徵曲線，代表在已知潛在特質 (latent trait) 之情況下，特別反應的條件機率 (conditional probability)。故要估計「預測答對機率」，可用下列 predict 指令：

```
＊以「pr」字母開頭，新建 8 個變數 (pr1~pr8) 來存預測 8 個考題的平均數 mu。
. predict pr*, mu
(using 7 quadrature points)
```

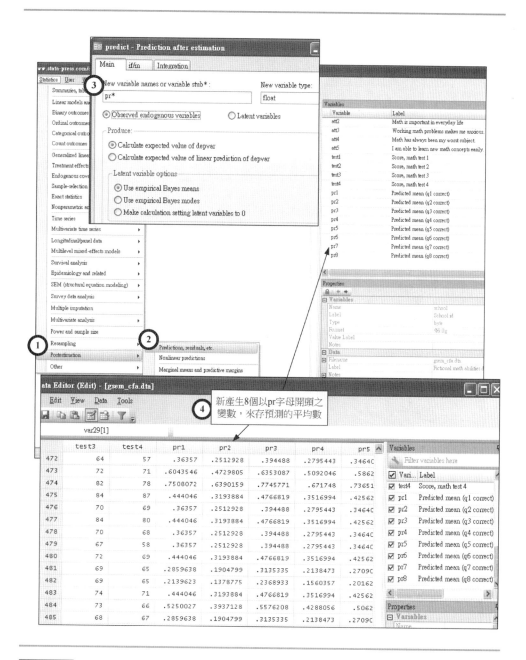

圖 5-63 predict 指令之畫面

```
*新建 ability 變數來存 MathAb 的預測值
. predict ability, latent(MathAb)
```

接著用 twoway 指令，繪 8 試題之 item–characteristic 線。

```
. twoway line pr1 pr2 pr3 pr4 pr5 pr6 pr7 pr8 ability, sort xla-
bel(-1.5(.5)1.5)
```

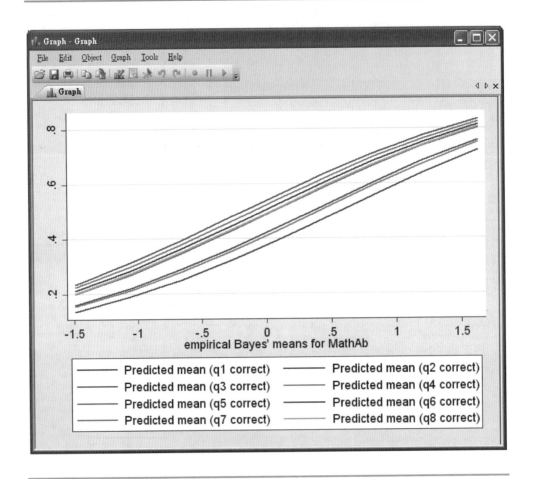

圖 5-64 8 試題 item–characteristic 線之結果

假如你只看最難 (q2) 及最容易 (q3) 二個試題，其 item–characteristic 線，指令為：

```
. twoway line pr2 pr3 ability, sort xlabel(-1.5(.5)1.5)
```

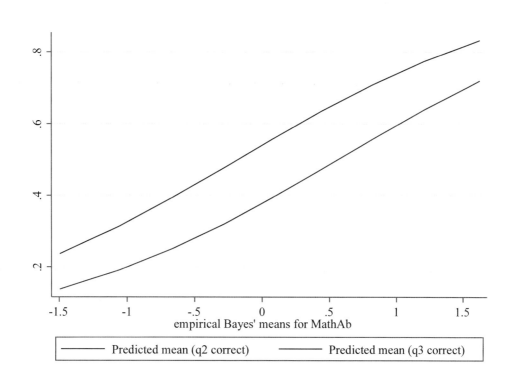

圖 5-65　最難及最容易二個試題之 item–characteristic 線

5-9-3 Stata 試題反應理論之 irt 指令

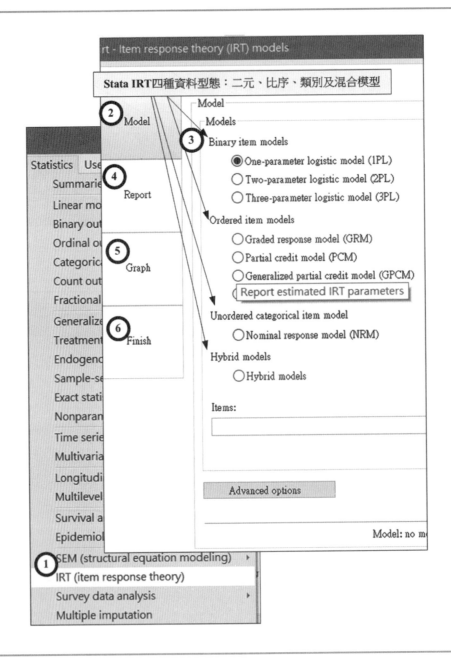

圖 5-66 Stata 試題反應理論之分析畫面 (Stata 提供四種 IRT 模型)

Stata v14 版以後，新增加 irt 指令的功能，簡單易用，指令格式如下表。

IRT 類別	指令格式
二元反應模型 (Binary response models)	
One-parameter logistic model	. irt 1pl
Two-parameter logistic model	. irt 2pl
Three-parameter logistic model	. irt 3pl
類別反應模型 (Categorical response models)	
Graded response model	. irt grm
Nominal response model	. irt nrm
Partial credit model	. irt pcm
Rating scale model	. irt rsm
多重混合 IRT 模型 (Multiple IRT models combined)	
Hybrid IRT model	. irt hybrid

一、二元反應模型：單參數、雙參數、三參數模型

（一）二元反應模型：單參數 logistic 模型

語法	. irt 1pl *varlist* [if] [in] [*weight*] [, *options*]
選擇表	Statistics > IRT (item response theory)
說明	只求試題的難度 b 參數值，鑑別度 a 參數視為相同。
	[irt 1pl fits one-parameter logistic (1PL) models to binary items. In the 1PL model, items vary in their difficulty but share the same discrimination parameter].
範例	* 開啓 Stata 官網之資料庫
	. webuse masc1
	* 單一參數模型 Fit a 1PL model to binary items q1-q9
	. irt 1pl q1-q9
	*Replay the table of estimated IRT parameters, sorting the output by
	*parameter instead of by item and in ascending order of difficulty
	. estat report, byparm sort(b)
	* 單參數之試題特徵曲線 (Use the 1PL parameters to plot the item characteristic curves)
	. irtgraph icc, blocation legend(pos(3) col(1) ring(1) size(small))xlabel(, alt)
	* 繪特徵曲線圖 (Use the 1PL parameters to plot the test characteristic curves)
	. irtgraph tcc, thetalines(-1.96 0 1.96)

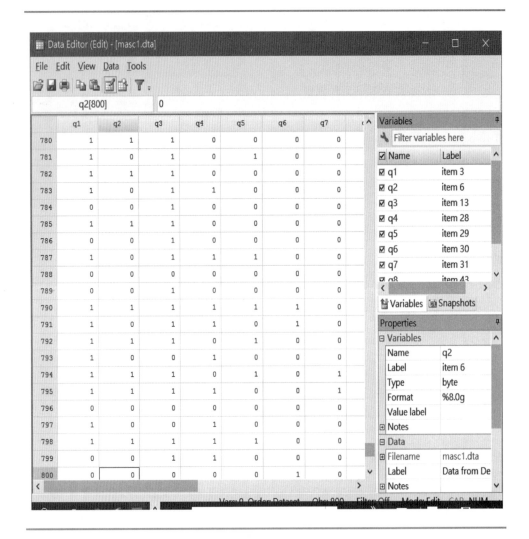

```
     Discrim |   .852123   .0458445   18.59   0.000    .7622695   .9419765
-------------+----------------------------------------------------------------
q1           |
        Diff |  -.7071339   .1034574   -6.84   0.000   -.9099066  -.5043612
-------------+----------------------------------------------------------------
q2           |
        Diff |  -.1222008   .0963349   -1.27   0.205   -.3110138   .0666122
-------------+----------------------------------------------------------------
q3           |
        Diff |  -1.817693   .1399523  -12.99   0.000   -2.091994  -1.543391
-------------+----------------------------------------------------------------
q4           |
        Diff |   .3209596   .0976599    3.29   0.001    .1295498   .5123695
-------------+----------------------------------------------------------------
q5           |
        Diff |   1.652719   .1329494   12.43   0.000    1.392144   1.913295
-------------+----------------------------------------------------------------
q6           |
        Diff |   .6930617   .1031842    6.72   0.000    .4908243   .8952991
-------------+----------------------------------------------------------------
q7           |
        Diff |   1.325001   .1205805   10.99   0.000    1.088668   1.561335
-------------+----------------------------------------------------------------
q8           |
        Diff |  -2.413443   .1691832  -14.27   0.000   -2.745036   -2.08185
-------------+----------------------------------------------------------------
q9           |
        Diff |  -1.193206   .1162054  -10.27   0.000   -1.420965   -.965448
-------------+----------------------------------------------------------------
```

Stata 在結構方程模型及試題反應理論的應用

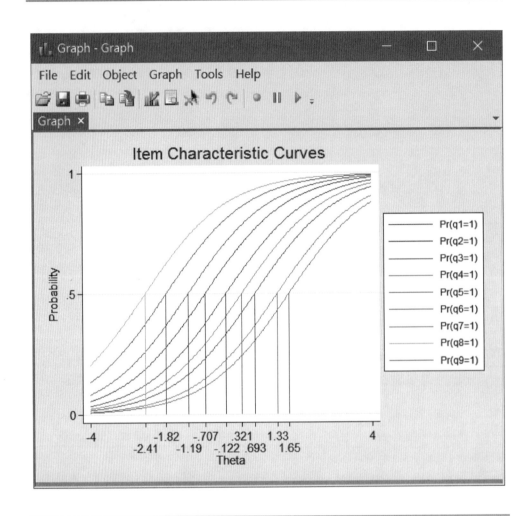

圖 5-68 單參數之試題特徵曲線 (item characteristic curves)

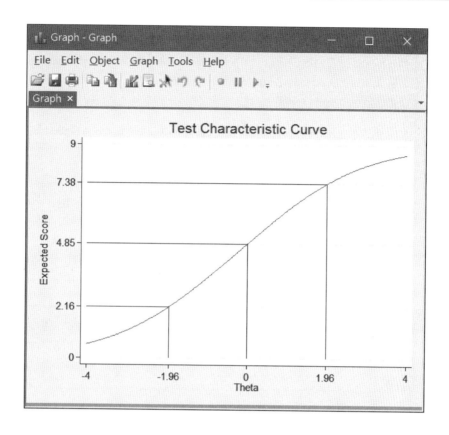

圖 5-69　測驗特徵曲線 (test characteristic curves)

(二) 二元反應模型：雙參數 logistic 模型

語法	. irt 2pl *varlist* [if] [in] [*weight*] [, *options*]
選擇表	Statistics > IRT (item response theory)
說明	只求試題的難度 b 參數值及鑑別度 a 參數。 irt 2pl fits two-parameter logistic (2PL) models to binary items. In the 2PL model, items vary in their difficulty and discrimination).
範例	* 開啓官網之資料庫 . webuse masc1

範例

* 求雙參數參數模型 Fit a 2PL model to binary items q1-q9
. irt 2pl q1-q9

*Replay the table of estimated IRT parameters, sorting the output by parameter instead of by item and in ascending order of discrimination
. estat report, byparm sort(a)

*Use the 2PL parameters to plot the item characteristic curves of the highest and lowest items
. irtgraph icc q7 q1, blocation

* 印出雙參數模型之試題特徵曲線 Use the 2PL parameters to plot the test characteristic curves
. irtgraph tcc, thetalines(-1.96 0 1.96)

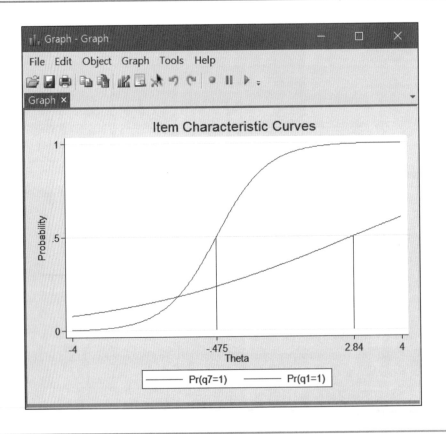

圖 5-70 雙參數之試題特徵曲線 (for q7 試題)

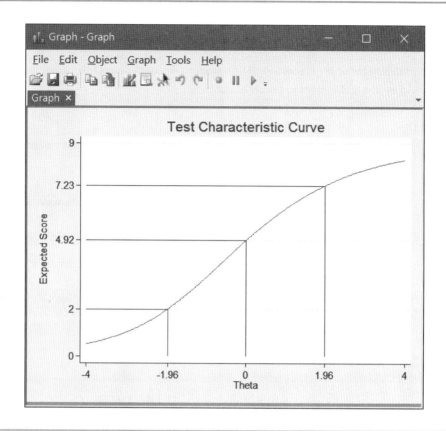

圖 5-71 2PL 測驗特徵曲線

(三) 二元反應模型：三參數 logistic

語法	. irt 3pl *varlist* [if] [in] [*weight*] [, *options*]
選擇表	Statistics > IRT (item response theory)
說明	求試題的難度 b 參數值、鑑別度 a 參數及猜測度 c 參數 (三參數模型) (irt 3pl fits three-parameter logistic (3PL) models to binary items. In the 3PL model, items vary in their difficulty and discrimination and the possibility of guessing is allowed).
範例	* 開啓官網之資料庫 . webuse masc1

範例	* 求三參數模型 Fit a 3PL model to binary items q1-q9 . irt 3pl q1-q9 *Replay the table of estimated IRT parameters, sorting the output by parameter instead of by item and in ascending order of difficulty . estat report, byparm sort(b) *Use the 3PL parameters to plot the item characteristic curves of the most difficult item . irtgraph icc q7, blocation ylabel(0 0.09 0.545 1) * 繪三參數模型之試題特徵曲線 Use the 3PL parameters to plot the test characteristic curves . irtgraph tcc, thetalines(-1.96 0 1.96)

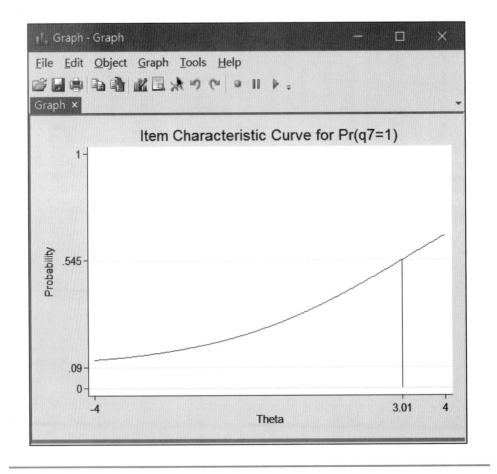

圖 5-72 三參數之試題特徵曲線 (for q7 試題)

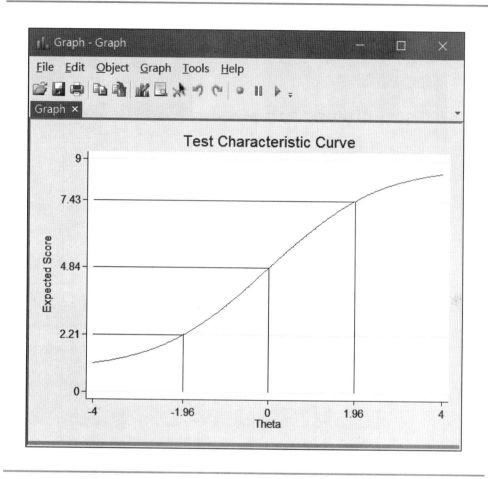

圖 5-73 3PL 測驗特徵曲線

二、類別 (Categorical) 反應模型：Grade, Nominal, Partial credit , Rating scale 模型

(一) 類別反應模型：Graded response model

語法	. irt grm *varlist* [if] [in] [*weight*] [, *options*]
選擇表	Statistics > IRT (item response theory)
說明	irt grm fits graded response models to ordinal items. In the graded response model, items vary in their difficulty and discrimination. This model is an extension of the 2PL model to ordered categorical items.

範例	* 開啓 Stata 官網之資料庫 . webuse charity * 適配 a GRM . irt grm ta1-ta5 *Use the GRM parameters to plot the boundary characteristic curves as a function of theta for ta1 . irtgraph icc ta1, blocation *Same as above, but plot category characteristic curves . irtgraph icc ta1, xlabel(-4 -1.35 1.55 2.9 4, grid) *Use the GRM parameters to plot the test characteristic curves . irtgraph tcc, thetalines(-1.96 0 1.96)

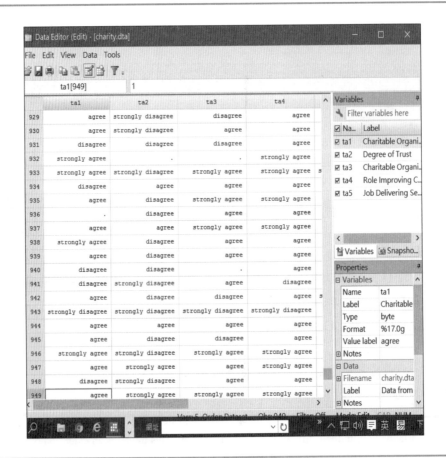

圖 5-74 資料檔 charity.dta 內容

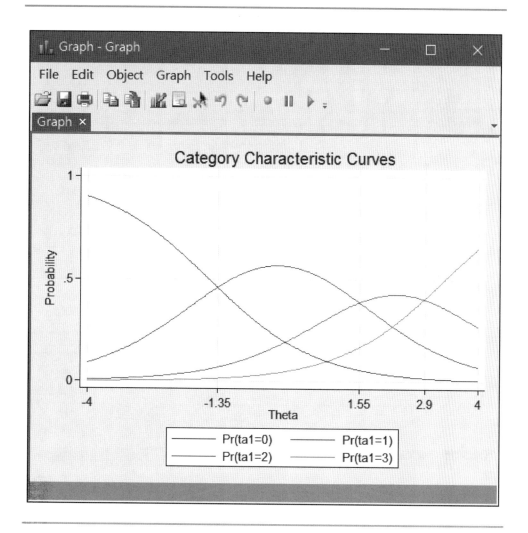

圖 5-75 試題 ta1 之邊界特徵曲線 (boundary characteristic curves)

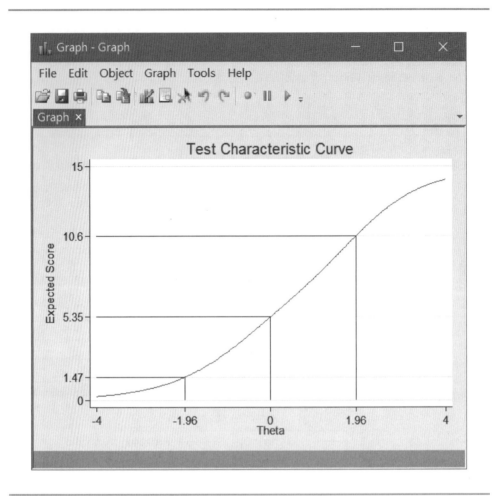

圖 5-76 GRM 之測驗特徵曲線

(二) 類別反應模型：Nominal response model

語法	. irt nrm *varlist* [if] [in] [*weight*] [, *options*]
選擇表	Statistics > IRT (item response theory)
說明	irt nrm 指令可適配名目 (類別型) 反應變數 (fits nominal response models to categorical items.) In the nominal response model, items vary in their difficulty and discrimination.
範例	* 開啓官網之資料庫 . webuse science

範例	* 適配 NRM 模型
	. irt nrm q1-q4
	*Use the NRM parameters to plot the category characteristic curves as a function of theta for q1
	. irtgraph icc q1, xlabel(-4 -.85 -1.35 -.56 4, grid alt)

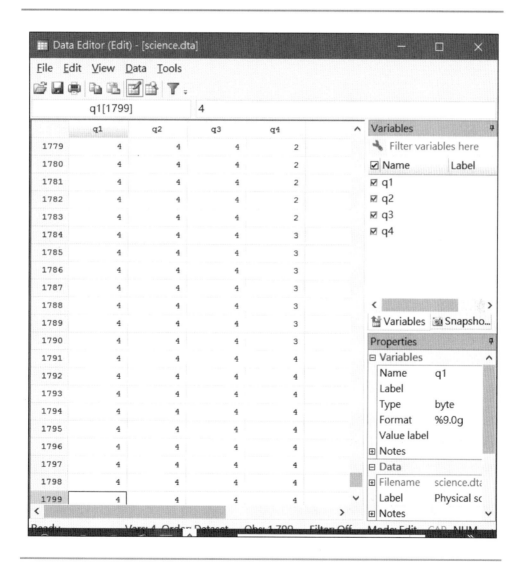

圖 5-77 資料檔 science.dta 內容

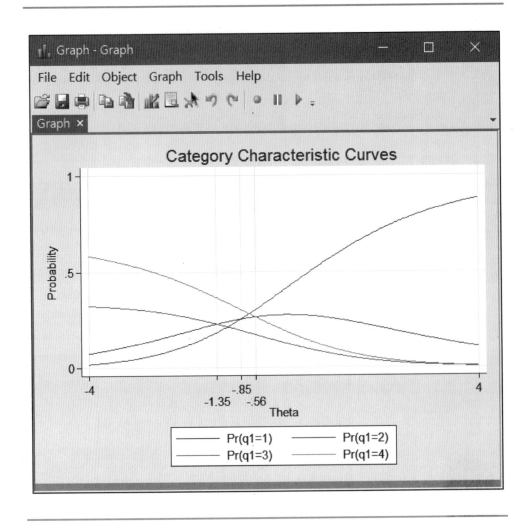

圖 5-78 試題 q1 之類別特徵曲線 (category characteristic curves)

(三) 類別反應模型：Partial credit model

語法	. irt pcm
選擇表	Statistics > IRT (item response theory)
說明	irt pcm 可適配「次序及類別混合型」反應變數 fits partial credit models to ordinal items. In the partial credit model, items vary in their difficulty but share the same discrimination parameter.
	irt gpcm fits generalized partial credit models (GPCMs) to ordinal items. In the GPCM, items vary in their difficulty and discrimination.

範例

* 開啓 Stata 官網之資料庫
. webuse alike

* 適配 a PCM
. irt pcm v1-v8

*Use the PCM parameters to plot the category characteristic curves as a function of theta for v4
. 繪圖 irtgraph icc v4, xlabel(-4 -.33 .71 4, grid)

* Use the PCM parameters to plot the category characteristic curves as a
* function of theta for v2, using a reversal to indicate that the category
* with the reversed threshold is dominated by the other two categories
. irtgraph icc v2, xlabel(-4 -.51 -1.59 4, grid)

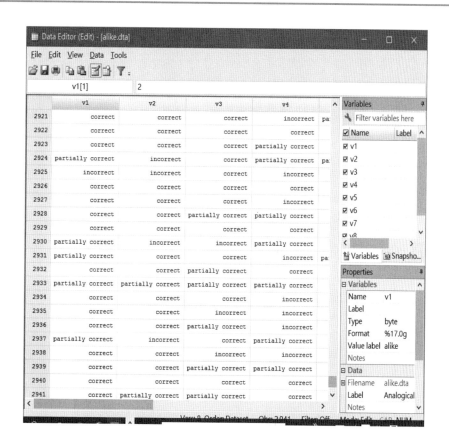

圖 5-79 資料檔 alike.dta 內容

Stata 在結構方程模型及試題反應理論的應用

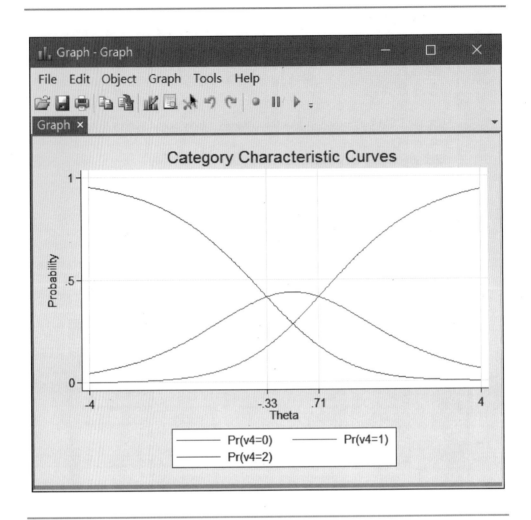

圖 5-80 PCM 之試題特徵曲線

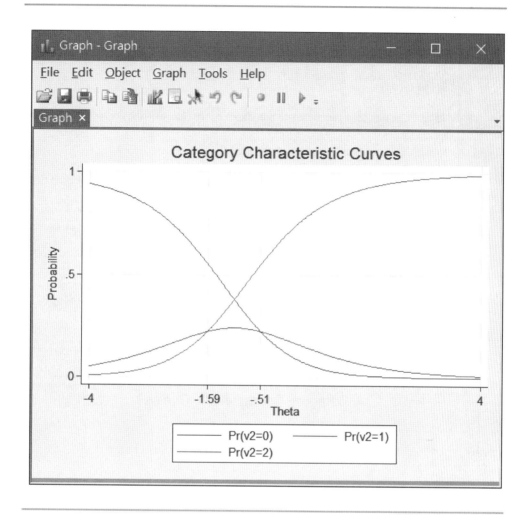

圖 5-81 PCM 測驗特徵曲線

(四) 類別反應模型：Rating scale model

語法	. irt rsm *varlist* [if] [in] [*weight*] [, *options*]
選擇表	Statistics > IRT (item response theory)
說明	irt rsm 可適配「等級」或次序變數 (fits rating scale models to ordinal items. In the rating scale model, items vary in their difficulty but share the same discrimination parameter). The distance between the difficulties of adjacent outcomes are constrained to be equal across the items.

範例	. * 開啓 Stata 官網之資料庫

```
. * 開啓 Stata 官網之資料庫
. webuse charity

*Fit an RSM
. irt rsm ta1-ta5

*繪圖：Use the RSM parameters to plot the category characteristic curves as a function
of theta for ta1
. irtgraph icc ta1, xlabel(-4 -1.26 -.16 .90 4, grid)

*繪圖：Use the RSM parameters to plot the category characteristic curves for the first
category of all items
. irtgraph icc 0.ta*
```

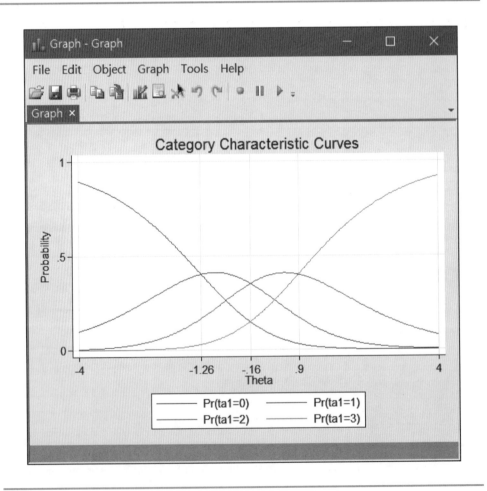

圖 5-82 試題 ta1 之類別特徵曲線

630

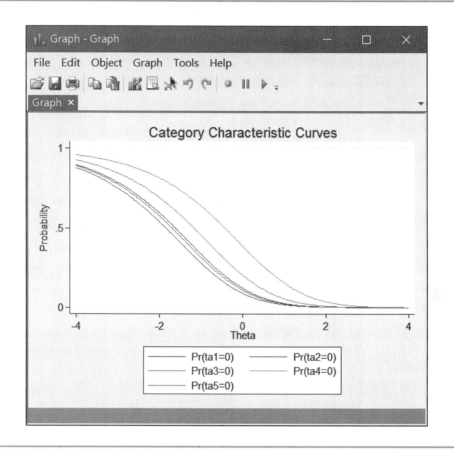

圖 5-83 RSM 之測驗特徵曲線

三、多重混合 IRT 模型 (Multiple IRT models combined)

語法	. irt hybrid (*model varlist*_1) (model *varlist*_2) [...] [if] [in] [*weight*] [, *options*] 其中 *model* 又細分：
	1pl One-parameter logistic model
	2pl Two-parameter logistic model
	* 3pl Three-parameter logistic model
	grm Graded response model
	nrm Nominal response model
	pcm Partial credit model
	gpcm Generalized partial credit model
	rsm Rating scale model

選擇表	Statistics > IRT (item response theory)
說明	irt hybrid fits IRT models to combinations of binary, ordinal, and nominal items.
範例 1	* 開啓 Stata 官網之資料庫 . webuse science *Fit an NRM to items q1-q3 and a PCM to item q4 . irt hybrid (nrm q1-q3) (pcm q4)
範例 2	* 開啓官網之資料庫 . webuse masc1 * 求三參數模型於 q1 至 q9 猜測變數 Fit a 3PL model to items q1-q9, where each item has its own pseudoguessing parameter . irt 3pl q1-q9, sepguessing startvalues(iterate(5)) *Display the estimation table in ascending order of the pseudoguessing parameter estat report, sort(c) byparm *Fit a 2PL model to the five items for which the pseudoguessing parameter is close zero and fit a 3PL model with separate pseudoguessing parameters to the remaining four items . irt hybrid (2pl q2 q3 q5 q8 q9) (3pl q1 q4 q6 q7, sepguessing), startval(iter(5))

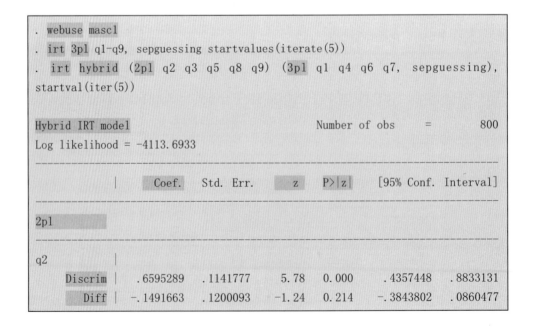

```
. webuse masc1
. irt 3pl q1-q9, sepguessing startvalues(iterate(5))
. irt hybrid (2pl q2 q3 q5 q8 q9) (3pl q1 q4 q6 q7, sepguessing),
startval(iter(5))

Hybrid IRT model                          Number of obs    =      800
Log likelihood = -4113.6933
-------------------------------------------------------------------------
              |    Coef.    Std. Err.     z    P>|z|   [95% Conf. Interval]
-------------------------------------------------------------------------
2p1           |
-------------------------------------------------------------------------
q2            |
       Discrim|   .6595289   .1141777   5.78   0.000    .4357448   .8833131
          Diff|  -.1491663   .1200093  -1.24   0.214   -.3843802   .0860477
```

q3						
Discrim	1.002143	.1672016	5.99	0.000	.6744343	1.329853
Diff	−1.611069	.2184354	−7.38	0.000	−2.039195	−1.182944
q5						
Discrim	.8519284	.144987	5.88	0.000	.567759	1.136098
Diff	1.65315	.2444543	6.76	0.000	1.174028	2.132272
q8						
Discrim	1.477406	.2581489	5.72	0.000	.9714433	1.983368
Diff	−1.664009	.1868525	−8.91	0.000	−2.030233	−1.297785
q9						
Discrim	.6233934	.1200188	5.19	0.000	.3881608	.858626
Diff	−1.536899	.2867211	−5.36	0.000	−2.098862	−.9749361
3pl						
q1						
Discrim	2.4122	.8686538	2.78	0.005	.7096699	4.11473
Diff	−.0918964	.2094082	−0.44	0.661	−.5023288	.3185361
Guess	.2054735	.1066908	1.93	0.054	−.0036366	.4145836
q4						
Discrim	1.324646	.5435557	2.44	0.015	.2592965	2.389996
Diff	.8114594	.2349808	3.45	0.001	.3509055	1.272013
Guess	.1921879	.0961356	2.00	0.046	.0037657	.3806102
q6						
Discrim	2.160387	.8880914	2.43	0.015	.4197602	3.901014
Diff	.8876139	.1200975	7.39	0.000	.6522272	1.123001
Guess	.1725445	.0485993	3.55	0.000	.0772915	.2677974
q7						
Discrim	.9441727	2.168842	0.44	0.663	−3.306679	5.195024
Diff	2.599749	1.781726	1.46	0.145	−.8923687	6.091867
Guess	.18622	.2110115	0.88	0.378	−.2273548	.5997949

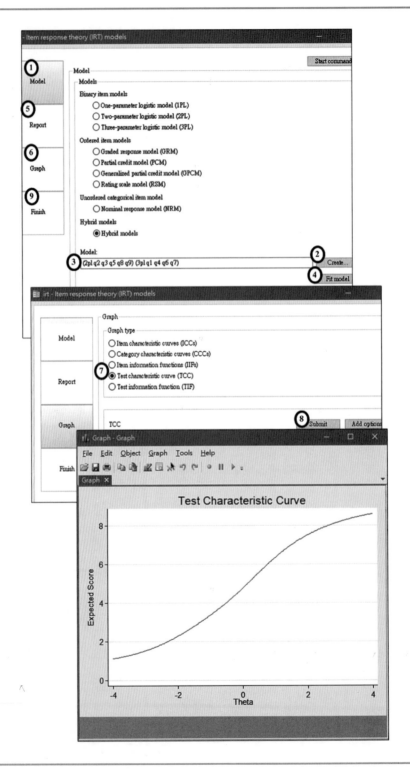

圖 5-84 Multiple IRT models combined 之測驗特徵曲線

5-9-4 雙參數之試題反應理論 (IRT)

兩個參數對數形模型 (two-parameter logistic model)，這個模型的數學公式如下所示：

$$P(\theta) = \frac{1}{1 + \exp[-1.7a(\theta - b)]}$$

篩選試題之準則，包括：

1. 由於難度 b 參數值域為 [−2, +2]，通常我們只保留難度 > 0.25 的試題；反之則刪除。
2. 鑑別度 a 參數值域為 [0, 2]。通常鑑別度倒算前幾名，你可優先刪除。
3. 考生能力 θ 值域為 [−2, +2]，通常標準誤 SE(θ) < 0.5 才算優質的受測者。

範例：Two-parameter logistic IRT mode

一、資料檔之內容

讀入資料檔之前，先設定工作目錄「File > Chang working directory」，指定 CD 所附資料檔之路徑，接著再選「File > Open」，分別開啟「gsem_cfa.dta」資料檔、「gsem_irt3.stsem」繪圖檔。

本例共有 8 題數學考題 (q1~q8)，答對給 1 分；答錯給 0 分。

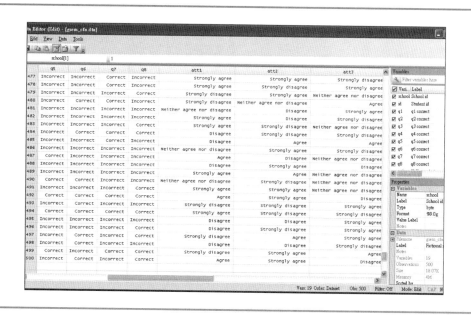

圖 5-85 「gsem_cfa.dta」資料檔 (N=500 名考生 , 19 variables)

```
. use http://www.stata-press.com/data/r13/gsem_cfa
(Fictional math abilities data)

. (Fictional math abilities data)
.
. summarize

    Variable |        Obs        Mean    Std. Dev.       Min        Max
-------------+--------------------------------------------------------
      school |        500        10.5     5.772056          1         20
          id |        500    50681.71     29081.41         71     100000
          q1 |        500        .506     .5004647          0          1
          q2 |        500        .394     .4891242          0          1
          q3 |        500        .534     .4993423          0          1
          q4 |        500        .424     .4946852          0          1
          q5 |        500         .49     .5004006          0          1
          q6 |        500        .434     .4961212          0          1
          q7 |        500         .52     .5001002          0          1
          q8 |        500        .494     .5004647          0          1
-------------+--------------------------------------------------------
        att1 |        500       2.946     1.607561          1          5
        att2 |        500       2.948     1.561465          1          5
        att3 |        500        2.84     1.640666          1          5
        att4 |        500        2.91     1.566783          1          5
        att5 |        500       3.086     1.581013          1          5
-------------+--------------------------------------------------------
       test1 |        500      75.548     5.948653         55         93
       test2 |        500      80.556     4.976786         65         94
       test3 |        500      75.572     6.677874         50         94
       test4 |        500      74.078     8.845587         43         96
```

note

_dta:

1. Fictional data on math ability and attitudes of 500 students from 20 schools.

2. Variables q1-q8 are incorrect/correct (0/1) on individual math questions.

3. Variables att1-att5 are items from a Likert scale measuring each student's attitude toward math.

4. Variables test1-test4 are test scores from tests of four different aspects of mathematical abilities. Range of scores: 0-100.

二、SEM 模型分析

Step 1. 方法一：用 gsem logit 迴歸求雙參數 IRT

單參數 IRT 及雙參數 IRT 指令非常相似，二者都是「只對潛在變數之變異數限制為 1」，但雙參數 IRT 未再限制所有考題 (item) 的路徑都是相同值，而改為 free parameters。gsem 指令之 logit 迴歸如下：

```
*限制「variance MathAb to be 1 by typing var(MathAb@1)」
. gsem (MathAb -> q1-q8), logit var(MathAb@1)

Fitting fixed-effects model:

Iteration 0:    log likelihood = -2750.3114
Iteration 1:    log likelihood = -2749.3709
Iteration 2:    log likelihood = -2749.3708

Refining starting values:

Grid node 0:    log likelihood = -2645.8536

Fitting full model:

Iteration 0:    log likelihood = -2645.8536
Iteration 1:    log likelihood = -2637.4315
Iteration 2:    log likelihood = -2637.3761
Iteration 3:    log likelihood = -2637.3759

Generalized structural equation model         Number of obs   =        500
Log likelihood = -2637.3759
 ( 1)  [var(MathAb)]_cons = 1
------------------------------------------------------------------------------
            |     Coef.   Std. Err.      z    P>|z|    [95% Conf. Interval]
------------+-----------------------------------------------------------------
q1 <-       |
     MathAb |  1.466636   .2488104     5.89   0.000     .9789765    1.954296
      _cons |  .0373363   .1252274     0.30   0.766    -.208105     .2827776
------------+-----------------------------------------------------------------
q2 <-       |
```

```
       MathAb |   .5597118    .1377584     4.06   0.000     .2897102    .8297134
        _cons |  -.4613391    .0989722    -4.66   0.000    -.6553211   -.2673571
--------------+----------------------------------------------------------------
q3 <-         |
       MathAb |    .73241     .1486818     4.93   0.000      .440999    1.023821
        _cons |   .1533363    .1006072     1.52   0.127    -.0438503    .3505228
--------------+----------------------------------------------------------------
q4 <-         |
       MathAb |   .4839501    .1310028     3.69   0.000     .2271893    .7407109
        _cons |  -.3230667    .0957984    -3.37   0.001    -.5108281   -.1353054
--------------+----------------------------------------------------------------
q5 <-         |
       MathAb |   1.232244    .2075044     5.94   0.000     .8255426    1.638945
        _cons |  -.0494684    .1163093    -0.43   0.671    -.2774304    .1784937
--------------+----------------------------------------------------------------
q6 <-         |
       MathAb |    .946535    .1707729     5.54   0.000     .6118262    1.281244
        _cons |  -.3147231    .1083049    -2.91   0.004    -.5269969   -.1024493
--------------+----------------------------------------------------------------
q7 <-         |
       MathAb |   1.197317    .2029485     5.90   0.000     .7995449    1.595088
        _cons |   .1053405    .1152979     0.91   0.361    -.1206393    .3313203
--------------+----------------------------------------------------------------
q8 <-         |
       MathAb |   .8461858    .1588325     5.33   0.000     .5348799    1.157492
        _cons |   -.026705    .1034396    -0.26   0.796    -.2294429    .1760329
--------------+----------------------------------------------------------------
   var(MathAb)|        1   (constrained)
--------------+----------------------------------------------------------------
```

1. 儘管我們沒有限制「var(MathAb@1)」，但 Stata 自動設「the path coefficient from MathAb to q1」。

2. 為何令 var(MathAb@1) 呢？因為潛在變數 MathAb~ 符合 N(0,1) 分配。

3. 在 1-PL model 裡，the negative of the intercept「_cons」值愈負，代表該試題愈難。但在 2-PL model 裡，試題難度要手算公式：$\dfrac{\text{negative of the intercept}}{\text{unconstrained slope}}$。此時你會發現 q2 最難；q3 最容易。為了避開手算公式的麻煩，後續將教你如

何改用電腦來算。

4. Factor loadings 代表該試題之 slopes，即鑑別度 (discriminating)。「question 1」
鑑別度最大 (coef = 1.466)；「question 4」鑑別度最小 (coef = 0.48)。

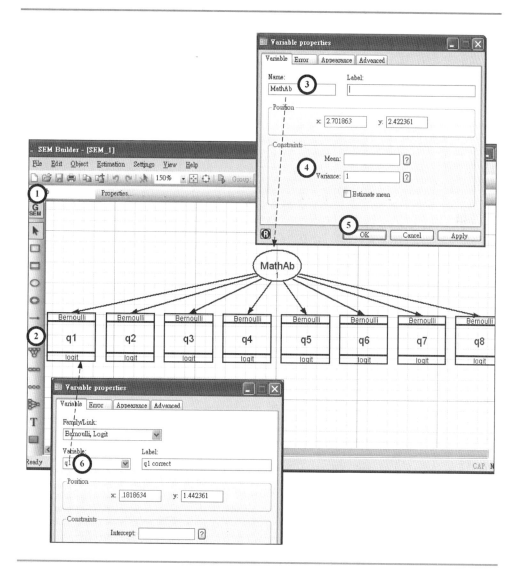

圖 5-86 「2parameter_logit_IRT.stsem」概念性模型

```
＊直開啟此「＊.stsem」檔的指令為：
. webgetsem  gsem_irt3
＊或在「SEM builder」視窗，「File ＞ Open」開啟 CD 所附之「2parameter_logit_IRT.
stsem」檔亦可。
```

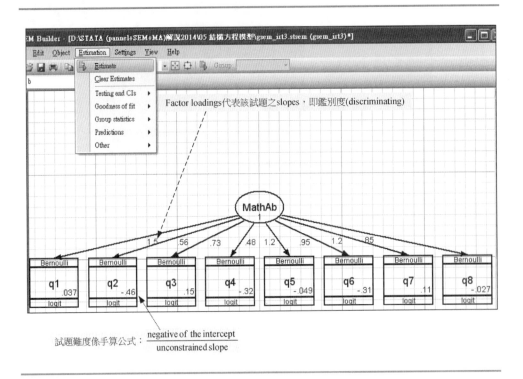

圖 5-87 「2parameter_logit_IRT.stsem」檔執行參數估計的結果

Step 2. 方 法 二 ： 改 用 do 檔 來 求 2-parameter logit 模 型 之 difficulty 及 discrimination

以下指令，已存至「difficulty_discrim.ado」檔，你可根據你試題的題數 (本
例 obs = 8)，改「set obs 你的題數」即可套用。

```
*preserves the data, guaranteeing that data will be restored after program
termination
. preserve
*清空資料檔所有 (_all) 變數
. drop _all
*配合 gen 指令，令 N=8 筆
. set obs 8
. gen str question = "q" + strofreal(_n)
. gen diff = .
. gen disc = .

*for 迴圈，共遞迴 8 次
. forvalues i = 1/8 {
    replace diff = -_b[q`i':_cons] / _b[q`i':MathAb] in `i'
    replace disc = _b[q`i':MathAb] in `i'
    }

*設新變數之格式為「%9.4f」，float, 小數點 4 位。
. format diff disc %9.4f
*將 diff 排序之後，存到 rank_diff 變數
. egen rank_diff = rank(diff)

. egen rank_disc = rank(disc)

. list
```

	question	diff	disc	rank_d~c	rank_d~f
1.	q1	−0.0255	1.4666	8	3
2.	q2	0.8242	0.5597	2	8
3.	q3	−0.2094	0.7324	3	1
4.	q4	0.6676	0.4840	1	7
5.	q5	0.0401	1.2322	7	5
6.	q6	0.3325	0.9465	5	6
7.	q7	−0.0880	1.1973	6	2
8.	q8	0.0316	0.8462	4	4

1. diff 記錄試題難度。

2. disc 記錄試題鑑別度。

3. rank_diff 記錄試題難度之排名。

4. rank_disc 記錄試題鑑別度之排名。

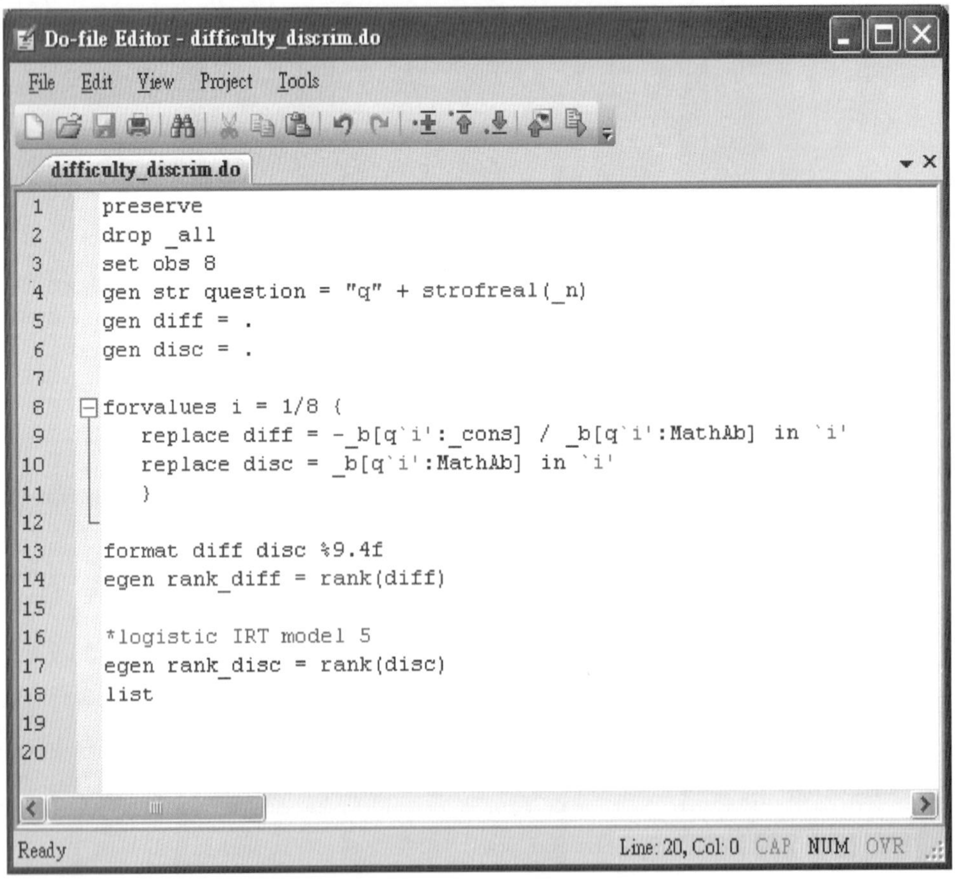

```
Do-file Editor - difficulty_discrim.do

File   Edit   View   Project   Tools

difficulty_discrim.do

1      preserve
2      drop _all
3      set obs 8
4      gen str question = "q" + strofreal(_n)
5      gen diff = .
6      gen disc = .
7
8    ┌ forvalues i = 1/8 {
9    │    replace diff = -_b[q`i':_cons] / _b[q`i':MathAb] in `i'
10   │    replace disc = _b[q`i':MathAb] in `i'
11   │    }
12   └
13     format diff disc %9.4f
14     egen rank_diff = rank(diff)
15
16     *logistic IRT model 5
17     egen rank_disc = rank(disc)
18     list
19
20

Ready                                              Line: 20, Col: 0  CAP  NUM  OVR
```

圖 5-88 「difficulty_discrim.do」命令檔之操作畫面 (「File > Open」即可開啓)

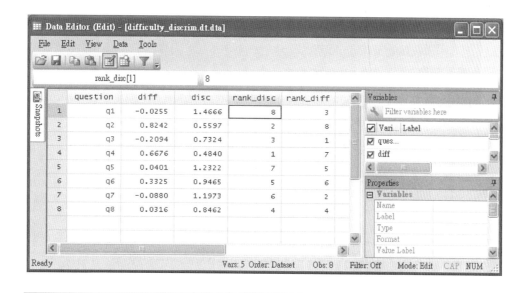

資料檔自動產生 8 試題 difficulty、discrimination 及排名（存在 difficulty_discrim.dta 檔）

5-10 gsem 指令之網站補充的特殊迴歸

由於篇幅關係，在此只簡介。其實 gsem 指令尚可處理的特殊迴歸，包括：

一、廣義 SEM 事前比較 (Contrasts for generalized SEM)

1. 分析：主效果 (main effects), 單純效果 (simple effects), 交互作用效果 (interaction effects), partial interaction effects, and nested effects。

2. 以參考組為比較基礎 (Comparisons against reference groups, of adjacent levels, or against the grand mean)。

3. 正交多項式 (Orthogonal polynomials)。

4. Helmert contrasts。

5. 你自訂 contrasts。

6. ANOVA- 型的檢定 (ANOVA-style tests)。

7. 非線性反應的比較 (Contrasts of nonlinear responses)。

8. Multiple-comparison adjustments。

9. 細格人數平衡 vs. 未平衡之研究設計 (Balanced and unbalanced data)。

10. Contrasts of means, intercepts, and slopes。

11. 比較的線圖 (Graphs of contrasts)。

12. 交互作用圖 (Interaction plots)。

詳情可上網：

http://www.stata.com/manuals13/semintro7.pdf#semintro7RemarksandexamplesU

singcontrast,pwcompare,andmargins(semandgsem)

或你亦可參閱作者另一書《Stata 與高等統計分析》實例介紹。

二、廣義 SEM 之配對比較 (Pairwise comparisons for generalized SEM)

1. 比較平均數截距及斜率 (Compare estimated means, intercepts, and slopes)。

2. 比較邊際平均數 (Compare marginal means, intercepts, and slopes)。

3. 平衡／非平衡樣本資料設計 (Balanced and unbalanced data)。

4. 非線性反應 (Nonlinear responses)。

5. 多重比較校正 (Multiple-comparison adjustments): Bonferroni, Sidak, Scheffe, Tukey HSD, Duncan, and Student–Newman–Keuls adjustments。

6. Group comparisons that are significant。

7. Graphs of pairwise comparisons。

詳情可上網：

http://www.stata.com/manuals13/semintro7.pdf#semintro7RemarksandexamplesUs

ingcontrast,pwcompare,andmargins(semandgsem)

三、Heckman Selection 模型

詳情可上網：

www.stata.com/manuals13/rheckman.pdf

四、Endogenous treatment-effect models

詳情可上網：

http://www.stata.com/manuals13/sem.pdf（第 432 頁）

五、Tobit regression：截取迴歸

詳情可上網：

http://www.stata.com/manuals13/sem.pdf（第 416 頁）

你可參閱作者另一書《Stata 與高等統計分析》實例介紹。

六、**Interval regression**

詳情可上網：

http://www.stata.com/manuals13/sem.pdf（第 419 頁）

你可參閱作者另一書《Stata 與高等統計分析》實例介紹。

參考文獻

Ackerman, T. A. (1989). Unidimensional IRT calibration of compensatory and noncompensatory multidimensional items. *Applied Psychological Measurement, 13*, 113-127.

Alliger, G. M., & Janak, E. A. (1989). Kirkpatrick's levels of training criteria: Thirtyyears later. *Personal Psychology, 42*, 331-340.

Anderson, J. C., & Gerbing, D. W. (1988). Structural equation modeling in practice: A review and recommended two-step approach. *Psychological Bulletin, 103*, 411-423.

Andrich, D. (1978). A binomial latent trait model for the study of Likert-style attitude questionnaires. *British Journal of Mathematical and Statistical Psychology, 31*,84-98.

Andrich, D. (1982). An extention of the Rasch model for ratings providing both location and dispersion parameters. *Psychometrika, 47*, 105-113.

Andrich, D. (1988). *Rasch Models for Measurement*. Newbury Park, CA: Sage.

Bagozzi, R. P. & Phillips, L. W. (1982). Representing and testing organizational theories: A holistic construal. *Administrative Science Quarterly,27*(3), 459-489.

Bagozzi, R. P. and Yi, Y. (1988). On the evaluation of structural equation models. *Academy of Marketing Science, 16*, 74-94.

Baldwin, T. T., Magjuka R. J. & Loher B. T., (1991). The perils of participation: Effects of choice of training on trainee motivation and learning. *People Psychology, 44*(1), 51-65.

Baldwin, T.T., and Ford, J.K. (1988). Transfer of training: A review and directions for future research. *Personnel Psychology, 41*(1), 63-105.

Bentler, P. M. (1995). EQS: *Structural equations program manual. Encino*, CA: Multivariate Software Inc.

Bentler, P. M., & Chou, C. P. (1987). Practical issues in structural modeling. *Sociological Methods and Research, 16*, 78-117.

Bock, R. D. (1972). Estimating item parameters and latent ability when responses are scored in two or more nominal categories *Psychometrika, 37*, 29-51.

Bollen, 1990, Overall fit in covariance structure models: Two types of sample size effects. *Psychological Bulletin, 107*, 256-259.

Bond, T. G., and C. M. Fox. (2007). *Applying the Rasch Model: Fundamental Measurement in the Human Sciences*. 2nd ed. Mahwah, NJ: Lawrence Erlbaum.

Browne, M. W. (1984), Asymptotically distribution-free methods for the analysis of the covariance structures, *British Journal of Mathematical and Statistical Psychology 37*, 62-83.

Bryman, A., & Duncan C. (1997). *Quantitative data analysis with Stata for Windows : a guide for social scientists*. London ; New York : Routledge.

Buchanan, B. Ⅲ . (1974). Government Manager, Business Executive, and Organizational Commitment. *Public Administration Review, 34*(4), 339-347.

Comery, A. L. (1973). *A first course in factor analysis*, N. Y.: Academic Press.

Cuieford, J. P. (1965). *Fundamental Statistics in Psychology and Education*, 4th ed., N. Y. McGraw-Hill.

Dalton, T. H. (1988). *The challenge of curriculum innovation*. New York: The Free Press.

Dixon, N. M. (1990). The realationship between trainee resposes on participationreaction forms and posttest scores. *Human Resource Development quarterly*, 1, 129-137.

Embretson, S. E., and S. P. Reise. (2000). *Item Response Theory for Psychologists*. Mahwah, NJ: Lawrence Erlbaum.

Fabricant S. (1969). *A Primer or Productivity*. New York: Random House, p3.

Fischer, G. H., and I. W. Molenaar, ed. (1995). *Rasch Models: Foundations, Recent Developments, and Applications*. New York: Springer.

Gerbing, D.W., & Anderson, J.C. (1993). *Monte Carlo evaluations of goodness-of-fit indices for structural equation models*. In K.A. Bollen, & J.S. Long (eds.), Testing structural equation models. Newbury Park, CA: Sage.

Gorsuch, R. L. (1983). *Factor analysis Hillsdale*, N.J.: Lawrence Erlbaum.

Hair, J. F. Jr., Anderson, R. E., Tatham, R. L., Black, W.C., (1998). *Multivariate Data Analysis*(5th ed.),Englewood Cliffs, NJ：Prentice-Hall.

Hair, J. F., Black, W. C., Babin, B. J., Anderson, R. E., & Tatham, R. L.(2006). *Multivariate data analysi*s. N. J.: Prentice-Hall International.

Hambleton, R. K., & Cook, L. L. (1977). Latent trait models and their use in the analysis of educational test data. *Journal of Educational Measurement, 14*, 75-96.

Hambleton, R. K., & Swaminathan, H. (1985). *Item response theory: Principles and application*s. Boston, MA: Kluwer-Nijhoff.

Hambleton, R. K., Swaminathan, H., & Rogers, H. J. (1991). *Fundamentals of item response theory*. Newburry Park, CA: SAGE.

Hicks, W. D. & Klimoski, R. J. (1987). Entry into training programs and its effects on training outcomes: A field experiment. *Academy of Management Journal, 30*(4), 542-552.

Holton, E. F. (1996). The flawed four-level evaluation model. *Human Resource Development Quarterly, 7*(1), 5-21.

Hosmer, D. W., Jr., S. A. Lemeshow, and R. X. Sturdivant. 2013. *Applied Logistic Regression*. 3rd ed. Hoboken,NJ: Wiley.

Houle C. O. (1961). *The Inquring Mind Madison*. W. : University of Wisconsin Press.

Hrebiniak, L. G., & Allutto, J. A. (1972). Personal and Role-Relate Factors in the Development of Organizational Commitment. *Administrative Sciences Quarterly, 17(*4), 555-573.

Hrebiniak, L.G. (1974). Effects of job level and participation on employee attitudes and perceptions of influence. *Academy of Management Journal, 17* (4), 649-662.

Hu, L., & Bentler, P. M. (1999). Cutoff criteria for fit indexes in covariance structure analysis: Conventional criteria versus new alternatives. *Structural Equation Modeling, 6*, 1-55.

Hu, L.-T., & Bentler, P. (1995). *Evaluating model fit. In R. H. Hoyle (Ed.), Structural Equation Modeling. Concepts*, Issues, and Applications (pp. 76-99). London: Sage.

Hull, C. L. (1952). *A behavior system*. New Haven: Yale University Press.

Jöreskog, K. G. & Sorbom, D. (2000). *LISREL VI, Analysis of Linear Structural Relationships by Maximum Likelihood, Instrumental Variables, and Least Squares Methods* (7th ed.). Mooresville, IN, Scientific Software.

Jöreskog, K. G. and Sörbom, G. (1992). *LISREL, A Guide to the Program and Applications*, 3rd, Chicage, Scientific Software International, Inc.

Kirkpatrick, D. L. (1959a). Technique for evaluating training programs. *Training and Development Journal, 3*, 3-9.

Kirkpatrick, D. L. (1959b). Techniques for evaluating training programs. *Journal of the American Society of Training Directors, 13*, 3-9, 21-26.

Kirkpatrick, D. L. (1959c). Technique for evaluation training program. *Training and Development Journal, 13*(1), 21-26.

Kirkpatrick, D. L. (1960). Techniques for evaluation Programs, Journal of the American Society of Training Directors. *Training & Development, 14*(1), 13-18.

Kirkpatrick, D. L. (1983). *Supervisory Training and Development*, 2nd.; MA: Addison-

Wesley.

Kirkpatrick, D. L. (1987). *Evaluation and Training, In Training and Development* Handbook , 3rd., edited by Craig R. L. & Bittles, L., McGraw-Hill Book Company, N. Y., 301-319.

Kirkpatrick, D. L. (1994). *Evaluating training programs: The four levels.* San Francisco, CA: Berrett-Koehler.

Kirkpatrick, D. L. (1996). Great Ideas Revisited. *Training & Development, 24*(1), 54-59.

Kirkpatrick, D. L. (2006). Evaluating training programs:The four levels.Retrieved March 20, 2008, from http://astd2006.astd.org/PDF's/Handouts%20-%20SECURED/M102. pdf

Kirkpatrick, D. L.(1959b). Techniques for evaluation Programs, Journal of the American Society of Training Directors, *Training & Development, 13* (12), 21-26.

Kirkpatrick, D. L.(1998). Great Ideas Revisited. In D. L. *Kirkpatrick (Ed.). Another Look at Evaluating Training Progra*ms. Alexandria, VA: ASTD, 3-8.

Kirkpatrick, D.L. (1959a). Techniques for evaluation Programs, Journal of the American Society of Training Directors. *Training & Development,*13(11), 3-9.

Kline, R. B. (1998). *Principles and practice of structural equation modeling.* New York, NY: The Guilford Press.

Mantle-Bromley, C. (1995). Positive Attitudes and Realistic Beliefs: Links to Proficiency. *The Modern Language Journal, 79*(3), 372-386.

Marsh, H. W., Balla, J. R. & Hau, K.-T. (1996), *An evaluation of incremental fit indices: A clarification of mathematical and empirical properties*, in G. Marcoulides & R. Schumaker, eds, Advanced Structural Equation Modeling Techniques, Erlbaum, Mahwah, NJ, 315-353.

Marsh, H. W., Balla, J. R., & McDonald, R. P. (1988). Goodness of fit indexes in confirmatory factor analysis: The effect of sample size. *Psychological Bulletin, 103*, 391-410.

Marsh, H.W., Balla, J. R. & McDonald., R.P. (1988). Goodness-of-fit indices in confirmatory factor analysis: The effect of sample size, *Psychological Bulletin, 103*, 391-410.

Masters, G. N. (1982). A Rasch model for partial credit model. *Psychometrika, 47*, 149-174.

Mathieu, J. E., Tannenbaum S. I. & Salsa E. (1992). Inflences of individual and situational characteristics on measures of training effectiveness. *Academy of Management Journal, 35*(4), 828-847.

McDonald, R. P. (1981). The dimensionality of tests and items. *British Journal of Mathematical and Statistical Psychology, 34,* 100-117.

Meyer and Allen (1991). *A three-component conceptualization of organization commitment, Human Resource Management Review, 1*(1) , 61-89.

Mowday, R. T. , Porter, L. M. , & Steers, R. M. (1982).*Employee Organization Linkages: The Psychology of Commitment, Absenteeism, And Turnove*r. New York: Academic Press.

Muchinsky (2006). *Psychology Applied to Work 8/E.* USA: Thomson Learning Company, 393-405.

Mulaik, S. A., James, L. R., Altine, J. V., Bennett, N., Lind, S. & Stilwell, C. D. (1989). Evaluation of goodness-of-fit indices for structural equation models. *Psychological Bulletin, 105*(4), 430-445.

Noe, R. A. (1986). Trainee attributes and attitudes: Neglected influences of training effectiveness. *Academy of Management Review,* 11(4), 736-749.

Noe, R. A. (1998). *Employee training and development.* New York: Irwin/ McGraw-Hill, 145.

Noe, R. A. (2002). *Employee training and developm*ent. New York: McGraw-Hill.

Noe, R. A. (2005). *Employee Training and Development with Powerweb Card.* Columbus, OH: State University of Columbus Press.

Noe, R. A., & Schmitt, N. (1986). The influence of trainee attitudes on training effectiveness: Test a model. *People Psychology, 39*(4), 497-523.

Nunnally, J. (1978). *Psychometric Theory*, 2nd ed. New York: McGraw-Hill.

Nunnally, J. C. & Berstein, I. H. (1994). *Psychometric Theory*, 2nd Edition. New York: McGraw Hill.

Poter L. W. , & Smith F. J. (1970). The etiology of organization commitment. *Unpublished Paper, University of California, Iivine,* vol.17, 556-560.

Quinones, M. A. (1995). Pretraining context effects: Training assignment as feedback. *Journal of Applied Psychology, 80*(2), 226-238.

Quinones,M.A.(1997). Contextual influences on training effectiveness , in Quinones, M.A. and Ehrenstein, A. (Eds.), Training for a rapidly changing workplace:Applications of psychological research. *American Psychological Association*, Washington, DC, 177-199.

Rasch, G. (1960). *Probabilistic Models for Some Intelligence and Attainment Tests. Copenhagen*: Danish Institute of Educational Research.

Rasch, G. (1980). *Probabilistic Models for Some Intelligence and Attainment Test*s (Expanded ed.). Chicago: University of Chicago Press.

Raykov, T. (2000). On the large-sample bias, variance, and mean squared error of the conventional noncentrality parameter estimator of covariance structure models. *Structural Equation Modeling, 7*, 431-441.

Raykov, T. (2005). Bias-corrected estimation of noncentrality parameters of covariance structure models. Structural Equation Modeling, 12, 120-129.

Samejima, F. (1969). Estimation of latent ability using a response pattern of graded scores. *Psychometric Manograph, No. 17*.

Satorra, A. & Bentler, P. M. (1994), *Corrections to test statistics and standard errors in covariance structure analysis*, in A. von Eye & C. C. Clogg, eds, Latent variables analysis, Sage, Thousands Oaks, CA, 399-419.

Sheldon, M. E. (1971). Investments and involvements in mechanisms producing commitment to the organization. *Administrative Science Quarterly, 16*, 142-150.

Shore & Rima (1980). A Basic Trilingual Program for Flushing High School. *E.S.E.A. Title VII Final Evaluation Report*. U.S. Department of Education Publications in ERIC.

Steiger, J.H. (1989). EZPATH: *A supplementary module for SYSTAT and SYGRAPH*. Evanston, IL: SYSTAT.

Stewart, T. A. (1997). *Intellectual capital: The new wealth of organization*s. New York: Bantam Doubleday Dell Publishing Group, Inc.

Tanaka, J.S. (1993). Multifaceted conceptions of fit in structural equation models. In K.A. Bollen, & J.S. Long (eds.), *Testing structural equation models*. Newbury Park, CA: Sage.

Tannenbaum, S. I. & Yukl, G. (1992). Training and development in work organizations. *Annual Review of Psychology, 43*(3), 399-441.

Thissen, D., & Steinberg, L. (1986). A taxonomy of item response models. *Psychometrika, 51*, 567-577.

Thompson, F. L. (1989). The relationship between leadership style and organizational commitment in selected Wisconsin elementary schools. *Dissertation Abstracts International, 51*, 05A, p.1472.

Thompson, M. E. (1976). The prediction of academic achievement by a British study habits inventory. *Research in Higher Education, 5*(4), 365-372.

Vroom, V. H. (1964). *Work and Motivation*. New York: Wiley.

Warr, P.,Allan, C. and Birdi, K. (1999). Predicting three levels of training outcome. *Journal of Occupational and Organizational Psychology, 72*(3), 351-375

Weiner, B. (1985). An attributional theory of achievement motivation and emotion. *Psychological Review, 92*(4), 548-573.

Wexley, K. N., & Latham, G. P. (2002). *Developing and training human resources in organizations*. New York: Harper Collins.

Wright, B. D., & Masters, G. N. (1982). *Rating scale analysis*. Chicago: MESA Press.

Wright, B. D., & Stone, M. H. (1979). *Best test design*. Chicago: MESA Press.

Yu, M. (1991). *A two-parameter partial credit model*. Unpublished doctoral dissertation of University of Illinois at Urbana-Champaign.

Yuan, K.-H. & Bentler, P. M. (1997), Mean and covariance structure analysis: Theoretical and practical improvements, *Journal of the American Statistical Association 92*(438), 767-774.

王唯齡 (2004)。以天文史融入教學模型探究學生學習態度與對科學的態度之影響。國立臺北師範學院自然科學教育研究所碩士論文。

吳明隆 (2007)，結構方程模型 Stata 的操作與應用。臺北：五南出版社。

洪榮昭 (1991)。人力資源發展—企業培養人才之道。臺北：師大書苑。

洪榮昭 (2002)。人力資源發展—企業教育訓練完全手冊。臺北：五南書局。頁 1-24。

張紹勳 (2004)。研究方法。臺中：滄海書局。

陳藝文 (2000)，休閒阻礙量表之建構—以北部大學生為例。國立體育學院體育研究所碩士論文。

曾惠君 (2010)。員工教育訓練績效評估模型，國立勤益科大，工業管理研究所。

黃芳銘 (2006)。結構方程模型理論與應用。臺北：五南出版社。

黃英忠 (1989)。現代人力資源管理。臺北：華泰。

黃英忠 (1993)。產業訓練論。臺北：三民書局。頁 1-50。

黃英忠 (1997)。人力資源管理。臺北：三民書局。頁 221-226。

黃英忠 (2001)。現代管理學。臺北：華泰書局。頁 593-595。

黃英忠 (2003)。人力資源管理。臺北：三民書局。頁 200-250。

黃英忠、吳復新、趙必孝等 (2005)。人力資源管理。臺北：國立空中大學。

黃英忠、曹國雄、黃同圳、張火燦、王秉鈞 (2003)。人力資源管理。臺北：華泰書局。頁 101-141。

蔡坤宏 (1999)。旅館業、旅行業、航空業員工社會化與工作壓力之關係比較研究。中國文化大學觀光事業研究所碩士論文。

魏梅金 (譯)(2002)。才能評估法－建立卓越績效的模型。臺北市：商周。

國家圖書館出版品預行編目資料

Stata在結構方程模型及試題反應理論的應用／
張紹勳著. －－初版.－－臺北市：五南，
2017.04
　　面；　公分
ISBN 978-957-11-9059-4（平裝）
1.統計套裝軟體　2.統計分析
512.4　　　　　　　　　　　106001400

1H0C

Stata在結構方程模型及試題反應理論的應用

作　　者 — 張紹勳

發 行 人 — 楊榮川

總 編 輯 — 王翠華

主　　編 — 侯家嵐

責任編輯 — 劉祐融

文字校對 — 丁文星、鐘秀雲

封面設計 — 盧盈良

出 版 者 — 五南圖書出版股份有限公司

地　　址：106台北市大安區和平東路二段339號4樓

電　　話：(02)2705-5066　　傳　　真：(02)2706-6100

網　　址：http://www.wunan.com.tw

電子郵件：wunan@wunan.com.tw

劃撥帳號：01068953

戶　　名：五南圖書出版股份有限公司

法律顧問　林勝安律師事務所　林勝安律師

出版日期　2017年4月初版一刷

定　　價　新臺幣800元